DIRITTO COMMERCIALE INTERNO E INTERNAZIONALE

Collana fondata da

P. ABBADESSA - C. ANGELICI - G.F. CAMPOBASSO - A. CERRAI - A. MAZZONI

proseguita da

ASSOCIAZIONE GIAN FRANCO CAMPOBASSO
PER LO STUDIO DEL DIRITTO COMMERCIALE E BANCARIO

sotto la direzione di

P. ABBADESSA - C. ANGELICI - G. MARASÀ

Sezione Raccolte di Studi – 23

UNTERNEHMENSRESTRUKTURIERUNGEN IM HARMONISIERTEN EUROPÄISCHEN RECHTSRAUM

EINE DEUTSCH-ITALIENISCHE BETRACHTUNG

LA RISTRUTTURAZIONE AZIENDALE NELL'ORDINAMENTO EUROPEO ARMONIZZATO

OSSERVAZIONI ITALO-TEDESCHE

UNTERNEHMENSRESTRUKTURIERUNGEN IM HARMONISIERTEN EUROPÄISCHEN RECHTSRAUM

EINE DEUTSCH-ITALIENISCHE BETRACHTUNG

LA RISTRUTTURAZIONE AZIENDALE NELL'ORDINAMENTO EUROPEO ARMONIZZATO

OSSERVAZIONI ITALO-TEDESCHE

Herausgegeben von

Francesco Bordiga, Christoph A. Kern und Johannes Kist

a cura di

Francesco Bordiga, Christoph A. Kern e Johannes Kist

G. Giappichelli Editore

Nomos

G. GIAPPICHELLI EDITORE - Torino
(Italia)

ISBN/EAN 979-12-211-0983-2

http://www.giappichelli.it

NOMOS VERLAGSGESELLSCHAFT - Baden-Baden
(Deutschland)

ISBN 978-3-7560-3058-3

http://www.nomos.de/verlag

Stampa: Stampatre s.r.l. - Torino

INDICE

pag.

WOHIN FÜHRT DIE HARMONISIERUNG DES INSOLVENZRECHTS?

von *Andreas Piekenbrock*

DOVE CI PORTA L'ARMONIZZAZIONE DEL DIRITTO DELL'INSOLVENZA?

di *Vincenzo De Stasio*

RESTRUKTURIERUNG OHNE GERICHTE? – RESTRUKTURIERUNG OHNE GERICHTE!

von *Heinrich Schoppmeyer*

pag.

RISTRUTTURAZIONE SENZA IL GIUDICE? – RISTRUTTURAZIONE SENZA IL GIUDICE!

di *Renato Rordorf*

GLÄUBIGERZWANGSVERGLEICH OHNE INSOLVENZ

von *Katharina Gelbrich*

CONCORDATO SENZA INSOLVENZA

di *Valeria Confortini*

pag.

PRIVILIGIERTE NEUGLÄUBIGER? EINE (RECHTSÖKONOMISCHE) ANALYSE DES DEUTSCHEN RESTRUKTURIERUNGS- UND INSOLVENZRECHTS

von *Christian Uhlmann*

CREDITI PREDEDUCIBILI "PRIVILEGIATI"?

di *Sebastiano Costa*

GLI OBBLIGHI DEGLI AMMINISTRATORI NEL CONTESTO DEL "CODICE DELLA CRISI E DELL'INSOLVENZA"

di *Francesco Bordiga*

PFLICHTEN UND HAFTUNGSRISIKEN DER GESCHÄFTSLEITER INNERHALB DES RESTRUKTURIERUNGSRAHMENS

von *Johannes Kist*

DIE ROLLE VON BERATERN IN DER KRISENSITUATION

von *Alexandra Schluck-Amend*

SCELTA DELLO STRUMENTO DI GESTIONE DELLA CRISI E *BUSINESS JUDGMENT RULE*

di *Giacomo D'Attorre*

ANERKENNUNG EINER RESTRUKTURIERUNG UNTER DER EUINSVO

von *Simone Fiebelkorn*

"RICONOSCIMENTO" DI UNA RISTRUTTURAZIONE AZIENDALE APPLICANDO IL REGOLAMENTO (UE) 2015/848?

di *Alessandro De Maria*

„ANERKENNUNG" EINER RESTRUKTURIERUNG NACH DEN REGELN DES IPR?

von *Michael Stürner*

INSOLVENZA TRANSFRONTALIERA E CONCORSUALITÀ LIQUIDA

di *Gabriele Nuzzo*

GLI AUTORI

YANNIC ARNOLD – Notarassessor, Landau

FRANCESCO BORDIGA – Professore Associato di Diritto Commerciale nell'Università degli Studi di Bergamo

VALERIA CONFORTINI – Professoressa Ordinaria di Diritto Privato nell'Università Pegaso

SEBASTIANO COSTA – Ricercatore di Diritto Commerciale nell'Università degli Studi di Bergamo

GIACOMO D'ATTORE – Professore Ordinario di Diritto Commerciale nell'Università degli Studi del Molise

ALESSANDRO DE MARIA – Rechtsanwalt & Avvocato, Milano

VINCENZO DE STASIO – Professore Ordinario di Diritto Commerciale nell'Università degli Studi di Bergamo

SIMONE FIEBELKORN – Richterin, Worms

KATHARINA GELBRICH – Professorin an der Hochschule für Technik, Wirtschaft und Kultur Leipzig

ENRICO GINEVRA – Professore Ordinario di Diritto Commerciale nell'Università degli Studi di Bergamo

JOHANNES KIST – Staatsanwalt, Stuttgart

STEFAN KORCH, LL.M. (Harvard) – Professor an der Universität Münster

CHRISTOPH A. KERN, LL.M. (Harvard) – Professor an der Universität Heidelberg

GABRIELE NUZZO – Professore Associato di Diritto Commerciale nell'Università degli Studi di Milano Bicocca

ANDREAS PIEKENBROCK – Professor an der Universität Heidelberg

GIUSEPPE B. PORTALE – Professore Emerito di Diritto Commerciale nell'Università Cattolica del Sacro Cuore, Milano

CHIARA PRESCIANI – Ricercatrice di Diritto Commerciale nell'Università Cattolica del Sacro Cuore, Piacenza

ARMANDO SANTONI – Ricercatore di Diritto Commerciale nell'Università degli Studi di Firenze

RENATO RORDORF – già Presidente Aggiunto della Corte di Cassazione

HEINRICH SCHOPPMEYER – Vorsitzender Richter am Bundesgerichtshof, Karlsruhe; Honorarprofessor an der Universität Heidelberg

ALEXANDRA SCHLUCK-AMEND – Rechtsanwältin, Stuttgart

MICHAEL STÜRNER, M. JUR. (Oxford) – Professor an der Universität Konstanz; Richter am Oberlandesgericht Karlsruhe

CHRISTIAN UHLMANN, LL.M. (Cornell) – Akademischer Rat a. Z. und Habilitand an der Universität Heidelberg

VORWORT

Wie das menschliche Leben, so kann auch das Leben eines Wirtschaftssubjekts in drei Phasen unterteilt werden: Die Anfangsphase – beim Menschen Geburt und Kindheit, beim Wirtschaftssubjekt dessen Markteintritt –, die Phase voller Aktivitätsentfaltung – beim Menschen sein aktives Erwachsenenleben, beim Wirtschaftssubjekt die aktive Marktteilnahme –, und die Endphase – beim Menschen dessen Tod und eventuell davor eine Zeit von Krankheit und Demenz, beim Wirtschaftssubjekt die wirtschaftliche Krise und schließlich der Marktaustritt. Die ersten beiden Phasen werden von Optimismus geprägt. Sie erfahren daher stets besondere Aufmerksamkeit – im menschlichen Leben wie im Wirtschaftsleben. Die letzte Phase hingegen wird oft vernachlässigt, insbesondere dann, wenn die Hoffnung verloren gegangen ist. Sie verdient jedoch mindestens die gleiche (ja, sogar größere) Aufmerksamkeit wie die physiologischen Phasen, sowohl für den Menschen als auch für das „Wirtschaftssubjekt".

So wie man kranke Menschen um ihrer selbst und ihrer Umwelt willen zu heilen versucht, wird zunehmend auch versucht, Wirtschaftssubjekte in der Krise zu retten. Während allerdings die medizinische Forschung national wie international weit vorangeschritten sind und einheitliche Standards und Behandlungsmethoden entwickelt haben, ist der rechtliche Rahmen für die Rettung von Wirtschaftssubjekten von einheitlichen Standards und Methoden weit entfernt, auch wenn er in den letzten Jahren besondere Aufmerksamkeit von Seiten der Gesetzgeber und der Akteure erhalten hat (auch im Rahmen eines sich weltweit wandelnden Ansatzes, der darauf abzielt, die Krise „vorzubeugen" und „zu heilen" und den Wert des Going Concern zu bewahren, anstatt das „kranke" Unternehmen zur Zerschlagung zu begleiten).

Erst in jüngster Zeit hat sich der Unionsgesetzgeber diesem Thema verstärkt angenommen und – nach der Erarbeitung von Regeln über die grenzüberschreitenden Aspekte von Insolvenzverfahren, die das materielle Insolvenzrecht weitgehend unberührt lassen (Verordnung (EU) 2015/848) – nunmehr auch materielle Regeln geschaffen. Den Anfang machte die sogenannte Restrukturierungsrichtlinie (Richtlinie 2019/1023), die neben der Restrukturierung auch einige insolvenzrechtliche Fragen behandelt und daher im offiziellen Kurztitel zu Recht „Richtlinie über Restrukturierung und Insolvenz" heißt. Inzwischen steht auch eine neue Richtlinie bevor, die diesmal vollständig der „materiellen" Regelung der Insolvenz gewidmet ist, deren Entwurf von der Europäischen Kommission vorgeschlagen wurde (COM(2022) 702 final).

Bis heute wurden die Inhalte der Restrukturierungsrichtlinie von den nationalen Rechtsordnungen mit einer gewissen Langsamkeit übernommen, und auch die Praxis hat sie nur zögerlich akzeptiert. Bis jetzt wurde zudem keine transnationale Konvergenz in der Regulierung und dem Management von Unternehmenskrisen erreicht. In diesem Rahmen haben jedoch sowohl Italien als auch Deutschland, zwei wichtige eng miteinander verbundene Mitgliedstaaten, die Richtlinie signifikant umgesetzt, indem sie neue Normen eingeführt haben, um die Unternehmensrestrukturierung im Kontext der Krise zu regeln (die in beiden Rechtsordnungen als Phase vor der eigentlichen Insolvenz verstanden wird): in Italien mit dem Code der Unternehmenskrise und Insolvenz (Gesetzesdekret Nr. 14/2019, geändert durch Gesetzesdekret Nr. 83/2022, um die Insolvenzrichtlinie umzusetzen), in Deutschland mit dem Gesetz über den Stabilisierungs- und Restrukturierungsrahmen für Unternehmen (Gesetz über den Stabilisierungs- und Restrukturierungsrahmen für Unternehmen – StaRUG, Unternehmensstabilisierungs- und -restrukturierungsgesetz vom 22. Dezember 2020 (BGBl. I S. 3256)).

So entstand fast natürlich – in den Dialogen, die im Jahr der Verabschiedung der Restrukturierungsrichtlinie im Institut für ausländisches und internationales Privat- und Wirtschaftsrecht in Heidelberg stattfanden – die Gelegenheit, italienische und deutsche Experten aus Wissenschaft und Praxis zusammenzubringen, um sich über die Lösungen der jeweiligen Rechtsordnung auszutauschen und deren Tragfähigkeit und Gültigkeit gemeinsam zu diskutieren.

Der optimale Ort für die Verwirklichung dieses Ziels ist das Deutsch-Italienische Zentrum für Europäische Exzellenz in der Villa Vigoni am Comer See. Die Durchführung des Projekts, das im Sommer 2021 stattfinden sollte und nur durch eine physische Zusammenkunft der Teilnehmer erfolgreich sein konnte, stieß auf unerwartete Hindernisse aufgrund der COVID-19-Pandemie. Die Geduld aller Teilnehmer, vor allem jedoch die Überzeugung von der Wichtigkeit des Themas und die Begeisterung für das gemeinsame Projekt, machten es möglich, die Veranstaltung am 5. und 6. Juli 2022 durchzuführen, mit einem Jahr Verzögerung im Vergleich zum ursprünglich geplanten Zeitplan. Nach der Konferenz nahm der Alltag, mit dem allmählichen Nachlassen der Pandemie, wieder starken Einfluss auf das Leben aller Teilnehmer. Dies führte dazu, dass auch die Vorbereitung dieses Bandes, der den reichhaltigen Austausch dieser Tage am See dokumentiert, mehr Zeit in Anspruch nahm als ursprünglich geplant. Die Themen und die hier gesammelten Beiträge haben jedoch nichts von ihrer Aktualität eingebüßt. Alle Teilnehmer sowie der Verlag sind sich daher einig, dass es sinnvoll ist, die Protokolle der Konferenz der Öffentlichkeit zugänglich zu machen – in der Hoffnung, dass sie nicht nur in den beteiligten Ländern, sondern auch darüber hinaus in der akademischen Welt wohlwollend aufgenommen werden – und vor allem mit der Erwartung, zur Verbreitung von Ideen im Kontext der Europäischen Union beitragen zu können. Die Beiträge werden in der Sprache jedes Teilnehmers veröffentlicht und sind von einem Abstract in englischer Sprache begleitet.

Die Herausgeber möchten von Herzen danken – neben allen Teilnehmern – dem Personal der Villa Vigoni: Nicht nur der Ort selbst, sondern auch die Menschen, die dort arbeiten, haben dieser ersten Tagung in neugewonnener Freiheit einen Zauber verliehen, der gewiss nicht vergessen werden wird.

Heidelberg – Mailand

Francesco Bordiga Christoph A. Kern Johannes Kist

PREFAZIONE

Come la vita umana, anche la vita di un "soggetto economico" può essere suddivisa in tre fasi: la fase iniziale (per l'essere umano corrisponde alla nascita e all'infanzia, e per il "soggetto economico" all'ingresso nel mercato); la fase di piena attività (per l'uomo è la età adulta, per il "soggetto economico" la partecipazione attiva al mercato); infine, la fase conclusiva, per l'uomo la morte, talvolta preceduta da malattia o demenza, per il "soggetto economico" (fuori dal caso della liquidazione volontaria *in bonis*) la crisi economica ed eventualmente l'uscita dal mercato con l'insolvenza irreversibile. Le prime due fasi sono caratterizzate dall'ottimismo e ricevono tradizionalmente particolare attenzione, sia nella vita umana sia in quella economica. La fase finale, invece, viene spesso trascurata, specialmente quando si perde la speranza. Tuttavia, essa merita almeno la stessa (ed anzi maggiore) attenzione delle fasi fisiologiche, e questo vale sia per l'essere umano sia per il "soggetto economico".

Così – volendo continuare la metafora naturalistica dell'impresa – come si tenta di curare le persone malate per il bene loro e del loro ambiente, si cerca sempre più di salvare i "soggetti economici" in crisi. Tuttavia, mentre la ricerca medica ha fatto grandi progressi a livello nazionale e internazionale, sviluppando *standard* e metodi di trattamento uniformi e universalmente riconosciuti, il quadro giuridico per il salvataggio dei "soggetti economici" è ancora lontano dall'avere *standard* e metodi unificati, anche se negli ultimi anni ha ricevuto particolare attenzione da parte dei legislatori e degli operatori (anche nell'ambito di un via via mutato approccio, a livello globale, volto, per l'appunto, a "prevenire" e "curare" la crisi e a preservare il valore del *going concern*, piuttosto che ad accompagnare l'impresa "malata" alla sua disgregazione). Di recente, il legislatore dell'Unione Europea ha, così, iniziato ad affrontare con maggiore intensità questo tema e – dopo aver elaborato norme sui profili transfrontalieri delle procedure concorsuali, che hanno lasciato in gran parte intatto il diritto sostanziale (Regolamento UE 2015/848) – ha ora dettato alcune regole sostanziali uniformi. Ad inaugurare questa prospettiva è stata la c.d. Direttiva *Insolvency* – nel contesto tedesco anche detta *Restrukturierungsrichtlinie* – (UE 2019/1023), che tratta non solo della ristrutturazione ma stabilisce alcune regole di stretto diritto della crisi e delle procedure di insolvenza e che, pertanto, giustamente, nel titolo ufficiale è definita "*Direttiva sulla ristrutturazione e sulla insolvenza*". Nel frattempo, è in anche arrivo anche una nuova direttiva, questa volta interamente dedicata alla disciplina "sostanziale" dell'insolvenza, il cui progetto è stato proposto dalla Commissione Europea (COM(2022) 702 final).

Ad oggi i contenuti della Direttiva *Insolvency* sono stati recepiti dagli ordimenti nazionali con una certa lentezza e la pratica degli affari è stata altrettanto lenta nell'accoglierli. Tanto meno, fino ad ora, si è raggiunta una convergenza transnazionale nella regolazione e gestione della crisi di impresa. In questo quadro, però, sia l'Italia sia la Germania, due importanti Stati membri strettamente collegati, hanno recepito in maniera significativa la Direttiva introducendo nuove norme volte a disciplinare la ristrutturazione aziendale nel contesto della crisi (intesa questa – in entrambi gli ordinamenti – come fase precedente all'insolvenza vera e propria): in Italia con il Codice della crisi d'impresa e dell'insolvenza (d.lgs. n. 14/2019 modificato dal d.lgs. n. 83/2022, proprio per recepire la Direttiva *Insolvency*), in Germania con la Legge sulla stabilizzazione e ristrutturazione delle imprese (*Gesetz über den Stabilisierungs- und Restrukturierungsrahmen für Unternehmen – StaRUG, Unternehmensstabilisierungs- und -restrukturierungsgesetz vom 22. Dezember 2020 (BGBl. I S. 3256)*). Da qui è nata spontaneamente, quasi naturalmente – nei dialoghi intrattenuti proprio nell'anno di approvazione della Direttiva *Insolvency* nelle stanze dell'Institut für ausländisches und internationales Privat- und Wirtschaftsrecht di Heidelberg – l'opportunità di riunire esperti italiani e tedeschi del mondo accademico e professionale per confrontarsi con le soluzioni di ciascun ordinamento (sotto la spinta armonizzante dell'unione) e discuterne insieme la tenuta e validità.

Il luogo ottimale per realizzare questo obiettivo è stato il Centro Italo-Tedesco per l'Eccellenza Europea nella splendida Villa Vigoni sul Lago di Como nel contesto di una tavola-rotonda organizzata grazie al programma *Deutsch-Italienische Zusammenarbeit in den Geistes- und Sozialwissenschaften*. L'attuazione del progetto, che doveva tenersi nell'estate del 2021 e che poteva avere successo solo con una convergenza fisica dei partecipanti, ha incontrato un inaspettato ostacolo a causa della pandemia COVID-19. La pazienza di tutti i partecipanti, ma soprattutto la convinzione dell'importanza del tema e l'entusiasmo per il progetto comune, ha reso possibile lo svolgimento della tavola rotonda il 5/6 luglio 2022, con un ritardo di un anno rispetto al calendario inizialmente programmato. Dopo la tavola rotonda, con il graduale esaurirsi della pandemia, la quotidianità ha ripreso a influenzare profondamente la vita di tutti i partecipanti. Con la conseguenza che anche la preparazione di questo volume, che documenta il ricco scambio di quei giorni sul lago, ha richiesto più tempo del previsto. Il tema e i contributi qui raccolti non hanno, però, perso nulla della loro attualità. Tutti i partecipanti, così come l'editore, sono quindi concordi nel ritenere che sia opportuno rendere accessibili al pubblico gli atti della tavola rotonda – con la speranza che vengano accolti favorevolmente dal mondo accademico non solo dei Paesi coinvolti – e soprattutto con l'aspettativa di contribuire alla circolazione delle idee nel contesto dell'Unione Europea. I contributi sono pubblicati nella lingua di ciascun partecipante e sono preceduti da un *abstract* in inglese.

I Curatori desiderano ringraziare di cuore – oltre a tutti i partecipanti – lo *staff* di Villa Vigoni: non solo il luogo stesso, ma anche le persone che vi lavorano hanno dato un tocco magico a questo convegno tenuto nell'entusiasmo di una ritrovata libertà, che non sarà certamente dimenticato.

Milano – Heidelberg

Francesco Bordiga Christoph A. Kern Johannes Kist

IL CODICE ITALIANO DELLA CRISI D'IMPRESA E DELL'INSOLVENZA: TRA FRATTURE E MODERNIZZAZIONE DEL DIRITTO SOCIETARIO (CAPITALE SOCIALE *ADIEU*?)*

di *Giuseppe B. Portale*

ABSTRACT

The new Italian Crisis and Insolvency Code reorients established corporate law by assigning to directors – rather than to the shareholders' assembly – the authority to initiate and structure insolvency solutions. This shift, intended to circumvent shareholder obstruction, raises constitutional and practical questions, especially in closely held companies. At the same time, the Code challenges the classical role of nominal share capital. Drawing comparisons to developments in Belgium, Spain, Portugal, and Germany, it focuses on ensuring adequate net assets rather than a formal capital amount, thereby opening avenues for shareholder liability in cases of manifest undercapitalization. The discussion culminates in an examination of the balance between creditors and shareholders, particularly in debt-for-equity swaps, highlighting that any residual value must remain with shareholders if the enterprise is still viable. Overall, the Code signifies a move toward modernized insolvency procedures, reshaping both corporate governance and shareholder responsibilities.

1. *Introduzione e contesto normativo.* – Nella *Prefazione* a una recente opera collettanea sul tema della responsabilità nella disciplina del c.c.i. [emanato con d.lgs. 12 gennaio 2019, n. 14, ed entrato in vigore il 15 luglio 2022, dopo l'attuazione della Direttiva (UE) 2019/1023 del Parlamento Europeo e del Consiglio (con il d.lgs. 17 giugno 2022, n. 83), ma modificato più volte nel corso

* Lo scritto è inoltre stato destinato agli Studi in onore del Prof. Ángel Rojo, Madrid.

degli ultimi tre anni: ancora di recente con la l. 4 agosto 2022, n. 122], si legge che «Il dialogo istituzionale e scientifico che è scaturito [dalla compiuta vicenda del c.c.i.] ha contribuito a tessere trame interpretative di notevole complessità, non soltanto vocate a ridisegnare singoli settori del diritto concorsuale, ma altresì a conferire a un orizzonte normativo ben più ampio carattere di un rinnovato diritto dell'impresa non soltanto societario» [1]. Volendomi soffermare, brevemente, sul diritto societario e, ancora più specificamente, sul diritto delle società di capitali, le novità del settore, quanto meno per un profilo, sembrano ben riassunte dalla lapidaria valutazione che si legge nei commentari tedeschi dopo le modifiche apportate all'*Insolvenzordnung* con il c.d. *ESUG* («*Gesetz zur weiteren Erleichterung der Sanierung von Unternehmen*» = legge per una più ampia semplificazione del risanamento delle imprese – fine 2011): «*Insolvenzrecht bricht Gesellschaftsrecht*» (= il diritto dell'insolvenza rompe il diritto societario) [2].

Il riferimento, rapportato al diritto italiano, è all'esautoramento (attuato da parte del legislatore – meglio: dei vari legislatori – del codice) dell'assemblea nella predisposizione degli strumenti di regolazione della crisi e dell'insolvenza. Tenendo chiaramente presente il considerando 96 (ma v., anche, gli artt. 9 e 12) della Direttiva (sul punto specifico, assolutamente non vincolante) [3], l'art. 120-*bis* stabilisce, infatti, che: «L'accesso a uno strumento di regolazione della crisi e dell'insolvenza è deciso, *in via esclusiva*, dagli amministratori, unitamente al contenuto della proposta e alle condizioni del piano. La decisione deve risultare da verbale redatto da notaio ed è depositata ed iscritta nel registro delle imprese». A parte i dubbi di costituzionalità che potrebbero, forse, prospettarsi sotto il profilo della incidenza sulla libertà di iniziativa economica privata dei soci della società in crisi (art. 41 Cost.), la soluzione adottata dal legislatore non pare convincente per le seguenti ragioni:

---

[1] L. BALESTRA, M. MARTINO, nel volume, a cura dei medesimi, *Crisi d'impresa e responsabilità nelle società di capitali*, Milano, 2022.

[2] J.D. SPLIEDT, in Karst. SCHMIDT, *Insolvenzordnung*, 20. Aufl, München, 2023, § 225a, *Rdn.* 1, 2096.

[3] Cfr., pure, P.M. SANFILIPPO, *L'accesso agli strumenti di regolazione. Note minime a margine dell'art. 120-bis del codice della crisi*, in *Dir. fall.*, 2023, I, p. 498, il quale ricorda che il punto è stato da subito sottolineato nel *Parere* reso dal Cons. Stato, Adunanza della Commissione speciale, n. 832 del 13 maggio 2022, 103 s. Nella letteratura tedesca, v. J SINGER, *Vorinsolvenzrechtlicher Restrukturierungsrichtlinie*, Baden-Baden, 2021, il quale, da una parte (p. 127 ss.), solleva il dubbio di costituzionalità di alcune disposizioni dello *StaRUG* tedesco (*infra*, nel testo) per contrasto con gli *Artt.* 14 (tutela del diritto di proprietà) e 9 (libertà di associazione: «Tutti i tedeschi hanno il diritto di costituire associazioni e società», *Abs.* 1); dall'altra (299), sottolinea che l'art. 12 della Direttiva non impone obblighi, ma si preoccupa, soprattutto, di impedire comportamenti ostruzionistici. Condivisibile è anche la sottolineatura dell'A. circa la scarsa "*Harmonisierungsintensität*" della Direttiva stessa.

i) essa, in primo luogo, non si presenta in linea né con la tesi delle c.d. competenze implicite dell'assemblea, oramai condivisa anche dalla giurisprudenza italiana, né con il recupero, almeno parziale, negli ultimi anni, del ruolo riconosciuto alla stessa, attenuando l'originario impatto dell'art. 2380-*bis*, comma 1, c.c. («La gestione dell'impresa ... spetta esclusivamente agli amministratori ...») [4];

ii) non si comprende, in secondo luogo, come la regola possa funzionare se la maggioranza dei soci costituisca pure la maggioranza dei componenti del c.d.a. (e ciò accade spesso nelle società chiuse), con l'aggiunta che risulta essere dato di esperienza comune la possibilità che un socio che controlla una società ben riesca a condizionare anche dall'esterno lo stesso c.d.a.;

iii) è significativo, del resto, che nei sistemi più vicini al nostro (a partire da quello spagnolo: art. 656 *Ley* 16/2022, *de* 5 *de septiembre, de reforma del texto refundido de la Ley Concursal*; ma v., anche i §§ 7, *Abs.* 1, e 67 dello *StaRUG* («*Gesetz über den Stabilisierungs- und Restrukturierungsrahmen für Unternehmen*») tedesco; il § 37 *ReO* («*Restrukturierungsordnung*» = regime giuridico della ristrutturazione) austriaco; gli artt. 3 ss. *Lei* n. 7/2018, *de março* portoghese), l'ostruzionismo dei soci o dei creditori viene superato con un provvedimento diretto del giudice, oppure con un provvedimento di un amministratore giudiziario, o (come previsto nel modello francese) con la nomina – sempre da parte del giudice – di un mandatario che vota al posto dei soci o dei creditori ostruzionisti (cfr., ad es., *art. L* 626-32 *code com.*, *version* 15 *octobre* 2022) [5]. Ed è da chiedersi, ancora, cosa succeda se – subito dopo l'adozione di uno strumento di ristrutturazione – l'intero c.d.a. cessi per scadenza dalla carica o perché revocato per una precedente denunzia al tribunale *ex* art. 2409, comma 4, c.c. [6].

---

[4] F. GUERRERA, *L'espansione di competenza esclusiva degli amministratori nel diritto societario della crisi fra dogmatismo del legislatore e criticità operativa*, in *Riv. soc.*, 2022, p. 1271 ss.; N. MICHIELI, *Il ruolo dell'assemblea dei soci nei processi ristrutturativi dell'impresa in crisi alla luce del d. lgsl. N. 23/2022*, ivi, p. 847 ss.; molto critico A. NIGRO, *La nuova disciplina degli strumenti di regolazione della crisi e dell'insolvenza delle società*, in *Ristrutturazione aziendale*, (11 ottobre 2022), p. 1 ss.; F. IOZZO, C. SCRIBANO, in A. MAFFEI ALBERTI, *Commentario breve alle leggi su crisi d'impresa ed insolvenza*[7], Milano, 2023, *sub* art. 120 *bis*, III, p. 881 ss.

[5] Come del resto è previsto, in altri casi, dallo stesso nostro codice della crisi: v., ad esempio, artt. 120-*quinquies*, comma 1, 118, commi 5 e 6, 264, comma 2.

[6] Merita di essere segnalata l'aporia che sembra creare, in materia di concordato preventivo, la contemporanea presenza dell'art. 120-*quinquies*, comma 1, e dell'art. 116, comma 1, c.c.i. Il primo stabilisce che «Il provvedimento di omologazione dello strumento di regolazione della crisi e dell'insolvenza *determina la riduzione e l'aumento di capitale e le altre modificazioni statutarie nei termini previsi dal piano* ...». Senonché, l'art. 116, comma 1, del medesimo codice dispone, allo stesso tempo e sempre in materia di concordato preventivo, che il piano può prevedere «il compimento, *durante la procedura* oppure dopo la sua omologazione, di operazioni di trasformazione, fusione e scissione ...». Dal momento che, in questo caso, la competenza a compiere queste operazioni spetta agli amministratori (art. 120-*bis* c.c.i.), i quali, pertanto, sono anche tenuti a

2. *Il codice della "crisi rompe il diritto societario"?* – Ma – come emerge dal titolo di questo breve scritto – il codice della crisi non sempre «rompe il diritto societario»: esso, talvolta, produce delle importanti innovazioni, tra le quali – avendo scelto di limitare il discorso alle società di capitali – mi corre l'obbligo di accennare a quella che considero molto rilevante.

Inizio ricordando che in alcune disposizioni del codice della crisi (cfr., ad esempio, artt. 20 e 64) [7] si prevede la sospensione dell'efficacia delle norme degli artt. 2446 e 2447, come pure di quelle degli artt. 2483-*bis* e 2483-*ter* c.c.: esse riguardano perdite di notevole entità del capitale (o addirittura che arrivano oltre la riduzione del minimo legale: artt. 2447 e 2482-*ter* c.c.), rispettivamente, nelle società per azioni e nella società a responsabilità limitata. Reputo che una simile sospensione potrebbe avere senso solo accettando la tesi, che per tanto tempo ho sostenuto, secondo la quale le società di capitali dovrebbero essere costituite con un capitale sociale non inadeguato rispetto all'oggetto sociale: tesi che negli ultimi anni avevo più volte rimaneggiata [8] e che aveva trovato dei riconoscimenti anche in Spagna ed in Portogallo (ma pure in Italia ed in Germania) [9]. Ma quella tesi – dopo l'introduzione, in vari paesi dell'Europa continentale, della società a responsabilità limitata con il capitale sociale di 1€ (per il diritto italiano, v. l'art. 2463-*bis* c.c.; per quello spagnolo, dal 19 ottobre 2022, cfr. l'art. 4 *LSC*: «*El capital de la sociedad de responsabilidad limitada no podrá ser inferior a un euro*»), in contrapposizione al proliferare della *limited* del Regno Unito [10] – non è più sostenibile: codificando questo sottotipo di società, il capitale sociale ha perso pure quella funzione segnaletica che, per il diritto ita-

far provvedere all'iscrizione nel registro delle imprese (artt. 2500, 2504-*quater*, art. 2506-*quater* c.c.), non si comprende se anche in siffatte ipotesi possa verificarsi un effetto costitutivo della sentenza di omologazione.

[7] Cfr., diffusamente, G. STRAMPELLI, *La prevenzione e la tempestiva emersione della crisi d'impresa: dal capitale sociale agli assetti adeguati*, in questa *Rivista*, n. 2, dove anche si dà conto della originaria sospensione emergenziale dell'operatività degli obblighi di ricapitalizzazione e di scioglimento per riduzione del capitale al di sotto del minimo legale in ragione alla pandemia legata al Covid-19, con successive proroghe, tuttora in atto.

[8] L'evoluzione è rimarcata da M. HOUBEN, *Assetti patrimoniali (non manifestamente in) adeguati, doveri degli amministratori e (nuovo) art. 3, comma 3°, lett.* a, *codice della crisi e d'impresa*, in *Banca e borsa*, 2023, I, p. 106 ss.

[9] Per i riferimenti v. G.B. PORTALE, *Capitale sociale e società per azioni sottocapitalizzata*, in *Trattato delle società per azioni*, diretto da G.E. Colombo, G.B. Portale, 1**, Torino, 2004, p. 78 ss.; *adde*: N. BACCETTI, *Creditori extracontrattuali, patrimoni destinati e gruppi di società*, Milano, 2009, pp. 517 ss. e 553 ss.; A. CETRA, *L'impresa collettiva non societaria*, Torino, 2003, p. 217 ss.

[10] Per un quadro comparatistico: M. MIOLA, *La tutela dei creditori ed il capitale sociale; realtà e prospettive*, in *Riv. soc.*, 2012, p. 248 ss.; G.B. PORTALE, *Società a responsabilità limitata senza capitale sociale e imprenditore individuale con «capitale destinato»* (*Capitale sociale* quo vadis?), *ivi*, 2010, p. 1237 ss.

liano, gli attribuiscono ancora alcuni scrittori [11]. Per la verità, la tesi appena esposta, oggi, è adottata positivamente in Belgio, dove l'art. 7:3, §§ 1 e 2, *CSA* (*Code des sociétés et des associations*) del 2019 impone ai soci fondatori di depositare presso il notaio, al momento della costituzione, un piano finanziario dell'attività programmata per un periodo di almeno due anni dalla costituzione. Mentre, poi, l'art. 7:8 *CSA* prevede la responsabilità dei medesimi (nella misura fissata dal giudice) qualora la società venga dichiarata fallita, nei tre anni dalla stessa costituzione, perché il capitale fissato a quella data risultava, in realtà, manifestamente insufficiente ad assicurare il normale esercizio dell'attività programmata [12].

Credo che proprio il codice della crisi possa rimediare alla perdita di un'effettiva funzione del capitale sociale (v., però, *ultra*, n. 3), malgrado, apparentemente, l'UE continui a darvi attenzione [13]. Al proposito, è da segnalare che il codice, *da una parte*, all'art. 3, comma 2, richiama l'art. 2086 c.c. it., secondo il quale «l'imprenditore collettivo deve istituire un assetto organizzativo, amministrativo e contabile adeguato ai sensi dell'art. 2086 del codice civile, ai fini della tempestiva rilevazione dello stato di crisi e di assunzione di idonee iniziative». *Dall'altra parte*, al comma terzo dello stesso articolo è prescritto che al «fine di prevedere tempestivamente l'emersione della crisi d'impresa, le misure di cui al comma 1 e gli assetti di cui al comma 2 devono consentire di: – a) rilevare *eventuali squilibri di carattere patrimoniale* o economico-finanziario, *rapportati alle specifiche caratteristiche dell'impresa e dell'attività imprenditoriale svolta dal debitore …*» [14].

La formula (reperibile pure in altre norme del c.c.i.: v. art. 12, comma 1), nella sostanza, riproduce quella dell'art. 2467 c.c. (allocato nella disciplina della società a responsabilità limitata, ma ritenuto pacificamente applicabile a tutte le società, quanto meno di capitali: e v. l'art. 2497-*quinquies* c.c.), il quale – in tema di postergazione dei finanziamenti dei soci (comma primo) – dispone (se-

---

[11] Cfr., ad esempio, M. Maugeri, *Struttura finanziaria e funzione segnaletica del capitale nel diritto europeo armonizzato*, in *Riv. dir. comm.*, 2016, I, p. 13, testo e nota 35.

[12] J. Malerbe-Y. De Cordt-Ph. Lambrecht-Ph. Malirbe-H. Culot, *Droit del sociétés*, 5e ed., Bruxelles, 2020, p. 487 ss.; E.-J. Navez-A. Navez, *Les code des société et des associations*, Bruxelles, 2019, n. 502 ss., p. 190 ss. Tutto questo non impedisce agli scrittori belgi di riconoscere che «Les exigences de capital font en effet figure de vestiges du passé et de coûts inutiles. Il convenait donc de les retravailler, tout en s'assurant que les tiers (en particulier les créanciers de la société) restent protégés si possible plus efficacement qu'auparavant»: H. Culot, *La suppression du capital social dans le société à responsabilité limitée*, in *Rev. droit comm. belge*, 2018, p. 967.

[13] Ma v. G. Ferri *jr.*, *La funzione del capitale sociale nel diritto azionario europeo*, in questa *Rivista*, p. 683 ss.; St. A. Cerrato, *Capitale sociale e corporate governance: passato, presente, futuro*, ivi, p. 697 ss.

[14] Cfr. anche, diffusamente, M. Houben (8), *passim*.

condo comma) che «ai fini del precedente comma, s'intendono finanziamenti dei soci a favore della società quelli, in qualsiasi forma effettuati, che sono stati concessi in un momento in cui, *anche in considerazione del tipo di attività esercitata* dalla società, *risulta un eccessivo squilibrio* dell'indebitamento *rispetto al patrimonio netto* oppure in una *situazione finanziaria* della società nella quale sarebbe stato ragionevole un conferimento».

Una lettura sistematica di tutte le norme finora elencate, richiamando pure quelle dell'art. 2082 (definizione di imprenditore: «chi esercita un'attività organizzata ...») e dell'art. 2555 c.c. (definizione di azienda: complesso di beni organizzati), mi induce a pensare che, per il legislatore italiano, l'organizzazione non riguardi solo gli organi e le c.d. funzioni delle società di capitali, ma anche il patrimonio [15], nel senso che, fin dall'inizio il "patrimonio" (dunque: il c.d. patrimonio netto destinato all'impresa societaria) non deve essere manifestamente inadeguato. In altri termini: il rilievo che in passato si è tentato di attribuire al capitale sociale oggi deve essere riconosciuto al «patrimonio netto» [16].

Una conferma di questa nuova prospettiva può essere trovata nel codice delle società e delle associazioni belga (*CSA*), già richiamato. Questo codice infatti – prendendo a modello, quanto meno in parte, la c.d. *Flex-BV* olandese (ottobre 2012) [17] – nella società a responsabilità limitata ha: (*i*) soppresso la nozione di capitale sociale e tutte le norme a sua tutela (pur mantenendo la costituzione di riserve a protezione del patrimonio netto: non più, quindi, del capitale sociale); (*ii*) condizionato, *da un lato* (art. 5:3 *CSA*), la costituzione della società a responsabilità limitata alla sufficienza, appunto, del patrimonio netto alla sua attività per almeno due anni dalla costituzione (ciò, come si è visto, accade pure per il capitale sociale della società anonima: v. *supra*); *dall'altro*, previsto che la destinazione di utili (ed, in genere, le distribuzioni) è (sono) condizionata(e) al rispetto di un «*test d'actif nett*» (art. 5:142 *CSA*) e ad un «*test de liquidité*»; e

---

[15] Per la ricomprensione dell'assetto patrimoniale all'interno degli assetti organizzativi, v. già BUONOCORE, *Adeguatezza, precauzione, gestione, responsabilità: chiose sull'art. 2381, commi terzo e quinto, del codice civile*, in *Giur. comm.*, 2006, I, p. 5 ss., richiamato, ora, da M. Houben (8), n. 1, nota 9, e ripreso da G. Strampelli (7), a chiusura del suo scritto dopo avere riconosciuto che in «ultima analisi … l'adeguatezza degli assetti di cui all'art. 2086 c.c. è il presupposto per l'adeguatezza (anche) del patrimonio»

[16] V. ora, nello stesso senso, M. HOUBEN, *Quel che resta del capitale: l'esperienza italiana e le prospettive della repubblica popolare cinese. Dal capitale congruo al patrimonio funzionale alla solvibilità prospettica?*, in *Banca, borsa*, 2023, I (in corso di pubblicazione), n. 6, dove anche un richiamo a E. GINEVRA (e CH. PRESCIANI), *Il dovere di istituire assetti adeguati ex art. 2086 c.c.*, in *NLCC*, 2019, pp. 1222 e 1235, il quale continua a rapportare «la regola della congruità» – anziché al «patrimonio netto» – al «capitale sociale, seppure trasposta dalla sede, non della costituzione della società bensì dell'attuazione dell'attività comune».

[17] Per notizie sulla *Flex-BV*, v. A. HAGEDORN-TERVOORT, *Niederländisches Wirtschaftsrecht*, Frankfurt a. M., 2017, 6-9, *Rdn.* 12-24.

(*iii*) stabilito, in aggiunta, la responsabilità solidale dei soci nel caso di fallimento della società entro tre anni dalla costituzione [18].

3. *Riconfigurazione del capitale sociale e ruolo del patrimonio netto.* – Il modello appena disegnato non esime dal dovere accennare, sia pure rapidamente, a due questioni: la prima è se – tenuto conto del tuttora immutato diritto azionario dell'UE – il capitale nominale mantenga una qualche funzione; la seconda concerne la possibilità, anche per il nostro sistema, di addossare una qualche responsabilità ai soci delle società di capitali nel caso risulti manifestamente inadeguato il patrimonio netto in rapporto al tipo e alle dimensioni dell'attività esercitata dalle medesime.

A) Quanto al primo problema, è da ritenere che sia possibile tuttora, fra le tante funzioni attribuite al capitale nominale, che questo possa continuare a conservare nelle società di capitali quella organizzativa, in quanto permane a fungere da strumento di misurazione sia delle attribuzioni ai soci di carattere amministrativo (ad esempio: diritto di voto, potere di impugnazione delle delibere societarie, come pure di denuncia al tribunale), sia di carattere patrimoniale (diritto agli utili, diritto di opzione, diritto alla quota di liquidazione). In altri termini, «il capitale sociale nominale è sì una cifra numerica, ma è nel contempo un fondamentale termine di riferimento per un ordinato e corretto svolgimento della vita sociale» [19]: e questo emerge, senza dubbio, anche dal codice della crisi.

---

[18] Nell'*Exposé des Motives*, si precisa, a questo proposito, che «La suppression de l'obligation de disposer d'un capital minimum est compensée par une exigence de posseéder un patrimoine initial suffisant. Les fondateurs ont l'obligation de veiller à ce que, lors de sa constitution, la société puisse desposer d'un patrimoine suffisant pour mener l'activité projetée. Cette disposition confirme explicitement ce qui peut déja être admis sur la base du devoir général de prudence. Celui qui participe à la constitution d'une société à responsabilité limitée commet une faute s'il est clair dès le début que la société ne disposera pas de moyens suffisants pour financer les activités prévues. La disposition en projet précise que le patrimoine initial doit être composé de moyens propres, mais que pour l'évaluation du caractère suffisant de ce patrimoine initial, il peut être tenu compte d'autres sources de financement telles que des emprunts subordonnés qui peuvent également contribuer à un financement adéquat des activités de la société». E la dottrina non manca, al proposito, di chiarire [questo può certamente valere anche per la nostra società a responsabilità semplificata: art. 2463-*bis* c.c.] che dal riportato passo dei *Motives* si deduce che la nozione di capitali propri è intesa in senso lato, in quanto include le risorse proprie, ma anche altri mezzi, come i prestiti: così P. DE WOLF, *La s.r.l., une societé sans capital, mais dotée de règles (strichtes) des protection des tiers*, in *La société à responsabilité limitées,* coord. da A.-P.A. Dumont *et* Th. Tilquin, Bruxelles, 2019, p. 45 s., da dove è anche ripreso il passo dei *Motives*. Un quadro completo sulla nuova *s.r.l.*, pure, in H. CULOT (12), 967-983.

[19] Cfr., fra altri, G.F. CAMPOBASSO, *Diritto commerciale. 2. Diritto delle società*[10], a cura di M. Campobasso, Milano, 2020, p. 6 ss.; P. SPADA, *Reintegrazione del capitale sociale senza operare sul nominale*, in *Giur. comm.*, 1978, I, p. 40 («... funzione organizzativa del capitale nominale nelle società per azioni, con il ruolo, cioè, che il capitale interpreta di base di commisurazione delle situazioni soggettive dei soci ...»); il quale tuttavia, successivamente, ha mutato opinio-

B) Passando al quesito circa la possibilità del riconoscimento di una responsabilità (diretta) dei soci nei confronti dei creditori sociali per *sottopatrimonializzazione* materiale manifesta di una società di capitali – precisato che la questione si pone, essenzialmente, per le società chiuse e per le capogruppo –, è da segnalare che essa è stata ampiamente approfondita in Germania ed in Belgio [dove fino al 1977 non era imposto un capitale minimo per nessuna società di capitali (la Direttiva 77/91/CEE è, infatti, del 13 dicembre 1976)], sia pure con specifica attenzione al fenomeno della *sottocapitalizzazione* materiale manifesta [20].

Mentre in questo secondo paese – come tuttora accade con il *Code des sociétés et des associations* (*CSA* – 2019) – la dottrina e la giurisprudenza, dopo incertezze iniziali (la sanzione era individuata nella nullità del contratto di società per mancanza di causa), pur restando ancorate ad una soluzione civilistica, hanno optato per l'assoggettamento dei soci alla disciplina dell'illecito [21]. Nel diritto tedesco, per contro, sempre con riferimento alla responsabilità per *sottocapitalizzazione* materiale manifesta la situazione si presenta più complessa, anche qui, sia in dottrina che in giurisprudenza [ed in questa, quanto meno in passato, anche con diversità di orientamenti tra la Corte Sociale Federale (*BSG*), La Corte Suprema Federale (*BGH*) e la Corte Federale del Lavoro (*BAG*)], in quanto, semplificando, si passa, per la sanzione: dalla tecnica del *Durchgriff* della persona giuridica (superamento del velo di questa per far rispondere *tutti* i soci, nel caso di sottocapitalizzazione iniziale, oppure *solo* i soci di controllo, per quella successiva) al ricorso alla disciplina dell'illecito *ex* § 823 (tipicità) o, più sovente, del § 826 (clausola generale) *BGB* [22], propendendo

---

ne, dopo essersi riconosciuto «responsabile della diffusione» della tesi: ID., *Dottrina e problemi del notariato. Argomenti e attualità*, in *Riv. not.*, 2014, I, pp. 438 e 450 («Quanto alla *funzione organizzativa*, se ne può fare a meno senza danni conoscitivi: plutocrazia o democrazia azionaria funzionano guardando al rapporto sociale, senza bisogno alcuno di passare per la metafora del capitale sociale, che, in questa prospettiva, è un medio concettuale inutile»: posizione, questa, che trova conferma anche nell'esperienza della *Flex-BV* olandese ed in quella della *société a responsabilité limitée* belga: sopra, nel testo, n. 2).

[20] Per i riferimenti, v. G.B. PORTALE, (9), p. 52 s.

[21] G.B. PORTALE (9), p. 53 s.

[22] V. ancora, diffusamente, G.B. PORTALE (9), pp. 50 s., 118 ss.; sui §§ 823 e 826 *BGB*, cfr. P. TRIMARCHI, *La responsabilità civile: Atti illeciti, rischio danno*[3], Milano, 2021, p. 24 (per raffronti comparatistici con i sistemi francese, svizzero e austriaco, 23 s.); G.B. PORTALE (9), 119; lascia aperto il problema dell'applicabilità (ed in base a quali presupposti) del § 826 *BGB*, dopo avere anche negato che la sottocapitalizzazione materiale manifesta consenta l'uso della tecnica del *Durchgriff*, il *BGH*, 28 aprile 2008 (c.d. sentenza GAMMA), in *NJW*, 2008, p. 2437 ss. Per un commento a questa decisione cfr. D. KLEINDIEK, *Materielle Unterkapitalizierung, Existenzvernichtung und Deliktshaftung*-GAMMA, in *NZG*, p. 686 ss.; per la distinzione tra sottocapitalizzazione materiale e sottocapitalizzazione formale (o nominale), v. KARSTEN SCHMIDT/SCHLUCK-AMEND, in K. SCHMIDT/UHLENBRUCK, *Die GmbH in Krise, Rechstrukturierung und Insolvenz*, 6. Aufl., Köln, 2023, 12, *Rdn.* 2.5; sul punto, anche G.B. PORTALE (9), 112 ss.

la letteratura più recente, con qualche eccezione, per quest'ultima soluzione [23].

Dal momento che, in tempi non molto lontani, la nostra Suprema Corte ha avuto modo, in alcune occasioni, di utilizzare anch'essa la tecnica del *Durchgriff* [24], come anch'io avevo pure fatto in passato specificamente in rapporto al tema della *sottocapitalizzazione* materiale manifesta [25], non sono propenso ad escludere che alla medesima tecnica – come d'altronde accade ancora in qualche sistema per scelta del legislatore [26] – si possa tuttora ricorrere per sanzionare la sottopatrimonializzazione qualificata con il carattere dell'evidenza (si tenga presente, ad esempio, il noto caso tedesco della società a responsabilità limitata avente per oggetto il servizio di *Luft-Taxi* pur essendo dotata di un capitale di soli 20.000 DM = 10.000 € [v. la sentenza del *BGH* (Corte Suprema), 14. *Dezember* 1959, in *Ent. Bundesgerichtshofes in Zivilsachen*, (31. Band) 1960, 258 ss.].

La diffidenza dimostrata da ultimo dalla giurisprudenza teorica e pratica tedesca contro l'utilizzo del *Durchgriff* [27] e le acquisizioni ormai da tempo maturate dalla nostra dottrina in materia di responsabilità da illecito (riconoscimento della natura di clausola generale alla norma dell'art. 2043 c.c.) [28] potrebbero, comunque, convincere a considerare più tranquillante, conformemente a quanto da ultimo avviene nei sistemi europei prossimi a quello italiano, di ricondurre nell'ambito dell'illecito la *sottopatrimonializzazione* manifesta, come del resto già in passato era stato sostenuto da qualche autorevole scrittore per la *sottocapitalizzazione* materiale [29].

---

[23] M. PH. WELLER *u.* M. LIEBERKNECHT, in R. BORK *u.* C. SCHÄFER, *GmbHG Komm.*, 5. Aufl., Köln, 2022, § 13, 339 s., *Rdn.* 339 s.; T. FOCK, in G. SPINDLER *u.* E. STILZ, *Grosskomm. Aktienrecht*, I, 15. Aufl., München, 2022, § 1, 15, *Rdn.* 15; *contra*, decisamente per l'impiego della tecnica del *Durchgriff* (con ampio uso dell'analisi economica del Diritto, G. BITTER, in SCHOLZ, *Komm. zum GmbH-Gesetz*, 13. Aufl., I, Köln, 2022, 808, *Rdn.* 68).

[24] Riferimenti in G.B. PORTALE, *Patti parasociali con «efficacia corporativa» nelle società di capitali*, in *Riv. soc.*, 2015, p. 14.

[25] G.B. PORTALE (9), p. 126 ss.

[26] *Art.* 317 *Code civil du Québec*: «La personnalité juridique d'une personne morale ne peut être invoquée à l'encotre d'une personne de bonne foi, dès lors qu'on invoque cette personnalité pour masquer la fraude, l'abus de droit ou une contravention à une règle intéressant l'ordre public».

[27] Per una "demolizione" – tra il serio ed il faceto – di *tutte* le teorie sul *Durchgriff*, cfr. H. FLEISCHER, *Ein Rundgang durch die Landschaft gesellschafter Theorie*, in *NZG*, 2023, p. 2050, il quale conclude segnalando, al margine, che ciascun presidente del II Senato del *BGH* (competente per il diritto societario) ha formulato una personale teoria.

[28] V., da ultimo, P. TRIMARCHI (22), p. 38 ss.; (nella manualistica) F. GAZZONI, *Manuale di diritto privato*[20], Napoli, 2021, p. 715 ss. (717: L'«art. 2043 non è più considerata norma secondaria…, ma norma primaria essa stessa, perché contiene la clausola generale dell'ingiustizia del danno»).

[29] A. NIGRO, *La società per azioni nelle procedure concorsuali*, in *Trattato delle società per azioni*, diretto da G.E. Colombo e G.B. Portale, IX**, Torino, 1993, p. 436 ss.; F. GUERRERA, *Ille-*

È da precisare, comunque, che la soluzione – si adotti quella della disciplina dell'illecito oppure la tecnica del *Durchgriff* – non può non valere pure per l'ipotesi di società a responsabilità limitata semplificata manifestamente sottopatrimonializzata. Non è da approvare, infatti, la sentenza del Tribunale di Milano (Sez. specializzata in materia di impresa B, 3 dicembre 2019), nella cui motivazione si legge che: «nessuna responsabilità *ex* art. 2043 può essere ascritta a [X] quale socia unica di [N] S.r.l. per il solo fatto di avere costituito la S.r.l. semplificata dotandola di soli 2.000 euro di capitale sociale, poiché "l'insufficienza dei mezzi patrimoniali" non può certo integrare di per sé un "fatto illecito" o un fatto lesivo dei creditori, avendo il legislatore riconosciuto e regolamentato tale facoltà, giungendo addirittura ad incentivare l'utilizzo di queste S.r.l. mediante una semplificazione delle formalità di costituzione ed una riduzione dei costi di avviamento (ivi compreso l'esborso per il capitale sociale)» [30]. A parte il rilievo che questa posizione trova una smentita nella dottrina straniera (in particolare, quella francese) [31], è da tenere presente, la precisazione contenuta nei *Motives* (già richiamati) che illustrano il nuovo codice belga delle società e delle associazioni (*CSA*): e cioè che la nozione di capitali propri deve essere intesa in senso lato, in quanto include le risorse proprie, ma anche altri mezzi, come i prestiti e/o i finanziamenti dei soci [32].

4. *La responsabilità dei soci per sottocapitalizzazione.* – Mi sembra utile, a questo punto, qualche rapido cenno – traendo anche spunto da una Dissertazio-

---

cito e responsabilità nelle organizzazioni collettive, Milano, 1991, p. 416 ss.; C. AMATUCCI, *Fatto illecito della società e responsabilità «proporzionata» dei soci*, Milano, 2002, *passim*. Un richiamo incidentale alla «responsabilità civile», in connessione con il tema specifico della sottocapitalizzazione, anche in G. RAGUSA MAGGIORE, *Il falso problema dell'imprenditore occulto*, in *Vita Not.*, 1983, 13-75, nt. 62; più chiaramente L. CALVOSA, *Nota* ad App. Roma, 7 dicembre 1989 e 13 novembre 1989, in *Foro it.*, 1990, I, c. 2032.

[30] In *Giur. it.*, 2020, con nota (2710 ss.) di E. FREGONARA, *S.r.l. semplificata, sottocapitalizzazione ed obblighi organizzativi* ex *art. 2086 c.c.*

[31] P. LE CANNU-B. DONDERO, *Droit des societè*[10], Paris, 2024, n. 1290 s. (proprio con riferimento alla *SARL* con «capital d'un euro»): «Et méme en respectant les exigences legales, exercer une activité sans les capitaus propres suffisants peut engager la responsabilité des associés imprudent et dans une moindre mesure celle du gerant». E si legga anche la vecchia sentenza dell'*App.* Rouen, 20 octobre 1983, in *Dalloz*, 1985, *jur.*, 161: «quando appare all'evidenza che l'estrema modicità del capitale sociale porta in sé il germe delle difficoltà che verranno rivelate ai soci alla prima assemblea generale ...; che la messa in attività della società in tali condizioni testimonia una sicura leggerezza; che l'audacia imprenditoriale, di per sé lodevole, diventa imprudenza colpevole se essa non è dotata di rigorose capacità gestorie applicate ad un minimo di mezzi».

[32] E va pure richiamato il § 5a, *Abs.* 4, *GmbHG*, il quale, nel disciplinare la c.d. *Unternehmergesellschaft* (corrispondente alla nostra società a responsabilità limitata semplificata) – derogando alla norma che impone la convocazione dell'assemblea nel caso di perdita della metà del capitale sociale – prescrive l'immediata convocazione dell'assemblea nell'ipotesi di *minaccia* di insolvenza.

ne tedesca, dedicata alla partecipazione sociale nell'insolvenza[33] – alla posizione ed al trattamento dei creditori e dei soci, sempre limitatamente alle società di capitali, nell'attuazione dei piani di ristrutturazione dell'impresa in crisi (*non insolvente*).

È da ricordare, al proposito, che – in base al secondo comma dell'art. 120-*bis* c.c.i. – ai «fini del buon esito della ristrutturazione il piano può prevedere qualsiasi modificazione dello statuto della società debitrice, ivi inclusi aumenti e riduzioni di capitale anche con limitazione o esclusione del diritto di opzione e altre modificazioni che incidono direttamente sui diritti di partecipazione dei soci, nonché fusioni, scissioni e trasformazioni». Manca, tuttavia, una disciplina circa i criteri di valutazione da applicare nella realizzazione delle dette operazioni.

Una articolata regolazione della conversione dei crediti in partecipazioni sociali (c.d. *debt for equity swap*) si riscontra nella già citata legge portoghese del 2 marzo 2018 (n. 7/2018: «Regime jurídico da conversão de créditos em capital»), la quale, tuttavia, è anteriore alla Direttiva n. 1023/2019 e, per quanto interessante, non si occupa della valutazione dei crediti[34]. Maggiore attenzione, in questa prospettiva, meritano le norme contenute nello *StaRUG* tedesco, che nella sostanza riprende le regole già introdotte nell'*Insolvenzordnung* (§§ 217, 225*a* e 254), come modificato (con effetto dal 1° gennaio 2012) dall'*ESUG* (v. sopra). Dello *StaRUG* rilevano, in particolare, le norme del § 7, *Abs.* 4, prime due frasi, e quelle del § 67, *Abs.* 5. Nel § 7 si prevede, specificamente, che «Crediti da ristrutturare possono anche essere convertiti in quote o diritti di partecipazione [*Mitgliederschaftsrechte*] nella società debitrice. *È esclusa una conversione contro la volontà dei creditori interessati*»: esclusione, questa, che viene motivata con la necessità di tutela dello stesso creditore (l'acquisizione di una partecipazione nella società debitrice, oltre a potere creare difficoltà finanziarie al titolare del credito, potrebbe produrre una vietata operazione di concentrazione[35]. Mentre nel § 67, *Abs.* 5, è stabilito che, «se i crediti da ristrutturare vengono convertiti in quote o in diritti di partecipazione nella società debitrice, questa, dopo l'approvazione del piano di ristrutturazione da parte del giudice,

---

[33] M. DECKERS, *Die Mitgliedschaft in der Insolvens*, Baden-Baden, 2019, con *Geleitwort* di W.F. EBKE, pp. 7-9.

[34] La legge è rimasta in vigore malgrado l'avvenuta attrazione della citata Direttiva: cfr. P. DE TARSO DOMINGUES, *A transposição, na vertente societária, da Diretiva sobre Reestructutação e Insolvència (Diretiva (UE) 2019/1023 de 20 de junho de 2019*, in *Dir. sociedades em Revista*, 2022, p. 221 ss. Per diritto spagnolo, v. l'ampio saggio di A. ROJO, *La conversión de creditos en acciones o participaciónes en los planes de reestructuración*, in *Dir. banca e mercato finanz.*, 2023, p. 159 ss.

[35] J. PARZINGER *u.* A. KNEBEL, in R. STÜRNER, H. EIDENMÜLLER, H. SCHOPPENMEIR, ST. MADAUS, *Komm. zum StaRUG*, München, 2023, § 7, *Rdn.* 114.

non può far valere alcuna pretesa per sopravvalutazione dei crediti contro chi è stato fino a quel momento creditore»: si deroga, in questo modo, al divieto di emissione di azioni sotto la pari, come pure alla regola dell'obbligo di copertura della differenza (la c.d. *Differenzhaftung*)[36]. A questa «Privilegierung» è data la duplice giustificazione che (*i*) il giudice della ristrutturazione potrebbe trovare in una «falsa valutazione del credito» una ragione per non approvare il piano di ristrutturazione (*ii*) «inoltre, il § 67, *Abs.* 5, *StaRUG* tende a rimuovere gli ostacoli al risanamento che deriverebbero dalla *Differenzhaftung* e crea incentivi alla partecipazione dei creditori al *Debt-Equity-Swap*»[37].

A parte la scarsa fondatezza o, quanto meno, la debole forza di persuasione di questi argomenti, essi inducono ad interrogarsi, anche per il diritto italiano, sull'uso degli altri strumenti di realizzazione dei piani di ristrutturazione: in particolare, di quelli che comportano nella società debitrice «aumenti e riduzioni di capitale, anche con limitazione o esclusione del diritto di opzione e altre modificazioni che incidono direttamente sui diritti di partecipazione dei soci ...» (art. 120-*bis*, comma 2, c.c.i.). Adattando al codice della crisi quanto è stato scritto dopo le modifiche subite dall'*Insolvenzordnung* ad opera dell'*ESUG*, può dirsi che il coinvolgimento delle partecipazioni sociali ed in generale dei diritti di partecipazione nei processi di ristrutturazione realizza «un abbandono dello a lungo preesistente dogma dell'astinenza [*sic*] del diritto societario dal diritto dell'insolvenza per definire in termini nuovi il rapporto tra diritto dell'insolvenza e diritto societario»[38].

Non potendo occuparmi approfonditamente, in questa sede, di un problema che coinvolge profili di rispetto di principi costituzionali (tutela della libertà di iniziativa economica e del diritto di proprietà: artt. 41 e 42 Cost.; ma v. anche l'art. 17 della Carta di Nizza), come pure di diritto comunitario e di politica del diritto, mi limito a dire che – nel caso di procedure di ristrutturazione, come nel caso di liquidazione giudiziale –, fino a quando la partecipazione sociale ed in generale i diritti connessi alla qualità di socio hanno un valore, questo valore va conservato al socio della società in crisi o in liquidazione giudiziale. In altri termini, a differenza di quanto accade con l'istituto dello *squeeze-out* in occasione di un'offerta pubblica di acquisto, non sempre al socio può essere riservato un qualche valore, perché il patrimonio della società può effettivamente essersi risotto a zero. Ma se non è questo il caso, perché l'impresa continua e/o il valore dell'impresa non è ridotto a zero, il socio ha diritto di restare in società o di avere liquidato un valore (questo anche nel caso di esclusione del diritto di

---

[36] In merito: J. KOCH, *Aktiengesetz*, 17. *Aufl.*, München, 2023, § 27, *Rdn. 17 e 21*, p. 163 s., § 36*a*, *215*.

[37] J. PARZINGER *u.* A. KNEBEL, (34).

[38] W.F. EBKE, (33), 7.

opzione e fermo il problema di stabilire il momento fino al quale sia applicabile il principio del *going concern* nelle valutazioni, che presuppone un'impresa ancora in esercizio). Tutto questo perché – come acutamente è stato detto[39] – mentre i conferimenti e gli apporti dei soci fanno parte del patrimonio della società debitrice, la partecipazione sociale e i diritti a questa connessi (fino a quando conservano un valore) continuano a fare parte del patrimonio del socio.

Al proposito, mi sia consentito chiudere ricordando la vicenda del vecchio Banco Ambrosiano, con sede a Milano. Questo, nei primi giorni dell'agosto del 1982, fu posto in liquidazione coatta amministrativa, presentando un capitale sociale negativo di 500 MLN di lire. La sua azienda fu acquistata, tuttavia, per 300 MLN di lire da sette banche (come corrispettivo dell'avviamento e di altri valori immateriali). Contestualmente, essa fu conferita nel Nuovo Banco Ambrosiano, con attribuzione, alcuni mesi dopo la costituzione, ai soci (esenti da responsabilità per il *crack*) di *warrant* che potevano essere esercitati in un primo momento, con pagamento di £. 1000 ad azione, ed in una seconda data di £. 1.300[40].

---

[39] Si leggano il *Vorwort* e le pagine finali (339-348), rispettivamente di W.F. EBKE e di M. DECKERS (33).

[40] Ringrazio, per i dettagli dell'operazione, il Prof. Francesco Cesarini, il quale è stato membro del comitato di controllo durante l'amministrazione straordinaria (che ha preceduto la liquidazione coatta amministrativa) del Banco Ambrosiano e, successivamente, componente del consiglio di amministrazione del Nuovo Banco Ambrosiano: sua era stata l'idea dell'attribuzione dei *warrant*, condivisa dal presidente del collegio sindacale. Sull'argomento potrebbe risultare interessante la lettura dei saggi di A. PATRONI GRIFFI, *Le crisi bancarie: il caso Banco Ambrosiano*, e dello stesso F. CESARINI, *Osservazioni in merito allo svolgimento delle crisi bancarie in Italia*, nel volume *Banche in crisi, 1960-1985*, a cura di F. Belli, G. Minervini, A. Patroni Griffi, M. Porzio, Roma-Bari, 1987, rispettivamente, pp. 125-135 e 136-162.

UNTERNEHMENSRESTRUKTURIERUNG IM HARMONISIERTEN EUROPÄISCHEN RECHTSRAUM

von *Christoph A. Kern*

Abstract

In the very beginning, the concept of the Single European Market focused on harmonized rules for products and, later, services. Since quite a while, however, the concept has expanded to the players in this market. Harmonization first concerned the player's market entrance and their free movement within the market's territory. Market exit, in turn, was long a field left to the Member States. This has changed in 2019 with the enactment of the Directive on restructuring and insolvency. For good reasons, the European legislature was reluctant to tackle national insolvency law. It therefore obliged Member States to enact a preventive restructuring framework which would fish out enterprises in financial difficulties with the net of a harmonized scheme before they could get to the diverse and divergent national laws. Nevertheless, even in the areas it covers, the Directive will only bring about a truly harmonized legal framework for market exit if legal practice and academia care about other Member States' national implementation and national traditions. This volume which documents a conference that brought together practitioners and academics from Germany and Italy is a first attempt to enhance mutual understanding.

I. *Vorbemerkung.* – Der vorliegende Tagungsband dokumentiert eine Tagung, die im Sommer 2022 in der Villa Vigoni stattfand. Dass diese Tagung stattfand, war keineswegs selbstverständlich. Denn aufgrund der COVID19-Pandemie wurde sie zunächst mit offenem Termin verschoben, und auch als sie dann für den Juli 2022 festgesetzt war, blieb längere Zeit offen, ob sie dann wirklich würde stattfinden können. Die Organisatoren sowie die Teilnehmerinnen und Teilnehmer hatten also weit über zwei Jahre erst auf die Bewilligung gehofft, dann auf die Durchführung gewartet, ihr entgegengefiebert, immer wieder mögliche Termine im Terminkalender blockiert. Umso größer war die Freude und Erleichterung, als man sich in der wunderschönen Landschaft des Comer Sees und auf dem Gelände der Villa Vigoni überhaupt persönlich begegnen und dann auch die Tagung wie geplant durchführen konnte. Ohne die Flexibilität der Villa Vigoni, aber auch der Teilnehmerinnen und Teilnehmer, wäre dies nicht möglich gewesen.

Ungeachtet der Verschiebung hatte die Tagung nichts an ihrer Aktualität eingebüßt, und das gilt auch für den vorliegenden Band, ist das Insolvenz- und Restrukturierungsrecht in Europa doch im Fluss, wie der kürzlich vorgelegte Vorschlag für eine sogenannte Insolvency III-Richtlinie zeigt.[1] Die Tagung konnte also wie geplant stattfinden: Als eine kleine, aber feine Tagung, die neben dem wissenschaftlichen Austausch zu einem spannenden Thema auch das persönliche Gespräch, das Begründen und Vertiefen von Kontakten und Freundschaften erlaubt – und dies in einem Rahmen, der schöner nicht sein könnte: in der Villa Vigoni oberhalb des Comer Sees, an einem Ort, zu dem sich auch eine längere Anreise lohnt. Die Tagung ausfallen zu lassen, kam für die Organisatoren nicht in Frage; die Tagung im online-Format durchzuführen, wäre zwar möglich gewesen, hätte aber das, was sich alle Beteiligten über das rein Fachliche hinaus erhofften, unmöglich gemacht. Wie die Tagung gezeigt hat und nicht zuletzt dieser Band dokumentiert, hat sich das Warten gelohnt.

Als kleiner fachlicher Auftakt bietet es sich an, das Thema in loser Weise mit dem genius loci zu verbinden, den das Wasser des Comer Sees und das ihn umgebende Land prägen.

II. *Der harmonisierte europäische Rechtsraum im Überblick.* – Nur wenige Gebiete des Zivilrechts waren bislang nicht Gegenstand europäischer Rechtsharmonisierung. Das Vertragsrecht ist geprägt von europäisch determinierten Regelungen zum Vertragsschluss und zum Vertragsinhalt von Verbraucherverträgen,[2] genauer B2C-Verträgen – Regelungen, die in den einzelnen europäischen Rechtsordnungen in unterschiedlichem Maße auch auf Verträge unter Unternehmern (B2B) und unter Verbrauchern (C2C) abfärben; das deutsche Recht

---

[1] Vorschlag für eine Richtlinie des Europäischen Parlaments und des Rates zur Harmonisierung bestimmter Aspekte des Insolvenzrecht, COM(2022) 702 final, 2022/0408 (COD).

[2] S. nur Richtlinie 2011/83/EU des Europäischen Parlaments und des Rates vom 25. Oktober 2011 über die Rechte der Verbraucher ..., ABl. EU Nr. L 304 v. 22.11.2011, 64; Richtlinie (EU) 2019/770 des Europäischen Parlaments und des Rates vom 20. Mai 2019 über bestimmte vertragsrechtliche Aspekte der Bereitstellung digitaler Inhalte und digitaler Dienstleistungen, ABl. EU Nr. L 136 v. 22.5.2019, 1; Richtlinie (EU) 2019/771 des Europäischen Parlaments und des Rates vom 20. Mai 2019 über bestimmte vertragsrechtliche Aspekte des Warenkaufs ..., ABl. EU Nr. L 136 v. 22.5.2019, 28.

bietet hierfür im AGB-Recht[3] und im Kaufvertragsrecht[4] reiches Anschauungsmaterial. Das europäische Arbeitsrecht ist nicht nur, wie bislang nach h.M. das Verbraucherrecht, Schutzrecht für den schwächeren Teil, sondern berührt auch Organisation und Repräsentation der Arbeitnehmer[5] sowie das kollektive Arbeitsrecht;[6] richtigerweise finden sich freilich auch im europäischen Verbraucherrecht zunehmend Regeln zur „Kollektivierung" der Verbraucher – man denke nur an den kollektiven Rechtsschutz.[7] Das Gesellschaftsrecht kommt in der Zählung der Richtlinien kaum noch nach;[8] seit das Thema in den 1960er Jahren entdeckt wurde, hat der Europäische Gesetzgeber immer neue Gebiete abgedeckt und mit der Zusammenfassung alter Richtlinien[9] die überkommene Zählung unübersichtlich werden lassen. Dabei hat sich das europäische Recht nicht damit begnügt, Vorgaben für nationale Rechtsformen zu schaffen, sondern hat auch eigene Rechtsformen – freilich teils unter Heranziehung nationalen Rechts – eingeführt.[10] Dem Gesellschaftsrecht nahe steht europäisches Richtlinien-, aber auch Verordnungsrecht auf dem Gebiet des Kapitalmarkts.[11] Viel weiter noch geht die Harmonisierung im Recht des Zahlungsverkehrs[12] – einem Rechtsgebiet, in dem sich ähnlich wie im Kapitalmarktrecht und seit einigen Jahren im Daten(schutz)recht[13] Privatrecht und Regulierung vermischen.

[3] MüKoBGB/*Fornasier*, Bd. 2, 9. Aufl. 2022, Vor § 305 Rn. 29; *Pfeiffer* NJW 2017, 913 (913 f).

[4] MüKoBGB/*Säcker*, Bd. 1, 9. Aufl. 2021, Einl. BGB Rn. 267; Grüneberg/*Weidenkaff*, BGB, 82. Aufl. 2023, Vor § 433 Rn. 3a.

[5] Zur SE etwa *EuGH* Urt. v. 18.10.2022 – Rs. C-677/20; s. aber zum deutschen Mitbestimmungsrecht auch *EuGH* Urt. v. 18.07.2017 – Rs. C-566/15.

[6] Z.B. Art. 14 der Richtlinie (EU) 2019/1152 des Europäischen Parlaments und des Rates vom 20. Juni 2019 über transparente und vorhersehbare Arbeitsbedingungen in der Europäischen Union, ABl. EU Nr. L 186 v. 11.07.2019, 110.

[7] Richtlinie (EU) 2020/1828 des Europäischen Parlaments und des Rates vom 25. November 2020 über Verbandsklagen zum Schutz der Kollektivinteressen der Verbraucher ..., ABl. EU Nr. L 409 v. 4.12.2020, 1; dazu etwa *Kern*/*Uhlmann* ZEuP 2022, 849.

[8] Vgl. nur den Überblick bei *Lutter/Bayer/Schmidt*, Europäisches Unternehmens- und Kapitalmarktrecht, 5. Aufl. 2012, 417 ff. mit der Folgeauflage (6. Aufl. 2018), 391 ff.

[9] Richtlinie (EU) 2017/1132 des Europäischen Parlaments und des Rates vom 14. Juni 2017 über bestimmte Aspekte des Gesellschaftsrechts, ABl. EU Nr. L 169 v. 30.6.2017, 46.

[10] EWIV, SE, SCE, im Projektstadium gescheitert SPE und SUP.

[11] S. etwa Richtlinie (EU) 2016/1034 des Europäischen Parlaments und des Rates vom 23. Juni 2016 zur Änderung der Richtlinie 2014/65/EU über Märkte für Finanzinstrumente, ABl. EU Nr. L 175 v. 30.06.2016, 9.

[12] Richtlinie (EU) 2015/2366 des Europäischen Parlaments und des Rates vom 25. November 2015 über Zahlungsdienste im Binnenmarkt, zur Änderung der Richtlinien 2002/65/EG, 2009/110/EG und 2013/36/EU und der Verordnung (EU) Nr. 1093/2010 sowie zur Aufhebung der Richtlinie 2007/64/EG, ABl. EU Nr. L 337 v. 23.12.2015, 35.

[13] Verordnung (EU) 2016/679 des Europäischen Parlaments und des Rates vom 27. April

Auch wenn es auf allen diesen Gebieten keine flächendeckende Harmonisierung oder gar Vereinheitlichung gibt, kann man hier doch nicht mehr von einzelnen kleinen Inseln europäischen Rechts im Meer des nationalen Rechts sprechen, sondern muss – um im Bild zu bleiben – das europäische Recht als das Festland ansehen, in dem sich viele größere oder kleinere Seen nationalen Rechts finden.

Ist damit das Meer nationalen Zivilrechts auf dem Rückzug, so gibt es doch noch Flächen, die auch heute noch einem Meer mit einzelnen Inselgruppen gleichen. Inselfreie Tiefsee waren lange das Familien- und Erbrecht, denen eine starke Prägung durch die nationale Tradition und Rechtskultur nachgesagt wird.[14] Für das materielle Recht gilt dies weiterhin; nicht außer Acht gelassen werden dürfen allerdings gelegentliche Untiefen, die weniger europäischer als vielmehr völkervertragsrechtlicher Harmonisierung zu verdanken sind – etwa auf dem Gebiet des Erwachsenenschutzes.[15] Im Übrigen hat im Familien und Erbrecht eine bemerkenswerte Verlandung an den Ufern stattgefunden, nämlich eine Vereinheitlichung des Internationalen Privat- und Prozessrechts durch europäisches Verordnungsrecht.[16] Zu nennen sind etwa die Europäische Unterhaltsverordnung,[17] die Europäische Erbrechtsverordnung,[18] die sogenannte Rom III-Verordnung[19] und die Europäischen Güterrechtsverordnungen.[20] Die

---

2016 zum Schutz natürlicher Personen bei der Verarbeitung personenbezogener Daten, zum freien Datenverkehr und zur Aufhebung der Richtlinie 95/46/EG (Datenschutz-Grundverordnung), ABl. EU Nr. L 119 v. 4.5.2016, 1; Richtlinie (EU) 2016/680 des Europäischen Parlaments und des Rates vom 27. April 2016 zum Schutz natürlicher Personen bei der Verarbeitung personenbezogener Daten durch die zuständigen Behörden ..., ABl. EU Nr. L 119 v. 04.05.2016, 89; Verordnung (EU) 2018/1725 des Europäischen Parlaments und des Rates vom 23. Oktober 2018 zum Schutz natürlicher Personen bei der Verarbeitung personenbezogener Daten durch die Organe, Einrichtungen und sonstigen Stellen der Union, zum freien Datenverkehr und zur Aufhebung der Verordnung (EG) Nr. 45/2001 und des Beschlusses Nr. 1247/2002/EG, ABl. EU Nr. L 295 v. 21.11.2018, 39.

[14] S. etwa *Eisenhardt*, Deutsche Rechtsgeschichte, 7. Aufl. 2019, § 20 Rn. 753; MüKoBGB/*Wellenhofer*, Bd. 9, 9. Aufl. 2022, § 1303 Rn. 2; *Zimmermann* JZ 2016, 321 (327 f.).

[15] Haager Übereinkommen vom 13. Januar 2000 über den internationalen Schutz von Erwachsenen, BGBl. 2007 II, 324.

[16] Dazu *Pfeiffer/Lobach/Rapp*, Europäisches Familien- und Erbrecht. Stand und Perspektiven, 2020.

[17] Verordnung (EG) Nr. 4/2009 des Rates vom 18. Dezember 2008 über die Zuständigkeit, das anwendbare Recht, die Anerkennung und Vollstreckung von Entscheidungen und die Zusammenarbeit in Unterhaltssachen, ABl. EU Nr. L 7 v. 10.1.2009, 1.

[18] Verordnung (EU) Nr. 650/2012 des Europäischen Parlaments und des Rates vom 4. Juli 2012 über die Zuständigkeit, das anzuwendende Recht, die Anerkennung und Vollstreckung von Entscheidungen und die Annahme und Vollstreckung öffentlicher Urkunden in Erbsachen sowie zur Einführung eines Europäischen Nachlasszeugnisses, ABl. EU Nr. L 201 v. 27.7.2012, 107 (EuErbVO).

[19] Verordnung (EU) Nr. 1259/2010 des Rates vom 20. Dezember 2010 zur Durchführung einer Verstärkten Zusammenarbeit im Bereich des auf die Ehescheidung und Trennung ohne Auflösung des Ehebandes anzuwendenden Rechts, ABl. EU Nr. L 343 v. 29.12.2010, 10-16.

Uferlinie ist dabei nicht überall glatt, das Land steigt nicht überall gemächlich an. Vielmehr gibt es überraschende Aufschwemmungen, die sich als vorgelagerte Inseln des materiellen Rechts präsentieren – so die materiellrechtlichen Regeln zum Europäischen Nachlasszeugnis;[21] manchmal ist das Ufer zerfurcht, tiefe Kanäle ziehen sich ins Innere des jungen Landes, nämlich dort, wo die Harmonisierung auf der Rechtsgrundlage der Verstärkten Zusammenarbeit beruht und manche Mitgliedstaaten auslässt, wie dies für das internationale Scheidungs- und Güterrecht gilt.[22] Sturmfluten, die dem neugewonnenen Land fruchtbare Erde entreißen, haben wir in Gestalt des Brexit ebenfalls schon erlebt.[23]

III. *Unternehmen in der Krise im harmonisierten europäischen Rechtsraum.* – 1. *Verortung des Restrukturierungsrechts.* – Tief und still waren die Wasser lange Zeit auf dem Gebiet des Rechts der Unternehmen in der Krise. Nur an den Rändern kam es, nach einem ersten erfolglosen Versuch in Gestalt des Europäischen Insolvenzübereinkommens,[24] mit der Europäischen Insolvenzverordnung zu einer Harmonisierung des Internationalen Insolvenzrechts im Jahre 2000,[25] die mit dem Recast der Verordnung im Jahre 2015 befestigt und ausgebaut wurde.[26] Das Recht der Unternehmen in der Krise, insbesondere das Insolvenzrecht, ist nun ein Gebiet, das an viele andere Gebiete angrenzt, von zweien dieser Gebiete für sich beansprucht wird und unter der technisch-glatten Oberfläche starke Verbindungen zum allgemeinen Zivilrecht und seinen teils verfassungsrechtlich aufgeladenen Grundsätzen aufweist, die im Insolvenzrecht in eine tiefere Schicht abgesunken sind, während sie weiter entfernt an die Oberfläche treten. Die zwei Gebiete, die das Insolvenzrecht für

---

[20] Verordnung (EU) 2016/1103 des Rates vom 24. Juni 2016 zur Durchführung einer Verstärkten Zusammenarbeit im Bereich der Zuständigkeit, des anzuwendenden Rechts und der Anerkennung und Vollstreckung von Entscheidungen in Fragen des ehelichen Güterstands, ABl. EU Nr. L 183 vom 8.7.2016, 1; Verordnung (EU) 2016/1104 des Rates vom 24. Juni 2016 zur Durchführung der Verstärkten Zusammenarbeit im Bereich der Zuständigkeit, des anzuwendenden Rechts und der Anerkennung und Vollstreckung von Entscheidungen in Fragen güterrechtlicher Wirkungen eingetragener Partnerschaften, ABl. EU Nr. 183 vom 8.7.2016, 30.

[21] Art. 62 ff. EuErbVO; vgl. etwa *Süß*, Erbrecht in Europa, 3. Aufl. 2015, § 6 Rn. 1 ff.; Grüneberg/*Weidlich*, Anh. zu § 2370 Rn. 6 f.

[22] Nachweise in Fn. 19, 20.

[23] Beispiele aus der deutschen Rechtsprechung: *OLG Köln* IPRax 2023, 477 (internationale Zustellung); *OLG München* IPRax 2023, 186 (britische Limited).

[24] Abgedruckt u.a. bei Nerlich/Römermann, InsO, 18. Aufl. 2010, Anhang 5, Europäisches Übereinkommen über Insolvenzverfahren; dazu z.B. Knecht/Hommel/Wohlenberg/*Ebke/Humpenöder*, Handbuch Unternehmensrestrukturierung, 2016, 1, 8.

[25] Verordnung (EG) Nr. 1346/2000 des Rates vom 29. Mai 2000 über Insolvenzverfahren, ABl. EG Nr. L 160 v. 30.6.2000, 1.

[26] Verordnung (EU) 2015/848 des Europäischen Parlaments und des Rates vom 20. Mai 2015 über Insolvenzverfahren (Neufassung), ABl. EU Nr. L 141 v. 5.6.2015, 19.

sich beanspruchen, sind zum ersten das Handelsrecht, das ohnehin schon seit Jahrhunderten eine von der Praxis getriebene Harmonisierung erlebt hat und auch seit langem einige Inseln europäischer Harmonisierung, etwa in Gestalt des Handelsvertreterrechts,[27] aufweisen kann, und zum zweiten das Verfahrens-, genauer das Vollstreckungsrecht, das sich mithilfe des Grundsatzes der Verfahrensautonomie der Mitgliedstaaten[28] sowie seiner Prägung durch hoheitliche Zwangseingriffe[29] bislang vor direkten Einschwemmungen weitgehend geschützt hat, freilich indirekt durch den Europäischen Gerichtshof erste Anlandungen erlebt.[30] Aus dem allgemeinen Zivilrecht und dem Verfassungsrecht relevant sind der Grundsatz *pacta sunt servanda*,[31] die vielfach, aber nicht nur, sachenrechtliche Vermögenszuordnung und damit verbunden die Eigentumsgarantie,[32] die Pflichten der Geschäftsführer,[33] aber auch der Gleichheitssatz,[34] die Grundrechte des Schuldners sowie des Gläubigers und nicht zuletzt das Sozialstaatsprinzip.[35]

2. *Der Weg zur Richtlinie über Restrukturierung und Insolvenz.* – In dem Bermudadreieck aus eher harmonisierungsoffenem Handelsrecht, eher harmonisierungsfeindlichem Vollstreckungsrecht und nicht von vornherein als harmonisierungsoffen oder harmonisierungsfeindlich einzuordnenden Regeln des Sachenrechts und des Gesellschaftsrechts sowie allgemeinen zivil- und verfassungsrechtlichen Grundsätzen verschwanden nach der gelungenen Harmonisierung an den Rändern des internationalen Insolvenzrechts verschiedene Versuche der Europäischen Kommission, die Harmonisierung auch materiellrechtlich voranzutreiben.[36] Doch die Hartnäckigkeit der Kommission und ihr Geschick in

---

[27] Richtlinie 86/653/EWG des Rates vom 18. Dezember 1986 zur Koordinierung der Rechtsvorschriften der Mitgliedstaaten betreffend die selbständigen Handelsvertreter, ABl. EWG Nr. L 382 v. 31.12.1986, 17.

[28] Wohl erstmals erwähnt in *EuGH* Urt. V. 7.1.2004 – Rs. C-201/02 Rn. 65.

[29] *Baur/Stürner/Bruns*, Zwangsvollstreckungsrecht, 14. Aufl. 2022, § 5 Rn. 5.12; *Jauernig/Berger/Kern*, Zwangsvollstreckungsrecht, 24. Aufl. 2022, § 1 Rn. 1; Zöller/*Seibel*, ZPO, 35. Aufl. 2024, Vor §§ 704-945b, Rn. 1.

[30] Ausführlich *Uhlmann* GVRZ 2023, 7.

[31] Dazu nur *M.-P. Weller*, Die Vertragstreue, 2009.

[32] Allgemein Pape/Reichelt/Schultz/Voigt-Salus/*Pape*, Insolvenzrecht, 3. Aufl. 2022, § 11 Rn. 1.

[33] Allgemein *Bork* ZIP 2011, 101.

[34] MüKoInsO/*R. Stürner*, Bd. 1, 4. Aufl. 2019, Einl. Rn. 77.

[35] *Lepa*, Insolvenzordnung und Verfassungsrecht, 2002; *Adam* DZWIR 2009, 441 (444); MüKoInsO/*R. Stürner*, Einl. Rn. 74, 77, 88 ff., 95 ff.

[36] Vgl. European Commission, Commission Recommendation of 12 March 2014 on a New Approach to Business Failure and Insolvency, C(2014) 1500 final, <https://www.insol-europe.org/uploads/files/documents/140312_Recommendation_0c_2014_1500_en.pdf>.

der Verortung ihres legislatorischen Projekts sollten sich auszahlen.[37] Statt auf das Insolvenzrecht zu zielen, entfernte sich die Kommission vom Gedanken der Insolvenz, von der Gesamtvollstreckung und sogar vom Verfahrensrecht und näherte sich jedenfalls prima facie dem Vertragsrecht an: das Harmonisierungsprojekt wurde zeitlich ins Vorfeld der nach nationalem Recht vorliegenden Insolvenzeröffnungsgründe verlegt; dem potentiellen Schuldner wurde die Auswahl der einzubeziehenden Beteiligten überlassen; statt eines in sich geschlossenen Verfahrens vor einem Gericht wurde ein Baukasten einzelner – wenngleich nur scheinbar unverbundener – „Instrumente" geschaffen;[38] und den Betroffenen wurde in einem ersten Schritt die Wahl gelassen, der Maßnahme zuzustimmen oder sie abzulehnen, also Vertragsfreiheit suggeriert. Im Schlepptau dieser Neuerungen platzierte die Kommission noch die Harmonisierung einzelner materiell-insolvenzrechtlicher Fragen, insbesondere die Vereinheitlichung der Fristen für die Restschuldbefreiung von Unternehmern, die für viele Mitgliedstaaten faktisch eine Verkürzung brachte[39] und sinnvollerweise überschießend umgesetzt wurde.[40] Mit diesen Maßgaben wurde die Richtlinie über Restrukturierung und Insolvenz[41] nach durchaus stürmischer Diskussion[42] erlassen; die Umsetzungsfrist lief am 17. Juli 2021 ab.

---

[37] Vgl. *Kern* RabelsZ 82 (2018), 511 (512).

[38] Dazu noch vor der Umsetzung durch den deutschen Gesetzgeber *Kern* NZI-Beilage 2019, 18.

[39] Vgl. für Deutschland Art. 3 des Gesetzes zur weiteren Verkürzung des Restschuldbefreiungsverfahrens und zur Anpassung pandemiebedingter Vorschriften im Gesellschafts-, Genossenschafts-, Vereins- und Stiftungsrecht sowie im Miet- und Pachtrecht vom 22. Dezember 2020, BGBl. I, 3328.

[40] Beispielsweise in Deutschland: Art. 2 Nr. 2 des Gesetzes vom 22. Dezember 2020 (Fn. 39); in Spanien: Art. 486 Ley Concursal i.d.F. von Art. Único Nr. 130 der Ley 16/2022, de 5 de septiembre, de reforma del texto refundido de la Ley Concursal, aprobado por el Real Decreto Legislativo 1/2020, de 5 de mayo, para la transposición de la Directiva (UE) 2019/1023 del Parlamento Europeo y del Consejo, de 20 de junio de 2019, sobre marcos de reestructuración preventiva, exoneración de deudas e inhabilitaciones, y sobre medidas para aumentar la eficiencia de los procedimientos de reestructuración, insolvencia y exoneración de deudas, y por la que se modifica la Directiva (UE) 2017/1132 del Parlamento Europeo y del Consejo, sobre determinados aspectos del Derecho de sociedades (Directiva sobre reestructuración e insolvencia); in Österreich: § 199 Abs. 2 der Insolvenzordnung i.d.F. von Art. 2 Nr. 14 des Bundesgesetzes, mit dem zur Umsetzung der Richtlinie über Restrukturierung und Insolvenz ein Bundesgesetz über die Restrukturierung von Unternehmen geschaffen wird sowie die Insolvenzordnung, das Gerichtsgebührengesetz, das Gerichtliche Einbringungsgesetz, das Rechtsanwaltstarifgesetz und die Exekutionsordnung geändert werden (Restrukturierungs- und Insolvenz-Richtlinie-Umsetzungsgesetz – RIRUG), BGBl. I Nr. 147/2021.

[41] Richtlinie (EU) 2019/1023 des Europäischen Parlaments und des Rates vom 20. Juni 2019 über präventive Restrukturierungsrahmen, über Entschuldung und über Tätigkeitsverbote sowie über Maßnahmen zur Steigerung der Effizienz von Restrukturierungs-, Insolvenz- und Entschuldungsverfahren und zur Änderung der Richtlinie (EU) 2017/1132 (Richtlinie über Restrukturierung und Insolvenz), ABl. EU Nr. L 172 v. 26.6.2019, 18.

[42] Vgl. nur die NZI-Beilagen 2019 und 2021.

3. *Konsequenzen der Richtlinie.* – Erste Folge der Richtlinie ist die scharfe Herausbildung eines – nunmehr in Teilen harmonisierten – Rechts der Unternehmensrestrukturierung in der Europäischen Union. Dies beginnt schon beim Begriff: „Restrukturierung" wurde bislang in einem weiteren und einem engeren Sinne verstanden.[43] Im weiten Sinne ist Restrukturierung ein anderes Wort für Umstrukturierung – eine sprachliche Differenzierung des Deutschen, die sich kaum übersetzen lässt, gibt es doch im Italienischen wie auch im Englischen, Französischen, Spanischen, Portugiesischen, Polnischen und sogar Russischen für die Re- und die Umstrukturierung keine unterschiedlichen Wörter. Ein Bezug zu einer Unternehmenskrise ist beim Verständnis von Restrukturierung als Umstrukturierung zwar möglich, aber nicht notwendig. Restrukturierung kann damit auch die rein marktgetriebene äußere und innere Neuausrichtung eines Unternehmens sein, etwa die Entscheidung eines Automobilzulieferers, Geschäftsbereiche auf dem Gebiet konventioneller Verbrenner-Motoren zu verkaufen oder zu schließen und Geschäftsbereiche auf dem Gebiet der Elektromobilität auszubauen. In diesem weiten Sinne wird der Begriff der Restrukturierung in Deutschland wohl überwiegend von Wirtschaftswissenschaftlern und nichtjuristischen Beratern verwendet. Im engeren Sinne ist Restrukturierung demgegenüber eine Umstrukturierung, die in einer Krise oder im Vorfeld einer Krise erfolgt, wobei die Krise derart gewichtig ist, dass sie in letzter Konsequenz absehbar zum Ausscheiden aus dem Markt führt. Die Restrukturierung im engeren Sinne entspricht also eher dem, was im englischsprachigen Branchenjargon auch als „Turnaround" bezeichnet wird,[44] wobei der „Turnaround" wohl ebenfalls nicht zwingend das Damoklesschwert einer Krise voraussetzt, auch wenn er in diesem Bereich am häufigsten verwendet wird. Hat der Automobilzulieferer unseres Beispiels die Entwicklung anders eingeschätzt und weiter auf Verbrennungsmotoren gesetzt, verliert er aber so viele Aufträge, dass er zahlungsunfähig zu werden droht, so wäre das Umschwenken auf Elektromobilität mit dem Ziel der Insolvenzvermeidung eine Maßnahme im Zuge einer Restrukturierung im engeren Sinne. Dieser enge Restrukturierungsbegriff herrschte schon bisher im Sprachgebrauch deutscher Juristen vor; beredtes Zeugnis ist der Heidelberger Studiengang zum Legum Magister in Unternehmensrestrukturierung (LL.M. corp. restruc.).[45] Da die Richtlinie den Begriff der Restrukturierung im Titel trägt und im Titel wie in der Sache mit der Insolvenz in Beziehung setzt, dürfte sich nunmehr das enge Begriffsverständnis durchsetzen.

Vom Begrifflichen abgesehen, zwingt die Richtlinie zahlreiche Mitgliedstaaten, darunter Deutschland, zur Einführung besonderer rechtlicher Regeln für ei-

[43] Dazu *Kern*, FS Ebke, 2021, 509 (513 f.).

[44] S. aus der Zeitschriftenliteratur etwa *Richter* ZIP 2023, 2073; *Buckler* ZInsO 2017, 1776.

[45] S. https://www.jura.uni-heidelberg.de/igw/llm/index.html (10.11.2023).

ne vorinsolvenzliche Restrukturierung. Kernstück dieser besonderen rechtlichen Regeln ist der Restrukturierungsrahmen, der ähnlich einem Insolvenzplan durch Mehrheitsentscheidung angenommen werden, also für Betroffene Zwangseingriffe mit sich bringen kann. Um Verhandlungen über einen Restrukturierungsrahmen zu schützen, kann der potentielle Schuldner ein zeitlich beschränktes Vollstreckungsverbot erwirken. Der zwar nicht ausdrücklich vorgesehene,[46] aber von der Richtlinie nahe gelegte modulare Aufbau, das Ziel der Richtlinie, Re-strukturierungen frei vom „Stigma der Insolvenz" zu ermöglichen, und die Durchführung in Eigenverwaltung, d.h. ohne einen Insolvenzverwalter, ja sogar ohne einen zwingend dem Schuldner an die Seite zu stellenden Sachwalter, schufen einen Regelungsbedarf auch in denjenigen Mitgliedstaaten, die wie Deutschland bislang Mehrheitsentscheidungen über einen Plan nur im eröffneten Insolvenzverfahren und Vollstreckungsverbote nur im Eröffnungsverfahren nach Antragstellung kannten und die Eigenverwaltung stets nur mit Sachwalter zuließen.[47] Bis sich diese Erkenntnis in Deutschland durchgesetzt hatte, sollte es freilich einige Zeit dauern, glaubten viele doch während der Entstehungsphase der Richtlinie und teils bis kurz nach deren Erlass zunächst, die damals erst kürzlich reformierten Regeln über die vorläufige Eigenverwaltung im Insolvenzeröffnungsverfahren reichten aus.[48] Andere Staaten, namentlich die Niederlande[49] und unser Gastgeberland Italien, erkannten schon früher als Deutschland das Potential echter vorinsolvenzlicher Restrukturierung und machten sich an den Entwurf entsprechender Regelwerke. Der deutsche Gesetzgeber hat sich bei seiner Umsetzungsgesetzgebung am niederländischen Recht orientiert, den italienischen Entwurf hingegen ebenso unbeachtet gelassen wie die bisherige Restrukturierungspraxis im In- und Ausland. Die italienischen Entwurfsverfasser konnten sich ihrerseits noch nicht vom deutschen Recht inspirieren lassen, da dieses seinerzeit noch nicht einmal in seinen Umrissen erkennbar war. Inzwischen liegen zwar Entwürfe oder geltende Regelungen vor; ihre Tauglichkeit müssen diese aber erst noch beweisen – und dies nicht nur im nationalen, sondern auch im internationalen Kontext.

Nicht zu unterschätzen sind schließlich die „Fernwirkungen" des neuen harmonisierten Restrukturierungsrechts. Wie wir schon wissen, setzt es im Vorfeld der Insolvenz an und will sanierungsfähigen und sanierungswürdigen Unternehmen einen effektiven und attraktiven Weg zur Abwendung einer Krise bieten. Wählen sanierungsfähige und sanierungswürdige Unternehmen künftig diesen Weg, so bleiben für das nicht harmonisierte nationale Insolvenzrecht nur die

---

[46] Vgl. *Kern* NZI-Beilage 2019, 18.

[47] Dazu insbes. *Korch* ZIP 2018, 109.

[48] Vgl. MüKoInsO/*Kern*, Bd. 3, 4. Aufl. 2020, § 270a Rn. 15.

[49] Dazu z.B. *Kern* NZI Sonderbeilage 1/2021, 74.

nicht sanierungsfähigen oder nicht sanierungswürdigen Unternehmen übrig. Für diese Unternehmen kommt dann in der Insolvenz einzig die Liquidation in Betracht, in welcher nur noch Zerschlagungswerte erzielt werden, sofern nicht Teilbereiche in einem Asset Deal durch Übertragung auf einen neuen Rechtsträger als funktionsfähige Einheiten erhalten werden können. Die neue Insel des harmonisierten europäischen Restrukturierungsrechts hat damit das Potential, dem nationalen Insolvenzrecht die Wasserzufuhr zu blockieren und es langsam auszutrocknen. Es bleibt also spannend!

IV. *Unternehmensrestrukturierung als Gegenstand rechtsvergleichender Betrachtung.* – Schon wegen der bisher schwachen Verbindungen zwischen Deutschland und Italien auf dem Gebiet der Unternehmensrestrukturierung versprechen der vorliegende Band wie schon die Tagung für beide Seiten reichen Ertrag. Ertrag versprechen sie aber auch deshalb, weil die unterschiedlichen Konzepte und Herangehensweisen sichtbar werden, die in einer Restrukturierungssituation in Betracht kommen. Um dies bestmöglich zu gewährleisten, berichten die verschiedenen Beiträge das Recht der Unternehmensrestrukturierung vergleichend aus verschiedenen Blickwinkeln.

Ganz am Anfang steht sogleich der Blick in die Zukunft: Wohin führt die Harmonisierung des Insolvenzrechts? Andreas Piekenbrock und Vincenzo de Stasio präsentieren ihre historisch und rechtsvergleichend fundierten Positionen zu dieser Frage und geben damit der weiteren Diskussion Dynamik – eine Dynamik, die sich inzwischen in der Diskussion um „Insolvency III" fortgesetzt hat.[50]

Es folgt die Perspektive der Gerichte. Das Idealbild, das dem europäischen Gesetzgeber und wohl auch Teilen der Praxis vorzuschweben scheint, ist das einer Restrukturierung ohne Gerichte. Für eine solche Lösung werden durchaus beachtliche Gründe angeführt. So soll die gerichtsferne Restrukturierung Kosten und Verzögerungen vermeiden, Korruption begrenzen und formalistisch-technische Richterinnen und Richter ohne ökonomischen Sachverstand und ohne Praxisbezug von Restrukturierungen fernhalten. Nur: Kann das gelingen? Und wird dies, soweit es denn gelingt, nicht teuer erkauft? Hierzu äußern sich die besten Referenten, die man sich zu dieser Frage vorstellen kann: Renato Rordorf, früherer Präsident der Corte di Cassazione und Vater des Codice della Crisi, sowie Heinrich Schoppmeyer, Richter am Bundesgerichtshof und seinerzeit stellvertretender Vorsitzender, heute Vorsitzender des IX. Zivilsenats, des sogenannten Insolvenzrechtssenats.

Das zentrale Problem der Restrukturierung ist, wie man Gläubigern begegnet, die aus eigensüchtigen Motiven eine Lösung im Interesse aller blockieren. Die Richtlinie sieht vor, dass Mehrheitsentscheidungen innerhalb zu bildender Grup-

---

[50] Vgl. Fn. 1; dazu NZI-Beilage 2023, 47 ff.

pen und auch über Gruppen hinweg getroffen werden können. Ist diese Lösung akzeptabel, zumal dann, wenn noch kein Insolvenzeröffnungsgrund vorliegt? Mit dieser Frage haben sich Katharina Gelbrich und Valeria Confortini befasst.

Der Schuldner, der sich restrukturieren will, benötigt im Regelfall zusätzliches Kapital, sogenanntes „fresh money“. Wer einen anderen in der Krise finanziell unterstützt, läuft aber Gefahr, dem Vorwurf der Beihilfe zur Insolvenzverschleppung ausgesetzt zu sein und vor allem sein Geld am Ende auch zu verlieren. Eine Restrukturierung kann daher nur gelingen, wenn auch die Perspektive der Neugläubiger einbezogen wird. Ihr widmen sich Christian Uhlmann und Sebastiano Costa.

Neue Handlungs- und in unserem Fall neue Restrukturierungsoptionen werfen immer auch die Frage auf, ob die Gesellschaftsorgane diese Optionen unter bestimmten Umständen ergreifen müssen, um nicht im Falle eines Scheiterns persönlich zu haften. Mit der Perspektive der Gesellschaftsorgane, insbesondere ihren Pflichten und Haftungsrisiken, im Vorfeld haben sich Marc-Philippe Weller und Francesco Bordiga beschäftigt. Ist einmal der Schritt zur Nutzung des Restrukturierungsrahmens getan, so sehen sich die Gesellschaftsorgane aufgrund der Eigenverwaltung des Schuldners besonderen, restrukturierungsspezifischen Herausforderungen gegenüber, die ebenfalls Pflichten begründen und Haftungsfolgen nach sich ziehen können. Diesem Thema widmen sich Johannes Kist und Armando Santoni.

Stefan Korch und Enrico Ginevra blicken dann auf die Chancen und Risiken für Gesellschafter. Schon die Krisensituation als solche und ein eventuell verändertes Pflichtenprogramm der Geschäftsleitung haben Einfluss auf die Gesellschafterstellung. Die Gesellschafterstellung kann aber auch selbst Gegenstand einer Restrukturierungsmaßnahme sein, was zum Verlust oder der Verwässerung der eigenen Beteiligung führen kann. Allerdings können die Gesellschafter in der Restrukturierung unter Umständen auch eine Beteiligung aufrechterhalten, die sie bei strikter Anwendung der gesellschaftsrechtlichen Haftungskaskade von Eigen- und Fremdkapital verlieren müssten.

Mit der Gesellschafterstellung verbunden ist die Frage, ob sich Restrukturierungen zu strategischen Zwecken einsetzen lassen, etwa um die Kontrolle über ein Unternehmen zu erlangen oder unliebsame Mitgesellschafter zu verdrängen. Diese Frage untersuchen Yannic Arnold und Chiara Presciani.

In jedem Falle kommen Schuldner nicht ohne die Beratung durch Experten aus. Daher ist deren Perspektive zentral. Wertvolle Einblicke geben hier Alexandra Schluck-Amend und Giacomo D’Attorre.

Es ginge an den heutigen wirtschaftlichen Realitäten und auch am Ziel der Harmonisierung vorbei, Restrukturierungen als rein innerstaatliche Ereignisse zu denken. Kaum ein Unternehmen hat heute nicht Gläubiger, Drittschuldner oder Gesellschafter, die im Ausland sitzen, Verträge, die ausländischem Recht unterstehen, oder Vermögensgegenstände, die im Ausland belegen sind. Restrukturierungsmaßnahmen wie Vollstreckungsverbote oder Planregelungen müssen daher auf Anerkennung im Ausland hoffen können. Allerdings hat der europäische Gesetzgeber – erstaunlicherweise – weitgehend auf dahingehende Regelungen verzichtet. Dementsprechend unklar ist die Rechtslage. Die Perspektive des internationalen Verfahrensrechts nehmen Simone Fiebelkorn und Alessandro De Maria ein, die Perspektive des internationalen Privatrechts Michael Stürner und Gabriele Nuzzo.

Mit diesen Themen misst der vorliegende Band das Recht der Unternehmensrestrukturierung in seiner Breite und Tiefe aus; er zeigt die Perspektiven der verschiedenen Beteiligten und zugleich Gemeinsamkeiten und Unterschiede bei den Ansätzen des deutschen und des italienischen Rechts. Auf der Grundlage dieser Informationen kann so eine erste Landkarte der neuen Insel der Rechtsharmonisierung gezeichnet werden. Als wie groß sich diese Insel darstellen wird und wie sie in ihrem Inneren aussieht, darauf dürfen wir alle gespannt sein.

WOHIN FÜHRT DIE HARMONISIERUNG DES INSOLVENZRECHTS?

von *Andreas Piekenbrock*

ABSTRACT

The following paper deals with the perspective of future harmonisation of insolvency law in the aftermath of the EU regulation 2019/1023 on insolvency and restructuring, taking into account the Commission's proposal for a directive harmonising certain aspects of insolvency law of 7 December 2022, COM(2022) 702 final. First, it analyses the scope of the legislative powers vested in the Union coming to the conclusion that Article 114 TFEU is limited to enterprise insolvency law. Second, it focuses on the question of whether or not insolvency law can be understood as part of enterprise or commercial law. Insofar, the paper shows to which great extent old French bankruptcy law, which was applicable to insolvent traders only, has influenced the national legislatures in the 19th century. Furthermore, it points out in how far specific enterprise insolvency law has been implemented in former socialist countries. As far as the current insolvency legislation within the 27 Member States is concerned, the analysis shows that 17 of them provide for collective enforcement procedures applicable to all kinds of debtors, namely including consumers. The other ten restrict the scope of application of such procedures to entrepreneurs (Belgium, Croatia, France, Hungary, Poland, and Romania), traders (Bulgaria, Luxemburg, and Malta) or even legal entities (Lithuania). Therefore, the paper comes to the conclusion that insolvency law cannot be understood as part of enterprise or commercial law and that further harmonisation of insolvency law is currently not advisable.

I. *Einleitung.* – Die EU-Richtlinie über Restrukturierung und Insolvenz von 2019 [1] (im Folgenden: Richtlinie) stellt nur den ersten Schritt auf dem Weg zur Harmonisierung des Insolvenzrechts dar. So sieht die Kommission ausweislich ihrer „Mitteilung zu einem neuen Aktionsplan für eine Kapitalmarktunion für die Menschen und Unternehmen" von 2020 in den „enormen Unterschiede[n] zwischen den nationalen Insolvenzregelungen" ein „weiteres lange bestehendes strukturelles Hindernis für grenzübergreifende Investitionen". [2] Damit „Anleger die Ergebnisse von Insolvenzverfahren besser abschätzen können", hat sie den Vorschlag legislativer und nicht legislativer Maßnahmen angekündigt, „um für ein Mindestmaß an Harmonisierung oder eine verstärkte Konvergenz in gezielten Bereichen des Insolvenzrechts für Nichtbanken zu sorgen." [3] Zur Erreichung dieser Ziele hat die EU-Kommission Ende 2022 ihren Vorschlag für eine Richtlinie „zur Harmonisierung bestimmter Aspekte des Insolvenzrechts" [4] (im Folgenden: Richtlinienvorschlag) vorgelegt. Diese Entwicklung wirft zahlreiche Grundsatzfragen auf, von denen hier zwei näher untersucht werden sollen. Zum einen stellt sich die Frage nach der Gesetzgebungskompetenz (dazu II.). Zum anderen wird untersucht, ob das Insolvenzrecht, wie von der Kommission suggeriert, tatsächlich Teil des Unternehmensrechts ist (dazu III). Der Beitrag schließt mit einem Fazit (dazu IV.).

II. *Kompetenzgrundlage.* – Bundesstaaten sind davon geprägt, dass die allgemeine Gesetzgebungskompetenz primär auf der „unteren" Ebene angesiedelt ist und der Bund für die Bundesgesetzgebung einen besonderen Kompetenztitel benötigt. [5] Entsprechendes gilt nach dem Prinzip der begrenzten Einzelermächtigung (Art. 5 Abs. 2 EUV) auch für die EU. Allerdings können die Bundesorgane in Bundesstaaten die Gesetzgebungskompetenzen des Bundes in der Regel durch eine Änderung der Bundesverfassung mit qualifizierter Mehrheit oder Zustimmung des Volkes erweitern; [6] damit verfügt der Bund über die Kompetenz-Kompetenz. Entsprechendes gilt nicht für die EU. Ohne Zustimmung aller

---

[1] Richtlinie (EU) 2019/1023 des Europäischen Parlaments und des Rates über präventive Restrukturierungsrahmen, über Entschuldung und über Tätigkeitsverbote sowie über Maßnahmen zur Steigerung der Effizienz von Restrukturierungs-, Insolvenz- und Entschuldungsverfahren und zur Änderung der Richtlinie (EU) 2017/1132 vom 20.6.2019, ABl. Nr. L 172, 18 (im Folgenden: Richtlinie).

[2] So die Mitteilung vom 24.9.2020, COM(2020) 590 final, 16.

[3] So die Mitteilung vom 24.9.2020, COM(2020) 590 final, 16.

[4] Vorschlag für eine Richtlinie des Europäischen Parlaments und des Rates zur Harmonisierung bestimmter Aspekte des Insolvenzrechts vom 7.12.2022, COM(2022) 702 final.

[5] Vgl. etwa in Deutschland Art. 70 des Grundgesetzes (GG); vgl. in Österreich Art. 15 des Bundes-Verfassungsgesetzes (B-VG), öBGBl. Nr. 1/1930; vgl. in der Schweiz Art. 3 der Bundesverfassung (BV), AS 1999, 2556.

[6] Vgl. etwa in Deutschland Art. 79 GG; in Österreich vgl. Art. 44 B-VG; zur Schweiz vgl. Art. 194, 195 BV. In den USA setzt Art. V der Verfassung zusätzlich die Zustimmung von ¾ der Bundesstaaten voraus.

Mitgliedstaaten kann eine Vertragsänderung im ordentlichen Änderungsverfahren nicht in Kraft treten (Art. 48 Abs. 4 UAbs. 2 EUV). Auch das vereinfachte Änderungsverfahren steht unter dem Vorbehalt der „Zustimmung der Mitgliedstaaten im Einklang mit ihren jeweiligen verfassungsrechtlichen Vorschriften" (Art. 48 Abs. 6 EUV UAbs. 2 Satz 3) [7] und darf im Übrigen nicht zur Ausdehnung der Zuständigkeiten der Union führen (UAbs. 3).

Schaut man sich echte Bundesstaaten an, findet man weltweit zahlreiche Beispiele, in denen dem Bund die Gesetzgebungskompetenz für das Insolvenzrecht mehr oder weniger explizit übertragen worden ist. Zu denken ist dabei (in chronologischer Reihenfolge) an die USA, [8] Kanada, [9] die Schweiz [10] und Australien. [11] Im Deutschen Reich war das Konkursrecht Teil des „gerichtlichen Verfahrens". [12] In Österreich [13] und Brasilien [14] hat der Bund die Kompetenz für das Zivilrecht und das Prozessrecht. Schließlich gehört das Insolvenzrecht in Mexiko – nach romanischer Tradition – zum Handelsrecht, für das der Bund die Gesetzgebungskompetenz hat. [15]

Die EU verfügt über keine vergleichbare klare Gesetzgebungskompetenz. So sind die Richtlinie und der Richtlinienvorschlag im Wesentlichen auf die Binnenmarktkompetenz (Art. 114 AEUV) gestützt. Dass in der Richtlinie auch Art. 53 AEUV zur Ausübung einer selbständigen Tätigkeit erwähnt wurde, war nur für die Regelungen über die Befristung von Berufsverboten (Art. 22) und die Verwalter (Art. 26, 27) relevant. Folgerichtig wurde die Ausdehnung der Regelungen zur Entschuldung (sog. „zweite Chance") auf Verbraucher in der Richtlinie nur „empfohlen" (Erwägungsgrund 21); für eine verbindliche Regelung fehlte es an der Gesetzgebungskompetenz. Dementsprechend würde Art. 114 Abs. 1 AEUV nur eine weitere Harmonisierung des Unternehmensinsolvenzrechts tragen. Damit führt auch die Kompetenzfrage zu der zentralen (zweiten) Frage, ob es sich beim Insolvenzrecht tatsächlich um Unternehmensrecht handelt.

---

[7] Vgl. dazu etwa Calliess/Ruffert/*Cremer*, EUV/AEUV, 6. Aufl. 2022, Art. 48 EUV Rn. 10: „stilisierte Form eines völkerrechtlichen Vertragsschlusses".

[8] Vgl. Article I, Section 8, Clause 4 der Verfassung: „Uniform Laws on the Subject of Bankruptcies".

[9] Vgl. Section 91(21) British North America Act 1867, 30 Vict. c. III: „Bankruptcy and Insolvency".

[10] Vgl. Art. 64 der Bundesverfassung von 29.5.1874: „Beitreibungsverfahren und das Konkursrecht".

[11] Vgl. Section 51(xvii) Commonwealth of Australia Constitution Act 1900, 63 & 64 Vict. c. 12: „Bankruptcy and Insolvency".

[12] Vgl. Art. 4 Nr. 13 der Reichsverfassung von 16.4.1871, RGBl. 63: „das gerichtliche Verfahren".

[13] Vgl. Art. 10 Abs. 1 Nr. 6 B-VG: „Zivilrechtswesen", „Justizpflege".

[14] Vgl. heute Art. 22 Nr. I. Constituição da República Federativa do Brasil von 1988, Beilage zum Diário Oficial vom 5.10.1988: „direito civil, comercial, …processual".

[15] Vgl. Art. 73 Nr. X Constitución Política de los Estados Unidos Mexicanos von 1917, Diario Oficial de la Federación vom 5.2.1917, 149: „comercio".

III. *Insolvenzrecht als Teil des Unternehmensrechts.* – 1. *Der französische* Code de commerce *als Wegbereiter des Kaufmannskonkurses* – a) *Die napoleonische Epoche.* – Die Einordnung des Insolvenzrechts als Teil des Unternehmensrechts geht auf den napoleonischen *Code de commerce* von 1807 [16] zurück, der seinerseits auf der *Ordonnance du commerce* von Ludwig XIV. von 1673 [17] beruht. Der *Code de commerce* enthielt im Dritten Buch die Regelungen über Fallimente und Bankrotte (*des faillites et des banqueroutes*) und definierte in Art. 437, dass sich jeder Kaufmann (*commerçant*), der seine Zahlungen einstellt, im Zustande des Falliments befindet. Was als Handelsgeschäft (*acte de commerce*) anzusehen war, wurde im Vierten Buch über die Handelsgerichtsbarkeit näher definiert (Art. 632, 633). Im Übrigen sahen Art. 656 bis 672 *Code de procédure civile* von 1806 [18] vor, dass sich Gläubiger der Zwangsvollstreckung anschließen und am Erlös entsprechend der zivilen Rangordnung teilnehmen konnten. In diesen Fällen fand demnach eine konkursähnliche Verteilung statt, die sich aber nicht auf das ganze Vermögen des Schuldners, sondern nur auf den Erlös aus der Verwertung eines einzelnen Gegenstandes erstreckt hat.

Die Bedeutung des *Code de commerce* für die weitere Rechtsentwicklung folgt zum einen aus der Ausdehnung des damaligen französischen Reiches selbst, in dem der *Code de commerce* 1808 unmittelbar in Kraft trat bzw. nach der Annexion in Kraft gesetzt wurde. Ersteres gilt für die vormaligen österreichischen Niederlande (Belgien und Luxemburg), [19] die linksrheinischen Gebiete Deutschlands, [20] Genf [21] und Teile des Schweizer Juras, [22] Savoyen [23] und Niz-

---

[16] Gesetze vom 10. bis 14.9.1807, Bulletin des Lois de l'Empire Français N° 164, 4e Série, Tome VII, 1808.

[17] Ordonnance du commerce vom 23.3.1673, Isambert et al., Recueil général des anciennes lois françaises depuis l'an 420 jusqu'à la Révolution de 1789, Tome XIX, 1829, 92.

[18] Gesetze vom 14. bis 29.9.1806, Bulletin des Lois de l'Empire Français N° 96, 4e Série, Tome V, 1808.

[19] Vgl. das Gesetz vom 1.10.1795 (9. vend. IV), Gallisset, Corps du droit français, 3. Aufl. 1843, Tome I/2, 1429.

[20] Zur Eingliederung der (linksrheinischen) Départements Roer, Rhin et Moselle, Mont Tonnere und Sarre nach dem Frieden von Lunéville (9.2.1801) vgl. Art. 1 des Gesetzes vom 9.3.1801 (18. vent. IX), Gallisset, 2205.

[21] Zu Genf (Départements Léman) vgl. Art. I, II des Gesetzes vom 25.8.1798 (8. fruct. VI), Gallisset, 1823.

[22] Zum Jura einschließlich Moutier und Biel (ab 1800: Département Haut-Rhin) vgl. Art. 2 des Gesetzes vom 17.2.1800 (28. pluv. VIII) i.V.m. dem Tableau des Départements, Gallisset, 2057, 2070; zur Annexion des Jura vgl. im Einzelnen *Bessire*, Histoire du Jura bernois et de l'ancien Évêché de Bâle, 1935, 247 ff.

[23] Savoyen war durch Art. 1 des Gesetzes vom 27.11.1792, Corps du droit français I/2, 874 als Département Mont Blanc von Frankreich annektiert worden.

za,[24] die auch heute zu Frankreich gehören, sowie das Piemont[25] und Ligurien.[26] Letzteres gilt für die (heutigen) Niederlande,[27] Nordwestdeutschland,[28] Parma und Piacenza,[29] die Toskana,[30] Latium[31] sowie die heute zu Kroatien gehörigen illyrischen Provinzen.[32] Zum anderen führten viele abhängige Staaten mit dem französischen Recht auch den *Code de commerce* ein. Dies gilt für das Großherzogtum Berg,[33] das Herzogtum Anhalt-Köthen,[34] das Herzogtum Warschau,[35] das Fürstentum Lucca und Piombino[36] sowie die Königreiche Ita-

---

[24] Nizza war durch die Deklaration vom 31.1.1793 und Art. 1 des Dekrets vom 4.2.1793, Corps du droit français I/2, 903, 907 als Département Alpes-Maritimes von Frankreich annektiert worden.

[25] Zur Eingliederung der piemontesischen Départements Pô, Doire, Marengo, Sezia, Stura und Tanaro vgl. Art. 1 des Senatskonsults vom 24. Fruct. X (11.9.1802), Bulletin des Lois de la République Française N° 214, 3e Série, Tome VI, 1802, 699.

[26] Zur Eingliederung der Gebiete bis San Remo in das Département Alpes-Maritimes vgl. Art. 1 des kaiserlichen Dekrets vom 15. Mess. XIII (4.7.1805), Bulletin des Lois de l'Empire Français N° 62, 4e Série, Tome IV, 1806, 84; zur Eingliederung der ligurischen Départements Montenotte, Gênes und Apennins vgl. Art. 1 des Senatskonsults vom 16. Vend. XIV (8.10.1805), Bulletin des Lois de l'Empire Français Nr. 62, 90.

[27] Vgl. das Dekret vom 19.4.1811, Bulletin des Lois de l'Empire français N° 372, 4e Série, Tome XIV, 1812, 515 (Titel).

[28] Ostfriesland (Département de l'Ems oriental) gehörte zu den holländischen Départements. Das Département de la Lippe (Münster) wurde durch den Senatskonsult vom 27.4.1811, Bulletin des Lois de l'Empire français N° 365, 4e Série, Tome XIV, 384 aus Teilen der drei holländischen Départements gebildet, denen das fragliche Gebiet durch das Dekret vom 26.12.1810, Bulletin des Lois de l'Empire français N° 338, 4e Série, Tome XIII, 1811, 665 zugeordnet worden war. Zu den sogenannten hanseatischen Départements de l'Ems-Supérieur (Osnabrück), Bouches-du-Weser (Bremen) und Bouches-de l'Elbe (Hamburg und Lübeck) vgl. Art. 145 des Dekrets vom 4.7.1811, Bulletin des Lois de l'Empire français N° 381, 4e Série, Tome XV, 1812, 25; vgl. dazu *Schubert*, Französisches Recht in Deutschland zu Beginn des 19. Jahrhunderts, 1977, 153 ff.

[29] Zur Eingliederung des Départements Taro vgl. Art. 1 des Senatskonsults vom 24.5.1808, Bulletin des Lois de l'Empire Français N° 193, 4e Série, Tome VIII, 1808, 321.

[30] Zur Eingliederung der Départements de l'Arno, de la Méditerranée und de l'Ombrone vgl. Art. 2 des Senatskonsults vom 24.5.1808. In Florenz erschien 1808 eine zweisprachige Ausgabe des Code de commerce.

[31] Zur Einführung in den latinischen Départements Rome und Trasimène vgl. Art. 1 des Kaiserlichen Dekrets vom 9.11.1811, Bulletin N° 388, 205.

[32] Vgl. Art. 250 des Dekrets vom 15.4.1811, Galisset, Corps du droit français, Tome II, 1829, 1056.

[33] Vgl. Art. 8 des Dekrets vom 17.12.1811, Bulletin des Lois de l'Empire français N° 412, 4e Série, Tome XV, 1812, 613: französischer und deutscher Text.

[34] Vgl. dazu *Schubert*, Französisches Recht, 119 f.

[35] Vgl. Art. 2 des Gesetzes vom 24.3.1809, Dziennik Praw Księstwa Warszawskiego Nr. 10 (1809), 239.

[36] Vgl. Art. 1 des Dekrets vom 14.7.1808, Bollettino officiale delle leggi, e decreti del Principato Lucchese, Tomo VII, 1809, Nr. 7, 9 und die Bekanntmachung vom 28.9.1808, a.a.O., Nr. 63, 110.

lien[37] und Neapel.[38] Das Großherzogtum Baden übernahm den französischen Kaufmannskonkurs im Anhang zum Badischen Landrecht.[39]

b) *Der weitere Verlauf des 19. Jahrhunderts.* – Als die napoleonische Ära 1814/15 zu Ende ging, wurde das französische Recht in den ehemals französisch dominierten Gebieten sowohl in Deutschland[40] als auch in Italien[41] zum Teil schnell wieder aufgehoben und durch das vorherige ersetzt. In der bayerischen Rheinpfalz, in Rheinhessen und in der preußischen Rheinprovinz blieben die französischen Gesetze dagegen in Kraft. Dasselbe gilt für das badische Recht. In Italien ließ der Kirchenstaat die französischen Gesetze in den Marken und in der Romagna, die erst 1815 zurückgewonnen wurden (*province di secondo recupero*),[42] vorläufig in Kraft und erstreckte den *Code de commerce* 1821 mit einigen Ergänzungen als *Regolamento provvisorio di commercio* auf den Gesamtstaat.[43]

Diese Entwicklung ist symptomatisch für das 19. Jahrhundert, weil der *Code de commerce* die modernste geschlossene Kodifikation des Handelsrechts darstellte und ihm daher die Rolle als Modellgesetz zukam. Zum Teil wurde er sogar wörtlich in die jeweilige Landessprache übersetzt. Dies gilt zum einen für Griechenland, das den *Code de commerce* 1835 in griechischer Übersetzung in Kraft gesetzt hat.[44] Zum anderen traten im Osmanischen Reich 1850 Teile des *Code de commerce* einschließlich des Kaufmannskonkursrechts in osmanischer Übersetzung in Kraft.[45] Im Übrigen hat sich der Gesetzgeber auf dem europäischen Kon-

---

[37] Codice di commercio di terra e di mare pel Regno d'Italia, Milano 1808.

[38] Codice di commercio dell'Impero francese adottato nel Regno di Napoli, Napoli 1809.

[39] Code Napoléon mit Zusäzen und Handelsgesezen als Land-Recht für das Großherzogthum Baden, Karlsruhe 1809, Sätze 206 bis 270.

[40] Für Hamburg vgl. den Raths- und Bürger-Schluß vom 27.5.1814; für Oldenburg vgl. die Landesherrliche Verordnung vom 25.7.1814; für Preußen vgl. das Patent vom 9.9.1814, GS 89 sowie die Neuauflage der Allgemeinen Gerichtsordnung mit Anhang aufgrund des Patents vom 4.2.1815, GS 29.

[41] Zur Wiedereinführung des *Codice Estense* von 1771 in Modena vgl. das Dekret vom 28.8.1814; *in Lombardo-Venezien* wurde 1815 das auf der Westgalizischen Gerichtsordnung beruhenden *Regolamento generale del Processo civile* wiedereingeführt; im Kirchenstaat wurden die französischen Gesetze schon 1814 in Latium und Umbrien beseitigt.

[42] Vgl. dazu Art. 103 der Hauptukunde des Wiener Congresses vom 9.6.1815.

[43] Vgl. das Edikt vom 1.6.1821, in: Regolamento provvisorio di commercio finora vigente nelle provincie di seconda ricupera e modificato secondo le prescrizioni dell'editto del primo giugno 1821, Roma 1821, 3 ff.

[44] Vgl. die Verordnung vom 19.4.1835 (1.5.1835), Ἐφημερίς τῆς Κυβερνήσεως (ΦΕΚ) Nr. 15 vom 11.5.1835 (23.5.1835), 93.

[45] Text mit deutscher Übersetzung abgedruckt bei: *Padel*, Das Handelsrecht, Wechselrecht, Konkursrecht und Seerecht der Türkei, Berlin 1906, Borchardt (Begr.), Die Handelsgesetze des Erdballs, 3. Aufl., Die Türkei, 36.

tinent im 19. Jahrhundert stark am französischen Kaufmannskonkursrecht orientiert; dies gilt für Spanien,[46] Russland,[47] Portugal,[48] die Niederlande,[49] Sardinien und später Italien,[50] Bosnien-Herzegowina,[51] Rumänien[52] und Bulgarien.[53] In England waren dagegen schon im 16. Jahrhundert französische Regelungen gegen Bankrotteure rezipiert worden,[54] die sich auf Kaufleute beschränkten.[55] Auf diesem Weg gelangte der Kaufmannskonkurs nach Irland.[56] Schließlich folgte auch Malta, das 1798 kurzzeitig von französischen, aber schon 1800 von britischen Truppen besetzt wurde und nach dem Ersten Pariser Frieden von 1814 unter britischer Souveränität blieb,[57] dem französischen Modell.[58]

2. *Der gemeine Konkurs am Beispiel der preußischen Allgemeinen Gerichtsordnung.* – Das Gegenmodell zum französischen Kaufmannskonkurs ist der deutsche gemeine Konkurs, der hier exemplarisch am Beispiel der preußischen Allgemeinen Gerichtsordnung von 1793 skizziert werden soll. Charakteristisch dafür waren die Überschuldung als Eröffnungsgrund und die Anwendung auf alle Schuldner („Jedermannkonkurs"). Bei Überschuldung standen auf Antrag

---

46 Vgl. das Vierte Buch des spanischen Código de comercio von 1829.

47 Vgl. die Kaufmannskonkursordnung (Уставъ о торговой несостоятельности) vom 23.6.1832 (5.7.1832), Полное Собранiе Законовъ Россiйской Имперiи, Собранiе вторгое, томъ VII, St. Petersburg 1833, Nr. 5463.

48 Vgl. den Zweiten Titel des Dritten Buches des portugiesischen Codigo commercial von 1833.

49 Vgl. das Dritte Buch des niederländischen Wetboek van Koophandel von 1838.

50 Vgl. das Dritte Buch des sardischen und späteren italienischen Codice di commercio von 1842 bzw. 1865 sowie des Codice di commercio von 1882.

51 Vgl. den Zweiten Teil des Handelsgesetzes vom 9. Scheval 1276 (30.4.1860), Sammlung der für Bosnien und die Hercegovina erlassenen Gesetze, Verordnungen und Normalweisungen, II. Band: Justizverwaltung, Wien 1881, 395.

52 Vgl. das Dritte Buch des Codul comercial vom 16.4.1887 (28.4.1887), Text mit deutscher Übersetzung abgedruckt bei: *Dimitriu/Gane/Flaischlen*, Das Handels-, Wechsel-, Konkurs- und Seerecht Rumäniens, Berlin 1906, Borchardt, Handelsgesetze, Band VII: Süd-Europa I, 116.

53 Vgl. das Zweite Buch des Handelsgesetzes (Търговски законъ) vom 18.5.1897 (30.5.1897), Text mit deutscher Übersetzung abgedruckt bei: *Schischmanow/Subow*, Das Handels-, Wechsel-, Konkurs- und Seerecht Bulgariens, Berlin 1906, Borchardt, Handelsgesetze, Bulgarien, 112.

54 Vgl. erstmals den Acte againste suche persones as doo make Bankrupte, 1542-32, 34° & 35° Hen. VIII., chapter 4, The Statutes of the Realm, Volume III, 1817, 899.

55 So ausdrücklich section 1 des Acte touchyng Orders for Bankruptes, 1571, 13° Eliz., chapter 7, The Statutes of the Realm, Volume IV, 1819, 539.

56 Vgl. section 91 des Irish Bankruptcy and Insolvency Act, 1857 vom 25.8.1857, 20° & 21° Vict., chapter 60.

57 Vgl. Art. VII der (gleichlautenden) Friedens- und Freundschaftsverträge Frankreichs mit Preußen, Österreich, Großbritannien und Russland vom 30.5.1814, Preußische Gesetz-Sammlung (PrGS) 1814, Nr. 17, 113 = Strupp (Ed.), Documents pour servir à l'histoire du droit des gens, 2. Aufl., Band 1, 1923, 151.

58 Vgl. Teil III des Civil Code von 1857.

der Gläubiger der Konkurs (I 50 § 1 PrAGO) und auf Antrag des unglücklichen, aber redlichen Schuldners die Cessio bonorum zur Verfügung (I 48 §§ 1, 4 PrAGO). Bei Zahlungsunfähigkeit trotz hinreichendem Vermögen waren dagegen Moratorien vorgesehen (I 47 § 1 PrAGO).

3. *Unternehmensinsolvenzrecht im Postsozialismus.* – Eine zweite Wurzel des heutigen Unternehmensinsolvenzrechts reicht zurück in die spät- und postsozialistische Phase in Mittel- und Osteuropa. In Jugoslawien, wo seit 1929 der Jedermannkonkurs praktiziert worden war, [59] gab es schon 1965 ein auf Unternehmen beschränktes Insolvenzgesetz; [60] Ähnliches galt für das Insolvenzgesetz von 1989. [61] Auch das ungarische Konkursgesetz von 1881 stand in der Tradition des deutsch-österreichischen Jedermannkonkurses. [62] Bereits 1986 erging eine erste Regelung der Liquidation von Wirtschaftsorganisationen. [63] Dementsprechend beschränkt wurde auch der Anwendungsbereich des (postsozialistischen) Insolvenzgesetzes von 1991. [64] In Polen [65] und Rumänien [66] galt das präsozialistische Kaufmannskonkursrecht auch während der sozialistischen Phase fort und musste danach nur „reaktiviert“ werden. In Bulgarien entsprach die neue Gesetzgebung [67] der tradierten Beschränkung auf

[59] Dies ergibt sich mittelbar aus der Zuständigkeitsregelung in § 62 Abs. 1 des Konkursgesetzes (Стечајни закон за Краљевину Југославију) vom 22.11.1929, Службене Новине Краљевние Југославије vom 1.12.1929, Pos. 567, 2071.

[60] Vgl. Art. 1 des Zwangsausgleichs- und Konkursgesetzes (Zakon o prisilnoj nagodbi i stečaju) vom 4.4.1965, Službeni List SFRJ Nr. 14, Pos. 319, 703.

[61] Vgl. Art. 1, 3 des Zwangsausgleichs-, Konkurs- und Liquidationsgesetzes vom 19.12.1989, Službeni List SFRJ Nr. 84, Pos. 1311, 2050.

[62] Konkursgesetz (csődtörvény), Gesetz XVII aus dem Jahr 1881, Text mit deutscher Übersetzung abgedruckt bei: *Lévy*, Das Handelsrecht, Wechselrecht und Konkursrecht Ungarns, Berlin 1906, Borchardt, Handelsgesetze, Band XIII, Abteilung I: Mittel-Europa II, 156.

[63] Vgl. die Gesetzesverordnung Nr. 11 aus dem Jahr 1986 über das Liquidationsverfahren (a felszámolási eljárásról) vom 16.7.1986, Magyar Közlöny (M.K.) Nr. 28 vom 16.7.1986, 622.

[64] Vgl. § 2 Abs. 1 des Gesetzes Nr. IL (später korrekt: XLIX) aus dem Jahr 1991 über das Konkursverfahren, das Liquidationsverfahren und die Endabrechnung (a csődeljárásról, a felszámolási eljárásról és a végelszámolásról), M.K. Nr. 117 vom 22.10.1991, 2311, deutsche Übersetzung in: Geltende Ungarische Rechtsnormen 1991, 1719.

[65] Vgl. die Verordnung Konkursrecht (Prawo upadłościowe) vom 24.10.1934, Dziennik.Ustaw (Dz. U.) Nr. 93 vom 27.10.1934, Pos. 834, deutscher Text in: Polnische Gesetze und Verordnungen in deutscher Sprache 1934, 837, wesentlich geändert durch Art. 1 des Gesetzes vom 24.2.1990, Dz. U. Nr. 14 vom 13.3.1990, Pos. 167.

[66] Vgl. oben Fn. 52 sowie das III. Buch des Handelsgesetzbuchs König Karls II. (Codul Comercial Carol al II-lea) vom 9.11.1938, Monitorul Oficial Nr. 262 vom 10.11.1938, deutsche Übersetzung von Lachner, Wien 1939.

[67] Zum Konkurs und zur Liquidation von Unternehmen vgl. erstmals Art. 65 ff. des Erlasses Nr. 56 über die Wirtschaftstätigkeit (Указ за стопанската дейност) vom 9.1.1989, Държавен Вестник (ДВ) Nr. 4 vom 13.1.1989, 1.

Kaufleute.[68] Schließlich wurden auch in Lettland[69] und Litauen[70] Unternehmensinsolvenzgesetze erlassen. Dagegen folgte die Tschechoslowakei, die – entsprechend der österreichisch-ungarischen Tradition – den Jedermannkonkurs beibehalten hatte,[71] diesem Modell auch nach dem Ende des Sozialismus.[72] Das Gleiche gilt für Estland.[73]

4. *Der heutige Befund in den EU-Mitgliedstaaten.* – Beim heutigen Befund in den EU-Mitgliedstaaten ist zunächst zu bedenken, dass sich die Funktion des Insolvenzrechts in den letzten Jahrzehnten wesentlich gewandelt hat. Während es zunächst vor allem die Funktion eines Gesamtvollstreckungsverfahrens hatte, dessen Eröffnung auch von jedem Gläubiger beantragt werden kann, gibt es heute zahlreiche Verfahren, die der Abwendung der Vermögensliquidation oder – bei natürlichen Personen – der Restschuldbefreiung dienen. Wenn im Folgenden untersucht wird, ob das Insolvenzrecht als Teil des Unternehmensrechts anzusehen ist, geht es im Kern um die Frage, bei welchen Schuldnern ein Insolvenzverfahren als (gläubigerorientiertes) Gesamtvollstreckungsverfahren stattfindet.

a) *Loslösung vom (französischen) Kaufmannskonkurs.* – Schaut man sich den heutigen Rechtszustand in den Mitgliedstaaten an, wird deutlich, dass der (französische) Kaufmannskonkurs gegenüber dem Jedermannkonkurs an Bedeutung verloren hat. Schon im 19. Jahrhundert führten die Niederlande ein neues Konkursgesetz ein. Danach ist der Konkurs eines jeden Schuldners, der seine Zahlungen eingestellt hat, auf Eigenantrag oder auf Antrag eines Gläubigers zu eröffnen.[74] Das Entschuldungsverfahren steht dementsprechend allen

---

[68] Vgl. das Zweite Buch des Handelsgesetzes (Търговски законъ) vom 18.5.1897 (30.5.1897), Text mit deutscher Übersetzung abgedruckt bei: *Schischmanow/Subow*, Das Handels-, Wechsel-, Konkurs- und Seerecht Bulgariens, Berlin 1906, Borchardt, Handelsgesetze, Bulgarien, 112.

[69] Gesetz über die Insolvenz und den Konkurs von Unternehmen und Gesellschaften (likums par uzņēmumu un uzņēmējsabiedrību maksātnespēju un bankrotu) vom 3.12.1991, Latvijas Republikas Augstākās Padomes un Valdības Ziņotājs 1992 Nr. 2/3, Pos. 14, 29.

[70] Unternehmensinsolvenzgesetz *(*įmonių *b*ankroto įstatymas) Nr. I-2880 vom 15.9.1992, Valstybės Žinios, Nr. 29, Pos. 843.

[71] Vgl. die Konkursordnung (Konkursní řád) vom 27.3.1931, Sbírka zákonů státu československého Nr. 64/1931, deutscher Text in: Sammlung der Gesetze und Verordnungen des čechoslovakischen Staates Nr. 64/1931.

[72] Vgl. das Gesetz über Konkurs und Ausgleich (Zákon o konkursu a vyrovnání) vom 11.7.1991, Sbírka zákonů Nr. 328/1991.

[73] Vgl. § 3 Abs. 1 des Konkursgesetzes (Pankrotiseadus) vom 10.6.1992, Riigi Teataja (RT) 31, 403; vgl. entsprechend heute § 8 Abs. 2 Satz 1 des Konkursgesetzes (Pankrotiseadus) vom 22.1.2003, RT 17, 95.

[74] Vgl. Art. 1 des Gesetzes über den Konkurs und den Zahlungsaufschub (Wet op het faillissement en de surséance van betaling) vom 30.9.1893, Staatsblad Nr. 140, Text mit deutscher

natürlichen Personen offen.[75] Im 20. Jahrhundert haben sich mit Zypern und Irland zwei englisch geprägte Rechtsordnungen vom Kaufmannskonkurs gelöst; dort kann nunmehr jede natürliche Person einen *act of bankruptcy* begehen, der das Antragsrecht der Gläubiger begründet.[76] Auch insolvente Gesellschaften können auf Antrag eines Gläubigers gerichtlich abgewickelt werden (*winding up by the court*).[77] Im 21. Jahrhundert hat sich diese Entwicklung auf breiter Front fortgesetzt. Dabei sind als erstes die neuen Konkurs- bzw. Insolvenzrechtskodifikationen in Spanien,[78] Portugal,[79] Lettland[80] und Griechenland[81] zu nennen. Auch der neue italienische *Codice della crisi d'impresa e dell'insolvenza*[82] erfasst alle Arten von Schuldnern,[83] auch wenn es unterschiedliche Zwangsliquidationsverfahren für Unternehmer (*liquidazione giudiziale*)[84] und Verbraucher (*liquidazione controllata*)[85] gibt.

Übersetzung abgedruckt bei: *van Regteren Altena*, Das Handels-, Wechsel-, Konkur- und Seesrecht der Niederlande, Berlin 1906, Borchardt, Handelsgesetze, Band XII, Abteilung 2: Mittel-Europa I, 129.

[75] Vgl. Art. 284 Abs. 1 des Konkursgesetzes (Faillissementswet) i.d.F. vom 24.11.2005, Staatsblad Nr. 600.

[76] Zu Zypern vgl. schon Sections 3, 4 des Bankruptcy Law, 1930 vom 10.5.1930, Nr. 8/1911, das das Konkursrecht des osmanischen Handelsgesetzbuchs ersetzt hat, und heute entsprechend Sections 3, 4 des Bankruptcy Law (ο περί Πτώχευσης Νόμος), chapter 5 of the Laws of Cyprus, 1959 edition; zu Irland vgl. Sections 7, 8 Bankruptcy Act, 1988 vom 31.7.1988, Acts of the Oireachtas Nr. 27 of 1988.

[77] Zu Zypern vgl. Sections 211(e), 213(1) des Companies Law (ο περί Εταιρειών Νόμος), chapter 113; zu Irland vgl. Sections 569(1)(d), 571(1)(b) des Company Act 2014, Acts of the Oireachtas Nr. 38 of 2014.

[78] Zur Konkursfähigkeit aller Personen vgl. Art. 1 Abs. 1 Ley concursal Nr. 22/2003 vom 9.7.2003, Boletín oficial del Estado (B.O.E.) Nr. 164 vom 10.7.2003, 26905, heute i.d.F. des königlichen legislativen Dekrets Nr. 1/2020 vom 5.5.2020, B.O.E. Nr. 127 vom 7.5.2020, 31518; zum Antragsrecht der Gläubiger vgl. Art. 3.

[79] Zur Insolvenzfähigkeit aller Personen vgl. Art. 2 Abs. 1 lit. a Código da Insolvência e da recuperação de empresas von 2004 i.d.F. des Gesetzes-Dekrets Nr. 200/2004 vom 18.8.2004, Diário da República I-A Nr. 194 vom 18.8.2004, 5260; zum Antragsrecht der Gläubiger vgl. Art. 20.

[80] Zur Insolvenzfähigkeit aller juristischen und natürlichen Personen vgl. Art. 2 Abs. 1 des Insolvenzgesetzes (Maksātnespējas likums) vom 26.7.2010, Latvijas Vēstnesis Nr. 124 vom 6.8.2010.

[81] Zur Konkursfähigkeit aller natürlichen Personen vgl. 76 Abs. 1 Satz 1 des Gesetzes Nr. 4738 zur Schuldenregulierung und Gewährleistung einer zweiten Chance (Ρύθμιση Οφειλών και Παροχή Δεύτερης Ευκαιρίας) vom 27.10.2020, ΦΕΚ Α' Nr. 207 vom 27.10.2020, 10925; zum Antragsrecht jedes Gläubigers vgl. Art. 79 Abs. 1 Satz 1 des Gesetzes Nr. 4738.

[82] Legislatives Dekret Nr. 14 vom 12.1.2019, Gazzetta Ufficiale Nr. 38 vom 14.2.2019, Suppl. Ord. Nr. 6/L.

[83] Vgl. Art. 1 Codice della crisi d'impresa e dell'insolvenza.

[84] Vgl. Art. 37 Abs. 2, 121 Codice della crisi d'impresa e dell'insolvenza.

[85] Vgl. Art. 268 Codice della crisi d'impresa e dell'insolvenza.

b) *Loslösung vom (post)sozialistischen Unternehmenskonkurs.* – Zu den Ländern, die sich vom (post)sozialistischen Unternehmenskonkurs gelöst haben, gehört zum einen die ehemalige jugoslawische Teilrepublik Slowenien. Dort findet das Verfahren des persönlichen Konkurses (*Postopek osebnega stečaja*), das der kollektiven Gläubigerbefriedigung dient, bei allen natürlichen Personen statt.[86] Zum anderen ist eine entsprechende Entwicklung in Lettland zu beobachten. Dort folgt das heutige Insolvenzgesetz von 2010 dem Jedermannkonkurs-Modell.[87]

c) *Länder ohne Kaufmanns- oder Unternehmenskonkurstradition.* – Die Länder ohne Kaufmanns- oder Unternehmenskonkurstradition gehören im Wesentlichen zum deutsch-österreichischen und zum nordischen Rechtskreis. In Deutschland ist der Kaufmannskonkurs auf Ablehnung gestoßen,[88] auch wenn die preußische Konkursordnung sowohl den Kaufmannskonkurs als auch den gemeinen Konkurs vorgesehen hat;[89] heute ist grundsätzlich jede natürliche und jede juristische Person insolvenzfähig.[90] In Österreich gilt dasselbe,[91] auch wenn dieser Grundsatz nirgends ausdrücklich verankert ist.[92] In Skandinavien findet sich eine ausdrückliche Regelung zur umfassenden Insolvenzfähigkeit in Finnland.[93] Der Grundsatz gilt aber auch in Dänemark[94] und Schweden.[95] Auch im postsozialistischen Raum finden sich verschiedene Länder, die nie ein Kaufmanns- oder Unternehmensinsolvenzrecht praktiziert haben. Dies gilt namentlich für Estland,[96] die Slowakei[97] und Tschechien.[98]

---

[86] Vgl. Art. 381 Abs. 1, 382 des Gesetzes über das Finanzverhalten, die Verfahren wegen Insolvenz und die zwangsweise Beendigung (Zakon o finančnem poslovanju, postopkih zaradi insolventnosti in prisilnem prenehanju) vom 17.12.2007, Uradni list Nr. 126 vom 31.12.2007, Pos. 6413.

[87] Art. 2 Abs. 1 des Insolvenzgesetzes (maksātnespejas likums) vom 26.7.2010, Latvijas Vēstnesis Nr. 124.

[88] Vgl. *Mittermaier*, Der gemeine deutsche bürgerliche Prozeß, 3. Beitrag, 2. Aufl., Bonn 1832, 247 ff.

[89] Vgl. §§ 113 ff., 319 ff. der Konkurs-Ordnung vom 8.5.1855, PrGS 321.

[90] Vgl. § 11 Abs. 1 der Insolvenzordnung vom 5.10.1994, BGBl. I, 2866.

[91] So schon der Entwurf einer allgemeinen Concursordnung, Wien 1848, 91 f.

[92] Vgl. dazu *Buchegger*, in: Bartsch/Pollak/Buchegger, Österreichisches Insolvenzrecht, Band I, 4. Aufl. 2000, § 1 KO Rn. 4.

[93] So ausdrücklich Kap. 1 § 3 des Konkursgesetzes (konkurssilaki) vom 20.2.2004, Suomen Säädöskokoelma 2004:120.

[94] Vgl. § 17 des Konkursgesetzes (konkurslov) vom 8.6.1977, Lovtidende A Nr. 298 und dazu MüKoInsO/*Lindencrone Petersen*, Bd. 4, 4. Aufl. 2021, Dänemark Rn. 11.

[95] Vgl. Kap. 1 §§ 1, 2 des Konkursgesetzes (konkurslag) vom 11.6.1987, Svensk författningssamling 1987:672 und dazu MüKoInsO/*Griebeler/Monell/Karlsson*, Schweden Rn. 73.

[96] Vgl. heute § 8 Abs. 2 Satz 1 des Konkursgesetzes (Pankrotiseadus) vom 22.1.2003, RT 17, 95.

[97] Konkurs- und Restrukturierungsgesetzes Nr. 7/2005 (zákon o konkurze a reštrukturalizácii).

[98] Insolvenzgesetz Nr. 182/2006 (insolvenční zákon).

d) *Länder mit Kaufmannskonkurs.* – Die ursprüngliche französische Beschränkung des Konkursrechts auf Kaufleute findet sich heute nur noch in Luxemburg, Bulgarien und Malta. So ist Luxemburg bis heute der napoleonischen Gesetzgebung treu geblieben und beschränkt Konkurse nach wie vor auf Kaufleute (*commerçants*);[99] dasselbe gilt für Präventivkonkordate.[100] Für Nichtkaufleute gibt es auf Eigenantrag nur ein Verfahren zur kollektiven Schuldenregelung (*procédure de règlement collectif des dettes*).[101] In Bulgarien finden sich die Regelungen über die Insolvenz (несъстоятелност) seit 1994 im Vierten Teil des Handelsgesetzes.[102] Der Anwendungsbereich ist nach wie vor auf den (insolventen) Kaufmann (търговец) beschränkt.[103] Ein Privatinsolvenzverfahren gibt es in Bulgarien bis heute nicht. Malta hat sein Kaufmannskonkursrecht aus dem 19. Jahrhundert nicht entscheidend geändert.[104] Insbesondere ist das *bankruptcy*-Verfahren nach wie vor nur auf Kaufleute (*traders*) anwendbar;[105] ein Gläubigerantrag kann allerdings auch auf andere Verbindlichkeiten gestützt werden.[106] Auch insolvente Gesellschaften können auf Antrag eines Gläubigers gerichtlich abgewickelt werden (*winding up by the court*).[107]

e) *Länder mit Unternehmerkonkurs.* – Die Fortentwicklung des französischen Kaufmannskonkurses zu einem Unternehmensinsolvenzrecht hat in Frankreich mit der Insolvenzrechtsreform von 1967 begonnen. Danach wurden alle juristischen Personen des Privatrechts den Kaufleuten gleichgestellt und mussten bei Zahlungseinstellung die Eröffnung eines *règlement judiciaire* oder der *liquidation des biens* beantragen.[108] 1985 wurde der Anwendungsbereich

---

[99] Vgl. Art. 437 Code de commerce i.d.F. des Gesetzes vom 2.7.1870, Memorial I, Nr. 24 vom 8.8.1870, 177.

[100] Vgl. § 1 des Gesetzes über Präventiv-Concordate bei Fallimenten vom 14.4.1886, Memorial Nr. 21 vom 15.4.1886, 225.

[101] Vgl. das Gesetz betreffend die Überschuldung (concernant le surendettement) vom 8.1.2013, Memorial A Nr. 26 vom 13.2.2013, 423.

[102] Eingeführt durch § 4 des Gesetzes vom 2.8.1994, ДВ Nr. 63 vom 5.8.1994, 1.

[103] So Art. 608 Abs. 1 des Handelsgesetzes.

[104] Vgl. Teil III des Commercial Code, Chapter 13 der Revised edition of the laws of Malta, 1984.

[105] A.A. MüKoInsO/*Vella/Decesare/Cavallazzi/Jaccarini/Vorwerk*, Malta Rn. 27.

[106] So Art. 482 Abs. 1 des Commercial Code.

[107] Vgl. Art. 218(1) Companies Act, Act XXV of 1995, Beilage zur Malta Government Gazette A, 1185.

[108] So Art. 1 des Gesetzes Nr. 67-563 über den gerichtlichen Vergleich, die Vermögensliquidation, das persönliche Falliment und die Bankerotte (loi sur le règlement judiciaire, la liquidation des biens, la faillite personnelle et les banqueroutes) vom 13.7.1967, Journal Officiel (J.O.) Nr. 163 vom 14.7.1967, 7058.

des Insolvenzrechts namentlich auf Handwerker erweitert.[109] Heute enthält das Sechste Buch des neuen *Code de commerce*[110] die Regelungen zu den Schwierigkeiten von Unternehmen (*Des difficultés des entreprises*) einschließlich der verschiedenen Insolvenzverfahren. Der Anwendungsbereich ist dabei nunmehr auch auf Landwirte und Freiberufler ausgeweitet.[111] Für die Behandlung der Überschuldung von Verbrauchern (*traitement des situations de surendettement*) finden sich dagegen Sonderregelungen im Siebten Buch des *Code de la consommation.*[112]

In Belgien finden sich die Regelungen zur Unternehmensinsolvenz (*Insolvabilité des entreprises*) im Zwanzigsten Buch des *Code de droit économique.*[113] Die Regelungen zur kollektiven Schuldenregelung von Verbrauchern (*règlement collectif des dettes*) stehen dagegen seit 1998 im *Code judiciaire.*[114] Den Schritt vom Kaufmanns- zum Unternehmenskonkurs haben auch Polen[115] und Rumänien[116] vollzogen, nicht aber den zum Jedermannkonkurs. Zwar sind seit 2008[117] wesentliche Teile des polnischen Unternehmenskonkursrechts auf alle übrigen natürlichen Personen anwendbar.[118] Der Antrag kann aber nur vom Schuldner gestellt werden und ist abzuweisen, wenn dieser zu seiner Insolvenz vorsätzlich oder grob fahrlässig beigetragen hat.[119] Auch in Rumänien besteht

[109] Vgl. Art. 2 des Gesetzes Nr. 85-98 über die Sanierung und die gerichtliche Liquidation von Unternehmen (loi relative au redressement et à la liquidation hudiciaires des entreprises) vom 25.1.1985, J.O. Nr. 22 vom 26.1.1985, 1097.

[110] Der Gesetzesteil (partie Législative) des Code de commerce beruht auf der Verordnung Nr. 2000-912 vom 18.9.2000, J.O. Nr. 219 vom 21.9.2000, 14783.

[111] Vgl. Art. L 620-2 Abs. 1 Code de commerce i.d.F. von Art. 13 des Gesetzes Nr. 2005-845 vom 26.7.2005, J.O. Nr. 173 vom 27.7.2005, Text Nr. 5 und Art. 67 I 2° des Gesetzes Nr. 2019-486 vom 22.5.2019, J.O. Nr. 119 vom 23.5.2019, Text Nr. 2.

[112] Der Gesetzesteil (partie Législative) des Code de la consommation beruht auf Verordnung Nr. 2016-301 vom 14.3.2016, J.O. Nr. 64 vom 16.3.2016, Text Nr. 29.

[113] Eingeführt durch Art. 3 des Gesetzes vom 11.8.2017, Moniteur Belge (M.B.) Nr. 223 vom 11.9.2017, S. 83100.

[114] Vgl. Art. 1675/2 ff. Code judiciaire, eingeführt durch Art. 2 des Gesetzes vom 5.7.1998, M.B. Nr. 145 vom 31.7.1998, 24613.

[115] Zur Anwendung auf Unternehmer i.S.v. Art. 43^1 des Zivilgesetzbuchs (Kodeks cywilny) i.d.F. vom 9.6.2022, Dz. U. Pos. 1360, alle Kapitalgesellschaften und persönlich haftende Personenhandelsgesellschafter vgl. Art. 5 des Konkursrechts (Prawo upadłościowe) i.d.F. vom 18.6.2020, Dz. U. Pos. 1228.

[116] Vgl. heute Art. 3 Abs. 2 des Gesetzes Nr. 85/2014 über Verfahren zur Insolvenzvermeidung und zur Insolvenz (procedurile de prevenire a insolvenţei şi de insolvenţă), Monitorul Oficial (M.Of.) Nr. 466 vom 25.6.2014, 2 i.V.m. Art. 3 Abs. 2 des Zivilgesetzbuchs (Codul civil), Gesetz Nr. 287/2009, M. Of. Nr. 505 vom 15.7.2011, 5.

[117] Vgl. Art. 1 Nr. 2 des Gesetzes vom 5.12.2008, Dz. U. Nr. 234, Pos. 1572.

[118] So heute Art. 491^1, 491^2 des Konkursrechts.

[119] So heute Art. 491^2 Abs. 3, 491^4 Abs. 1 des Konkursrechts.

seit 2015 nur ein Insolvenzverfahren zur Entschuldung redlicher natürlicher Personen.[120]

Dauerhaft vom Jedermann- zum Unternehmenskonkurs übergegangen sind Kroatien und Ungarn. In Kroatien ist 2015 neben das Konkursgesetz, das nur auf juristischen Personen sowie auf einkommen- oder gewinnsteuerpflichtige natürliche Personen (Einzelschuldner) anwendbar ist,[121] ein eigenes Verbraucherkonkursgesetz getreten,[122] das aber nur der Entschuldung auf Eigenantrag dient.[123] Auch der Anwendungsbereich des ungarischen Insolvenzgesetzes ist in der postsozialistischen Ära auf Wirtschaftsorganisationen beschränkt geblieben.[124] Für die Entschuldung natürlicher Personen wurde 2015 ein Sondergesetz geschaffen.[125]

f) *Litauen.* – Einen Sonderfall stellt Litauen dar. Dort wird streng zwischen der Insolvenz von juristischen[126] Personen und dem Konkurs natürlicher Personen[127] unterschieden.[128] Bei allen natürlichen Personen dient das Verfahren nur der Wiederherstellung der Zahlungsfähigkeit des ehrlichen Schuldners, der daher allein antragsberechtigt ist.[129] Damit hat das litauische Recht für ein Gesamtvollstreckungsverfahren den engsten Anwendungsbereich und erfasst nicht einmal Einzelkaufleute.

---

[120] Vgl. Art. 1 des Gesetzes Nr. 151/2015 über das Insolvenzverfahren bei natürlichen Personen (procedura insolvenței persoanelor fizice), M.Of. Nr. 464, 2; zum Antragsrecht des Schuldners vgl. Art. 6 Abs. 1.

[121] Vgl. 3 Abs. 1 des Konkursgesetzes (Stečajni zakon) vom 12.6.2015, Narodne Novine (N.N.) Nr. 71 vom 29.6.2015, Pos. 1365.

[122] Gesetz über den Verbraucherkonkurs (Zakon o stečaju potrošača) vom 11.9.2015, N.N. Nr. 100 vom 18.9.2015, Pos. 1936.

[123] Zum ausschließlichen Antragsrecht des Verbrauchers vgl. Art. 44 Abs. 1 Gesetz über den Verbraucherkonkurs.

[124] Vgl. insoweit unverändert § 2 Abs. 1 des Gesetzes Nr. XLIX:1991 über das Konkurs- und das Liquidationsverfahren (a csődeljárásról és a felszámolási eljárásról [Titeländerung: § 135 des Gesetzes Nr. V:2006, M.K. Nr. 1 vom 4.1.2006, 99]); zur Definition der Wirtschaftsorganisation vgl. den Katalog in § 3 Abs. 1 des Gesetzes XLIX:1991, zuletzt geändert durch § 1 des Gesetzes Nr. CXXVI:2017, M.K. Nr. 171 vom 25.10.2017, 28421.

[125] Gesetzesartikel CV:2015 zur Schuldenbereinigung natürlicher Personen (a természetes személyek adósságrendezéséről), M.K. Nr. 100 vom 8.7.2015, 17308.

[126] Gesetz über die Insolvenz juristischer Personen (juridinių asmenų nemokumo įstatymas) Nr. XIII-2221 vom 13.6.2019.

[127] Gesetz über den Konkurs natürlicher Personen (fizinių asmenų bankroto įstatymas) Nr. XI-2000 vom 10.5.2012, Valstybės Žinios Nr. 57, Pos. 2823.

[128] Vgl. dazu MüKoInsO/*Mulevičienė/Madaus*, Litauen Rn. 25.

[129] Vgl. Art. 1 Abs. 1, 4 des Gesetzes Nr. XI-2000.

IV. *Fazit*. – Die Analyse des geltenden Insolvenzrechts in den 27 EU-Mitgliedstaaten hat gezeigt, dass die Annahme, das Insolvenzrecht sei Teil des Unternehmensrechts, aus französischer Sicht nachvollziehbar ist, aber der Rechtstradition in vielen anderen Mitgliedstaaten nicht gerecht wird. Napoleon, dessen Bedeutung für die europäische Insolvenzrechtsentwicklung hier sehr deutlich geworden ist, soll gesagt haben: „Wir brauchen ein europäisches Gesetz, einen europäischen Gerichtshof, eine einheitliche Münze, die gleichen Maße und Gewichte. Europa wird nicht zur Ruhe kommen, bevor es nicht unter einem einzigen Oberhaupt steht, unter einem Kaiser, der Könige als seine Beamten hat und der seinen Generälen Königreiche gibt. ... Aus allen Völkern muss ich ein Volk machen und aus Paris die Hauptstadt der Welt.“ [130] Auch wenn sich das Zitat nicht verifizieren lässt, [131] mahnt die darin zum Ausdruck kommende Hybris noch heute zur Vorsicht. Wir haben zwar gut 200 Jahre später einen europäischen Gerichtshof, in 20 Mitgliedstaaten eine einheitliche Währung und fast überall die gleichen (metrischen) Maße und Gewichte. Wir haben aber keinen europäischen Kaiser und nicht einmal einen europäischen Bundesstaat. Daher haben wir auch kein einheitliches europäisches Gesetz, auch wenn das Unionsrecht heute fast alle Lebensbereiche durchdringt.

Dass die Synthese aus verschiedenen Konkurstraditionen gelingen kann, zeigt die Schweiz, die, wie gesehen, [132] 1874 vor der Aufgabe stand, aus 26 unterschiedlichen kantonalen Rechtsordnungen [133] eine einzige zu formen. [134] Auf welche Ablehnung der Gesetzentwurf vor allem in der Westschweiz stieß, verdeutlicht die scharfe Reaktion des Genfer Zivil- und Kriminalgerichts, in der es hieß: „Der Gesetzentwurf führt ein vollständig neues Recht ein, das weder französisches noch deutsches Recht ist, und die kühnen Neuerer, welche dasselbe ohne jede Rücksicht auf Jahrhunderte alte Überlieferungen der verschiedenen Völkerschaften der Schweiz befürworten, schlagen ein Prokrustesbett auf, um darin Volkskreise, die in Bezug auf Bedürfnisse, Sitten und Gewohnheiten himmelweit voneinander verschieden sind, zur Gleichförmigkeit zu zwingen.“ [135] Aus heutiger Sicht hat sich das „Bundesgesetz über Schuldbetreibung

[130] So das Schulbuch *Ebeling/Birkenfeld*, Die Reise in die Vergangenheit, Baden-Württemberg, Differenzierende Ausgabe 7/8, 2016, 162.

[131] Der dortige Verweis (300) auf *Kircheisen*, Gespräche Napoleons, 3 Bände, Stuttgart 1911 – 1913 (konkret zitiert: Band 2, 1912, 63) geht leider fehl.

[132] Vgl. oben sub II. bei Fn. 10.

[133] Der Kanton Bern hatte das im Jura geltende französische Recht (vgl. Fn. 22) zunächst beibehalten.

[134] Vgl. dazu nunmehr *Bergmann*, Die Genese des SchKG, Tübingen: Mohr Siebeck, 2025 (im Erscheinen).

[135] Schweizerisches Bundesblatt (BBl.) 1886 II, 1, 16.

und Konkurs“ von 1889[136] jedoch bewährt; die Türkei hat es 1932 übernommen. Ihm lag aber auch ein klarer Gesetzgebungsauftrag zugrunde, an dem es in der EU bislang fehlt.

Daher bleibt als Fazit festzuhalten, dass sich die weitgehende Vereinheitlichung des Insolvenzrechts in der EU gegenwärtig nicht empfiehlt. Auch der Richtlinienvorschlag sieht nur sehr behutsame Schritte in diese Richtung vor und will neben einigen verfahrensrechtlichen Maßnahmen[137] vor allem das Insolvenzanfechtungsrecht – auf der Grundlage des Vorschlags von *Bork/Veder*[138] – teilharmonisieren (Art. 4 bis 11). Außerdem soll bei Zahlungsunfähigkeit eine haftungsbewehrte Pflicht der Geschäftsleiter bestehen, einen Insolvenzantrag zu stellen (Art. 36, 37). Dabei ist jedoch daran zu erinnern, dass es zuletzt nicht einmal gelungen ist, die Begriffe der Insolvenz und der drohenden Insolvenz unionsrechtlich zu definieren.[139] Für den zentralen Begriff der Zahlungsunfähigkeit sieht der Richtlinienvorschlag nicht einmal eine eigene Definition vor. Daher ist auch der Erfolg dieser beiden Harmonisierungsvorhaben zweifelhaft. Denn der Leitspruch der EU lautet nicht, wie in den USA, „E pluribus unum“, sondern seit 2000 nicht ohne Grund: „In Vielfalt geeint“.[140]

---

[136] BBl. 1889 II, 445.

[137] Zu erwähnen sind namentlich das „Pre-pack-Verfahren“ (Art. 19 bis 35), die Liquidation zahlungsunfähiger Kleinstunternehmer (Art. 38 bis 57) und die Regelungen über Gläubigerausschüsse (Art. 58 bis 67).

[138] *Bork/Veder*, Harmonisation of Transactions Avoidance Laws, Cambridge et al.: Intersentia, 2022.

[139] Vgl. Art. 2 Abs. 2 lit. a, b der Richtlinie.

[140] Vgl. Art. I-8 des Vertrags über eine Verfassung für Europa, ABl. 2004 Nr. C 310, 1.

DOVE CI PORTA L'ARMONIZZAZIONE DEL DIRITTO DELL'INSOLVENZA?

di *Vincenzo De Stasio* *

ABSTRACT

The paper examines the efforts to standardize insolvency law across the European Union, focusing specifically on the Italian legal framework. It reports Professor Vincenzo De Stasio's remarks at Villa Vigoni on July 5, 2022, and discusses various topics related to the adoption of Directive (EU) 2019/1023, also known as the Insolvency Directive, and its incorporation into national laws.
The work offers insights on the eve of the enforcement of the Italian Legislative Decree no. 14/2019 (CCII), which marked the end of the era of the "legge fallimentare" which has governed Italian bankruptcy procedures since 1942.
The paper aims to expose how the CCII intends to facilitate a significant transition from conventional bankruptcy procedures to a more contemporary framework focused on early intervention and restructuring, which is necessary to balance and safeguard all the stakeholders' interests, such as the preservation of jobs.
The paper focuses on the contrasts and consequences of civil and business insolvency. It highlights the shift from the broad enforcement process of the 1942 bankruptcy law to the more detailed approach of the new CCII. The new code includes provisions for resolving crises through negotiation, indicating a move toward preventive measures instead of reactive liquidation.
Afterwards, it outlines the goals of the EU Directive, pointing to standardizing the requirements for initiating insolvency proceedings, the procedures for submitting claims, measures to prevent insolvency, and plans for restructuring and handling insolvencies involving groups of companies.
It highlights the importance of implementing early restructuring frameworks to enable debtors facing financial difficulties to adjust their obligations, thereby avoiding insolvency and ensuring the best possible outcomes for creditors, thus enhancing the possibilities of a fresh start for deserving debtors on the condition they have not committed fraud or acted with gross negligence in getting into debt.

---

*Ordinario di Diritto commerciale nell'Università degli Studi di Bergamo, *già componente della Commissione per elaborare proposte di interventi sul "Codice della crisi d'impresa e dell'insolvenza", istituita presso l'Ufficio legislativo del Ministero della Giustizia e presieduta dalla Prof.ssa Ilaria Pagni (cd. "Commissione Pagni"); la pubblicazione riprende il testo della relazione orale del 5 luglio 2022, con aggiornamenti nelle note.*

It also reports the challenges of codifying insolvency laws in the context of European directives and Italy's legislative journey, including the COVID-19 emergency legislation from 2021 into the CCII, and the efforts to comply with the EU Directive while preserving national legal traditions. It further describes the structure of the CCII, outlining definitions, principles, and various procedures such as negotiated crisis resolution, judicial liquidation, and restructuring plans.
It also highlights the role of the Commission Pagni, appointed to deliver the new law from the European to the national level, exposing their efforts to integrate the EU Directive into Italian law.
The paper discusses the practical challenges faced while implementing the new insolvency code. These challenges include the continuing involvement of public prosecutors in insolvency cases, which is unique to the Italian system, and the impact of external crises such as the COVID-19 pandemic, geopolitical tensions, and economic instability on insolvency proceedings. The introduction of the negotiated crisis resolution process as a response to the pandemic is particularly noteworthy.
The paper reflects on the future of insolvency law harmonization in Europe. It highlights the growing complexity of the harmonisation process and the importance of ongoing comparative studies between different legal systems to ensure effective implementation. The paper emphasizes the need for theoretical reflection to guide practical application and suggests that the true impact of these reforms will only be fully understood over time.
Conclusively, the analysis offers a detailed summary of how Italy is implementing Directive (EU) 2019/1023. It stresses the importance of balancing adherence to EU standards with preserving national legal tradition, providing valuable insights into the changing landscape of insolvency law in Europe and its practical effects on businesses, creditors, and legal professionals.

1. *Armonizzazione e Direttiva (UE) 2019/1023.* – Ringrazio gli organizzatori di questo incontro italo-tedesco, e in particolare il Prof. Dr. Christoph A. Kern e

il Prof. Dr. Francesco Bordiga, dell'onore di essere stato invitato a parlare, come rappresentante degli italiani, su un tema che, almeno dal punto di vista nazionale, è sicuramente marcato dalla circostanza che, dopo anni di attesa, tra dieci giorni, venerdì 15 luglio, per effetto dell'art. 42 del d.l. n. 36/2022, convertito in legge la scorsa settimana, senza modifiche su questo punto [1], la gloriosa legge fallimentare italiana del 1942 verrà abrogata e sarà sostituita dagli oltre 389 articoli del Codice [2] della Crisi di Impresa e dell'Insolvenza [3].

Nel 2011 il Parlamento Europeo chiedeva di armonizzare i criteri di apertura delle procedure concorsuali, le regole sull'insinuazione a passivo, le azioni revocatorie fallimentari [4], i piani di ristrutturazione e i concordati e le insolvenze di gruppo [5]. Oltre al piano dell'ormai sperimentato regolamento sulle insolvenze transfrontaliere, nella sua prima versione del 2000 [6] e in quella successiva del 2015 [7], l'armonizzazione del diritto sostanziale inizia a compiere i primi, fatico-

[1] È stato ritirato al Senato l'emendamento Bottici-Toninelli che faceva slittare l'entrata in vigore al 31 dicembre 2022.

[2] La circostanza che, in forma non ufficiale, il testo definitivo del Codice della crisi sia noto solo da poche settimane e che da pochi giorni vi sia un testo coordinato del c.c.i.i. con le ultime modifiche (di cui si occupa da qualche anno il sito "centrocrisi", aggiornato da un Centro di Ricerca Interdipartimentale dell'Università di Torino), rende conto della necessità di tenersi sulle linee generali nel testo della relazione. Il contenuto finale è ufficialmente divenuto noto con la pubblicazione nella Gazzetta Ufficiale del correttivo ultimo, il d.lgs. 17 giugno 2022, n. 83, attuativo della Direttiva Insolvency –. Esso è entrato in vigore il 15 luglio 2022, per effetto della modifica normativa all'art. 389 testo originario del Codice attuata dall'art. 42 del d.l. 30 aprile 2022, n. 36 (*Ulteriori misure urgenti per l'attuazione del Piano Nazionale di ripresa e resilienza* – il "PNRR"), convertito con modificazioni dalla l. 29 giugno 2022, n. 79, pubblicata nella Gazzetta Ufficiale del 29 giugno 2022, n. 150.

[3] D.lgs. n. 14 del 12 gennaio 2019, pubblicato nella versione originaria nel Supplemento Ordinario alla Gazzetta Ufficiale del 14 febbraio 2019, successivamente modificato, da ultimo con il d.lgs. 17 giugno 2022, n. 83, pubblicato nella Gazzetta Ufficiale di venerdì 1° luglio 2022. Dopo la consegna finale delle bozze di questo contributo e due anni di effettiva applicazione del nuovo Codi, è stato pubblicato in G.U. del 27 settembre 2024 il d.lgs. 13 settembre 2024, n. 136, *Disposizioni integrative e correttive al codice della crisi d'impresa e dell'insolvenza di cui al decreto legislativo del 12 gennaio 2019, n. 14*, di cui non si è potuto tenere conto nell'elaborazione del testo.

[4] Ambito nel quale si registra ora la *Proposal of a Directive harmonising certain aspects of insolvency law (7 December 2022)*, su cui v. G. Corno, *Prime riflessioni sulla proposta della Commissione europea di armonizzazione di alcuni profili della disciplina delle azioni revocatorie nelle procedure di insolvenza e sul possibile impatto sulla normativa italiana*, in *www.dirittodellacrisi.it*; L. De Bernardin, *Non l'abbiamo vista arrivare: brevi riflessioni sulle ripercussioni della nuova proposta di direttiva in materia di insolvenza sulle procedure liquidatorie in Italia*, in *www.dirittodellacrisi.it*, 19 aprile 2023.

[5] Cfr. F.M. Mucciarelli, *Il regolamento sulle insolvenze transfrontaliere*, in *Diritto societario europeo e internazionale*, diretto da M. Benedettelli e M. Lamandini, Torino, 2017, p. 712.

[6] Reg. (CE) n. 1346/2000.

[7] Su cui: P. De Cesari, G. Montella, *Il nuovo diritto europeo della crisi d'impresa. Il regolamento (UE) 2015/848 relativo alle procedure di insolvenza*, Torino, 2017.

si passi con il recepimento negli ordinamenti nazionali della Direttiva del 2019[8], oggetto di lunga discussione sin dalla prima proposta del 2016[9] e ancora prima dalla Raccomandazione del 2014[10]. L'attenzione non è più sulla linea di dettare una disciplina uniforme delle procedure concorsuali, ma sull'obiettivo di prevedere regole uniformi che potenzino le possibilità di preventiva ristrutturazione e recupero delle imprese in crisi, sul presupposto che il recupero è più probabile se la ristrutturazione è attuata subito[11].

L'armonizzazione del diritto dell'insolvenza in Europa conduce a un rafforzamento degli strumenti per anticipare l'emersione della crisi; a un potenziamento delle possibilità di esdebitazione e "fresh start" dei debitori; a procedimenti di ristrutturazione più efficaci, in parte pubblici e in parte riservati, il cui riconoscimento dal punto di vista internazionale pone dubbi per ora irrisolti dal Regolamento (UE) 2015/848, di troppo antecedente alla Direttiva (UE) 2019/1023 (cd. Direttiva "Insolvency" o "Restrukturierung"). Più in generale, come già sottolineato in un contributo del Prof. Kern[12], a una nuova forma di concorrenza tra ordinamenti, tenuto conto che la Direttiva sui quadri di ristrutturazione lascia aperte ben 70 opzioni ai legislatori nazionali, i quali – possiamo aggiungere – si sono trovati di fronte a complessi problemi interpretativi.

La direttiva europea ha lo scopo di armonizzare i diritti nazionali degli Stati membri dell'Unione europea[13], prevedendo la disponibilità di "quadri efficaci di ristrutturazione preventiva" che consentano ai debitori in difficoltà finanziarie di continuare a operare, in tutto o in parte, modificando la composizione, le

---

[8] Direttiva (UE) 2019/1023.

[9] A. NIGRO, *La proposta di direttiva comunitaria in materia di disciplina della crisi delle imprese*, in *Riv. dir. comm.*, 2017, II, p. 201 ss.

[10] *Raccomandazione* del 2 marzo 2014.

[11] Cfr. L. PANZANI, *La proposta di Direttiva della Commissione UE in tema di regime di ristrutturazione preventiva dell'impresa, seconda chance ed esdebitazione*, in *Fallimento, soluzioni negoziate della crisi e disciplina bancaria dopo le riforme del 2015 e 2016*, opera diretta da S. AMBROSINI, Bologna, 2017, p. 1088; P. VELLA, *La nuova era della ristrutturazione preventiva nel Codice della crisi e dell'insolvenza dopo l'attuazione della direttiva (UE) 2019/1023*, in *Crisi e insolvenza nel nuovo Codice. Commento tematico ai dd.lgs. nn. 14/2019 e 83/2022*, a cura di S. Ambrosini, Bologna, 2022, p. 10; reputa ora insoddisfacente l'attuazione della direttiva in Italia: C. AMATUCCI, *Sul recepimento della Direttiva* Insolvency *e sulla pretermissione del requisito di "impresa sana"*, in *Giur. comm.*, 2023, I, p. 47 ss.; sui tempi delle procedure di concordato preventivo in Italia, v. l'indagine empirica di A. DANOVI, S. GIACOMELLI, P. RIVA, G. RODANO, *Strumenti negoziali per la soluzione delle crisi d'impresa: il concordato preventivo*, Roma, 2018 (reperibile all'URL *https://www.bancaditalia.it/pubblicazioni/qef/2018-0430/QEF_430_18.pdf*; ultimo accesso in data 17 aprile 2023).

[12] CH. A. KERN, *Ein Wettbewerb der Rechtsordnungen? Vergleich des niederländischen und des deutschen Umsetzungsgesetzes zur Restrukturierungsrichtlinie*, in *NZI-Beilage* 2021, p. 74.

[13] V. MINERVINI, *Codice e Direttiva: i principi immanenti (e sovraordinamentali) del diritto della crisi*, in *Crisi e insolvenza nel nuovo Codice. Commento tematico ai dd.lgs. nn. 14/2019 e 83/2022*, a cura di S. Ambrosini, cit., p. 94 ss.

condizioni o la struttura delle loro attività e delle loro passività o di una qualunque altra parte della loro struttura del capitale, anche mediante la vendita di attività o parti dell'impresa o, se previsto dal diritto nazionale, dell'impresa nel suo complesso, come anche apportando cambiamenti operativi.

I quadri di ristrutturazione preventiva dovrebbero innanzitutto permettere ai debitori di ristrutturarsi efficacemente in una fase precoce e prevenire l'insolvenza. I quadri dovrebbero impedire la perdita di posti di lavoro nonché la perdita di conoscenze e di competenze e massimizzare il valore totale per i creditori, rispetto a quanto avrebbero ricevuto in caso di liquidazione degli attivi del debitore o nel caso del migliore scenario alternativo possibile in mancanza di un piano di ristrutturazione. La spinta verso il risanamento e la conservazione dei valori attivi di un'impresa non può obliterare il fatto che i quadri di ristrutturazione nascono pur sempre da una crisi dell'impresa, che va intesa come crisi "esterna", perché può essere risolta solo con la partecipazione collaborativa dei creditori, anche quando questa sia puramente passiva, perché è soltanto necessario "prendere tempo" [14].

Nei quadri di ristrutturazione i diritti di tutte le parti coinvolte, compresi i lavoratori, dovrebbero essere tutelati in modo equilibrato. Nel contempo, le imprese non sane che non hanno prospettive di sopravvivenza dovrebbero essere liquidate il più presto possibile.

I principi enunciati sono contenuti nel preambolo, nei primi "Considerando" della Direttiva europea e sicuramente costituiscono indicazioni condivisibili tanto in Europa quanto altrove.

Prevenire l'insolvenza è il concetto ispiratore della nuova legislazione europea, preceduta da importanti studi e contributi, nel volgere del periodo successivo alla crisi economica del 2008 [15]. A questo scopo tutti i Paesi dell'Unione europea devono introdurre procedure adeguate nel proprio ordinamento, ove esse non siano già presenti. Tutto ciò si deve attuare nell'equilibrio tra schemi volutamente di impronta negoziale, con la precisa attenzione a non disperdere le garanzie che derivano dal coinvolgimento del giudice nelle fasi nevralgiche del percorso.

Importanti sono state, in Europa, le leggi di attuazione della direttiva sui quadri di ristrutturazione emanate nei Paesi Bassi e in Germania, che hanno preceduto gli altri Stati membri e sono diventate un riferimento in tutta Europa: in Germania la direttiva sui quadri di ristrutturazione è stata attuata con una leg-

[14] Lo ha ricordato Massimo Fabiani, componente della Commissione Pagni, già componente della Commissione Rordorf: M. FABIANI, *L'avvio del codice della crisi*, relazione al Convegno di Pietrasanta, 5-6 maggio 2022, in *www.dirittodellacrisi.it*.

[15] Basti pensare alla "Podiumsdiskussion" del 23 aprile 2009 all'Università di Heidelberg, ricordata da A. PIEKENBROCK, *Empfiehlt sich angesichts der Wirtschaftskrise die Einführung eines gesonderten Restrukturierungsverfahrens?*, in *ZVglRWiss* 108 (2009), p. 242.

ge (*StaRUG*) distinta dalla *Insolvenzordnung*, che regola la disciplina concorsuale generale.

I principi della direttiva europea sono stati esplorati, anche in Italia, in diversi contributi [16], che hanno messo in luce la pluralità di esiti possibili nell'attuazione della direttiva. Essa fu il risultato di un compromesso tra i diversi Stati, ognuno dei quali con proprie tradizioni, prassi e regole dell'insolvenza. Come è stato bene messo in luce anche di recente dal Prof. Piekenbrock [17], è il concetto di insolvenza stesso che rinvia a culture giuridiche differenti.

2. *Insolvenza "civile" e insolvenza dell'impresa*. – Il quadro teorico dell'insolvenza è noto: si dà un'insolvenza "civile" [18] e un'insolvenza dell'impresa [19]. Nel trattamento dell'insolvenza si incontrano due differenti angoli visuali: il processo esecutivo "universale" sull'intero patrimonio del debitore, sottratto all'iniziativa del singolo creditore e affidato allo spossessamento e all'iniziativa di un apparato pubblico sotto il controllo dell'autorità giudiziaria. Questa ipotesi, che sta alla base del modello di fallimento della legge del 1942, trasforma il diritto fallimentare in "procedura", ambito di studio privilegiato dei cultori del diritto processuale.

L'altra prospettiva, partendo dalla tradizionale considerazione che il fallimento è rivolto soltanto all'imprenditore commerciale non piccolo, e che dunque c'è un diverso trattamento dell'insolvenza dell'impresa rispetto a quella di chi non svolge un'attività economica con tali caratteristiche, prende in considerazione la

---

[16] Per un richiamo della bibliografia v. L. PANZANI, *L'adeguamento del diritto concorsuale italiano alla Direttiva (UE) 2019/1023*, in *Il diritto concorsuale italiano e gli obiettivi di coordinamento con la disciplina eurounitaria*, a cura di F. Pasquariello e M. Torsello, Napoli, 2022, p. 11 ss., nt. 11.

[17] A. PIEKENBROCK, *Die Zukunft der Überschuldung als Insolvenzeröffnungsgrund und beim präventiven Restrukturierungsrahmen. Zur Richtlinie (EU) 2019/1023 des Europäischen Parlaments und des Rates v. 20.6.2019*, in *NZI-Beilage* 2019, p. 47.

[18] Su cui v. già la conferenza del 1901 di C. VIVANTE, *Il fallimento civile*, poi riprodotta in Appendice a C. VIVANTE, *Trattato di diritto commerciale*, 5. ed., vol. I, Milano, 1934, p. 323 ss.; in tempi più recenti: il fascicolo monografico n. 2/2004 di *An. giur. econom.*, intitolato «L'insolvenza del debitore civile dalla prigione alla liberazione», a cura di G. Presti, L. Stanghellini e F. Vella; per altre citazioni, si consenta il rinvio a V. DE STASIO, *Doveri del debitore non imprenditore nel codice della crisi. Appunti*, in *Studi in onore di Sabino Fortunato*, III, Bari, 2023, p. 2445 ss.; v. anche, ora, A. SCIARRONE ALIBRANDI, M. MOZZARELLI, *Disciplina della crisi e «tipologie» di debitori*, in *La crisi d'impresa nel nuovo codice: problemi e prospettive*, a cura di F. Barachini, Torino, 2024, p. 43 ss.

[19] Cfr. F. DI MARZIO, *Obbligazione, insolvenza, impresa*, Milano, 2019, pp. 89 ss. e 93 ss.; M. FABIANI, *Sistema, principi e regole del diritto della crisi d'impresa*, Piacenza-Roma, 2023, p. 38, accenna alla ragione dell'esclusione di una procedura universale nella assunzione «che le procedure che concernono il debitore civile assolvano, preminentemente, la finalità di far conseguire al debitore sovraindebitato il beneficio della esdebitazione», mentre le dimensioni dell'impresa – con la vistosa deroga per l'imprenditore agricolo – atterrebbero al profilo della marginalità, quantitativa e qualitativa, dell'attività economica delle imprese minori.

realtà dell'organizzazione di impresa, ne apprezza la rilevanza costituzionale, come fonte di utilità individuali e sociali, in termini di rapporti di lavoro e di ricchezza che si riversa sul territorio finché l'impresa è sana e resta in pareggio. La "crisi dell'impresa" diventa dunque "il" problema centrale da risolvere, non facendo immediatamente cessare l'impresa in crisi – questa resta l'*extrema ratio*, nella prospettiva più moderna – ma su questo punto non molto cambiata dal diritto comune medioevale a oggi [20] – che ancora connota la liquidazione giudiziale nel Codice della crisi, ma cercando di anticipare l'emersione della crisi.

La questione giuridica e sociale complessa da risolvere è come tenere in equilibrio i diversi interessi: quello del debitore, pregiudicato dalla crisi (ora definita nell'art. 2, comma 1, lett. a), c.c.i.i., come modificato dal d.lgs. 17 giugno 2022, n. 83: «lo stato del debitore che rende probabile l'insolvenza e che si manifesta con l'inadeguatezza dei flussi di cassa prospettici a far fronte alle obbligazioni nei successivi dodici mesi». Una prospettiva, dunque, oggi marcatamente finanziaria, mentre la definizione originaria di crisi del c.c.i.i. calcava maggiormente l'attenzione sullo squilibrio economico [21]. Dalla relazione al correttivo, peraltro, la novità viene sminuita, facendosi riferimento agli squilibri di carattere patrimoniale o economico-finanziario nel nuovo art. 3 c.c.i.i., intitolato «Adeguatezza delle misure e degli assetti in funzione della rilevazione tempestiva della crisi d'impresa»); il ruolo dei creditori, unici soggetti legittimati a interloquire, nella tradizionale disciplina del concordato, e contrapposti al debitore; gli interessi "altri", quelli relativi agli effetti collaterali positivi e negativi, che non sono pienamente catturati dalla qualificazione di creditori: l'interesse alla continuità dell'impresa dei lavoratori e dei fornitori, nonché dei clienti, di per sé non rappresentati come interessi giuridici nella prospettiva tradizionale, ma relegati al ruolo di interessi "di fatto".

---

[20] Cfr. G.B. PORTALE, *Dalla «pietra del vituperio» alle nuove concezioni del fallimento e delle altre procedure concorsuali*, in *Banca, borsa, tit. cred.*, 2010, I, p. 396 ss.

[21] Sul rapporto tra le nozioni di crisi e insolvenza vi è una cospicua letteratura: cfr., senza pretesa di completezza, F. VASSALLI, *La nozione di insolvenza (alla luce dei recenti interventi legislativi sulle imprese in crisi)*, in *Problemi attuali dell'impresa in crisi. Studi in onore di Giuseppe Ferri*, Padova, 1983, ora anche in F. VASSALLI, *Scritti giuridici*, t. I, Milano, 2023 (da cui si cita), p. 51 ss.; R. ROSSI, *Insolvenza, crisi di impresa e risanamento. Caratteri sistematici e funzionali del presupposto oggettivo dell'amministrazione straordinaria*, Milano, 2003, p. 43 ss.; G. PRESTI, *Stato di crisi e stato di insolvenza*, in *Crisi d'impresa e procedure concorsuali*, a cura di O. Cagnasso e L. Panzani, t. I, Torino, 2016, p. 399 ss.; F. PACILEO, *Continuità e solvenza nella crisi di impresa*, Milano, 2017, pp. 61 ss., 163 ss. e 273 ss.; G. TERRANOVA, *Le crisi di impresa in un'economia finanziaria*, Torino, 2018, p. 108 ss., ove si osserva (p. 111) che «il sistema tedesco (preso a modello quando si qualifica lo stato di crisi come pericolo d'insolvenza) utilizza una serie di concetti più precisi e articolati dei nostri»; ID., *Le procedure concorsuali*, Torino, 2019, p. 349 ss.; S. AMBROSINI, *Diritto dell'impresa in crisi*, Pisa, 2022, p. 1 ss.; C. DALIA, *Le nozioni di crisi, insolvenza, sovraindebitamento*, in *Il nuovo diritto della crisi. Un'analisi ragionata delle soluzioni "volontarie" della crisi*, a cura di A. Pisani Massamormile, Torino, 2023, p. 21 ss.

2.1. *Dalla "procedura esecutiva universale" al c.c.i.i.* – L'antica idea, ancora alla base del disegno del legislatore del 1942 che le procedure concorsuali siano soltanto una "procedura esecutiva universale" è da tempo superata non soltanto negli Stati Uniti d'America, ma anche in tutta Europa. Sul piano del diritto comunitario prima e unionale poi, anche il passaggio dal regolamento (CE) n. 1346/2000 al regolamento (UE) 2015/848 è marcato da una significativa apertura al riconoscimento transnazionale di procedure che non sono soltanto regolatrici dell'insolvenza, ma che possono essere appunto volte a prevenire la situazione di insolvenza, e cioè essere ancorate a uno "stato di crisi". Un punto su cui, tuttavia, manca l'armonizzazione, ed è tuttavia centrale nella materia, è proprio quello della definizione del presupposto oggettivo delle procedure, che dal diritto unionale resta rimesso ai diritti nazionali.

Anche il diritto italiano conosce, a partire dalle riforme del 2006, accordi e piani extragiudiziali per prevenire l'insolvenza. Sin dal 1979 esiste una procedura di amministrazione straordinaria delle grandi imprese in crisi, ora regolata dal d.lgs. n. 270/1999, che continua a rimanere al di fuori del codice della crisi.

In forza della legge delega n. 155/2017, la cd. Commissione Rordorf (presieduta dal Dott. Renato Rordorf, primo presidente della Corte di Cassazione, che ci ha fatto l'onore di essere qui presente) ha elaborato un corposo Codice della Crisi d'Impresa e dell'Insolvenza, composto di 391 articoli, che costituiscono il d.lgs. 12 gennaio 2019, n. 2014.

2.2. *Cenni al d.l. n. 118/2021.* – Nel Codice della crisi è stata trasfusa la legislazione emergenziale del 2021[22], incluso il decreto "118" che ha introdotto la composizione negoziata della crisi. La composizione negoziata della crisi si fonda su un esperto singolo in luogo degli OCRI collegiali (e l'esperto è ora definito nell'art. 2, lett. o-*bis*), c.c.i.i., come «il soggetto terzo e indipendente, iscritto nell'elenco di cui all'art. 13, comma 3, e nominato dalla commissione di cui al comma 6 del medesimo art. 13, che facilita le trattative nell'ambito della composizione negoziata»), va a sostituire la composizione "assistita" dall'OCRI[23].

[22] Sul rapporto tra legislazione dell'emergenza e Codice della crisi: I. PAGNI, *Crisi d'impresa e crisi del contratto al tempo dell'emergenza sanitaria, tra autonomia negoziale e intervento del giudice, in Le crisi d'impresa e del consumatore dopo il d.l. 118/2021*, Liber amicorum *per Alberto Jorio*, Bologna, 2021, p. 3 ss.

[23] Questa nuova sistematica è il risultato del decreto legislativo, correttivo del Codice della crisi e attuativo della direttiva europea, di cui il Governo italiano ha approvato lo schema nel Consiglio dei Ministri del 16 marzo 2022 e che è stato trasmesso al Parlamento, per i prescritti pareri della Camera dei Deputati e del Senato, nonché al Consiglio di Stato, che nel suo parere di 151 pagine ha indicato molti punti e profili meritevoli di attenzione e correzione. Dopo che sono pervenuti il 26 maggio i pareri non ostativi con osservazioni delle Commissioni 2^ e 5^ del Senato, il parere favorevole della 14^ Commissione del Senato, i pareri favorevoli con osservazioni delle Commissioni II e XIV della Camera e il parere favorevole con condizione della Commissio-

2.3. *Quadri di ristrutturazione*. – Ai quadri di ristrutturazione vanno ricondotti sia alcune "procedure concorsuali"[24], quali il concordato minore, il concordato preventivo e il concordato semplificato, ma anche il piano di risanamento attestato o la convenzione di moratoria, che non hanno la struttura di procedimento.

È stato detto, ad es., che in assenza di spossessamento, di procedimento e provvedimento di apertura, senza una regolazione concorsuale e universale del dissesto, se la volontà della maggioranza non si riflette su coloro che restano estranei, se non c'è sospensione del corso degli interessi e se restano opponibili gli atti compiuti dopo l'inizio della procedura, non si può parlare di "concorsualità" o di "procedure concorsuali"[25].

---

ne V della Camera, il Governo italiano, e in particolare l'Ufficio legislativo del Ministero della Giustizia ha lavorato alle modifiche del testo, che risulta definitivamente approvato dal Consiglio dei Ministri di giovedì 16 giugno (promulgato come d.lgs. 17 giugno 2022, n. 83, esso è stato pubblicato venerdì 1° luglio 2022 in Gazzetta Ufficiale).

Il testo del d.lgs. n. 83/2022 è accompagnato da una Relazione illustrativa e da una Relazione tecnica.

Occorre avvertire che il Governo ha nominato anche una Commissione di penalisti, per riformare il diritto penale del codice della crisi di impresa; che altre modifiche del testo sono immaginate per una data successiva all'entrata in vigore del Codice della crisi. Il tormentato cantiere del diritto concorsuale, particolarmente tecnico e complesso, non è ancora arrivato alla chiusura.

Del resto, che i coordinamenti non saranno facili lo si comprende anche dal D.M. Giustizia 3 marzo 2022, n. 75, pubblicato sulla Gazzetta Ufficiale del 21 giugno 2022, che regola l'istituendo albo dei curatori e dei commissari giudiziali, e che prevede all'art. 2, accanto alla Sezione Ordinaria, una sezione dei componenti degli Organismi di composizione della crisi di impresa (OCRI) di cui all'art. 2, comma 1, lett. u), c.c.i.i. Si tratta di un piccolo "infortunio", dato che il decreto correttivo prevede proprio l'abrogazione della suddetta lett. u) e la definitiva scomparsa degli OCRI dall'ordinamento, dove hanno vissuto sulla carta per qualche anno, senza mai essere istituiti perché mai entrati in vigore [la bibliografia sugli OCRI è vastissima: v., ad es., V. DONATIVI, *I doveri di «allerta» degli organi di controllo societari e dei revisori (l'art. 14 del Codice della crisi e la nuova mappa dei rapporti endosocietari interorganici in funzione di prevenzione della crisi)*, in Liber amicorum *per Alberto Jorio*, cit., p. 137 ss.; M. HOUBEN, *I doveri di riservatezza nelle procedure di allerta e di composizione assistita della crisi*, in *Nuove leggi civ. comm.*, 2020, p. 740 ss.; F. PACILEO, *Gli "strumenti d'allerta" tra "early warning tools" e "preventive restructuring frameworks"*, in *Riv. dir. comm.*, 2020, I, p. 157 ss.; S. MASTURZI, *Le misure di prevenzione della crisi e i controlli nel sistema dell'allerta*, in *Dir. fall.*, 2020, I, p. 1067 ss.; G.B. FAUCEGLIA, *Le ipotesi di soluzione concordata nell'ambito della procedura di composizione assistita della crisi d'impresa*, in *Dir. fall.*, 2020, I. p. 1346 ss.; A. JORIO, *La riforma della legge fallimentare tra utopia e realtà*, in AA.VV., *In ricordo di Michele Sandulli. La nuova disciplina delle procedure concorsuali*, Torino, 2019, p. 413 ss.; P. MONTALENTI, *Gestione dell'impresa, assetti organizzativi e procedure di allerta dalla "Proposta Rordorf" al Codice della crisi*, ibidem, p. 482 ss.; P. VALENSISE, *Il ruolo dell'organo di controllo nella procedura di cd. "allerta" tra legge delega e "Codice della crisi": nuove soluzioni o nuovi problemi?*, ibidem, p. 676 ss.; E. RICCIARDIELLO, *Riflessioni in tema di procedure di allerta e controllo giudiziario* ex *art. 2409 c.c. alla luce del nuovo codice della crisi d'impresa e dell'insolvenza: una difficile convivenza?*, in *Jus*, 2/2019, p. 111].

[24] Sui problemi di tassonomia degli accordi in sede di crisi, v. ora P. VELLA, *Gli accordi di ristrutturazione dei debiti nel nuovo palinsesto del CCI*, in *Riv. soc.*, 2022, p. 1186 ss. (e in part. i rinvii alla giurisprudenza in nt. 2 e alla dottrina in nt. 3, 4, 5) e p. 1191 ss.

[25] Reputa che i confini tra le procedure di natura "concorsuale" e quelle che non siano tali so-

Tuttavia, nel testo del decreto correttivo al 17 marzo (la versione precedente dell'attuale d.lgs. n. 83/2022), avevamo anche una precisazione in forma negativa, e cioè che tra i quadri di ristrutturazione non era compresa la composizione negoziata della crisi.

Per marcare questa differenza il Consiglio di Stato [26] ha proposto una diversa definizione di "quadri di ristrutturazione": «le misure e le procedure volte al risanamento dell'impresa attraverso la modifica della composizione, dello stato o della struttura delle sue attività e passività o del capitale, *che, a richiesta del debitore, possono essere precedute dalla composizione negoziata della crisi*»: con il che diventerebbe chiaro che la composizione negoziata è uno strumento, anticipatorio rispetto al vero e proprio quadro di ristrutturazione.

La questione terminologica è risolta, nel testo definitivo del decreto al 17 giugno (d.lgs. n. 83/2022), del tutto alla radice, accogliendo l'osservazione del Consiglio di Stato ma mutando il lessico: la definizione della direttiva europea di "quadri di ristrutturazione preventiva" non compare più nel nuovo testo del decreto. Si parla invece, nella nuova lett. m-*bis*) dell'art. 1, comma 1, non di "quadri", ma di "strumenti di regolazione della crisi e dell'insolvenza": essi sono «le misure, gli accordi e le procedure volti al risanamento dell'impresa attraverso la modifica della composizione, dello stato o della struttura delle sue attività e passività o del capitale, oppure volti alla liquidazione del patrimonio o delle attività che, a richiesta del debitore, possono essere preceduti dalla composizione negoziata della crisi» [27].

3. *Codificazione e direttive europee*. – Il processo di codificazione, in Europa e in Italia in particolare, è oggi molto difficile e complesso, per ragioni istituzionali.

I maggiori cambiamenti, negli ultimi decenni, sono derivati proprio dall'appartenenza dell'Italia all'Unione Europea e dalla necessità di attuare le direttive di quest'ultima. In particolare, la direttiva (UE) 2019/1023 sui quadri di ristrutturazione preventiva obbligava l'Italia, in quanto Stato membro dell'Unione europea, al suo recepimento nel proprio ordinamento giuridico nazionale interno entro e non oltre il termine massimo del 17 luglio 2022 (avendo appunto il Governo italiano richiesto, così come altri Stati membri, la proroga di un anno. La Germania e i Paesi Bassi, invece, hanno introdotto tali procedure assai tempestivamente, dato che le relative leggi di attuazione sono in vigore dal 1° gennaio 2021).

---

no divenuti permeabili: G. D'ATTORRE, *La concorsualità "liquida" nella composizione negoziata*, in *Fallimento*, 2022, p. 301.

[26] Parere n. 832 pubblicato il 13 maggio 2022.

[27] Sulla questione v. ora anche P. VELLA, *Gli accordi di ristrutturazione dei debiti nel nuovo palinsesto del CCI*, cit., p. 1187, testo e nt. 6.

4. *Il caso italiano.* – Nel caso, invero particolarissimo, dell'Italia, l'attuazione della direttiva è venuta a incrociarsi e sovrapporsi, quasi a scontrarsi per ordine di finestre temporali, con la riforma generale del diritto concorsuale.

La codificazione e la riforma del diritto concorsuale in Italia sono un capitolo tormentato.

Il diritto fallimentare italiano, in conformità a una lunga tradizione, vede la centralità del fallimento dell'impresa insolvente, che nel nuovo codice della crisi si chiamerà "liquidazione giudiziale", senza essere significativamente modificato. Dall'inizio del XX secolo esiste la procedura del concordato preventivo, più volte riformata, che ora viene nuovamente modificata per costituire uno dei "quadri di ristrutturazione preventiva", quanto meno nella prospettiva del concordato in continuità ed essere, nella sua nuova disciplina, conforme alle indicazioni della Direttiva europea.

5. *Cenni alla struttura del c.c.i.i.* – Ai nostri amici tedeschi può interessare qual è la struttura del Codice della crisi d'impresa e dell'insolvenza (c.c.i.i.).

Il Codice della crisi è un testo molto complesso, con definizioni e principi generali. Esso prevede, dopo la modifica del d.lgs. 17 giugno 2022, n. 83, nel suo titolo II la composizione negoziata della crisi, così come già la conoscevano i giuristi italiani dopo il d.l. n. 118/2021 e le ulteriori previsioni di allerta esterna, con modifiche che non ne stravolgono la natura. Dall'esempio tedesco della legge separata di attuazione si passa, cioè, alla scelta olandese dell'inserimento nella legge generale sull'insolvenza.

Il Codice della crisi contiene, all'inizio, una pluralità di definizioni, secondo una tecnica legislativa, estranea alla tradizione italiana, ma introdotta ormai, a imitazione di molti documenti normativi dell'Unione europea, anche nei Testi unici italiani più recenti (Testo unico bancario; testo unico della finanza, ecc.). Nella sua versione finale, esso contiene all'art. 3 [28] la precisazione di quali fatto-

---

[28] «Art. 3 – (*Adeguatezza delle misure e degli assetti in funzione della rilevazione tempestiva della crisi d'impresa*) – 1. L'imprenditore individuale deve adottare misure idonee a rilevare tempestivamente lo stato di crisi e assumere senza indugio le iniziative necessarie a farvi fronte. 2. L'imprenditore collettivo deve istituire un assetto organizzativo, amministrativo e contabile adeguato ai sensi dell'articolo 2086 del codice civile, ai fini della tempestiva rilevazione dello stato di crisi e dell'assunzione di idonee iniziative. 3. Al fine di prevedere tempestivamente l'emersione della crisi d'impresa, le misure di cui al comma 1 e gli assetti di cui al comma 2 devono consentire di: a) rilevare eventuali squilibri di carattere patrimoniale o economico-finanziario, rapportati alle specifiche caratteristiche dell'impresa e dell'attività imprenditoriale svolta dal debitore; b) verificare la sostenibilità dei debiti e le prospettive di continuità aziendale almeno per i dodici mesi successivi e rilevare i segnali di cui al comma 4; c) ricavare le informazioni necessarie a utilizzare la lista di controllo particolareggiata e a effettuare il test pratico per la verifica della ragionevole perseguibilità del risanamento di cui all'articolo 13, al comma 2. 4. Costituiscono segnali per la previsione di cui al comma 3: a) l'esistenza di debiti per retribuzioni scaduti da almeno trenta giorni pari a oltre la metà dell'ammontare complessivo mensile delle retribuzioni; b)

ri di rischio sono rappresentativi di crisi e come questi debbano essere intercettati tramite una adeguata organizzazione di impresa.

L'impianto del Codice parte – è stato detto dal Prof. Dr. Massimo Fabiani [29] – quasi in una sequenza cronologica dalle situazioni di crisi dell'impresa meno intense per poi regolare la "liquidazione giudiziale", la cui disciplina resta ancora largamente tributaria del "fallimento" della tradizione consegnata nella legge fallimentare del 1942. Il legislatore del 2019 si è limitato a cambiarne il nome e ad apportare modifiche di disciplina marginali. Si tratta, ancora oggi, in Italia, della procedura più diffusa, i cui risultati sono largamente insoddisfacenti, in termini di costi, tempi ed efficacia [30].

Anche nel Codice della crisi restano numerosi indici della centralità della "liquidazione giudiziale", dato che alcune norme di altre procedure a questa fanno rinvio, per alcuni aspetti.

Nel Codice della crisi norme sostanziali e norme di procedura si intrecciano, in un disegno non del tutto ordinato: nel disegno originario del Codice, in base alla legge delega del 2017, si è voluto prevedere, sulla base del modello tedesco del 1994-1999, un procedimento unitario per l'accesso ai procedimenti di crisi e di insolvenza [31]. Tuttavia, il processo non è risultato del tutto organizzato nella versione del 2019, mentre ora una maggiore unitarietà cerca di recuperarsi con l'attuazione della direttiva. Un tratto di inversione dell'ordine logico della materia sta ad esempio nella collocazione delle regole in tema di accordo di ristrutturazione e di concordato preventivo, posto che le norme riguardanti l'accesso e l'omologazione (di carattere generale e relative al "procedimento unitario") si incontrano prima delle regole sull'omologazione e sulla votazione [32].

---

l'esistenza di debiti verso fornitori scaduti da almeno novanta giorni di ammontare superiore a quello dei debiti non scaduti; c) l'esistenza di esposizioni nei confronti delle banche e degli altri intermediari finanziari che siano scadute da più di sessanta giorni o che abbiano superato da almeno sessanta giorni il limite degli affidamenti ottenuti in qualunque forma purché rappresentino complessivamente almeno il cinque per cento del totale delle esposizioni; d) l'esistenza di una o più delle esposizioni debitorie previste dall'articolo 25-*novies*, comma 1.».

[29] M. FABIANI, *L'avvio del codice della crisi*, cit.

[30] Dati aggiornati sul numero e la durata delle procedure fallimentari in Italia sono curati dall'Osservatorio Cherry Sea: cfr., da ultimo, *https://www.cherrynpl.com/press-releases/sezioni-fallimentari-dei-tribunali-il-nuovo-codice-della-crisi-e-dellinsolvenza-non-frena-ancora-i-procedimenti/* (ultimo accesso in data 27 aprile 2023).

[31] Cfr. L. CALVOSA, *Le principali novità della riforma organica delle discipline della crisi di impresa e dell'insolvenza, Relazione introduttiva*, in *Crisi di impresa e insolvenza. Prospettive di riforma*, a cura di L. Calvosa, Pisa, 2017, p. 15 ss.

[32] Sul procedimento unitario nel c.c.i.i. v. ora, ampiamente, M. FABIANI, *La tutela giurisdizionale nel codice della crisi d'impresa*, fasc. speciale n. 3/2022 della rivista *Il foro italiano*, c. 44 ss., il quale precisa (c. 47) che il procedimento unitario è estraneo alla composizione negoziata, al piano di risanamento attestato, alla convenzione di moratoria e all'amministrazione straordinaria, mentre il sistema degli artt. 40 ss. c.c.i.i. si applica alla liquidazione giudiziale, al concordato pre-

Non tutte le indicazioni del legislatore delegante del 2017 trovarono attuazione nel decreto del 2019: non si è riusciti a imprimere un'accelerazione alla specializzazione dei giudici della crisi di impresa; non si volle attuare la previsione della riformulazione delle categorie dei privilegi, di cui pure si parla da decenni in Italia (e che è materia estranea al diritto unionale, rimessa ai diritti nazionali); e si mantenne la previsione di un trattamento diverso per l'impresa agricola, rimanendo agganciati alla lunga tradizione che destina i procedimenti concorsuali agli imprenditori commerciali non piccoli, avendo lasciato rifluire, a partire dal 2012, tutte le crisi di debitori diversi (dall'imprenditore commerciale non piccolo) nell'ambito della procedura di "sovraindebitamento" (ricompresa nel nuovo testo del Codice della crisi, insieme alla liquidazione controllata del debitore civile, che può avvenire anche su richiesta del creditore).

Il Codice continuerà a prevedere varie misure e procedure diverse dalla liquidazione giudiziale, tutte volte a facilitare una soluzione extragiudiziale della crisi [33].

Quindi nel testo definitivo del codice si troveranno regolati, in sequenza, prima la composizione negoziata della crisi, poi i piani di risanamento, le convenzioni di moratoria, i piani di ristrutturazione soggetti ad omologazione, gli accordi di ristrutturazione e i concordati, quello "minore" e quello preventivo. È stato detto [34]: una sorta di "piano inclinato", che vede al suo sbocco finale, ove non siano state percorse con successo le strade precedenti, l'arrivo finale alla liquidazione giudiziale. Segue, nella sistematica del codice, la disciplina della liquidazione controllata (che si applica alle imprese minori, agli imprenditori agricoli, ai professionisti, ai consumatori: in generale, al cd. "debitore civile") e, novità molto importante, la disciplina dei gruppi di imprese, raggruppata per materia indipendentemente dal fatto che si applichi a procedimenti di ristrutturazione o liquidatori.

Chiude il codice la disciplina della liquidazione coatta amministrativa.

6. *L'entrata in vigore del c.c.i.i.* – Soltanto pochissimi articoli del nuovo Codice della crisi sono entrati in vigore subito. L'entrata in vigore del Codice della crisi è stata progressivamente differita, da ultimo sino al 15 luglio 2022.

---

ventivo, agli accordi di ristrutturazione, al piano di ristrutturazione soggetto ad omologazione (cd. "PRO") e, nei limiti di compatibilità, anche alle procedure per le soluzioni delle crisi da sovraindebitamento e alla liquidazione coatta amministrativa.

[33] P. VELLA, *Gli accordi di ristrutturazione dei debiti nel nuovo palinsesto del CCI*, cit., p. 1215: «Il nuovo scenario codicistico è ancora troppo prematuro e magmatico per poter trarre conclusioni certe, ma appare quantomeno probabile, in un bilanciamento complessivo, che gli accordi di ristrutturazione dei debiti possano assumere quel ruolo trainante della regolazione concordata della crisi che *ab origine* si supponeva dovessero avere, eventualmente anche in sinergia con il nuovo istituto della composizione negoziata».

[34] M. FABIANI, *L'avvio del codice della crisi*, cit.

Il diritto concorsuale italiano, oggi 5 luglio 2022, è ancora – per pochi giorni! – regolato in Italia dalla legge fallimentare del 1942, più volte modificata negli anni 2005-2006, 2012, 2015, e da ultimo integrata dal decreto n. 118/2021, e per il sovraindebitamento dei debitori diversi dal d.lgs. n. 3/2012.

Perché sin dall'approvazione della bozza preliminare dell'ultimo decreto correttivo del Codice, in Consiglio dei Ministri (avvenuta il 17 marzo u.s.) ci si è resi conto che entro il 17 luglio (e in effetti ora possiamo dire, avendo la Camera dei deputati approvato lo scorso mercoledì 29 giugno, in via definitiva, la legge di conversione del d.l. n. 36/2022), anzi dal 15 luglio prossimo la situazione cambierà? Perché, come ha ricordato di recente anche il Consiglio di Stato nel suo parere del 13 maggio 2022, il Governo italiano ha deciso di collegare l'attuazione della direttiva europea n. 2019/1023 sui quadri di ristrutturazione preventiva con l'entrata in vigore del Codice della crisi.

Questa peculiarità dell'ordinamento italiano rende avvertiti della piega del tutto particolare che ha preso per l'Italia l'attuazione della direttiva: un continuo confronto tra il testo esistente del Codice della crisi, ormai oggetto di riflessione critica in svariati contributi, saggi, libri e convegni, la sua compatibilità con le norme inderogabili della direttiva, le possibilità opzionali rimesse al legislatore.

Avverto subito che per il legislatore italiano la Direttiva ha costituito lo stimolo a introdurre un importantissimo istituto, forgiato appositamente per contrastare la crisi da Coronavirus: la composizione negoziata della crisi, inserita come lo *StaRUG* in un provvedimento separato dalla legge fallimentare, destinata a svolgersi in un confronto riservato coi creditori, sotto la guida di un esperto indipendente, salva la pubblicità derivante dal ricorso al Giudice per la sospensione delle iniziative dei creditori.

In una fase successiva è stato individuato il concordato preventivo come "quadro di ristrutturazione" da rendere compatibile con la direttiva e le sue regole inderogabili sul coinvolgimento dei creditori: fermo restando che tale adattamento è stato anche l'occasione per introdurre maggiore flessibilità e una valorizzazione del ruolo dei soci.

7. *La lunga* vacatio legis *delle riforme in materia di crisi di impresa*. – Si è detto che tre anni di *vacatio legis* sono molti, addirittura (Dr.ssa Paluchowski, Presidente della sezione fallimentare del Tribunale di Milano[35]) la più lunga *vacatio legis* della storia italiana. Siamo in buona compagnia: la sostituzione, in Germania, della *Konkursordnung* del 10 febbraio 1877 e della legge sul concordato preventivo del 26 febbraio 1935, oltre che della *Gesamtvollstreckungsord-*

---

[35] A. PALUCHOWSKI, *I mutevoli orizzonti del diritto della crisi*, in *www.dirittodellacrisi.it*, 14 giugno 2022.

nung vigente nei *Länder* della DDR, a opera della *Insolvenzordnung* del 5 ottobre 1994, che ha introdotto il procedimento di insolvenza unitario, aveva un'entrata in vigore fissata al 1° gennaio 1999: una *vacatio legis*, nella rispettata e amica Germania, di quasi cinque anni!

Tutto ciò è segnale di una peculiare complessità dei problemi che attengono all'insolvenza e della particolare ponderazione che è necessaria allorché si tocchi una disciplina che, specialistica in sé, ha riflessi di vasta portata anche in altri campi – verrebbe da dire: sull'intero ordinamento – e finisce così per connotare, secondo meccanismi e ricerche sia teoriche sia empiriche, il volto e l'efficienza di ogni sistema economico.

8. *La Commissione Pagni.* – La mia personale testimonianza, se può essere di qualche utilità (sono un professore universitario a tempo definito, e dunque anche un avvocato, come è possibile in Italia, a differenza che in Germania), deriva dalla mia personale partecipazione ai lavori di "consulenza al legislatore" della cd. Commissione Pagni (presieduta dalla Prof.ssa Dr.ssa Ilaria Pagni, ordinario di diritto processuale civile nell'Università di Firenze), nominata dalla Ministra della Giustizia, Prof.ssa Dr.ssa Marta Cartabia, nell'aprile 2021, proprio per elaborare le ultime proposte di interventi sul "Codice della crisi di impresa e dell'insolvenza".

Non ho dunque partecipato a tutta la prima fase e a quella centrale di elaborazione della legge delega n. 55/2017 né al lavoro di elaborazione del testo originario del Codice della crisi (confluito nel d.lgs. n. 14/2019), che invece sono il frutto della "consulenza al legislatore" operata dalle Commissioni presiedute da Sua Eccellenza il Dr. Renato Rordorf.

La direttiva dell'Unione europea, molto articolata e complessa, fa parte di quelle direttive a maglie larghe, che non richiedono un'uniformazione dei diritti degli Stati membri, ma consentono espressamente soluzioni diverse, purché vengano rispettati i principi della direttiva stessa. Trattandosi di normazione per principi, anch'essa necessita di un'interpretazione per potere essere correttamente attuata. Questo è stato il compito principale della Commissione Pagni, che ha dato al Governo italiano, e in particolare all'Ufficio legislativo del Ministero della Giustizia, le indicazioni interpretative perché quest'ultimo potesse procedere, in autonomia e in concertazione con gli altri Ministeri (dello Sviluppo Economico, dell'Economia e delle Finanze, del Lavoro) alla redazione del testo di decreto attuativo della Direttiva da sottoporre al Consiglio dei Ministri.

8.1. *La prima fase dei lavori della Commissione Pagni.* – La Commissione Pagni ha dapprima elaborato il testo del d.l. n. 118/2021, che ha introdotto la composizione negoziata della crisi, assistita da un esperto nominato da una Commissione presso le Camere di commercio (ma con partecipazione di un delegato del Tribunale delle Imprese e di un delegato del Prefetto). Questo procedimento, quasi totalmente extragiudiziale, consente al debitore in crisi, non irreversibile, di avvalersi della consulenza di un "esperto indipendente" per uscire dalla crisi. Esso è in vigore da novembre dell'anno scorso e comincia ad avere una sua non trascurabile applicazione. Tenuto conto che in questo momento il d.l. n. 118/2021 è ancora in vigore, a tale testo si farà riferimento[36], pur con l'avvertenza che a partire dal 15 luglio 2022 occorrerà invece applicare le corrispondenti norme inserite dal d.lgs. n. 83/2022 nel testo del Codice della Crisi.

8.1.1. *L'accesso alla composizione negoziata della crisi nel d.l. n. 118/2021.* – Ogni imprenditore, indipendentemente da natura e dimensioni, purché iscritto al registro delle imprese, ove si trovi in condizioni di squilibrio patrimoniale o economico finanziario che ne rendono probabile la crisi o l'insolvenza, può fare ricorso al nuovo istituto, mediante l'istanza di nomina di un esperto indipendente, presentata sulla piattaforma telematica nazionale accessibile tramite il sito della CCIAA alla quale risulta iscritto. Uno degli aspetti delicati e qualificanti della situazione che costituisce il presupposto dell'attivazione dello strumento è una prognosi di reversibilità della crisi. Questione evidentemente assai delicata, e che è forse meglio colta mediante la precisazione contenuta in una delle modifiche dell'emendamento governativo inserite in sede di conversione in legge del d.l. n. 118/2021, a tenore della quale «in caso di archiviazione dell'istanza [...] l'imprenditore non può presentare una nuova istanza prima di un anno dall'archiviazione stessa»[37]; si immaginava dunque che, ove non si riuscisse a ottenere un risultato da parte dell'esperto, non fosse possibile rinnovare l'*iter* se non dopo un periodo lungo almeno il doppio del tempo impiegato dall'esperto precedente. Tale spiegazione è ora coerente anche con la nuova possibilità di richie-

[36] Per il commento al d.l. n. 118/2021: AA.VV., *La crisi d'impresa e le nuove misure di risanamento – d.l. 118/2021 conv. in l. 147/2021*, diretto da M. Irrera e S.A. Cerrato, coordinato da F. Pasquariello, Bologna, 2022; AA.VV., *Il ruolo dell'Esperto nella Composizione Negoziata per la soluzione della Crisi d'Impresa*, a cura di S. Bonfatti e R. Guidotti, Torino, 2022; v. ora, anche il Decreto 21 marzo 2023, di aggiornamento del decreto dirigenziale del 28 settembre 2021. Va infine segnalato che il d.lgs. n. 136/2024 ha novellato in molti punti, di cui non si è potuto tenere conto nel testo, la disciplina della composizione negoziata, consentendo all'imprenditore, tra l'altro, di formulare una proposta di accordo transattivo alle agenzie fiscali, all'Agenzia delle entrate-Riscossione, che prevede il pagamento, parziale o dilazionato, del debito e dei relativi accessori (nuovo art. 23, comma 2-*bis*, c.c.i.i.).

[37] Art. 5, comma 8-*ter*, d.l. n. 118/2021, convertito con modificazioni, in l. 21 ottobre 2021, n. 147 (nel testo del Codice della crisi modificato dal d.lgs. n. 83/2022, la disposizione risulta inserita nell'art. 19, comma 7, e integrata secondo il testo che segue: «In caso di archiviazione dell'istanza di cui al comma 1, l'imprenditore non può presentare una nuova istanza prima di un anno dall'archiviazione. Se l'archiviazione è richiesta dall'imprenditore con istanza depositata con le modalità previste dal comma 1 entro due mesi dall'accettazione dell'esperto, il termine di cui al primo periodo è ridotto, per una sola volta, a quattro mesi»).

dere l'archiviazione entro due mesi da parte dello stesso imprenditore, e nominare un nuovo esperto dopo quattro mesi.

8.1.2. *Nomina dell'esperto*. – L'imprenditore accompagna la richiesta telematica con una documentazione già di per sé idonea a orientare l'esperto a una valutazione della gravità e delle caratteristiche della crisi stessa (art. 5, comma 3, d.l. n. 118/2021; ora art. 13, comma 5, c.c.i.i.); il contenuto di questa documentazione è largamente rimesso a una importante fonte sublegislativa, il decreto dirigenziale del 28 settembre 2021 [38]. Per l'imprenditore, il procedimento si avvia nel momento in cui l'esperto, nominato da una commissione [39] operante su base regionale (o di provincia autonoma per il Trentino-Alto Adige), comunica all'imprenditore l'accettazione e contestualmente inserisce la dichiarazione di accettazione nella piattaforma (art. 5, comma 4, d.l. n. 118/2021; ora art. 17, comma 4, c.c.i.i.). Da quel momento decorrono i 180 giorni entro i quali l'incarico dell'esperto si conclude (con possibilità di un solo rinnovo per massimi ulteriori 180 giorni). I costi che gravano sulle camere di commercio sono a carico dell'imprenditore che presenta l'istanza, che li versa sotto forma di diritti di segreteria; la remunerazione dell'esperto, parametrata secondo scaglioni percentuali all'attivo dell'impresa debitrice, è correlata all'attività e al risultato, è a carico dell'impresa, costituisce un credito prededucibile ed è liquidata dalla stessa commissione che ha nominato l'esperto (art. 16, d.l. n. 118/2021; ora art. 25-*ter* c.c.i.i.).

8.1.3. *Riservatezza della composizione negoziata*. – Il procedimento così avviato si caratterizza, nella sua forma più leggera, ove non sia necessario limitare o incidere diritti e prerogative di terzi senza il loro consenso, per un tratto di negozialità e di assoluta riservatezza (art. 4, commi 2, primo periodo, e 7, primo periodo, d.l. n. 118/2021; ora art. 16, commi 2, primo periodo, e 6, c.c.i.i.), finanche nelle consultazioni con i sindacati dei lavoratori, almeno per quanto concerne le informazioni qualificate come riservate dal datore di lavoro (art. 4, comma 8, quarto periodo, d.l. n. 118/2021). Questo tratto della riservatezza è importante. È stato detto che si tratta di riservatezza soprattutto nei confronti della clientela dell'imprenditore, che, ove informata della crisi, potrebbe essere indotta a rivolgersi immediatamente ai concorrenti dell'imprenditore stesso, così aggravando la situazione e rendendo, a quel punto, l'attivazione del procedi-

---

[38] Ora aggiornato dal decreto 21 marzo 2023.

[39] La commissione opera senza compensi per i suoi membri: sino ad ora tre, con il d.l. n. 83/2022 diventano sei, di cui tre effettivi e tre supplenti (due magistrati designati dal Presidente del Tribunale delle imprese; due membri designati dal Presidente della Camera di Commercio; due membri designati dal prefetto).

mento assolutamente controproducente. La pubblicizzazione della crisi è rimessa alla scelta dell'imprenditore di richiedere al Tribunale quelle misure protettive che, incidendo sui diritti dei terzi, comportano l'informazione del pubblico. È una scelta, dunque, modulabile dall'imprenditore, che non entra in un girone infernale dal quale non si può più uscire, ma si rivolge a un esperto con il quale mantiene un dialogo assolutamente paritario.

L'esperto nominato ha caratteristiche di indipendenza, professionalità e sufficiente tempo a disposizione per dedicarsi in maniera intensa alle molteplici attività che l'attività di aiuto alla ristrutturazione richiede. Non può assumere più di due incarichi contemporaneamente, il che costituisce una spinta rilevante a cercare di concludere rapidamente e in maniera efficiente il proprio compito, evitandosi il cumulo degli incarichi stessi in capo a un unico professionista, che costituisce notoriamente un fattore di rallentamento dell'attività professionale o un incentivo a non svolgere l'attività in maniera personale. Inoltre in sede di conversione è stato precisato, superando un dubbio emerso già ad agosto 2021 nel *milieu* professionale, che «chi ha svolto l'incarico di esperto non può intrattenere rapporti professionali con l'imprenditore se non sono decorsi almeno due anni dalla composizione negoziata» (art. 4, comma 1, secondo periodo, d.l. n. 118/2021; ora art. 16, comma 1, secondo periodo, c.c.i.i.): questo ad evitare che l'esperto, il quale deve necessariamente collaborare con l'imprenditore nel corso della procedura, possa facilmente perdere la posizione di "terzietà" che costituisce il presidio del suo prestigio e della sua autorevolezza nell'intervento facilitatore che deve attuare con tutte le controparti dell'imprenditore [40].

Il nuovo istituto disegna così un procedimento che – come efficacemente sottolineato [41] – è «tendenzialmente caratterizzato dalla sua "estraneità" al circuito giudiziale», salvo i passaggi particolari delle misure protettive (art. 6, d.l. n. 118/2021; ora art. 18 c.c.i.i.) e cautelari (art. 7, d.l. n. 118/2021; ora art. 19 c.c.i.i.), o la richiesta di autorizzazioni (art. 10, d.l. n. 118/2021; ora art. 22 c.c.i.i.) a contrarre finanziamenti prededucibili o a trasferire l'azienda o rami di azienda senza gli effetti di cui all'art. 2560, comma 2, c.c., o l'eventualità di riconduzione autoritativa a equità dei contratti in corso (art. 10, comma 2, d.l. n.

---

[40] Sul ruolo della buona fede oggettiva in questo percorso: G. LENER, *L'obbligazione di partecipare alle trattative nella composizione negoziata*, in *Riv. soc.*, 2022, p. 1170 ss.; R. MONTINARO, *Le trattative nelle soluzioni negoziate della crisi e dell'insolvenza: tra diritto della crisi e disciplina generale del contratto*, in *Il nuovo diritto della crisi. Un'analisi ragionata delle soluzioni "volontarie" della crisi*, a cura di A. Pisani Massamormile, *cit.*, p. 89 ss.

[41] R. GUIDOTTI, *La crisi d'impresa nell'era Draghi: la composizione negoziata e il concordato semplificato*, in *www.ristrutturazioniaziendali.ilcaso.it*, 8 settembre 2021, p. 6; come prevedibile, si è presto aperta anche una controversia di diritto nazionale sulla natura "concorsuale" o meno del procedimento di composizione negoziata: per un cenno, v. anche gli interventi di G. SCOGNAMIGLIO e A. CASTAGNOLA al seminario del 2 luglio 2022 su "La composizione negoziata della crisi, in *Giur. comm.*, 2023, I, rispettivamente pp. 357 ss. e 363 ss.

118/2021: norma non riprodotta nel c.c.i.i., in quanto collegata specialmente all'emergenza COVID-19 [42]). Questioni tutte di grande momento, sulle quali tuttavia non posso qui analiticamente soffermarmi.

8.1.4. *Conclusione della composizione negoziata.* – La conclusione dell'incarico è segnata da una relazione finale dell'esperto, che va inserita nella piattaforma e comunicata all'imprenditore (art. 5, comma 8, d.l. n. 118/2021; ora art. 17, comma 8, c.c.i.i.). Soltanto se sono state concesse misure protettive e cautelari, è prevista una comunicazione della relazione anche al giudice che le ha emesse, affinché sia dichiarata la cessazione degli effetti.

Lo scopo dell'incarico è di arrivare a una conclusione delle trattative funzionale alla ristrutturazione, secondo le alternative negoziali di cui ai primi due commi dell'art. 11, d.l. n. 118/2021 (un accordo che assicuri la continuità aziendale per non meno di due anni, con l'attivazione delle misure premiali di carattere tributario dell'art. 14 [43]; una convenzione di moratoria *ex* art. 182-*octies* l. fall. [44]; un accordo che produce gli effetti di esenzione dalla revocatoria del piano attestato *ex* art. 67, comma 3, lett. d), l. fall. [45], ma senza necessità dell'attestazione; un accordo di ristrutturazione, anche ad efficacia estesa o agevolato, da omologare, secondo le disposizioni dell'art. 182-*bis* e dei novellati artt. 182-*septies*, 182-*novies* e 182-*decies* l. fall.).

Resta possibile (in base al comma 3 dell'art. 11, d.l. n. 118/2021 e v. ora art. 23 c.c.i.i.), l'esito della redazione di un piano attestato di risanamento o il ricorso alle procedure concorsuali disciplinate dalla disciplina generale dell'insolvenza e dai decreti legislativi sull'amministrazione straordinaria. La vera novità esattamente colta dai commentatori [46] era però la possibilità, introdotta dall'art. 18, d.l. n. 118/2021 (ora art. 25-*sexies* c.c.i.i.), di presentare un concordato semplificato per la liquidazione del patrimonio, che può essere presentato entro sessanta giorni dalla comunicazione della relazione finale dell'esperto e che va eseguito secondo un piano di liquidazione predisposto dall'imprenditore, che può comprendere «un'offerta da parte di un soggetto individuato avente ad oggetto il trasferimento in suo favore, anche prima dell'omologazione, dell'azien-

---

[42] In argomento v. ora V. CARIDI, *Contratti pendenti e procedimenti per la soluzione negoziata della crisi*, in *Giur. comm.*, 2023, I, p. 334 ss.

[43] V. ora art. 25-*bis* c.c.i.i.

[44] V. ora art. 62 c.c.i.i.

[45] V. ora art. 56 c.c.i.i.

[46] G. BOZZA, *Il concordato semplificato introdotto dal D.L. n. 118 del 2021*, in *Diritto della crisi*, 5 ottobre 2021; sul concordato semplificato v. anche M. SPIOTTA, *Il concordato semplificato per la liquidazione del patrimonio*, in AA.VV., *La crisi d'impresa e le nuove misure di risanamento – d.l. 118/2021 conv. in l. 147/2021*, diretto da M. Irrera e S.A. Cerrato, coordinato da F. Pasquariello, cit., p. 409 ss., ove, in nt. 2, ampie citazioni bibliografiche.

da o di uno o più rami di azienda o di specifici beni» (art. 19, comma 2, d.l. n. 118/2021: v. ora art. 25-*septies* c.c.i.i.). La più radicale tra le semplificazioni è data dall'eliminazione del voto dei creditori, sostituita dalla mera possibilità di opposizione all'omologazione, che tuttavia viene comunque concessa se il tribunale, verificata la regolarità del contraddittorio e del procedimento, il rispetto dell'ordine delle cause di prelazione e la fattibilità del piano di liquidazione, rileva che la proposta non arreca pregiudizio ai creditori rispetto all'alternativa della liquidazione fallimentare e comunque assicura un'utilità a ciascun creditore (art. 18, comma 5, d.l. n. 118/2021, ora art. 25-*sexies*, comma 5, c.c.i.i.). Questo esito è una possibilità che, di per sé, non può costituire attuazione della Direttiva, la quale si caratterizza per la necessità di attribuzione del voto ai creditori.

Rispetto a questa procedura c'è da domandarsi, più in generale, se rientri nella nozione comunitaria di procedura concorsuale di cui al Regolamento n. 848/2015. L'intervento del Giudice in senso proprio è solo eventuale, limitato all'ipotesi che vengano richieste misure interdittive e cautelari. Ma la nomina dell'esperto avviene da parte di una Commissione composta da soggetti pubblici, che potrebbe eventualmente rientrare nella nozione allargata europea di "giudice" (ad es., si è ritenuto che il Ministero dello Sviluppo Economico, articolazione del Governo che nomina i Commissari dell'Amministrazione Straordinaria, possa essere ritenuto "giudice" nel senso allargato del regolamento europeo, pur non appartenendo all'ordine della giurisdizione)[47]. Si tratta di una questione che so che verrà trattata nella giornata di domani.

9. *La seconda fase dei lavori della Commissione Pagni.* – In una fase successiva dei lavori di attuazione della Direttiva *Insolvency*, durata sino all'ultima riunione tenutasi *online* (come tutte le precedenti) in data 28 febbraio 2022, la Commissione Pagni ha lavorato intensamente a un provvedimento di attuazione della direttiva europea, che il Governo ha scelto di attuare non nella legge fallimentare del 1942, bensì nel codice della crisi. In questo modo si è assicurata l'inevitabile entrata in vigore del Codice, perché se il Codice non entrasse tempestivamente in vigore, l'Italia si troverebbe inadempiente nei confronti dell'Unione europea.

Non è stato invece possibile adattare il Codice della crisi in tutti i suoi aspetti al nuovo quadro economico che è derivato dalla pandemia e, ora, dalla crisi energetica causata dalla guerra in Ucraina. Per fare ciò, sarebbe stata necessaria una copertura legislativa – una nuova legge-delega – politicamente e istituzio-

---

[47] Cfr. G. MONTELLA, *L'ambito di applicazione del regolamento 2015/848*, in P. DE CESARI, G. MONTELLA, *Il nuovo diritto europeo della crisi d'impresa. Il regolamento (UE) 2015/848 relativo alle procedure di insolvenza*, Torino, 2017, p. 25 s., testo e nt. 11

nalmente improponibile. Quindi i componenti della Commissione Pagni sono consapevoli che il Codice della crisi non è, in questo momento, il migliore dei codici possibili. Molti suoi aspetti potrebbero essere migliorati e non è escluso che, in futuro, ci siano nuovi interventi correttivi.

10. *Cenni al d.lgs. n. 83/2022: variazioni su APR e RPR e piano di ristrutturazione omologato (PRO).* – L'aspetto innovativo dell'ultimo decreto correttivo del Codice della crisi (d.lgs. n. 83/2022) si articola su più fronti, tra loro connessi rispetto all'introduzione di "quadri di ristrutturazione" conformi alla direttiva:

(*a*) la rimodulazione dei principi in materia di soddisfazione dei creditori: questa resta un obiettivo primario, ma la sua massimizzazione può seguire strade diverse dalla rigida, tradizionale e indiscussa regola della priorità assoluta, allorché ci si volga a un fenomeno dinamico come l'impresa, che per definizione dispone di un patrimonio che si modifica costantemente nel tempo, nel corso dei suoi cicli economici e per effetto delle operazioni straordinarie che possono essere previste in un piano di ristrutturazione della crisi [48];

(*b*) la riscrittura delle regole del concordato preventivo, che – a differenza degli accordi di ristrutturazione, anche ad efficacia estesa, resta universale e obbligatorio per tutti i creditori e non può allontanarsi dalla regola del rispetto della graduazione tra creditori e della destinazione della garanzia patrimoniale al soddisfacimento dei creditori (art. 2740 c.c. italiano);

(*c*) la previsione di una procedura ibrida, il cd. piano di ristrutturazione omologato (acronimo: PRO), che inizia come un piano di ristrutturazione che il debitore può sottoporre all'approvazione unanime di tutte le classi dei creditori e può esitare in un concordato. Il carattere ibrido della procedura si collega alla necessità di una maggiore estensione del controllo omologatorio del Tribunale, nel passaggio dal consenso – in cui gli effetti negativi si sostanziano nel loro fondamento sul consenso, almeno implicito nell'inazione, del singolo creditore pregiudicato – alla regola assunta a maggioranza, in cui occorre soffermarsi anche sulla verifica delle regole di distribuzione tra creditori.

Credo di potermi soffermare solo sul primo e sul terzo punto.

---

[48] Osserva A. ILACQUA, *La regola della "relative priority rule" nel codice della crisi di impresa e dell'insolvenza*, in *Riv. dir. soc.*, 2023, p. 646, che la «questione centrale è quale sia il patrimonio (o il valore del bene, nel corrispondente caso di creditore assistito da garanzia reale) cui il proponente deve agganciare la valutazione di capienza ai fini della verifica della falcidiabilità del credito privilegiato, se il patrimonio (o valore del bene) esistente e liquidabile al momento della domanda (c.d. patrimonio "statico" o valore "statico" del bene) o il patrimonio (o valore del bene) integrato delle voci attive che verranno ad esistenza nel corso del concordato, così come stimate e prospettate nel piano e oggetto di attestazione da parte del professionista (c.d. patrimonio "dinamico" o valore "dinamico" del bene, ossia quello integrato dal surplus concordatario».

Il primo punto è quello concettualmente più significativo, in quanto il legislatore italiano propone una soluzione intermedia tra *Absolute Priority Rule* e *Relative Priority Rule*[49].

La *Absolute Priority Rule* (*APR*) comporta che non sia possibile dare alcuna risorsa ai creditori di un grado successivo, se prima non sono completamente soddisfatti i creditori del grado precedente. La *Relative Priority Rule* (*RPR*) invece si contenta di stabilire che, in presenza di più classi di creditori, i creditori della classe preferita debbano sempre ricevere proporzionalmente di più dei creditori del grado successivo, ma consente maggiore flessibilità, attribuendo interesse alla realizzazione del piano anche, se del caso, ai creditori chirografari e ai soci, considerati come "creditori" di ultima istanza.

Il compromesso italiano sta nel guardare alla *APR* allorché si tratti di considerare le risorse presenti nel patrimonio del debitore all'apertura della procedura, ma di proporre una visione dinamica delle risorse dell'impresa, affrancando le nuove risorse prodotte o apportate con il piano di risanamento, per assoggettarle a una regola di *RPR*, più flessibile. Questo dovrebbe consentire di realizzare piani di ristrutturazione che mantengano una forma di compartecipazione dell'interesse del debitore alla prosecuzione dell'impresa risanata[50].

Il secondo punto su cui vorrei richiamare la vostra attenzione è la flessibilità procedurale che cerca di bilanciare il consenso dei creditori con le possibilità di reazione dei dissenzienti.

L'interpretazione degli artt. 10 e 11 della direttiva ha impegnato molto la Commissione Pagni: la regola della cd. "ristrutturazione trasversale" (*cram-down*), dettata nell'art. 11 della direttiva, prevede condizioni di omologabilità che la Commissione italiana ha letto in questo modo: l'art. 11, lett. b), *ii*) rende omologabile un concordato pur se approvato da una sola classe, purché si tratti di una classe che in un procedimento liquidatorio sarebbe pregiudicata e le classi di voto dissenzienti di creditori interessati ricevano un trattamento almeno tanto favorevole quanto quello delle altre classi dello stesso rango e più favorevole di quello delle classi inferiori. Rovesciando la regola, se ne deduce che una proposta di concordato approvata dalla unanimità delle classi non deve osservare alcun criterio distributivo.

---

[49] Sul punto v. anche R. SACCHI, *Intervento* al seminario su "La composizione negoziata della crisi" del 2 luglio 2022, in *Giur. comm.*, 2023, I, p. 356 s.; v. ora anche l'approfondita monografia di G. BALLERINI, *Le riorganizzazioni societarie fra* absolute *e* relative priority rule, Torino, 2023.

[50] Il punto è ora trattato approfonditamente da L. STANGHELLINI, *Il governo della società fra codice civile e codice della crisi*, in *An. giur. econom.*, fasc. 1-2/2023, p. 34 ss. e in part. p. 40 s., con riferimento alla c.d. "new value exception" di cui all'art. 120-*quater*, comma 2, c.c.i.i.; B. INZITARI, *Le mobili frontiere della responsabilità patrimoniale: distribuzione del valore tra creditori e soci nel concordato in continuità secondo la negozialità concorsuale del codice della crisi*, in *www.dirittodellacrisi.it*, 27 febbraio 2023, p. 35 ss.; M. PERRINO, *"Relative priority rule" e diritti dei soci nel concordato preventivo in continuità*, in *www.dirittodellacrisi.it*, 12 dicembre 2022.

In astratto, con il consenso di tutti i creditori, sarebbe possibile realizzare qualunque forma di distribuzione delle risorse, svincolata dalla APR o dalla RPR. Questa possibilità astratta può essere messa in discussione dal dissenso anche di un solo creditore (art. 64-*bis* c.c.i.i.). A quel punto è possibile convertire un quadro di ristrutturazione che sia partito come "accordo" in un concordato da votare a maggioranza delle classi, soggetto all'omologazione da parte del Tribunale. Nella consapevolezza che il parametro di giudizio del Tribunale non è se sia possibile, in altro modo, una migliore soddisfazione del creditore contrario, ma soltanto se quest'ultimo riceverebbe di più nell'alternativa che si aprisse immediatamente la liquidazione giudiziale.

La necessità di attuare le regole della direttiva ha indotto il legislatore del d.lgs. n. 83/2022 a disegnare nuovi procedimenti che è difficile qualificare come "extragiudiziali" o "giudiziali"; se ad essi si debbano applicare i principi generali degli accordi o dei concordati; se non abbiano una natura nuova, a metà tra accordo e concordato [51], dunque, con un neologismo, un "accordato".

10.1. *Il PRO nella prospettiva della Relazione ministeriale*. – Sul punto conviene leggere il passaggio di commento contenuto nella *Relazione ministeriale* al d.lgs. n. 83/2022 [52]:

---

[51] Sulla questione del carattere intermedio del PRO v. ora L. SALAMONE, *Del piano di ristrutturazione soggetto ad omologazione (art. 64-*bis *c.c.i.i. e ss.). Libertà e contrappesi*, in *Riv. dir. civ.*, 2023, p. 1226 ss., e i cenni bibliografici in P. VELLA, *Gli accordi di ristrutturazione dei debiti nel nuovo palinsesto del CCI*, cit., p. 1185, nt. 1, e in S. PACCHI, *I canoni per la gestione dell'impresa nel Codice della crisi e dell'insolvenza*, nella rivista on-line *Ristrutturazioni aziendali*, 26 aprile 2023, p. 22 s. del PDF, testo e nt. 35; C. LOMBARDI e V. ROCCA, *Il piano di ristrutturazione soggetto ad omologazione: possibili scenari di utilizzo*, in *Il Diritto commerciale della crisi*, a cura di L. Lambertini e F. Platania, Milano, 2023, p. 377 ss.; per le applicazioni pratiche, v. ora Trib. Vicenza, 17 febbraio 2023, e Trib. Udine, 9 marzo 2023, con nota di G. LENER e L.A. BOTTAI, *Prime applicazioni del PRO: la realtà supera le attese*, in *www.dirittodellacrisi.it*, 28 marzo 2023.

[52] Si precisa che in questo paragrafo è interamente trascritto il commento della *Relazione ministeriale* all'art. 16, d.lgs. n. 83/2022, che sintetizza i lavori che hanno portato alla introduzione del c.d. PRO (i corsivi sono stati aggiunti per evidenziare alcuni passaggi più significativi della *Relazione*); su tale nuovo istituto v. ora, nella manualistica: G. PRESTI, M. RESCIGNO, *Corso di diritto commerciale*, vol. I, *Impresa – Contratti – Titoli di credito – Crisi e insolvenza*, 11. ed., Bologna, 2023, p. 312 ss.; G.F. CAMPOBASSO, *Diritto commerciale. 3. Contratti. Titoli di credito. Procedure concorsuali*, 6. ed., a cura di M. Campobasso, Torino, 2022, p. 469 ss.; M. FABIANI, *Sistema, principi e regole del diritto della crisi d'impresa*, cit., p. 275 ss.; G. D'ATTORRE, *Manuale di diritto della crisi e dell'insolvenza*, 3. ed., Torino, 2024, p. 181 ss.; A. TEDOLDI, *Crisi, insolvenza, sovraindebitamento*, Pisa, 2022, p. 394 ss.; D. MANENTE, *Lineamenti del diritto della crisi d'impresa*, Padova, 2022, p. 301 ss.; G.A.M. TRIMARCHI, *Manuale del diritto della crisi e dell'insolvenza*, Napoli, 2023, p. 325 ss.; nei primi commentari: S. AMBROSINI, *sub* artt. 64 *bis*-64 *quater*, in A. MAFFEI ALBERTI, *Commentario breve alle leggi su crisi d'impresa ed insolvenza*, 7. ed., Padova, 2023, p. 457 ss.; F. SANTANGELI, P. PARISI, *Commento agli artt. 64-*bis*, 64-*ter*, 64-*quater, in F. SANTANGELI, *Il codice della crisi d'impresa e dell'insolvenza*, Milano, 2023, p. 440 ss. Va comunque qui segnalato che l'art. 17, d.lgs. n. 136/2024 è intervenuto sull'art. 64-*bis*.

«L'articolo 16 inserisce nel Titolo IV della Parte Prima del Codice il Capo I-*bis d*edicato al *piano di ristrutturazione soggetto a omologazione.*

Si tratta di un nuovo strumento con il quale si intende dare attuazione alle previsioni degli articoli 9, 10 e 11, paragrafo 1, della direttiva. Dalla lettura complessiva di tali norme si evince che, in presenza del consenso sul piano espresso da tutte le classi all'unanimità, non dovrebbe esservi alcun accertamento svolto d'ufficio dal tribunale sulle condizioni del piano, e quindi neanche sul rispetto della *par condicio creditorum.* Ciò che chiede la direttiva è, in particolare, che il tribunale controlli la ritualità della procedura, la regolarità delle operazioni di voto e la corretta formazione delle classi. In altre parole, il piano di ristrutturazione soggetto a omologazione rappresenta uno strumento di regolazione della crisi o dell'insolvenza che può prescindere dalle regole distributive delle procedure concorsuali ma che può essere omologato solo se approvato da tutte le parti interessate in ciascuna classe di voto [53].

È vero che la regola dell'unanimità, posta dall'articolo 9, paragrafo 6, è collegata non tanto al contenuto del piano (e in particolare all'assenza o meno di vincoli distributivi), quanto alla possibilità che, in caso di mancanza di classi dissenzienti, si possa prescindere dalla omologazione giudiziale a meno che

---

[53] La relazione così prosegue: «Nel parere del Consiglio di Stato, esaminata la nota integrativa dell'11.4.2022, con la quale questo ufficio ha chiarito che la nuova procedura attua le disposizioni degli articoli 9 10 e 11 della direttiva, si rappresenta che:

– la regola dell'unanimità posta dall'articolo 9, paragrafo 6, della direttiva è collegata non tanto al contenuto del piano, e quindi all'assenza di vincoli distributivi, quanto alla possibilità che in caso di mancanza di classi dissenzienti si possa prescindere dall'omologazione giudiziale a meno che non ricorra una delle ipotesi previste dell'articolo 10, paragrafo 1 della direttiva;

– l'articolo 10 della direttiva ha un modesto impatto sul Codice, in considerazione del fatto che l'ordinamento nazionale prevede sempre l'omologazione dei piani di ristrutturazione preventiva conformi al modello europeo;

– il richiamo all'articolo 11, norma che disciplina la ristrutturazione trasversale dei debiti attuata con il concordato preventivo, non è esatto;

– il nuovo istituto non sarebbe del tutto in linea neanche con l'articolo 10, paragrafo 3 della direttiva, secondo il quale l'autorità giudiziaria deve poter rifiutare l'omologazione di un piano che risulti privo della prospettiva ragionevole di impedire l'insolvenza del debitore o di garantire la sostenibilità economica dell'impresa, e con lo stesso articolo 10, paragrafo 2, lettera f), che, in caso di nuovi finanziamenti, richiede la verifica giudiziale sulla loro necessarietà per l'attuazione del piano e sull'essenza di ingiusto pregiudizio per i creditori. si evidenzia la non correttezza;

– la direttiva impone comunque agli Stati membri di rispettare il criterio della priorità, assoluta o relativa e quindi non richiede la deroga ai principi della garanzia patrimoniale e dalle regole distributive proprie delle procedure concorsuali.

Alla luce di tali osservazioni, viene sollecitata una riflessione sui profili di discontinuità rispetto ai principi della direttiva e sulla possibile illegittimità costituzionale delle norme in relazione all'articolo 76 della costituzione per eccesso di delega. E infine prospettata la violazione del divieto di superamento dei livelli minimi di regolazione esposto nelle parti generali sugli strumenti di ristrutturazione preventiva.

Rispetto ai rilievi sollevati si chiarisce ulteriormente quanto segue».

non ricorra l'ipotesi di cui all'articolo 10, paragrafo 2, che prevede il test sul rispetto del miglior soddisfacimento dei creditori.

*V*a tuttavia considerato che:

– mentre è logico che la direttiva guardi al contenuto del piano dal punto di vista del giudizio di omologazione, e perciò detti prescrizioni direttamente in una logica *ex post*, le norme di recepimento, per consentire al debitore di superare quel giudizio in caso di dissenso delle classi, debbono prevedere innanzitutto le indicazioni necessarie alla redazione del piano, e rivolgersi perciò in primo luogo al debitore che, coi suoi professionisti, predispone la domanda di accesso a uno degli strumenti di regolazione della crisi e dell'insolvenza, e non direttamente al tribunale, in sede di omologa (come peraltro esse fanno in seconda battuta, nell'art. 112, comma 2), e dunque debbono essere scritte anche in una logica *ex ante*;

– è in questa prospettiva che è stato scritto l'articolo 84, comma 6, che prevede le "istruzioni per l'uso" per il debitore che propone domanda di concordato in continuità, confermando la regola dell'*absolute priority rule* sul valore di liquidazione e la *relative priority rule* sul valore eccedente quello di liquidazione.

Si è ritenuto dunque necessario che le norme di diritto interno, che attuano la direttiva, disciplinino non solo i criteri del giudizio di omologazione ma regolino anche il contenuto del piano, perché un sistema che, in attuazione di quanto previsto all'articolo 11, paragrafo 1, si limitasse a prevedere quel che accade quando la proposta non venga approvata, stabilendo la regola della ristrutturazione trasversale, mancherebbe della norma che chiarisce al debitore cosa fare nel predisporre il piano per affrontare il giudizio di omologazione, in una logica che è tradizionale del nostro sistema della legge fallimentare, il quale agli articoli 160 e 161 della legge fallimentare si preoccupa del contenuto del piano, e non va direttamente a disciplinare le regole di giudizio da applicare in sede di omologazione.

Una volta chiarito in che modo il combinato disposto degli articoli 9, 10 e 11 della direttiva condiziona la disciplina del contenuto del piano, è proprio *il fatto che il contenuto del piano, in vista della regola di omologazione stabilita all'articolo 11 della direttiva per il caso di classi dissenzienti, debba rispettare certe regole distributive*, che giustifica l'introduzione degli articoli 64-*bis* e *ter*, i quali, sempre nella logica *ex ante* di cui si è detto, si fanno carico di disciplinare la diversa alternativa di quale è il *contenuto del piano quando il debitore sia convinto (perché ciò è emerso durante la composizione negoziata, o comunque nei contatti coi creditori avuti durante la predisposizione del piano, o in ogni caso per la particolare composizione del ceto creditorio) di poter ottenere l'unanimità delle classi e non già di dover contare sulla ristrutturazione trasversale.*

In assenza di una norma *ad hoc* non ci sarebbe risposta all'interrogativo di quale debba essere il contenuto del piano che *il debitore* propone ai creditori *quando ipotizza di poter ottenere l'unanimità delle classi:* se lo stesso contenuto che si ha in caso di maggioranza delle classi oppure – come sembra più logico, dato che altrimenti l'unanimità non avrebbe senso – *un contenuto diverso, in cui il debitore non incontra alcun vincolo di distribuzione.*

L'articolo 64-*bis* risponde a questo interrogativo, sul presupposto, di tutta evidenza che *l'unanimità delle classi non possa che portare al debitore vantaggi aggiuntivi: il debitore che incontri il consenso di tutte le classi, sia pure con le regole di maggioranza ad esse interne, non deve rispettare i vincoli distributivi dell'articolo 84, sesto comma, ma è libero di distribuire il valore in deroga non solo agli articoli 2740 e 2741 ma anche, più in generale* – e da qui una correzione che si è ritenuto di apportare al solo riferimento a queste due norme – *alle disposizioni che regolano la graduazione delle cause legittime di prelazione, perché, diversamente da quanto accade in qualunque forma di esecuzione forzata, individuale o concorsuale, in caso di unanimità non deve rispettare il principio della parità di trattamento e dell'ordine delle prelazioni.* In altre parole, l'articolo 64-*bis* è norma di disciplina, più che non di fattispecie: disciplina cioè quel che accade quando la proposta aspiri a incontrare il consenso unanime delle classi in cui è stato suddiviso il ceto creditorio.

All'ulteriore interrogativo circa il se fosse davvero necessario dare un nome a questa disciplina, denominando il piano "piano di ristrutturazione soggetto a omologazione" e non "concordato preventivo", la risposta è di sistema: proprio perché *nel concordato in continuità aziendale*, pur con tutte le novità che vi sono state apportate, *la regola del rispetto delle cause di prelazione è stata mantenuta (nei termini di cui all'art. 84, sesto comma)*, si è voluto evitare che un piano privo di vincoli di distribuzione rappresentasse la base di un concordato, sì da non rinunciare a coniugare la tradizione giuridica italiana con le indicazioni provenienti dalla Direttiva. Al tempo stesso si è doverosamente *escluso che si trattasse di un accordo di ristrutturazione, dato che, diversamente da questo, il piano in questione non è basato sulla volontà negoziale vera e propria, ma su una volontà comunque raggiunta in base a regole di maggioranza. E ciò lo differenzia dagli accordi ad efficacia estesa.*

Per queste ragioni il piano di ristrutturazione è stato tenuto separato dal concordato e dagli accordi, dando però, nella logica della fluidità tra strumenti impressa dalla Direttiva, la possibilità di conversione dal piano al concordato contemplata dall'art. 64-*ter*, che consente la modifica della domanda se il piano di ristrutturazione non è approvato da tutte le classi o se un creditore contesta il difetto di convenienza nelle osservazioni formulate ai sensi dell'articolo 107, comma 4, ma la permette anche al di fuori di questi casi, qualora il debitore, inizialmente convinto di poter ottenere l'unanimità, ci ripensi e voglia, più prudentemente, costruire un piano più tradizionale.

La *possibilità di conversione* è data *anche nel caso inverso, quando il debitore che ha presentato la domanda di concordato preventivo, finché non siano iniziate le operazioni di voto, chieda l'omologazione del piano di ristrutturazione*[54].

In tale ottica, l'articolo 64-*bis* predispone una procedura per il debitore che si trova in stato di crisi o di insolvenza, che prevede l'obbligatoria suddivisione dei creditori in classi, secondo posizione giuridica e interessi economici omogenei, e che consente di distribuire il ricavato del piano senza vincoli di distribuzione, facendo salvi i diritti dei lavoratori, per i quali il pagamento è sempre assicurato entro 30 giorni dall'omologazione al fine di non ridurre la portata dei diritti di cui godono con gli strumenti attuali. Si tratta quindi di uno strumento che riduce al minimo la fase dell'ammissibilità, fornisce al debitore una maggiore libertà di azione – tranne che per i lavoratori, che non sono mai considerate parti interessate e non votano – ma per poter essere omologata richiede l'approvazione di tutte le classi. La norma richiama le disposizioni del concordato preventivo sul contenuto del ricorso e sulla documentazione da depositare, sugli effetti del deposito della domanda (comma 2) e sulla necessità del deposito dell'attestazione sulla veridicità dei dati aziendali e sulla fattibilità del piano (comma 3); stabilisce che il tribunale verifica la sola ritualità della proposta e la corretta formazione delle classi prima di aprire le operazioni di voto (comma 4). Chiarisce l'assenza di spossessamento in capo all'imprenditore, chiamato comunque a gestire l'impresa nel prevalente interesse dei creditori, affidando al commissario giudiziale il potere di controllo degli atti di gestione compiuti (comma 5) e dettando disposizioni specifiche nel caso di compimento di atti di straordinaria amministrazione (comma 6).

Sono richiamate o riprodotte inoltre le disposizioni del concordato che disciplinano le operazioni di voto ed è affermata la regola della maggioranza nella singola classe introdotta nell'articolo 112 con riferimento al concordato in continuità aziendale al fine di agevolare il raggiungimento dell'accordo (comma 7). L'articolo prosegue dettando disposizioni sul giudizio di omologazione – possibile, come già detto, solo in caso di approvazione da parte di tutte le classi – e disciplinando l'ipotesi dell'opposizione del creditore dissenziente con la quale viene eccepito il difetto di convenienza (comma 8)[55].

---

[54] La relazione così prosegue: «Quanto alla necessità che il creditore contesti il difetto di convenienza già nelle osservazioni formulate ai sensi dell'articolo 107, comma 4, essa nasce dall'esigenza di evitare la sorpresa rappresentata dal creditore fino a quel momento inerte (sorpresa che può andare a danno non del solo debitore, ma anche dei creditori che fino a quel momento, per effetto delle trattative condotte, hanno confidato su un piano di ristrutturazione destinato ad essere approvato) e di permettere al debitore di modificare per tempo la domanda senza dover arrivare al giudizio di omologazione quando sa che un creditore, comunque, solleverebbe la questione di convenienza».

[55] La relazione così prosegue: «Sul comma 8 viene accolto il suggerimento del Consiglio di Stato che, come per il giudizio di omologazione del concordato preventivo, ha proposto l'elimi-

L'articolo 64-*ter*, inserito anch'esso nel Capo I-*bis* dall'articolo 9, modificato a seguito dei suggerimenti del Consiglio di Stato, *disciplina la mancata approvazione del piano da parte di tutte le classi e consente al debitore di insistere per l'omologazione previa richiesta di accertamento sull'esito del voto da parte del tribunale (ipotesi in cui l'imprenditore crede che vi sia stato un errore nel computo dei voti e delle maggioranze ed è quindi convinto di avere ottenuto l'unanimità necessaria per l'omologazione del piano)*. Il comma 2 elenca i possibili esiti in caso di mancata richiesta di accertamento dell'unanimità e di omologazione.

Sempre seguendo il suggerimento del Consiglio di Stato, volto a razionalizzare la disciplina dettata, è stato introdotto un articolo 64-*quater* che disciplina le ipotesi di conversione del piano in concordato preventivo sia nel caso in cui l'omologazione è impedita dalla mancata approvazione da parte di tutte le classi – e non vi è la richiesta di cui all'articolo 64-*ter*, comma 1 – sia nel caso in cui sia stato contestato da un creditore il difetto di convenienza della proposta (comma 1)» [56].

11. *Alcune sfide del c.c.i.i.* – Il nuovo Codice della crisi darà molta materia di studio ai giuristi italiani ed europei, ai giudici, agli avvocati, agli esperti e ai pratici. Il problema principale sarà di capire se le nuove idee saranno adeguate alle sfide da affrontare, che implicano la necessità di una maggiore presa di consapevolezza, diffusa non solo tra giudici ed esperti, ma anche tra gli imprenditori e il pubblico, dei problemi complessi che pone la crisi di impresa.

Mi limito qui ad avvertire su due punti, entrambi di rilievo in chiave di verifica della "armonizzazione del diritto dell'insolvenza", titolo assegnato al mio intervento.

---

nazione del periodo che stabilisce a carico del creditore che non ha contestato la convenienza del piano nelle osservazioni di cui all'articolo 107, comma 4, una decadenza ritenuta troppo breve. pregiudizievole per le ragioni dei creditori e lesiva del loro diritto di difesa.

Analoga osservazione è stata svolta dalle Commissioni Giustizia di Camera e Senato.

L'ultimo comma contiene un ulteriore richiamo a tutte le disposizioni del concordato preventivo applicabili al piano di ristrutturazione soggetto ad omologazione al fine di completarne la disciplina».

[56] La relazione conclude infine sul punto: «Il comma 2 disciplina invece l'ipotesi in cui il debitore spontaneamente decide di modificare la domanda formulando una proposta di concordato preventivo. Il comma 3 si occupa dei tempi di ristrutturazione per evitare che il passaggio da un procedimento all'altro porti ad un loro eccessivo allungamento e quindi dispone la riduzione alla metà dei termini per l'approvazione del concordato. Il comma 4 detta le disposizioni necessarie per assicurare la pubblicità della domanda di conversione ed i suoi effetti secondo la disciplina del concordato preventivo e l'ultimo comma disciplina il passaggio inverso, consentendo al debitore di abbandonare la procedura di concordato preventivo per proporre una domanda di omologazione del piano di ristrutturazione fino all'inizio delle operazioni di voto disposte al momento dell'apertura della procedura di concordato».

11.1. *Art. 38 c.c.i.i. e persistente iniziativa del pubblico ministero.* – È stata mantenuta, nell'art. 38 c.c.i.i., nonostante molte discussioni, la previsione tradizionale del rilievo del pubblico ministero in materia fallimentare [57]. È un tratto del nostro sistema che lo differenzia dalle prospettive più liberali degli altri ordinamenti europei, per i quali l'insolvenza e la crisi sono questione esclusiva del rapporto tra il debitore e le sue controparti creditorie e contrattuali.

Si cerca di giustificare la *path-dependence* del nostro sistema con l'osservazione che la crisi di impresa coinvolge interessi "altri" rispetti a quelli del debitore e dei creditori privati [58] e che tali interessi possono trovare tutela e adeguato interprete in una figura al di sopra delle parti, costituita dal giudice. L'osservazione non è affatto peregrina, ma richiede allora di precisare meglio che tipo di giudice si ha in mente. Il giudice della crisi di impresa dovrebbe essere un interprete dell'economia e avere, dunque, una formazione economica che non è prevista nel *curriculum* degli studi della nostra magistratura.

11.2. *Composizione negoziata, crisi geopolitiche e PNRR.* – L'altra osservazione è di carattere pratico: la composizione negoziata della crisi del d.l. n. 118/2021 è la risposta dell'ordinamento italiano alla crisi della pandemia. Si profila oggi una crisi economica nuova, legata ai rincari delle materie prime, dell'energia, allo sforzo bellico e alle conseguenze della guerra in Ucraina, alla siccità e alla crisi alimentare, alla ripresa della pandemia, all'inflazione, alle manovre di restrizione monetaria delle banche centrali, alla caduta dei corsi di borsa, alla crisi delle criptoattività. Non tutto questo era prevedibile nel corso dei lavori di ultimo adattamento del Codice della Crisi.

L'entrata in vigore del Codice della crisi è stata individuata dal Governo italiano come una riforma di sistema legata al PNRR. Non si può negare che sia una novità importante, anche dal punto di vista pratico.

11.2.1. *Liquidazione controllata del debitore civile su richiesta del creditore.* – Si pensi alla liquidazione controllata del debitore civile. Sino al 15 luglio, il debitore che non fosse imprenditore commerciale medio-grande era sottratto, in Italia, a una procedura liquidatoria universale con spossessamento, attivabile su richiesta dei creditori: c'era sì, dal 2012, la procedura di sovraindebitamento del debitore non fallibile, ma essa era attivabile solo su richiesta del debitore, con

---

[57] In generale, sul ruolo del p.m. nelle procedure di crisi, M. FABIANI, *La tutela giurisdizionale nel codice della crisi d'impresa*, cit., p. 42 s.; R. FONTANA, *Ruolo e funzioni del pubblico ministero nelle procedure alternative a fallimento/liquidazione giudiziale*, in *Crisi e insolvenza nel nuovo Codice*, a cura di S. Ambrosini, Bologna, 2022, p. 1181 ss.

[58] Sul nodo problematico costituito dal rapporto fra autonomia privata e potere pubblico, negli istituti che compongono il diritto della crisi, v. ora A. NIGRO, *Il diritto della crisi oggi fra tradizione e innovazione*, in *Riv. dir. comm.*, 2023, I, p. 187 s.

limitatissime possibilità di impulso da parte dei creditori. Dal 15 luglio, con la liquidazione controllata, chiunque abbia debiti scaduti per almeno 50.000 Euro può rientrare nel "fallimento civile", su istanza dei creditori. È un passo epocale [59], che in qualche modo avvicina l'ordinamento italiano a quelli anglosassoni e anche a quello tedesco. Si tratta di un profilo che non è eccentrico rispetto al seminario di oggi, tenuto conto che riguarderà le imprese agricole e tutte le imprese minori (alle quali, del resto, già guardava anche il d.l. n. 118/2021 sulla composizione negoziata della crisi, che può essere richiesta da qualunque tipologia di imprenditore, anche non società di capitali). La domanda che sorge spontanea, per l'avvocato italiano, è se la struttura dei Tribunali italiani sarà resiliente rispetto alla possibile ondata di maggiore lavoro [60].

12. *Conclusioni e auspicio di prosecuzione degli studi comparatistici di raffronto degli ordinamenti a coppie in ambito UE*. – Alla domanda posta dal titolo della mia relazione ("Dove ci porta l'armonizzazione del diritto dell'insolvenza") si possono dare due risposte, entrambe al momento non soddisfacenti: la prima, scherzosa, «*a questo bell'incontro a Villa Vigoni*», cioè finalmente a un dialogo serrato tra giuristi di diversi ordinamenti nazionali, in quello che auspico essere il primo dei confronti diretti, *vis-à-vis*, tra giuristi che espongono, ciascuno nella propria lingua, le caratteristiche e i problemi del proprio ordinamento, in una comparazione diretta da svolgersi necessariamente, in una prima fase, per coppie [61] di ordinamenti (e sono 27 quelli da comparare! Questo è dunque il primo di 351!); la seconda, obiettiva, «*a una maggiore complessità*».

Sono convinto che a questo punto la mia risposta, e cioè che l'armonizzazione europea del diritto della crisi conduce, almeno in Italia, a un quadro più complicato, risulti sufficientemente motivata.

Una risposta soddisfacente alla domanda credo che non possa essere data oggi, ma soltanto tra qualche anno. Sono ancora tutte da esplorare, nella giurisprudenza e nell'applicazione pratica, le vicende del problematico rapporto tra no-

---

[59] Se ne ritrova l'auspicio in G.B. PORTALE, *Dalla «pietra del vituperio» alle nuove concezioni del fallimento e delle altre procedure concorsuali*, cit., p. 398 s., con un richiamo letterario alla vicenda umana dello scrittore Balzac e ai raffinati espedienti da questi escogitati per sottrarsi alle insistenze di qualche fastidioso creditore.

[60] Cfr. S. ROSSETTI, *Il sovraindebitamento tra cenni di storia e il problematico caso della domanda proposta dal creditore*, in *Rassegna dell'esecuzione forzata*, 2019, p. 724. La giurisprudenza di merito più recente sta già svolgendo un importante ruolo di interpretazione "creativa" al riguardo: v., da ultimo, Trib. Ferrara, 23 maggio 2023, in *Ilcaso.it*, Sezione giurisprudenza, 29309, con nt. di A. MANCINI, sulla possibilità (controversa) per il debitore di accedere a una procedura negoziale, in alternativa alla liquidazione controllata.

[61] Per un primo tentativo di comparazione con l'attuazione spagnola, v. ora: B. RUSSO, *Due modelli a confronto. Differenti soluzioni adottate da Italia e Spagna in esecuzione della Direttiva UE 2019/1023*, in *www.dirittodellacrisi.it*, 27 aprile 2023.

zioni europee, come interpretate dalla Corte di Giustizia, e le stesse nozioni, come interpretate dai Giudici nazionali (basti pensare alla nozione di COMI, oggetto di un disincantato ed efficace saggio del compianto Prof. Dr. Alberto Mazzoni [62], pubblicato qualche anno fa negli Studi per il Prof. Dr. Pietro Abbadessa).

La scelta del legislatore europeo di "armonizzare", anziché uniformare il diritto dell'insolvenza, renderà il lavoro di professionisti e consulenti ancora più importante e complesso, e assolutamente imprescindibile. Prima, però, viene la riflessione teorica, di cui si cercano di porre le basi in questo incontro, che dovrà guidare l'applicazione pratica.

---

[62] A. MAZZONI, *La disciplina europea dell'insolvenza transfrontaliera. Problemi aperti e prospettive di riforma*, in *Società, banche e crisi d'impresa.* Liber amicorum *Pietro Abbadessa*, vol. 3, Torino, 2014.

RESTRUKTURIERUNG OHNE GERICHTE? – RESTRUKTURIERUNG OHNE GERICHTE!

von *Heinrich Schoppmeyer**

ABSTRACT

The StaRUG links, among the various restructuring options, purely consensual restructuring and restructuring within insolvency proceedings. Restructuring under the StaRUG is based on an extended and modified consensual model. To this end, the StaRUG provides for various options for court involvement. All forms of court involvement are intended to promote and strengthen pre-insolvency restructuring. However, they have different functions: a support function, a control function and a guarantee function. Thereby the forms of court involvement take into account the different interests of the parties involved in restructuring proceedings.

Das Gesetz über den Stabilisierungs- und Restrukturierungsrahmen für Unternehmen (StaRUG) bietet für die Sanierung eines Unternehmens außerhalb

---

* Der Verfasser dankt Frau stud. iur. *Johanna Kerscher* für die Unterstützung bei der Erstellung des Manuskripts.

eines Insolvenzverfahrens verschiedene Wege an. Das StaRUG regelt zunächst die Anforderungen an einen Restrukturierungsplan; hierzu ist keine gerichtliche Beteiligung erforderlich. Allerdings stellt das StaRUG dem Schuldner auch vier in § 29 Abs. 2 StaRUG normierte gerichtliche Verfahrenshilfen zur Verfügung, die ihm ein Sanierungsverfahren mit gerichtlicher Unterstützung ermöglichen. Das StaRUG bietet damit sowohl einen völlig gerichtsfreien Weg zu einer Restrukturierung als auch eine Restrukturierung mit gerichtlicher Beteiligung. Vor diesem Hintergrund stellt sich die Frage, was die Wahl eines außergerichtlichen Verfahrens für den Schuldner im Einzelnen bedeutet und welche Vorteile demgegenüber eine gerichtliche Beteiligung mit sich bringt. Welche Ziele verfolgen die im StaRUG geregelten Formen der gerichtlichen Beteiligung?

I. *Rahmen der Insolvenzordnung.* – Das StaRUG betritt mit der Sanierung kein Neuland. Bereits nach der Insolvenzordnung schließt die Eröffnung eines Insolvenzverfahrens eine Restrukturierung unter der Leitung des Schuldners nicht aus. Beispielsweise besteht die Möglichkeit einer Eigenverwaltung gemäß §§ 270 ff. InsO, in der die Verwaltungs- und Verfügungsbefugnis nicht auf einen Insolvenzverwalter übergehen, sondern dem Schuldner selbst zugewiesen bleiben. Nach Anordnung der Eigenverwaltung kann der Schuldner gemäß § 284 Abs. 1 S. 1 InsO mit der Ausarbeitung eines Insolvenzplans beauftragt werden. Für ein solches Insolvenzplanverfahren in Eigenverwaltung gelten gemäß § 270 Abs. 1 S. 2 InsO die allgemeinen Vorschriften der §§ 217 ff. InsO.

Allerdings ist die Restrukturierung im Rahmen des Insolvenzverfahrens durch eine starke Beteiligung des Insolvenzgerichts geprägt. So erfolgt unmittelbar nach der Vorlage eines Insolvenzplans eine Vorprüfung des Plans durch das Insolvenzgericht von Amts wegen, § 231 InsO.[1] Gegenstand der Vorprüfung sind die in § 231 Abs. 1 Nr. 1-3 InsO genannten Tatbestände.[2] Sofern der eingereichte Insolvenzplan nicht zurückzuweisen ist, bestimmt das Insolvenzgericht wiederum von Amts wegen einen Erörterungs- und Abstimmungstermin, § 235 Abs. 1 S. 1 InsO.[3] Sowohl Erörterung als auch Abstimmung finden unter der Aufsicht und Leitung des Insolvenzgerichts statt, §§ 235 ff. InsO.[4] Jeder Insolvenzplan bedarf der Bestätigung durch das Insolvenzgericht, § 248 InsO. Unter den Voraussetzungen des § 250 InsO ist die Bestätigung von Amts wegen zu

[1] Braun/*Braun/Frank*, InsO, 9. Aufl. 2022, § 231 Rn. 1; Jaeger/*Münch*, InsO, 1. Aufl. 2018, § 231 Rn. 1; MüKoInsO/*Breuer*, Bd. 3, 4. Aufl. 2020, § 231 Rn. 1.

[2] MüKoInsO/*Breuer*, § 231 Rn. 1; Jaeger/*Münch*, § 231 Rn. 2, 15 ff.; Nerlich/Römermann/*Ober*, InsO, 44. EL November 2021, § 231 Rn. 1.

[3] Braun/*Frank*, InsO, § 235 Rn. 2; BeckOK InsR/*Geiwitz/von Danckelmann*, 28. Ed., Stand: 15.07.2022, InsO § 235 Rn. 3; Jaeger/*Kern*, § 235 Rn. 2, 14.

[4] Jaeger/*Kern*, § 235 Rn. 16; MüKoInsO/*Hintzen*, § 235 Rn. 20; Uhlenbruck/*Lüer/Streit*, InsO, 15. Aufl. 2019, § 235 Rn. 24.

versagen, unter den Voraussetzungen des § 251 InsO auf Antrag hin. (Erst) mit der Rechtskraft des Beschlusses über die Planbestätigung tritt der Plan in Kraft, § 254 Abs. 1 InsO. Die Aufhebung des Insolvenzverfahrens erfordert einen Beschluss des Insolvenzgerichts und erfolgt erst, wenn die Bestätigung des Insolvenzplans rechtskräftig ist (§ 258 Abs. 1 InsO) und die Masseverbindlichkeiten berichtigt sind (§ 258 Abs. 2 InsO).

II. *Restrukturierung ohne Gerichte nach dem StaRUG. – 1. Der Restrukturierungsplan.* – Die §§ 2-28 StaRUG schaffen im Gegensatz dazu einen Rahmen für eine außergerichtliche Restrukturierung allein durch den Schuldner. Hier bestimmt der Schuldner in eigener Entscheidung zunächst darüber, wessen Forderungen und Rechte durch einen Restrukturierungsplan gestaltet werden sollen. [5] Die Auswahl der Planbetroffenen hat nach sachgerechten Kriterien zu erfolgen, § 8 StaRUG. Ferner sind die planbetroffenen Gläubiger in Gruppen einzuteilen, § 9 StaRUG; dies erfolgt ebenfalls durch den Schuldner. [6]

Die §§ 2-4 StaRUG regeln, welche Rechtsverhältnisse sich in einem Restrukturierungsplan im Einzelnen gestalten lassen. Der Restrukturierungsplan orientiert sich dabei am Insolvenzplan, [7] so dass § 2 StaRUG grundsätzlich alle Forderungen, Rechte und Rechtsverhältnisse erfasst, die auch in einem Insolvenzplan gestaltbar wären. [8] In bestimmten Punkten beschränkt das StaRUG jedoch die Restrukturierungsmöglichkeiten gegenüber einem Insolvenzplan. Dies gilt zum einen für gegenseitige Verträge (§ 3 Abs. 2 StaRUG). § 4 StaRUG nennt weitere Rechtsverhältnisse, die nicht im Restrukturierungsplan gestaltet werden können. Dazu gehören beispielsweise Forderungen von Arbeitnehmern, § 4 Nr. 1 StaRUG.

Wie ein Insolvenzplan besteht der Restrukturierungsplan aus einem darstellenden und einem gestaltenden Teil, § 5 S. 1 StaRUG. Der darstellende Teil soll der Information der Planbetroffenen und des Restrukturierungsgerichts dienen, indem er Auskunft über die angestrebte Restrukturierung des Unternehmens geben soll. [9] Der gestaltende Teil legt die Rechtswirkungen des Restrukturierungsplans fest. [10]

---

[5] Desch/*Desch*, Das neue Restrukturierungsrecht, 1. Aufl. 2021, § 1 Rn. 14; *Doebert/Krüger* NZI 2021, 614; *Schülke* DStR 2021, 621 (625).

[6] BeckOK StaRUG/*Fridgen*, 6. Ed., Stand: 01.10.2022, § 9 Rn. 7; Seibt/Westpfahl/*Hölzle*, StaRUG, 1. Aufl. 2022, § 9 Rn. 11.

[7] Desch/*Desch*, § 1 Rn. 14; *Gehrlein* BB 2021, 66; Seibt/Westpfahl/*Hölzle*, § 9 Rn. 11.

[8] Nerlich/Römermann/*Rieger/Schmitz*, StaRUG, 45. EL April 2022, § 2 Rn. 1; BeckOK StaRUG/*Skauradszun*, § 2 Rn. 29.

[9] BeckOK StaRUG/*Fridgen*, § 5 Rn. 5; Seibt/Westpfahl/*Hölzle*, § 5 Rn. 2; *Ringelspacher/Ruch* ZRI 2020, 636 (637).

[10] BeckOK StaRUG/*Fridgen*, § 5 Rn. 5, 6; Seibt/Westpfahl/*Hölzle*, § 5 Rn. 3; *Ringelspacher/Ruch* ZRI 2020, 636 (637).

2. *Das Planverfahren.* – Die Abstimmung über den Restrukturierungsplan kann außergerichtlich durch Zustimmung aller Gläubiger (§§ 17 ff. StaRUG) erfolgen. Dabei macht der Schuldner gemäß § 17 Abs. 1 StaRUG den Planbetroffenen ein Planangebot mit Fristsetzung (§ 19 StaRUG) und stellt den Plan zur Abstimmung.[11] Mit den Regelungen über Planangebot und Planannahme ordnet das Gesetz den Restrukturierungsplan wie einen Vertrag ein. Stimmrecht und erforderliche Mehrheiten sind in §§ 24-28 StaRUG geregelt. Soweit nach § 9 StaRUG Gruppen zu bilden sind, erfolgt die Abstimmung in Gruppen; wonach sich das Stimmrecht richtet, bestimmt § 24 StaRUG. Die Zustimmung einer Gruppe gilt gemäß § 25 Abs. 1 StaRUG als erteilt, wenn mindestens 75% der Stimmrechte auf die dem Plan zustimmenden Gruppenmitglieder entfallen. Die Zustimmung einer ablehnenden Gruppe gilt gemäß § 26 Abs. 1 StaRUG als erteilt, wenn die Mehrheit der abstimmenden Gruppen dem Plan mit den erforderlichen Mehrheiten zugestimmt hat.

Im Hinblick auf den Vertragscharakter des Restrukturierungsplans kommt dieser mit Zustimmung aller Beteiligten ohne jede Beteiligung eines Gerichts zustande. Dies lässt sich als Konsensmodell einer Sanierung bezeichnen. Eine Restrukturierung oder Sanierung im Konsensmodell ist schon immer und unabhängig vom StaRUG möglich, sofern alle Beteiligten zustimmen und soweit die Privatautonomie oder die Gestaltungsmacht der Beteiligten reicht. Die Wirkungen des angenommenen Plans entfalten sich nach rechtsgeschäftlichen und vertragsrechtlichen Grundsätzen.[12] Dies bedeutet, dass der Konsens zwischen den Beteiligten zur Anerkennung durch die Rechtsordnung und infolgedessen auch zur Wirksamkeit der einzelnen Regelungen führt.[13]

Die rein außergerichtliche Restrukturierung nach dem StaRUG ist auf die dem Restrukturierungsplan zustimmenden Beteiligten beschränkt. Aus der Auslegungsregel des § 18 StaRUG folgt zudem, dass der Restrukturierungsplan auch gegenüber den zustimmenden Planbeteiligten bei einer rein außergerichtlichen Restrukturierung nur bei einer einstimmigen Planannahme wirksam wird.[14] Eine Bindung der zustimmenden Gläubiger trotz Ablehnung durch einzelne planbetroffene Gläubiger muss der Plan ausdrücklich vorsehen.[15] Mithin findet das Konsensmodell seine Grenzen am fehlenden Willen einzelner Beteiligter. Eine Bindung der überstimmten dissentierenden Gläubiger und Gläubi-

---

[11] Desch/*Desch*, § 3 Rn. 45; BeckRA-HdB/*Neumaier/Hänel*, 12. Aufl. 2022, § 46 Rn. 237.

[12] *de Bruyn/Ehmke* NZG 2021, 661 (668); Flöther/*Madaus*, StaRUG, 1. Aufl. 2021, § 17 Rn. 2; *Schülke* DStR 2021, 621 (626).

[13] *Schülke* DStR 2021, 621 (626).

[14] BeckOK StaRUG/*Kramer*, § 29 Rn. 88; *Morgen/Arends/Schierhorn* ZRI 2021, 305 (307); BeckOK StaRUG/*Spahlinger*, § 18 Rn. 1; *Schülke* DStR 2021, 621 (625).

[15] BeckOK StaRUG/*Spahlinger*, § 18 Rn. 8.

gergruppen ist nur durch gerichtliche Entscheidung über die Bestätigung des Plans möglich. [16]

III. *Oder doch besser: Restrukturierung mit Gericht?* – Die Möglichkeit einer außergerichtlichen freien Sanierung bestand bereits vor Einführung des StaRUG. [17] Sie erfordert ebenfalls einen Konsens aller Beteiligten. [18] Ziel ist es, ein einvernehmlich vom Schuldner und den verschiedenen Interessengruppen (sog. *Stakeholder*) erarbeitetes Sanierungskonzept zu erstellen, das beispielsweise Forderungsverzichte, neue Kredite oder Umschuldungen zum Gegenstand haben kann, um so die finanzielle Krise des Schuldners zu beseitigen. [19] Solche Sanierungsverhandlungen können mit einzelnen oder sämtlichen Gläubigern geführt werden. Sollen sämtliche Gläubiger einbezogen werden, erfahren auch solche Gläubiger von der Sanierungsbedürftigkeit, die bisher nichts von der Krise des Unternehmens wissen. [20]

Das Konsensmodell lässt sich erweitern und modifizieren, um eine Restrukturierung ohne Gericht zu ermöglichen. Dies gilt zum einen für die Regelungsreichweite. So können die einer Regelung durch Restrukturierungsplan zugänglichen Fragen über die Möglichkeiten hinaus erweitert werden, die den Beteiligten kraft der Privatautonomie oder ihrer Gestaltungsmacht zur Verfügung stehen. Das Gesetz vergrößert so den Spielraum, den die Privatautonomie bietet. Umgekehrt kann der Spielraum beschränkt werden, indem privatautonom oder kraft Gestaltungsmacht denkbare Regelungen aus dem Bereich der Restrukturierung herausgenommen werden. Im Hinblick auf die geänderte Regelungsreichweite kann man von einem modifizierten Konsensmodell sprechen.

Zum anderen können die Regelungen die erforderlichen Kautelen und Mehrheiten bestimmen, um eine Restrukturierung auch ohne Konsens aller Beteiligter zu ermöglichen. Die Regelungen können schließlich das Verfahren betreffen, auf welche Weise die im reinen Konsensmodell erforderliche Zustimmung aller Beteiligten zustande kommt. Diese Veränderungen betreffen nicht den Gegenstand des Konsenses, sondern Art und Weise. Dies lässt sich als erweitertes Konsensmodell bezeichnen. Es hat besondere Bedeutung, wenn kein Konsens zwischen

---

[16] *Pape/Reichelt/Schultz/Voigt-Salus*, Insolvenzrecht, 3. Aufl. 2022, § 41 Rn. 23; *Schülke* DStR 2021, 621 (625); BeckOK StaRUG/*Spahlinger*, § 18 Rn. 7.

[17] Vgl. Gottwald/Haas/*Drukarczyk/Schöntag*, Insolvenzrechts-Handbuch, 6. Aufl. 2020, § 3 Rn. 1 ff.; *Reichert/Salger*, GmbH & Co. KG, 8. Aufl. 2021, § 49 Rn. 10; *Schluck-Amend* ZRP 2017, 6 (8).

[18] BeckHdB PersGes/*Eberhard*, 5. Aufl. 2020, § 12 Rn. 100; *Hoegen/Kranz* NZI-Beilage 2019, 53 (54); *Reichert/Salger*, § 49 Rn. 10.

[19] Gottwald/Haas/*Drukarczyk/Schöntag*, § 3 Rn. 1; *Hoegen/Kranz* NZI-Beilage 2019, 53 (54); *Reichert/Salger*, § 49 Rn. 10; *Spiekermann* NJW 2022, 1775.

[20] BeckHdB-PersGes/*Eberhard*, § 12 Rn. 100; Gottwald/Haas/*Drukarczyk/Schöntag*, § 3 Rn. 4.

den Beteiligten zustande kommt, beispielsweise weil Einzelne ihre Zustimmung aus eigennützigen Gründen verweigern (sog. *Akkordstörer*), so dass die außergerichtliche Sanierung zu scheitern droht.[21] Zwar besteht im Einzelfall die Möglichkeit, durch Mehrheitsklauseln (sog. *Collective Action Clauses*) eine Einstimmigkeit zu erreichen, allerdings bedürfen auch diese Mehrheitsklauseln einer vorherigen Vereinbarung.[22] Dazu kommt, dass jede Verzögerung durch etwaige Blockadeversuche den Erfolg der Sanierung gefährden kann: Erfolgreiche Sanierungsmaßnahmen setzen nämlich eine gewisse Liquidität voraus; diese nimmt jedoch bei einem Unternehmen in der Krise in der Regel stetig ab.[23]

Sämtliche Konsensmodelle – sei es als reines Konsensmodell, als modifiziertes Konsensmodell oder als erweitertes Konsensmodell – haben ohne gerichtliche Beteiligung eine Schwäche: Das auf den Konsens der Beteiligten gestützte Ergebnis ist nicht mit der Rechtskraft einer gerichtlichen Entscheidung und damit nicht mit einer vergleichbaren Rechtssicherheit verbunden, sondern ist zunächst nur privatrechtlicher Natur. Unsicherheiten ergeben sich insbesondere dann, wenn der zunächst gefundene Konsens in Frage gestellt wird oder Regelungsreichweite oder Regelungswirkung in Zweifel gezogen werden. Damit nicht genug: Auf dem Weg bis zur Einigung kann es sich als schwierig erweisen, einen Konsens zu erzielen, oder Streit darüber entstehen, ob ein Konsens erzielt worden ist. Schließlich fehlt es im Rahmen der außergerichtlichen Sanierung an einer Absicherung gegenüber insolvenzrechtlichen Risiken.[24] So kann etwa Schadensersatz wegen Verzögerung des Insolvenzverfahrens drohen, wenn die außergerichtliche Sanierung schließlich am fehlenden Konsens scheitert.[25] Damit weist die außergerichtliche Sanierung offene Flanken auf. Eine gerichtliche Beteiligung kann dazu führen, die Nachteile dieser offenen Flanken zu vermeiden.

IV. *Gerichtliche Beteiligung nach dem StaRUG. –* 1. *Die Verfahrenshilfen des Stabilisierungs- und Restrukturierungsrahmens.* – Mit dem StaRUG besteht für Unternehmen erstmals die Möglichkeit, eine Sanierung außerhalb eines Insolvenzverfahrens auch gegen den Willen einzelner Gläubiger durchzuführen.[26] Das StaRUG baut auf dem Konsensmodell auf. Als Mittel der ge-

---

[21] Gottwald/Haas/*Drukarczyk/Schöntag*, § 3 Rn. 3; *Hoegen/Kranz* NZI-Beilage 2019, 53 (54); *Schluck-Amend* ZRP 2017, 6 (8); *Uhlenbruck* BB 2001, 1641 (1644 f.).

[22] *Hoegen/Kranz* NZI-Beilage 2019, 53 (54).

[23] *Schluck-Amend* ZRP 2017, 6 (8).

[24] Vgl. *Schülke* DStR 2021, 621 (626); *Uhlenbruck* BB 2001, 1641 (1644).

[25] *Reichert/Salger*, § 49 Rn. 10; *Spiekermann* NJW 2022, 1775 (1776).

[26] BT-Drucks. 19/24181, 84, 89; BeckRA-HdB/*Neumaier/Hänel*, § 46 Rn. 229; *Doebert/Krüger* NZI 2021, 614; *Gehrlein* BB 2021, 66.

richtlichen Beteiligung stehen dem Schuldner vier gerichtliche Verfahrenshilfen des Stabilisierungs- und Restrukturierungsrahmens zur Verfügung; das Gesetz bezeichnet sie als „Instrumente“. Diese sind in § 29 Abs. 2 StaRUG abschließend normiert.[27] Es handelt sich um die gerichtliche Planabstimmung (§ 29 Abs. 2 Nr. 1 StaRUG), die Vorprüfung (§ 29 Abs. 2 Nr. 2 StaRUG), die Stabilisierungsanordnung (§ 29 Abs. 2 Nr. 3 StaRUG) und die Planbestätigung (§ 29 Abs. 2 Nr. 4 StaRUG). Diese Instrumente stellen das Herzstück der gerichtlichen Beteiligung dar.

2. *Bestellung des Restrukturierungsbeauftragten.* – Ferner kann das Restrukturierungsgericht einen sog. Restrukturierungsbeauftragten bestellen. Dies erfolgt gemäß § 77 Abs. 1 S. 1 StaRUG auf Antrag des Schuldners oder in den Fällen des § 73 Abs. 1, 2 StaRUG von Amts wegen. Der Restrukturierungsbeauftragte unterliegt der Rechtsaufsicht des Gerichts.[28] Die Rolle des Restrukturierungsbeauftragten beschränkt sich – vergleichbar mit der eines Sachwalters – auf eine Überprüfungs- und Kontrollfunktion.[29]

3. *Verfahren der Sanierungsmoderation.* – Das Restrukturierungsgericht ist auch an dem Verfahren der Sanierungsmoderation beteiligt (§§ 94-100 StaRUG). Die Sanierungsmoderation stellt ein vom Restrukturierungs- und Stabilisierungsrahmen unabhängiges und rein konsensuales Verfahren dar.[30] Zwischen dem Schuldner und den Gläubigern vermittelt ein unabhängiger und neutraler Sanierungsmoderator.[31] Dieser ist auf Antrag des Schuldners vom Gericht zu bestellen, § 94 Abs. 1 S. 1 StaRUG. Ziel der Sanierungsmoderation ist es, zu einem Sanierungsvergleich zu kommen.[32] Dieser kann auf Antrag des Schuldners durch das Gericht bestätigt werden, § 97 Abs. 1 S. 1 StaRUG.

V. *Funktionen der gerichtlichen Beteiligung.* – Die unterschiedlichen Formen der gerichtlichen Beteiligung folgen bestimmten Leitlinien. Aufgrund der

---

[27] *Desch* BB 2020, 2498; Flöther/*Hoffmann/Braun*, § 29 Rn. 1; Seibt/Westpfahl/*Herding/Krafczyk*, StaRUG, § 29 Rn. 5; BeckOK StaRUG/*Kramer*, § 29 Rn. 57.

[28] Desch/*Fuhst*, § 5 Rn. 11; Seibt/Westpfahl/*Geiwitz/von Danckelmann*, StaRUG, § 75 Rn. 4 f.

[29] *Bork* ZRI 2021, 345 (349); *Gehrlein* BB 2021, 66 (76); *Morgen/Arends/Schierhorn* ZRI 2021, 305 (306); Pannen/Riedemann/*Smid/Pannen*, StaRUG, 1. Aufl. 2021, § 73 Rn. 3; *Schülke* DStR 2021, 621.

[30] BeckOK StaRUG/*Hänel*, Vorbem. zu §§ 94-100 Rn. 1, 2; *Ringelspacher/Heidenfelder* ZRI 2021, 527 (528).

[31] Nerlich/Römermann/*Schröder*, § 96 Rn. 2 ff.

[32] BeckOK StaRUG/*Skauradszun*, § 97 Rn. 1; *Hoegen* NZI-Beilage 2021, 59 (60); Pannen/Riedemann/*Smid/Riedemann*, StaRUG, § 96 Rn. 4; *Ringelspacher/Heidenfelder* ZRI 2021, 527 (528).

gesetzlichen Regelung ergeben sich drei verschiedene Funktionen der gerichtlichen Beteiligung im Restrukturierungsverfahren. Sie zielt vor allem auf die Unterstützung des Schuldners (unter 1.). Sie dient zudem der Kontrolle (unter 2.). Diese weist eine verfahrensrechtliche und eine materiell-rechtliche Seite auf. Schließlich – praktisch besonders wichtig – kommt der gerichtlichen Beteiligung eine Garantiefunktion zu (unter 3.).

1. *Unterstützung durch das Gericht.* – Leitgedanke hinter allen Vorschriften für die Beteiligung des Restrukturierungsgerichts ist die Unterstützung des Schuldners bei der von ihm betriebenen Restrukturierung. Die Beteiligung des Gerichts soll die Erfolgsaussichten des Restrukturierungsvorhabens fördern. Die Unterstützungsfunktion stellt einen Hauptpunkt des StaRUG dar. Dies zeigen besonders die allgemeinen Grundgedanken, die der Regelung zugrunde liegen. Die Unterstützungsfunktion drückt sich zudem in verschiedenen Einzelmaßnahmen aus, in denen eine gerichtliche Beteiligung vorgesehen ist. In einem weiteren Sinn unterstützen auch die Kontrollfunktion und die Garantiefunktion der gerichtlichen Beteiligung den Schuldner bei seinem Restrukturierungsvorhaben. Sowohl die Kontrollmöglichkeiten des Gerichts als auch die in gerichtlicher Bestätigung und dem Schutz vor insolvenzrechtlichen Risiken liegende Garantiefunktion der gerichtlichen Beteiligung stärken das Vertrauen der Gläubiger in das Restrukturierungsvorhaben. Dieses gestärkte Vertrauen erleichtert die Bereitschaft der Gläubiger, einem Restrukturierungsvorhaben zuzustimmen. In diesem Sinne wirken sämtliche Maßnahmen des Gerichts zumindest mittelbar als Unterstützung für den Schuldner, wenn dieser die gerichtliche Beteiligung in Anspruch nimmt.

Die Grundgedanken, die die Unterstützungsfunktion prägen, sind wichtig für das daran anknüpfende Verständnis der einzelnen Regelungen (unter a). Bei der Unterstützung durch das Gericht treten besonders vier Einzelmaßnahmen hervor, nämlich die gerichtliche Planabstimmung (unter b), die gerichtliche Vorprüfung (unter c), die Stabilisierungsanordnung (unter d) und die Erteilung von gerichtlichen Hinweisen (unter e).

a) *Unterstützung durch das Gericht: Grundgedanken.* – Die Grundgedanken des Gesetzes lassen sich auf die Formel bringen, dass der Schuldner darüber bestimmt, ob, wann, wie lange und in welchem Umfang eine gerichtliche Beteiligung erfolgt. Eine gerichtliche Unterstützung erfolgt ausschließlich auf Antrag des Schuldners. Der Schuldner hat die umfassende Verfahrensherrschaft inne.[33] Ihm soll größtmögliche Flexibilität eingeräumt werden, um eine auf seinen Ein-

---

[33] Vgl. BeckOK StaRUG/*Kramer*, § 29 Rn. 91; *Bork* ZRI 2021, 345 (347); *Morgen/Arends/Schierhorn* ZRI 2021, 305 (308); Nerlich/Römermann/*Utsch*, § 39 Rn. 3.

zelfall zugeschnittene Sanierungslösung zu finden.[34] Daher kommt dem Schuldner in Bezug auf die Verfahrenshilfen des § 29 Abs. 2 StaRUG das alleinige Initiativ- und Antragsrecht zu.

Verfahrensrechtliche Voraussetzung für die Inanspruchnahme von Restrukturierungs- und Sanierungsinstrumenten nach § 29 Abs. 2 StaRUG ist zunächst gemäß § 31 Abs. 1 StaRUG eine Anzeige des Restrukturierungsvorhabens durch den Schuldner beim zuständigen Restrukturierungsgericht. Die Anzeige ist freiwillig; es gibt keine Verpflichtung des Schuldners, ein Restrukturierungsvorhaben anzuzeigen. Somit wird auch das Restrukturierungsgericht nur auf Initiative des Schuldners beteiligt. Die Anzeige allein bewirkt lediglich die Rechtshängigkeit der Restrukturierungssache, § 31 Abs. 3 StaRUG. Eine Tätigkeit des Gerichts ist – von wenigen Ausnahmen abgesehen – erst möglich, wenn und soweit der Schuldner zusätzlich bestimmte gerichtliche Verfahrenshilfen beantragt. Die Anzeige des Restrukturierungsverfahrens ist somit die Basis für die Inanspruchnahme der Verfahrenshilfen; über sie werden alle vom Schuldner in Anspruch genommenen gerichtlichen Verfahrenshilfen zu einer einheitlichen Restrukturierungssache verbunden.[35]

Der Unterstützungsgedanke als Leitlinie des Restrukturierungsrechts zeigt sich weiter in der Entscheidungsfreiheit des Schuldners über Zeitpunkt und Umfang der gerichtlichen Beteiligung. Der Schuldner darf frei wählen, ob, wann und welche der Instrumente des § 29 Abs. 2 StaRUG er in Anspruch nimmt, § 29 Abs. 3 StaRUG. Auch die Bestellung des Sanierungsmoderators erfolgt nach § 94 Abs. 1 S. 1 StaRUG nur auf seinen Antrag hin.

Schließlich kann der Schuldner die gerichtliche Beteiligung jederzeit beenden. So kann er die Restrukturierungsanzeige zurücknehmen, § 31 Abs. 4 Nr. 1 StaRUG. Mit der Rücknahme verliert die Anzeige des Restrukturierungsvorhabens ihre Wirkung, § 31 Abs. 4 StaRUG, und endet somit jede weitere gerichtliche Beteiligung. Für bestimmte Einzelmaßnahmen – wie eine Stabilisierungsanordnung – sieht das Gesetz ausdrücklich vor, dass der Schuldner ihre Aufhebung beantragen kann, § 59 Abs. 1 Nr. 1 StaRUG. Für andere Einzelmaßnahmen ergibt sich die Dispositionsbefugnis des Schuldners daraus, dass sie nur auf Antrag erfolgen, und der Schuldner einen auf eine bestimmte Einzelmaßnahme gerichteten Antrag jederzeit zurücknehmen kann.[36]

---

[34] *Bork* ZRI 2021, 345 (346 f.); *de Bruyn/Ehmke* NZG 2021, 661 (664); Flöther/*Hoffmann/Braun*, § 29 Rn. 10.

[35] BeckOK StaRUG/*Kramer*, § 31 Rn. 1, 8; Desch/*Hochdorfer/Biendl*, § 2 Rn. 20; Flöther/*Hoffmann/Braun*, § 31 Rn. 12.

[36] Vgl. *Bork* ZRI 2021, 345 (347); Seibt/Westpfahl/*Herding/Krafczyk*, § 29 Rn. 41 ff.; *Paulus* NZI-Beilage 2021, 9 (11).

b) *Die gerichtliche Planabstimmung, § 29 Abs. 2 Nr. 1 StaRUG.* – Nach § 29 Abs. 2 Nr. 1 i.V.m. §§ 45 f. StaRUG kann der Schuldner in einem gerichtlichen Erörterungs- und Abstimmungstermin über die Planannahme abstimmen lassen. Die gerichtliche Planabstimmung tritt an die Stelle der außergerichtlichen Abstimmung nach den §§ 17 ff. StaRUG. Vor dem Erörterungs- und Abstimmungstermin kann auf Antrag des Schuldners gemäß § 46 Abs. 1 StaRUG zusätzlich ein gesonderter Termin zur Vorprüfung jeder für die Bestätigung des Restrukturierungsplans erheblichen Frage bestimmt werden. Dabei überprüft das Gericht gemäß § 46 Abs. 1 S. 2 StaRUG insbesondere die korrekte Auswahl der planbetroffenen Gläubiger und deren Einteilung in Gruppen, welche Stimmrechte dem Einzelnen zustehen, sowie die drohende Zahlungsunfähigkeit des Schuldners. Eine gerichtliche Vorprüfung erscheint damit besonders in komplexen Verfahren sinnvoll: Durch sie kann ausgeschlossen werden, dass das Restrukturierungsverfahren später an den in § 46 StaRUG genannten Kriterien scheitert.[37] Im Übrigen trägt die Vorprüfung auch zur Verfahrensbeschleunigung bei, da notwendige Änderungen frühzeitig vorgenommen werden können.[38] Der Wert der gerichtlichen Planabstimmung und des Vorprüfungstermins wird allerdings dadurch gemindert, dass die darin getroffenen gerichtlichen Maßnahmen keine Bindungswirkung bei der Entscheidung über die Planbestätigung entfalten.[39]

c) *Die gerichtliche Vorprüfung, § 29 Abs. 2 Nr. 2 StaRUG.* – Eine gerichtliche Vorprüfung kann auch dann durchgeführt werden, wenn über den Restrukturierungsplan nicht im gerichtlichen Verfahren abgestimmt werden soll, §§ 47, 48 StaRUG. Sie entspricht der Sache nach dem Vorprüfungstermin nach § 46 StaRUG. Auch hier sind Gegenstand der Vorprüfung alle für die Planbestätigung erheblichen Fragen, § 47 S. 2 StaRUG. Erforderlich ist ebenfalls ein Antrag des Schuldners, § 47 S. 1 StaRUG.

d) *Die Stabilisierungsanordnung, § 29 Abs. 2 Nr. 3 StaRUG.* – Eine der wirkungsvollsten Unterstützungsmaßnahmen stellt die Stabilisierungsanordnung dar. Gemäß § 49 Abs. 1 Nr. 1 StaRUG kann das Gericht auf Antrag des Schuldners eine Vollstreckungssperre als Schutz vor Maßnahmen der Zwangsvollstreckung und gemäß § 49 Abs. 1 Nr. 2 StaRUG eine Verwertungssperre als Schutz vor der Verwertung von Sicherheiten anordnen. Davor muss das Gericht zunächst eine Interessenabwägung vornehmen und prüfen, ob die beantragten

---

[37] Vgl. *de Bruyn/Ehmke* NZG 2021, 661 (668); *Pape/Reichelt/Schultz/Voigt-Salus*, § 41 Rn. 19; *Portisch/Cranshaw*, Praxishandbuch Unternehmensrestrukturierung nach StaRUG, 2022, 89.

[38] Seibt/Westphal/*Gehrlein*, § 46 Rn. 2; Pannen/Riedemann/*Smid/Pannen*, § 46 Rn. 1; BeckOK StaRUG/*Wilke*, § 46 Rn. 2.

[39] BT-Drucks. 19/24181, 148; BeckOK StaRUG/*Skauradszun*, § 63 Rn. 58.

Maßnahmen zur Wahrung der Aussichten auf die Verwirklichung des Restrukturierungsziels erforderlich sind.[40] Voraussetzungen für die Anordnung einer Stabilisierungsmaßnahme sind ferner gemäß § 51 Abs. 1 StaRUG, dass der Restrukturierungsplan vollständig und schlüssig ist und dass keine Umstände bekannt sind, aus denen sich ergibt, dass der Restrukturierungsplan auf unzutreffenden Tatsachen beruht, eine Restrukturierung aussichtslos ist, der Schuldner nicht drohend zahlungsunfähig ist oder dass die Anordnung nicht erforderlich ist, um das Restrukturierungsziel zu verwirklichen. Das Gericht muss also eine formale Vollständigkeitsprüfung und eine Plausibilitätsprüfung vornehmen.[41]

e) *Möglichkeit des Gerichts, Hinweise an den Schuldner zu erteilen, § 139 ZPO.* – Im Übrigen finden im Restrukturierungsverfahren gemäß § 38 S. 1 StaRUG die Vorschriften der Zivilprozessordnung entsprechende Anwendung. Dies betrifft u.a. die Vorschriften über die Prozessleitung (§§ 138-144 ZPO).[42] Danach hat das Restrukturierungsgericht gemäß § 38 S. 1 StaRUG i.V.m. § 139 ZPO die materielle Verfahrensleitung inne, sodass es gegebenenfalls Hinweise oder Auflagen zu erteilen sowie auf die Stellung korrekter Anträge hinzuwirken hat.[43] Hinweise sind dabei immer dann zu erteilen, wenn der Schuldner Umstände erkennbar übersehen oder für unerheblich gehalten hat.[44] Im Rahmen eines Restrukturierungsverfahrens kann dies insbesondere bei Mängeln bei der Auswahl der Planbetroffenen und deren Einteilung in Gruppen der Fall sein.[45]

2. *Kontrollfunktion.* – Neben die Unterstützungsfunktion tritt die Kontrollfunktion der gerichtlichen Beteiligung. Es handelt sich um einen das erweiterte und modifizierte Konsensmodell des StaRUG flankierenden Schutz. Die Regelungen über die Beteiligung des Gerichts zielen allein oder zusätzlich darauf, die zulässigen Grenzen des Restrukturierungsvorhabens abzusichern und Fehlentwicklungen zu verhindern. Dies erfolgt in zwei Richtungen. Die Kontrollfunktion dient zum einen dazu, den Schuldner zu rechtmäßigem Verhalten anzuhalten, und zum anderen dem Schutz der Gläubiger.[46] Die Rechtmäßigkeit

---

[40] *de Bruyn/Ehmke* NZG 2021, 661 (664); BeckOK StaRUG/*Mock*, § 49 Rn. 7; Nerlich/Römermann/*Mönning*, § 49 Rn. 4; Seibt/Westpfahl/*Schönen/Bender*, § 49 Rn. 2.

[41] *Desch/Fuhst*, § 4 Rn. 5; BeckOK StaRUG/*Mock*, § 51 Rn. 4; Seibt/Westpfahl/*Schönen/Bender*, § 51 Rn. 14.

[42] BeckOK StaRUG/*Kramer*, § 38 Rn. 34.

[43] *AG Hamburg* NZI 2022, 434; Seibt/Westpfahl/*Deppenkemper*, § 38 Rn. 61; BeckOK StaRUG/*Kramer*, § 38 Rn. 34.

[44] *AG Hamburg* NZI 2022, 434; Seibt/Westphal/*Deppenkemper*, § 38 Rn. 61.

[45] *AG Hamburg* NZI 2022, 434; Seibt/Westpfahl/*Deppenkemper*, § 38 Rn. 61.

[46] Vgl. *Bork* ZRI 2021, 345 (353 ff.); Flöther/*Schönfelder*, § 49 Rn. 5.

der im Rahmen der Restrukturierung ergriffenen Maßnahmen legitimiert diese; die Kontrolle zielt über die Rechtmäßigkeit hinaus darauf, Missbrauch zu verhindern. Insbesondere dann, wenn Zwangseingriffe in die Rechte der planbetroffenen Gläubiger stattfinden sollen, besteht ein besonderes Schutzbedürfnis.[47] Die Kontrollfunktion findet ihre Ausprägung in mehreren Vorschriften. Dabei schlägt das Gesetz zwei Wege ein. Neben verfahrensrechtliche Absicherungen tritt die materielle Prüfungskompetenz hinsichtlich des Sanierungsergebnisses.

a) *Kontrolle durch das Gericht: Verfahrensrechtliche Absicherung.* – Zunächst regelt das Gesetz Mindestanforderungen an die Restrukturierungsanzeige, § 31 Abs. 2 StaRUG. Vor allem hat der Schuldner gemäß § 31 Abs. 2 Nr. 1 StaRUG den Entwurf eines Restrukturierungsplans oder zumindest ein Konzept für die Restrukturierung beizulegen. Dies dient dazu, das Gericht zu informieren und erkennen zu lassen, ob es sich um eine ernstgemeinte Sanierung handelt.[48] Dadurch soll auch verhindert werden, dass die Gläubiger zu einem aussichtslosen Restrukturierungsverfahren gezwungen werden.[49] Die Anzeige selbst unterliegt keiner Kontrolle; insbesondere löst die Anzeige keine isolierte Prüfungspflicht des Gerichts aus. Die Kontrollfunktion zeigt sich hier erst mittelbar, weil das Restrukturierungsgericht die Restrukturierungssache aufheben kann, so etwa wenn sich aus sonstigen Umständen ergibt, dass das angezeigte Vorhaben keine Aussicht auf Umsetzung (§ 33 Abs. 2 Nr. 2 StaRUG).

Die Absicherung ist verfahrensrechtlich eingebunden; es gibt hinsichtlich der Kontroll- und Sicherungsmechanismen keinen Automatismus. Stets ist eine gerichtliche Prüfung und Entscheidung vorgesehen. Die verfahrensrechtliche Komponente der Kontrollfunktion entfaltet sich in von Amts wegen sowie in nur auf Antrag zu treffenden Entscheidungen. § 33 StaRUG regelt die Fallgestaltungen, in denen eine Aufhebung der Restrukturierungssache durch das Gericht von Amts wegen zu erfolgen hat. Das Gesetz sieht für die Aufhebung keinen Automatismus vor. Vielmehr muss das Gericht seine Kontrolle aktiv ausüben und eine Entscheidung über das „Ob“ der Aufhebung treffen. Die für das gesamte Verfahren geltende Amtsermittlungspflicht des Gerichts, § 39 Abs. 1 S. 1 StaRUG, verdeutlicht die Kontrollfunktion der gerichtlichen Beteiligung. Das Gericht ist nicht nur auf den Vortrag der Beteiligten angewiesen, sondern kann und muss eigene Ermittlungen anstellen. In gleicher Weise dient es der Kon-

---

[47] Vgl. *Bork* ZRI 2021, 345 (353, 354); Flöther/*Schönfelder*, § 49 Rn. 39.

[48] Flöther/*Hoffmann/Braun*, § 31 Rn. 1, 10; BeckOK StaRUG/*Kramer*, § 31 Rn. 8, 21; *Sonnleitner/Witfeld/Neu*, Insolvenz- und Sanierungssteuerrecht, 2. Aufl. 2022, Kapitel 9 Rn. 31; Nerlich/Römermann/*Utsch*, § 31 Rn. 5.

[49] *Bork* ZRI 2021, 345 (355).

trollfunktion des Gerichts, dass den Schuldner gegenüber dem Gericht eine Auskunfts- und Unterstützungspflicht trifft, § 39 Abs. 2 StaRUG.[50] Danach hat der Schuldner dem Gericht insbesondere die Auskünfte zu erteilen, die zur Entscheidung seiner Anträge erforderlich sind. Seine Auskunftsverpflichtung reicht so weit, wie es zweckdienlich und zumutbar ist.[51]

Das Gericht kann seine Kontrollfunktion weiter dadurch ausüben, dass es die Möglichkeit nutzt, einen Restrukturierungsbeauftragten zu bestellen (s.o. IV. 2.). In den Fällen des § 73 Abs. 1, 2 StaRUG ist die Bestellung zwingend. Dies betrifft beispielsweise Konstellationen, in denen die Rechte von Verbrauchern, mittleren, kleinen oder Kleinstunternehmen berührt werden, § 73 Abs. 1 S. 1 Nr. 1 StaRUG, oder wenn der Schuldner eine Stabilisierungsanordnung beantragt, die im Wesentlichen alle Gläubiger betrifft, § 73 Abs. 1 S. 1 Nr. 2 StaRUG. Sinn und Zweck der Vorschrift ist es daher, typischerweise schutzwürdigen Beteiligten, die nicht in der Lage sind, ihre Interessen und Rechte selbst wirksam zu vertreten, eine neutrale und gegebenenfalls vermittelnde Instanz zur Seite zu stellen.[52] Darüber hinaus trägt die Bestellung des Restrukturierungsbeauftragten dazu bei, die Kontrolle durch das Gericht zu erleichtern. Gemäß § 73 Abs. 3 StaRUG kann der Restrukturierungsbeauftrage dazu eingesetzt werden, zur Unterstützung und Entlastung des Gerichts als Sachverständiger Prüfungen vorzunehmen.[53]

Schließlich erfordern sowohl die Vollstreckungs- als auch die Verwertungssperre eine ausdrückliche gerichtliche Anordnung, § 49 Abs. 1 StaRUG (s.o. V. 1. d). Wiederum besteht kein Automatismus; die Anzeige der Restrukturierungssache löst die Sperre allein nicht aus. Auch dies dient dem Schutz der Gläubiger, in deren Rechte durch eine Stabilisierungsanordnung besonders schwer eingegriffen wird.[54]

b) *Kontrolle durch das Gericht: materielle Prüfungskompetenz.* – Die materielle Prüfungskompetenz des Gerichts stellt ein Herzstück des StaRUG dar. Die Regelungen betreffen das mit dem Restrukturierungsplan oder dem Sanierungsvergleich erzielte Ergebnis der Sanierung. Das Gesetz versucht die Balance zu halten zwischen notwendiger Kontrolle und gerichtlicher Zurückhaltung.

aa) *Planbestätigung.* – Gemäß § 29 Abs. 2 Nr. 4 i.V.m. §§ 60 ff. StaRUG

---

[50] BeckOK StaRUG/*Kramer*, § 39 Rn. 37; Nerlich/Römermann/*Utsch*, § 39 Rn. 6.

[51] BeckOK StaRUG/*Kramer*, § 39 Rn. 37; Nerlich/Römermann/*Utsch*, § 39 Rn. 6.

[52] BT-Drucks. 19/24181, 169; *Bork* ZRI 2021, 345 (349); BeckOK StaRUG/*Hänel*, § 73 Rn. 3; Flöther/*Hoffmann/Braun*, § 31 Rn. 11; *Schulte-Kaubrügger/Dimassi* ZIP 2021, 936 (938).

[53] BT-Drucks. 19/24181, 171; Flöther/*Eckelt*, § 73 Rn. 19; BeckOK StaRUG/*Hänel*, § 73 Rn. 4; *Schulte-Kaubrügger/Dimassi* ZIP 2021, 936 (939).

[54] *Bork* ZRI 2021, 345 (354); Flöther/*Schönfelder*, § 49 Rn. 39; Seibt/Westpfahl/*Schönen/Bender*, § 49 Rn. 9.

bestätigt das Gericht auf Antrag des Schuldners den Plan. Die gerichtliche Planbestätigung ist insbesondere dann erforderlich, wenn dissentierende Gläubiger überstimmt werden sollen (s.o. II. 2.). Dies ist deshalb vorgesehen, weil durch die Möglichkeit des Überstimmens erheblich in die Rechte der dissentierenden Gläubiger eingegriffen wird und daher zuvor zumindest eine gerichtliche Kontrolle stattfinden muss.[55] Die Planbestätigung orientiert sich grundsätzlich an den Regeln des Insolvenzplanverfahrens.[56] Das Restrukturierungsgericht prüft, ob der Plan wirksam angenommen wurde und kein Verstoß gegen Inhalts- und Verfahrensvorschriften gegeben ist.[57] Hingegen erlaubt das Gesetz dem Gericht nicht zu prüfen, ob die getroffenen Regelungen erfolgversprechend sind, ob es andere oder besser geeignete Regelungen gibt oder ob die Planregelungen den Interessen der Beteiligten gerecht werden. Somit beschränkt sich der Prüfungsmaßstab auf eine Rechtmäßigkeitsprüfung; eine Zweckmäßigkeitsprüfung findet nicht statt.[58] Die für die materielle Kontrolle anhand dieses Maßstabs wesentlichen beiden Regelungen finden sich in §§ 63, 64 StaRUG.

§ 63 StaRUG regelt die Fälle, bei denen das Gericht die Planbestätigung von Amts wegen zu versagen hat. Der wesentliche Kern der Regelung ist die Missbrauchskontrolle. So gehört zu den Versagungsgründen zunächst die fehlende drohende Zahlungsunfähigkeit des Schuldners (§ 63 Abs. 1 Nr. 1 StaRUG). Es ist also nicht möglich, sich die Gestaltungsmöglichkeiten des StaRUG ohne eine bestehende Insolvenzgefahr zu erschleichen. Des Weiteren ist die Bestätigung nach § 63 Abs. 1 Nr. 2 StaRUG zu versagen, wenn wesentliche inhaltliche Mängel[59] oder wesentliche Fehler bei der verfahrensmäßigen Behandlung des Plans sowie bei dessen Annahme vorliegen.[60] Was als „wesentlich" anzusehen ist, muss die Zielrichtung des Gesetzes berücksichtigen, keine Zweckmäßigkeitskontrolle durchzuführen § 63 Abs. 2 StaRUG bestätigt die insoweit zurückhaltend auszuübende Kontrolle, als bestimmte Mängel nur auf Antrag eines betroffenen Planbetroffenen für die Versagung herangezogen werden dürfen. Diese Bestimmungen verdeutlichen, dass das Gericht die Einhaltung der rechtlichen Grenzen grundsätzlich voll überprüfen kann. Demgegenüber zieht das Gesetz der inhaltlichen Kontrolle des Gerichts, ob das Plankonzept erfolgverspre-

---

[55] Vgl. *Bork* ZRI 2021, 345 (353); Flöther/*Laroche*, § 63 Rn. 5; BeckOK StaRUG/*Skauradszun*, § 64 Rn. 1.

[56] *Pape/Reichelt/Schultz/Voigt-Salus*, § 41 Rn. 23; *Sonnleitner/Witfeld/Neu*, Kapitel 9 Rn. 49; *Vallender* NZI-Beilage 2021, 30 (31).

[57] Flöther/*Laroche*, § 63 Rn. 8 ff.; *Vallender* NZI-Beilage 2021, 30 (31).

[58] BeckOK StaRUG/*Skauradszun*, § 63 Rn. 4; Nerlich/Römermann/*Utsch*, § 29 Rn. 28; *Thole* ZIP 2020, 1985 (1997).

[59] *Gehrlein* BB 2021, 66 (74); Seibt/Westpfahl/*Parzinger/Lappe*, § 63 Rn. 40; BeckOK StaRUG/*Skauradszun*, § 63 Rn. 16.

[60] *Gehrlein* BB 2021, 66 (74); Seibt/Westpfahl/*Parzinger/Lappe*, § 63 Rn. 40; BeckOK StaRUG/*Skauradszun*, § 63 Rn. 21.

chend ist, enge Grenzen. Dies zu beurteilen, obliegt dem Schuldner und den beteiligten Gläubigern, die auch die mit der Restrukturierung verbundenen Risiken tragen. Eine völlige Freiheit besteht nicht; der Gesetzgeber hat einen Minimalschutz für Planbetroffene in engen Grenzen für erforderlich gehalten. So ist die die Bestätigung ferner zu versagen, wenn der Schuldner die nach der Bestätigung bestehenden Ansprüche offensichtlich nicht erfüllen kann, § 63 Abs. 1 Nr. 3 StaRUG. Hier muss das Scheitern des Plans offen auf der Hand liegen. Außerhalb dieser Offensichtlichkeitskontrolle findet keine Überprüfung der Erfolgsaussichten statt. Eine stärkere Kontrolle steht dem Gericht nur in der Konstellation zu, in der der Plan eine neue Finanzierung vorsieht. Hier ist gemäß § 63 Abs. 3 StaRUG ein Versagungsgrund gegeben, wenn das Konzept unschlüssig ist, nicht von den tatsächlichen Gegebenheiten ausgeht oder keine begründete Aussicht auf Erfolg besteht. § 63 Abs. 5 StaRUG dient wiederum dem Schutz vor Missbrauch.

Unabhängig von Versagungsgründen nach § 63 StaRUG gibt § 64 StaRUG einem überstimmten Planbetroffenen eine zusätzliche Überprüfungsmöglichkeit. Auf Antrag eines Planbetroffenen, der gegen den Plan gestimmt hat, hat das Gericht nach § 64 StaRUG den Plan auf einen Minderheitenschutz zu kontrollieren und bei voraussichtlicher Schlechterstellung des Planbetroffenen die Planbestätigung nach § 64 StaRUG zu versagen. Diese Kontrolle zielt auf den Schutz der überstimmten Planbetroffenen. Auch sie prüft nicht die Zweckmäßigkeit, sondern allein die Benachteiligung.

bb) *Sanierungsvergleich.* – Hat der Schuldner sich für eine Sanierungsmoderation entschieden, ist das Ziel der Abschluss eines Sanierungsvergleichs (s.o. IV. 3.). Auf Antrag kann der Schuldner sich diesen gemäß § 97 Abs. 1 S. 1 StaRUG vom Restrukturierungsgericht bestätigen lassen. Gemäß § 97 Abs. 1 S. 2 StaRUG wird die Bestätigung durch das Gericht versagt, wenn das Sanierungskonzept unschlüssig ist oder von falschen Voraussetzungen ausgeht (Nr. 1) oder wenn es keine vernünftige Aussicht auf Erfolg hat (Nr. 2). Der Kontrollmaßstab entspricht dem, den das Gesetz bei der Bestätigung eines Restrukturierungsplans für den Fall einer neuen Finanzierung vorsieht. Er geht damit über die sonst vorhandenen Kontrollmöglichkeiten des Restrukturierungsplans hinaus.

3. *Garantiefunktion.* – Die vom StaRUG eröffnete gerichtliche Beteiligung weist schließlich eine für die Erfolgsaussichten des Restrukturierungsvorhabens wichtige Garantiefunktion auf. Bestimmte gerichtliche Entscheidungen schaffen Rechtssicherheit, garantieren den Beteiligten des Restrukturierungsvorhabens somit, dass die getroffenen Entscheidungen Bestand haben. Letztlich geht es um Planungssicherheit für die weitere Entwicklung nach Abschluss des Restrukturierungsvorhabens. Die gerichtliche Beteiligung schneidet Einwände gegen den

Restrukturierungsplan ab. Zudem garantiert sie, dass die mit dem Restrukturierungsvorhaben verbundenen Rechtshandlungen auch beim Scheitern der Restrukturierung regelmäßig Bestand haben werden. Erst über diese auf der gerichtlichen Beteiligung beruhende Garantiefunktion erlangt die Restrukturierung ihre gegenüber dem reinen Konsensmodell hervorgehobene Bedeutung.

a) *Wirkungen des Restrukturierungsplans.* – Die Garantiefunktion der gerichtlichen Beteiligung äußert sich zunächst in den besonderen Wirkungen des gerichtlich bestätigten Restrukturierungsplans. Ohne die Planbestätigung ist nur der einvernehmlich von allen Planbetroffenen beschlossene Plan verbindlich (s.o. II. 2.).[61] Selbst wenn ein Plan allein durch Mehrheitsentscheidung zustande kommt, ist er ohne gerichtliche Planbestätigung jedenfalls gegenüber den nicht zustimmenden Planbetroffenen nicht verbindlich (arg. § 18 StaRUG). Schon dies zeigt die Notwendigkeit einer gerichtlichen Planbestätigung.

Dabei folgt die Garantiefunktion der gerichtlichen Bestätigung schon aus ihren praktischen Wirkungen. Erfolgt eine gerichtliche Planbestätigung, so erlangt der Plan bereits mit Verkündung des Bestätigungsbeschlusses seine Wirksamkeit, § 67 Abs. 1 S. 1 StaRUG.[62] Dies dient dem rascheren Abschluss des Verfahrens und stellt damit insbesondere einen Unterschied zum Insolvenzplan dar, der seine Wirksamkeit gemäß § 254 Abs. 1 InsO erst mit Rechtskraft des Bestätigungsbeschlusses erlangt. Dem rechtskräftig bestätigten Restrukturierungsplan kommt gemäß § 71 StaRUG eine Titelwirkung i.S.d. § 794 Abs. 1 Nr. 5 ZPO zu.[63]

Darüber hinaus immunisiert die gerichtliche Planbestätigung den Plan gegenüber allen Angriffen, dass es an der erforderlichen Zustimmung gefehlt habe. Die Planwirkungen gelten auch gegenüber denjenigen Planbetroffenen, die gegen den Plan gestimmt oder nicht an der Abstimmung teilgenommen haben, § 67 Abs. 1 S. 2 StaRUG. Ferner führt die rechtskräftige Bestätigung gemäß § 67 Abs. 6 StaRUG zur Heilung aller Mängel im Planabstimmungsverfahren sowie etwaiger Willensmängel bei Planangebot und -annahme. Dies führt zu Rechtssicherheit. Ebenfalls der Rechtssicherheit dient die Vorschrift des § 68 StaRUG, nach der eine Fiktion der erforderlichen Form von in den Plan aufgenommenen Willenserklärungen angenommen wird.[64] Mit der Planbestätigung sichert das Gericht so, dass die Planregelungen rechtlich wirksam sind.

---

[61] BeckOK StaRUG/*Kramer*, § 29 Rn. 88; BeckOK StaRUG/*Spahlinger*, § 18 Rn. 1; *Pape/Reichelt/Schultz/Voigt-Salus*, § 41 Rn. 23.

[62] *Bork* ZRI 2021, 345 (353); *Buth/Hermanns/Andres*, Restrukturierung, Sanierung, Insolvenz, 5. Aufl. 2022, § 25 Rn. 142; Desch/*Desch*, § 3 Rn. 97.

[63] BeckOK StaRUG/*Wilke*, § 71 Rn. 3; *Buth/Hermanns/Andres*, § 25 Rn. 150.

[64] *Jungmann* ZIP 2022, 253 (255); Seibt/Westpfahl/*Sattler*, § 68 Rn. 2; BeckOK StaRUG/*Wilke*, § 68 Rn. 1.

b) *Schutz der Restrukturierung.* – Ein anderer Aspekt der Garantiefunktion zielt darauf, die mit einem möglichen Scheitern der Restrukturierung verbundenen Risiken zu verringern. Der Schutz betrifft zum einen Rechtshandlungen während der laufenden Restrukturierung. Durch die Anzeige des Restrukturierungsvorhabens beim Restrukturierungsgericht wird das Vorhaben unmittelbar rechtshängig. [65] Für während der Rechtshängigkeit vorgenommene Rechtshandlungen besteht gemäß § 89 StaRUG ein Anfechtungs- und Haftungsschutz zugunsten der an der Restrukturierung Beteiligten. [66]

Der durch die gerichtliche Beteiligung vermittelte Schutz geht über das laufende Restrukturierungsverfahren hinaus. Eine Garantiewirkung tritt auch für die Phase der Planumsetzung und Plandurchführung ein. So gibt es gemäß § 72 StaRUG die Möglichkeit, im Restrukturierungsplan eine Planüberwachung vorzusehen. Diese dient dem Zweck, die Erfüllung bestimmter Forderungen zu beaufsichtigen. [67] Darüber hinaus besteht gemäß § 90 StaRUG grundsätzlich ein Anfechtungsschutz für die in dem rechtskräftig bestätigten Restrukturierungsplan enthaltenen Regelungen. [68] Dieser Anfechtungsschutz des § 90 StaRUG erstreckt sich gemäß § 97 Abs. 3 StaRUG auch auf den gerichtlich bestätigten Sanierungsvergleich. Diese Regelungen sollen es den Beteiligten ermöglichen, auf den Bestand des Planes und seiner Regelungen vertrauen zu können. [69] Dieser Schutz der Restrukturierung vor den mit ihrem Scheitern verbundenen Gefahren setzt in allen Fällen eine gerichtliche Bestätigung voraus und fließt damit aus der der gerichtlichen Beteiligung zukommenden Garantiefunktion.

VI. *Fazit.* – Das Gesetz über den Stabilisierungs- und Restrukturierungsrahmen ermöglicht schuldnerischen Unternehmen mit dem Ziel einer Restrukturierung und Sanierung sowohl eine selbstständige Sanierung außerhalb gerichtlicher Einflussnahme als auch ein weiterhin von der Initiative und Wahl des Schuldners abhängiges, allerdings von gerichtlicher Unterstützung maßgeblich begleitetes Verfahren. Zwar kann der Schuldner bei einer außergerichtlichen Sanierung weitgehend selbstständige Entscheidungen treffen. Auch können die Gläubiger ihre Interessen uneingeschränkt zur Geltung bringen. Allerdings hängt

---

[65] *Buth/Hermanns/Andres*, § 25 Rn. 29; BeckOK StaRUG/*Kramer*, § 31 Rn. 1; Nerlich/Römermann/*Utsch*, § 31 Rn. 3.

[66] BeckOK StaRUG/*Fridgen*, § 89 Rn. 1; *Buth/Hermanns/Andres*, § 25 Rn. 189; *Schoppmeyer* ZIP 2021, 869 (874).

[67] *Buth/Hermanns/Andres*, § 25 Rn. 152; Seibt/Westpfahl/*Grell/Klockenbrink*, StaRUG, § 72 Rn. 2; *Schulte-Kaubrügger/Dimassi* ZIP 2021, 936 (938); BeckOK StaRUG/*Wilke*, § 72 Rn. 1.

[68] Ausführlich *Schoppmeyer* ZIP 2021, 869 ff; BeckOK StaRUG/*Fridgen*, § 90 Rn. 1; Seibt/Westpfahl/*Grell/Klockenbrink*, § 90 Rn. 69; *Sonnleitner/Witfeld/Neu*, Kapitel 9 Rn. 63.

[69] *Gehrlein* BB 2021, 66 (78); Seibt/Westpfahl/*Grell/Klockenbrink*, § 90 Rn. 3; *Sonnleitner/Witfeld/Neu*, Kapitel 9 Rn. 63.

der Erfolg der außergerichtlichen Sanierung entscheidend von dem Konsens aller Gläubiger ab. Sowohl die Wahl der einzelnen Sanierungsschritte als auch jede Einzelfrage – wie beispielsweise der Planabstimmung und der einzelnen Regelungen des Restrukturierungsplans – bedürfen daher der Zustimmung aller Gläubiger, wodurch eine Entscheidungsfindung erschwert wird. Eine gerichtliche Hilfe sowohl in der Phase des Planverfahrens als auch bei der Planbestätigung durch eine abschließende und sichernde Rechtskraft eines gerichtlichen Beschlusses fehlt: Es bleibt allein die Möglichkeit einer Verhandlungslösung.

Dem steht die gerichtlich unterstützte Sanierung gegenüber. Ein Konsens aller Gläubiger ist hier nicht erforderlich; Akkordstörer können überstimmt werden. Eine gerichtliche Unterstützung bietet darüber hinaus eine verfahrensrechtliche Absicherung und gewährleistet eine gerichtliche Kontrolle von Amts wegen durch die Überprüfung verfahrensrechtlicher und materiellrechtlicher Aspekte, die sowohl dem Schutz des Schuldners als auch dem der Gläubiger dient und damit auch einem etwaigen Übergewicht wirtschaftlich starker Beteiligter entgegenwirken kann (s.o. V.2.). Zudem bewirkt insbesondere die gerichtliche Planbestätigung Rechtssicherheit, indem sie nicht nur die überstimmten Planbetroffen bindet, sondern auch Verfahrensmängel heilt, vgl. § 67 Abs. 6 StaRUG (s.o. V.3.a). Dies ermöglicht eine nachhaltige Sicherung der Sanierungsbemühungen und kann die weitere unternehmerische Entwicklung fördern. Des Weiteren werden etwa durch die Instrumente der Planüberwachung und des Anfechtungs- und Haftungsschutzes auch der Schutz der laufenden Restrukturierung gewährleistet und die Planumsetzung gesichert (s.o. V.3.b). Schließlich bedeutet eine gerichtliche Beteiligung für den Schuldner keinen Kontrollverlust; er behält vielmehr das alleinige Initiativ- und Antragsrecht (s.o. V.1.a). Die Beteiligung des Gerichts erfüllt in erster Linie eine Unterstützungsfunktion.

Betrachtet man die bereits von der Insolvenzordnung eröffnete Sanierungsmöglichkeit durch einen Insolvenzplan, das außergerichtliche, vollständig konsensuale Sanierungsvorhaben und die gerichtlich begleitete Restrukturierung nach dem StaRUG unter dem Aspekt der Sanierung ohne Gericht nebeneinander, stellt sich die Lösung über ein Insolvenzverfahren als steiniger Weg, die rein konsensuale Sanierung als verführerische Möglichkeit und das StaRUG-Verfahren als praktische Option dar. Dabei dürfte ein Restrukturierungsverfahren mit gerichtlicher Beteiligung gegenüber einem außergerichtlichen Konsens-Modell mancherlei Vorteile bieten. Diese Vorteile bestehen nicht nur für den Schuldner, sondern wie die Kontrollfunktion und die Garantiefunktion der gerichtlichen Beteiligung zeigen, gerade auch für Planbetroffene und Beteiligte des Restrukturierungsvorhabens. Sie lassen sich mittelbar nutzen, indem das StaRUG-Verfahren als Alternative im Raum steht, oder auch unmittelbar, indem der Weg einer Restrukturierung nach StaRUG mit gerichtlicher Beteiligung wegen seiner Vorzüge gewählt wird.

RISTRUTTURAZIONE SENZA IL GIUDICE? – RISTRUTTURAZIONE SENZA IL GIUDICE!

di *Renato Rordorf*[*]

ABSTRACT

After observing how modern legislation aims to promote non-liquidation solutions for corporate crises and how this approach emphasizes the negotiated nature of the instruments designed for such purposes, thereby reducing the centrality of the judiciary, this analysis nonetheless underscores the importance of the judicial role. Particular attention is given to preventive restructuring proceedings aimed at business continuity and the negotiated settlement of corporate crises. Finally, it highlights that, precisely because judicial intervention can still significantly influence the efficiency of the tools used to resolve corporate distress and insolvency, it is necessary to ensure greater specialization of judges operating in this sector. This specialization would enhance the effectiveness of the judicial role in overseeing and supporting these instruments, ensuring they are implemented in a manner consistent with the legislative objectives of fostering business continuity and stakeholder protection.

1. *Il ruolo del giudice tra processo e negozio.* – Il titolo della relazione assegnatami pone una domanda alla quale sembra volersi già dare una decisa risposta, ma in realtà le cose sono un po' più complicate, anche perché sullo sfondo si agitano delicate questioni di portata più generale: il rapporto tra diritto ed economia e quello tra autonomia privata e ruolo del giudice nelle vicende economiche. Questioni ciascuna delle quali, ovviamente, meriterebbe una trattazione ben più ampia ed approfondita di quanto in questa sede non sia possibile, ma cui mi pare indispensabile almeno far cenno.

---

[*] Relazione svolta il 5 luglio 2022 nell'ambito del seminario su "La ristrutturazione nell'ordinamento europeo armonizzato – Osservazioni italo-tedesche", tenutosi nella Villa Vigoni di Loveno di Menaggio per iniziativa congiunta delle Università di Bergamo e di Heidelberg.

Quale debba essere il ruolo del giudice nel campo specifico delle procedure concorsuali in Italia è un tema da lungo tempo al centro di vivaci dibattiti. Nell'originaria impostazione della legge fallimentare del 1942 si può dire che il giudice fosse il *dominus* assoluto di ogni procedura concorsuale. Quella legge, d'altronde, da principio era essenzialmente focalizzata sul fallimento, considerato come strumento necessario per eliminare dal mercato imprese ormai divenute inefficienti. Solo assai modeste aperture venivano fatte all'ipotesi di un possibile salvataggio di imprese in difficoltà finanziarie, economiche o patrimoniali. Gli istituti dell'amministrazione controllata e del concordato preventivo per garanzia, che non casualmente si solevano definire procedure concorsuali minori, nella realtà avevano finito per essere alquanto marginali o, non di rado, per fungere solo da passaggi preliminari al fallimento, utili a diluirne gli effetti nel tempo. E si parlava infatti spesso, a tal riguardo, di un uso alternativo di queste procedure concorsuali minori, finalizzate non tanto a favorire il superamento della crisi d'impresa quanto a servire come ammortizzatore sociale per attenuare l'impatto negativo sui livelli occupazionali del prossimo fallimento e della conseguente liquidazione dell'azienda. Erano però pur sempre la liquidazione dei beni aziendali e la ripartizione del ricavato tra i creditori secondo ben definite regole concorsuali che costituivano l'oggetto principale della disciplina, la quale perciò poteva in larga parte esser considerata come una particolare forma di esecuzione forzata, con speciali connotazioni dovute al suo oggetto ed alla già accennata esigenza di assicurare la *par condicio creditorum*. Ma l'esecuzione forzata si colloca a pieno titolo nell'ambito della giurisdizione – giurisdizione esecutiva, che affianca quella di cognizione – giacché essa è strumento di tutela e realizzazione effettiva dei diritti, cui naturalmente è preposto un giudice per garantire che nell'esercizio della forza di cui lo Stato dispone ci si mantenga entro il rigoroso confine tracciato dalla legge. Donde, in tal genere di procedure, la preminenza del ruolo del giudice, la cui funzione in ambito fallimentare finiva però per estendersi anche ad una serie di attività di carattere prettamente gestorio, rese sovente inevitabili dall'essere la liquidazione il più delle volte riferita non a singoli beni ma ad intere aziende o rami di esse.

Il quadro appena descritto ha cominciato a modificarsi già a partire dalla riforma inaugurata dal d.l. n. 35/2005, convertito con la l. n. 80 dello stesso anno (cui ha fatto poi seguito una nutrita serie di ulteriori provvedimenti normativi all'insegna dell'urgenza, non sempre coerenti l'un con l'altro, che hanno interessato la legge fallimentare del 1942 sin quasi alla vigilia della sua abrogazione). In un contesto generale più incline a favorire una visione liberista, in ambito economico, ed a dare maggior spazio all'autoregolamentazione degli interessi privati, in ambito giuridico, si è andata vieppiù affermando l'idea che fosse necessario ridimensionare in qualche misura il ruolo del giudice, considerato talvolta più come un intralcio ed un fattore d'inefficienza nelle dinamiche del mercato che non come una garanzia del loro corretto funzionamento. Nello specifico settore delle procedure concorsuali, poi, si è cominciato a dubitare dell'opportunità di attribuire al giudice competenze gestore e si è diffusa l'opinione che sarebbe stato preferibile sopprimerle, o almeno maggiormente circoscriverle, giacché in questo campo si richiede una professionalità manageriale di cui normalmente il giudice non dispone. Meglio, perciò, riservargli una mera funzione di garanzia e di risoluzione dei conflitti eventualmente insorgenti nell'ambito delle diverse procedure concorsuali.

Il passaggio dall'una all'altra impostazione non è stato, tuttavia, né semplice né lineare ed ha presentato non poche criticità, anche perché, nel medesimo tempo, i connotati prevalentemente liquidatori del diritto concorsuale si sono andati nettamente attenuando in favore di una visione volta a privilegiare procedure la cui principale finalità non è più la liquidazione bensì la ristrutturazione aziendale delle imprese in crisi. L'importanza di questa mutata prospettiva, che ha caratterizzato l'evoluzione del diritto europeo prima ancora di quello nazionale, è sin troppo evidente da dover essere sottolineata. Basterà rimarcare, quanto all'ordinamento italiano, che nell'originaria versione della legge fallimentare si rinveniva una ben specifica definizione dello stato d'insolvenza ma la parola "crisi" non era mai neppure menzionata (il termine "crisi" fa la sua comparsa nella disciplina del concordato preventivo solo a seguito delle modifiche apportate dal citato d.l. n. 35/2005). Ed oggi, invece, quella parola figura addirittura nello stesso titolo del Codice della crisi d'impresa e dell'insolvenza (d'ora innanzi designato, per brevità, semplicemente come il Codice), entrato integralmente in vigore nel luglio del 2022 e poi ulteriormente modificato con d.lgs. n. 136/2024. La crisi, che è oggetto della prima delle definizioni contenute nell'art. 2 di tale codice, si colloca in una fase logicamente e cronologicamente antecedente rispetto all'eventuale insolvenza, ed il legislatore ha spostato prevalentemente su questa fase la propria attenzione allo scopo di fornire agli operatori strumenti giuridici volti il più possibile ad impedire che la crisi degeneri in insolvenza (nonché, ove tuttavia l'insolvenza si manifesti, a cercare di evitare che essa divenga irreversibile).

Tutto ciò provoca un radicale mutamento nella connotazione delle procedure concorsuali e nelle fasi ad esse prodromiche della vita delle imprese. Un mutamento che sarei tentato di riassumere nella formula: meno processo e più negozio. Se la liquidazione forzata del patrimonio dell'insolvente appartiene, come già detto, al mondo dei processi esecutivi, gli strumenti attraverso cui si cerca invece di risanare un'impresa in crisi, preservando o recuperando la continuità aziendale, si collocano piuttosto nell'area negoziale, perché alla realizzazione di un tale risultato concorrono di regola le convergenti volontà dei soggetti a vario titolo interessati. Più che i principi propri del diritto processuale, o comunque accanto ad essi, vengono perciò in primo piano i criteri ispiratori del diritto civile dei contratti. È facile allora intendere come il maggior rilievo assunto in questo campo dai profili negoziali si rifletta anche sul ruolo del giudice. Se è al giudice che compete la guida del processo, nel negozio sono invece le parti ad essere le principali protagoniste.

È dunque in questo quadro d'insieme, così profondamene mutato e per molti aspetti anche assai più complesso, che si deve collocare l'interrogativo posto nel titolo di questa relazione: quale sia oggi il ruolo del giudice nelle procedure di ristrutturazione delle imprese in crisi e di fronte agli strumenti che a tale scopo il legislatore predispone.

Per rispondere in modo davvero esauriente a tale interrogativo occorrerebbe procedere ad un'analisi minuta di un'ampia serie di disposizioni previste nel Codice, che in molti diversi contesti prevede varie forme di intervento giudiziale. Una simile impresa mi appare però troppo impegnativa e credo che rischierebbe di eccedere ampiamente il tempo a mia disposizione. Concentrerò quindi l'attenzione solo su alcuni aspetti più significativi del ruolo del giudice, in particolare nella procedura di concordato preventivo in continuità, che tra le diverse procedure concorsuali è forse quella nella quale in modo più emblematico si manifesta lo scopo di recuperare la funzionalità di un'impresa in crisi evitandone la liquidazione, e nel percorso della composizione negoziata della crisi, che indubbiamente rappresenta una delle innovazioni di maggior rilievo nel rinnovato panorama normativo qui in esame.

2. *Il ruolo del giudice nel concordato preventivo in continuità.* – La contrapposizione tra una visione essenzialmente negoziale di alcune procedure concorsuali – mi riferisco in particolare al concordato preventivo –, tesa a valorizzare principalmente il ruolo dell'autonomia privata, ed una concezione che ne privilegia invece gli aspetti processuali e sottolinea l'indispensabilità di strumenti di eterotutela, come tali dotati di una maggiore coloratura pubblicistica, non è del tutto nuova. Emblematici sono i contrasti da tempo verificatisi in giurisprudenza in ordine al potere-dovere del giudice di vagliare non solo che la procedura si svolga nel rispetto delle regole per essa stabilite, ma anche la fattibilità dei piani di concordato, ossia la loro idoneità a realizzare gli scopi per cui li si predispone. Quei contrasti non furono del tutto sopiti neppure con l'intervento delle Sezioni unite della Cassazione (S.u. n. 1521/2013), che escluse la possibilità del giudice di sindacare la convenienza della proposta concordataria, riconoscendogli però il compito di vagliare se questa fosse in concreto priva della sua causa negoziale, consistente nella regolazione e nel superamento della crisi dell'imprenditore mediante almeno un minimo soddisfacimento delle ragioni dei creditori.

Anche nei lunghi e tormentati lavori che hanno preceduto l'entrata in vigore del Codice della crisi d'impresa e dell'insolvenza si sono registrate oscillazioni e dissensi a questo proposito. Il progetto di legge elaborato dalla prima commissione ministeriale incaricata di questo compito al principio del 2015 aveva inteso seguire l'indirizzo tracciato dalle Sezioni unite, poi però disatteso dal Parlamento con la legge delega n. 155/2017, sulla scorta della quale gli artt. 47, comma 1, e 48, comma 3, del Codice, emanato col d.lgs. n. 14/2019, inizialmente stabilirono che il tribunale dovesse anche vagliare la fattibilità economica del piano di concordato. Nella versione definitiva dello stesso Codice, rielaborato dal d.lgs. 17 giugno 2022, n. 83 per recepire la direttiva 2019/1023 del Parlamento europeo e del Consiglio, del 20 giugno 2019 (c.d. direttiva *Insolvency*), l'art. 47, comma 1, demanda ora invece al tribunale di verificare, in fase di apertura del procedimento, quando si tratta di concordato liquidatorio, la "ammissibilità della proposta" e la "fattibilità del piano", non più però in chiave economica bensì intesa come "non manifesta inattitudine del medesimo a raggiungere gli obiettivi prefissati". In caso di concordato in continuità aziendale, il vaglio preventivo del tribunale deve invece investire la "ritualità della proposta" e che il piano non sia "manifestamente inidoneo alla soddisfazione dei creditori, come proposta dal debitore, e alla conservazione dei valori aziendali". Si torna così, se non m'inganno, ad un'impostazione molto simile a quella cui si erano ispirate le Sezioni unite nella citata sentenza del 2013. La ritualità di una proposta di concordato dipende dalla sua conformità alle regole con cui il legislatore ne ha delineato i caratteri fondamentali ed i requisiti indispensabili di forma. La manifesta inidoneità del piano a realizzare le sue funzioni essenziali non implica una valutazione di maggiore o minore probabilità di successo, che saranno i creditori a stimare, bensì un giudizio di assoluta (manifesta) inesistenza di qualsiasi possibilità di successo, che rende perciò in concreto impossibile l'oggetto stesso della proposta concordataria. In sintesi, dunque, il giudice conserva il suo ruolo naturale di controllore della correttezza dello svolgimento del processo, che si riferisce anche alla regolare formazione del consenso dei creditori, espresso sulla base di un'adeguata informazione ed esente da possibili elementi di frode. Gli è però preclusa, in questa fase, una valutazione del merito della proposta concordataria, che compete unicamente ai creditori in ossequio all'autonomia negoziale, sia pure incanalata entro precise regole procedurali il cui rispetto dev'essere dal giudice garantito, salvo che la macroscopica inattuabilità del piano su cui la proposta si regge non renda quest'ultima *prima facie* inammissibile.

Quando però la procedura abbia avuto corso, la proposta sia stata approvata dai creditori con le prescritte maggioranze e si passi alla fase dell'omologazione, i poteri d'ingerenza del giudice nelle dinamiche della ristrutturazione aziendale prevista da un concordato in continuità possono assumere assai maggior rilievo. Ai controlli di carattere ancora essenzialmente procedimentale elencati dall'art. 112, comma 1, lett. a), b), c), d) ed e), si accompagna, con specifico riguardo al concordato in continuità aziendale, la verifica del complesso sistema di distribuzione tra i creditori dell'eventuale valore di liquidazione e di quello che deriverà dal protrarsi dell'attività dell'impresa (art. cit., comma 2). Su queste regole di distribuzione non posso qui soffermarmi, ma vorrei piuttosto richiamare l'attenzione su quanto stabilito dalla lett. f) del primo comma dell'articolo citato, secondo la quale il tribunale deve anche verificare che "il piano non sia privo di ragionevoli prospettive di impedire o superare l'insolvenza e che eventuali nuovi finanziamenti siano necessari per l'attuazione del piano e non pregiudichino ingiustamente gli interessi dei creditori". Una formula, questa, che sembra implicare una valutazione più estesa e penetrante sulla fattibilità del piano di quella consistente nel giudizio di "non manifesta inattitudine del piano a raggiungere gli obiettivi prefissati", di cui prima s'è detto, che viene poi richiamata dalla successiva lett. g) del medesimo comma con riferimento ad ogni tipo di concordato. Solo nella pratica applicazione di questa nuova normativa si comprenderà però davvero quale sia la portata di tale valutazione e l'ampiezza dei poteri che il giudice eserciterà nel compierla.

Resta fermo che neppure in sede di omologazione il giudice è chiamato d'ufficio a valutare la convenienza della proposta e del piano di concordato, rimessa al giudizio dei creditori. Se però la convenienza è contestata da un creditore opponente, al tribunale tocca un delicato giudizio di comparazione, dovendo stabilire se il credito dell'opponente risulterà comunque soddisfatto in misura non inferiore di quel che accadrebbe in caso di liquidazione giudiziale (art. cit., comma, 3). Almeno in qualche misura sembra dunque che questo giudizio comparativo, in parte controfattuale, comporti un ampiamento della sfera di valutazione rimessa al giudice, sino a comprendervi anche profili attinenti alla convenienza della proposta concordataria, che deve esser commisurata ai presumibili risultati dell'alternativa liquidatoria.

Merita poi di essere richiamata, a tal proposito, anche un'ulteriore disposizione, inserita *in extremis* nel testo del Codice. Mi riferisco all'art. 53, comma 5-*bis*, secondo cui, in caso di reclamo contro la sentenza di omologazione di un concordato preventivo in continuità aziendale, il giudice d'appello, pur accogliendo il reclamo, potrebbe nondimeno confermare l'omologazione se valuti che l'interesse generale dei creditori e dei lavoratori sia prevalente rispetto al pregiudizio subito dal reclamante, riconoscendo a quest'ultimo il risarcimento del danno. Si chiede qui al giudice di compiere un delicato bilanciamento di interessi contrapposti, tra i quali viene in rilievo anche l'interesse dei lavoratori al mantenimento in attività dell'azienda; e mi pare si tratti di una valutazione che va ben oltre il giudizio di convenienza di cui prima si parlava, perché qui la convenienza dev'esser considerata da una pluralità di punti di vista corrispondenti ai diversi interessi in gioco: l'interesse dei lavoratori, che potrebbe in questo caso prevalere su quello del singolo creditore opponente, pur restando subvalente rispetto all'interesse generale della massa dei creditori, perché l'art. 84, comma 2, afferma che il concordato in continuità aziendale "tutela l'interesse dei creditori" e solo "nella misura dal possibile" preserva anche i posti di lavoro; l'interesse, appunto, dei creditori in quanto comunità organizzata, retta al proprio interno dal principio maggioritario, pur con l'adattamento derivante dalla suddivisione in classi, la quale però qui non sembra venire in rilievo dal momento che è solo l'interesse comune all'intera massa a poter prevalere su quello del singolo creditore che si sia fondatamente opposto all'omologazione; ed infine l'interesse personale di quest'ultimo, cui si appresta una tutela risarcitoria, in luogo di quella reale, ma ovviamente in misura non eccedente quella che gli sarebbe spettata in caso di mancata omologazione del concordato ed apertura di una procedura di liquidazione giudiziale.

Si tratta, nel complesso, di valutazioni pur sempre affidate a criteri piuttosto elastici e non è escluso che anche in futuro l'intervento del giudice in questa materia si manifesterà con intensità variabile, a seconda della maggiore o minore propensione dei singoli tribunali ad estendere la portata del loro giudizio.

Non va poi sottovalutata l'importanza dell'intervento del giudice nella concessione di misure cautelari e protettive di cui agli artt. 54 ss. del Codice, spesso decisive per la realizzazione del piano, nell'accordare le quali non è indicato che il giudice debba sindacare la fattibilità (e tanto meno la convenienza per i creditori) del piano di concordato, ma è presumibile che egli tenga conto delle maggiori o minori probabilità di successo di detto piano. Anche sotto questo profilo, dunque, non mi sembra affatto che il giudice sia davvero chiamato a giocare un ruolo secondario, potendo invece egli, in realtà, condizionare fortemente l'esito della prospettata ristrutturazione aziendale con valutazioni che sarebbe riduttivo considerare di natura meramente formale.

3. *Il ruolo del giudice nella composizione negoziale della crisi*. – S'è detto dell'impegno del moderno legislatore nel forgiare strumenti atti a prevenire l'insolvenza. È ovvio che tali strumenti possono risultare davvero efficaci solo a condizione che siano posti in opera tempestivamente. Donde l'estrema importanza di un precoce rilevamento dei sintomi di crisi che, se non immediatamente fronteggiati, potrebbero compromettere ogni reale possibilità di ristrutturazione finalizzata al mantenimento o al recupero della continuità aziendale. La necessità di adottare tecniche di *early warning* era ben avvertita già nella Raccomandazione 2014/135/UE della Commissione su un nuovo approccio al fallimento delle imprese e all'insolvenza ed è stata poi ancor più fortemente ribadita nella già citata Direttiva *Insolvency*. Il legislatore italiano, con la pure già citata legge delega n. 155/2017, ha inteso recepire queste sollecitazioni prefigurando un apposito sistema di allerta, volto appunto a far emergere tempestivamente gli eventuali sintomi di crisi dell'impresa, accompagnato da uno strumento di composizione assistita per favorire la ricerca della via più adatta ad impedire la sopraveniente insolvenza. Nella versione finale del Codice gli strumenti di *early*

warning sono stati per diversi aspetti modificati rispetto alla previsione iniziale ed alla composizione assistita si è sostituita la composizione negoziata della crisi, con l'intento di rendere tale normativa più agevolmente fruibile e di eliminare alcuni aspetti che avrebbero potuto intimorire gli imprenditori in crisi inducendoli a non intraprendere l'auspicato precorso di risanamento aziendale. Non è qui il caso di soffermarsi in dettaglio sulle caratteristiche di questi nuovi istituti, né di discutere sull'opportunità delle modifiche da ultimo ricordate. Quel che invece mette conto notare è che, sin da principio, si è (almeno apparentemente) imposta l'idea che questa fase precoce di analisi e di contrasto alla crisi dovesse avere carattere non solo riservato, ma anche stragiudiziale. La segnalazione dei sintomi di crisi da parte degli organi di vigilanza dell'impresa e di alcuni creditori qualificati sono destinate ad innestare un dialogo che si svolge unicamente tra i segnalanti ed i gestori dell'impresa stessa, e sono solo questi ultimi poi a decidere se avvalersi o meno della composizione negoziata, ove ricorrano le condizioni previste dall'art. 12 del Codice, senza che il giudice debba essere chiamato in causa. È prevista invece una nuova figura, quella dell'esperto, ed è lui che si presenta, sotto molti aspetti, come il vero *dominus* della composizione negoziata, nel cui ambito svolge al tempo stesso la funzione di facilitatore di possibili accordi tra debitore e creditori e di vigile controllore della correttezza dei comportamenti delle parti interessate. Ma l'esperto non è di nomina giudiziale (al presidente della sezione del tribunale specializzata in materia di imprese spetta solo la designazione di uno dei tre componenti la commissione, istituita presso la camera di commercio, cui tocca la nomina dell'esperto), egli non opera sotto il controllo di un giudice e non può considerarsi un suo ausiliario.

Sin dal nome la composizione negoziata denuncia l'intento di affidare la possibile risoluzione della crisi all'autonomia negoziale dei soggetti interessati, anziché al giudice. Anche in questo ambito, però, il ruolo del giudice potrebbe risultare – e nella maggior parte dei casi presumibilmente risulterà – per nulla marginale.

Al giudice, come già s'è detto, non spetta decidere se vi siano o meno le concrete possibilità di risanamento dell'impresa, che costituiscono il necessario presupposto della composizione negoziata, ma è pur sempre a lui che occorre rivolgersi se si vogliono ottenere misure protettive o cautelari, che si rivelano quasi sempre indispensabili per il buon esito dell'iniziativa, restando pure affidate al suo giudizio le eventuali decisioni di conferma, revoca o riduzione della durata di tali misure (artt. 18 e 19 del Codice). Non solo: è ancora al tribunale che tocca, se richiesto, autorizzare il debitore sia a contrarre finanziamenti prededucibili sia a trasferire a terzi l'azienda o rami di essa (art. 22). Inoltre, il tribunale interviene anche nell'eventuale rinegoziazione dei contratti di durata resi eccessivamente onerosi a causa dell'epidemia da Covid-19 (art. 10, comma 2, d.l. n. 118/2021), sollecitando le parti a rivedere secondo buona fede il contenuto del contratto in corso e financo, nella particolare ipotesi di sopravvenuto squilibrio in conseguenza dell'epidemia, rideterminandolo esso stesso se le parti non si siano accordate.

Nell'emettere tali provvedimenti è inevitabile che il giudice si interroghi anche sulle concrete possibilità di risanamento dell'impresa e sull'idoneità dei mezzi prescelti per realizzarla. Ciò è reso evidente per le autorizzazioni del tribunale a contrarre finanziamenti ed a trasferire l'azienda, che il citato art. 22 subordina alla verifica della "funzionalità degli atti rispetto alla continuità aziendale e alla migliore soddisfazione dei creditori". Verifica, questa, riferita ai singoli atti per i quali è chiesta l'autorizzazione ma che inevitabilmente comporta anche una più generale valutazione dell'esistenza di quelle ragionevoli prospettive di risanamento dell'impresa da cui l'utilità stessa della negoziazione assistita dipende e la cui eventuale mancanza non potrebbe non riflettersi sulla "funzionalità" degli atti di cui è richiesta l'autorizzazione. Anche nelle altre situazioni sopra descritte, nelle quali è previsto l'intervento del giudice nella fase di composizione negoziata della crisi, è difficile immaginare che possa davvero prescindersi da una preliminare valutazione in merito all'effettiva sussistenza dei requisiti occorrenti per intraprendere e svolgere quel tipo di percorso negoziale. Non è pensabile che un tribunale si decida ad emettere provvedimenti cautelari o protettivi, capaci di incidere significativamente su diritti ed interessi dei soggetti coinvolti, senza essersi interrogato sull'esistenza delle condizioni preliminari indispensabili per il raggiungimento del fine ultimo cui tende la composizione negoziale ed i provvedimenti ad essa strumentali. Ed è significativo al riguardo che l'art. 19, comma 4, del Codice non soltanto prescriva che in questi casi l'esperto sia chiamato ad "esprimere il proprio parere sulla funzionalità delle misure richieste", ma preveda altresì la possibilità per il giudice di avvalersi di un ausiliario (ovviamente da non confondere con l'esperto appena menzionato) evidentemente per supportarlo in valutazioni di tipo aziendalistico.

Insomma, mi pare che neppure il carattere stragiudiziale che si è inteso assegnare alla composizione negoziata della crisi debba essere troppo enfatizzato, o almeno occorrerebbe precisare che si tratta di un carattere non certo assoluto, ma destinato non di rado a coniugarsi con momenti di intervento giudiziale tutt'altro che marginali e, probabilmente, per nulla rari.

4. *Conclusione.* – In conclusione, provando a rispondere all'interrogativo iniziale, direi che l'evoluzione dell'ordinamento italiano è sì orientato, in via di principio, anche sulla scorta di sollecitazioni derivanti dalla normativa sovranazionale europea, a consentire la ristrutturazione di imprese in crisi, almeno a certe condizioni, senza l'intervento del giudice, ma che, senza quell'intervento, la ristrutturazione spesso non sarebbe realisticamente ipotizzabile.

L'effettiva incidenza della presenza attiva del giudice in queste vicende è ovviamente variabile, come variabili sono le fattispecie normative e le situazioni concrete in cui essa può manifestarsi. Da molte parti si auspica che essa sia il più possibile contenuta, alla luce del generale maggior favore mostrato dal legislatore europeo e nazionale per gli strumenti di ristrutturazione rimessi al libero gioco della volontà negoziale delle parti, rispetto ai quali il giudice dovrebbe fungere solo da garante della legalità. Almeno entro certi limiti, quell'intervento continua però a rivelarsi indispensabile, non foss'altro perché, in questo tipo di vicende, il controllo di legalità quasi mai è svincolato dalla necessità di bilanciare interessi diversi, talora concomitanti ma più spesso conflittuali, ed è in ultima analisi al giudice, per la sua naturale e particolarmente spiccata caratteristica di imparzialità, che quel bilanciamento finisce per esser affidato.

Perché ciò avvenga in modo fisiologico, evitando che l'intervento del giudice si risolva in un fattore d'imprevedibilità e, quindi, d'inefficienza degli strumenti volti a favorire la ristrutturazione aziendale ed a scongiurare la dispersione dei valori dell'impresa, o che sia comunque avvertito come tale, sarebbe però indispensabile assicurare un più elevato grado di specializzazione dei magistrati chiamati ad occuparsi di questa materia. L'impulso che anche a tal riguardo proviene dal diritto sovranazionale europeo e dal confronto con la realtà di altri Paesi comparabili al nostro avrebbe dovuto spingere ad interventi normativi in questa direzione. Lo si era infatti previsto nel corso dei lavori da cui è scaturito il Codice e nella citata legge delega del 2017, ma non se ne è fatto poi praticamente nulla.

Questo tema porterebbe però troppo lontano e richiederebbe un discorso troppo ampio per essere affrontato qui. Mi limito ad auspicare che si diano altre occasioni per poterne riparlare approfonditamente.

GLÄUBIGERZWANGSVERGLEICH OHNE INSOLVENZ

von *Katharina Gelbrich**

ABSTRACT

In certain situations, the Restructuring Plan offers the possibility of forcing creditors into a composition against their will without opening insolvency proceedings. However, this option is only available in the event of court confirmation of the plan. In this respect the compulsory composition of creditors is in fact a compulsory composition without the opening of insolvency proceedings. The article sheds light on the various constellations in which creditors can be forced into the arrangement, the constitutional scope of coercion and the protection of minorities in these cases.

I. *Einleitung*. – 1. *Was ist ein Gläubigerzwangsvergleich?* – Der Begriff Zwangsvergleich findet sich im deutschen Recht bereits in der Konkursordnung [1] in §§ 173 ff. Die Konkursordnung war neben der Vergleichsordnung [2] Vorgängerin der deutschen Insolvenzordnung. Die Vergleichsordnung gab dem Schuldner eine vorinsolvenzliche Vergleichsmöglichkeit unter gerichtlicher Aufsicht. Im Gegensatz dazu war der Zwangsvergleich in der Konkursordnung vorgesehen, die das „normale" Insolvenzverfahren regelte. Der Zwangsvergleich sollte die einvernehmliche Bewältigung von Insolvenzen im Rahmen ei-

---

* Professorin für Recht (Wirtschaftsprivatrecht), Hochschule für Technik, Wirtschaft und Kultur Leipzig; Of-Counsel bei Flöther&Wissing Insolvenzverwaltung.

[1] Konkursordnung vom 10. Februar 1877, RGBl. I, 351.

[2] Gesetz über den Vergleich zur Abwendung des Konkurses vom 5. Juli 1927, RGBl. I, 139.

nes klassischen Insolvenzverfahrens ermöglichen.[3] Als Zwangsvergleich bezeichnete man daher einen gerichtlich bestätigten Vergleich zwischen dem insolventen Schuldner und seinen Gläubigern, welcher durch die Mehrheit der Gläubiger beschlossen werden konnte.[4] Im Rahmen des Zwangsvergleichs konnten die Forderungen sämtlicher nicht-bevorrechtigter Gläubiger geregelt werden (§ 173 KO). Der Vergleichsvorschlag kam vom Schuldner. Gläubiger, die nicht mit dem Vergleichsvorschlag einverstanden waren, konnten bei der Abstimmung aller nichtbevorrechtigten Gläubiger im Vergleichstermin von der Mehrzahl der anwesenden stimmberechtigten Gläubiger (Kopfmehrheit) überstimmt werden, wenn die Gesamtsumme der Forderungen der zustimmenden Gläubiger wenigstens drei Viertel der Gesamtsumme aller zum Stimmen berechtigenden Forderungen betrug (§ 182 Abs. 1 KO). Wenn die Gläubiger dem Vergleich zugestimmt hatten, wurde er gerichtlich bestätigt. An den Vergleich waren sämtliche Gläubiger gebunden, auch solche, die nicht zugestimmt hatten und auch solche, die nicht am Verfahren beteiligt worden waren. Der bestätigte Vergleich wirkte wie ein vollstreckbarer Titel. Diese „zwangsweise" Durchsetzung des Vergleichs wurde damit gerechtfertigt, dass die Gläubiger aufgrund der Eröffnung des Konkursverfahrens über das Vermögen des Schuldners eine Schicksalsgemeinschaft bilden und ihre Forderungen ohnehin gesamtheitlich nicht mehr einbringlich sind. Kurz, sie bilden eine „Verlustgemeinschaft", die derartige mittelbare Eingriffe rechtfertigt.[5]

II. *Restrukturierungsplan.* – Aufgrund der Restrukturierungsrichtlinie[6] – umgesetzt u.a. durch das StaRUG[7] – wurde nunmehr die Möglichkeit eröffnet, schon vor Eröffnung des Insolvenzverfahrens einen Vergleich mit den Gläubigern, den sogenannten Restrukturierungsplan, zu schließen. Initiativberechtigt ist wie beim Zwangsvergleich nach der Konkursordnung (§ 173 KO) ausschließlich der Schuldner selbst (§ 17 StaRUG).

1. *Möglicher Planinhalt.* – Dieser kann in seinem Vergleichsvorschlag sämtliche Regelungsvorschläge zu Forderungen und Absonderungsanwartschaften

---

[3] MüKoInsO/*Eidenmüller*, Bd. 3, 4. Aufl. 2020, Vorb. §§ 217 ff. Rn. 3.

[4] Weber Rechtswörterbuch/*Groh*, 33. Ed. 2024, Zwangsvergleich.

[5] *Baumann*, Konkurs und Vergleich, 2. Aufl. 1981, 154.

[6] Richtlinie (EU) 2019/1023 des europäischen Parlaments und des Rates vom 20. Juni 2019 über präventive Restrukturierungsrahmen, über Entschuldung und über Tätigkeitsverbote sowie über Maßnahmen zur Steigerung der Effizienz von Restrukturierungs-, Insolvenz- und Entschuldungsverfahren und zur Änderung der Richtlinie (EU) 2017/1132 (Richtlinie über Restrukturierung und Insolvenz), ABl. L 172, 26. Juni 2019, 18.

[7] Gesetz über den Stabilisierungs- und Restrukturierungsrahmen für Unternehmen vom 22. Dezember 2020, BGBl. I, 3256.

von Gläubigern gegen eine restrukturierungsfähige Person, das sind insolvenzfähige juristische Personen und unternehmerisch tätige natürliche Personen (§ 30 StaRUG), treffen. Dabei sind auch Regelungen zu Anteils- oder Mitgliedschaftsrechten des Schuldners möglich (§ 2 Abs. 3 StaRUG). Auch die Änderung sachenrechtlicher Verhältnisse (§ 13 StaRUG), Zusagen von neuen Finanzierungen (§ 14 StaRUG) sowie die Änderung gesellschaftsrechtlicher Verhältnisse [8] (z.B. durch Debt-Equity-Swap, siehe § 2 Abs. 3 StaRUG) und die Gestaltung gruppeninterner Drittsicherheiten (§ 2 Abs. 4 StaRUG) sind über einen Restrukturierungsplan möglich. Zu Forderungen von Arbeitnehmern, Forderungen aus vorsätzlicher unerlaubter Handlung, Geldstrafen, Geldbußen, Ordnungsgeldern und solchen Nebenfolgen einer Straftat oder Ordnungswidrigkeit, die zu einer Geldzahlung verpflichten, dürfen im Restrukturierungsplan keine Regelungen getroffen werden (§ 4 StaRUG). Hinsichtlich der Anforderungen an einen Restrukturierungsplan hat das Bundesministerium der Justiz eine Checkliste für Restrukturierungspläne (vgl. hierzu § 16 StaRUG) bekannt gegeben, [9] die eine Orientierung für mögliche und notwendige Planinhalte bietet, wobei diese von Fall zu Fall stark variieren können.

2. *Betroffene Gläubiger.* – Eine große Besonderheit des Restrukturierungsplans ist, dass der Schuldner selbst bestimmt, welche Gläubiger vom Plan erfasst sein sollen (§ 8 StaRUG). Der Schuldner muss zwar nach sachgerechten Kriterien entscheiden, aber er muss nicht sämtliche Gläubiger in den Plan einbeziehen. Vielmehr kann er sich zielgerichtet Forderungen und Rechte herausgreifen, in die eingegriffen werden soll. In der Literatur wird daher auch von einem teilkollektiven Verfahren gesprochen. [10] Was unter sachgerechten Kriterien zu verstehen ist, erläutert der Gesetzgeber nicht. Verboten ist damit jedenfalls jede willkürliche Beachtung oder Nichtbeachtung gewisser Gläubiger oder Gläubigergruppen. Nach § 8 StaRUG ist im darstellenden Teil des Plans jedenfalls aufzuführen, nach welchen Kriterien die Planbetroffenen ausgewählt wurden und nach Nr. 5 der Anlage zu § 5 Satz 2 StaRUG sind im Plan die Gläubiger, Inhaber von Absonderungsanwartschaften sowie Inhaber von Anteils- oder Mitgliedschaftsrechten, die nicht eingebzogen wurden, zu benennen, so dass hier die Kriterien und Gründe der (Nicht-)Auswahl verschriftlicht werden müssen. Betroffen vom Plan sind nur die einbezogenen Gläubiger. Dies ist einer der

---

[8] Ausführlich zu gesellschaftsrechtlichen Änderungsmöglichkeiten *Mulert/Steiner* NZG 2021, 673 ff.

[9] Abzurufen unter https://www.bmj.de/SharedDocs/Downloads/DE/Themen/Nav_Themen/2022_Checkliste_Unternehmensstabilisierungs_und_restrukturierungsgesetzes_StaRUG.pdf?__blob=publicationFile&v=3 (zuletzt aufgerufen am: 10.12.2024).

[10] BeckOK StaRUG/*Fridgen*, 14. Ed., Stand: 01.10.2024, § 8 Rn. 1.

größten Unterschiede zum Zwangsvergleich, denn bei diesem waren sämtliche Konkursgläubiger gebunden. Im gerichtlichen Bestätigungsverfahren kann das Gericht im Rahmen der ihm nach § 38 Satz 1 StaRUG, § 139 Abs. 1 ZPO obliegenden Verfahrensleitung auch einen Hinweis erteilen, wenn es die Auswahl der Planbetroffenen für nicht sachgerecht hält. Der Schuldner hat dann die Möglichkeit nachzubessern.[11]

3. *Abstimmung.* – Der Abstimmung über den Restrukturierungsplan geht ein Angebot des Schuldners an die vom Plan Betroffenen voraus, den Restrukturierungsplan innerhalb einer vom Schuldner zu bestimmenden und i.d.R. mindestens 14-tägigen Frist (siehe hierzu § 19 StaRUG) anzunehmen (§ 17 Abs. 1 S. 1 StaRUG). Dieses Angebot enthält den Restrukturierungsplan und eine Darstellung der Kosten des Restrukturierungsverfahrens (§ 17 Abs. 1 S. 2 StaRUG). Zudem hat das Planangebot einen deutlichen Hinweis darauf zu enthalten, dass der Plan für den Fall der mehrheitlichen Annahme und der gerichtlichen Bestätigung auch gegenüber Planbetroffenen wirksam wird, die das Angebot nicht annehmen. Eine Abstimmung ist schriftlich möglich (§ 17 Abs. 4 StaRUG), es kann aber auch eine Abstimmung im Rahmen einer Versammlung der Planbetroffenen nach § 20 StaRUG erfolgen. Zudem ist auf Antrag des Schuldners auch eine gerichtliche Planabstimmung nach §§ 45, 46 StaRUG in einem gerichtlich bestimmten Erörterungs- und Abstimmungstermin möglich. Ein solcher gerichtlicher Termin ist aber nicht Voraussetzung für eine gerichtliche Bestätigung des Restrukturierungsplans (zum Bestätigungsverfahren vgl. §§ 60 ff. StaRUG).[12]

Das Stimmrecht richtet sich grundsätzlich, je nachdem, welches Recht betroffen ist, nach Betrag, wirtschaftlichem Wert und nach dem Anteil am gezeichneten Kapital (zur konkreten Berechnung siehe § 24 StaRUG). Abgestimmt wird in den nach § 9 StaRUG gebildeten Gruppen. In diesen Gruppen müssen für die Annahme des Restrukturierungsplans in jeder Gruppe mindestens drei Viertel der Stimmrechte für die Annahme des Plans stimmen (§ 25 StaRUG). Grundlage für die Berechnung ist nicht die Summe der Stimmrechte der abstimmenden Gläubiger, sondern die Summe der Stimmrechte, die insgesamt auf die Gruppe entfallen.[13] Wird diese Mehrheit erreicht, können die gegen den Plan stimmenden Gläubiger gegen ihren Willen in den Restrukturierungsplan gezwungen werden.

Grundsätzlich ist neben der Zustimmung in der einzelnen Gruppe die Zustimmung sämtlicher Gruppen notwendig (§ 25 StaRUG), so dass an dieser

[11] *AG Hamburg* NZI 2022, 434 (435).

[12] BeckOK StaRUG/*Wilke*, 14. Ed., Stand: 01.10.2024, § 45 Rn. 41.

[13] BT-Drs. 19/24181, 127.

Stelle das Wort Zwangsvergleich zunächst nicht passend erscheint. Allerdings kann die Zustimmung einer Gruppe, in der die entsprechenden Mehrheitsverhältnisse nicht erreicht wurden, nach § 26 Abs. 1 StaRUG fingiert werden (Cross-Class Cram-Down), wenn

– der Restrukturierungsplan die Mitglieder dieser Gruppe voraussichtlich nicht schlechter stellt als ohne Plan,

– die Mitglieder dieser Gruppe angemessen an dem wirtschaftlichen Wert beteiligt werden, der auf Grundlage des Plans den Planbetroffenen zufließen soll (konkretisierend dazu §§ 27 und 28 StaRUG), und

– die Mehrheit der abstimmenden Gruppen dem Plan zugestimmt hat; bei zwei Gruppen genügt die Zustimmung der anderen Gruppe (wobei die zustimmenden Gruppen nicht ausschließlich durch Anteilsinhaber oder nachrangige Gläubiger gebildet werden dürfen).

Es gibt folglich zwei Möglichkeiten, wie Gläubiger, die dem Plan nicht zustimmen, überstimmt werden können. Einmal in ihrer eigenen Gruppe, wenn andere Gruppenmitglieder für die Annahme des Plans stimmen und die entsprechenden Mehrheiten erreicht werden und, wenn die ganze Gruppe nicht zugestimmt hat, über die Fiktion in § 26 StaRUG.

4. *Wirkung/Zwangswirkung.* – Für die Beantwortung der Frage, ob der Restrukturierungsplan ein Zwangsvergleich ist oder nicht, ist allerdings die Wirkung des Vergleichsabschlusses im Falle einer Überstimmung entscheidend. Hat die Überstimmung keine rechtliche Bindungswirkung für den Gläubiger und kann dieser seine Forderung dennoch vollständig geltend machen, spielt es keine Rolle, ob er überstimmt wird und der Begriff Zwangsvergleich wäre nicht passend. Anders liegt die Situation, wenn eine Bindungswirkung gegeben ist und der Gläubiger im Grunde keinen Anspruch mehr auf sein Recht bzw. seine Forderung hat.

Bei einem Blick ins Gesetz findet sich an dieser Stelle zunächst die Vorschrift § 67 StaRUG, welche die Wirkungen des Restrukturierungsplans bestimmt. Diese Norm regelt aber nur die Wirkungen für den gerichtlich bestätigten Restrukturierungsplan.

a) *Unbestätigter Restrukturierungsplan.* – Beim, in § 67 StaRUG nicht erwähnten, gerichtlich nicht bestätigten Plan handelt es sich im Grunde nur um eine materiell-rechtliche privatrechtliche Erklärung der Beteiligten in Form eines mehrseitigen Vertrages. Schließlich treffen die Parteien an dieser Stelle selbstständig Regelungen zu ihren privatrechtlichen Verhältnissen. Sofern alle Beteiligten mit dem Restrukturierungsplan des Schuldners einverstanden sind, sind es also ganz normale vertragsrechtliche Regelungen, die im Rahmen der Privatautonomie zu einer Bindung des Restrukturierungsplans führen. Dem entspricht es auch, dass nach Art. 10 Abs. 1 a) der Restrukturierungsrichtlinie ohne Bestätigung durch eine Justiz- oder Verwaltungsbehörde u.a. nur solche Pläne verbindlich werden dürfen, die nicht die Forderungen oder Beteiligungen ablehnender betroffener Parteien beeinträchtigen (konsensuale Pläne). Andersherum gedacht bedeutet dies, dass Restrukturierungspläne, die in Rechte von Planbetroffenen eingreifen, die nicht zugestimmt haben, ohne gerichtliche Bestätigung nicht wirksam werden können. Im Ergebnis ist also für einen unbestätigten Restrukturierungsplan eine einstimmige Zustimmung der Planbetroffen zum Plan erforderlich. Sobald ein Planbetroffener an der Abstimmung nicht teilgenommen, sich enthalten oder gegen den Plan gestimmt hat, ist eine Bestätigung erforderlich.[14] Die Regeln über die Abstimmung in §§ 24 ff. StaRUG spielen für den nichtgerichtlich bestätigten Plan folglich keine Rolle (mit Ausnahme vom gerichtlichen Abstimmungs- und Erörterungstermin vgl. § 45 Abs. 4 S. 1 StaRUG).

Im Zweifel ist nach § 18 StaRUG anzunehmen, dass das Planangebot unter der Bedingung steht, dass sämtliche Planbetroffene zustimmen. Fehlt es also an der Zustimmung eines Planbetroffenen, kommt gar kein Restrukturierungsplan zustande. Eine abweichende Gestaltung von dieser Grundregel ist möglich, aber nur so weit, dass die nichtzustimmenden Personen dann nicht von der Planwirkung betroffen sind. Ansonsten würde die Regelung gegen Art. 10 Abs. 1 a) der Restrukturierungsrichtlinie verstoßen.[15]

Im Ergebnis ist damit beim außergerichtlich geschlossenen Restrukturierungsplan eine Überstimmung der Gläubiger nicht möglich. An dieser Stelle wäre es daher verfehlt von einem Zwangsvergleich zu sprechen, da Regelungswirkungen nur nach den allgemeinen Regelungen über den Vertragsschluss (mehrseitiger Vertrag) zustande kommen können.

b) *Gerichtlich bestätigter Insolvenzplan.* – Anders liegen die Dinge beim gerichtlich bestätigten Vergleich. Wie unter 3. gezeigt ist bei einem solchen Vergleich die Überstimmung einzelner Gläubiger unter Umständen möglich und sie können damit zum Vergleich „gezwungen" werden. Zudem gilt der Plan sogar für Personen, die nicht über den Plan abgestimmt haben, aber ordnungsgemäß am Abstimmungsverfahren beteiligt worden sind (§ 67 Abs. 1 S. 2 StaRUG). Nur in diesem Fall ist damit der Begriff „Zwangsvergleich" überhaupt ein zutreffender Begriff.

5. *Grenzen der Überstimmbarkeit.* – Allerdings ist eine solche Überstimmung und ein Zwang in den Restrukturierungsplan nicht ohne Grenzen möglich.

---

[14] Morgen/*Backes*/*Arends*, StaRUG, 2. Aufl. 2022, § 67 Rn. 26.

[15] Ähnlich auch BeckOK StaRUG/*Spahlinger*, 14. Ed., Stand: 01.10.2024, § 18 Rn. 7.

§ 26 Abs. 1 Nr. 1 StaRUG enthält ein Schlechterstellungsverbot. Die Mitglieder der Gruppe, deren Zustimmung fingiert wird, dürfen voraussichtlich nicht schlechter gestellt sein, als sie ohne Plan stünden. Die voraussichtliche Schlechterstellung wird nach wirtschaftlichen Kriterien und gruppenbezogen bestimmt.[16] Eine Betrachtung des einzelnen Gläubigers und seiner Position erfolgt nicht bzw. erst, sofern er sofortige Beschwerde nach § 64 StaRUG einlegt (vgl. hierzu sogleich). Die Position des Gläubigers wird mit seiner Position im nächstbesten Alternativszenario verglichen, wobei es sich nach dem Willen des Gesetzgebers regelmäßig um ein Fortführungsszenario handeln soll und nur im Ausnahmefall um ein Zerschlagungsszenario.[17]

Neben dem Schlechterstellungsverbot ist nach § 26 Abs. 1 Nr. 2 StaRUG i.V.m. § 27 StaRUG die angemessene Beteiligung der Gruppe am Planwert notwendig. Für die Gläubiger ist hierfür nach § 27 Abs. 1 StaRUG erforderlich, dass

„1. kein anderer planbetroffener Gläubiger wirtschaftliche Werte erhält, die den vollen Betrag seines Anspruchs übersteigen,

2. weder ein planbetroffener Gläubiger, der ohne einen Plan in einem Insolvenzverfahren mit Nachrang gegenüber den Gläubigern der Gruppe zu befriedigen wäre, noch der Schuldner oder eine an dem Schuldner beteiligte Person einen nicht durch Leistung in das Vermögen des Schuldners vollständig ausgeglichenen wirtschaftlichen Wert erhält und

3. kein planbetroffener Gläubiger, der in einem Insolvenzverfahren gleichrangig mit den Gläubigern der Gruppe zu befriedigen wäre, bessergestellt wird als diese Gläubiger."

§ 27 Abs. 1 Nr. 1 StaRUG soll davor schützen, dass bestimmte Gläubiger besondere Vorteile durch den Restrukturierungsplan erhalten, die sie sonst nicht erhalten würden. Ihnen soll nicht mehr als ihr Anspruch zustehen.

§ 27 Abs. 1 Nr. 2 StaRUG statuiert den eigentlichen Grundsatz der absoluten Priorität. Die amtliche Überschrift ist insoweit irreführend.[18] Nachrangige Gläubiger, Schuldner bzw. am Schuldner beteiligte Personen dürfen keinen wirtschaftlichen Wert erhalten, der nicht durch Leistung in das Vermögen des Schuldners ausgeglichen wird. Unter den Begriff wirtschaftlicher Wert fällt nach § 28 Abs. 2 StaRUG auch das Behalten einer Beteiligung am Unternehmensvermögen. Allerdings statuiert § 28 Abs. 2 StaRUG davon eine Ausnahme. Die Durchbrechung des absoluten Prioritätsgrundsatzes wird in zwei Fällen zugelassen. Einmal dann, wenn die Mitwirkung des Schuldners oder einer an ihm

[16] H.M. siehe statt aller Flöther/*Knapp*, StaRUG, 2021, § 26 Rn. 8.

[17] BT-Drs. 19/24181, 128.

[18] H.M. siehe statt aller Flöther/*Knapp*, StaRUG, 2021, § 27 Rn. 1.

beteiligten Person an der Unternehmensfortführung unerlässlich ist, um den Planwert zu verwirklichen. Und außerdem für den Fall, dass die Eingriffe in die Rechte der Gläubiger geringfügig sind.

Nach § 27 Nr. 3 StaRUG ist es für eine angemessene Beteiligung ebenfalls notwendig, dass keine Besserstellung von anderen gleichrangigen Planbetroffenen erfolgt. Auch dieser Grundsatz kann nach § 28 Abs. 1 StaRUG durchbrochen werden, wenn es nach der Art der zu bewältigenden wirtschaftlichen Schwierigkeiten und nach den Umständen sachgerecht ist (vgl. § 28 Abs. 1 S. 1 StaRUG).

Sind diese Voraussetzungen gegeben, ist davon auszugehen, dass die Gläubiger gemäß § 27 StaRUG angemessen beteiligt sind.

Darüber hinaus sind aber auch noch die weiteren Voraussetzungen von § 26 StaRUG zu erfüllen. So ist gemäß § 26 Abs. 1 Nr. 3 StaRUG die Zustimmung der Mehrheit der abstimmenden Gruppen notwendig, wobei für den Fall, dass lediglich zwei Gruppen gebildet wurden, die Zustimmung einer Gruppe genügt.

Nur wenn all diese Voraussetzungen erfüllt sind, kommt es zur Fiktion der Zustimmung. Wobei ein Blick auf die Voraussetzungen von §§ 26 und 27 StaRUG zeigt, dass auch dadurch kein Schutz vor ungewolltem Zwang in einen Restrukturierungsplan geboten wird. Vielmehr gewährleisten diese Vorschriften nur, dass die Rangfolge der Gläubiger im Wesentlichen eingehalten wird und die Forderungen der Gläubiger nicht über Gebühr verkürzt werden.

6. *Minderheitenschutz.* – a) *Minderheitenschutz nach § 64 StaRUG.* – Neben der Voraussetzung des Vorliegens der Zahlungsunfähigkeit und den weiteren Grenzen der Überstimmungsmöglichkeiten aus §§ 26 ff. StaRUG, werden die Gläubiger im Falle einer Überstimmung auch durch den Minderheitenschutz aus § 64 StaRUG geschützt. Danach kann ein Planbetroffener beantragen, die Bestätigung des Plans zu versagen.

Allerdings sind die Anforderungen an einen solchen Antrag hoch. Voraussetzungen für einen erfolgreichen Antrag sind:

– Die Abstimmung gegen den Plan im Abstimmungstermin (§ 64 Abs. 2 StaRUG).

– Der Widerspruch gegen den Plan und die Geltendmachung der voraussichtlichen Schlechterstellung im Abstimmungsverfahren (§ 64 Abs. 2 StaRUG). Bei gerichtlicher Planabstimmung muss die voraussichtliche Schlechterstellung bis spätestens zum Gerichtstermin glaubhaft gemacht werden.

– Keine Bereitstellung von Mitteln für den Fall des Nachweises der Schlechterstellung im gestaltenden Teil des Plans (§ 64 Abs. 3 StaRUG).

Die Auflistung zeigt, dass ein solcher Antrag eine große Hürde darstellt. Insbesondere die Glaubhaftmachung der voraussichtlichen Schlechterstellung dürfte für den durchschnittlichen Gläubiger ein Grund sein, den Antrag nicht zu stellen.

Muss er doch darlegen und mit den Mitteln der Glaubhaftmachung aus § 294 ZPO i.V.m. § 38 StaRUG nachweisen, dass eine Schlechterstellung überwiegend wahrscheinlich [19] ist. Der fehlende Einblick in die Geschäfte des Schuldners und die zahlreichen möglichen Alternativszenarien [20], die denkbar und zu berücksichtigen sind, sowie die Unwägbarkeiten bei der Berechnung des Forderungswertes, werden es für die meisten Gläubiger kaum möglich machen, ihrer Darlegungs- und Beweislast nachzukommen. Insbesondere wird sich für viele Gläubiger der Aufwand nicht lohnen. Der Minderheitenschutz dürfte damit nur selten vor Zwang in einen ungewünschten Restrukturierungsplan schützen.

Dass eine Zulässigkeitsvoraussetzung für den Antrag die fehlende Bereitstellung von Mitteln für den Fall des Nachweises der Schlechterstellung ist, wird sicherlich die Bereitstellung solcher Mittel fördern. Für die Gläubiger ergibt sich daraus aber kein Mehr an Schutz. Schließlich bekommen sie nur etwas ausgezahlt, wenn sie die Schlechterstellung nachweisen, und auch nur so viel, wie das Alternativszenario vorsieht. Eine vollständige Auszahlung für den Gläubiger wird so nicht erreicht und im Rahmen des Minderheitenschutzantrags wird auch nicht geprüft, ob eine Ausgleichszahlung tatsächlich erfolgt.

b) *Sofortige Beschwerde nach § 66 StaRUG.* – Neben dem Minderheitenschutz aus § 64 StaRUG bleibt den Gläubigern die Möglichkeit gegen den Bestätigungsbeschluss sofortige Beschwerde nach § 66 StaRUG einzulegen. Wortlaut und Gesetzessystematik sprechen dafür, dass die sofortige Beschwerde auch ohne vorherigen Minderheitenschutzantrag nach § 64 StaRUG zulässig ist. [21] Die Zulässigkeitsvoraussetzungen für die sofortige Beschwerde sind in § 66 Abs. 2 StaRUG geregelt. Der Gläubiger muss:

– dem Plan widersprochen und
– dagegen gestimmt haben und
– glaubhaft machen, dass er durch den Plan wesentlich schlechter gestellt wird als er ohne den Plan stünde und
– dass dieser Nachteil nicht durch eine Zahlung aus Mitteln ausgeglichen werden kann, die nach § 64 Abs. 3 StaRUG im gestaltenden Teil des Restrukturierungsplanes bereitgestellt werden.

Für den Gläubiger bietet sich somit die Möglichkeit auch ohne vorherigen Minderheitenschutzantrag gegen den Restrukturierungsplan vorzugehen. Allerdings muss er neben Widerspruch und Abstimmung die in § 64 Abs. 2 Nr. 3 StaRUG aufgeführten weiteren Hürden nehmen und seine wesentliche Schlechter-

---

[19] MüKoZPO/*Prütting*, Bd. 1, 6. Aufl. 2020, § 294 Rn. 24.

[20] Vergleiche hierzu BeckOK StaRUG/*Skauradszun*, 14. Ed., Stand: 01.10.2024, § 64 Rn. 20 ff.

[21] BeckOK StaRUG/*Skauradszun*, 14. Ed., Stand: 01.10.2024, § 66 Rn. 43.

stellung glaubhaft machen sowie die fehlende Nachteilsausgleichsmöglichkeit geltend machen. Auch hierfür muss sich der Gläubiger wieder mit den Alternativszenarien beschäftigen und muss darüber hinaus darlegen, dass der Nachteil nicht durch eine Ausgleichszahlung i.S.v. § 64 Abs. 3 StaRUG ausgeglichen werden kann. Gerade die letztgenannte Zulässigkeitsvoraussetzung dürfte häufig zum Scheitern sofortiger Beschwerden nach § 66 StaRUG führen. Schließlich werden gut vorbereitete Restrukturierungspläne im Normalfall solche Mittel in ausreichender Höhe bereitstellen. Allein wenn diese nicht genügen, ist die Beschwerde unproblematisch zulässig. Schon dann, wenn aber die Mittel nur dafür genügen, dass der Nachteil des Beschwerde einreichende Gläubigers ausgeglichen werden kann, muss dieser für die Zulässigkeit seiner sofortigen Beschwerde glaubhaft machen, dass auch noch weitere Gläubiger einen Ausgleich verlangen werden und die Mittel deshalb trotzdem nicht für ihn ausreichend sind. [22] Bedeutsam ist an dieser Stelle, dass die Bereitstellung der Mittel und die Möglichkeit des Ausgleichs noch nicht dazu führt, dass der Nachteil tatsächlich ausgeglichen wird.

Die sofortige Beschwerde ist somit ein weiterer möglicher Schutz der Gläubiger, der aufgrund der recht hohen Zulässigkeitsvoraussetzungen aber wohl praktisch nicht so häufig zum Erfolg führen dürfte.

7. *Zwischenergebnis.* – Gläubiger können folglich gegen ihren Willen in einen Restrukturierungsplan gezwungen werden. Sie können in diesem Fall ihren Anspruch nicht mehr vollständig durchsetzen. Allerdings gibt es auch Hürden für den Zwangsvergleich. So gibt es die in § 26 ff. StaRUG formulierten Grenzen der Überstimmbarkeit und mit §§ 64 und 66 StaRUG auch Rechtsschutzmöglichkeiten für überstimmte Gläubiger.

Dennoch bleibt der Restrukturierungsplan je nach Verfahrensgestaltung im Endergebnis ein Zwangsvergleich außerhalb eines Insolvenzverfahrens und für die Gläubiger im Ergebnis eine Situation, in der sie ihre Forderung trotz entgegenstehender Ansprüche nicht mehr vollständig durchsetzen können.

8. *Verfassungsrechtliche Rechtfertigung des Eingriffs – Eingriff in Art. 14 GG.* – Daran schließt sich die Frage nach der Rechtfertigung eines solchen Zwangs der Gläubiger in einen Vergleich außerhalb des Insolvenzverfahrens an. Schließlich sieht Art. 14 GG grundsätzlich vor, dass ein Gläubiger seine Forderungen gegenüber einem Schuldner vollständig durchsetzen kann. [23] Vom

---

[22] *LG Dresden* EWIR 2022, 87 = NJW-Spezial 2021, 759.

[23] *Thole* hält die Frage nicht für eine verfassungsrechtliche, sondern für eine rechtspolitische Frage, ZIP 2017, 101 (103). Die rechtspolitische Frage dürfte sich aber im Rahmen der verfassungsrechtlichen Prüfung nämlich im Rahmen der Abwägung ergeben.

Schutzbereich des Art. 14 GG sind schließlich auch alle Forderungen und Rechte des Privatrechts umfasst.[24] Geschützt ist dabei, dass der Inhaber der Forderung die mit der Forderung verbundenen Befugnisse nach eigenverantwortlicher Entscheidung zu seinem privaten Nutzen ausüben darf.[25] Gibt der Gesetzgeber nun die Möglichkeit, Gläubiger mit Hilfe einer Überstimmung in einen Restrukturierungsplan zu zwingen, ist dies ein Eingriff in die Eigentumsgarantie in Form einer Schrankenbestimmung, schließlich kann der Gläubiger seine Forderung nicht mehr vollständig durchsetzen. Da der Eingriff durch Gesetz erfolgt, ist der Gesetzesvorbehalt aus Art. 14 Abs. 1 GG eingehalten. Allerdings hat der Gesetzgeber bei einer Schrankenbestimmung auch die betroffenen Interessen zu berücksichtigen. Bei diesem Eingriff steht das Interesse des einzelnen Gläubigers an einer möglichst vollständigen Durchsetzung seiner Ansprüche dem Interesse des Schuldners am Schutz seiner Vermögenswerte und seiner unternehmerischen Tätigkeit sowie dem Interesse der anderen Gläubiger, ebenfalls eine möglichst hohe Befriedigung zu erlangen, gegenüber. Diese Interessen hat der Gesetzgeber im Sinne des Wohls der Allgemeinheit[26] in ein vernünftiges Verhältnis zu bringen. Beim Zwangsvergleich nach der KO wurde der Eingriff damit gerechtfertigt, dass die Gläubiger wie unter I. gezeigt, eine Art „Schicksalsgemeinschaft" bilden, die ohnehin nach Eröffnung des Insolvenzverfahrens ihre Ansprüche nicht mehr durchsetzen können.

Beim Restrukturierungsplan liegt die Sache anders. Weit vor Eröffnung des Insolvenzverfahrens wird durch diesen die Möglichkeit gegeben, unter Zwang Rechte der Gläubiger gegen deren Willen zu verkürzen. Grundsätzlich wäre es den Gläubigern aber noch möglich ihre Forderungen vollständig durchzusetzen. Somit liegt tatsächlich ein Zwangsvergleich ohne Insolvenz vor, was wiederum die Frage nach der Rechtfertigung des Eingriffs in die Gläubigerrechte aufruft.

b) *Rechtfertigung durch Nähe zum Insolvenzverfahren und gerichtliches Verfahren.* – Fest steht, dass ein solcher Eingriff grundsätzlich ohne jeglichen Grund nicht zulässig wäre.[27] Vielmehr muss schon eine Lage gegeben sein, die mit einer gewissen Wahrscheinlichkeit zu einer Insolvenz führt[28] und damit befürch-

---

[24] Ständige Rechtsprechung u.a. *BVerfG* NJW 2006, 1191 (1192); *BVerfG* NJW 1991, 1807; *BGH* NJW 2010, 1948 (1950), Rn. 21; BeckOK GG/*Axer*, 59. Ed., Stand: 15.06.2024, Art. 14 Rn. 48; Jarass/Pieroth/*Jarass*, GG, 18. Aufl. 2024, Art. 14 Rn. 6; Dürig/Herzog/Scholz/*Papier/Shirvani*, GG, 105. EL. April 2024, Art. 14 Rn. 322.

[25] *BGH* NJW 2010, 1948 (1951), Rn. 21 m.w.N.

[26] Dreier/*Wieland*, GG, 2. Aufl. 2004, Art. 14 Rn. 87.

[27] *Bork* ZIP 2010, 397 (402).

[28] *Doebert/Krüger* NZI 2021, 614 (615); *Kayser* ZIP 2016, S040 (S043).

ten lässt, dass die Gläubiger ohnehin nicht mehr vollständig befriedigt werden können. Kurz gesagt, es muss eine hinreichende Krisensituation gegeben sein.[29] Sonst wäre – und hier ist das Allgemeinwohl bei der Abwägung in Art. 14 GG zu beachten – die Möglichkeit gegeben, im Nachgang zum Vertragsabschluss zwangsweise Preisnachlässe gegenüber Gläubigern durchzusetzen.[30]

Auch unabhängig von der verfassungsrechtlichen Eingriffsfrage ist ein zu frühes „Abschneiden" der Forderungen durch einen Zwangsvergleich nicht wünschenswert.

Der Gesetzgeber hat sich zum Schutz vor einem zu frühen Eingriff in die Durchsetzbarkeit der Forderung dafür entschieden, dass die Bestätigung des Restrukturierungsplanes nach § 63 Abs. 1 Nr. 1 StaRUG zu versagen ist, wenn der Schuldner noch nicht drohend zahlungsunfähig ist.[31] Es muss also eine gewisse Krisensituation gegeben sein. Nur so kann der Eingriff in die Rechte der Planbetroffenen unter Berücksichtigung von Art. 14 GG gerechtfertigt werden.[32] Das gerichtliche Verfahren sichert folglich ab, dass die Gläubiger nicht in einen Vergleich gezwungen werden können, wenn feststeht, dass der Schuldner noch nicht drohend zahlungsunfähig ist. Was dem Wortlaut nach nicht gleichbedeutend ist mit einer positiven Feststellung des Vorliegens drohender Zahlungsunfähigkeit (dazu gleich). Drohende Zahlungsunfähigkeit liegt bekanntermaßen vor, wenn der Schuldner voraussichtlich nicht in der Lage sein wird, seine bestehenden Zahlungspflichten im Zeitpunkt der Fälligkeit zu erfüllen. Dafür ist in der Regel ein Zeitraum von 24 Monaten zu Grunde zu legen (§ 18 Abs. 2 InsO). Der Eintritt der Zahlungsunfähigkeit muss wahrscheinlicher sein als ihr Nichteintritt.[33] Gerechtfertigt wird der Eingriff in die Rechte der Gläubiger trotz fehlender Eröffnung eines Insolvenzverfahrens folglich damit, dass in den nächsten 24 Monaten (maßgeblich ist hier der voraussichtliche Erörterungs- und Abstimmungstermin[34]) ein Insolvenzszenario einzutreten droht, in dem die Gläubiger ohnehin auf einen Teil Ihrer Forderung verzichten müssten. Zudem wäre in diesem Zeitraum bereits ein freiwilliger Schuldnerantrag auf Eröffnung des Insolvenzverfahrens möglich, so dass es der Schuldner in der Hand hätte, die vollständige Durchsetzung der Forderungen auch ohne Restrukturierungsplan, nämlich durch Stellen eines Insolvenzantrags mit Folge der Eröffnung des Insolvenzverfahrens über sein Vermögen, zu hindern.

---

[29] *Kern* NZI-Beilage 2019, 18.

[30] *Bork* ZIP 2010, 397 (402); *Vallender* IWRZ 2017, 51.

[31] Ausführlich zu den mit dem Anknüpfungspunkt „drohende Zahlungsunfähigkeit" verbundenen Problemen *Thole* ZIP 2017, 101 (103).

[32] Ähnlich auch BT-Drs. 19/24181, 162.

[33] Uhlenbruck/*Mock*, InsO, Bd. 1, 15. Aufl. 2019, § 18 Rn. 26.

[34] *AG Köln* NZI 2021, 433 (444), Rn. 9 (zit. nach beck-online).

Zwischen Literatur und Rechtsprechung besteht an dieser Stelle Streit darüber, ob die drohende Zahlungsunfähigkeit von den Gerichten für eine Planbestätigung gem. § 63 Abs. 1 Nr. 1 StaRUG positiv festgestellt werden muss[35] oder wie in der Literatur vertreten, das Gericht lediglich davon überzeugt sein muss, dass der Schuldner nicht drohend zahlungsunfähig ist.[36] Klar ist, dass das Gericht mit Blick auf den Wortlaut zumindest unter Berücksichtigung von § 39 StaRUG voll davon überzeugt sein muss, dass es nicht an der drohenden Zahlungsunfähigkeit fehlt. In der Literatur wird daher vertreten, dass eine positive Bestätigung der drohenden Zahlungsunfähigkeit, die von den Gerichten durchgeführt wird, zu weit geht.[37] Für diese Ansicht spricht die Formulierung in Erwägungsgrund 24 der Restrukturierungsrichtlinie. Dort wird gesagt, dass die „finanziellen Schwierigkeiten […] auf eine wahrscheinliche Insolvenz hinweisen" müssen. Dies setzt eine gewisse Wahrscheinlichkeit der Insolvenz voraus. Diese dürfte aber auch gegeben sein, wenn nicht ohne Zweifel ausgeschlossen werden kann, dass der Schuldner schon drohend zahlungsunfähig ist. Allerdings sollte berücksichtigt werden, dass der Eingriff in die Rechte der überstimmten Planbetroffenen aus Art. 14 GG damit gerechtfertigt wird, dass eine gewisse Nähe zum Insolvenzverfahren vorliegt. Es wäre daher sinnvoll, wenn die Planbestätigung entgegen dem Wortlaut von § 63 Abs. 1 Nr. 1 StaRUG nur dann zugelassen würde, wenn die drohende Zahlungsunfähigkeit vorliegt, also positiv festgestellt wurde. Dafür spricht auch, dass § 29 Abs. 1 StaRUG Instrumente des Stabilisierungs- und Restrukturierungsrahmens nur zulässt, wenn sie der Beseitigung einer drohenden Zahlungsunfähigkeit dienen. Nach § 29 Abs. 2 Nr. 4 StaRUG ist die gerichtliche Planbestätigung ein solches Instrument des Stabilisierungs- und Restrukturierungsrahmens.

III. *Fazit*. – Im Ergebnis gibt es mit der gerichtlichen Planbestätigung tatsächlich die Möglichkeit, einen Restrukturierungsplan gegen den Willen bestimmter Gläubiger bzw. Gläubigergruppen verbindlich zu beschließen. Für die überstimmten Gläubiger ergibt sich dann wie gezeigt eine mit dem Zwangsvergleich der KO vergleichbare Situation, denn der Restrukturierungsplan ist ebenso verbindlich und mit Bestätigung vollstreckbar. Der Minderheitenschutz und auch die Voraussetzungen für die Fiktion der Zustimmung in §§ 26 ff. StaRUG dürften, wie gezeigt in vielen Fällen ebenfalls nicht vor dem Zwang in den Vergleich schützen. Auch hinsichtlich des Verfahrensablaufs sind einige Gemeinsamkeiten gegeben, wobei dem Schuldner beim Restrukturierungsplan viel mehr Freiheiten in der Gestaltung gegeben sind. Dies ist nicht zuletzt der Tatsa-

---

[35] Sowohl *AG Köln* NZI 2021, 433 und *AG München* NZI 2022, 31.

[36] *Thole* Anm. zu *AG Köln* NZI 2021, 436; *Skauradszun* Anm. zu *AG München* NZI 2022, 31 (33).

[37] *Skauradszun* Anm. zu *AG München* NZI 2022, 31 (33).

che geschuldet, dass die Restrukturierungsrichtlinie dem Schuldner eine Art Werkzeugkasten an die Hand geben möchte, mit der er je nach Bedarf das Unternehmen restrukturieren kann.[38]

Tatsächlich ist es auch so, dass die Planbestätigung ohne die Eröffnung eines Insolvenzverfahrens über das Vermögen des Schuldners erfolgt. Allerdings ist mit der drohenden Zahlungsunfähigkeit bereits ein Zustand gegeben, in dem der Schuldner bereits die Möglichkeit zur Insolvenzantragstellung hätte und in dem damit auch das Insolvenzszenario näher rückt und die Werthaltigkeit der Forderungen bereits gefährdet ist. Art. 14 Abs. 1 GG steht damit einem solchen Zwangsvergleich nicht im Wege.

Mit Blick auf die Eigentumsgarantie aus Art. 14 Abs. 1 GG und dem damit bestehenden Schutz der Gläubigerforderung bzw. dem Schutz von deren Durchsetzbarkeit ist allerdings tatsächlich Vorsicht geboten, den Zeitpunkt ab dem die Möglichkeit zum Zwang in den Restrukturierungsplan oder einen Vergleich nicht immer weiter nach vorn zu schieben. Insbesondere die gängige Praxis mit dem Restrukturierungsplan zu drohen und Gläubiger mit Hilfe dieser Drohung gefügig zu machen und in einen nicht gewollten Vergleich zu drängen, sollte mit Blick auf Art. 14 GG beobachtet werden. Schließlich soll der Restrukturierungsplan nicht dazu genutzt werden können, nachträglich einseitig Preisnachlässe zu erzwingen.

---

[38] *Bork* NZI-Beilage 2021, 38.

CONCORDATO SENZA INSOLVENZA

di *Valeria Confortini*

Abstract

The Italian legislator implemented Directive 2019/1023 through Legislative Decree no. 83/2022, which entered into force alongside the new comprehensive Insolvency Law (Legislative Decree no. 14/2019, as subsequently amended – also referred to as c.c.i.). The Author focuses on pre-insolvency restructuring plans that in-volve a non-voluntary impairment of creditors' rights, excluding the position of equity holders from the scope of the study. Section I outlines the main issues and introduces key preliminary concepts. Section II explores the new definition of 'crisis' as the likelihood of insolvency arising from inadequate projected cash flows to meet obligations due within the next twelve months. In this regard, the Author explores how the notion of crisis captures the evolving nature of the debtor's estate influenced by financialisation and digitalisation. Sections III and IV analyse the restructuring plans available in pre-insolvency scenarios, focusing on the their adoption, the conditions for confirmation, and the cram-down mechanisms. The implementation of Articles 9, 10 and 11 of Directive 2019/1023 was achieved through the amendment of the non-consensual restructuring plan (concordato preventivo in continuità aziendale – Art. 84 ff. c.c.i.) and the introduction of a consensual plan (piano di ristrutturazione soggetto a omologazione – Art. 64-bis, 64-ter and 64-quater c.c.i.). The two instruments share most of their rules, including class formation, the re-quired majority in each class (approximately 35% of claims admitted for voting) and the best interest test. However, they differ in terms of value distribution and adoption rules. Under the piano di ristrutturazione soggetto a omologazione, if all classes (though not necessarily all creditors) consent, the debtor may allocate the overall restructuring value in deviation from the statutory priority rules (Articles 2740 and 2741 of the Italian Civil Code, as well as the provisions governing priority rankings). In contrast, under the concordato preventivo, the liquidation value must be distributed in accordance with the absolute priority rule, while the going-concern value may be allocated based on the relative priority rule. The judicial authority may confirm the concordato even without the support of all classes, provided that at least one in-the-money class votes in favour (cram-down mechanism). In both instruments, each dissenting creditor is protected by the right to oppose the plan's confirmation. However, such opposition can be overruled if the judicial authority determines that the dissenting creditor will receive at least their legal share of the liquidation value (best interest test). The Author further examines three key issues: (i) the conformity of the consensual plan with Article 10, paragraph 3 of Directive 2019/1023, as national law does not allow the judicial authority to deny confirmation when the plan fails to ensure the viability of the business; (ii) the conformity of both instruments with Article 10, paragraph 2, letter (d) of Directive 2019/1023, which – despite some ambiguity – appears to require that the best interest test considers the next-best-alternative scenario beyond liquidation; and (iii) the risks of legal uncertainty surrounding distribution rules in insolvency and pre-insolvency scenarios. In the final section, the Author draws some conclusions regarding legislative trends. First, she demonstrates that the limitation of creditors' right to the legal share of the liquidation value, combined with the current legal framework for judicial control, reflects the declining importance of individual consent within the over-all law of obligations. Second, she highlights how consensus is increasingly replaced by objective tests, such as the best interest test, which ensures the conditions for a legitimate expropriation of creditors are met. Finally, she argues that this shift reflects broader transformations driven by financialisation.

1. *Introduzione (da una pagina di Carnelutti)*. – «Mentre il trattamento *dell'inadempienza* mette capo, inesorabilmente, all'espropriazione *del debitore*, il trattamento *dell'insolvenza* può risolversi nella espropriazione *dei creditori*» [1]: questa frase di Carnelutti avverte di una essenziale dinamica del diritto delle obbligazioni. Il debitore è esposto all'espropriazione perché l'obbligazione è vincolo perpetuo e universale del patrimonio debitorio alla soddisfazione del creditore, che può aggredirlo con l'azione esecutiva, convertire in danaro i beni che lo compongono e soddisfarsi sul ricavato (artt. 1174, 2740 e 2910 c.c.); ma ciò vale solo nella dimensione *individuale* del rapporto obbligatorio e della sua patologia (nella *Zweierbeziehung*). La situazione si rovescia quando l'obbligazione rileva in rapporto *alle altre obbligazioni* gravanti sul medesimo patrimonio, insufficiente a soddisfarle tutte. A questo punto, è il creditore a poter perdere l'utilità economica rappresentata dal credito, poiché il potere di scelta, a es., sulla modifica o estinzione del rapporto, gli sono sottratti e trasferiti alla regola maggioritaria o alla decisione eteronoma dell'autorità giudiziaria o amministrativa.

Carnelutti ragiona in un contesto nel quale *non c'è area intermedia fra solvenza e insolvenza*; non c'è alternativa fra trattamento dell'inadempimento, che determina l'espropriazione del debitore, e trattamento dell'insolvenza, che può portare all'espropriazione del creditore. Oggi la situazione è profondamente mu-

[1] F. CARNELUTTI, *Espropriazione del creditore*, in *Riv. dir. comm.*, 1930, p. 676 ss., § 14, in fine.

tata e l'area della possibile espropriazione dei creditori si estende in una vasta area di casi, anche prima e *senza* insolvenza.

Per comprendere tale modifica occorre scindere il titolo assegnato a queste riflessioni in due domande. La prima: all'accadere di *quali fatti* il credito cessa di appartenere in esclusiva al suo titolare, per essere attratto alla dinamica dell'autonomia concorsuale (sicché il creditore perde il potere di decidere individualmente, a es., sulla remissione del debito)? Qual è il presupposto oggettivo che consente tale modifica dello statuto del credito, *senza insolvenza* (e perché)? La seconda, che riguarda la parola *concordato*: attraverso quali procedure, a quali condizioni e con quali garanzie può darsi la modifica del rapporto obbligatorio, anche in assenza di insolvenza? L'occasione di questo scritto impone di limitare l'indagine alle fattispecie interessate dalla direttiva sui quadri di ristrutturazione preventiva (c.d. direttiva *Insolvency*), che lascia fuori dal suo ambito di applicazione sia le procedure liquidatorie sia quelle che abbiano come presupposto oggettivo solo lo stato di insolvenza del debitore (es. concordato nella liquidazione giudiziale)[2]. D'altro canto, va da subito avvertito che l'attuazione della direttiva nel diritto italiano si è svolta attraverso la modifica della disciplina del concordato preventivo (e del concordato minore, rispettivamente agli artt. 84 ss. e 74 ss. c.c.i.) e l'introduzione del piano di ristrutturazione soggetto a omologazione (art. 64-*bis* ss. c.c.i.). Si tratta di strumenti a disposizione *anche* del debitore in stato di insolvenza, lì dove il legislatore tedesco, termine di comparazione di questo dialogo, ha posto gli strumenti di ristrutturazione nella *Unternehmensstabilisierung- und -restrukturierungsgesetz – StaRUG*, separandoli dal corpo normativo dell'*Insolvenzordnung – InsO* e rendendoli disponibili esclusivamente per il debitore non ancora insolvente[3]. Alla luce di queste precisazioni può, ora, provarsi a rispondere alla domanda – concordato *senza* insolvenza? – nel diritto italiano.

2. *Economia finanziaria e presupposti oggettivi di accesso al concordato (insolvenza, crisi e sovraindebitamento).* – Come accennato, la legge fallimen-

---

[2] La direttiva 2019/1023 del Parlamento europeo e del Consiglio, del 20 giugno 2019, riguardante i quadri di ristrutturazione preventiva, l'esdebitazione e le interdizioni, e le misure volte ad aumentare l'efficacia delle procedure di ristrutturazione, insolvenza ed esdebitazione, e che modifica la direttiva UE 2017/1132 (direttiva sulla ristrutturazione e l'insolvenza) è stata recepita in Italia con il d.lgs. 17 giugno 2022, n. 83, entrato in vigore il 15 luglio 2022 insieme al codice della crisi e dell'insolvenza (d.lgs. 12 gennaio 2019, n. 14, c.c.i.), conseguentemente modificato. Un esaustivo commento alla direttiva in C.G. PAULUS, R. DAMMANN (ed.), *European Preventive Restructuring*, München-Oxford-Baden-Baden, 2021; sull'attuazione della direttiva nel diritto italiano per tutti L. STANGHELLINI, *Il codice della crisi dopo il d.lgs. 83/2022: la tormentata attuazione della direttiva europea in materia di "quadri di ristrutturazione preventiva"*, in *ristrutturazioniaziendali.ilcaso.it*; per una panoramica delle fattispecie concordatarie nel vigente sistema concorsuale v. G. D'ATTORRE, *Manuale del diritto della crisi e dell'insolvenza*^{3}, Torino, 2024, p. 97 ss.

[3] K. GELBRICH, *Gläubigerzwangsvergleich ohne Insolvenz*, in questo volume.

tare del 1942 non prevedeva aree intermedie fra solvenza e insolvenza: quest'ultima è lo stato di incapacità di adempiere regolarmente le proprie obbligazioni, che si manifesta attraverso inadempimenti o altri fatti esteriori (definizione giunta fino al vigente codice della crisi e dell'insolvenza: art. 2, comma 1, lett. b), c.c.i.). Prima di questo momento, il peggioramento delle condizioni patrimoniali del debitore poteva rilevare *nella dimensione singolare* del rapporto obbligatorio, per rendere immediatamente esigibile la prestazione (art. 1186 c.c.) o fondare le azioni conservative della garanzia patrimoniale (art. 2900 ss. c.c.).

Un progressivo superamento di questa secca alternativa si deve alla stagione di riforme della legge fallimentare del 2005-2006, con cui fa il suo ingresso il concetto di *crisi* come *categoria 'prospettica'*, di *probabilità di insolvenza.* Sebbene priva di una espressa definizione legislativa, essa diviene presupposto oggettivo del concordato preventivo in alternativa allo stato di insolvenza; sicché la logica preventiva, centrale nella direttiva dei quadri di ristrutturazione [4], poteva dirsi, sotto il profilo del presupposto oggettivo, largamente acquisita al diritto italiano [5].

In attuazione della direttiva si è, piuttosto proceduto a dotare il lemma «crisi» di un significato proprio: «stato del debitore che rende probabile l'insolvenza e che si manifesta con l'inadeguatezza dei flussi di cassa prospettici a far fronte alle obbligazioni nei successivi dodici mesi» (art. 2, comma 1, lett. a), c.c.i.). Quando lo stato di crisi riguarda il consumatore, il professionista, l'impresa di minori dimensioni, l'impresa agricola, le start-up innovative e ogni altro debitore non assoggettabile alla liquidazione giudiziale, essa prende il nome di sovraindebitamento e consente altre procedure di ristrutturazione preventiva, come il concordato minore (art. 2, comma 1, lett. c), c.c.i.).

Crisi e sovraindebitamento guadagnano il centro del sistema concorsuale: nozioni *potenziali* e *prospettiche*, che guardano oltre l'insufficienza *attuale* e *statica* delle risorse del debitore. Si tratta di una strada obbligata dalle caratteristiche dell'economia contemporanea, che dà forma alle componenti del patrimonio: col passaggio da una economia mercantile ed industriale ad una finanziaria e digitale, esso si fonda sulla organizzazione di fattori produttivi principalmente immateriali, il cui valore *attuale* dipende dalla potenzialità reddituale *futura* della loro combinazione [6]. Ne discende il radicale mutamento della ga-

---

[4] Cfr. Considerando n. 24, dir. 2019/1023: «un quadro di ristrutturazione dovrebbe essere disponibile *prima* che il debitore diventi insolvente ai sensi del diritto nazionale, ossia prima che soddisfi le condizioni previste dal diritto nazionale per avviare procedure concorsuali per insolvenza».

[5] Per tutti v. G.B. PORTALE, *Dalla pietra del vituperio al* bail in, in *Riv. dir. comm.*, 2017, p. 21 ss. e in *Dir. com. e scambi internaz.*, 2017, p. 487 ss.

[6] Sulla specializzazione del diritto concorsuale in ragione della composizione del patrimonio

ranzia dell'adempimento delle obbligazioni, che non può fondarsi sull'attuale disponibilità patrimoniale, ma deve proiettarsi nel futuro per calcolare *le prospettive future* di risorse, redditi e forme di controllo di ricchezze (primariamente) immateriali [7]. Spostare il baricentro del diritto concorsuale dall'insolvenza alla crisi significa consentire al creditore di ricevere tutela *prima* che vada distrutto molto del valore aziendale; ma significa anche che, quando non si dà *insufficienza patrimoniale attuale*, quello del creditore non è l'unico interesse rilevante e la logica esecutiva trova di fronte a sé altre e concorrenti *rationes*, capaci di interferire con la realizzazione individuale del credito.

3. *Direttiva* Insolvency *e concordato preventivo. In particolare, la ristrutturazione trasversale.* – Il punto di vista scelto porta a concentrare l'analisi sugli artt. 9, 10 e 11, dir. 2019/1023, ai quali si è dato attuazione, in primo luogo, con la modifica della disciplina del concordato preventivo in continuità aziendale. La riscrittura degli artt. 84 ss. c.c.i. ha interessato i seguenti segmenti normativi: *i*) contenuto della proposta; *ii*) formazione delle classi; *iii*) diritto di voto; *iv*) approvazione e ristrutturazione trasversale; *v*) oggetto del giudizio di omologazione e opposizioni.

L'imprenditore in stato di crisi o di insolvenza può proporre un concordato che realizzi, sulla base di un piano, il soddisfacimento dei creditori in misura non inferiore a quella realizzabile in caso di liquidazione giudiziale, mediante la continuità aziendale (art. 84, comma 1, da coordinare con il contenuto del piano *ex* art. 87 c.c.i.). La continuità aziendale può essere diretta o indiretta, secondo che l'esercizio dell'attività di impresa continui in capo all'imprenditore proponente o sia assunto da soggetto diverso, sicché anche la vendita dell'azienda in esercizio è un'ipotesi di concordato in continuità aziendale [8]. In questa specie di concordato, i creditori sono soddisfatti in misura anche non prevalente dal ricavato prodotto dalla continuità aziendale diretta o indiretta; ciascun creditore deve essere destinatario di una utilità specificamente individuata ed economicamente valutabile, che può consistere anche nella prosecu-

---

debitorio e dei modelli economici, da leggere C.G. PAULUS, *Ausdifferenzierungen im Insolvenz- und Restrukturierungesrecht*, in *JZ*, 2019, p. 11 ss.

[7] G. TERRANOVA, *Replica, Significati canonici e scenari applicativi*, in *Eur. dir. priv.*, 2022, p. 326 ss.; ma già, ampiamente, ID., *I concordati in un'economia finanziaria*, in *Dir. fall. soc. comm.*, 2020, p. 11 ss.; cfr. B. INZITARI, *Crisi, insolvenza, insolvenza prospettica, allerta: nuovi confini della diligenza del debitore, obblighi di segnalazione e sistema sanzionatorio nel quadro delle misure di prevenzione e risoluzione,* in *Dir. fall.*, 2020, 3-4, p. 546, *passim*; ID., *Le mobili frontiere della responsabilità patrimoniale: distribuzione del valore tra creditori e soci nel concordato in continuità secondo la negozialità concorsuale del codice della crisi,* in *La responsabilità patrimoniale "sostenibile"*, a cura di A. Albanese, M. Franzoni, E. Gabrielli, G. Grisi, L. Nivarra, Torino, 2023, p. 9 ss.

[8] Cfr. art. 84, comma 2, c.c.i.

zione o rinnovazione dei rapporti con il debitore o con il suo avente causa [9].

Centrale, ai fini che qui interessano, è l'art. 84, comma 6, c.c.i., che fissa i criteri di distribuzione del (valore espresso dal) patrimonio debitorio. Si distingue valore di liquidazione e valore residuo, c.d. valore di ristrutturazione o *surplus* di continuità. Il valore di liquidazione – corrispondente a quanto realizzabile in sede di liquidazione giudiziale dei singoli beni o della cessione dell'azienda in esercizio, nonché delle ragionevoli prospettive di realizzo delle azioni esperibili al netto delle spese (art. 87, comma 1, lett. c), c.c.i.) – deve essere distribuito nel rispetto delle cause legittime di prelazione. Tale distribuzione segue la regola di priorità assoluta (*absolute priority rule*), per cui nessun creditore di rango inferiore può ricevere nulla se non dopo la piena soddisfazione del credito di rango sovraordinato, che nel caso di crediti muniti di privilegio o garanzia reale va riferita al solo ammontare del credito corrispondente al valore di liquidazione del bene su cui grava la causa di prelazione (art. 84, comma 5, c.c.i.). Il valore eccedente quello di liquidazione può, invece, essere distribuito secondo il criterio della priorità relativa (*relative priority rule*), per cui è sufficiente che i crediti inseriti in una classe ricevano complessivamente un trattamento almeno pari a quello delle classi dello stesso grado (in applicazione del principio della *par condicio creditorum*) e più favorevole – ma non integrale – rispetto a quello delle classi di grado inferiore [10]. Strumentale alla sindacabilità (eventuale) della regola distributiva è la valutazione posta nel piano e presentata dal debitore insieme alla domanda di ammissione al concordato, che deve indicare «il valore di liquidazione del patrimonio alla data della domanda di concordato» [11].

---

[9] Rispetto alla disciplina previgente, in attuazione della direttiva il d.lgs. n. 83/2022 elimina il criterio di prevalenza prima fissato all'art. 84, comma 3, c.c.i., il quale prevedeva che i creditori dovessero essere soddisfatti in misura prevalente con il ricavato della continuità aziendale.

[10] Fanno eccezione i crediti dei lavoratori, che devono essere soddisfatti nel rispetto dell'ordine delle cause legittime di prelazione anche con riguardo al valore eccedente quello di liquidazione (art. 2751-*bis*, n. 1, c.c., *ex* art. 84, comma 7, c.c.i.). L'Italia non si è avvalsa della facoltà di conservare la *absolute priority rule,* consentita agli Stati Membri in base all'art. 11, dir. 2019/1023. Sul punto si registra una sensibile differenza fra la versione proposta dalla commissione e la versione finale della direttiva, considerato che nella prima si imponeva il rispetto della priorità assoluta: v. M. VEDER, sub *Art. 11*, in C.G. PAULUS, R. DAMMANN (ed.), *European Preventive Restructuring*, cit., p. 179, Mn 8 e nt. 12, dove si segnala che la modifica è comparsa in uno stadio avanzato dell'*iter* legislativo della direttiva, con l'art. 11, par. 1, lett. b) del *General Approach* del 1 ottobre 2018 (123536/2018). Per il dibattito europeo cfr. R. MOKAL, I. TIRADO, *Has Newton had his day? Relativity and realism in European restructuring*, in *Journal of International Banking and Financial Law*, 2019, p. 233 ss.; *contra* R.J. DE WEIJS, A.L. JONKERS, M. MALAKOTIPOUR, *The imminent distortion of European Insolvency law: How the European Union erodes the basic fabric of private law by allowing 'Relative Priority'*, in *Amsterdam Law Research Paper*, 2019.

[11] Così l'art. 87, comma 1, lett. c), c.c.i. Alla medesima verifica è strumentale l'indicazione di cui al comma 2, per cui «Nella domanda il debitore indica le ragioni per cui la proposta concordataria è preferibile rispetto alla liquidazione giudiziale», e quella di cui al comma 3, secondo il

Trova così soluzione espressa il «*problema della destinazione della plusvalenza da concordato*», ossia della differenza fra il valore dell'impresa in continuità e il suo valore di liquidazione (anche non atomistica)[12]. Che il problema trovasse soluzione nella legge era necessario, giacché gli artt. 2740 c.c., 2741 e la formulazione della legge fallimentare (art. 160, comma 2, l. fall., e poi art. 85, comma 6, c.c.i.) offrivano fondamento all'argomento che anche il valore ricavabile dal proseguimento dell'attività imprenditoriale fosse vincolato, come ogni bene presente e futuro del debitore, alla garanzia dell'adempimento delle obbligazioni e, perciò, destinato ai creditori secondo l'ordine delle cause di prelazione[13]. Deviare da tale strada implicava di dimostrare la non imputabilità di certi valori al patrimonio debitorio, secondo un procedimento politicamente condivisibile ma concettualmente opinabile (nell'applicazione rigorosa della perpetuità della responsabilità patrimoniale) ed empiricamente incerto sotto il profilo delle valutazioni aziendali. La legge fuga il dubbio e, allo stesso tempo, conferma la vigenza del principio di parità di trattamento *infra*-classe e *inter*-classe (in senso relativo), sicché deve escludersi la possibilità di una libera distribuzione del plusvalore che alteri le cause legittime di prelazione oltre quei limiti[14].

---

quale il debitore accompagna la domanda con la relazione di un professionista indipendente, che attesti la veridicità dei dati aziendali e la fattibilità del piano, e, in caso di continuazione aziendale, che il piano è atto a impedire o superare l'insolvenza del debitore, a garantire la sostenibilità economica dell'impresa, riconoscendo a ciascun creditore un trattamento non deteriore rispetto a quello che riceverebbe in caso di liquidazione giudiziale. La stima del compendio aziendale è disposta solo se l'opposizione del creditore dissenziente riguardi la convenienza della proposta o le condizioni per la ristrutturazione trasversale (art. 112, comma 4, c.c.i.), al fine evidente di ridurre i temi e le incertezze legate alle valutazioni d'azienda in crisi (si attua così l'art. 14, dir. 2019/1023).

[12] Il virgolettato è di G. TERRANOVA, *I concordati in un'economia finanziaria*, cit., p. 16. Sull'arg. v. G. D'ATTORRE, *Le regole di distribuzione del valore*, in *Fall.*, 2022, p. 1223 ss.; AA.VV., *La questione distributiva nel diritto della crisi e dell'insolvenza*, a cura di D. Vattermoli, Pisa, 2023.

[13] In questo senso, con la prevalente giurisprudenza di legittimità (cfr. almeno Cass. 8 giugno 2012, n. 9373, in *Foro it.*, 2012, I, c. 2671, con nota di Fabiani; Cass. 27 dicembre 2019, n. 34539, in *Fall.*, 2020, con nota di Cataldo; Cass. 8 giugno 2020, n. 10884, in *Fall.*, 2020, p. 1071, con nota di D'Attorre) D. VATTERMOLI, *Concordato con continuità aziendale*, absolute priority rule *e* new value exception, in *Riv. dir. comm.*, 2014, II, p. 331 ss.; *contra*, a favore della *relative priority rule*, con vari argomenti G. TERRANOVA, *Diritti soggettivi senza sovranità (a proposito di* bail-in, cram-down *e altro)*, in *Dir. fall. soc. comm.*, 2018, pp. 491 ss., 519; G. D'ATTORRE, *La distribuzione del patrimonio del debitore tra "absolute priority rule" e "relative priority rule"*, in *Fall.*, 2020, p. 1072 ss.; ma già ID., *Concordato preventivo e responsabilità patrimoniale del debitore*, in *Riv. dir. comm.*, 2014, p. 359 ss.; ID., *Ricchezza del risanamento imprenditoriale e sua destinazione*, in *Fall.*, 2017, p. 1015 ss.; G. LENER, *Considerazioni intorno al plusvalore da continuità e alla "distribuzione" del patrimonio (tra regole di priorità assoluta e regole di priorità relativa)*, in *dirittodellacrisi.it*, § 2.1 ss.

[14] Espressamente l'art. 85, comma 4, c.c.i. Tale risultato è, tuttavia, conseguibile col piano di ristrutturazione soggetto a omologazione che, di là dalla collocazione topografica, parrebbe rea-

L'introduzione della regola di priorità relativa rende cruciale il *classamento* dei creditori, che nel concordato in continuità è sempre obbligatorio (art. 85 c.c.i.)[15]. Il concordato è approvato se tutte le classi votano a favore (art. 109, comma 5, c.c.i.). Nella singola classe, la maggioranza si raggiunge con il voto favorevole della maggioranza dei *crediti ammessi al voto* oppure, in mancanza, con il voto favorevole dei due terzi dei crediti dei *creditori votanti*, purché abbiano votato i creditori titolari di almeno la metà del totale dei crediti della medesima classe. Qui è evidente l'obiettivo di facilitare l'approvazione dei concordati in continuità, introducendo una maggioranza calcolata *sui soli votanti*, ferma una sorta di *quorum* costitutivo (il 50% dei crediti della classe)[16]. Il legislatore italiano ha, in tal modo, esercitato la facoltà prevista all'art. 9, par. 6, dir. 2019/1023, che indica agli Stati membri solo la percentuale massima richiesta per la votazione (non più del 75%), ma non quella minima. Si tratta, insieme all'opzione lasciata aperta sull'adozione del criterio di priorità per la ristrutturazione trasversale, di una delle ragioni di concorrenza fra ordinamenti e cedevolezza dell'obiettivo di armonizzazione (cfr. § 25 StaRUG)[17].

Se non si raggiunge la maggioranza in tutte le classi si apre la possibilità della ristrutturazione trasversale, descritta all'art. 112, comma 2, c.c.i. (c.d. *cross-class cram-down*). Il tribunale, su domanda del debitore, omologa comunque il concordato al ricorrere congiunto di quattro condizioni: *a*) il rispetto delle regole distributive (priorità assoluta sul valore di liquidazione/priorità relativa sul plusvalore di continuità); *b*) nessun creditore riceve più dell'importo del proprio credito; *c*) la proposta è approvata dalla maggioranza delle classi, purché almeno una sia formata dai titolari di diritti di prelazione oppure, in mancanza, la

---

lizzare una *deroga per eccezione* alla disciplina del concordato preventivo, consentendo la distribuzione in deroga agli artt. 2740 e 2741 c.c., purché il piano sia approvato all'unanimità delle classi (*infra*, § 4; ma *contra,* per la autonomia sistematica della figura in rapporto al concordato, v. sin d'ora M. FABIANI, I. PAGNI, *Il piano di ristrutturazione soggetto ad omologazione*, in *Fall.*, 2022, p. 1029 ss.).

[15] I creditori assistiti da una causa di prelazione possono essere soddisfatti anche non integralmente, purché in misura non inferiore a quanto potrebbe essere ricavato nel caso di liquidazione del bene su cui insiste la causa di prelazione. Per il valore eccedente sono trattati come i creditori chirografari (e di conseguenza classificati: art. 85, comma 3, c.c.i. e art. 109, comma 3, c.c.). Se, tuttavia, il piano prevede la soddisfazione integrale dei creditori garantiti entro 180 giorni dalla omologazione (trenta per i crediti da lavoro assistiti da privilegio *ex* art. 2751-*bis*, n. 1, c.c.), e sempreché la garanzia reale resti ferma fino alla liquidazione dei beni funzionale alla loro soddisfazione, essi non sono considerati parti interessate e non hanno diritto di voto (art. 109, comma 5, c.c.i.). Cfr. l'art. 88 c.c.i. per lo speciale trattamento dei crediti fiscali e contributivi (su cui anche *infra*, nt. 37).

[16] Secondo A. PALUCHOWSKY, *I mutevoli orizzonti del diritto della crisi*, in *dirittodellacrisi.it*, § 9 «la maggioranza minima all'interno di ciascuna classe, dove non si ravvisi il consenso della maggioranza assoluta dei creditori con diritto di voto, è pari al 37,5% degli ammessi al voto»; cfr. G. BOZZA, *op. cit.,* per il quale la percentuale si attesterebbe intorno al 33%.

[17] Cfr. *supra*, nt. 10.

proposta è approvata da almeno una classe di creditori ai quali è offerto un importo non integrale del credito e siano c.d. *in the money*, ossia almeno parzialmente soddisfatti nella ipotesi di distribuzione in base alla graduazione della cause legittime di prelazione anche sul valore eccedente quello di liquidazione (per il caso di attribuzioni ai soci, cfr. art. 120-*quater*).

Al comma successivo si prevede il diritto di opposizione e il c.d. *cram-down* individuale, ossia la condizione perché al singolo dissenziente possa imporsi la deliberazione di classe. Ciascun creditore dissenziente può opporsi alla omologazione contestando la convenienza della proposta, che il tribunale può comunque omologare se accerta che il credito dell'opponente risulta, dalla proposta e dal piano, soddisfatto in misura non deteriore rispetto al valore di liquidazione (*ex* art. 87, comma 1, lett. c), c.c.i.). Si tratta della c.d. verifica del miglior soddisfacimento dei creditori che, come si vedrà più avanti, costituisce uno dei pilastri del vigente ordinamento concorsuale, indicativo di una complessiva tendenza alla sostituzione della giustizia procedurale con una giustizia commutativa che garantisca un minimo indefettibile di soddisfazione creditoria quale condizione di esclusione di una illegittima espropriazione del credito [18]. Sul punto la disciplina nazionale parrebbe mancare di conformità a quella eurounitaria quando contempla *la sola liquidazione giudiziale* quale termine comparativo del giudizio di miglior soddisfazione dei creditori, posto che la direttiva fa espressamente rinvio, oltreché alla liquidazione (per settori o della azienda in esercizio) al «migliore scenario alternativo possibile se il piano di ristrutturazione non fosse omologato» (art. 2, comma 1, n. 6) [19].

---

[18] *Infra*, § 5. Nel concordato liquidatorio, invece, il diritto di opposizione per motivi di convenienza è possibile solo nel caso di creditore dissenziente appartenente a classe dissenziente o creditori dissenzienti che rappresentano il 20 per cento dei crediti ammessi al voto (nel caso di concordato senza classi): così l'art. 112, comma 5, c.c.i.

[19] Va però segnalata la ambiguità dello stesso testo eurounitario, che nel Considerando n. 52 riferisce di una possibilità di scelta in capo agli Stati Membri (in arg. M. VEDER, *op. cit.*, pp. 172-173) poi contraddetta dal dispositivo, che si esprime in termini congiuntivi. Peraltro, tale ultima interpretazione sembra la più conforme al grado di compressione dei diritti individuali previsti dalla legge. Già prima della direttiva lo poneva in luce, proprio nella prospettiva del limite oltre il quale la soluzione concordataria realizza una illegittima espropriazione dei creditori, I. DONATI, *op cit.*, § 7. Un discorso a sé dovrebbe farsi per i diritti dei soci, su cui 120 *ter* e *quater* (per i quali occorre rinviare a E. GINEVRA, *Quali sono le possibilità e i rischi per i soci?*, in questo volume; S. KORCH, *Welchen Chancen und Risiken bestehen für die Gesellschaftler?*, ivi) che molto opportunamente sono stati inclusi nel procedimento di approvazione del concordato quando quest'ultimo preveda operazioni sul capitale e il cui interesse alla conservazione della partecipazione (che non è solo interesse proprietario) potrebbe trovare valorizzazione proprio attraverso la prova di scenari alternativi, il cui onere grava sull'opponente. In arg. V. CONFORTINI, *Il concordato preventivo, fra legge del concorso e legge del contratto. Concordati di riorganizzazione societaria e status socii*, in *Riv. dir. civ.*, 2018, p. 1299 ss.; EAD., *Il concordato preventivo, fra legge del concorso e legge del contratto. Concordati espropriativi e prospettive* de lege ferenda, in *Riv. dir. civ.*, 2018, p. 1562 ss.

In ogni caso, il giudice omologa il concordato in continuità dopo aver verificato – oltre all'ammissibilità della proposta, alla regolarità della procedura, alla corretta formazione e la parità *infra*-classe – che il piano *non sia privo di ragionevoli prospettive di impedire l'insolvenza*, che eventuali nuovi finanziamenti siano necessari per l'attuazione del piano e non pregiudichino ingiustamente gli interessi dei creditori (art. 112, comma 1, lett. f). Il controllo è officioso, riguarda anche il caso del concordato approvato all'unanimità delle classi e risponde alla necessità di un accertamento giudiziale sulla *ragione del pregiudizio legittimo* dei diritti di credito individuali[20].

4. (Segue). *Piano di ristrutturazione soggetto a omologazione.* – Accanto alle modifiche del concordato preventivo, l'attuazione degli artt. 9-11, dir. 2019/1023 si è svolta attraverso la introduzione di tre nuovi articoli del codice della crisi, sul piano di ristrutturazione soggetto a omologazione. Disciplinato per rinvio al concordato preventivo, esso si connota per una triplice deroga per eccezione: criteri di distribuzione del valore, estensione del controllo giudiziale e approvazione[21].

Lo scopo della disciplina è consentire che il debitore in stato di crisi o di insolvenza possa prevedere la soddisfazione dei creditori anche in deroga agli artt. 2740, 2741 c.c. e all'ordine delle cause di prelazione, purché il piano sia approvato all'unanimità delle classi. Potrà prevedersi che parte del patrimonio corrispondente al valore di liquidazione sia conservato al debitore o distribuito a creditori di rango inferiore prima che quelli di rango superiore siano soddisfatti integralmente; che il c.d. *surplus* di continuità sia attribuito integralmente a una classe di creditori chirografari senza necessità di garantire la priorità relativa; che i creditori assistiti da prelazione siano soddisfatti non integralmente, di là dalla capienza della garanzia[22]. Fanno eccezione i crediti dei lavoratori, assistiti dal

---

[20] *Infra*, § 5.

[21] Art. 16, d.lgs. n. 83/2022, che introduce un Capo I-bis del Titolo IV della Parte Prima del codice della crisi e dell'insolvenza (oggi artt. 64-*bis*, 64-*ter* e 64-*quater* c.c.i.). Il rinvio alla disciplina del concordato preventivo riguarda: il presupposto soggettivo e oggettivo di ammissione (cfr. art. 64-*bis* e art. 84 c.c.i.), limitata all'imprenditore commerciale che non sia un'impresa minore (ai sensi dell'art. 2, comma 1, lett. d), c.c.i.) in stato di crisi o di insolvenza; il contenuto del ricorso e la documentazione da depositare, così come gli effetti del deposito della domanda (comma 2); la necessità di depositare l'attestazione sulla veridicità dei dati aziendali e la fattibilità del piano (comma 3); le operazioni di voto e le regole per il raggiungimento delle maggioranze nella singola classe; tutte le altre norme richiamate all'art. 64-*bis*, comma 9, c.c.i.

[22] Che la caratteristica primaria dell'istituto sia di estendere l'autonomia privata anche oltre i limiti di capienza dei beni gravati da una causa di prelazione emerge dall'eliminazione, nell'ultima formulazione del d.lgs., del rinvio all'art. 84, comma 5, c.c.i. (che consente il pagamento non integrale dei creditori garantiti, purché in misura non inferiore a quella realizzabile in caso di liquidazione dei beni o diritti sui quali sussiste la causa di prelazione). Ne discende che il piano potrebbe prevedere la soddisfazione di un creditore ipotecario di 100 con garanzia dal valore di 60 con il pagamento di 20 (graverà su di esso l'onere dell'opposizione al fine di provare che in caso

privilegio dell'art. 2751-*bis*, n. 1, c.c., che devono essere soddisfatti in danaro integralmente entro trenta giorni dall'omologazione (art. 64-*bis*, comma 1, c.c.i.).

La distribuzione del valore è rimessa all'autonomia concorsuale, che si svolge nel *classamento obbligatorio* (e *soggetto al controllo giudiziale officioso*) e nella regola della *unanimità delle classi*. Le regole per la formazione del voto di classe sono le stesse del concordato preventivo, sicché occorre il voto favorevole della maggioranza dei crediti ammessi al voto o, in mancanza, dei due terzi dei crediti dei creditori votanti, purché abbiano votato i creditori titolari di almeno la metà del totale dei crediti della medesima classe[23]. Se il piano è approvato, il tribunale lo omologa, senza estendere il controllo alla sua idoneità a superare la situazione di crisi[24]. Resta il diritto di ciascun creditore dissenziente di opporsi all'omologazione per ragioni di convenienza. In tal caso, il giudice omologa il piano se questo ne assicura la soddisfazione in misura non inferiore a quanto il creditore potrebbe ricevere nel caso di apertura della liquidazione giudiziale alla data della domanda di omologazione (art. 64-*bis*, comma 8, c.c.i.). Se il piano non è approvato all'unanimità delle classi, il debitore può modificare la domanda formulando una proposta di concordato, che apre la strada al giudizio di omologazione con ristrutturazione trasversale e alla verifica dell'idoneità del piano ad attuare il risanamento[25].

La disciplina appena illustrata ha sollevato alcune perplessità, che possono raccogliersi in tre ordini.

Il primo riguarda l'obiettivo di semplificazione posto dalla direttiva e dalla legge delega, che avrebbe potuto svolgersi conformando in senso derogatorio la disciplina del concordato preventivo piuttosto che introducendo un tipo voluta-

---

di liquidazione del bene dato in garanzia avrebbe potuto ottenere 60 e in tal caso il concordato non può essere omologato: *infra*, in questo paragrafo).

[23] Come per il concordato preventivo, i calcoli dei primi commentatori fanno reputare raggiunta la maggioranza col voto favorevole di tanti creditori che rappresentino circa il 35% dei crediti ammessi al voto (cfr. *supra*, nt. 16).

[24] Così risulta dalla combinazione della norma di cui all'art. 64-*bis*, comma 8 e di quelle dettate in tema di apertura della procedura (commi 3 e 4). A ben vedere, il controllo giudiziale sul merito della proposta è inversamente proporzionale al grado di influenza del voto dei creditori: massimo, nel concordato semplificato dell'art. 25-*sexies* c.c.i., dove il giudice verifica la fattibilità economica e i creditori non votano sul concordato (n.b. liquidatorio); minima, dove il piano di ristrutturazione è subordinato al voto unanime delle classi (che pure non va intesa come unanimità dei creditori ammessi al voto) dell'art. 64-*bis*, che esclude espressamente l'applicazione dell'art. 112 c.c.i; intermedia, nel concordato preventivo, dove il controllo di fattibilità è declinato nel senso di manifesta inadeguatezza a raggiungere gli obiettivi prefissati, con sfumature diverse secondo si tratti di concordato in continuità o liquidatorio, giacché nel primo caso il controllo non viene fatto in sede di ammissione ma solo in sede di omologazione, all'esito della votazione (cfr. art. 47, comma 1, lett. a) e b) e art. 112 c.c.i.).

[25] Art. 64-*quater* c.c.i., che per evidenti ragioni di efficienza consente di convertire lo strumento anche se, prima delle operazioni di voto, emergessero contestazioni sulla convenienza del piano nelle osservazioni *ex* art. 107, comma 4, c.c.i.

mente intermedio fra gli accordi di ristrutturazione e il concordato, ma che di quest'ultimo parrebbe conservare il principale effetto, ossia l'efficacia vincolante nei confronti dei creditori estranei all'accordo, raggiunta secondo il principio maggioritario. E se è vero, come osserva autorevole dottrina, che a determinare l'uscita dal tipo 'concordato' è l'assenza di un ordine eteronomo nelle regole distributive [26], proprio tale elemento rende lecito il dubbio – non tanto della validità *tout court* di una norma che affidi alla regola maggioritaria siffatto potere dispositivo ma – che tale scelta legislativa oltrepassi i confini della delega normativa nell'attuazione della direttiva [27]. La quale prevede che gli strumenti di ristrutturazione preventiva siano approvati all'unanimità delle classi e pone un criterio di superamento del dissenso ritagliato su una regola di priorità (almeno relativa). Il che sicuramente ribadisce la vigenza di una regola minima di *par condicio*, pur relativa e proporzionale; ma, forse, non implica anche *a contrario* (con quella che dovrebbe argomentarsi valida norma inespressa) l'assenza di un vincolo distributivo in caso di unanimità delle classi [28]. Emerge, inoltre, il rischio di inefficienza economica generato dall'incertezza giuridica sulle regole distributive del valore del patrimonio debitorio in caso di patologia del rapporto. A ben vedere, il diritto concorsuale guadagna qui una sensibile distanza dalla sua conformazione di *strumento di attuazione* di regole sostanziali, per divenire fonte di *posizione di regole sostanziali* sullo statuto del credito. Questa trasformazione del diritto concorsuale, che indubbiamente emerge da vari luoghi di commistione fra diritto del concorso e contratto, rischia di determinare una imprevedibilità *ex ante* delle regole di distribuzione concorsuale del patrimonio in caso di crisi, che può incidere negativamente sull'offerta di credito [29], aumentandone il costo e spingendo alla ricerca di poteri di soddisfazione *esterni* al concorso, che aumentano il divario fra creditori sofisticati, capaci di guadagnare una strada alternativa e garantita di soddisfazione, e tutti gli altri [30].

---

[26] M. FABIANI, I. PAGNI, *op.cit.*, p. 1029 ss.

[27] Così, con vari argomenti, il Consiglio di Stato, parere n. 832 del 15 maggio 2022, spec. *sub* art. 64-*bis* (reperibile all'indirizzo: https://www.diritto.it/wp-content/uploads/CS832.pdf).

[28] Ma il punto è assai controverso: critici G. BOZZA, *Il piano di ristrutturazione soggetto a omologazione*, in *dirittodellacrisi.it*, 2022; S. BONFATTI, *Il piano di omologazione soggetto a omologazione*, in *dirittodellacrisi.it*; *contra,* v. M. FABIANI, I. PAGNI, *op.cit.*, p. 1029 ss.; e prima del decreto di recepimento, G. LENER, *op.cit.*, § 1.4.

[29] V., in linea generale con riguardo all'inefficienza di deroghe alla *absolute priority rule*, D. VATTERMOLI, *op.cit.*, testo corrispondente alla nt. 48: «il disallineamento, operato (*ex post*) al momento dell'apertura del concorso, tra la realtà e le aspettative *ex ante* dei creditori genera, invero, quei problemi di *risk allocation* e di incertezza giuridica che, com'è ben noto, rappresentano i primi fattori di contrazione del finanziamento alle imprese e, a livello macroeconomico, di stagnazione di una nazione».

[30] Per un tentativo di distensione di questi argomenti V. CONFORTINI, *Primato del credito*, Napoli, 2020, p. 290 ss.; cfr. G. D'ATTORRE, *Le nuove garanzie reali, la fuga dal concorso e il "di-*

Se sulle regole distributive il legislatore italiano potrebbe essere andato *oltre* la direttiva, dubbi di segno opposto si pongono sul giudizio di omologazione in rapporto all'art. 10, par. 3, dir. 2019/1023. Gli Stati membri devono assicurare che l'autorità giudiziaria abbia la facoltà di rifiutare l'omologazione quando il piano sia privo della ragionevole prospettiva di impedire l'insolvenza del debitore o di garantire la sostenibilità economica dell'impresa. Non parrebbe che questa regola – posta a presidio della legittimità della compressione dei diritti individuali – sia derogata per il caso di approvazione all'unanimità delle classi (che è sempre approvazione *a maggioranza* dei creditori); né parrebbe possibile applicare per analogia la disciplina del concordato preventivo, considerata l'espressa esclusione dell'applicabilità dell'art. 112 c.c.i. posta dall'ultimo comma dell'art. 64-*bis* c.c.i.

Si ripropone, infine, la ragione di perplessità sulla conformità della disciplina nazionale di attuazione alla direttiva, con riguardo ai criteri di verifica della migliore soddisfazione del creditore, che eleva a parametro comparativo il solo scenario di liquidazione giudiziale. Questa riflessione vale per tutte le fattispecie di opposizione, compresa quella alla omologazione del concordato preventivo, e pone un generale problema di conformità del nostro codice alla direttiva [31].

5. *Crisi reversibile e statuto del credito: vicende dell'autonomia concorsuale.* – Guardate *dal punto di vista dei creditori*, le norme sul concordato senza insolvenza introducono significative modifiche alla disciplina dell'obbligazione 'concorsuale', ossia al contenuto del diritto e al regime di appartenenza dell'utilità promessa al creditore nella dimensione patologica (plurale) del rapporto obbligatorio [32].

In primo luogo, la situazione di crisi reversibile determina una vicenda modificativa dello statuto del credito, che rileva per un suo *nucleo minimo* (il *Kern des Forderungsrechts*) sottratto all'autonomia concorsuale. Dalla lettura combinata dei criteri di ripartizione del valore (priorità assoluta applicata al solo valore di liquidazione) e del giudizio di omologazione emerge come, *nel concordato in continuità aziendale*, quando l'imprenditore dimostri la concreta sostenibilità dell'obiettivo del risanamento, il credito conservi il (solo) contenuto minimo del diritto a conseguire una utilità pari a quella ricavabile nel caso di liquidazione del patrimonio, secondo l'ordine legale delle cause di prelazione [33]. Intorno a

---

ritto diseguale", in *Fall.*, 2021, p. 1242 ss. La significativa eccezione dei crediti da lavoro, che sfuggono alle dinamiche appena citate, confermano la tendenza generale e la necessità di intervenire con una disciplina espressa a favore dei creditori deboli.

[31] *Supra*, § 3.

[32] Sui concetti di obbligazione e autonomia concorsuale, volendo V. CONFORTINI, *Interesse di classe e autonomia concorsuale*, in *Riv. dir. civ.*, 2013, p. 1245 ss.; EAD., *Primato del credito,* cit., p. 74 ss.

[33] Cfr. D. VATTERMOLI, *op.cit.*, p. 10. Il punto è ampiamente articolato da I. DONATI, *op.cit.*,

questo 'contenuto minimo' o 'nocciolo duro' del diritto di credito, si costruisce tutto il sistema di composizione del conflitto concordatario: per un verso, il meccanismo di ristrutturazione trasversale; per altro verso, la valutazione della miglior soddisfazione del credito mercé l'opposizione che, diversamente dal regime previgente, diventa un diritto *individuale*; infine, il controllo officioso sulla capacità del piano di sostenere il risanamento dell'impresa [34]. Fermo questo limite minimo, che guarda alle potenzialità patrimoniali *presenti* del debitore, la distribuzione dei *valori futuri*, generati dalla ristrutturazione, è sottratta al singolo creditore e rimessa alla regola maggioritaria secondo il principio di priorità relativa (e financo alla autonomia concorsuale 'pura', nel caso di piano approvato alla unanimità delle classi). Ciò perché, nella valutazione normativa, il creditore non è l'unico interessato dalla vicenda di ristrutturazione, lì dove invece è l'unico interessato, di regola, alla vicenda liquidatoria. Si tratta di una scelta normativa molto rilevante nel sistema della responsabilità patrimoniale del debitore, a favore di una soluzione che ragiona di *miglior soddisfacimento della massa*, alla luce di un concorrente interesse sovraindividuale al risanamento e nei limiti del diritto individuale sul valore di liquidazione.

Un secondo ordine di riflessioni riguarda il ruolo del consenso e la dinamica di esercizio dell'autonomia concorsuale. Il riconoscimento di un contenuto minimo del credito *come diritto individuale* si pone a contrappeso della netta riduzione delle maggioranze necessarie al raggiungimento del consenso nella singola classe [35]. Specie se ragionata alla luce dell'oggetto del controllo giudiziale, tale riduzione segnala un affievolimento del rilievo del consenso nel contesto della ristrutturazione concordataria; la quale, nel costante oscillare fra autonomia ed eteronomia, parrebbe tornare a propendere per quest'ultimo polo [36].

---

passim e § 2, che avverte di come questo contenuto minimo (ricavabile anche in altre ipotesi di accordo a efficacia estesa) sia espressivo di un «principio di assenza di pregiudizio», limite negativo della espropriazione del creditore.

[34] Cfr., con riguardo alla posizione dei soci, l'art. 120-*quater*, comma 3, c.c.i. e per i gruppi, art. 285 c.c.i. Sulle dinamiche di tutela del creditore dissenziente (di classe e individuali) nel rapporto fra i vari tipi di strumenti di ristrutturazione (concordato in continuità-accordi di ristrutturazione a efficacia estesa-piano di ristrutturazione soggetto a omologazione) v. V. PINTO, *Diritti e garanzie dei dissenzienti nel concordato preventivo, negli ADR e nel PRO*, in *NLCC*, 2024, p. 476 ss.

[35] Oltreché – come giustamente dimostrato da I. DONATI, *op. cit.*, § 9, a presidio giurisdizionale che consente la verifica in ordine ad una illegittima espropriazione del credito (per il valore superiore a quello di liquidazione).

[36] Sulla polarità fra autonomia ed eteronomia nel concordato, indissolubilmente legata alle vicende del principio maggioritario, insuperata l'indagine di R. SACCHI, *Il principio di maggioranza nel concordato e nell'amministrazione controllata*, Milano, 1984, *passim*. Reputa che l'attuale sistema concordatario preveda un incremento del controllo giudiziale, in coerenza con il mutamento nelle dinamiche del consenso M. FABIANI, *Il diritto diseguale nella concorsualità concordataria postmoderna*, in *Fall.*, 2022, p. 1488 ss.

A un modello di *giustizia procedurale*, che garantisce la corretta formazione ed espressione del consenso individuale, prevalente nel concordato preventivo della legge fallimentare disegnata dalle riforme inaugurate nel 2005, la legge sostituisce un modello di *giustizia commutativa*[37]. Dove al giudice si assegna dovere di duplice verifica: sul rispetto del contenuto minimo del diritto di credito; che l'obiettivo di prevenzione dell'insolvenza, *ratio* per la compressione dei diritti individuali *oltre* il nucleo minimo, sia concretamente realizzabile (art. 112, comma 1, lett. f), c.c.i.). Anche dove il voto all'unanimità delle classi parrebbe evocare pieno consenso, esso si rivela nient'altro che una pre-condizione del controllo giudiziale sulla giustizia commutativa, cioè sulle condizioni minime per la ristrutturazione involontaria. Si tratta di un'altra importante linea di tendenza del diritto delle obbligazioni in un'economia finanziaria, che per definizione *moltiplica le posizioni creditorie*, e rende il principio maggioritario sempre meno capace di rappresentare un effettivo criterio di soluzione dei conflitti d'interesse fra i protagonisti della crisi[38]. Tale arretramento, comune a tutti i fenomeni di massa, vede la progressiva spersonalizzazione del rapporto obbligatorio accompagnarsi alla sostituzione del consenso dei soggetti interessati con *obiettive valutazioni tecniche* – nel nostro caso, di rispetto delle condizioni minime per l'espropriazione (legittima) dei creditori – e i poteri inibitori o demolitori *con tutele per equivalente*[39]. Per stare al solo contesto della tutela del credito, il *bail-in* bancario è lì a dimostrarlo in tutta la sua evidenza; ma, forse, ciò è oggi vero anche nel resto delle ristrutturazioni aziendali.

---

[37] È la tesi di G. TERRANOVA, *I concordati in un'economia finanziaria*, cit., p. 14. Importanti segnali di questa tendenza erano già colti nella disciplina previgente del concordato preventivo, con riguardo alla ristrutturazione dei crediti fiscali e contributivi: v. G. D'ATTORRE, *La ristrutturazione "coattiva" dei debiti fiscali e contributivi negli adr e nel concordato preventivo*, in *Fall.*, 2021, p. 153 ss., spec. 163 ss.

[38] G. TERRANOVA, *I concordati in un'economia finanziaria*, cit., p. 12 ss. In diversa prospettiva, cfr. M. FABIANI, *Il diritto diseguale nella concorsualità concordataria postmoderna*, cit., p. 1491 ss.

[39] Assai significativo l'art. 53, comma 5-*bis*, c.c.i. In attuazione dell'art. 16, § 4, comma 2, dir. 2019/1023, esso prevede che, con l'accoglimento del reclamo contro la sentenza di omologazione del concordato preventivo in continuità, la corte d'appello possa confermare l'omologazione se l'interesse generale dei creditori e dei lavoratori prevale su quello del reclamante, riconoscendo a quest'ultimo il diritto al risarcimento del danno. Tale sostituzione della tutela in forma specifica con quella per equivalente trova una significativa analogia nella disciplina sulla risoluzione delle banche in dissesto (artt. 87-89, d.lgs. 16 novembre 2015, n. 180): cfr. M. STELLA, *Crisi bancarie e tutela giurisdizionale, Studio sulla tutela dei diritti nel sistema del d.lgs. 180/2015 e del d.l. 99/2017 c.d. "Banche Venete"*, Roma, 2018, p. 39 ss.; B. INZITARI, *Le mobili frontiere*, cit., p. 47 s. Sugli effetti della spersonalizzazione del rapporto obbligatorio nell'economia contemporanea, dal punto di vista degli effetti sul diritto concorsuale, preziosi spunti in C.G. PAULUS, *Gedanken über Insolvenzrecht, das Wetter und andere Misshelligkeiten*, p. 801 ss. (spec. l'impatto della cessione dei crediti nella ristrutturazione e della posizione dei creditori titolari di Credit Default Swap).

PRIVILIGIERTE NEUGLÄUBIGER? EINE (RECHTSÖKONOMISCHE) ANALYSE DES DEUTSCHEN RESTRUKTURIERUNGS- UND INSOLVENZRECHTS

von *Christian Uhlmann*

ABSTRACT

The paper deals with the question if and how new financing enjoys protection under both German insolvency law and the law implementing the Restructuring Directive. This is primarily due to the fact that in Germany the debtor can use either mechanisms of restructuring law or insolvency law. However, he or she cannot combine tools stemming from restructuring or insolvency law, thereby making the question crucial which law is to be chosen. In this respect, a normative and an economic perspective are applied. The paper starts with elaborating the economic background of new financing, examining in particular the incentives that managers, shareholders, and creditors face in financial distress. This is followed by an analysis of the German implementation of new financing prescribed by the Restructuring Directive. The next section deals with new financing in German insolvency law. This paper concludes with an analysis of new financing in German restructuring and insolvency law coming to the conclusion that both laws lack sufficient incentives. In this regard, granting priority to new financing in the context of subsequent insolvency procedures might help to overcome the underinvestment phenomenon. Additionally, detrimental overinvestment can be avoided by implementing sufficient safeguards, thereby establishing an efficient and coherent, respectively, regime of new financing in German restructuring and insolvency law.

rahmen. – a) Voraussetzungen des Kreditrahmens. – b) Reichweite des Kreditrahmens. – V. Analyse. – 1. Vergleich der Privilegierung von Neugläubigern im Restrukturierungs- und Insolvenzrecht. – 2. Rechtsökonomische Analyse der Privilegierung von Neugläubigern. – 3. Folgerung: Einführung eines Vorrangs für neue Finanzierungen im Restrukturierungs- und Insolvenzrecht. – VI. Fazit und Ausblick.

I. *Einführung.* – Die Restrukturierungsrichtlinie [1] anerkennt in Erwägungsgrund 66 explizit, dass der Erfolg einer Restrukturierung auch maßgeblich davon abhängt, ob dem Schuldner neue finanzielle Mittel zur Verfügung stehen. [2] Unter diesem Blickwinkel kommt der Frage eine zentrale Bedeutung zu, wie die Bereitschaft Dritter gestärkt werden kann, den Schuldner in dieser schwierigen Lage zu unterstützen. Die Antwort der Restrukturierungsrichtlinie liegt im Grundsatz darin, sogenannte neue Finanzierungen und Zwischenfinanzierungen von der Insolvenzanfechtung auszunehmen. [3] Eine Anfechtung diesbezüglicher Finanzierungen droht etwa dann, wenn die Restrukturierungssache selbst scheitert, oder, wenn die Restrukturierung zunächst vordergründig erfolgreich ist, es nach Abschluss des Restrukturierungsverfahrens aber doch zur Eröffnung eines Insolvenzverfahrens kommt.

Das nationale, nicht harmonisierte Insolvenzrecht steht der in der Restrukturierungsrichtlinie gezeigten Offenheit, neue Finanzierungen und Zwischenfinanzierungen im Ausgangspunkt zu privilegieren, reservierter gegenüber. Eine vergleichsweise dezidierte Aussage, dass etwa neue Finanzierungen zum Zweck der Unternehmenssanierung zu fördern seien, findet man höchstens an nachgelagerter Stelle [4] – ein Befund, der vor dem Hintergrund, dass nach der überwiegenden Auffassung der Erhalt des Unternehmens im deutschen Insolvenzrecht nur als ein Instrument zur bestmöglichen Gläubigerbefriedigung angesehen wird, [5] wenig überrascht. Nichtsdestotrotz räumt auch die InsO den Beteiligten

[1] Richtlinie (EU) 2019/1023 des Europäischen Parlaments und des Rates vom 20. Juni 2019 über präventive Restrukturierungsrahmen, über Entschuldung und über Tätigkeitsverbote sowie über Maßnahmen zur Steigerung der Effizienz von Restrukturierungs-, Insolvenz- und Entschuldungsverfahren und zur Änderung der Richtlinie (EU) 2017/1132 (Richtlinie über Restrukturierung und Insolvenz), Abl. EU 2019, L 172/18.

[2] Generell zu dieser Einsicht *Dinstühler* ZInsO 1998, 243; *Eidenmüller*, Unternehmenssanierung zwischen Markt und Gesetz, 1999, 57; MüKoStaRUG/*Kern*, 1. Aufl. 2023, § 270c InsO Rn. 62; *Madaus/Knauth* ZIP 2018, 149; ferner *Jungmann* WM 2022, 353 (355); *Madaus/Wessels* ZEuP 2020, 800 (816); *Roe/Tung* 99 Va. L. Rev. 1235, 1250 (2013); *Triantis* 46 Vand. L. Rev. 901, 904 (1993).

[3] Art. 17 Abs. 1 Restrukturierungsrichtlinie. Zu den weiteren den von der Restrukturierungsrichtlinie den Mitgliedstaaten eingeräumten Möglichkeiten siehe noch unter III.

[4] BT-Drucks. 12/2443, 216.

[5] Siehe § 1 S. 1 InsO sowie BT-Drucks. 19/24181, 85 f.; MüKoInsO/*Ganter/Bruns*, Bd. 1, 4. Aufl. 2019, § 1 Rn. 85 ff.; *Heese* JZ 2018, 179 (180); *Jauernig/Berger/Thole*, Insolvenzrecht, 24. Aufl. 2022, § 1 Rn. 22; *Korch* ZHR 182 (2018), 440 (444); Uhlenbruck/*Pape*, 15. Aufl. 2019, § 1

die Möglichkeit ein, in gewissen Konstellationen neue Gläubiger gegenüber den Altgläubigern besserzustellen. Umfangreiche Vorrechte, wie sie etwa in § 61 KO zu finden waren, wurden zwar mit Inkrafttreten der InsO im Wesentlichen abgeschafft. [6] Geblieben ist allerdings die Möglichkeit, Masseverbindlichkeiten zu begründen; letztere sind dabei vor den Insolvenzgläubigern zu befriedigen, § 53 InsO. Ein Massekredit kann dabei nicht nur vom (vorläufig starken) Insolvenzverwalter begründet werden, sondern auch in der (vorläufigen) Eigenverwaltung. [7] Masseverbindlichkeiten sind zudem anfechtungsfest; eine Rückabwicklung scheidet aufgrund des überwiegenden schutzwürdigen Vertrauens des Rechtsverkehrs aus. [8] Eine weitere den Beteiligten von Gesetzes wegen zur Verfügung stehende Möglichkeit, neue Finanzierungen zu privilegieren, findet sich im Insolvenzplanverfahren. In diesem Zusammenhang kommt die Vereinbarung eines Kreditrahmens in Betracht, in dem bestimmt werden kann, dass sog. Kreditrahmengläubiger im Rahmen einer Folgeinsolvenz bis zur Höhe eines im Voraus festgesetzten Gesamtbetrags vorrangig zu befriedigen sind. [9] Aber auch unabhängig von Masseverbindlichkeiten und Rahmenkrediten kommt neuen Finanzierungen ein von der Rechtsprechung entwickelter Anfechtungsschutz zu. Im Rahmen der Vorsatzanfechtung nach § 133 Abs. 1 InsO – Voraussetzung ist neben der Gläubigerbenachteiligung ein Benachteiligungsvorsatz des (späteren) Insolvenzschuldners und dessen Kenntnis durch den jetzigen Anfechtungsgegner – scheidet eine Kenntnis des Gläubigers von der drohenden Zahlungsunfähigkeit und dem Benachteiligungsvorsatz des Schuldners aus, wenn die erhaltenen Leistungen auf einem schlüssigen Sanierungskonzept basierten. [10]

Neben diesen den Beteiligten von Gesetzes wegen eingeräumten Optionen stehen noch marktwirtschaftliche Instrumente zur Verfügung, um Gläubiger dazu zu bewegen, in der Krise dem Unternehmen neues Kapital zuzuführen – insoweit könnte von einer gewissen Privilegierung im faktischen Sinne gesprochen werden. Auf der einen Seite wäre die Vereinbarung eines höheren Zinssat-

---

Rn. 1; ferner *Jacoby* ZGR 2010, 359 (361 f.); *Paulus* NZI 2015, 1001 (1003 f.).

[6] Zur Abschaffung der Vorrechte allgemein BT-Drucks. 12/2443, 90. Siehe zu dem aufgrund der Existenz zahlreicher Vorrechte in der KO anzutreffenden Phänomen des „Konkurs des Konkurses" etwa *Kilger* KTS 1975, 142; *Madaus*, Der Insolvenzplan, 2011, 85 ff.; Kübler/Prütting/Bork/*Prütting*, 94. Lieferung 12.2022, § 1 Rn. 7. Aus rechtsökonomischer Perspektive *R. Schmidt*, Ökonomische Analyse des Insolvenzrechts, 1980, 95 ff. Einem Vorrecht der KO nahe kommt etwa § 55 Abs. 4 InsO, der in gewissen Konstellationen Steuerschulden als Masseverbindlichkeiten qualifiziert.

[7] Zur Eigenverwaltung *Foerste*, Insolvenzrecht, 8. Aufl. 2022, Rn. 662 u. 674 ff.; MüKoStaRUG/*Kern*, § 270c InsO Rn. 61 ff. sowie § 275 Rn. 1 u. 7.

[8] Exemplarisch *BGH* NZI 2014, 321, 322 Rn. 11.

[9] §§ 264 f. InsO. Siehe dazu noch unter IV.2.

[10] Dazu zuletzt BGHZ 210, 249; ferner *Schoppmeyer* WM 2018, 353 (354 ff.); *ders.* ZIP 2021, 869 (872 ff.).

zes in Darlehensverträgen oder Anleihebedingungen in Erwägung zu ziehen, der das mit einer Unternehmenskrise einhergehende gesteigerte Ausfallrisiko abbilden würde. Auf der anderen Seite könnten auch die bisherigen Anteilsinhaber dazu bewegt werden, dem Unternehmen neues Kapital zur Verfügung zu stellen – etwa in der Form von Eigen- oder Fremdkapital. Schließlich besteht noch die (theoretische) Möglichkeit, neuen Gläubigern (erstrangige) Sicherheiten einzuräumen; [11] deren Darlehensrückzahlungsansprüche wären dann vor einem Zahlungsausfall des Schuldners wirtschaftlich nicht tangiert. Es darf allerdings nicht darüber hinwegtäuschen, dass diese marktwirtschaftlichen Möglichkeiten des Schuldners in der Unternehmenskrise begrenzt sind. In der Regel lässt sich das Risiko nicht allein durch einen höheren Zinssatz ausgleichen, zumal ein höheres Ausfallrisiko für Kreditinstitute mit erhöhten Anforderungen an das vorzuhaltende regulatorische Eigenkapital einhergeht [12]. Auch eine Sicherheitenbestellung wird regelmäßig ausscheiden, da das Vermögen des Schuldners bereits vollständig mit Sicherungsrechten belastet ist. [13] Schließlich ist auch für die Anteilsinhaber der Anreiz reduziert, dem Unternehmen neues Kapital zur Verfügung zu stellen. Sowohl Eigenkapitalgeber als auch Gesellschafterdarlehen werden im Verhältnis zu den Insolvenzgläubigern nachrangig befriedigt. [14]

Angesichts dieser Einsichten fokussiert sich die hiesige Studie auf rechtliche Instrumente, die das Restrukturierungs- und Insolvenzrecht bereithält, Gläubiger dazu zu bewegen, dem strauchelnden Unternehmen neue finanzielle Mittel zur Verfügung zu stellen. Was dies betrifft, hat schon der obige Abriss gezeigt, dass das deutsche Recht den Beteiligten einen Strauß an Möglichkeiten bietet. Insoweit wird der Diskussion, auf welches rechtliche Instrumentarium bei der Unternehmenssanierung zurückgegriffen werden sollte, ein weiterer Baustein hinzugefügt. [15] Dies gilt vor dem Hintergrund, dass mit dem am 01.01.2021 in

---

[11] Vgl. in diesem Zusammenhang auch *Foerste*, Insolvenzrecht, Rn. 533; *Dinstühler* ZInsO 1998, 243 (250).

[12] Allgemein zu der Kreditinstitute treffenden Pflicht, ihre Vermögenpositionen mit regulatorischem Eigenkapital zu unterlegen, *Uhlmann*, Individualschutz im Kapitalmarkt- und Bankenaufsichtsrecht, 2021, 49 ff. u. 646 ff.; in Zusammenhang mit dem StaRUG *Brinkmann* ZBB 2022, 356 (363).

[13] Vgl. *Bork* ZIP 2017, 1441 (1446); *Dinstühler* ZInsO 1998, 243 (247); MüKoInsO/*Drukarczyk/Fridgen*, Bd. 3, 4. Aufl. 2020, § 264 Rn. 20 f. u. 26; *Foerste*, Insolvenzrecht, Rn. 533; *Gurrea-Martínez* EBOR 21 (2020), 829 (841); Jaeger/*Piekenbrock*, Bd. 7, 1. Aufl. 2019, § 264 Rn. 4.

[14] Siehe diesbzgl. §§ 39 Abs. 1 Nr. 5 u. 199 S. 1 InsO; ferner *Parzinger*, Fortführungsfinanzierung in der Insolvenz, 2013, 72; *Triantis* 46 Vand. L. Rev. 901 (911) (1993). Kritisch zu dieser seit dem MoMiG angeordneten generellen nachrangigen Befriedigung von Gesellschafterdarlehen *Eidenmüller*, FS Canaris, 2007, 49 (50 ff.); *Parzinger* ZIP 2019, 1748 (1757).

[15] Allgemein zu den (rechtlichen) Möglichkeiten der Unternehmenssanierung *Eidenmüller*, Unternehmenssanierung, 51 ff. u. passim; *Madaus*, Der Insolvenzplan, 37 ff. Ferner *Bitter* ZGR 2010, 147 (151 ff.); *Klöhn/Franke* ZEuP 2022, 44 (46 ff.).

Kraft getretenen SanInsFoG[16] zugleich die Eigenverwaltung einer Revision unterzogen wurde, umso mehr – ab drohender Zahlungsunfähigkeit stehen dem Schuldner sowohl die Instrumente des StaRUG als auch im Rahmen der Eigenverwaltung die des Insolvenzrechts zur Verfügung.[17]

Die Studie beginnt mit einer Analyse des rechtsökonomischen Hintergrunds (II.). Danach werden die Vorgaben der Restrukturierungsrichtlinie samt ihrer Umsetzung in nationales Recht untersucht (III.). Dem folgt das nicht harmonisierte Insolvenzrecht (IV.). Eine Analyse beschließt die Studie (V.).

II. *Rechtsökonomischer Hintergrund.* – Bevor der rechtsökonomische Hintergrund aufgearbeitet wird, der der Frage zugrunde liegt, ob Neugläubiger in einer gewissen Weise zu privilegieren sind, soll der Frage nachgegangen werden, ob ökonomische Argumente bei der Gesetzesinterpretation überhaupt herangezogen werden dürfen. Dieser Gesichtspunkt erschöpft sich keineswegs lediglich in einer Wiederholung der Debatte, wie sie vornehmlich in den 1980er und 1990er Jahren geführt wurde.[18] Was dies betrifft, ist gerade das Inkrafttreten der Restrukturierungsrichtlinie geeignet, zu einer (weiteren) Neubewertung beizutragen.

1. *Legitimität der ökonomischen Analyse im Restrukturierungs- und Insolvenzrecht.* – a) *Traditionelles Verständnis und Fortentwicklungen.* – Die Stimmen, die der Berücksichtigung ökonomischer Gesichtspunkte im Rahmen der Auslegung strikt ablehnend gegenüberstanden,[19] sind weitestgehend verstummt. Darauf, dass die ökonomische Analyse etwa aufgrund ihrer (absoluten) Fixierung auf das Phänomen der Effizienz mit dem Menschenbild des Grundgesetzes unvereinbar sei, wird nicht mehr abgestellt. Überhaupt haben sich beide Auffassungen angenähert. So haben die Apologeten der ökonomischen Analyse von deren Absolutheitsanspruch Abstand genommen und anerkennen deren begrenzten Aussagegehalt – letzteres trifft insbesondere hinsichtlich Fragen der Verteilungsgerechtigkeit zu.[20] Im Übrigen werden die der ökonomischen Analyse zugrunde liegenden Annahmen, wie der REMM-Hypothese[21], durchaus

---

[16] Gesetz zur Fortentwicklung des Sanierungs- und Insolvenzrechts, BGBl. I 2020, 3256.

[17] Zu den Unterschieden etwa *Klöhn/Franke* ZEuP 2022, 44 (79 f.); *Morgen/Arends/Schierhorn* ZRI 2021, 305.

[18] Statt aller *Eidenmüller*, Effizienz als Rechtsprinzip, 1995, 393 ff. u. passim.

[19] So etwa *Fezer* JZ 1986, 817 (821 ff.); *ders.* JZ 1988, 223 (224 ff.).

[20] Exemplarisch *Kötz*, FS Steindorff, 1990, 643 (662 f.); *Kübler*, FS Steindorff, 1990, 687 (697 f. u. 700); *Petersen/Towfigh*, Ökonomische Methoden im Recht, 2. Aufl. 2017, § 1 Rn. 5 u. 47 ff.; *Schäfer/Ott*, Lehrbuch der ökonomischen Analyse des Zivilrechts, 6. Aufl. 2021, 44 ff.

[21] Siehe dazu das grundlegende Verhaltensmodell von *Becker* 76 J. Pol. Econ. 169 (1968); ferner *Schäfer/Ott*, Lehrbuch der ökonomischen Analyse des Zivilrechts, 107 ff.; *Towfigh*, Ökonomische Methoden im Recht, § 2 Rn. 69 ff.

kritisch hinterfragt. So ist gerade seit den grundlegenden Arbeiten von *Kahneman* und *Tversky* und dem damit bedingten Aufkommen der Behavioral Economics eine stetige Weiterentwicklung des Modells menschlichen Verhaltens zu beobachten.[22]

Im Gegenzug wird die Legitimität der ökonomischen Analyse nicht mehr grundsätzlich in Abrede gestellt. Überwiegende Einigkeit besteht dahingehend, dass Gerichte ökonomische Argumente zu berücksichtigen haben, wenn der Gesetzgeber als Zweck bestimmter Vorschriften explizit die Förderung von Effizienz vorsieht.[23] Gleiches dürfte zutreffen, wenn der Gesetzgeber ausdrücklich auf ökonomische Theorien und Erklärungsansätze zurückgreift.[24] Dabei ist auch in diesem Zusammenhang anerkannt, dass ökonomische Argumente keine automatische Vorrangstellung einnehmen. Dem Bekenntnis zur Effizienz kommt kein Absolutheitsanspruch zu; sie ist stets mit anderen gesetzgeberischen Wertungen in Ausgleich zu bringen.[25] Im Ergebnis läuft dies darauf hinaus, ökonomische Argumente im Rahmen der teleologischen Auslegung „gleichberechtigt" neben anderen Gesichtspunkten zu berücksichtigen; insoweit handelt es sich eher um eine ökonomische Auslegung, statt einer eine mathematische Exaktheit implizierenden Analyse.[26]

Fehlt es hingegen an einer derartigen gesetzgeberischen Ermächtigung, soll eine Berücksichtigung ökonomischer Argumente ausscheiden. Gerichte verfügten nicht über die erforderlichen fachlichen Kompetenzen und die nötigen Informationen, um ökonomische Argumente angemessen in die Gesetzesauslegung einfließen zu lassen.[27] Auch da mit der Berücksichtigung ökonomischer Argumente (oftmals) tiefgreifende Änderungen einhergingen, obläge es in diesen Fällen dem Gesetzgeber, über die Legitimität ökonomischer Argumente zu

---

[22] Exemplarisch der von *Tversky* und *Kahneman* herausgegebene Sammelband Judgment under uncertainty: Heuristics and biases 1982; ferner *Englerth/Towfigh*, Ökonomische Methoden im Recht, § 8 Rn. 479 ff.

[23] *Eidenmüller*, Effizienz, 452; *ders.* AcP 197 (1997), 80 (116); *Grundmann* RabelsZ 61 (1997), 423 (434 ff.); *Petersen/Towfigh*, Ökonomische Methoden im Recht, § 1 Rn. 19; *Taupitz* AcP 196 (1996), 114 (146 ff.); *Zickgraf* ZfPW 2021, 482 (493). Siehe ferner schon *Steindorff*, FS Larenz, 1973, 217 (235 ff.); vgl. auch *Croon-Gestefeld*, Jahrbuch Junger Zivilrechtswissenschaftler 2017, 2018, 51 (58 f. u. 61 f.).

[24] *Grundmann* RabelsZ 61 (1997), 423 (440); *Zickgraf* ZfPW 2021, 482 (493).

[25] Etwa *Grundmann* RabelsZ 61 (1997), 423 (444 ff.); *Kübler*, FS Steindorff, 687 (697 f.); *Petersen/Towfigh*, Ökonomische Methoden im Recht, § 1 Rn. 5; *Schäfer/Ott*, Lehrbuch der ökonomischen Analyse des Zivilrechts, 44 ff.; *Wagner*, FS Canaris, 2017, 281 (293 u. 313 f.); ferner *Taupitz* AcP 196 (1996), 114 (126 f., 135 f. u. 163 ff.).

[26] Vgl. etwa *Croon-Gestefeld* Jahrbuch Junger Zivilrechtswissenschaftler 2017, 51 (56 ff.); *Grundmann* RabelsZ 61 (1997), 423 (443); *Uhlmann* 27 U.C. Davis J. Int'l L. & Pol'y 149 (193) (2021); *Wagner*, FS Canaris, 281 (313 f. u. 318).

[27] *Eidenmüller*, Effizienz, 426 ff.; *ders.* AcP 197 (1997), 80 (103 ff.); *Taupitz* AcP 196 (1996), 114 (144); vgl. auch *Croon-Gestefeld* Jahrbuch Junger Zivilrechtswissenschaftler 2017, 51 (67 f.).

entscheiden.[28] Der Legislative stünde im Rahmen des Gesetzgebungsverfahrens ein breites Instrumentarium zur Verfügung, um ökonomischen Argumenten adäquat Beachtung zollen zu können; bei der ökonomischen Analyse bzw. Auslegung handele es sich daher zuvörderst um eine Gesetzgebungstheorie.[29] Man kann allerdings hinterfragen, warum sich an diesen Einsichten etwas ändern soll, wenn der Gesetzgeber ‚ökonomische Effizienz' als Regelungsziel vorgibt. Auch in dieser Konstellation verbliebe es bei der mangelnden ökonomischen Befähigung der Richterschaft. Und ob tatsächlich in jedem Fall dem Gericht die für die Berücksichtigung ökonomischer Argumente nötige Tatsachenbasis fehlt, kann in dieser Allgemeinheit zurecht hinterfragt werden. Gleiches trifft auf den Gesichtspunkt zu, dass mit jeder Anwendung der ökonomischen Analyse bzw. Auslegung eine den Wesentlichkeitsgrundsatz tangierende Prärogative der Legislative ausgelöst wäre. Vielmehr sind gerichtliche, das Verhältnis zwischen Legislative und Judikative berührende Grundsatzentscheidungen seit jeher Gang und Gäbe – so basieren etwa erhebliche Teile des deutschen Deliktsrechts auf „richterlicher Rechtsetzung".[30] Dem im internationalen Kontext als *legislative supremacy*[31] bezeichneten Grundsatz kann vielmehr dadurch Rechnung getragen werden, dass es dem Gesetzgeber freisteht, ihm ungewünschte gerichtliche Entscheidungen mittels Gesetzesänderung für die Zukunft zu unterbinden.

b) *Folgen für die hiesige Untersuchung.* – Was folgt daraus für die Auslegung des Restrukturierungs- und Insolvenzrechts? Hinsichtlich des Insolvenzrechts darf nicht unerwähnt bleiben, dass die Berücksichtigung ökonomischer Argumente (wohl) stets für zulässig erachtet wurde. Gesetzgeberische „Ermächtigungsgrundlage" bildet insoweit folgende Passage aus dem Regierungsentwurf zur InsO:[32]

„*Die hier vorgeschlagenen Regelungen sind besonders vom amerikanischen Recht, vor allem jedoch von neueren, noch stärker marktwirtschaftlich orientierten Strömungen in der Rechtswissenschaft der Vereinigten Staaten von Amerika beeinflußt*".

Darüber, ob dieser Passus wirklich dem Erfordernis einer ausdrücklichen gesetzlichen Ermächtigung zur Berücksichtigung ökonomischer Argumente ge-

---

[28] So läge der ökonomischen Analyse regelmäßig eine Folgenberücksichtigung zugrunde. Dazu *Eidenmüller*, Effizienz, 400 ff.; *ders.* AcP 197 (1997), 80 (83 ff.); vgl. auch *Croon-Gestefeld* Jahrbuch Junger Zivilrechtswissenschaftler 2017, 51 (65 f.).

[29] *Eidenmüller*, Effizienz, 414 ff.; *ders.* AcP 197 (1997), 80 (93 ff.); *Taupitz* AcP 196 (1996), 114 (144).

[30] Vgl. auch *Zickgraf* ZfPW 2021, 482 (487 f.).

[31] Vgl. diesbzgl. etwa *Lasser*, Judicial Deliberations – A Comparative Analysis of Judicial Transparency and Legitimacy, 2004, 169 ff.

[32] BT-Drucks. 12/2443, 90 nach *Eidenmüller* AcP 197 (1997), 80 (117 f. Fn. 87).

recht wird, kann getrost gestritten werden – zumal sich diese Stelle nur in einer Passage findet, die sich mit der Frage befasst, ob gesicherte Gläubiger in das Insolvenzverfahren einbezogen werden können. Obwohl der Passus in dem übergeordneten Abschnitt ‚Rechtsvergleichung' auftaucht, kann doch bezweifelt werden, ob sich daraus eine Aussage für die gesamte InsO ableiten lässt. Dies soll allerdings nicht zu dem Schluss verleiten, dass die Berücksichtigung ökonomischer Argumente hinsichtlich des Insolvenzrechts unzulässig wäre. Vielmehr ist in Einklang mit neueren Stimmen darauf zurückzugreifen, wenn dem gesetzgeberischen Regelungsanliegen auf diese Weise am optimalsten Rechnung getragen werden kann.[33] Hinzu kommt, dass ökonomische Argumente im „Wirtschaftsrecht" seit jeher herangezogen werden.[34] Insoweit kann auch auf die stetig zunehmenden Analysen zahlreicher rechtswissenschaftlicher Forschungsarbeiten zurückgegriffen werden;[35] von einem unüberwindbaren Hindernis der Gerichte, an ökonomische Erkenntnisse zu gelangen, kann daher nicht mehr gesprochen werden. Ferner geht es im Insolvenzrecht vornehmlich um monetäre Positionen.[36] Darüber hinaus handelt es sich bei den Insolvenzgläubigern typischerweise um eine große Gruppe, die sonst in keinem sozialen Kontakt zueinanderstehen. Da in derartigen großen Gruppen soziale Anreize höchstens eine untergeordnete Funktion einnehmen, kann in diesem Zusammenhang der REMM-Hypothese nicht nur bei der Frage, wie der Normzweck am optimalsten verwirklicht werden kann, eine nicht zu unterschätzende Bedeutung zukommen.[37]

Was das Restrukturierungsrecht betrifft, ist die Frage für die „Ermächtigungstheorie" von geringerem Argumentationsaufwand. Nicht nur trägt die Richtlinie bereits den Begriff „Effizienz" im Namen, sondern auch zahlreiche Erwägungsgründe lassen eine Hinwendung auf das ökonomische Effizienzprinzip erkennen. Beispielsweise soll Unternehmen ein Zugang zu wirksamen präventiven Restrukturierungsrahmen offenstehen.[38] Gleichzeitig soll der präventive Restrukturierungsrahmen etwa dazu beitragen, den Gesamtwert für Gläubiger, Anteilsinhaber und die Wirtschaft insgesamt zu maximieren; einer Wert-

---

[33] *Wagner*, FS Canaris, 281 (313 f. u. 318); *Zickgraf* ZfPW 2021, 482 (488 ff.); vgl. auch *Croon-Gestefeld* Jahrbuch Junger Zivilrechtswissenschaftler 2017, 51 (65 f.).

[34] *Grundmann* RabelsZ 61 (1997), 423 (430 f.); vgl. diesbzgl. auch die Einschätzung von *Croon-Gestefeld* Jahrbuch Junger Zivilrechtswissenschaftler 2017, 51 (57 f.); *Kötz*, FS Steindorff, 643 (649 ff.); MüKoBGB/*Wagner*, Bd. 7, 8. Aufl. 2020, § 823 Rn. 479.

[35] Für das Insolvenzrecht etwa *Eidenmüller*, Unternehmenssanierung, passim; *Parzinger*, Fortführungsfinanzierung, passim.

[36] Vgl. etwa *Foerste*, Insolvenzrecht, Rn. 63; *Madaus/Wessels* ZEuP 2020, 800 (827).

[37] Zu derartigen Kollektivhandlungsproblemen in sog. großen Gruppe statt aller *Olson*, Die Logik des kollektiven Handelns, 5. Aufl. 2004, passim.

[38] Erwägungsgrund 1 Restrukturierungsrichtlinie.

vernichtung durch vorschnelle Abwicklung sanierungswürdiger Unternehmen soll entgegengewirkt werden.[39] Vielmehr gilt es, sanierungswürdige Unternehmen und Arbeitsplätze zu erhalten und negativen Auswirkungen auf den Finanzsektor infolge notleidender Kredit zu vermeiden.[40] Hinzu kommt, dass auf Ebene der Union im Grundsatz ein anderes Verständnis von Recht herrscht. Recht wird in erster Linie als Steuerungsinstrument zur Durchsetzung von Unionspolitiken bzw. -recht[41] und nicht als Instrument der ausgleichenden Gerechtigkeit[42] erachtet. Angesichts dieses klaren gesetzgeberischen Bekenntnisses zur ökonomischen Effizienz[43] und des instrumentellen Charakters des Unionsrechts können die Erkenntnisse der ökonomischen Analyse bzw. Auslegung im Rahmen der Gesetzesinterpretation nicht einfach ignoriert werden. Dass ökonomischen Erwägungen ein Vorrang zukommt, ist damit allerdings nicht verbunden; ein Absolutheitsanspruch kann hier auch aufgrund der erwähnten begrenzten Aussagekraft der ökonomischen Analyse bzw. Auslegung nicht anerkannt werden.

2. *Rechtsökonomischer Hintergrund neuer Finanzierungen.* – Welchen Anreizen sind die Beteiligten in der Unternehmenskrise ausgesetzt? Und wie können rechtliche Vorgaben ausgestaltet werden, damit dem Ziel der bestmöglichen Ressourcenallokation bzw. der Reduzierung von Transaktionskosten Rechnung getragen werden kann, so dass positive Auswirkungen auf die gesamtwirtschaftliche Wohlfahrt erreicht werden können?

a) *Ausgangskonstellation.* – Nach dem traditionellen ökonomischen Verständnis kommt es zu einem Auseinanderfallen der Interessen der Anteilsinhaber und der Geschäftsleitung bzw. des Managements.[44] Dies trifft insbesondere hinsichtlich des Punkts zu, welchen Grad an Risiken das Unternehmen eingehen soll.[45] Anteilsinhaber sind typischerweise an dem Eingehen höherer Risiken in-

---

[39] Erwägungsgrund 2 Restrukturierungsrichtlinie.

[40] Erwägungsgrund 3 Restrukturierungsrichtlinie.

[41] Etwa *Schweitzer/Woeste*, Der „Private Attorney General“: Ein Modell für die private Rechtsdurchsetzung des Marktordnungsrechts?, 18 ff.; *Wagner* AcP 206 (2006), 352 (389 ff.).

[42] Vor dem Hintergrund von private law enforcement *Kern*, FS Ebke, 2021, 509 (511).

[43] Mangels gegenteiliger Aussagen des deutschen Gesetzgebers ist davon auszugehen, dass sich dieser die Erwägungen der Richtlinie zu eigen gemacht hat. Dazu vor dem Hintergrund des Finanzmarktaufsichtsrechts *Grundmann*, FS Canaris, 2017, 907 (944 f.).

[44] Grundlegend *Jensen/Meckling* 3 J. Fin. Econ. 305 (1976). Siehe dazu auch The Anatomy of Corporate Law/*Armour/Hansmann/Kraakman*, 3. Aufl. 2017, 29 ff.; *Eidenmüller* JZ 2001, 1041 (1046 ff.); *Langenbucher*, Aktien- und Kapitalmarktrecht, 4. Aufl. 2018, § 1 Rn. 21 ff.; *Schmolke* JZ 2015, 121 (124).

[45] Siehe zu dieser grundsätzlich bestehenden Interessendivergenz etwa *Allen/Kraakman/Khanna*, Commentaries and Cases on the law of Business Organization, 6. Aufl. 2021, 259 ff.

teressiert. Entweder zahlt sich die Strategie aus – die Erträge sind, anders als bei Fremdkapital, der Höhe nach theoretisch unbegrenzt –, oder der Verlust wird sich in Grenzen halten, da sie über ein hinreichend diversifiziertes Portfolio verfügen. Demgegenüber ist das Management klassischerweise risikoavers. Eine Risikostreuung, wie sie die Anteilsinhaber vornehmen können, ist den Managern im Hinblick auf ihre Tätigkeit nicht möglich; auch droht die Gefahr, sollten sich die eingegangenen Risiken realisieren, persönlich in Anspruch genommen zu werden. Um diese Interessendivergenz zu überwinden und Geschäftsleiter zum Eingehen erwünschter Risiken zu incentivieren, wird typischerweise auf zwei Instrumente zurückgegriffen: Eine an gewisse Voraussetzungen anknüpfende Haftungsfreistellung nach der Business Judgment Rule [46] und die Nutzung variabler Vergütungsbestandteile [47], mit denen ein Anreiz gesetzt wird, den Wert des Unternehmens zu steigern.

Für die Gläubiger ist die damit hergestellte Interessenidentität zwischen Management und Anteilsinhabern im Ausgangspunkt unschädlich. Solange das Unternehmen floriert, müssen auch die Gläubiger nichts fürchten. Die Lage ändert sich allerdings in der Unternehmenskrise. [48] Da die Fremdkapital- vor den Eigenkapitalgebern befriedigt werden, ist der Wert der Gesellschaftsanteile je nach Ausmaß der Krise schon jetzt erheblich reduziert. [49] Aufgrund der zwischen Management und Anteilsinhabern existierenden Interessenidentität besteht die Gefahr, dass die Geschäftsleitung vermehrt nur in solche Projekte investiert, die sich positiv für die Anteilsinhaber auswirken würden. [50] Diese Projekte zeichnen sich in der Regel durch ein hohes Risiko aus – aufgrund der vorrangigen Befriedigung der Gläubiger lohnen sich für die Anteilsinhaber nur Projekte, bei denen ein derart hoher Gewinn zu erwarten ist, dass sie trotz des Nachrangs noch davon profitieren. Aber auch wenn sich das Management risikoavers verhält, weil es bspw. in der Krise besonders auf seine Reputation be-

[46] *Allen/Kraakman/Khanna*, Business Organization, 269 ff.; The Anatomy of Corporate Law/ *Armour/Enriques/Hansmann/Kraakman*, 69 ff.; *Jena*, Die Business Judgment Rule im Prozess, 2020, 137 ff.; *Kern* ZVglRWiss 112 (2013), 70 (71 ff.).

[47] Vgl. dazu aus U.S.-amerikanischer Warte *Allen/Kraakman/Khanna*, Business Organization, 376 ff. Aus deutscher Perspektive etwa *Arnold*, Die Steuerung des Vorstandshandelns, 2007, 116 ff.

[48] Allgemein etwa The Anatomy of Corporate Law/*Armour/Hertig/Kanda*, 111 ff.; *Eidenmüller* ZZP 121 (2008), 273 (278); *Gurrea-Martínez* EBOR 21 (2020), 829 (836); *Klöhn/Franke* ZEuP 2022, 44 (54); *Hansmann/Squire*, The Oxford Handbook of Corporate Law and Governance, 2018, 251, 257 f. Bzgl. der generell unterschiedlichen Risikogeneigtheit von Gläubigern und Anteilseignern siehe auch *Klöhn* ZGR 2008, 110 (112 ff.).

[49] Daher werden in der Insolvenz auch die Insolvenzgläubiger wirtschaftlich als residual claimants bezeichnet. Siehe diesbzgl. *Klöhn/Franke* ZEuP 2022, 44 (53).

[50] *Klöhn/Franke* ZEuP 2022, 44 (54); *Eidenmüller*, Unternehmenssanierung, 22 f.; *Parzinger*, Fortführungsfinanzierung, 137 f. u. 141 f.; *Triantis* 46 Vand. L. Rev. 901 (911 f.) (1993). Vgl. auch The Anatomy of Corporate Law/*Armour/Hertig/Kanda*, 114.

dacht ist[51], droht im Ergebnis das Phänomen des *underinvestment* – dies ist auch dem Umstand geschuldet, dass Anteilsinhaber wegen des grundsätzlichen Nachrangs nur einen geringen Anreiz haben, in der Krise dem Unternehmen zusätzliches Kapital zur Verfügung zu stellen[52]. Profitable Investments, bei denen die Anteilsinhaber keinen oder kaum Profit ziehen, werden unterbleiben; auch Sanierungschancen können ungenutzt verstreichen. Dies ist auch aus gesamtwirtschaftlicher Perspektive misslich, sollen doch Investitionen getätigt werden, die sich durch einen positiven Kapitalwert auszeichnen bzw. fortführungswürdige Unternehmen erhalten bleiben.[53]

Welche Faktoren sorgen dafür, dass sich (neue) Gläubiger bereits erklären, dem Unternehmen in der Krise neues Kapital zur Verfügung zu stellen? Für (neue) Gläubiger besteht vornehmlich dann ein Anreiz, sich an der Restrukturierung zu beteiligen, wenn sie weitestgehend von den Altverbindlichkeiten abgeschirmt werden. Sollte es tatsächlich zu einer erfolgreichen Sanierung kommen, kommt dies nicht nur der Allgemeinheit, da eine unnötige Liquidation des Unternehmens verhindert wurde, sondern auch Alt- und Neugläubigern zugute.[54] Vor diesem Hintergrund liegt die Privilegierung der Neugläubiger zugleich im Interesse der Altgläubiger; von dem mit einer nachhaltigen Sanierung einhergehenden positiven externen Effekt profitieren beide gleichermaßen. Dies ist allerdings nur die eine Seite der Medaille. Sollte die Sanierung scheitern, besteht die Gefahr, dass die nicht privilegierten Gläubiger zusätzlichen Vermögensrisiken ausgesetzt sind – schließlich mindert die Aufnahme zusätzlichen, in einer gewissen Form privilegierten Fremdkapitals den Wert ihrer Positionen. Da davon auszugehen ist, dass Altgläubiger derartige Risiken antizipieren und etwa in Form höherer Zinsen wirtschaftlich auf den Schuldner verlagern, kann es zu einer generellen Verteuerung der Kreditvergabe kommen.[55]

---

[51] Darauf hinweisend The Anatomy of Corporate Law/*Armour/Hertig/Kanda*, 112; *Parzinger*, Fortführungsfinanzierung, 143 f.; kritisch hingegen *Triantis* 46 Vand. L. Rev. 901 (912, siehe aber auch 916 ff.) (1993).

[52] Siehe dazu schon die Nachweise in Fn. 14.

[53] *Triantis*, 46 Vand. L. Rev. 901 (911) (1993); ferner *Gurrea-Martínez*, EBOR 21 (2020), 829 (841).

[54] Insoweit sind Parallelen zum Gefangenendilemma erkennbar. Für die Altgläubiger ist es individuell rational, nicht zu kooperieren, da die Privilegierung der Neugläubiger ihre Position verschlechtern kann. Allerdings kann dies zu einem kollektiv unerwünschten Ergebnis führen, da eine Sanierung des Unternehmens erschwert wird. Siehe dazu auch *Casey* 120 Colum. L. Rev. 1709 (1736 ff.) (2020); *Eidenmüller*, Unternehmenssanierung, 19 ff.; *ders.* ZZP 121 (2008), 273 (280); *Klöhn/Franke* ZEuP 2022, 44 (55); ferner *Madaus* EBOR 19 (2018), 615 (635 f.); *Parzinger* ZIP 2019, 1748 (1756). Allgemein zur Figur des Gefangenendilemmas etwa *Basu*, The Republic of Beliefs, 2018, 26 ff.; *McAdams* 82 S. Cal. L. Rev. 209 (214 ff.) (2009); *Voigt*, Institutionenökonomik, 2. Aufl. 2009, 38 ff.

[55] *Gurrea-Martínez* EBOR 21 (2020), 829 (831 u. 836); demgegenüber tendenziell skeptisch *Parzinger*, Fortführungsfinanzierung, 260.

Zusätzlich droht der Eintritt des als *overinvestment* bezeichneten Phänomens. Eine Privilegierung neuer Finanzierungen begründet leicht die Gefahr, einen Anreiz zur leichtsinnigen Kreditvergabe zu begründen.[56] Schließlich kann der Neugläubiger sogar besser stehen, als bei der Ausreichung eines Darlehens außerhalb der Insolvenz; eine sorgfältige Prüfung der Bonität des Schuldners könnte daher aus seiner Perspektive unterbleiben. Auch das *overinvestment*-Phänomen gilt es aus gesamtwirtschaftlicher Perspektive zu vermeiden, besteht bei einer zu laxen Kreditvergabe doch die Möglichkeit, dass verstärkt in Projekte mit einem negativen Kapitalwert investiert wird.[57]

b) *Folgerungen.* – Die Privilegierung von Neugläubigern ist im Ausgangspunkt geeignet, den zuvor konstatierten Gruppenkonflikten entgegenzuwirken. Der erste Gruppenkonflikt resultiert aus der Interessendivergenz zwischen der Geschäftsleitung und den Anteilsinhabern auf der einen und den Gläubigern auf der anderen Seite. Ungeachtet der Frage, ob es in der Praxis tatsächlich zu einem *underinvestment* kommt,[58] kann die mit der Privilegierung neuer Finanzierungen einhergehende Mittelzuführung dafür sorgen, dass das Unternehmen in Projekte investiert, sobald ein positiver Ertrag zu erwarten ist, bzw. entsprechende Sanierungschancen genutzt werden – aufgrund der durch die Privilegierung gestärkte Finanzierungsbereitschaft der Neugläubiger stehen dem Unternehmen eher die dafür nötigen Mittel zur Verfügung.[59] Eine gesetzliche Privilegierung hätte darüber hinaus einen transaktionskostensenkenden Effekt zur Folge, da andernfalls mit allen anderen Gläubigern individuell verhandelt werden müsste, um ein ähnliches Ergebnis auf vertraglicher Ebene zu erreichen; auch deren mangelnde Zustimmung könnte so überwunden werden.[60] Dieser mit der neuen Finanzierung verbundene Effekt kommt umso stärker zum Tragen, je weniger die Neugläubiger an den Altverlusten im Falle des Scheiterns der Unternehmenssanierung beteiligt werden – eine derartige Risikoreduzierung lässt sich in erster Linie mit der Einräumung eines Befriedigungsvorrangs erreichen.[61]

---

[56] Vgl. *Skeel* 152 U. Pa. L. Rev. 917 (935) (2003); *Triantis* 46 Vand. L. Rev. 901 (911 u. 919 f.) (1993).

[57] *Parzinger*, Fortführungsfinanzierung, 141; *Triantis* 46 Vand. L. Rev. 901 (911) (1993).

[58] Demgegenüber skeptisch *Parzinger*, Fortführungsfinanzierung, 141.

[59] *Skeel* 152 U. Pa. L. Rev. 917 (935) (2003); *Triantis* 46 Vand. L. Rev. 901 (919 ff.) (1993); ferner *Parzinger*, Fortführungsfinanzierung, 138; *ders.* ZIP 2019, 1748 (1752 u. 1755); kritisch hinsichtlich der Privilegierung neuer Finanzierungen *Müller* ZIP 2020, 2253 (2257).

[60] *Casey* 120 Colum. L. Rev. 1709 (1715 u. 1732 ff.) (2020); ferner *Gurrea-Martínez* EBOR 21 (2020), 829 (839); *Klöhn/Franke* ZEuP 2022, 44 (56 f.); *Eidenmüller*, Unternehmenssanierung, 21 f.; *ders.* ZZP 121 (2008), 273 (277 u. 280); *Parzinger* ZIP 2019, 1748 (1755); *Tabb*, Law of Bankruptcy, 2020, 1036 f.

[61] Vgl. *Gurrea-Martínez* EBOR 21 (2020), 829 (841 f.); *Madaus/Wessels* ZEuP 2020, 800 (817); *Tabb*, Law of Bankruptcy, 673; siehe dazu auch noch unter V.3.

Auch der mit dem *overinvestment*-Phänomen einhergehende zweite Gruppenkonflikt zwischen den Alt- und Neugläubigern stellt aus Effizienzgesichtspunkten kein unüberwindbares Hindernis da. So lassen sich mittels Schutzmechanismen Anreize zu opportunistischem Verhalten minimieren. Im Allgemeinen ist sicherzustellen, dass nur solche Unternehmen in den Genuss einer privilegierten neuen Finanzierung kommen, bei denen der Fortführungswert den Liquidationswert übersteigt.[62] Andernfalls kann es nicht nur aus gesamtökonomischer Perspektive verstärkt zum Aufkommen sog. Zombieunternehmen,[63] sondern auch zu einer Umverteilung von den Alt- zu den Neugläubigern kommen[64]. Dieser Effekt ist umso stärker, desto weniger die Neugläubiger für Altverbindlichkeiten einstehen müssen. In der Regel sind nicht alle Gläubiger in der Lage, auf die mit der Zuführung neuen privilegierten Kapitals verbundene Verschlechterung ihrer Positionen zu reagieren. Dies trifft insbesondere auf Klein- oder Deliktsgläubiger zu; bei professionellen Gläubigern ist hingegen zu erwarten, dass sie sich gegen derartige Risiken zumindest partiell abgesichert haben.[65] Ein weiterer mit der Privilegierung neuer Finanzierungen verbundener negativer externer Effekt droht etwa dann einzutreten, wenn zu großzügig mit der Verleihung von Vorrechten umgegangen wird.[66] In diesem Fall sieht sich jeder (professionelle) Gläubiger dem Anreiz ausgesetzt, seine Position zu verbessern. Einer durch ein derartiges „Wettrüsten" drohenden Ressourcenverschwendung ist deshalb entgegenzuwirken.

Aus ökonomischer Perspektive gilt es daher, die richtige Mischung aus der mit einer Privilegierung neuer Finanzierungen verbundenen Sanierungsförderung und der Verhinderung opportunistischen Verhaltens zu finden. Nur in diesem Fall kann die Restrukturierungsrichtlinie ihren wohlfahrtsfördernden Effekt entfalten. Auf die Frage, inwieweit eine Privilegierung neuer Gläubiger und damit oftmals auch eine mit der Erhaltung des Unternehmens einhergehende Wahrung der Positionen der Anteilsinhaber erfolgen sollte, gibt auch die ökonomische Analyse bzw. Auslegung keine (abschließende) Antwort. Was die

[62] *Eidenmüller*, Unternehmenssanierung, 31 f.; *Klöhn/Franke* ZEuP 2022, 44 (52); *Tabb*, Law of Bankruptcy, 1033; ferner *Parzinger*, Fortführungsfinanzierung, 175 ff.; vgl. auch *Heese* JZ 2018, 179 (180 f.); *Korch* ZHR 182 (2018), 440 (454).

[63] Vgl. *Rasmussen/Skeel* 3 Am. Bankr. Inst. L. Rev. 85 (87 ff.) (1995); *Parzinger*, Fortführungsfinanzierung, 175 u. 179 f.

[64] Vgl. *Casey* 120 Colum. L. Rev. 1709 (1748 f.) (2020); *Jungmann* WM 2022, 353 (356 u. 358); *Korch* ZHR 182 (2018), 440 (451); *Roe/Tung* 99 Va. L. Rev. 1235 (1273) (2013).

[65] *Bebchuk/Fried* 105 Yale L.J. 857 (881 ff.) (1996); *Roe/Tung* 99 Va. L. Rev. 1235 (1274 ff.) (2013); vgl. auch *Eidenmüller* ZZP 121 (2008), 273 (278 f.); *Skeel* 166 U. Pa. L. Rev. 699 (723) (2018).

[66] Zu diesem im U.S.-amerikanischen Kontext als priority jumping bezeichneten Phänomen *Roe/Tung* 99 Va. L. Rev. 1235 (1242 u. 1246 ff.) (2013); ferner *Skeel* 166 U. Pa. L. Rev. 699 (714 ff.) (2018).

Restrukturierungsrichtlinie und deren Umsetzung angeht, bleibt die Frage den jeweiligen Gesetzgebern überlassen.[67]

III. *Die Restrukturierungsrichtlinie und das StaRUG.* – 1. *Die Vorgaben der Restrukturierungsrichtlinie.* – Art. 17 der Restrukturierungsrichtlinie gibt den Mitgliedstaaten vor, eine Reihe von Schutzmaßnahmen für neue Finanzierungen und Zwischenfinanzierungen vorzusehen. Solche Finanzierungen sollen in einer Folgeinsolvenz Schutz vor Anfechtungen genießen, die auf dem Umstand basieren, dass solche Finanzierungen die Gesamtheit der Gläubiger benachteiligen.[68] Dieser verpflichtend einzuführende Anfechtungsschutz hat sich aber nicht zwingend auf andere Gründe als den der Gläubigerbenachteiligung zu erstrecken. Den Mitgliedstaaten wird explizit anheimgestellt, eine Anfechtung derartiger Finanzierungen aufgrund anderer Voraussetzungen, wie etwa der Bösgläubigkeit des Anfechtungsgegners oder aufgrund eines Interessenkonflikts zwischen den Beteiligten, zuzulassen.[69] Art. 17 Abs. 2 Restrukturierungsrichtlinie erlaubt es, den Anfechtungsschutz für neue Finanzierungen an die gerichtliche Bestätigung des Restrukturierungsplans zu binden.[70] Dies trifft auch hinsichtlich Zwischenfinanzierungen zu, obwohl es bei Darlehensgewährung noch unklar sein kann, ob es zu einer Bestätigung des Restrukturierungsplans überhaupt kommt. Den Mitgliedstaaten steht es daher frei, ein anderweitiges Kontrollverfahren einzurichten.[71] In jedem Fall soll die Verbindlichkeit von Restrukturierungsplänen, die eine neue Finanzierung beinhalten, nur bei einer gerichtlichen Bestätigung eintreten;[72] nur hinsichtlich des Anfechtungsschutzes wird den Mitgliedstaaten ein Spielraum eröffnet. Schließlich überlässt es Art. 17 Abs. 4 Restrukturierungsrichtlinie den Mitgliedstaaten, derartigen Finanzierungen einen Vorrang einzuräumen, so dass sie in einem späteren Insolvenzverfahren vorrangig zu befriedigen sind.[73]

---

[67] So zeichnet sich etwa das U.S.-amerikanische Insolvenzrecht durch seine Schuldnerfreundlichkeit aus. Was dies betrifft, werden Verbindlichkeiten des sich in der Krise befindenden Unternehmens de facto zu einem gewissen Teil auf die Gläubiger verteilt. Anders sieht es im deutschen Insolvenzrecht aus, das gemeinhin (noch) als Gläubigerfreundlich bezeichnet wird. Siehe diesbzgl. etwa The Anatomy of Corporate Law/*Armour/Hertig/Kanda*, 143; *Heese* JZ 2018, 179 (181 ff.); *Korch* ZHR 182 (2018), 440 (445 ff. u. 466 f.); *Parzinger*, Fortführungsfinanzierung, 179 f.; ferner *Eidenmüller*, Unternehmenssanierung, 29; *Skeel* 152 U. Pa. L. Rev. 917 (921) (2003); allgemein *Klöhn/Franke* ZEuP 2022, 44 (54).

[68] Erwägungsgrund 66 u. Art. 17 Abs. 1 lit. b Restrukturierungsrichtlinie.

[69] Erwägungsgrund 67 u. Art. 17 Abs. 1 lit. b Restrukturierungsrichtlinie.

[70] Siehe auch Erwägungsgrund 68 Restrukturierungsrichtlinie.

[71] Erwägungsgrund 68 Restrukturierungsrichtlinie.

[72] Art. 10 Abs. 1 lit. b Restrukturierungsrichtlinie.

[73] Siehe auch Erwägungsgrund 68 Restrukturierungsrichtlinie.

Die zu privilegierenden Finanzierungen werden von der Restrukturierungsrichtlinie weit verstanden.[74] Dabei wird zwischen neuen Finanzierungen und Zwischenfinanzierungen unterschieden. Neue Finanzierungen sind sämtliche Unterstützungen in finanzieller Hinsicht, die der Umsetzung des Restrukturierungsplans dienen; sie sind daher in den Restrukturierungsplan aufzunehmen.[75] Die neue Finanzierung kann dabei von einem Neu- oder Altgläubiger zur Verfügung gestellt werden.[76] Demgegenüber sind Zwischenfinanzierungen finanzielle Hilfen, die unmittelbar erforderlich sind, um den Geschäftsbetrieb des Schuldners aufrecht zu erhalten.[77]

2. *Die Umsetzung in nationales Recht.* – Der deutsche Gesetzgeber hat die Vorgabe des Art. 17 Restrukturierungsrichtlinie im Wesentlichen in zwei Vorschriften umgesetzt: in der Definitionsnorm des § 12 StaRUG und in der einen gewissen Schutz vor Insolvenzanfechtungen bietenden Vorschrift des § 90 Abs. 1 StaRUG.

a) *Die Definitionsnorm (§ 12 StaRUG).* – § 12 S. 1 StaRUG konkretisiert den Begriff der neuen Finanzierung. Was dies betrifft, deckt sich das deutsche Recht im Ausgangspunkt mit den Vorgaben der Restrukturierungsrichtlinie. Die zur Finanzierung der Restrukturierung erforderliche[78] neue Finanzierung ist weit zu verstehen; es werden Geld- und Sachdarlehen, aber auch Warenkredite erfasst, nicht aber die Stundung und die Prolongation.[79] § 12 S. 2 StaRUG stellt klar, dass auch die Besicherung einer neuen Finanzierung zulässig ist; zwischen

---

[74] Erwägungsgrund 66 Restrukturierungsrichtlinie.

[75] Art. 2 Abs. 1 Nr. 7 Restrukturierungsrichtlinie.

[76] Art. 2 Abs. 1 Nr. 7 Restrukturierungsrichtlinie.

[77] Art. 2 Abs. 1 Nr. 8 Restrukturierungsrichtlinie.

[78] Das Tatbestandsmerkmal der Erforderlichkeit findet sich zwar nicht ausdrücklich in Art. 2 Abs. 1 Nr. 7 Restrukturierungsrichtlinie. Da die neue Finanzierung aber „zur Umsetzung eines Restrukturierungsplans bereitgestellt" werden muss, dürfte die Umsetzung richtlinienkonform sein. In diese Richtung deutet auch Erwägungsgrund 66 Restrukturierungsrichtlinie, der eine kausale Verknüpfung zwischen neuer Finanzierung und dem Restrukturierungsplan nahelegt. Überdies sieht Art. 10 Abs. 2 lit. e Restrukturierungsrichtlinie eine Erforderlichkeitsprüfung vor, sollte der Restrukturierungsplan gerichtlich bestätigt werden. Siehe dazu auch Seibt/Westpfahl/*Grell/Klockenbrink*, StaRUG, 1. Aufl. 2022, § 12 Rn. 47; *Jungmann* WM 2022, 353 (358); Braun/*Tashiro*, StaRUG, 1. Aufl. 2021, § 12 StaRUG Rn. 19.

[79] BeckOK StaRUG/*Fridgen*, 7. Ed., Stand: 01.01.2023, § 12 Rn. 17 f. u. 38; Seibt/Westpfahl/*Grell/Klockenbrink*, § 12 Rn. 35 u. 38; *Jungmann* WM 2022, 353, (358); *Röper/Denkhaus* ZRI 2021, 1043 (1044 u. 1045 f.); Braun/*Tashiro*, StaRUG, § 12 Rn. 10 f. u. 14; Flöther/*Tasma*, StaRUG, 1. Aufl. 2021, § 12 Rn. 3 u. 7; langfristige Stundungen und Prolongationen hingegen als neue Finanzierungen einordnend *Krafczyk* ZRI 2021, 313 (319); in diese Richtung auch Seibt/Westpfahl/*Grell/Klockenbrink*, § 12 Rn. 44 f.; differenzierend auch *Hölze*, Praxisleitfaden SanInsFoG, 3. Aufl. 2021, § 12 Rn. 10.

Personal- und Realsicherheiten wird dabei nicht differenziert[80]. Eine Neu- oder Nachbesicherung bereits bestehender Finanzierungen fällt allerdings nicht unter § 12 S. 2 StaRUG.[81] Sollte der Sanierungsbeitrag die Voraussetzung des § 12 StaRUG erfüllen, kann[82] die neue Finanzierung in den Restrukturierungsplan aufgenommen werden.

Von einer expliziten Regelung von Zwischenfinanzierungen hat der deutsche Gesetzgeber – anders als die Restrukturierungsrichtlinie – hingegen Abstand genommen. Eine Aufnahme in den Restrukturierungsplan scheidet daher aus; Zwischenfinanzierungen dienen nicht der Umsetzung des Plans, sondern sollen dem Schuldner kurzfristig Luft verschaffen.[83] Eine Regelung sei nach dem deutschen Gesetzgeber nicht erforderlich gewesen, da Zwischenfinanzierungen bereits nach geltendem Recht privilegiert würden.[84] Auf den ersten Blick scheint dies richtlinienkonform. Tatsächlich verlangt Art. 17 Abs. 1 lit. b Restrukturierungsrichtlinie nur einen Anfechtungsschutz im Fall der Gläubigerbenachteiligung, nicht aber einen Schutz vor zusätzlichen Anfechtungsrisiken nach nationalem Recht – und das deutsche Anfechtungsrecht knüpft jeweils an weitere Tatbestandsvoraussetzungen als eine reine Gläubigerbenachteiligung an[85]. Ob der in der Restrukturierungsrichtlinie verwendete Begriff der Gläubigerbenachteiligung allerdings dem deutschen Verständnis entspricht, ist dabei allerdings noch nicht gesagt.[86] Schon vor diesem Hintergrund ist die Frage, ob der deutsche Gesetzgeber seiner Umsetzungspflicht hinsichtlich Zwischenfinanzierungen nachgekommen ist, nicht nur vor dem Hintergrund des Transparenzgebots – Richtlinien sind nach dem EuGH eindeutig in nationales Recht umzusetzen –[87] keinesfalls sicher.

---

[80] BT-Drucks. 19/24181, 120.

[81] BeckOK StaRUG/*Fridgen*, § 12 Rn. 19; *Röper/Denkhaus* ZRI 2021, 1043 (1045); Flöther/*Tasma*, § 12 Rn. 10; vgl. Braun/*Tashiro*, StaRUG, § 12 Rn. 18; *Hölzle*, Praxisleitfaden, § 12 Rn. 8 f.

[82] Zur Frage, ob vor dem Hintergrund unionaler Vorgaben die neue Finanzierung zwingend in den Restrukturierungsplan aufzunehmen ist, Seibt/Westpfahl/*Grell/Klockenbrink*, § 12 Rn. 63 f.

[83] *Bork* ZInsO 2020, 2177 (2180); *Schoppmeyer* ZIP 2021, 869 (870); Braun/*Tashiro*, StaRUG, § 12Rn. 6 f.; Flöther/*Tasma*, § 12 Rn. 5; vgl. auch BeckOK StaRUG/*Fridgen*, § 12 Rn. 34 f., 39 u. 41; Seibt/Westpfahl/*Grell/Klockenbrink*, § 12 Rn. 61.

[84] BT-Drucks. 19/24181, 181.

[85] BT-Drucks. 19/24181, 181.

[86] Ebenfalls zweifelnd *Schoppmeyer* ZIP 2021, 869 (870 f.); vgl. auch Seibt/Westpfahl/*Grell/Klockenbrink*, § 12 Rn. 60; *Mock* NZI 2016, 977 (982); *Weber/Dömmecke* NZI-Beilage 2019, 32 (34); *Zuleger* NZI-Beilage 2021, 43 (45).

[87] Exemplarisch *Möllers*, Juristische Methodenlehre, 4. Aufl. 2021, § 12 Rn. 104 ff.

b) *Der Schutz neuer Finanzierungen (§ 90 Abs. 1 StaRUG)*. – § 12 StaRUG definiert lediglich, was unter neuen Finanzierungen zu verstehen ist und dass diese in den Restrukturierungsplan aufgenommen werden können. Über einen Schutz neuer Finanzierungen trifft § 12 StaRUG keine Aussage. Diesem Anliegen widmet sich § 90 Abs. 1 StaRUG, der einen gewissen Schutz vor Anfechtungen in einem späteren Insolvenzverfahren bietet. Die Vorschrift stellt zunächst klar, dass die neue Finanzierung in den Restrukturierungsplan aufgenommen und dieser Restrukturierungsplan gerichtlich bestätigt werden muss.[88] Die Vereinbarung einer neuen Finanzierung außerhalb des Restrukturierungsplans gibt keinen gesonderten Anfechtungsschutz.[89] Einen über eine spätere Insolvenzanfechtung hinausgehenden Schutz, etwa in Gestalt eines Vorrangs vor Insolvenzforderungen entsprechend Art. 17 Abs. 4 Restrukturierungsrichtlinie, sieht das StaRUG nicht vor. Diese gesetzgeberische Entscheidung und das Fehlen einer § 264 InsO entsprechenden Bestimmung spricht dafür, dass die Einräumung eines Vorrangs einer im Restrukturierungsplan eingeräumten neuen Finanzierung gegenüber anderen Forderungen de lege lata nicht planfähig ist.[90]

aa) *Gerichtliches Bestätigungsverfahren (§ 63 StaRUG)*. – In dem gerichtlichen Bestätigungsverfahren kommt es zu einem erweiterten Prüfungsmaßstab, wenn der Restrukturierungsplan neue Finanzierungen vorsieht. So unterliegen nicht nur die in jedem Bestätigungsverfahren zu prüfenden Pflichtversagungsgründe des § 63 Abs. 1 StaRUG einer zwingenden gerichtlichen Kontrolle – wie etwa, ob der Schuldner tatsächlich drohend zahlungsunfähig ist oder ob der Restrukturierungsplan an wesentlichen Mängeln leidet –, sondern auch die Frage, ob das Restrukturierungskonzept unschlüssig ist, nicht von den tatsächlichen Gegebenheiten ausgeht oder keine begründete Aussicht auf Erfolg vermittelt, § 63 Abs. 3 StaRUG. Diese tatbestandlichen Voraussetzungen erinnern im Wesentlichen an die vom BGH entwickelten Anforderungen an ein schlüssiges Sanierungskonzept.[91] Hintergrund dieser erweiterten gerichtlichen Prüfung ist,

---

[88] Zur Frage, ob Art. 10 Abs. 1 lit. b Restrukturierungsrichtlinie verlangt, dass Restrukturierungspläne zu ihrer Verbindlichkeit zwingend einer gerichtlichen Bestätigung bedürfen, BeckOK StaRUG/*Fridgen*, § 12 Rn. 4 ff.; Seibt/Westpfahl/*Grell/Klockenbrink*, § 12 Rn. 16 f.; *Jungmann* WM 2022, 353 f.

[89] BeckOK StaRUG/*Fridgen*, § 12 Rn. 7; Seibt/Westpfahl/*Grell/Klockenbrink*, § 12 Rn. 18 u. 66; *Hölzle*, Praxisleitfaden, § 90 Rn. 3.

[90] I.E. ebenfalls BeckOK StaRUG/*Fridgen*, § 12 Rn. 2 u. 40; *Röper/Denkhaus* ZRI 2021, 1043 (1047); vgl. auch Seibt/Westpfahl/*Grell/Klockenbrink*, § 12 Rn. 4 u. 19.

[91] Zur Widerlegung der Vermutung in § 133 Abs. 1 S. 2 InsO wird grundsätzlich ein Sanierungskonzept verlangt, in dem die Erfolgsaussichten des Sanierungsvorhabens geprüft werden. Dieses regelmäßig am IDW S6-Standard ausgerichtete Sanierungsgutachten ist dabei von einem branchenkundigen Wirtschaftsfachmann zu erstellen (zuletzt etwa *BGH* NZI 2019, 594 f. Rn. 7 ff.). Vgl. in diesem Zusammenhang *Bork* ZInsO 2020, 2177 (2178); Braun/*Fendel*, StaRUG, § 63

dass der Durchführung aussichtsloser Restrukturierungsverfahren entgegengewirkt werden soll – dies gilt aufgrund der anfechtungsrechtlichen Privilegierung neuer Finanzierungen umso mehr. Nach der Regierungsbegründung ist der Prüfungsumfang allerdings auf offensichtliche Mängel begrenzt;[92] eine Nachforschungspflicht trifft das Gericht nicht.[93] Auch ein Mehrheitsvotum zugunsten des Plans soll als Indiz für die Schlüssigkeit des Restrukturierungskonzepts herangezogen werden können.[94] Vor dem Hintergrund, dass der deutsche Gesetzgeber von dem den Mitgliedstaaten eingeräumten Wahlrecht Gebrauch gemacht hat, die für die Zustimmung einer Gruppe erforderliche Summenmehrheit auf 75% festzulegen, muss dies umso mehr gelten.[95]

Die vergleichsweise geringe gerichtliche Kontrollintensität ist angesichts des Umstands gerechtfertigt, dass insbesondere bei der Prüfung der Schlüssigkeit des Restrukturierungskonzepts eine betriebswirtschaftliche Einschätzung erforderlich ist. Ob Gerichte dazu in der Lage sind, ist alles andere als sicher.[96] So sprechen die Erfahrungen aus den USA eine vergleichsweise eindeutige Sprache. Gerichte respektieren in der Regel die Entscheidung des Managements bzw. den Mehrheitsbeschluss der Planbetroffenen und schreiten nur bei schweren oder offensichtlichen Mängeln ein.[97] Es bietet es sich daher an, den gerichtlichen Prüfungsmaßstab – abgesehen von reinen Rechtsfragen – im Ausgangspunkt auf eine (ökonomische) Evidenzkontrolle zu beschränken.[98] Erst wenn danach Zweifel bestehen, sollte das Gericht von der ihm nach § 73 Abs. 3 Nr. 1 StaRUG eingeräumten Möglichkeit, einen Restrukturierungsbeauftragten zu bestellen, Gebrauch machen. Insbesondere Kleingläubiger und Verbraucher, die aufgrund ihrer geringen Forderungshöhe in der Regel rational apathisch sind,

---

Rn. 13; *Hölzle/Curtze* ZIP 2021, 1293 (1302); Seibt/Westpfahl/*Parzinger/Lappe*, § 63 Rn. 114 u. 124; *Röper/Denkhaus* ZRI 2021, 1043 (1045); *Schoppmeyer* ZIP 2021, 869 (872 f.).

[92] BT-Drucks. 19/24181, 162; kritisch *Jungmann* WM 2022, 353, (356 f.).

[93] Flöther/*Laroche*, § 63 Rn. 22; Seibt/Westpfahl/*Parzinger/Lappe*, § 63 Rn. 127; *Röper/Denkhaus* ZRI 2021, 1043 (1045).

[94] *Röper/Denkhaus* ZRI 2021, 1043 (1045); BeckOK StaRUG/*Skauradszun*, § 63 Rn. 4 u. 45; vgl. auch *Bork* ZRI 2021, 345 (356 f.); ferner aus allgemeiner Warte *Madaus* EBOR 19 (2018), 615 (637 f.); *ders./Wessels* ZEuP 2020, 800 (814); *Skauradszun* KTS 2021, 1 (56 ff.).

[95] Art. 9 Abs. 6 UAbs. 2 Restrukturierungsrichtlinie, § 25 Abs. 1 StaRUG u. BT-Drucks. 19/24181, 127.

[96] Für die Kritiker der Berücksichtig ökonomischer Argumente im Rahmen der Gesetzesauslegung dürfte sich die Antwort auf diese Frage von selbst verstehen.

[97] *Parzinger*, Fortführungsfinanzierung, 106 ff.; *Triantis* 46 Vand. L. Rev. 901 (909) (1993). Vgl. *Casey* 120 Colum. L. Rev. 1709 (1744 f.) (2020); *Rasmussen/Skeel* 3 Am. Bankr. Inst. L. Rev. 85 (92 f.) (1995); *Skeel* 166 U. Pa. L. Rev. 699 (719) (2018).

[98] In diese Richtung auch Braun/*Fendel*, StaRUG, § 63 Rn. 14; Seibt/Westpfahl/*Parzinger/Lappe*, § 63 Rn. 22; BeckOK StaRUG/*Skauradszun*, § 63 Rn. 4 u. 45; vgl. auch *Madaus/Wessels* ZEuP 2020, 800 (828); anders tendenziell *Parzinger* ZIP 2019, 1748 (1756 f.).

werden dadurch nicht unverhältnismäßig benachteiligt, da bei einem Eingriff in ihre Rechte zwingend ein Restrukturierungsbeauftragter zu bestellen ist, der als unabhängiges und sachkundiges Organ der Wahrung der Interessen aller Beteiligten verpflichtet ist.[99] Hinzu kommt, dass die Privilegierung neuer Finanzierungen im deutschen Restrukturierungsrecht alles andere als weitgehend ist;[100] eine extensive gerichtliche Kontrolle liefe daher aus ökonomischer Perspektive auf eine vermeidbare Kostenerhöhung hinaus.

bb) *Generelle Reichweite des Anfechtungsschutzes.* – Der Anfechtungsschutz nach § 90 Abs. 1 StaRUG erstreckt sich im Ausgangspunkt auf die in einem gerichtlich bestätigten Restrukturierungsplan enthalten Regelungen und Rechtshandlungen, die im Vollzug eines solchen Plans erfolgen. Geschützt sind etwa alle Rechtshandlungen, die der Schuldner aufgrund der Bestimmungen des Restrukturierungsplans zugunsten der Gläubiger vornimmt – also die sogenannten Planvollzugshandlungen.[101] Auch deshalb kommt eine explizite Privilegierung von Zwischenfinanzierungen nach dem deutschen Umsetzungsgesetz nicht in Betracht.[102] Zwischenfinanzierungen werden in der Regel in einem früheren Stadium und daher unabhängig von einer späteren gerichtlichen Planbestätigung zugesagt. Dies ist auch dem Hintergrund geschuldet, dass § 90 Abs. 1 StaRUG vom Gesetzgeber als Vorschrift konzipiert wurde, die dem Schutz des gerichtlich bestätigten Restrukturierungsplans dient. Die Beteiligten sollen sich auf die Stabilität des Plans und die in seinem Vollzug vorgenommenen Handlungen verlassen dürfen.[103] Ein Vertrauensschutz für Handlungen vor dem Zeitpunkt der gerichtlichen Planbestätigung kann nach diesem System nicht bestehen.

Anders als bei § 89 StaRUG, der vornehmlich auf die in § 133 InsO geregelte Vorsatzanfechtung abzielt,[104] ist der Anfechtungsschutz grundsätzlich umfassend. Nicht nur die Vorsatzanfechtung, sondern auch die Anfechtung wegen kongruenter und inkongruenter Deckung ist ausgeschlossen.[105] Etwas anderes

---

[99] § 73 Abs. 1 S. 1 Nr. 1 i.V.m. § 75 Abs. 4 StaRUG. Siehe diesbzgl. auch BT-Drucks. 19/24181, 173; *Skauradszun* KTS 2021, 1 (41 ff.).

[100] Siehe dazu noch die Analyse unter V.

[101] BR-Drucks. 619/20, 211; Seibt/Westpfahl/*Grell/Klockenbrink*, § 90 Rn. 20 u. 37 ff.; Flöther/*Hoegen/Herding*, § 90 Rn. 25 f.; *Hölzle*, Praxisleitfaden, § 90 Rn. 3 f.; *ders./Curtze* ZIP 2021, 1293 (1302); *Schoppmeyer* ZIP 2021, 869 (877 f.); Braun/*Tashiro*, StaRUG, § 90 Rn. 3.

[102] *Bork* ZInsO 2020, 2177 (2180); Flöther/*Hoegen/Herding*, § 90 Rn. 20a.

[103] BT-Drucks. 19/24181, 182.

[104] Zur safe harbor-Regelung des § 89 StaRUG *Bork* ZInsO 2020, 2177 (2178); *Brinkmann* ZBB 2022, 356 (362); *Hölzle/Curtze* ZIP 2021, 1293 (1300 f.); *Madaus* NZI-Beilage 2021, 35 (37); *Röper/Denkhaus* ZRI 2021, 1043 (1048); *Schoppmeyer* ZIP 2021, 869 (874 ff.); *Thole* ZIP 2020, 1985 (1998 f.).

[105] *Bork* ZInsO 2020, 2177 (2182); Seibt/Westpfahl/*Grell/Klockenbrink*, § 90 Rn. 20 u. 70;

gilt nur, wenn die gerichtliche Bestätigung des Plans aufgrund unrichtiger Angaben des Schuldners erfolgte und dies dem anderen Teil bekannt war, § 90 Abs. 1 a.E. StaRUG. Der kollusiv erschlichene Plan wird anfechtungsrechtlich nicht geschützt; der Anfechtungsgegner ist dann trotz erfolgter gerichtlicher Bestätigung des Plans nicht schutzwürdig. Dabei kommt es nicht darauf an, ob der Schuldner vorsätzlich oder fahrlässig gehandelt hat. [106] Auch ist nach dem Wortlaut der Vorschrift unerheblich, ob die unrichtigen Angaben für die gerichtliche Bestätigung des Restrukturierungsplans kausal waren. Um den Anfechtungsschutz nicht noch weiter einzuschränken, was auch Probleme mit dem unionsrechtlichen Effektivitätsprinzip nach sich ziehen könnte, [107] wird man jedoch fordern müssen, dass die Angaben aus Sicht eines objektiven Dritten generell geeignet ist, die Entscheidung des Restrukturierungsgerichts zu beeinflussen. [108]

cc) *Anfechtungsschutz und Gesellschafter*. – Der in § 90 Abs. 1 StaRUG angeordnete, auf den ersten Blick weitreichende Schutz vor Anfechtungen wird jedoch durch zahlreiche Ausnahmen eingeschränkt. So sind Forderungen eines Gesellschafters auf Rückgewähr von Darlehen und Sicherheitsleistungen, die für Gesellschafterdarlehen vom Schuldner gewährt wurden, vom Anwendungsbereich des § 90 Abs. 1 StaRUG ausgenommen. Anders als § 135 Abs. 1 Nr. 2 InsO scheint § 90 Abs. 1 StaRUG die Befriedigung derartig gesicherter Forderungen nicht zu erfassen. Vor dem Hintergrund der restriktiven Handhabung von Darlehen in der Regierungsbegründung [109] ist aber vielmehr davon auszugehen, dass Befriedigungen erst recht vom Anfechtungsschutz ausgenommen sind. Ob in diesen Fällen das sogenannte Sanierungs- beziehungsweise Kleinstbeteiligungsprivileg greift, ist ebenfalls unklar; die Regierungsbegründung nimmt darauf nicht explizit Bezug. [110] Danach bestünde grundsätzlich ein Anfechtungsschutz für Gesellschafterdarlehen, wenn Anteile an der Gesellschaft zum Zweck der Sanierung erworben wurden oder der nicht geschäftsführende Gesellschafter mit Maximal 10% an der Gesellschaft beteiligt ist. Zwar stellt § 90 Abs. 1 StaRUG nicht ausdrücklich auf die in § 39 Abs. 4 S. 2 u. Abs.

Flöther/*Hoegen/Herding*, § 90 Rn. 32; Pannen/Riedemann/Smid/*Pannen*, StaRUG, 1. Aufl. 2021, § 90 Rn. 4; *Röper/Denkhaus* ZRI 2021, 1043 (1047); *Schoppmeyer* ZIP 2021, 869 (877); vgl. auch *Brinkmann* ZBB 2022, 356 (362 f.); BeckOK StaRUG/*Fridgen*, § 90 Rn. 32.

[106] BeckOK StaRUG/*Fridgen*, § 90 Rn. 24; Seibt/Westpfahl/*Grell/Klockenbrink*, § 90 Rn. 60; Flöther/*Hoegen/Herding*, § 90 Rn. 39; *Hölzle*, Praxisleitfaden, § 90 Rn. 14.

[107] Allgemein zu den Einwirkungen des Unionsrechts auf die nationalen Zivilverfahrensrechte vor dem Hintergrund des Effektivitätsprinzips *Uhlmann* GVRZ 2023, 7 (Rn. 7 ff.).

[108] Seibt/Westpfahl/*Grell/Klockenbrink*, § 90 Rn. 58; Flöther/*Hoegen/Herding*, § 90 Rn. 38; *Hölzle*, Praxisleitfaden, § 90 Rn. 15; *ders./Curtze* ZIP 2021, 1293 (1303).

[109] Siehe dazu sogleich unter III.2.dd).

[110] Vgl. BT-Drucks. 19/24181, 182.

5 InsO geregten Privilegierungen ab. Da allerdings derart privilegierte Forderung schon vom Tatbestand des § 39 Abs. 1 Nr. 5 InsO ausgenommen sind, muss insoweit auch die in § 90 Abs. 1 StaRUG angeordnete Bezugnahme ins Leere gehen.[111] Für einen Anfechtungsschutz spricht schließlich auch der Zweck des Sanierungs- und des Kleinstbeteiligungsprivilegs, Unternehmensrestrukturierungen zu fördern bzw. wegen mangelnden Einflusses aus Gründen der Verhältnismäßigkeit vom Nachrang auszunehmen.[112]

Eine derartige Ausnahme von Gesellschafterdarlehen und Sicherheitsleistungen vom Anfechtungsschutz ist zwar nicht von der Restrukturierungsrichtlinie vorgesehen. Da jedoch neben der vorliegenden Gläubigerbenachteiligung die Gesellschafterstellung typischerweise besondere Interessenkonflikte mit sich bringt, dürfte eine diesbezügliche Regelung aus Sicht der Restrukturierungsrichtlinie jedoch unschädlich sein.[113]

dd) *Anfechtungsschutz und Rückgewähr von Darlehen.* – Eine weitere Einschränkung des Anfechtungsschutzes in sachlicher Hinsicht betrifft die Frage, inwieweit die Gewährung eines Darlehens unter den anfechtungsrechtlichen Schutz des § 90 Abs. 1 StaRUG fällt. Unstreitig dabei ist, dass die Begründung des Darlehensvertrags beziehungsweise die Auszahlung der Valuta anfechtungsrechtlich privilegiert ist.[114] Dies trifft allerdings nicht auf die Rückzahlung der dem Schuldner zur Verfügung gestellten finanziellen Mittel zu. Nach der Regierungsbegründung und der wohl überwiegenden Auffassung ist die Rückzahlung der Darlehensvaluta anfechtbar.[115] Dies wird insbesondere an dem Wortlaut des § 90 Abs. 1 StaRUG festgemacht: Mit der Ausreichung des Darlehens sei der Vollzug des Plans abgeschlossen und die Sanierung eingetreten.[116] Zudem erfolge die spätere Rückzahlung der Darlehensvaluta in der Regel aufgrund einer anderen wirtschaftlichen Lage; sie dürfe daher nicht zu Lasten der anderen Gläubiger von der Anfechtung ausgenommen sein.[117] Dies treffe insbesondere auf die am Restrukturierungsverfahren nicht beteiligten

---

[111] So auch BeckOK StaRUG/*Fridgen*, § 90 Rn. 16; Seibt/Westpfahl/*Grell/Klockenbrink*, § 90 Rn. 47; Pannen/Riedemann/Smid/*Pannen*, § 90 Rn. 11; anders wohl de lege lata Braun/*Tashiro*, StaRUG, § 90 Rn. 14 f.

[112] Vgl. BT-Drucks. 16/6140, 57.

[113] Ebenso BeckOK StaRUG/*Fridgen*, § 90 Rn. 18; vgl. auch Seibt/Westpfahl/*Grell/Klockenbrink*, § 90 Rn. 45; *Hoegen* NZI-Beilage 2017, 30 f.; *Kayser* ZIP 2017, 1393 (1400).

[114] BT-Drucks. 19/24181, 182.

[115] BT-Drucks. 19/24181, 182; *Bork* ZRI 2021, 345 (352); BeckOK StaRUG/*Fridgen*, § 90 Rn. 32 ff.; Flöther/*Hoegen/Herding*, § 90 Rn. 29; *Hölzle*, Praxisleitfaden, § 90 Rn. 8; *ders./Curtze* ZIP 2021, 1293 (1302); *Klöhn/Franke* ZEuP 2022, 44 (76); ferner *Thole* ZIP 2020, 1985 (1999).

[116] BeckOK StaRUG/*Fridgen*, § 90 Rn. 32a.2; *Hölzle/Curtze* ZIP 2021, 1293 (1302).

[117] BeckOK StaRUG/*Fridgen*, § 90 Rn. 32a.3; *Hölzle/Curtze* ZIP 2021, 1293 (1302).

Gläubiger zu, deren Positionen durch die Aufnahme zusätzlichen, privilegierten Fremdkapitals an Wert verlieren würden. Da sie nicht am Restrukturierungsverfahren beteiligt seien, würde ihnen auch die Möglichkeit der Gegenwehr versagt – vor dem Hintergrund, dass nach Art. 15 Abs. 2 Restrukturierungsrichtlinie deren Rechte nicht beeinträchtigt werden dürfen, sei dies besonders misslich.[118] Alles andere liefe auf einen faktischen Vorrang in einem späteren Insolvenzverfahren hinaus, wogegen sich der deutsche Gesetzgeber, auch vor dem Hintergrund des Art. 17 Abs. 4 Restrukturierungsrichtlinie, ausgesprochen habe.[119]

Nach diesem Verständnis kann eine anfechtungsfeste Gestaltung des Rückzahlungsanspruchs nur über eine zusätzliche im Restrukturierungsplan dem Darlehensnehmer eingeräumte Kreditsicherheiten erfolgen – bei einer späteren Rückführung der Darlehensvaluta fehlt dann regelmäßig die Gläubigerbenachteiligung, da Sicherheiten im gleichen Umfang frei werden.[120] Wenn der Schuldner allerdings nicht in der Lage ist, eine Kreditsicherheit zu stellen, scheidet eine derartige Gestaltung aus. Ob damit einem der generellen Ziele der Restrukturierungsrichtlinie Rechnung getragen wird, Neugläubiger zur Finanzierung von Restrukturierungsverfahren zu gewinnen[121] – und damit letztlich sanierungswürdige Unternehmen erhalten zu können –, darf jedoch bezweifelt werden.[122] Dies gilt auch vor dem Hintergrund, dass die Anfechtung der Darlehensauszahlung nach allgemeinen Insolvenzanfechtungsregeln eher unrealistisch ist.[123] Dass sich ein anfechtungsrechtlicher Schutz der Darlehensrückzahlung potentiell zu Lasten anderer, insbesondere am Restrukturierungsverfahren nicht beteiligter Gläubiger auswirken kann, ist zwar zutreffend. Dies ist allerdings auch bei einer Neubesicherung nach § 12 S. 2 StaRUG der Fall, in dessen Rahmen eine Anfechtung der Rückgewährung der Valuta ja gerade ausscheidet. Realistischerweise lassen sich in einem teilkollektiven Verfahren indirekte Beeinträchtigungen am Verfahren nicht Beteiligter kaum vermeiden. Um die Restrukturierungsrichtlinie nicht in die faktische Wirkungslosigkeit zu verbannen, wird man Art. 15 Abs. 2 Restrukturierungsrichtlinie nur so verstehen können,

---

[118] BeckOK StaRUG/*Fridgen*, § 90 Rn. 32a.9.

[119] Vgl. BeckOK StaRUG/*Fridgen*, § 90 Rn. 32a.10.

[120] So auch konsequent BeckOK StaRUG/*Fridgen*, § 12 Rn. 45 u. § 90 Rn. 32a.4; ferner *Röper/Denkhaus* ZRI 2021, 1043 (1047).

[121] Erwägungsgründe 66 ff. Restrukturierungsrichtlinie.

[122] Ebenfalls kritisch *Bork* ZInsO 2020, 2177 (2181); *Hoegen* NZI-Beilage 2017, 30, (32); *Madaus* NZI-Beilage 2021, 35 (36); *Proske/Streit* NZI 2020, 969 (975); *Schoppmeyer* ZIP 2021, 869 (877); Seibt/Westpfahl/*Grell/Klockenbrink*, § 90 Rn. 41 f.; *Zuleger* NZI-Beilage 2021, 43 (45); wohl auch Braun/*Tashiro*, StaRUG, § 90 Rn. 6.

[123] *Hoegen* NZI-Beilage 2017, 30, (32); *Schoppmeyer* ZIP 2021, 869 (877); *Zuleger* NZI-Beilage 2021, 43 (45); ferner *Bork* ZInsO 2020, 2177 (2181).

dass der Restrukturierungsplan nicht unmittelbar in die Rechte der nicht beteiligten Gläubiger eingreifen darf. [124]

ee) *Anfechtungsschutz in zeitlicher Hinsicht.* – Der Anfechtungsschutz des § 90 Abs. 1 StaRUG ist auch in zeitlicher Hinsicht eingeschränkt. Er wirkt nur, solange keine nachhaltige Restrukturierung eingetreten ist. Dahinter steht der Gedanke, dass nur das Risiko abgesichert werden soll, dass der Restrukturierungsplan entgegen den Erwartungen scheitert. Dies trifft nicht zu, wenn es später aus anderen Gründen, die bei der rechtskräftigen Bestätigung des Restrukturierungsplans noch nicht vorlagen, zur Insolvenz kommen sollte. [125] Auch wenn die Motive des deutschen Gesetzgebers, ein de facto lebenslanges Anfechtungsprivileg zu verhindern, nachvollziehbar sind, bleibt eine zentrale Frage offen. So ist der Endzeitpunkt des Anfechtungsschutzes unklar; anders als etwa bei § 287a Abs. 2 S. 1 InsO wurde kein starrer Zeitnahmen normiert und stattdessen auf den Begriff der Nachhaltigkeit rekurriert. Dieser Begriff findet sich etwa in § 33 Abs. 2 S. 2 u. 3 StaRUG und § 39 Abs. 4 S. 2 InsO. Einen konkreten Zeitrahmen sieht dabei lediglich § 33 Abs. 2 S. 3 StaRUG vor. Danach wird der erneute Zugang zu den Instrumenten des StaRUG nicht versagt, wenn es zu einer nachhaltigen Sanierung gekommen ist, wovon im Zweifel nicht ausgegangen werden kann, wenn seit dem Ende des Anordnungszeitraums der Stabilisierungsmaßnahme oder der Entscheidung über den Antrag auf Planbestätigung in der Restrukturierungssache weniger als drei Jahre vergangen sind. Ob auf diese zeitliche Vermutungsregel zurückgegriffen kann, ist damit allerdings nicht gesagt. Überwiegende Einigkeit dürfte zumindest dahingehend bestehen, dass jedenfalls die drohende Zahlungsunfähigkeit beseitigt sein muss. [126] Da in diesem Zusammenhang wegen § 18 Abs. 2 S. 2 InsO in der Regel ein 24-monatiger Prognosezeitraum zugrunde zu legen ist, dürfte grundsätzlich von einer mehrjährigen Betrachtungsperiode auszugehen sein. [127]

---

[124] Insoweit erinnert die Diskussion an die Frage, wann von einem unzulässigen Vertrag zulasten Dritter ausgegangen werden kann. Angesichts der mannigfaltigen faktischen Auswirkungen, den ein zwischen zwei Parteien geschlossener Vertrag auf Dritte haben kann, wird ein Vertrag zulasten Dritter nur unter restriktiven Voraussetzungen angenommen. Nur wenn unmittelbar Pflichten einer Nicht-Vertragspartei begründet werden, könne von einem Vertrag zulasten Dritter gesprochen werden. Siehe dazu etwa BeckOGK BGB/*Mäsch*, Stand: 01.07.2022, § 328 Rn. 123. Wenn man der Auffassung folgt, die die Rechtsnatur des Restrukturierungsplan vertraglich qualifiziert, sollte dies umso mehr gelten. Für eine vertragliche Einordnung *Madaus* NZI-Beilage 2021, 35 (36); ferner *ders.* EBOR 19 (2018), 615 (625 ff.); siehe zur Rechtsnatur auch *Skauradszun* KTS 2021, 1 (30 ff.); für den Insolvenzplan *Madaus*, Der Insolvenzplan, 173 ff.

[125] BT-Drucks. 19/24181, 182.

[126] *Hölzle/Curtze* ZIP 2021, 1293 (1304); Seibt/Westpfahl/*Grell/Klockenbrink*, § 90 Rn. 81; Braun/*Tashiro*, StaRUG, § 90 Rn. 11.

[127] BeckOK StaRUG/*Fridgen*, § 90 Rn. 34; Seibt/Westpfahl/*Grell/Klockenbrink*, § 90 Rn. 83; siehe aber auch *Hölzle*, Praxisleitfaden, § 90 Rn. 10.

Angesichts der schwierigen Frage, bis wann der Anfechtungsschutz greifen soll, ist nachvollziehbar, dass der Gesetzgeber sich gegen eine konkrete *rule* und für einen flexiblen *standard* entschieden hat [128] – ein mit einem fixen Zeitraum einhergehender *one size fits all approach* dürfte sicherlich der Besonderheit der jeweiligen Restrukturierungssache wenig gerecht werden. Die mit der Entscheidung für einen *standard* geschaffene Rechtsunsicherheit geht allerdings zulasten der Neugläubiger. Insoweit wäre die verbindliche Festschreibung einer Zweifelsregelung vorteilhafter gewesen.

IV. *Das Insolvenzrecht.* – Im nationalen, nicht harmonisierten Insolvenzrecht bestehen im Wesentlichen zwei unmittelbar von Gesetzes wegen vorgesehene Möglichkeiten, neue Gläubiger zu privilegieren: die Begründung von Masseverbindlichkeiten oder die Vereinbarung eines Kreditrahmens. Anderen, von der Praxis entwickelte Möglichkeiten, wie etwa dem unechten bzw. kalten Massekredit [129], wird in dieser Studie nicht weiter nachgegangen.

1. *Die Begründung von Masseverbindlichkeiten.* – a) *Im Allgemeinen.* – Neben Aus- und Absonderungsberechtigten unterscheidet das Insolvenzrecht im Grundsatz zwischen zwei Gruppen von Gläubigern: den Insolvenz- und den Massegläubigern. Bei Insolvenzgläubigern handelt es sich nach der Legaldefinition des § 38 InsO um persönliche Gläubiger, die einen zur Zeit der Eröffnung des Insolvenzverfahrens begründeten Vermögensanspruch gegen den Schuldner haben. Was ihre Befriedigung betrifft, gilt insoweit das Prinzip der Gläubigergleichbehandlung; jedem Insolvenzgläubiger steht ein quotaler Vermögensanteil am Schuldnervermögen zu. [130] Den Insolvenzgläubigern im Rang gehen allerdings die Massegläubiger vor; deren Ansprüche sind in vollem Umfang vorweg zu befriedigen, § 53 InsO – insoweit greift das Prinzip der Gläubigergleichbehandlung nicht. Als Masseverbindlichkeiten werden aber nicht nur die in § 54 InsO aufgelisteten Kosten des Insolvenzverfahrens bezeichnet, sondern auch die Verbindlichkeiten, die im Rahmen des Insolvenzverfahrens begründet werden. Letztere resultieren daher vornehmlich aus Handlungen des Insolvenzverwal-

---

[128] Allgemein zur Unterscheidung zwischen rules und standards *Parisi*, The Encyclopedia of Public Choice, vol. II, 2004, 510.

[129] Dazu etwa *Madaus/Knauth* ZIP 2018, 149; *Parzinger*, Fortführungsfinanzierung, 44 ff.; *Röper/Denkhaus* ZRI 2021, 1043 (1047 f.).

[130] Allgemein zum Grundsatz der Gläubigergleichbehandlung im Insolvenzrecht und seinen Ausnahmen *Foerste*, Insolvenzrecht, Rn. 8 ff.; *Graf-Schlicker*, FS Smid, 2022, 133 (138); *Hoffmann*, Prioritätsgrundsatz und Gläubigergleichbehandlung, 2016, 193 ff.; *Jauernig/Berger/Thole*, Insolvenzrecht, § 1 Rn. 7 ff.; *Parzinger*, Fortführungsfinanzierung, 174 f.; K. Schmidt/*K. Schmidt*, InsO, 20. Aufl. 2023, § 1 Rn. 5; HK/*Sternal*, InsO, 11. Aufl. 2023, § 1 Rn. 3 f.; rechtsvergleichend *Skeel* 166 U. Pa. L. Rev. 699 (704 ff.) (2018); ferner *Eidenmüller*, Unternehmenssanierung, 24 f.; *Skauradszun* KTS 2021, 1 (15 f.).

ters.[131] Vor diesem Hintergrund erklärt sich auch der Zweck der mit der vorrangigen Befriedigung von Masseschulden einhergehenden Privilegierung gegenüber Insolvenzgläubigern. Potentielle Massegläubiger haben nur dann einen Anreiz, mit dem Insolvenzverwalter zu kontrahieren, wenn ihre Befriedigung gesichert ist.[132] Da dies aufgrund der schuldnerischen Insolvenz praktisch nicht der Fall sein dürfte, sieht das Gesetz deren Privilegierung vor, um sie zum Abschluss von Verträgen mit dem Insolvenzverwalter zu bewegen. Andernfalls wäre es dem Insolvenzverwalter praktisch unmöglich, den ihm kraft Gesetzes obliegenden Aufgaben nachzukommen. Dies gilt umso mehr, wenn eine Unternehmenssanierung angestrebt wird. Vor diesem Hintergrund ist es auch wenig überraschend, dass Masseverbindlichkeiten nicht der Insolvenzanfechtung unterliegen.[133]

b) *Im Besonderen.* – Zu den Handlungen des Insolvenzverwalters nach § 55 Abs. 1 Nr. 1 InsO, die zur Begründung von Masseverbindlichkeiten führen, zählen sämtliche Rechtsgeschäfte des Verwalters, mithin auch der Abschluss von Darlehensverträgen. Dies setzt aber voraus, dass es bereits zur Eröffnung eines Insolvenzverfahrens gekommen ist, § 27 Abs. 1 S. 1 InsO. Im Eröffnungsverfahren besteht die Möglichkeit, (spätere) Masseverbindlichkeiten zu begründen vornehmlich dann, wenn das Insolvenzgericht als vorläufige Maßnahme einen sog. starken vorläufigen Insolvenzverwalter bestellt.[134] Die Rechtsstellung des starken vorläufigen Insolvenzverwalters zeichnet sich insbesondere dadurch aus, dass auf ihn die vollumfängliche Verwaltungs- und Verfügungsbefugnis über das Vermögen des Schuldners übergeht, § 22 Abs. 1 S. 1 InsO. In diesem Zusammenhang ist auch ein etwaiges Unternehmen bis zur Eröffnungsentscheidung fortzuführen, § 22 Abs. 1 S. 2 Nr. 2 InsO. Da aus den zuvor genannten Gründen praktisch niemand bereit wäre, mit dem vorläufigen Verwalter zu kontrahieren, sollten die in diesem Zusammenhang begründeten Verbindlichkeiten lediglich den Rang „einfacher" Insolvenzforderungen einnehmen, ordnet § 55 Abs. 2 S. 1 InsO an, dass derartige Verbindlichkeiten in einem späteren Insolvenzverfahren Masseschulden sind. Dabei darf nicht außer Acht gelassen werden, dass die Aufnahme größerer Darlehen der Zustimmung des Gläubigerausschusses bedürfen, § 160 Abs. 2 Nr. 2 InsO. Dies trifft auch auf den vorläufigen

---

[131] Zu § 55 Abs. 1 Nr. 1 InsO *Foerste*, Insolvenzrecht, Rn. 83 ff.; *Jauernig/Berger/Thole*, Insolvenzrecht, § 10 Rn. 4 ff.

[132] Siehe dazu aus ökonomischer Perspektive auch *R. Schmidt*, Ökonomische Analyse des Insolvenzrechts, 75. Ferner BT-Drucks. 12/2443, 126; *Foerste*, Insolvenzrecht, Rn. 80; Kübler/Prütting/Bork/*Pape/Schaltke*, § 53 Rn. 1.

[133] Siehe dazu schon Fn. 8.

[134] *Foerste*, Insolvenzrecht, Rn. 108; *Jauernig/Berger/Thole*, Insolvenzrecht, § 10 Rn. 1; HK/*Laroche*, § 22 Rn. 38; *Madaus/Knauth* ZIP 2018, 149 (153).

Gläubigerausschuss zu, falls er denn existiert.[135] Fehlt es an der Einsetzung eines vorläufigen Gläubigerausschusses, hat dessen Kontrollfunktion das Insolvenzgericht zu übernehmen.[136]

Als Kehrseite dieser Befugnis, Masseverbindlichkeiten zu begründen, ordnet § 61 S. 1 InsO eine persönliche Haftung des Insolvenzverwalters an, wenn eine Masseschuld nicht vollständig erfüllt werden kann – dies gilt auch für den starken vorläufigen Verwalter.[137] Dies und der Umstand, dass der vorläufig starke Insolvenzverwalter ausschließlich Masseverbindlichkeiten begründen kann, führt allerdings dazu, dass die Bestellung eines starken vorläufigen Verwalters selten angeordnet wird.[138] Für die in dieser Studie zu untersuchende Frage ist ebenfalls von Interesse, dass auch beim schwachen vorläufigen Insolvenzverwalter die Begründung von Masseverbindlichkeiten im Einzelfall zugelassen wird, wenn das Insolvenzgericht im Voraus eine entsprechend konkretisierte Ermächtigung erteilt[139]. Die Erlangung einer derartigen gerichtlichen Ermächtigung ist allerdings nicht nur mit hohem Aufwand verbunden, sondern bringt in der Regel auch weitere zeitliche Verzögerungen mit sich.[140] Hinzu kommt, dass ein Rest an Unsicherheit verbleibt, ob das Gericht tatsächlich die vom vorläufigen Insolvenzverwalter beantragte Ermächtigung erteilt.

Die Begründung von Masseverbindlichkeiten ist auch in der Eigenverwaltung möglich, also wenn dem Schuldner weiterhin die Verwaltungs- und Verfügungsbefugnis obliegt, allerdings unter der Aufsicht eines Sachwalters, §§ 270 Abs. 1 S. 1 i.V.m. 270f Abs. 2 S. 1 InsO – bei der Eigenverwaltung und dem Restrukturierungsverfahren nach dem StaRUG handelt es sich daher um ein das U.S.-amerikanische Insolvenzrecht nach Chapter 11 als Vorbild nehmendes *debtor in possession*-Verfahren[141]. Da der Schuldner weiterhin seine Verfügungsmacht behält, rückt er praktisch in die Stellung des Insolvenzverwalters ein.[142] Sein

---

[135] Vgl. *Madaus/Knauth* ZIP 2018, 149 (154).

[136] MüKoInsO/*Haarmeyer/Schildt*, § 22 Rn. 72.

[137] MüKoInsO/*Haarmeyer/Schildt*, § 22 Rn. 208 m.w.N.

[138] So etwa Braun/*Böhm*, InsO, 9. Aufl. 2022, § 21 InsO Rn. 28; BeckOK InsO/*Kopp*, 30. Ed., Stand: 15.01.2023, § 21 Rn. 46; *Madaus/Knauth* ZIP 2018, 149 (153); ferner *Parzinger*, Fortführungsfinanzierung, 53.

[139] *BGH* NZI 2002, 543, 546; siehe diesbzgl. auch *Klinck* ZIP 2021, 1189 (1191).

[140] *Parzinger*, Fortführungsfinanzierung, 55 f.

[141] Zum Vorbildcharakter von Chapter 11 MüKoStaRUG/*Kern*, vor §§ 270–285 InsO Rn. 10 f.; *Klöhn/Franke* ZEuP 2022, 44 (51); *Madaus*, Der Insolvenzplan, 112 u. 159 ff.; *ders.* EBOR 19 (2018), 615 (628); Jaeger/*Meller-Hannich*, § 270 Rn. 2; Kübler/Prütting/Bork/*Prütting*, § 270 Rn. 9; siehe allgemein rechtsvergleichend auch *Gurrea-Martínez* EBOR 21 (2020), 829 (833 ff.).

[142] HK/*Brünkmans*, § 270 Rn. 9; *Foerste*, Insolvenzrecht, Rn. 674; MüKoStaRUG/*Kern*, vor §§ 270–285 InsO Rn. 65 u. § 270 Rn. 20 u. 26; Jaeger/*Meller-Hannich*, § 270 Rn. 16; *Parzinger*, Fortführungsfinanzierung, 74; Kübler/Prütting/Bork/*Prütting*, § 270 Rn. 199.

Handeln begründet daher grundsätzlich Masseverbindlichkeiten.[143] Nur wenn es sich um Verbindlichkeiten außerhalb des gewöhnlichen Geschäftsbetrieb handelt, soll er nach § 275 Abs. 1 S. 1 InsO die Zustimmung des Sachwalters einholen; zur Unwirksamkeit des Rechtsgeschäfts im Außenverhältnis führt dies allerdings nicht[144]. Etwas anderes gilt nur bei einer auf Antrag der Gläubigerversammlung getroffenen gerichtlichen Anordnung, dass bestimmte Rechtsgeschäfte nur mit Zustimmung des Sachwalters wirksam sind, § 277 Abs. 1 S. 1 InsO.[145] Wie bei § 160 InsO unterliegen Rechtshandlungen von besonderer Bedeutung der Zustimmung des Gläubigerausschusses, § 276 S. 1 InsO; dessen fehlende Zustimmung führt allerdings ebenfalls nicht zur Unwirksamkeit der Rechtshandlung.[146]

Schließlich ist die Begründung von Masseverbindlichkeiten auch in der vorläufigen Eigenverwaltung möglich. Die in diesem Verfahrensabschnitt den vorläufigen Sachwalter treffenden Pflichten entsprechen für die hiesige Fragestellung im Wesentlichen den im späteren Verfahren.[147] Änderungen ergeben sich allerdings bei der Begründung von Masseverbindlichkeiten. So begründet ein Handeln des Schuldners nicht per se Masseverbindlichkeiten. Dazu ist er nur aufgrund einer gerichtlichen Ermächtigung in der Lage; einer Zustimmung des vorläufigen Sachwalters bedarf es allerdings nicht.[148] Eine Globalermächtigung ist nach dem ausdrücklichen Willen des Gesetzgebers nach dem SanInsFoG nicht mehr zulässig; ob und inwieweit dem Einzelermächtigungserfordernis mit der partiellen Verwendung von Generalisierungen genüge getan werden kann, ist noch nicht abschließend geklärt.[149] Die Erteilung der Ermächtigung steht allerdings nur dann im Ermessen des Gerichts, wenn die konkreten Verbindlichkeiten nicht im für die Anordnung der Eigenverwaltung notwendigen Finanzplan berücksichtigt sind.[150] In diesem Fall bedarf der Antrag auch einer besonderen Begründung, § 270c Abs. 4 S. 2 InsO.

---

[143] *Foerste*, Insolvenzrecht, Rn. 674; MüKoInsO/*Kern*, § 270 Rn. 39; Jaeger/*Meller-Hannich*, § 270 Rn. 20.

[144] *Foerste*, Insolvenzrecht, Rn. 675; MüKoInsO/*Kern*, § 275 Rn. 15 u. 18; Jaeger/*Meller-Hannich*, § 275 Rn. 9.

[145] *Foerste*, Insolvenzrecht, Rn. 677; MüKoInsO/*Kern*, § 277 Rn. 43 ff.; Jaeger/*Meller-Hannich*, § 277 Rn. 4 ff.

[146] *Foerste*, Insolvenzrecht, Rn. 678; MüKoInsO/*Kern*, § 276 Rn. 13; Jaeger/*Meller-Hannich*, § 276 Rn. 15.

[147] Allgemein MüKoStaRUG/*Kern*, § 270b InsO Rn. 82 ff.

[148] § 270c Abs. 4 S. 1 InsO; dazu *Foerste*, Insolvenzrecht, Rn. 662; MüKoStaRUG/*Kern*, § 270b InsO Rn. 98.

[149] BT-Drucks. 19/24181, 206 f.; HK/*Brünkmans*, § 270c Rn. 24 ff.; *Hölzle*, Praxisleitfaden, § 270c Rn. 25 ff.; *Klinck* ZIP 2021, 1189 (1191 ff.); MüKoStaRUG/*Kern*, § 270c InsO Rn. 71 f.; siehe zur alten Rechtslage etwa *BGH* NZI 2016, 779 f. Rn. 18 ff.; Jaeger/*Meller-Hannich*, § 270b Rn. 39.

[150] BT-Drucks. 19/24181, 207 f.; siehe auch MüKoStaRUG/*Kern*, § 270c InsO Rn. 66 f., der mit guten Argumenten von einer „gebundenen Entscheidung" ausgeht.

c) *Reichweite in zeitlicher Hinsicht.* – Obwohl hinsichtlich der Privilegierung von Masseverbindlichkeiten eine Reichweite in zeitlicher Hinsicht nicht explizit angeordnet ist, entspricht es der überwiegenden Auffassung, dass Masseverbindlichkeiten ihren besonderen Status nach Abschluss des konkreten Verfahrens, in dem sie begründet wurden, verlieren.[151] Dies bedeutet, dass die in einem vorherigen und nunmehr aufgehobenen Insolvenzverfahren begründeten Masseverbindlichkeiten in einem späteren Insolvenzverfahren den Rang „einfacher" Insolvenzforderungen einnehmen. Dem entspricht es, dass im Insolvenzplanverfahren die Aufhebung des Verfahrens erst zu erfolgen hat, wenn die unstreitigen fälligen Masseansprüche erfüllt wurden, § 258 Abs. 2 S. 1 InsO.[152] Für unstreitige, nicht fällige Masseansprüche ist entweder Sicherheit zu leisten oder ein Finanzplan vorzulegen, der ausweist, dass die Erfüllung zum Zeitpunkt der Fälligkeit gesichert ist.[153] Sollte eine (vorzeitige) Tilgung des Darlehens nicht in Betracht kommen, bleibt dem Darlehensgeber, will er seinen Vorrang in einem späteren Insolvenzverfahren aufrechterhalten bzw. den Rückzahlungsanspruch abzusichern, nur die Möglichkeit, für seine Forderung den Status als Kreditrahmenforderung zu erreichen; dies wird explizit von § 264 Abs. 1 S. 1 a.E. InsO vorgesehen.[154] Eine Besicherung des Rückzahlungsanspruchs dürfte in der Regel an der mangelnden Verfügbarkeit unbelasteten Vermögens scheitern.[155] Auch für die Eigenverwaltung gilt insoweit nichts anderes, zumal die Inanspruchnahme des Schutzschirmverfahrens in der Regel auf die Erstellung eines Insolvenzplans hinausläuft.[156] Ein Verstoß gegen die in § 258 Abs. 2 InsO aufgezählten Pflichten begründet zwar eine Schadensersatzpflicht des Insol-

---

[151] *KG Berlin* BeckRS 2018, 35554 Rn. 25; MüKoInsO/*Huber/Madaus*, Bd. 3, 4. Aufl. 2020, § 258 Rn. 11; Uhlenbruck/*Lüer/Streit*, § 258 Rn. 6; Kübler/Prütting/Bork/*Pape/Schaltke*, § 53 Rn. 50; *Schulte-Kaubrügger/Bograkos/Joos* ZInsO 2018, 2777 (2782); ferner *Madaus/Knauth* ZIP 2018, 149 (154).

[152] Der zum Teil vertretenen Ansicht, unter § 258 Abs. 2 InsO nur die Masseansprüche nach § 54 InsO, nicht aber die durch Handlungen des Insolvenzverwalters während des Insolvenzverfahrens durch Unternehmensfortführung nach § 55 Abs. 1 Nr. 1 u. 2 InsO, zu erfassen, wird von der überwiegenden Auffassung aus normativen Erwägungen zu recht nicht geteilt. Dagegen spricht insbesondere, dass sich der Gesetzgeber trotz Kenntnis im ESUG in § 258 Abs. 2 S. 2 InsO für eine andere Lösung entschieden hat. So ebenfalls MüKoInsO/*Huber/Madaus*, § 258 Rn. 11; Jaeger/*Piekenbrock*, § 258 Rn. 20 f.

[153] Siehe dazu etwa HK/*Fiebig*, § 258 Rn. 7; MüKoInsO/*Huber/Madaus*, § 258 Rn. 14 ff.; Jaeger/*Piekenbrock*, § 258 Rn. 22 f.

[154] Siehe dazu unter IV.2. Ebenfalls drauf hinweisend *Madaus/Knauth* ZIP 2018, 149 (154); Jaeger/*Piekenbrock*, § 258 Rn. 22

[155] Siehe diesbzgl. schon die Nachweise in Fn. 13.

[156] Nach § 270d Abs. 1 S. 1 InsO hat das Insolvenzgericht, sofern die Voraussetzungen einer Schutzschirmanordnung vorliegen, dem Schuldner auf Antrag eine Frist zur Vorlage eines Insolvenzplans zu bestimmen. Siehe allgemein auch *Hölzle*, Praxisleitfaden, § 270d Rn. 4; MüKoStaRUG/*Kern*, vor §§ 270–285 InsO Rn. 93; ferner *Korch* ZHR 182 (2018), 440 (461); Jaeger/*Meller-Hannich*, § 270b Rn. 24 u. 45; Kübler/Prütting/Bork/*Pape*, § 270b Rn. 21.

venzverwalters bzw. der Mitglieder des Vertretungsorgans einer eigenverwaltenden Gesellschaft nach § 60 Abs. 1 S. 1 InsO (analog).[157] Da dem Finanzplan in aller Regel eine Prognose zugrunde liegt, resultiert allerdings nicht jede negative Geschäftsentwicklung in einer entsprechenden Haftung.[158] Angesichts der Unsicherheit hinsichtlich der Rückzahlung nach Aufhebung des Insolvenzverfahren wird für Massegläubiger nur bedingt ein Anreiz geschaffen, dem Unternehmen während des Insolvenzverfahrens (längerfristig) Kapital zur Verfügung zu stellen.

2. *Der Kreditrahmen.* – Gläubigern kann daher eine hinreichend sichere Aussicht auf Rückzahlung nach Aufhebung des Insolvenzverfahrens nur eröffnet werden, wenn es zur Vereinbarung eines Kreditrahmens kommt. In einem anschließenden Insolvenzverfahren besteht dann ein Vorrang gegenüber den anderen Insolvenzgläubigern. Die Einsicht, die den deutschen Gesetzgeber zum Erlass einer derartigen Privilegierung bewogen hat, erinnert dabei an die Motive der Restrukturierungsrichtlinie: Eine erfolgreiche Sanierung wird ohne die Zuführung neuer finanzieller Mittel nur selten gelingen. Neugläubiger werden sich dazu aber nur bereiterklären, wenn die Sicherung ihres Rückzahlungsanspruchs gewährleistet ist.[159]

a) *Voraussetzungen des Kreditrahmens.* – Beim Kreditrahmen handelt es sich um ein Instrument des Insolvenzplanverfahrens; die zu privilegierenden Kredite müssen daher im gestalteten Teil des Plans festgesetzt werden, § 264 Abs. 1 S. 1 InsO. Über den Kreditrahmen als Teil des Insolvenzplans ist folglich abzustimmen und dieser bedarf der Bestätigung durch das Insolvenzgericht, vgl. §§ 243 ff. InsO. Die amtswegige Prüfung des Gerichts beschränkt sich neben der Frage, ob die Annahme durch die Beteiligten vorliegt oder diese ersetzt wurde, darauf, ob Vorschriften über Planinhalt oder -verfahren in einem wesent-

---

[157] Hinsichtlich einer Haftung des Insolvenzverwalters Uhlenbruck/*Lüer/Streit*, § 258 Rn. 11. Zur Eigenverwaltung *BGH* NJW 2018, 2125, 2130 ff. Rn. 47 ff. § 61 InsO dürfte hingegen nicht einschlägig sein, da dieser nur eine Haftung für die Begründung von Masseverbindlichkeiten anordnet, die aus der Insolvenzmasse nicht voll erfüllt werden können. Hier steht allerdings die ordnungsgemäße Erstellung des Finanzplans im Vordergrund. Siehe dazu auch Jaeger/*Piekenbrock*, § 258 Rn. 27.

[158] Siehe etwa *LAG Düsseldorf* NZI 2015, 722, 725; Uhlenbruck/*Lüer/Streit*, § 258 Rn. 11. Daran dürfte sich auch angesichts der Entscheidung des BGH, dem Insolvenzverwalter nicht den Schutz der in § 93 Abs. 1 S. 2 AktG normierten Business Judgment Rule zu gewähren, wenig geändert haben, da ungeachtet dessen dem Insolvenzverwalter bei unternehmerischen Entscheidungen ein weiter Ermessensspielraum zugestanden wird (*BGH* NJW 2020, 1800, 1801 ff. Rn. 25 ff.).

[159] BT-Drucks. 12/2443, 216. Siehe dazu auch *Dinstühler* ZInsO 1998, 243; MüKoInsO/*Drukarczyk/Fridgen*, § 264 Rn. 20; *Foerste*, Insolvenzrecht, Rn. 533; Jaeger/*Piekenbrock*, § 264 Rn. 4; Kübler/Prütting/Bork/*Pleister*, § 264 Rn. 2 f.

lichen Punkt nicht beachtet worden sind oder die Annahme des Plans unlauter herbeigeführt wurde, § 250 InsO. Es handelt sich um eine Rechts-, nicht um eine Zweckmäßigkeitsprüfung; ein gerichtliches Ermessen besteht nicht.[160] Eine potentielle Schlechterstellung eines Beteiligten durch den Plan, als er ohne den Plan stünde, wird nur auf Antrag geprüft, § 251 InsO. Des Weiteren muss im Insolvenzplan eine Überwachung der Planerfüllung durch den Insolvenzverwalter vorgesehen werden.[161]

Sachlich erfasst der Kreditrahmen die Zufuhr jeglichen Fremdkapitals – also insbesondere Gelddarlehen, aber auch Lieferantenkredite –,[162] das während des Planüberwachungszeitraums gewährt wird. Die Zuführung von Eigenkapital ist hingegen nicht kreditrahmentauglich.[163] Dies gilt auch für Forderungen auf Rückgewähr von Gesellschafterdarlehen oder Forderungen, die einem solchen Darlehen wirtschaftlich entsprechen, § 264 Abs. 3 i.V.m. § 39 Abs. 1 Nr. 5 InsO. Es ist allerdings nicht erforderlich, dass der Kredit im Überwachungszeitraum begründet wird. § 264 Abs. 1 S. 1 InsO eröffnet vielmehr die Möglichkeit, stehen gelassene Masseforderungen in den Kreditrahmen aufzunehmen, die dem Schuldner vor dem Überwachungsverfahren zur Verfügung gestellt wurden. Dies hilft insbesondere Gläubigern, deren Ansprüche vor Aufhebung des Insolvenzverfahrens noch nicht fällig sind. Darunter fallen etwa die für die hiesige Studie relevante Kreditaufnahme durch den Insolvenzverwalter im regulären Verfahren sowie die durch den vorläufigen starken Insolvenzverwalter begründeten Darlehensverbindlichkeiten im Eröffnungsverfahren.[164] Schließlich ist für den Kreditrahmen im Insolvenzplan eine Obergrenze festzusetzen, § 264 Abs. 1 S. 2 InsO, die zudem öffentlich bekanntzumachen ist, § 267 Abs. 2 Nr. 3 InsO. Diese Grenze darf die im Vermögensverzeichnis des Insolvenzplans aufgelisteten Vermögenspositionen nicht übersteigen, § 264 Abs. 1 S. 3 InsO;[165] deren

[160] *BGH* NZI 2018, 691 Rn. 14; Jaeger/*Kern*, § 250 Rn. 57.

[161] Dies ergibt sich aus der systematischen Stellung der § 264 ff. InsO im Bereich der Planüberwachung und aus dem Wortlaut des § 264 Abs. 1 S. 1 InsO, der die zeitliche Reichweite des Kreditrahmens festsetzt. Dazu *Dinstühler* ZInsO 1998, 243 (244 f.); ferner MüKoInsO/*Drukarczyk/Fridgen*, § 264 Rn. 8; HK/*Fiebig*, § 264 Rn. 3; Jaeger/*Piekenbrock*, § 264 Rn. 9; Kübler/Prütting/Bork/*Pleister*, § 264 Rn. 8.

[162] BT-Drucks. 12/2443, 216; *Dinstühler* ZInsO 1998, 243 (244); MüKoInsO/*Drukarczyk/Fridgen*, § 264 Rn. 7; BeckOK InsO/*Freund/Stadler*, § 264 Rn. 6; HK/*Fiebig*, § 264 Rn. 5; Jaeger/*Piekenbrock*, § 264 Rn. 14; Kübler/Prütting/Bork/*Pleister*, § 264 Rn. 9 f.

[163] Jaeger/*Piekenbrock*, § 264 Rn. 14; Kübler/Prütting/Bork/*Pleister*, § 264 Rn. 13.

[164] MüKoInsO/*Drukarczyk/Fridgen*, § 264 Rn. 9; *Eidenmüller*, Unternehmenssanierung, 866; Jaeger/*Piekenbrock*, § 264 Rn. 15.

[165] Diese Höchstbegrenzung für zu weitgehend haltend, da das Telos des § 264 Abs. 1 InsO, die Altgläubiger vor einer übermäßigen Kreditaufnahme zu schützen, vereitelt würde, MüKoInsO/*Drukarczyk/Fridgen*, § 264 Rn. 25 f.; Jaeger/*Piekenbrock*, § 264 Rn. 5; Kübler/Prütting/Bork/*Pleister*, § 264 Rn. 17.

Bewertung richtet sich grundsätzlich nicht nach Liquidations –, sondern nach Fortführungswerten.[166]

Neben den von § 264 Abs. 1 S. 1 InsO aufgestellten allgemeinen Anforderungen an den Insolvenzplan und die Kreditrahmentauglichkeit von Forderungen stellt § 264 Abs. 2 InsO zusätzliche Voraussetzungen für die Einbeziehung in den Kreditrahmen auf. Gläubiger profitieren von der Privilegierung des § 264 Abs. 1 S. 1 InsO nur, wenn zusätzlich eine auf das konkrete Darlehen bezogene Vereinbarung mit dem Schuldner getroffen wird und der Insolvenzverwalter die Einbeziehung gegenüber dem Darlehensgeber schriftlich bestätigt, § 264 Abs. 2 InsO. Dem Insolvenzverwalter obliegt dabei ein Prüfungsrecht, das sich jedoch auf die Einhaltung der formalen Voraussetzungen des § 264 InsO beschränkt; eine Zweckmäßigkeitskontrolle steht ihm nicht zu.[167] Die Bestätigung ist daher zu erteilen, solange die im Kreditrahmen festgelegte Obergrenze noch nicht erreich ist; diesbezüglich besteht kein Ermessen des Insolvenzverwalters.[168] Etwas anderes lässt sich nur erreichen, wenn nach § 263 InsO im Insolvenzplan vorgesehen wurde, dass der Darlehensvertrag der Zustimmung des Insolvenzverwalters bedarf.

b) *Reichweite des Kreditrahmens.* – Die wirksame Einbeziehung in den Kreditrahmen sichert den privilegierten Gläubigern im Ausgangspunkt in einem späteren Insolvenzverfahrenen Vorrang vor den übrigen Insolvenzgläubigern. Dies trifft nicht nur auf die Plangläubiger des ersten Verfahrens zu, sondern erfasst nach § 265 S. 1 InsO auch die vertraglichen Gläubiger, deren Ansprüche während der Zeit der Überwachung – also nach Aufhebung des Insolvenzverfahrens (§ 258 Abs. 1 InsO) bis zur Aufhebung der Überwachung (§ 268 Abs. 1 InsO) – begründet werden; § 265 S. 2 InsO erstreckt diesen Nachrang auch auf bereits vor der Überwachung vertraglich begründete Dauerschuldverhältnisse, deren Entstehung der Gläubiger durch Kündigung hätte vermeiden können. Der durch die §§ 264 f. InsO begründete Vorrang unterliegt jedoch zahlreichen Einschränkungen. Zunächst wirkt die Privilegierung nur gegenüber den späteren Insolvenzgläubigern; die Forderungen der Kreditrahmengläubiger erlangen durch die Einbeziehung nicht den Status von Masseansprüchen. Die im nachfolgenden Insolvenzverfahren begründeten Masseverbindlichkeiten sind demnach vor den Kreditrahmengläubigern zu tilgen.[169] Des Weiteren droht Gefahr

---

[166] MüKoInsO/*Drukarczyk/Fridgen*, § 264 Rn. 25; Jaeger/*Piekenbrock*, § 264 Rn. 5; Kübler/Prütting/Bork/*Pleister*, § 264 Rn. 6; K. Schmidt/*Spliedt*, § 266 Rn. 3.

[167] BT-Drucks. 12/2443, 216.

[168] K. Schmidt/*Spliedt*, § 266 Rn. 10; Jaeger/*Piekenbrock*, § 264 Rn. 22.

[169] *Dinstühler* ZInsO 1998, 243 (249); MüKoInsO/*Drukarczyk/Fridgen*, § 264 Rn. 19; *Foerste*, Insolvenzrecht, Rn. 534; Uhlenbruck/*Lüer/Streit*, § 264 Rn. 25; *Parzinger*, Fortführungsfinanzierung, 76; Jaeger/*Piekenbrock*, § 264 Rn. 7; Kübler/Prütting/Bork/*Pleister*, § 266 Rn. 9.

durch Aus- und Absonderungsrechte. So bleiben die Rechte von aus- und absonderungsberechtigten Gläubigern grundsätzlich bestehen; deren Rechte werden durch die Vereinbarung eines Kreditrahmens nicht berührt – etwas anderes gilt hinsichtlich der absonderungsberechtigten Gläubiger nur, wenn im gestaltenden Teil des Insolvenzplans von der nach § 223 Abs. 2 InsO zur Verfügung stehenden Möglichkeit Gebrauch gemacht wird, in deren Rechte einzugreifen.[170] Schließlich werden auch nicht-vertragliche Ansprüche von Neugläubigern nicht vom Nachrang der §§ 264 f. InsO erfasst; sie teilen sich in einer Folgeinsolvenz den Rang mit den Kreditrahmengläubigern. Die Privilegierung beschränkt sich daher in sachlicher Hinsicht auf einen Vorrang gegenüber vertraglichen Neugläubigern und ungesicherten Altgläubigern.

Die erheblichste Einschränkung der Privilegierung der Kreditrahmengläubiger resultiert in zeitlicher Hinsicht. Nach der Regierungsbegründung gilt es, einen „lebenslangen" Vorrang zu vermeiden.[171] Der durch die § 264 f. InsO begründete Vorrang setzt deswegen voraus, dass das spätere Insolvenzverfahren noch vor Aufhebung der Überwachung eröffnet wird, § 266 Abs. 1 InsO. Das heißt, dass wegen § 268 Abs. 1 Nr. 2 InsO die Privilegierung spätestens drei Jahre nach Aufhebung des Insolvenzverfahrens erlischt; einer Verlängerung im Insolvenzplan ist diese Zeitspanne nicht zugänglich.[172] Im Übrigen handelt es sich bei der Dreijahreszeitspanne nicht um eine fixe Vorgabe. Nach § 268 Abs. 1 Nr. 1 InsO ist die Überwachung auch aufzuheben, wenn die Ansprüche, deren Erfüllung überwacht wird, erfüllt sind oder deren Erfüllung gewährleistet ist. Inwieweit das Gericht bei seiner Aufhebungsentscheidung die Interessen der Kreditrahmenrahmengläubiger zu berücksichtigen hat, ist unklar.[173] In jedem Fall führt das bzgl. künftiger Forderungen § 268 Abs. 1 Nr. 1 InsO immanente prognostische Element wie bei § 258 Abs. 2 S. 2 InsO zu einer (weiteren) Unsicherheit für die Neugläubiger. Vor diesem Hintergrund ist es wenig überraschend, dass dem Kreditrahmen in der Praxis nur geringe Bedeutung zukommt.[174] Daran vermag auch der Umstand wenig zu ändern, dass nach der

---

[170] *Dinstühler* ZInsO 1998, 243 (248 f.); *Eidenmüller*, Unternehmenssanierung, 867; MüKoInsO/*Drukarczyk/Fridgen*, § 264 Rn. 18; *Foerste*, Insolvenzrecht, Rn. 534; Kübler/Prütting/Bork/*Pleister*, § 264 Rn. 5.

[171] BT-Drucks. 12/2443, 217: „[Die Privilegierung] soll kein Dauerzustand sein".

[172] MüKoInsO/*Drukarczyk/Fridgen*, § 264 Rn. 16; MüKoInsO/*Kern*, § 266 Rn. 7; Jaeger/*Piekenbrock*, § 264 Rn. 8 u. § 268 Rn. 8; Kübler/Prütting/Bork/*Pleister*, § 264 Rn. 11 u. § 266 Rn. 2; K. Schmidt/*Spliedt*, § 266 Rn. 18; vgl. auch BeckOK InsO/*Freund/Stadler*, § 266 Rn. 2.

[173] Vgl. MüKoInsO/*Drukarczyk/Fridgen*, § 264 Rn. 16; MüKoInsO/*Kern*, § 266 Rn. 9.

[174] So auch schon die Prognose von *Dinstühler* ZInsO 1998, 243 (250); *Eidenmüller*, Unternehmenssanierung, 866 f.; ferner HK/*Fiebig*, § 264 Rn. 2; MüKoInsO/*Kern*, § 266 Rn. 4 f.; *Parzinger*, Fortführungsfinanzierung, 76; *ders.* ZIP 2019, 1748 (1749 Fn. 11 u. 1759); Jaeger/*Piekenbrock*, § 264 Rn. 8.

wohl überwiegenden Auffassung Rechtshandlungen, die Kreditrahmengläubigern einen entsprechenden Vorrang einräumen, in einem späteren Verfahren der Insolvenzanfechtung entzogen sind.[175]

V. *Analyse*. – 1. *Vergleich der Privilegierung von Neugläubigern im Restrukturierungs- und Insolvenzrecht*. – Das grundsätzliche Anliegen, neue Gläubiger zur Bereitstellung neuer finanzieller Mittel zu bewegen, ist in beiden Rechtsgebieten im Ausgangspunkt durchaus identisch – wenn auch mit einer wesentlich stärkeren Betonung im Restrukturierungsrecht. Gleiches trifft auf den sachlichen Anwendungsbereich zu, der grundsätzlich weit verstanden wird. Erfasst werden im Wesentlichen Kredite jeglicher Art. Eine Besicherung, die in § 12 S. 2 StaRUG explizit einer neuen Finanzierung gleichgestellt wird, ist allerdings nicht kreditrahmentauglich; die Sicherheitenbestellung alleine sorgt nicht unmittelbar für die Zuführung neuen Fremdkapitals. Die Einräumung von Kreditsicherheiten steht aber unproblematisch dem Insolvenzverwalter zu und kann auch allgemein in den Insolvenzplan aufgenommen werden.[176] Sowohl die Aufnahme von Massekrediten zur Zwischenfinanzierung als auch die Bestellung von Kreditsicherheiten ist dem (vorläufig starken) Insolvenzverwalter ohne weiteres möglich. Zwischenkredite sind prinzipiell ebenfalls kreditrahmentauglich – aus zeitlichen Gründen dürfte aber eine solche Gestaltung nicht in Betracht kommen. Neue finanzielle Mittel können im Restrukturierungs- und Insolvenzrecht sowohl von „echten" Neugläubigern als auch von Altgläubigern zur Verfügung gestellt werden. Eine Beschränkung der Privilegierung auf „echte" Neugläubiger, die bis zur unternehmerischen Krise in keiner Geschäftsbeziehung zum Schuldner standen, ist nicht ersichtlich, solange die Voraussetzungen des § 12 StaRUG oder § 264 InsO erfüllt werden. Gleiches trifft auch auf die Begründung von Massekrediten zu.

Was das Restrukturierungsrecht und den Kreditrahmen betrifft, ist jeweils die Aufnahme der zu privilegierenden neuen Finanzierung in den Restrukturierungs- bzw. Insolvenzplan erforderlich. Dies bedingt eine Annahme des Plans durch die Beteiligten und dessen gerichtliche Bestätigung. Grundsätzlich sollen mit der gerichtlichen Kontrolle die Rechte der Beteiligten sichergestellt werden. Der Schwerpunkt der gerichtlichen Prüfung liegt dabei auf formaler Ebene: es handelt sich im Wesentlichen um eine Rechtmäßigkeits-, nicht um eine Zweckmäßigkeitsprüfung. Vor dem Hintergrund, dass bei der Prüfung der Er-

---

[175] Braun/*Braun/Frank*, InsO, § 264 Rn. 11; Uhlenbruck/*Lüer/Streit*, § 264 Rn. 32; Kübler/Prütting/Bork/*Pleister*, § 264 Rn. 8; a.A. K. Schmidt/*Spliedt*, § 266 Rn. 19. Eine Sperrwirkung der §§ 264 ff. InsO zwar ablehnen, eine Insolvenzanfechtung aber aus Gründen mangelnder Gläubigerbenachteiligung scheitern lassen, *Dinstühler* ZInsO 1998, 243 (250); siehe diesbzgl. auch Jaeger/*Piekenbrock*, § 264 Rn. 27.

[176] MüKoInsO/*Breuer*, § 228 Rn. 4.

folgsaussichten der Sanierung, die bei einem stärkeren inhaltlichen Kontrollmaßstab in der Regel erforderlich sein dürften, vertiefter ökonomischer Sachverstand erforderlich ist, erscheint die grundsätzliche gerichtliche Zurückhaltung in dieser Hinsicht folgerichtig. Dass § 63 Abs. 3 StaRUG im Hinblick auf neue Finanzierungen einen vergleichsweise strengen gerichtlichen Prüfungsmaßstab festlegt, kann mittels Auslegung abgemildert werden. Angesichts der nach § 25 Abs. 1 StaRUG erforderlichen Dreiviertelmehrheit und des geringen Privilegierungsumfangs wirkt ein strenger Maßstab schon fast überzogen. Zu einer Herstellung von Publizität kommt es allerdings nur beim Kreditrahmen – die festgesetzte Obergrenze ist öffentlich bekanntzumachen. Angesichts der geringen Privilegierungswirkung des StaRUG erscheint dies aber wiederum konsequent.

Bei Masseverbindlichkeiten ist weder die Aufnahme in den Plan, noch eine gerichtliche Kontrolle bei der Begründung neuer Verbindlichkeiten vorgesehen – eine Ausnahme besteht lediglich beim vorläufig schwachen Insolvenzverwalter. Allerdings werden diese durch den (vorläufig starken) Insolvenzverwalter begründet bzw. in der Eigenverwaltung wird ein Sachwalter bestellt, der die Geschäftsführung des Schuldners überwacht. Vor dem Hintergrund, dass der Insolvenzverwalter bzw. der Sachwalter quasi als Treuhänder – oder ökonomisch gesprochen als Agent – der Beteiligten fungiert, der Aufsicht des Insolvenzgerichts unterliegt und dessen Fehlverhalten haftungsrechtlich entsprechend sanktioniert wird,[177] erscheint eine gerichtliche Überprüfung im Einzelfall nicht zwingend vonnöten.

Divergenzen bestehen auch im Schutzumfang. § 90 Abs. 1 StaRUG sieht lediglich einen – wenn auch umfassenden – Anfechtungsschutz für neue Finanzierungen vor. Dieser erfährt aber gerade für die hier in Rede stehende Zuführung neuer finanzieller Mittel eine starke Einschränkung: Nur die Auszahlung der Darlehensvaluta, nicht aber deren Rückführung, ist unstreitig anfechtungsrechtlich privilegiert. Ungeachtet der Frage, ob sich dieses Verständnis mit dem Unionsrecht in Einklang bringen lässt – so verhilft das unionsrechtliche Effektivitätsprinzip dem Europarecht zuvörderst dort zur Geltung, wo eine Situation einzutreten droht, bei der der unionalen Vorgabe nur eine theoretische Funktion zukäme –[178], sprechen dagegen auch rechtsökonomische Gesichtspunkte[179]. Zudem setzt sich das herrschende Verständnis in Widerspruch, wenn anerkannt werden muss, dass praktisch das gleiche Ergebnis mittels Einräumung einer

[177] Zur Stellung des Insolvenzverwalters bzw. Sachwalters *Jauernig/Berger/Thole*, Insolvenzrecht, § 4 f.; *Korch* ZIP 2018, 109 (111 ff.); *Kumpan* KTS 2010, 169.

[178] Zu dem hinter den Einwirkungen des Unionsrechts auf die nationalen Zivilverfahrensrechte stehenden Abwägungsprozess *Uhlmann* GVRZ 2023, 7 (Rn. 20 ff.).

[179] Siehe dazu unter V.2.

Kreditsicherheit erreicht werden kann. Letztlich dürfte diese „Ausweichmöglichkeit“ in der Praxis mangels unbelasteten Vermögens auch nicht zur Verfügung stehen, so dass aus ökonomischer Perspektive die erforderlichen Anreize nicht gesetzt werden und die Erreichung eines Restrukturierungsmehrwerts erschwert wird.

Im Insolvenzrecht werden Massegläubiger vor den Insolvenzgläubigern befriedigt; insoweit besteht ein „echter“ Vorrang – dies gilt auch im Hinblick auf Gesellschafterdarlehen [180], die ansonsten sowohl im Restrukturierungs – als auch im Insolvenzrecht von etwaigen Privilegierungen ausgenommen sind. Da auch ein Anfechtungsschutz besteht, sind Masseverbindlichkeiten vergleichsweise sicher. Zudem kann, sollten Masseverbindlichkeiten (teilweise) nicht aus der Insolvenzmasse bedient werden können, grundsätzlich der Insolvenzverwalter in Anspruch genommen werden. Auch der Kreditrahmen eröffnet den Beteiligten die Möglichkeit, einzelne Gläubiger in einer Folgeinsolvenz zu privilegieren. Der Vorrang ist aber im Wesentlichen auf ungesicherte Insolvenzgläubiger im ersten Verfahren und vertraglich Neugläubiger beschränkt; die Kreditrahmenforderungen erlangen nicht den Status von Masseansprüchen.

Eine gewisse Parallele besteht in der Einschränkung der Privilegierung in zeitlicher Hinsicht. Ein „lebenslanger“ Schutz besteht weder im Restrukturierungs- noch im Insolvenzrecht. So lässt § 90 Abs. 1 StaRUG den Anfechtungsschutz (nur) bis zum Eintritt einer nachhaltigen Sanierung reichen. Masseverbindlichkeiten verlieren ihren besonderen Status mit Aufhebung des Insolvenzverfahrens. Zur längerfristigen Finanzierung eignen sie sich daher nicht; allenfalls für (kurzfristige) Zwischenfinanzierungen kommen sie in Betracht. Der (eingeschränkte) Vorrang von Kreditrahmenforderungen reicht über die Aufhebung des Insolvenzverfahrens hinaus. Er ist jedoch mit Aufhebung der Planüberwachung verknüpft und diese hat spätestens drei Jahre nach Aufhebung des Insolvenzverfahrens zu erfolgen. Da die Aufhebung auch schon früher erfolgen kann, besteht, ähnlich wie im StaRUG, auch hinsichtlich der zeitlichen Reichweite der Privilegierung von Kreditrahmenforderungen Ungewissheit.

2. *Rechtsökonomische Analyse der Privilegierung von Neugläubigern*. – Aus rechtsökonomischer Perspektive ist der mit der Fortführung des Unternehmens verbundene Sanierungsmehrwert in den Vordergrund zu stellen. Von dem mit einer Sanierung einhergehenden positiven (externen) Effekt profitieren nicht nur Alt- und Neugläubiger, sondern auch die Allgemeinheit. Für Finanzierungsfragen in der Unternehmenskrise bedeutet dies, dass sowohl das Phänomen des *underinvestment* als auch des *overinvestment* zu vermeiden sind – idealiter wer-

---

[180] Zur Eigenschaft von Gesellschafterdarlehen als Masseverbindlichkeiten Uhlenbruck/*Hirte*, § 39 Rn. 70.

den die Investitionsanreize hergestellt, die ohne die Krisensituation bestünden. Eine risikoreiche Geschäftsstrategie, von der in erster Linie die Anteilsinhaber profitieren, und eine zu laxe Kreditvergabe als Folge der Privilegierung, gilt es ebenso zu vermeiden, wie die mit einem *underinvestment* (zwangsweise) verbundene Passivität. Was dies betrifft, können mit Hilfe neuen Kapitals positive Entwicklungen angestoßen und ein Mehrwert erreicht werden, der die Kosten der Darlehensaufnahme weit übersteigt. Da eine der Grundlagen von erfolgreichen Sanierungen deren Finanzierung ist, kommt den für Neugläubiger gesetzten Anreizen eine zentrale Rolle zu. Die Anreize zur Bereitstellung neuen Kapitals sind dabei umso größer, je geringer das Risiko und die mit der Ausreichung neuen Kapitals verbundenen Kosten sind.

Insoweit ist zunächst positiv hervorzuheben, dass neue finanzielle Mittel sowohl von Neu- als auch Altgläubigern bereitgestellt werden können. Für Altgläubiger ist die (weitere) Zurverfügungstellung von Kapital nicht nur mit geringen *screening*-Kosten verbunden – Altgläubiger sind in der Regel schon mit der finanziellen Situation des Unternehmens (einigermaßen) vertraut –, sondern ihnen ist auch ein besonderes Interesse an einer nachhaltigen Sanierung aufgrund der vorher getätigten spezifischen Investitionen in das Unternehmen zu bescheinigen. Die Gefahr opportunistischen Verhaltens zulasten der Altgläubiger ist daher schon unter diesem Blickwinkel reduziert.

Die weitere Analyse des StaRUG fällt hingegen ernüchternd aus. Es ist weniger zu erwarten, dass durch die rein anfechtungsrechtliche Privilegierung Neugläubiger maßgeblich bewegt werden, dem Unternehmen neues Kapital bereitzustellen. Dies gilt vor dem Hintergrund, dass die wohl herrschende Auffassung die Anfechtung der Rückzahlung der Darlehensvaluta zulässt, umso mehr. Da eine Anfechtung der Begründung des Darlehensvertrags bzw. der Auszahlung der Valuta praktisch ausscheiden dürfte, wird für Neugläubiger nach dem StaRUG kein zusätzlicher Anreiz gesetzt – dies gilt auch angesichts der Einsicht, dass der (anfechtungsfeste) Weg über eine Sicherheitenbestellung nach § 12 S. 2 StaRUG in diesem Stadium in aller Regel ausscheidet. Neben der Frage, ob damit den Vorgaben der Richtlinie genüge getan wird – was angesichts des Umstands, dass die Auswirkungen der Privilegierung in der Rechtswirklichkeit äußerst beschränkt seien dürften, höchst fraglich ist –, ist dies auch aus ökonomischen Gesichtspunkten bedenklich. Im Ergebnis droht die Gefahr eines *underinvestment*; für Projekte mit einem positiven Kapitalwert bzw. erfolgsversprechende Sanierungen könnten so nicht ausreichend Mittel zur Verfügung stehen. Überdies zwingt die restriktive Behandlung neuer Finanzierungen zum Ausweichen auf andere Gestaltungen, wie etwa der unechte bzw. kalte Massekredit[181], die aber komplex sind und nicht unerhebliche Risiken in rechtlicher

---

[181] Siehe dazu schon die Nachweise in Fn. 129.

Hinsicht mit sich bringen. Die damit verbundenen erhöhten Kosten, etwa durch intensive rechtliche Beratung, wären bei einer klaren Regelung, wann die Zuführung neuer finanzieller Mittel in welchem Umfang privilegiert wird, vermeidbar. Angesichts der de facto kaum existierenden Privilegierung trifft dies auch auf die Kosten zu, die mit einer strengen richterlichen Kontrolle nach § 63 Abs. 3 StaRUG und der diesbezüglichen Einschaltung eines Restrukturierungsbeauftragen verbunden wären.

Die Analyse des Insolvenzrechts teilt im Wesentlichen das Ergebnis zum Restrukturierungsrecht. Da Massekredite ihren besonderen Status nach Aufhebung des Insolvenzverfahrens verlieren, fehlt es an entsprechenden Anreizen, sie zur Unternehmensfortfinanzierung fruchtbar zu machen. Ob ein nach § 258 Abs. 2 S. 2 InsO erforderlicher Finanzplan neuen Gläubigern ausreichend Sicherheit gibt, darf bezweifelt werden; die dem Finanzplan zugrundeliegende Prognose ist zwangsläufig mit einem Unsicherheitsfaktor verbunden. Ähnlich sieht es hinsichtlich des Kreditrahmens aus. Nicht nur unterliegt die Reichweite der Privilegierung zahlreichen Einschränkungen, sondern auch in zeitlicher Hinsicht besteht Unklarheit über die Reichweite. Im Vergleich zu einer den Privilegierungsumfang eindeutig festlegenden Vorschrift ist es Neugläubigern nach den §§ 264 ff. InsO nur begrenzt möglich, ihr Risiko abzuschätzen. Hinzu kommen weitere Faktoren, die sich hemmend auf die Bereitschaft zur Kreditvergabe in Krisensituationen auswirken. So besteht die Gefahr, dass die Bank in die primär das vertretungsberechtigte Organ treffende Insolvenzverschleppungshaftung mit reingezogen wird. Dies kann entweder nach § 830 Abs. 2 BGB über eine Beteiligung als Teilnehmer, aufgrund einer Stellung als faktischer Geschäftsführer oder originär nach § 826 BGB geschehen.[182] Die Gefahr einer faktischen Übernahme der Geschäftsführung droht etwa, wenn exzessiv von der Ausübung von *covenants* Gebrauch gemacht wird – ein Risiko, das insbesondere für ausländische Kreditinstitute nicht zu unterschätzen ist.[183] Überdies bedingt jegliche Risikosteigerung eine erhöhte regulatorische Eigenkapitalunterlegung, welche die Ausreichung von Darlehen verteuert.

Aufgrund der im Wesentlichen von beiden Rechtsgebieten vom Anwendungsbereich ausgenommenen Gesellschafterdarlehen scheiden aus Anreizgesichtspunkten auch Gesellschafter als Fremdkapitalgeber aus – ihre Bereitschaft, dem sich in der Krise befindenden Unternehmen Eigenkapital zur Verfügung zu stellen, ist schon aufgrund des Eigenkapital immanenten Nachrangs gegenüber Fremdkapital reduziert. Allerdings bestünde bei einer Erstreckung

---

[182] BeckOGK AktG/*Fleischer*, Stand: 01.07.2022, § 93 Rn. 238; MüKoBGB/*Wagner*, § 826 Rn. 173 ff.; siehe dazu auch Pannen/Riedemann/Smid/*Smid*, § 12 Rn. 11 ff.

[183] Allgemein zu covenants *Servatius*, Gläubigereinfluss durch Covenants, 2008, 32 ff. u. passim; ferner *Eidenmüller*, Unternehmenssanierung, 136 ff.; *ders.* ZZP 121 (2008), 273 (277 ff.).

der Privilegierung der Anreiz, Risiken (partiell) auf die Gläubiger zu verlagern [184]; der typischerweise bestehende Informationsvorsprung der Anteilsinhaber gegenüber den Gläubigern und dem Insolvenzverwalter bzw. Restrukturierungsbeauftragtem tut dazu sein Übriges. Zumindest im Hinblick auf Unternehmen mit einem hohen Streubesitzanteil dürfte sich durch den gesetzlich angeordneten Nachrang auch wenig ändern, da nicht zu erwarten ist, dass einzelne Aktionäre zur Bereitstellung von Kapital bewogen werden können. Vielmehr ist zu erwarten, dass sie sich passiv verhalten und auf ein Tätigwerden der jeweils anderen spekulieren.

Angesichts der geringen Anreize für Neugläubiger droht weniger ein *overinvestment*-, als ein *underinvestment*-Problem. Sowohl das Restrukturierungs- als auch das Insolvenzrecht gewährleisten höchstens unzureichend, dass sanierungswürdige Unternehmen in den Genuss von neuem Kapital kommen und somit in Projekte mit einem positiven Kapitalwert investieren können. Hinzu kommt die im Restrukturierungsrecht die Geschäftsleiter treffende persönliche Haftung nach § 43 Abs. 1 S. 2 StaRUG, die zügelnd auf das Leitungsorgan einwirkt; für den Insolvenzverwalter bzw. den eigenverwaltenden Schuldner folgt dies aus §§ 60 f. InsO (analog). Weiter wirkt einem *overinvestment*-Effekt der Umstand entgegen, dass Geschäftsleiter typischerweise ein Interesse haben, ihre Position nicht zu verlieren. Dies wird verstärkt, durch den über Reputationsmechanismen funktionierenden „Markt für Manager“; die Aussicht, als „skrupelloser“ Manager gebrandmarkt zu werden, kann zusätzlich das *overinvestment*-Phänomen abmildern.

3. *Folgerung: Einführung eines Vorrangs für neue Finanzierungen im Restrukturierungs- und Insolvenzrecht.* – Die zentrale Erkenntnis der ökonomischen Analyse ist, dass es das *underinvestment*-Phänomen zu überwinden gilt. Insoweit bietet es sich an, mit der Einführung eines Befriedigungsvorrangs hinsichtlich neuer Finanzierungen von der Möglichkeit der Restrukturierungsrichtlinie Gebrauch zu machen. Ein derartiger Vorrang wird zwar von der Richtlinie nicht gefordert, aber durchaus nahegelegt. So könnte ein behutsamer und klarer Umgang mit einer Privilegierung in Gestalt eines Vorrangs unsichere Ausweichmöglichkeiten der Praxis obsolet machen und die Krisenfinanzierung auf eine rechtssichere Grundlage stellen. Diese anhand der Richtlinie entwickelte Fortentwicklung der Sanierungsfinanzierung böte sich an, auf das Insolvenzrecht zu übertragen. Als Folge käme etwa in Betracht, dass Masseverbindlichkeiten ihren Status nach Aufhebung des Verfahrens behalten. Damit wäre auch für Kreditrahmenverbindlichkeiten und das Restrukturierungsrecht eine Aussage über den Umfang des einzuführenden Vorrangs getroffen: einen generellen Gleich-

---

[184] Zur Risikoverlagerung etwa MüKoInsO/*Drukarczyk/Fridgen*, § 264 Rn. 28.

rang zu Masseverbindlichkeiten für neue Finanzierungen[185] – für das Restrukturierungsrecht hätte dies mit einer expliziten Erstreckung auf Zwischenfinanzierungen einherzugehen. Mit einem Gleichrang zu Masseverbindlichkeiten würde ein Kompromiss geschaffen, der einerseits die Gruppe der Altgläubiger nicht unverhältnismäßig belastet und andererseits ausreichend Anreize für Neugläubiger statuiert. Die Position der Altgläubiger würde nicht übermäßig beeinträchtigt, da schon nach geltendem Recht die Aufnahme von Massekrediten selbst im vorläufigen Verfahren möglich ist; zudem würde diese Art der Finanzierung an die Stelle der in der Praxis anzutreffenden Ausweichinstrumente treffen, mit denen versucht wird, faktische Befriedigungsvorrechte zu schaffen. Zugleich würde der mit der Stellung als Masseverbindlichkeit einhergehende Befriedigungsvorrang und Anfechtungsschutz neue Kapitalgeber incentivieren, dem Unternehmen in der Krise neues Kapital zu Verfügung zu stellen.

Eine Fortentwicklung vor dem Hintergrund der Restrukturierungsrichtlinie bedingt die Aufnahme der zu privilegierenden neuen Finanzierung in den Plan. Die Planaufnahme hat nicht nur eine Rechtmäßigkeitsprüfung durch das Restrukturierungs- bzw. Insolvenzgericht, sondern auch eine Abstimmung der Beteiligten zur Folge – insbesondere, wenn sich eine Mehrheit der Planbetroffenen für die Aufnahme neuer Finanzierungen ausspricht, kann dies als Indiz für die Marktkonformität der neuen Finanzierung gewertet werden. Allein die Aufnahme einer neuen Finanzierung in den Plan besagt allerdings noch nicht, dass neue finanzielle Mittel auch tatsächlich in Anspruch genommen werden müssen. Nach der Ermächtigung im Plan sollte die Entscheidung primär dem (eigenverwaltenden) Schuldner obliegen, da es sich um eine genuin unternehmerische Entscheidung handelt – im Regel- bzw. Planinsolvenzverfahren ist dies aufgrund des Übergangs der Verwaltungs- und Verfügungsbefugnis allerdings eine Aufgabe des Verwalters. Um sicherzustellen, dass die Interessen aller Beteiligten gewahrt werden – aufgrund des Mehrheitsprinzips kann eine Gläubigergruppe, wie etwa die der passiven Kleingläubiger, leicht übergangen werden –, sollte die zwingende Mitwirkung eines Treuhänders vorgeschrieben werden.[186] Diese könnte sich an § 275 Abs. 1 InsO anlehnen und vom Sachwalter bzw. Restrukturierungsbeauftragten wahrgenommen werden – Rechtshandlungen besonderer Bedeutung sollten allerdings weiterhin der Zustimmung des Gläubigerausschusses bzw. -beirats unterliegen. Eine gerichtliche Inhalts- bzw. Zweckmäßigkeitskontrolle sollte allerdings vermieden werden. Stattdessen soll-

---

[185] Einem Vorrang, insbesondere infolge Art. 17 Abs. 4 Restrukturierungsrichtlinie, ablehnend gegenüberstehend *Bork* ZIP 2017, 1441 (1446 f.); *ders.* ZRI 2021, 345 (352); *Kayser* ZIP 2017, 1393 (1400); zurückhaltend auch *Hoegen* NZI-Beilage 2017, 30, (34); offener *Brömmekamp* ZInsO 2016, 500 (505); *Madaus/Knauth* ZIP 2018 149 (158). Für einen Vorrang auch vor sonstigen Masseverbindlichkeiten hingegen *Parzinger* ZIP 2019, 1748 (1755 ff.).

[186] Für eine zentrale Stellung des Gerichts hingegen *Parzinger* ZIP 2019, 1748 (1756 f.).

te der betriebswirtschaftliche Sachverstand des Sachwalters bzw. Restrukturierungsbeauftragten genutzt werden. Diese Mitwirkungskompetenz stünde allerdings nicht im freien Belieben des Treuhänders; es handelt sich um eine pflichtgebundene Entscheidung, bei der die Interessen aller Beteiligten zu berücksichtigen sind. Insoweit sollte auch eine Haftung des Treuhänders vorgesehen werden, allerdings gepaart mit einem der Business Judgment Rule vergleichbaren Prognosespielraum bzw. *safe harbor*, um Passivität und Risikoaversion entgegenzuwirken. Eine im Gesetz statuierte fixe Zeitspanne oder Obergrenze, bis zu deren Erreichen neue Finanzierungen privilegiert würden, wäre dann entbehrlich; auf den damit bezweckten Schutz könnte aufgrund der Mitwirkung eines Treuhänders verzichtet werden.

Aufgrund des mehrstufigen Kontrollmechanismus ist weder zu erwarten, dass es zu einem *overinvestment* kommt, noch, dass zu lax mit der Einräumung von Vorrechten umgegangen wird. Einem *overinvestment* steht neben der nachgelagerten treuhänderischen Prüfung auch die das (eigenverwaltende) Vertretungsorgan bzw. den Insolvenzverwalter treffende persönliche Einstandspflicht entgegen. Zudem ist immer die Gefahr in Rechnung zu stellen, dass ein späteres Verfahren aufgrund von Masselosigkeit erst gar nicht eröffnet wird oder an Masseunzulänglichkeit leidet; ferner droht Gefahr durch Aus- und Absonderungsberechtigte. Da ein Vorrang nur für neue finanzielle Mittel zur Verfügung steht, ist auch nicht zu erwarten, dass es zu einer Kaskade an Vorrechten analog § 61 KO kommt. Im Übrigen sind Vorrechte schon de lege lata möglich, es soll lediglich eine behutsame Ausweitung vorgenommen werden. Neben dem mehrstufigen Kontrollmechanismus ist der Schutz nachfolgender Gläubiger durch Publizität sicherzustellen; die Ermächtigung zur Aufnahme privilegierter neuer finanzieller Mittel wäre dann, etwa entsprechend § 267 Abs. 2 Nr. 3 InsO, öffentlich bekanntzumachen.

Gegen die hier postulierte Gleichstellung von Restrukturierungs- und Insolvenzrecht im Hinblick auf neue Finanzierungen – in beiden Verfahren soll es ermöglicht werden, Verbindlichkeiten zu begründen, die in einem späteren Insolvenzverfahren den Rang von Masseverbindlichkeiten einnehmen – können auch nicht die unterschiedlichen Krisenstadien angeführt werden.[187] Zwar soll nicht in Abrede gestellt werden, dass sich im Insolvenzrecht ein Eingriff in Gläubigerrechte insbesondere deswegen rechtfertigen lässt, da die Positionen lediglich an die realen ökonomischen Gegebenheiten angepasst würden; die Positionen sind aufgrund der Insolvenz sowieso in ihrem Wert gemindert. Bei einer vorinsolvenzrechtlichen Restrukturierung muss dies (noch) nicht der Fall

[187] Skeptisch hingegen *Bork* ZIP 2017, 1441 (1444 ff.); *Skauradszun* KTS 2021, 1 (46 ff.); ferner *Heese* JZ 2018, 179 (181 u. 190); offener auch *Kayser* ZIP 2017, 1393 (1398); vgl. auch BT-Drucks. 19/24181, 162; *Madaus* EBOR 19 (2018), 615 (619).

sein;[188] schließlich ist zur Bestimmung der drohenden Zahlungsunfähigkeit ein 24-monatiger Prognosezeitraum zugrunde zu legen. Allerdings kann der Schuldner schon de lege lata bei drohender Zahlungsunfähigkeit die Eigenverwaltung beantragen.[189] Zudem stehen nach der Restrukturierungsrichtlinie vermehrt ökonomische Gesichtspunkte im Vordergrund.[190] Der (potentielle) Konflikt zwischen Alt- und Neugläubigern wird aufgrund eines zu erwartenden Restrukturierungsmehrwerts in Kauf genommen; die mit einer Sanierung verbundene Aussicht auf bestmögliche Befriedigung wird aus gesamtwirtschaftlicher Perspektive instrumentalisiert. Überdies wirkt der mehrstufige Kontrollmechanismus opportunistischem Verhalten zulasten der durch den Vorrang in ihren Rechtspositionen tangierten Beteiligten entgegen.

Im Übrigen kann mit der mit einem Vorrang verbundenen Privilegierung ein Anreiz gesetzt werden, die Restrukturierung frühzeitig in Angriff zu nehmen. Die Ausgangsbasis für Verhandlungen mit Kreditgebern ist umso besser, je weniger Kapital des Unternehmens bereits aufgezehrt ist und desto mehr Gestaltungsoptionen dem schuldnerischen Unternehmen zur Verfügung stehen. Zudem besteht die Wahrscheinlichkeit, dass die Ermächtigung zur Aufnahme privilegierten Kapitals vom Markt als positives Signal gedeutet wird. Das Vertrauensbekenntnis der Altgläubiger in das Unternehmen bringt zum Ausdruck, dass die Beteiligten grundsätzlich vom Gelingen der Sanierung überzeugt sind. Dieses positive Signal für die Zukunft könnte schließlich auch andere Stakeholder dazu bewegen, ihre Geschäftsbeziehungen mit dem Unternehmen fortzusetzen.

VI. *Fazit und Ausblick.* – Der deutsche Gesetzgeber hat (wiederum) eine Chance verstreichen lassen, einen effizienten und rechtssicheren Rahmen für neue Finanzierungen zu schaffen. Sowohl das Restrukturierungs- als auch das Insolvenzrecht stehen der Privilegierung von Neugläubigern eher skeptisch gegenüber. Zu sehr scheinen beide Rechtsgebiete der Gläubigergleichbehandlung und der Bekämpfung potentieller Missbräuche verschrieben zu sein. Es drängt sich der Eindruck auf, dass der deutsche Gesetzgeber noch nicht vollständig in der spätestens mit der Restrukturierungsrichtlinie eingeläuteten „neuen Zeit" angekommen ist, nach der im Ausgangspunkt unter Betonung der Gläubigerautonomie[191] eine Sanierung angestrebt werden soll. Vor diesem Hintergrund

---

[188] Vgl. aber Seibt/Westpfahl/*Parzinger/Lappe*, § 63 Rn. 8, die schon zu diesem Zeitpunkt typischerweise von einer wirtschaftlichen Beeinträchtigung der ungesicherten Gläubiger ausgehen.

[189] Vgl. auch BT-Drucks. 19/24181, 151.

[190] Siehe dazu schon oben unter II.1.b).

[191] *Kern*, Aktuelle Fragestellungen der Restrukturierung und Transformation, 2020, 53 (58); *ders.*, FS Ebke, 2021, 509 (517 f.); ferner *Bork* ZRI 2021, 345 (347 u. 350); *Graf-Schlicker*, FS Smid, 133 (144); *Skauradszun* KTS 2021, 1 (19 ff.); siehe auch schon *Eidenmüller*, Unternehmenssanierung, 179 ff.; *Wagner* ZEuP 2008, 6 (11 ff.).

wirkt auch das starke Festhalten an der Gläubigergleichbehandlung antiquiert, ist doch nicht nur fraglich, ob dieser Grundsatz über die Verteilung des Schuldnervermögens hinaus Geltung beansprucht, sondern auch, ob eine (vollkommene) Gläubigergleichbehandlung in einem teilkollektiven Verfahren, wie es das StaRUG vorsieht, überhaupt erreicht werden kann. Des Weiteren ist ökonomischen Gesichtspunkten bisher weder in der Umsetzung noch in der Auslegung eine (maßgebliche) Rolle zugekommen, obwohl dies dem Anliegen der Restrukturierungsrichtlinie entspricht. Ob mit dem StaRUG den Vorgaben der Restrukturierungsrichtlinie genüge getan wurde, ist daher nicht nur wegen dieser Gesichtspunkte fraglich. Bevor der EuGH den deutschen Gesetzgeber zum Einschreiten zwingt, sollte dieser lieber selbst die Initiative ergreifen und die Frage der Privilegierung neuer Finanzierungen im Restrukturierungs- und Insolvenzrecht einer neuen Regelung zuführen. Unabhängig davon dürfte das letzte Wort in dieser Sache noch nicht gesprochen sein.

CREDITI PREDEDUCIBILI "PRIVILEGIATI"?

di *Sebastiano Costa*

ABSTRACT

Recently, the institution of pre-deduction has faced an important evolution. Originally identified with so-called "debts of the mass," it has been increasingly used for debts acquired by the entrepreneur in order to avoid judicial liquidation and overcome the crisis. The change records a certain shift in its function. Today, pre-deduction can be said to meet a relevant need for protection regardless of the conduct of proceedings. This finds a coherent explanation where the institution is understood, rather than as a substantive attribute of the claim in the manner of a super-privilege, as a subsequent and dynamic manifestation of an allocation of resources to the company in crisis. In light of this clarification, the interpretative problems posed by the discipline of pre-deduction of so-called "new" finance and professional services in the context of the composition with creditors should be addressed.

1. *I debiti della massa e i crediti prededucibili: l'evoluzione di una categoria e la delimitazione dell'indagine.* – È ricorrente notare come nel contesto delle procedure concorsuali l'istituto della prededuzione abbia conosciuto una recente e significativa evoluzione: dalla sua identificazione con i c.d. "debiti della massa", si è passati alla estensione della categoria a certi debiti dell'impresa in crisi sorti prima dell'apertura del fallimento. Se in origine la prededuzione era predicata per gli obblighi assunti (o comunque fatti propri) dagli organi della procedura nell'interesse dei creditori, dopo il 2006 tale meccanismo è stato esteso – e con frequenza crescente – ai debiti acquisiti dall'im-

prenditore proprio al fine di evitare la liquidazione giudiziaria e superare la crisi [1]. Così, l'espressione "crediti prededucibili" – sconosciuta al legislatore del '42 e scarsamente impiegata dagli interpreti – è stata sempre più spesso utilizzata in luogo di quella di "debiti della massa" [2]. Il riconoscimento della prededucibilità – ad esempio per i crediti dei finanziatori o dei fornitori successivi al verificarsi della crisi – è divenuto uno degli strumenti principali (insieme all'esenzione dall'azione revocatoria) per incentivare il ricorso alle soluzioni negoziate della crisi d'impresa improntate alla continuità aziendale: in effetti, accordare la "garanzia" di un pagamento prioritario a coloro i quali rendono possibili tali tentativi appare un "contrappeso" ragionevole e quasi inevitabile [3]. Anche il Codice della crisi d'impresa e dell'insolvenza (d.lgs. 12 gennaio 2019, n. 14, di seguito *breviter* "c.c.i.i.") va in questa direzione, potendosi anzi considerare un passaggio chiave di tale percorso.

Il cambio, si badi, non è meramente nominalistico o confinato sul piano descrittivo, bensì registra un certo mutamento della funzione del detto istituto. Proprio per questo, per un verso, la regolamentazione dei crediti prededucibili incontra problemi interpretativi diversi rispetto a quelli propri dei "debiti della massa"; per l'altro, dovendo individuare per essi soluzioni coerenti con i nuovi tratti della prededuzione, si possono elaborare risposte almeno in parte differenti rispetto a quelle del passato.

Per averne evidenza, pare preferibile dapprima precisare quali siano i dubbi interpretativi posti dalla disciplina dei crediti prededucibili e potenzialmente dipendenti dalla detta evoluzione, in seguito definire il modo in cui la prededuzione può configurarsi all'esito di questo cambiamento, per poi, da ultimo, pre-

---

[1] Per questa osservazione, v. G. FERRI JR, *In tema di prededuzione prefallimentare*, in *Corr. giur.*, 2015, p. 449.

[2] Lo nota FABIANI, *Il delicato ruolo del professionista del debitore in crisi fra incerta prededuzione e rischio di inadempimento*, in *Giur. comm.*, 2017, I, p. 724.

[3] Nello stesso senso, ad esempio: VATTERMOLI, *I finanziamenti prededucibili nel Codice della crisi d'impresa e dell'insolvenza*, in *Dir. banca e merc. fin.*, 2019, I, p. 746; FABIANI, *Il delicato ruolo*, cit., pp. 724 s. e 730; S. PACCHI, *Le prededuzioni dei professionisti nel concordato preventivo*, in *Rivista DDC*, 2021, III, p. 22 s.; ACCETTELLA, *I finanziamenti alle imprese in regime di (pre)concordato dopo la legge n. 132/2015*, in *Dir. fall.*, 2016, I, p. 50; AMBROSINI, *Il concordato preventivo*, in *Le altre procedure concorsuali*, in F. VASSALLI-LUISO-GABRIELLI (diretto da), *Tr. dir. fall. e delle altre proc. conc.*, IV, Torino, 2014, p. 435 s.; C. COSTA, *Esenzione dall'azione revocatoria e prededuzione nelle procedure stragiudiziali di risanamento delle imprese*, in *Dir. fall.*, 2010, I, p. 531 ss. (il quale evidenzia l'insufficienza della regola di esenzione da revocatoria a tali fini). Da questo punto di vista, sono di particolare interesse i risultati quantitativi esposti in BRODI, CASOLARO, *Finanziamenti alle imprese in crisi e priorità nel rimborso: gli effetti della prededucibilità nel concordato preventivo*, Banca d'Italia, Questioni di Economia e Finanza n. 387, settembre 2017, p. 5 ss., che mostrano come al riconoscimento legislativo della prededucibilità dei finanziamenti resi nell'ambito di concordati e accordi di ristrutturazione sia seguita una riduzione del costo del credito e un miglioramento della offerta di credito.

cisare le ricadute di tali chiarimenti sulle questioni emerse. Dovendo però, in questa sede, necessariamente operare una selezione delle fattispecie in osservazione, l'attenzione può essere limitata al concordato preventivo – quale soluzione negoziata della crisi tutt'oggi prevalente – e, segnatamente, ai crediti derivanti da finanziamenti esterni (c.d. "nuova" finanza) e a quelli da prestazioni professionali pertinenti alla procedura: la prima fattispecie rappresenta l'ipotesi di prededucibilità *ex lege* maggiormente disciplinata; la seconda è senz'altro l'ipotesi più discussa e "tormentata".

2.1. *I finanziamenti all'impresa in crisi.* – Come noto, la disciplina dei finanziamenti alle imprese in crisi è stata modificata dal Codice della crisi d'impresa e dell'insolvenza. La sua attuale formulazione recepisce tanto le indicazioni della legge delega per il riordino delle norme di cui agli artt. 182-*quater* e 182-*quinquies* l. fall., quanto le norme della Direttiva n. 1023/2019/UE (*breviter*, Direttiva *Insolvency*). Tralasciando il caso in cui siano i soci ad erogare "nuova" finanza (art. 102 c.c.i.i.) e quanto previsto per gli accordi di ristrutturazione dei debiti, le fattispecie ora disciplinate sono da ricondurre alle seguenti ipotesi: *i*) il finanziamento in funzione della presentazione della domanda di ammissione alla procedura di concordato (art. 99, comma 5, c.c.i.i.); *ii*) il finanziamento in pendenza di concordato, strumentale all'esercizio dell'attività aziendale o all'apertura e svolgimento della procedura fino alla sua omologa (art. 99, comma 1, c.c.i.i.); *iii*) il finanziamento reso in esecuzione del piano di concordato (art. 101 c.c.i.i.)[4].

Nel dettaglio, l'art. 99, comma 5, c.c.i.i. contempla l'ipotesi dell'erogazione di risorse in favore del debitore già prima della presentazione della domanda di concordato, e proprio al fine di consentire a quest'ultimo di presentare l'istanza (c.d. finanziamento-ponte). La norma risponde all'esigenza di evitare l'insolvenza nelle more dei preparativi del concordato, rendendo possibile la continuità aziendale e l'avviamento della procedura. Le somme potranno quindi essere impiegate sia per il pagamento, ad esempio, di fornitori o dipendenti, sia per le spese della procedura o per i compensi dei professionisti coinvolti[5]. Per contro, è da escludere l'uso di tali risorse per estinguere le passività pregresse[6]. Per

---

[4] È subito da osservare come gli artt. 99 e 101, c.c.i.i. riproducano in gran parte, e spesso alla lettera, le norme previste dagli artt. 182-*quater* e 182-*quinquies* l. fall. Volendo tracciare una corrispondenza, si ha che: l'art. 99, comma 1 ripropone la disciplina sui cc.dd. finanziamenti-interinali *ex* art. 182-*quinquies*; l'art. 99, comma 5 corrisponde a quella sui cc.dd. finanziamenti-ponte di cui all'art. 182-*quater*, comma 2; l'art. 101 contempla l'ipotesi dei finanziamenti "in esecuzione", al pari dell'art. 182-*quater*, comma 1.

[5] Valorizzando il riferimento alla funzionalità del finanziamento (espresso pure dall'art. 182-*quater*, comma 2, l. fall.), si è così espresso: PISANI MASSAMORMILE, *La prededuzione ed i finanziamenti alle imprese in crisi*, in *Banca, borsa, tit. cred.*, 2015, I, p. 12 s.

[6] Cfr., con riguardo alla disciplina della legge fallimentare, AMBROSINI, *Il concordato preventivo*, cit., p. 440; STANGHELLINI, *Finanziamenti-ponte e finanziamenti alla ristrutturazione*, in

questa tipologia di finanziamento, la prededuzione è riconosciuta sia per il concordato in continuità, sia per quello liquidatorio, ma alla condizione che il beneficio *de quo*, oltre ad essere previsto dal successivo piano, sia disposto dal provvedimento di accoglimento della domanda di ammissione alla procedura. In questo modo, la prededucibilità del relativo credito è comunque subordinata al positivo esito del successivo vaglio dell'autorità giudiziaria in sede di ammissione della domanda.

L'art. 99, comma 1, c.c.i.i. accorda il beneficio della prededuzione ai finanziamenti richiesti dal debitore (con apposito ricorso o con la domanda di concordato *ex* art. 44 c.c.i.i.) per proseguire nell'attività d'impresa fino alla omologa del concordato oppure allo scopo di consentire l'apertura o lo svolgimento della procedura medesima (c.d. finanziamento-interinale). Siffatti finanziamenti sono considerati prededucibili tanto qualora accedano a una procedura di concordato in continuità, quanto là dove si tratti di un concordato liquidatorio [7]. In ogni caso, l'obiettivo ultimo è quello di perseguire una migliore soddisfazione dei creditori. La sussistenza di tali presupposti e requisiti deve essere attestata da un professionista indipendente [8].

Per entrambe le ipotesi (finanziamento-ponte e interinale), il legislatore ha affrontato uno dei punti di maggiore debolezza della precedente disciplina, e cioè la possibilità che, nel corso del successivo fallimento, la prededucibilità del credito derivante dal finanziamento fosse negata in ragione di una diversa valutazione da parte degli organi della procedura. Così, l'art. 99, comma 6, c.c.i.i. prevede ora un meccanismo di revoca del beneficio della prededuzione allorché, nella fase successiva di liquidazione giudiziale, risulti che il debitore, con la complicità dei finanziatori, abbia fornito dati falsi, omesso informazioni rilevanti o comunque commesso altri atti in fronde ai creditori. La lettera della disposizione non pare decisiva nel considerare la detta ipotesi quale *unico* caso di revoca. Tuttavia, a tale conclusione appare possibile giungere valorizzando la tutela dell'istanza di permanenza nel tempo della prededucibilità espressa dap-

---

Fall., 2010, p. 1355; BELTRAMI, *La disciplina dei finanziamenti alle imprese in crisi nelle operazioni di ristrutturazione dei debiti*, in *Banca, borsa, tit. cred.*, 2015, I, p. 58. L'opinione è da condividere anche adesso, proprio perché, al pari di quanto avveniva in passato, pare chiaro che l'elemento distintivo del finanziamento *de quo* sia il suo apporto funzionale allo svolgimento della procedura.

[7] È così recepito l'orientamento maggioritario formulato con riguardo al previgente art. 182-*quinquies* l. fall. secondo cui appunto esso trovava applicazione per entrambe le forme di concordato [TOMBARI, *Principi e problemi di "diritto societario della crisi"*, in M. CAMPOBASSO, CARIELLO, DI CATALDO, GUERRERA-SCIARRONE ALIBRANDI (diretto da) *Società, banche e crisi d'impresa.* Liber amicorum *Pietro Abbadessa*, 3, Torino, 2014, p. 2851; AMBROSINI, *Il concordato preventivo*, cit., p. 447; ACCETTELLA, *op. cit.*, p. 63].

[8] La disposizione ha cura di precisare che i finanziamenti possono essere concessi in qualsiasi forma, al pari di quanto previsto dall'art. 101 c.c.i.i. per i finanziamenti in esecuzione, ma a differenza di quanto avviene per i c.d. finanziamenti-ponte.

prima dalla legge delega [cfr. art. 6, comma 1, lett. o)] e poi dall’art. 6, comma 2, c.c.i.i., a mente del quale appunto «la prededucibilità *permane* pure nell’ambito delle successive procedure esecutive o concorsuali» (enfasi aggiunta)[9].

L’art. 101, comma 1, c.c.i.i., infine, dispone la prededuzione dei finanziamenti, in qualsiasi forma effettuati, posti in esecuzione di un concordato dopo la sua omologa, sempreché si tratti di finanziamenti previsti dal relativo piano. Al pari dell’art. 99, comma 6, il comma 2 dell’art. 101 c.c.i.i. dispone la perdita della prededucibilità là dove risulti che il piano di concordato sia basato su dati falsi o sull’omissione di informazioni rilevanti o che il debitore abbia compiuto atti in frode ai creditori, sempreché i finanziatori fossero consapevoli di tali circostanze.

2.2. *Le questioni interpretative in osservazione.* – Tutto ciò premesso, ai fini della presente indagine, le questioni interpretative su cui concentrare l’attenzione sono tre.

(*1*) La *prima* riguarda la delimitazione della fattispecie *ex* art. 99, comma 1, c.c.i.i. rispetto a quelle di cui agli artt. 46, comma 1 e 94, comma 2, c.c.i.i., ossia, rispettivamente, il compimento di «atti urgenti di straordinaria amministrazione» da parte del debitore dopo il deposito della domanda di concordato, e la stipula, *inter alia*, di contratti di «mutui» durante la procedura concorsuale. Si tratta cioè di constatare come i finanziamenti-interinali ben potrebbero essere intesi sia quali «atti urgenti di straordinaria amministrazione» sia quali «mutui», compiuti o stipulati dopo la presentazione della domanda di concordato; pertanto, stando alla sola lettera delle disposizioni in esame, essi – oltre ad essere soggetti alla disciplina *ex* art. 99 c.c.i.i. – ricadrebbero tanto nell’ambito di applicazione dell’art. 46, comma 1, c.c.i.i. quanto in quello dell’art. 94, comma 2, c.c.i.i. Il problema ha ragione di porsi perché, secondo queste due ultime norme, il beneficio della prededuzione è accordato all’esito di un’autorizzazione adottata in assenza dei più stringenti requisiti previsti dall’art. 99 c.c.i.i.

A dire il vero, in vigenza della legge fallimentare si era presentato il medesimo dubbio con riguardo al rapporto fra, da un lato, l’art. 182-*quinquies*, comma 1, l. fall. e, dall’altro, gli artt. 161, comma 7 e 167, comma 2, l. fall. Come noto, la prima norma disponeva la prededucibilità per i finanziamenti-interinali richiesti dal debitore con la domanda di ammissione al concordato preventivo e autorizzati dal tribunale; il comma 7 dell’art. 161 l. fall. ammetteva la prededuzione per i crediti derivanti dagli atti urgenti di straordinaria amministrazione compiuti dal debitore – previa autorizzazione del tribunale – dopo il deposito

[9] Nello stesso senso anche BRIOLINI, *Problemi vecchi e nuovi in tema di finanziamenti nel concordato preventivo*, in *Banca, borsa, tit. cred.*, 2020, I, p. 176.

della domanda di concordato e fino al decreto di ammissione alla procedura; il comma 2 dell'art. 167 l. fall. subordinava il compimento durante la procedura concordataria di atti di straordinaria amministrazione – tra i quali al primo posto figuravano «i mutui» – all'autorizzazione scritta del giudice delegato, avvenuta la quale il relativo credito poteva dirsi prededucibile [10]. Il compito di definire l'ambito di applicazione di ciascuna delle tre norme era lasciato alla dottrina e alla giurisprudenza. Così, secondo un primo orientamento, la sovrapposizione andava risolta attraverso la seguente scansione temporale: *i*) nell'intervallo di tempo compreso tra il deposito della domanda (anche c.d. prenotativa) e l'iscrizione nel registro delle imprese del decreto di ammissione al concordato, doveva farsi applicazione *solo* dell'art. 182-*quinquies* l. fall., quale norma speciale rispetto all'art. 161, comma 7, l. fall. (e, perciò, relativa agli atti di straordinaria amministrazione *diversi* dai finanziamenti); *ii*) dalla pubblicazione del decreto di ammissione fino all'omologa del concordato, le richieste di finanziamento erano da regolare *solamente* attraverso l'art. 167, comma 2, l. fall., quale norma propria, ed esclusiva, della fase di svolgimento della procedura [11]. Alla stregua di un secondo orientamento, invece, la disciplina per i finanziamenti richiesti fino all'omologa del concordato era espressa, in ogni caso, dai primi tre commi dell'art. 182-*quinquies* l. fall., dovendo assegnare ad essi portata di norma speciale rispetto sia all'art. 161, comma 7, l. fall. sia all'art. 167, comma 2, l. fall. [12].

Le due interpretazioni appena ripercorse potrebbero valere, *mutatis mutandi*, pure per la disciplina in vigore, attesa la pressoché identità della lettera dei due plessi normativi [13]. Così, seguendo la prima impostazione, si potrebbe affermare che: *i*) dopo il deposito del ricorso per l'ammissione alla procedura concordata-

---

[10] La prededucibilità del relativo credito, va detto, non era disposta in via espressa dall'art. 167 l. fall., ma in tali casi si riteneva pacificamente applicabile la regola di cui all'art. 111 l. fall. per i crediti sorti in occasione o in funzione di precedenti procedure concorsuali: cfr. SCIUTO, *Le soluzioni negoziate della crisi*, in M. CIAN (a cura di), *Diritto Commerciale, II. Diritto della crisi d'impresa*, Padova, 2019, p. 192; STANGHELLINI, *Finanziamenti-ponte*, cit., p. 1359. Lo stesso può dirsi oggi, *mutatis mutandi*, per le ipotesi di cui all'art. 94 c.c.i.i., le quali possono ritenersi prededucibili in applicazione dell'art. 6, comma 1, lett. d), c.c.i.i.

[11] Cfr, AMBROSINI, *I finanziamenti bancari alle imprese in crisi dopo la riforma del 2012*, in *Dir. fall.*, 2012, I, p. 480; ID., *Il concordato preventivo*, in *Le altre procedure concorsuali*, in F. VASSALLI-LUISO-GABRIELLI (diretto da), *Tr. dir. fall. e delle altre proc. conc.*, IV, Torino, 2014, p. 446; BARTALENA, *Crediti accordati in funzione od in esecuzione del concordato preventivo o dell'accordo di ristrutturazione dei debiti (art. 182-*quater *l. fall.)*, in M. CAMPOBASSO-CARIELLO-DI CATALDO-GUERRERA-SCIARRONE ALIBRANDI (diretto da), *Società, banche e crisi d'impresa.* Liber amicorum *Pietro Abbadessa*, 3, Torino, 2014, p. 2959 s.; CENSONI, *Concordato preventivo e nuova finanza*, in *Fall.*, 2014, p. 386; ACCETTELLA, *op. cit.*, pp. 76-80.

[12] In questo senso si è espresso BRIOLINI, *Concordato preventivo e nuova finanza. Note sui «finanziamenti autorizzati» a norma dell'art. 182-quinquies, comma 1-3, legge fallim.*, in *Dir. fall.*, 2015, I, pp. 9-13; BELTRAMI, *op. cit.*, p. 66 ss.

[13] Così pure BRIOLINI, *Problemi vecchi*, cit., p. 172.

ria (ivi incluso il caso di una domanda c.d. "in bianco" – art. 44 c.c.i.i.) e fino alla comunicazione del decreto di apertura del concordato (art. 47 c.c.i.i.), la stipula di contratti di finanziamento da parte del debitore è sottoposta alla disciplina prevista dall'art. 99, commi 1-4, c.c.i.i., da intendere quale norma speciale per i c.d. finanziamenti interinali rispetto a quella generale per gli atti urgenti di straordinaria amministrazione di cui all'art. 46 c.c.i.i.; *ii*) viceversa, dopo la comunicazione del decreto di apertura e fino alla notifica della sentenza del tribunale di omologa del concordato (art. 48, comma 6, c.c.i.i.), la richiesta di "nuova" finanza è condizionata all'autorizzazione da parte del giudice delegato (sentito il commissario giudiziale) *ex* art. 94, commi 2-4, c.c.i.i., disposizione che regola la stipula di mutui (e, in generale, il compimento di atti di straordinaria amministrazione) in pendenza di procedura[14]. In quest'ultimo caso, il credito derivante dal finanziamento erogato è prededucibile in applicazione della regola generale di cui all'art. 6, comma 1, lett. d), c.c.i.i., in quanto «legalmente sorto» durante una procedura concorsuale «per la continuazione dell'esercizio dell'impresa».

Applicando la seconda ricostruzione, invece, si avrebbe che per le richieste di finanziamento del debitore – a partire dal deposito del ricorso di ammissione alla procedura concordataria e fino alla pubblicazione della sentenza di omologa del concordato – la disciplina applicabile è *unicamente* quella espressa dall'art. 99 c.c.i.i. dovendo ritenersi tale norma speciale sia in rapporto alle regole previste per gli atti urgenti di straordinaria amministrazione (art. 46 c.c.i.i.), sia relativamente a quelle espresse per i contratti di mutuo stipulati in pendenza della procedura, quali atti straordinari soggetti ad apposita autorizzazione (art. 94, comma 2, c.c.i.i.)[15].

Entrambe le ricostruzioni si prestano a facili critiche. Quanto alla prima tesi, se pare condivisibile intendere l'art. 99, comma 1, c.c.i.i. quale norma speciale rispetto all'art. 46, comma 1, c.c.i.i. – nella considerazione che quest'ultima guarda a tutti gli atti di straordinaria amministrazione e la prima solo a quelli realizzati tramite un finanziamento –, essa tuttavia limita troppo l'ambito di applicazione dell'art. 99 c.c.i.i. il quale finirebbe col riguardare le sole richieste di finanziamento formulate con la stessa domanda di concordato[16]. Peraltro, la li-

---

[14] In questo senso v. BONFATTI, *La nuova finanza bancaria*, in *www.dirittodellacrisi.it*, 2021, p. 14. Del resto, che il comma 1 dell'art. 94 c.c.i.i. espressamente preveda quale *dies a quo* la data di presentazione della domanda di accesso al concordato preventivo non pare in sé ostativo alla riproposizione della tesi in esame nell'attuale quadro normativo. Per vero, il comma 2 della disposizione (qui di stretto interesse) è esplicito, invece, nell'assegnare il potere autorizzatorio al giudice delegato (e non al tribunale), sì da condizionare, evidentemente, la possibilità di ottenere l'autorizzazione alla avvenuta nomina del giudice delegato, e dunque alla adozione del decreto di ammissione alla procedura, con il quale, come noto, viene, *inter alia*, scelto il giudice delegato.

[15] In questi termini, pure nel nuovo quadro normativo, BRIOLINI, *Problemi vecchi*, cit., p. 172 s.

[16] Con riguardo alla previgente regolamentazione, l'argomento è stato utilizzato da BELTRAMI, *op. cit.*, p. 70; BRIOLINI, *Concordato preventivo*, cit., 11 s.; per la disciplina del c.c.i.i., v. ID., *Problemi vecchi*, cit., p. 172 s.

mitazione così imposta all'art. 99, comma 1, c.c.i.i. in favore dell'art. 94, comma 2, c.c.i.i. non viene supportata da nessun argomento letterale o sistematico tale da giustificare l'arretramento della prima norma al momento di adozione del decreto di apertura della procedura. In senso contrario, anzi, è da osservare come entrambe le disposizioni siano oggi previste dalla medesima sezione del Codice, dedicata agli effetti della presentazione della domanda, senza che, quindi, sia possibile cogliere una differenza tra esse sulla base della loro collocazione.

Non pare del tutto convincente neppure il secondo orientamento. Difatti, ancorché il suo esito finale (individuare nel solo art. 99, comma 1, c.c.i.i. la disciplina dei finanziamenti-interinali) sia accettabile nel merito della soluzione proposta (v. meglio *infra* par. 5), non può farsi a meno di notare come l'argomento utilizzato a sostegno sia poco appagante. A ben vedere, infatti, nessuna specialità può predicarsi tra i due elementi di fattispecie – contratto di mutuo e finanziamento – tale da giustificare la prevalenza dell'art. 99, comma 1, c.c.i.i. rispetto all'art. 94, comma 2, c.c.i.i. Anzi, volendo compiere tale valutazione, si dovrebbe concludere nel senso opposto, ossia per la specialità dell'art. 94, comma 2 rispetto all'art. 99, comma 1, posta la possibilità di ricomprendere nella nozione di finanziamento ipotesi non strettamente dotate di una causa di mutuo.

(*2*) Veniamo al *secondo* problema su cui occorre soffermarsi. Tanto per i finanziamenti-ponte quanto per quelli interinali, è disciplinato il caso in cui la richiesta di autorizzazione del debitore al finanziamento abbia le caratteristiche dell'urgenza (art. 99, comma 2, c.c.i.i.); il che ricorre qualora esso sia necessario «per evitare un danno grave ed irreparabile all'attività aziendale» [17]. In questo caso, il debitore è esentato dal presentare la relazione dell'esperto attestatore della sussistenza dei requisiti richiesti dal comma 1 del medesimo art. 99.

Ora, il problema nasce dal fatto che – anche per le ipotesi di finanziamenti, per così dire, "ordinari" – il c.c.i.i. condiziona la richiesta di finanziamento alla prova circa l'esistenza di un «grave pregiudizio per [la prosecuzione del] l'attività aziendale» (art. 99, comma 1, c.c.i.i.); requisito pressoché identico a quello previsto per i finanziamenti urgenti. Difatti, le espressioni impiegate

[17] È da dire che il c.c.i.i. ha incrementato i requisiti necessari affinché gli organi della procedura autorizzino la stipula e l'erogazione del finanziamento, e ciò in conformità con le indicazioni della legge delega: lo notano, ABRIANI, BENEDETTI, *Finanziamenti all'impresa in crisi e abusiva concessione di credito: un ulteriore frammento della disciplina speciale dell'impresa in crisi*, in *Banca, borsa, tit. cred.*, 2020, I, p. 77 s.; BRIOLINI, *Problemi vecchi*, cit., p. 167. Ad esempio, si pensi alla generalizzazione (al di fuori dei casi di finanziamenti urgenti) della richiesta di «specificare la destinazione dei finanziamenti» oppure di indicare che «il debitore non è in grado di reperirli altrimenti» (art. 99, comma 2, c.c.i.i.). Per tali aspetti, la norma riproduce quanto previsto dall'art. 182-*quinquies*, comma 3, l. fall., per i casi di finanziamenti "urgenti", che, a sua volta, poteva dirsi il frutto di un *transplant* del § 364(d)(1)(A) U.S.B.C. (U.S. Bankruptcy Code), notoriamente termine di riferimento delle regole in esame [cfr. ACCETTELLA, *op. cit.*, p. 68 s.].

(«grave pregiudizio per l'attività aziendale o per il prosieguo della procedura», per le ipotesi ordinarie, e «danno grave ed irreparabile all'attività aziendale», per i finanziamenti urgenti) appaiono del tutto sovrapponibili. A contrario, non è decisivo osservare come le due ipotesi si differenzino in ragione della irreparabilità del danno, contemplato solo per il caso dei finanziamenti urgenti. La differenza tra grave danno *irreparabile* e grave danno *riparabile* appare, per la verità, troppo poco pregnante, soprattutto nel contesto di una crisi d'impresa.

Insomma, stando alla lettera della legge, l'ipotesi "ordinaria" di cui al comma 1° finirebbe, con ogni probabilità, con l'essere ridimensionata a casi isolati, atteso che, dovendo comunque allegare delle specifiche ragioni di pregiudizio, il debitore avrebbe tutto l'interesse a sostenere l'urgenza della richiesta, per essere esentato dalla relazione dell'esperto attestatore. Tanto più che il ricorso ai finanziamenti urgenti può avvenire in qualsiasi momento, e non solo tra la presentazione della domanda e lo spirare del termine di presentazione della proposta [18]. Si finirebbe così, per eterogenesi dei fini rispetto alla legge delega, con l'eliminare la verifica compiuta dall'esperto indipendente.

(*3*) La *terza* questione concerne il caso dei finanziamenti in esecuzione del concordato di cui all'art. 101 c.c.i.i. A differenza di quanto avviene nelle ipotesi di cui all'art. 99 c.c.i.i., per i finanziamenti "in esecuzione" la prededuzione è accordata in via espressa per il solo caso di concordato in continuità, e non invece per quello liquidatorio. La differenza, si badi, non è casuale, tant'è che, stando ai lavori preparatori, sembra l'esito di una precisa scelta legislativa [19]. Sennonché, l'asimmetria tra le due fattispecie appare *prima facie* arbitraria e ingiustificata.

Le questioni fin qui evidenziate, come detto, al fine di una loro adeguata trattazione, richiedono una più puntuale analisi della funzione della prededuzione, per lo meno nel contesto qui in esame. Prima di farlo, però, è opportuno prendere in considerazione la seconda fattispecie di crediti prededucibili selezionata: i crediti da compensi professionali.

3. *I crediti professionali.* – La prededucibilità dei compensi dei professionisti coinvolti nella predisposizione della domanda e del piano di concordato (attestatore, consulente legale e contabile-aziendale) è un tema – si diceva – "tormenta-

---

[18] Lo rimarca VATTERMOLI, *I finanziamenti*, cit., p. 750.

[19] La considerazione del testo nasce dal fatto che – tanto per l'art. 99 c.c.i.i. quanto per l'art. 101 c.c.i.i. – la Commissione Giustizia della Camera dei Deputati (parere del 19 dicembre 2018, II Commissione permanente) e del Senato (parere del 19 dicembre 2018, n. 59) avevano suggerito di precisare che l'applicazione di entrambe le norme riguardasse anche il concordato liquidatorio. La correzione è stata disposta solo per l'art. 99 c.c.i.i. e, pertanto, l'odierna asimmetria tra le due norme appare significativa.

to". Per quanto qui di interesse, è sufficiente ripercorrere in breve il dibattito giurisprudenziale e l'evoluzione della disciplina ad esso dedicata.

Come noto, prima dell'entrata in vigore del Codice, l'art. 111, comma 2, l. fall. riservava prioritaria soddisfazione, *inter alia*, ai crediti sorti «in occasione o in funzione» delle procedure concorsuali, con una formula che pertanto delinea due diversi requisiti [20]: il primo, quello della occasionalità, inteso come criterio cronologico e integrato là dove la prestazione fosse stata resa durante la procedura concorsuale e col coinvolgimento degli organi della procedura; il secondo, quello della funzionalità, per mezzo del quale la prededuzione veniva accordata anche a crediti sorti prima dell'avvio della procedura. Quest'ultimo ha suscitato maggiori discussioni. A grandi linee, gli orientamenti emersi sono i seguenti [21].

Secondo una prima lettura, il parametro della funzionalità richiede che la prestazione professionale sia stata *in concreto utile* alla massa dei creditori; circostanza che si realizza se, sulla base di un giudizio *ex post*, l'attività professionale abbia in effetti reso possibile un livello di soddisfazione delle ragioni creditorie superiore a quello altrimenti raggiungibile in mancanza della procedura di concordato [22]. La prestazione del professionista deve essere in un rapporto di adeguatezza funzionale rispetto all'obiettivo della procedura, introducendosi per questa via un vero e proprio "filtro" per la valutazione dell'utilità della consulenza. Va collocata in questo filone la presa di posizione di parte della giurisprudenza secondo cui la funzionalità della prestazione professionale dipende dalla omologa del concordato, sì da negare la prededuzione in mancanza di essa [23].

Alla stregua di un secondo orientamento (per vero maggioritario), l'assistenza e consulenza professionale alla preparazione della domanda di concordato integra in sé il requisito della funzionalità, atteso che tale attività può dirsi senz'altro strumentale all'accesso del debitore alla procedura e vantaggiosa per la massa dei creditori. In quest'ottica, la prededuzione del credito non è subordinata al successo della domanda di concordato [24]. La strumentalità della presta-

---

[20] In tal senso l'orientamento maggioritario: cfr., in giurisprudenza, *Cass.*, 24 gennaio 2014, n. 1513, in banca dati *DeJure*; *Cass.*, 5 marzo 2014, n. 5098, in banca dati *DeJure*.

[21] Per completezza, va ricordata altresì una lettura estremamente rigorosa – e, forse, contrastante con la lettera dell'art. 111 l. fall. – secondo cui i crediti per prestazioni professionali rese per la presentazione della domanda di concordato preventivo non godano della prededucibilità in quanto tale beneficio sarebbe proprio dei soli debiti della massa (e non dell'impresa) conseguenti all'apertura della procedura (cfr. Trib. Bari, 17 maggio 2010, in *Dir. fall.*, 2012, II, p. 29 ss.; Trib. Udine, 15 ottobre 2008, in *Fall.*, 2009, p. 1414).

[22] La posizione era stata sostenuta soprattutto nel passato e dalla giurisprudenza di merito: v., ad esempio, Trib. Bologna, 10 maggio 2016, in *ilcaso.it*; Trib. Siracusa, 28 luglio 2014, in *Fall.*, 2014, p. 1348.

[23] Cfr. Trib. Roma, 2 aprile 2013, in *Fall.*, 2014, p. 70 (con nota di NARDECCHIA).

[24] Cfr., *ex multis*, *Cass.*, 18 gennaio 2018, n. 1182, in *Banca, borsa, tit. cred.*, 2018, II, p. 515 ss.; *Cass.*, 8 febbraio 2017, n. 3317, in *Fall.*, 2017, p. 398; *Cass.*, 4 novembre 2015, n. 22450, in

zione agli obiettivi della procedura non è da valutare in concreto, e secondo un giudizio *ex post*, bensì in astratto e sulla base di una valutazione *ex ante*, avente ad oggetto la mera inerenza della prestazione alla operazione concordataria, da apprezzare già con riguardo alla presentazione della domanda ai sensi dell'art. 161, comma 6, l. fall. Ne deriva che il riconoscimento della prededuzione è indipendente dalla omologa del concordato, pur rimanendo salva la possibilità di negare l'esistenza stessa del credito in ragione del mancato o inesatto adempimento del professionista [25].

Va registrato uno sviluppo, o affinamento, della posizione da ultimo ripercorsa. Se legare il beneficio della prededuzione al provvedimento di omologa del concordato è parso irricevibile (negandosi, più a monte, come detto, la necessità di una utilità in concreto), qualche apertura alla soluzione più restrittiva è stata concessa per il diverso caso della mancata ammissione della domanda di concordato. Così, già prima dell'adozione del c.c.i.i., parte della giurisprudenza aveva subordinato la valutazione di funzionalità della prestazione professionale alla ammissione alla procedura *ex* art. 163 l. fall. [26].

---

banca dati *DeJure*; *Cass.*, 5 marzo 2015, 4486, in banca dati *DeJure*; *Cass.*, 8 aprile 2013, n. 8533, in *Giur. comm.*, 2013, II, p. 771; *Cass.*, 13 dicembre 2013, n. 27926, in *Fall.*, 2014, p. 537; *Cass.*, 14 marzo 2014, n. 6031, in *Fall.*, 2014, p. 516; *Cass.*, 9 settembre 2014, n. 18922, in *Foro it.*, *Rep.* 2014, voce Fallimento n. 387. Più in particolare, in tesi, il vantaggio per la massa è legato, ora, alla retrodatazione del periodo sospetto, ora, all'inefficacia *ex lege* delle ipoteche giudiziali iscritte nei tre mesi precedenti al deposito della domanda, ora, alla sospensione delle azioni esecutive sul patrimonio del debitore.

[25] Cfr. Trib. Monza, 4 novembre 2014, in *Fall.*, 2015, p. 615 ss. A sostegno di questa posizione, è stato invocato l'art. 67, comma 3, lett. g), l. fall., che esenta da revocatoria il pagamento dei compensi professionali strumentali all'accesso della procedura senza alcun ulteriore requisito (Cass., 9 maggio 2014, n. 10110, in *Resp. civ. prev.*, 2014, p. 1355). E ancora: per un verso, l'estensione della prededuzione ai crediti sorti in funzione delle procedure di concordato preventivo con riserva, ai sensi dell'art. 11, comma 3-*quater*, d.l. n. 145/2013 (nel seguito abrogato) di interpretazione autentica dell'art. 111, comma 2, l. fall.; per l'altro, l'abrogazione dell'art. 111, comma 3, l. fall. (secondo cui la prededucibilità dipendeva dall'apertura della procedura) e dell'art. 182-*quater*, comma 4, l. fall., per il quale la prededuzione andava riconosciuta se tale beneficio fosse stato disposto dal provvedimento di accoglimento della domanda oppure nel caso di omologa del concordato (Cass., 21 aprile, 2016, n. 8091, in banca dati *DeJure*; Cass., 6 febbraio 2015, n. 2264, in banca dati *DeJure*; Cass., 10 settembre 2014, n. 19013, in *Foro it.*, *Rep. 2014*, voce Fallimento n. 386). All'opposto, e in precedenza, l'introduzione dell'art. 182-*quater*, comma 4, l. fall. aveva dato luogo a prese di posizioni di segno contrario e, perciò, riduttive dell'ambito di applicazione dell'art. 111 l. fall. (Trib. Milano, 26 maggio 2011, in *Giur. comm.*, 2013, II, p. 78).

[26] Cfr. Trib. Milano, 20 agosto 2009, in *Fall.*, 2009, p. 1413; Trib. Udine, 15 ottobre 2008, in *Fall.*, 2009, p. 1414 (entrambe con nota di BOGGIO). La posizione è stata confermata dalle Sezioni Unite della Cassazione (meglio *infra* nel testo). Ma nello stesso senso si veda già Cass., 15 gennaio 2021, n. 639, in *Fall.*, 2021, p. 476 (con nota di NARDECCHIA, *Le mobili frontiere della prededuzione*). In generale, sulla portata della verifica del tribunale in sede di ammissione, v. G. NUZZO, *Sul potere di controllo del tribunale nella fase di ammissione al concordato preventivo*, in *Banca, borsa, tit. cred.*, 2012, I, p. 190 ss., ove ulteriori riferimenti.

Ciò detto, e prima di passare al vigente c.c.i.i., è il caso di ricordare – ancora una volta – il disposto dell'art. 161, comma 7, l. fall., per il quale erano prededucibili i crediti sorti per effetto degli atti di ordinaria e straordinaria amministrazione compiuti dopo il deposito del ricorso e prima del decreto di ammissione alla procedura di concordato. La norma poneva la questione se il credito derivante da attività professionale – ritenuta non idonea a integrare il parametro della funzionalità *ex* art. 111, comma 2, l. fall. – fosse comunque da intendere quale credito da atto di ordinaria o straordinaria amministrazione, ammesso in prededuzione ai sensi dell'art. 161, comma 7, l. fall. [27].

In questo contesto, si inserisce la recente sentenza delle Sezioni Unite della Corte di Cassazione, adottata *ratione temporis* in applicazione della disciplina previgente, ma orientata dal contenuto del c.c.i.i. Rinviando ai commenti sulla decisione per l'approfondimento dell'*iter* argomentativo e dei problemi da esso posti [28], per quanto qui di stretto interesse va ricordato come la Cassazione, a soluzione del dibattito prima ripercorso, non abbia riconosciuto la prededucibilità del credito professionale sorto per la presentazione della domanda concordataria nel caso in cui l'ammissione al concordato sia successivamente negata. In più, la Corte ha escluso che il medesimo credito possa ritenersi prededucibili ai sensi dell'art. 161, comma 7, l. fall., poiché tale norma concerne i crediti legati alla prosecuzione della gestione dell'impresa anziché al compimento della procedura concordataria.

La materia è stata sensibilmente innovata dal Codice. L'art. 6, comma 1, lett. c), c.c.i.i. dispone ora la prededucibilità dei crediti professionali «sorti in funzione della presentazione della domanda di concordato preventivo nonché del deposito della relativa proposta e del piano che la correda», alla condizione che la domanda sia ammessa e la procedura aperta. In ogni caso, poi, il credito è prededucibile nella misura del 75%.

Le novità così introdotte hanno lo scopo di ridurre l'ambito di applicazione della prededuzione. E, in linea di massima, sembrano potere trovare copertura

---

[27] Per vero, secondo un consolidato orientamento della giurisprudenza di legittimità la nomina dei professionisti incaricati della predisposizione del ricorso, della domanda e del piano di concordato è atto di ordinaria amministrazione (Cass., 16 maggio 2019, n. 13261, in *Fall.*, 2019, p. 1018; Cass., 8 febbraio 2017, n. 3317, *ibidem*, 2017, p. 398; Cass., 10 gennaio 2017, n. 280, *ibidem*, p. 264; Cass., 19 febbraio 2016, n. 3324, *ibidem*, 2016, p. 520); ma sul punto v. ora Cass., Sez. Un., n. 42093/2021. Ad ogni modo, la sovrapposizione tra le due disposizioni richiamate nel testo non poteva dirsi integrale. Difatti, a mente dell'art. 161, comma 7, l. fall. erano prededucibili i crediti derivanti da atti compiuti solo dopo il deposito del ricorso; quando invece, ai sensi dell'art. 111, comma 2, l. fall., il medesimo beneficio era da riconoscere anche per gli atti compiuti prima e in vista della presentazione del ricorso. Ma, è evidente, come la potenziale coincidenza permanesse per le prestazioni realizzate dopo il deposito del ricorso: v., in giurisprudenza, Cass., 28 gennaio 2021, n. 1961, in *Fall.*, 2021, p. 475 ss.; Cass., 10 ottobre 2019, n. 25471, in *Fall.*, 2020, p. 173.

[28] Cfr. Cass., Sez. Un., 31 dicembre 2021, n. 42093, in *Fall.*, 2022, p. 356 (con nota di NARDECCHIA); in *Banca, borsa, tit. cred.*, II, 2023, p. 368 (con nota di PASSARETTA).

nei principi della legge delega. Sennonché, pur avendo in mente il dibattito precedente alla sua adozione, la nuova disciplina pone delle questioni interpretative difficilmente risolvibili finché le condizioni introdotte vengano intese solamente nella loro portata letterale. Ciò vale, *anzitutto*, per la previsione della soglia del 75% quale limite di prededucibilità del credito: essa sembra affetta da arbitrarietà e frutto di un atteggiamento, per così dire, "salomonico" di contemperamento delle opposte esigenze.

In secondo luogo, la previsione della adozione del decreto di ammissione alla procedura come condizione di prededucibilità appare di primo acchito arbitraria e, potenzialmente, ingiustificata. In altre parole, appare necessario chiarire se questa scelta del legislatore sia il frutto di una mera preferenza per uno degli orientamenti noti al dibattito giurisprudenziale oppure se si possa dire che alla sua base vi sia una ragione sistematica, idonea eventualmente a indirizzare l'interprete nella sua valutazione.

Il chiarimento, peraltro, sembra prodromico alla soluzione del *terzo* problema posto dall'art. 6, comma 1, lett. c), c.c.i.i. La norma, oltre a prevedere il requisito della ammissione, delimita i crediti professionali prededucibili come quelli «sorti in funzione della presentazione della domanda». Sorge allora il dubbio se tale riferimento sia, o meno, idoneo a segnare un autonomo e aggiuntivo requisito per la prededucibilità del credito; e cioè, se, nonostante l'intervenuta apertura della procedura di concordato, sia possibile negare la prededuzione in ragione dell'assenza di una qualche utilità della prestazione professionale per l'ammissione della domanda concordataria.

Infine, quale *quarto* profilo da chiarire, rileva il dubbio circa la possibilità di invocare per il credito professionale – privo dei requisiti di cui all'art. 6, comma 1, lett. c), c.c.i.i. ma sorto in conformità alle regole per gli atti compiuti dal debitore in vista o dopo la presentazione della domanda concordataria – una regola di prededuzione più generale, al pari di quanto talora ritenuto per i previgenti artt. 111, comma 2 e 161, comma 7, l. fall. In particolare, e con riguardo alla disciplina vigente, verrebbe da chiedersi se comunque non possa farsi applicazione dell'art. 46, comma 4, c.c.i.i., per il quale sono in generale prededucibili i «crediti di terzi sorti per effetto degli atti legalmente compiuti dal debitore». La questione potrebbe porsi, ad esempio, per il 25% del credito non prededucibile *ex lege*; oppure per il credito derivante da incarichi professionali assegnati in occasione di domanda c.d. prenotativa di concordato tra il momento del ricorso e la formulazione del piano e della proposta[29].

[29] Non pare, invece, possa ricorrere una sovrapposizione tra le lett. c) e d) dell'art. 6 c.c.i.i. per quanto riguarda i crediti professionali. Invero, la prima norma riguarda le prestazioni rese al debitore in funzione della presentazione della domanda di concordato; la seconda concerne le «prestazioni professionali richieste dagli organi» della procedura.

4.1. *La funzione e la natura della prededuzione.* – Precisate le questioni interpretative poste dalla disciplina dedicata alle ipotesi selezionate, è ora necessario soffermarsi sugli esiti della evoluzione riscontrata nella configurazione dell'istituto in parola.

Avviamo la riflessione notando subito come alla base della distinzione tra debiti della massa e crediti verso l'impresa in crisi non vi sia il mero dato cronologico, per essere cioè i primi crediti sorti durante la liquidazione giudiziale e i secondi, invece, prima di essa o in occasione di altre procedure (es., il concordato preventivo). Invero, tale diversità appare conseguente al duplice atteggiarsi della *funzione* del meccanismo della prededuzione. Così, nel caso dei c.d. debiti della massa l'interesse cui risponde la prededuzione è quello comune dei creditori al funzionamento della procedura concorsuale, sovrapponendosi in sostanza alla preferenza accordata al pagamento delle spese di giustizia ai sensi degli artt. 2755, 2770 e 2777 c.c. Si tratta cioè di osservare come, in questi casi, il meccanismo di favore sia riconosciuto per consentire l'ottimale conduzione della procedura concorsuale, e infatti vengono in rilievo spese e debiti sorti *per* e *nella* procedura sulla base di atti posti in essere o autorizzati dagli organi. Nel caso dei crediti verso l'impresa in crisi, invece, lo scopo della prededuzione è quello di favorire il superamento della crisi, *in primis* per mezzo del suo risanamento – e perciò postulando la continuità, per lo meno, oggettiva dell'impresa – dando in questo modo spazio, oltre che all'interesse dei creditori al migliore soddisfacimento, a quello generale di conservazione dei complessi produttivi [30].

Ora, siffatta differenza sembra avere delle ricadute pure sulla valenza giuridica della prededucibilità o – per dirla nei termini più usati nel dibattito – sulla sua natura "sostanziale" o "processuale". In effetti, in passato era d'uso intendere la prededuzione quale istituto processuale: la regola della prioritaria soddisfazione sull'attivo rispetto agli altri creditori concorrenti e prima del riparto appariva il risultato di uno strumento previsto a prescindere da un attributo proprio del credito per cui era invocata e proprio del procedimento concorsuale [31]. An-

---

[30] La molteplicità degli obiettivi delle procedure pone il problema di capire se, e quale, sia la gerarchia tra gli stessi, nella considerazione che tale molteplicità segue alla pluralità di interessi coinvolti nelle procedure concorsuali. Sul tema, si rinvia a: FABIANI, *Introduzione ai principi generali e alle definizioni del codice della crisi*, in *Fall.*, 2022, p. 1173 ss.; NIGRO, VATTERMOLI, *Diritto della crisi delle imprese. Le procedure concorsuali*^{5}, Bologna, 2021, pp. 49 s. e 399 s.; D'ATTORRE, *La formulazione legislativa dei principi generali nel codice della crisi d' impresa e dell'insolvenza*, in *Banca, borsa, tit. cred.*, 2019, I, p. 461 ss.; G. NUZZO, *Il conflitto di interessi dei creditori nei concordati*, Milano, 2019, pp. 57 ss. (per un quadro comparato) e 106 ss. (per la disciplina italiana); ROSSI, *Il migliore soddisfacimento dei creditori (quattro tesi)*, in *Fall.*, 2017, p. 637 ss.; AMBROSINI, *Il concordato preventivo*, cit., p. 444; PATTI, *Il miglior soddisfacimento dei creditori: una clausola generale per il concordato preventivo?*, in *Fall.*, 2013, p. 1099; STANGHELLINI, *Le crisi di impresa tra diritto ed economia. Le procedure di insolvenza*^{2}, Bologna, 2009, p. 67 ss.

[31] Cfr. ALESSI, *I debiti di massa nelle procedure concorsuali*, Milano, 1987, p. 9; BOZZA-

che oggi non è infrequente ritrovare spiegazioni simili del meccanismo [32]. Tuttavia, tale riferimento non sembra decisivo, poiché, a ben vedere, rinuncia a dare un inquadramento appagante alla regola: se data l'origine processuale della prededuzione l'uso di tale qualifica poteva in origine giustificarsi, non può farsi a meno di notare come accordare preferenza al pagamento di un credito anziché a un altro sia la manifestazione della tutela di un certo assetto di interessi giuridici, sì da non potersi negare sul piano sostanziale – prima ancora che su quello processuale – rilevanza alla regola che la impone.

Ciononondimeno, per i c.d. debiti della massa, il riferimento alla "natura processuale" della prededuzione (ancorché impreciso e forse forviante) può ammettersi nella misura in cui con esso si voglia evidenziare come in tali casi il meccanismo *de quo* abbia la precipua funzione di assicurare lo svolgimento della procedura in senso stretto, riconoscendo ad esso un valore sostanziale, per così dire, indiretto, visto che l'interesse creditorio è tutelato unicamente per consentire la realizzazione di una procedura concorsuale a vantaggio della massa [33].

Per i crediti dell'impresa in crisi il riconoscimento della priorità nella soddisfazione sembra avere un valore differente. Per lo meno per i casi in cui la finalità ultima è il risanamento [34], la nascita del credito realizza una modifica della realtà globale dell'impresa stessa, sì che la sua prededuzione può dirsi rispondere a una esigenza materiale di tutela in sé rilevante a prescindere dallo svolgi-

---

SCHIAVON, *L'accertamento dei crediti nel fallimento e le cause di prelazione*, Milano, 1992, p. 470 s.; MONTANARI, *I procedimenti di liquidazione e ripartizione dell'attivo fallimentare*, Padova, 1995, p. 430.

[32] Si esprimono in questo senso: SERRA, *Consecuzione tra procedure di concordato preventivo e prededuzione dei crediti dei professionisti. Il sigillo della suprema corte*, in *Banca, borsa, tit. cred.*, II, 2021, p. 542 (implicitamente); PISANI MASSAMORMILE, *La prededuzione*, cit., p. 4; VATTERMOLI, *I finanziamenti*, cit., p. 752; GUIZZI, *I crediti prededucibili*, in AA.VV., *Diritto fallimentare. Manuale breve*[2], 2013, p. 286 s.; COSTANTINO, *La prededuzione in attesa del codice della crisi*, in *Foro it.*, I, 2021, c. 878; BOZZA, *I criteri per la distribuzione delle prededuzioni tra il ricavato dei beni messi a disposizione dei creditori dal debitore concordatario*, in *Fall.*, 2015, p. 701 s.; SPADARO, *La prededucibilità dei crediti professionali sorti in funzione di una procedura minore nel fallimento consecutivo: tra adeguatezza funzionale e utilità per i creditori*, in *Fall.*, 2014, p. 540; TRINCHI, *commento all'art. 111*, in CAVALLINI (diretto da), *Commentario alla legge fallimentare*, Milano, 2010, p. 1173 s., ove ulteriori riferimenti. L'affermazione ricorre, poi, con una certa frequenza, nelle argomentazioni della giurisprudenza di legittimità: Cass., Sez. Un., 31 dicembre 2021, n. 42093, cit.; Cass., 25 novembre 2021, n. 36755, in banca dati *Dejure*; Cass., 11 giugno 2019, n. 15724, in *Banca, borsa, tit. cred.*, II, 2021, p. 530 ss. (con nota di SERRA).

[33] Per considerazioni simili, v. PACCHI, *La prededuzione dei crediti: notazioni generali*, in *Dir. banca e merc. fin.*, 2011, I, p. 472 («Ragione fondamentale e decisiva della prededucibilità è il collegamento di un determinato debito con una situazione che attiene all'essenza e alla finalità della procedura»).

[34] Quanto nel testo vale solo per le procedure che abbiano appunto la continuazione dell'impresa quale loro mezzo e fine; diversamente per le procedure liquidatorie – come per il caso del concordato liquidatorio – la prededuzione, nell'ottica qui seguita, ha una valenza sostanziale solo indiretta, al pari di quanto avviene per i c.d. debiti della massa.

mento di una procedura: la prededuzione si lega qui al valore oggettivo del credito, in quanto esso diventa strumento diretto per il citato risanamento[35]. In questo senso può oggi invocarsi il precetto dell'art. 6, comma 2, c.c.i.i., secondo cui la prededucibilità, pur avendo origine nell'ambito di una procedura concorsuale, sopravvive ad essa e perdura nelle «successive procedure esecutive o concorsuali»: la norma, insieme all'art. 53, comma 3, c.c.i.i., sembra dettare un principio di stabilità della prededuzione di certo in linea con la portata "sostanziale" dell'istituto[36].

Non c'è da stupirsi allora se, proprio per i crediti verso l'impresa in crisi, una parte della dottrina abbia avvertito l'esigenza di legare il meccanismo della prededuzione a un attributo proprio del credito, alla maniera di quanto avviene per le cause legittime di prelazione conosciute dall'ordinamento. Così, non potendosi richiamare gli istituti del pegno o dell'ipoteca per evidenti ragioni dogmatiche, tale orientamento ha accostato la prededuzione alla figura del privilegio invocando, con formula evocativa, la presenza, nella specie, di un «super-privilegio»[37]. Il riferimento, tuttavia, benché autorevolmente sostenuto, non pare condivisibile, per lo meno se tramite esso si voglia accordare portata sostanziale alla categoria: come subito si vedrà, si incappa, infatti, in problemi ricostruttivi di tal fatta da scoraggiarne l'impiego.

Al riguardo, per prima cosa, è da notare come il meccanismo proprio della prededuzione appaia incompatibile con quello del privilegio o delle altre cause legittime di prelazione dal punto di vista della disciplina: per queste ultime, opera la regola del concorso sostanziale, laddove col ricorso alla prima si vuole

---

[35] Evidenziano la portata "sostanziale" della prededuzione proprio facendo riferimento alla finalità del risanamento: TERRANOVA, *Il concordato «con continuità aziendale» e i costi dell'intermediazione giuridica*, in *Dir. fall.*, 2013, p. 15; D'ATTORRE, *Concordato con continuità ed ordine delle cause di prelazione*, in *Giur. comm.*, 2016, I, p. 61 s.; SPOLAORE, *Garanzia patrimoniale e* trust *nella crisi d'impresa*, Milano, 2018, p. 88 ss. (ove ulteriori riferimenti).

[36] Come osservato in precedenza, la stabilità della prededuzione è alla base pure dell'art. 99, comma 6, c.c.i.i., il quale ammette la revoca di tale beneficio *solamente* nel caso di comportamenti fraudolenti del debitore e del finanziatore, e ciò, si badi, in attuazione delle indicazioni della Direttiva *Insolvency*. Sul tema, v. BONFATTI, *Relazione introduttiva*, in *Le banche nel nuovo Codice della crisi d'impresa e dell'insolvenza*, in *Dir. banc. e merc. fin.*, 2019, I, p. 730, secondo cui «il richiamo alle procedure "esecutive" in alternativa ("o") a quelle "concorsuali", fa pensare alla volontà di "mantenere" la collocazione prededucibile dei crediti sorti con tale natura nell'Accordo di Ristrutturazione o nel Concordato preventivo anche all'interno del concorso che si sviluppasse nel contesto [...] di un procedimento di esecuzione forzata individuale».

[37] In questi termini: TERRANOVA, *La prededuzione dei finanziamenti bancari nell'art. 182-*quater *l. fall.*, in *Dir. banc. merc. fin.*, 2011, I, p. 492 (seppure per cenni); FABIANI, *Il delicato ruolo*, cit., p. 728; LEUZZI, *Dalla crisi all'emergenza: la prededuzione al tempo del Covid-19*, in *www.ilcaso.it*, 2020, p. 4; TAROLLI, *La natura poliforme della nuova finanza in favore delle imprese in crisi*, in *Giur. comm.*, 2020, I, pp. 1201 e 1204; NIGRO, VATTERMOLI, *Diritto della crisi*, cit., p. 68.

proprio evitare l'applicazione di tale regola [38]. Accostare la prededuzione al privilegio in ragione di una qualità propria del credito ha, poi, la conseguenza di potere (*rectius* dovere) intendere la stessa quale accessorio del credito sottoposto alla regola di cui all'art. 1263 c.c., ammettendone perciò la sua circolazione congiunta a quella dello stesso [39]. Infine, la prospettiva in esame si imbatte nella difficoltà di dovere ammettere che i crediti prededucibili possano essere al contempo privilegiati: se la prededuzione è intesa quale attributo del credito assimilabile al privilegio, non sembra evitabile la contraddizione in termini qualora si tratti di crediti non solo prededucibili, ma pure privilegiati (es., i crediti dei professionisti per i quali opera l'art. 2751-*bis*, comma 1, n. 2, c.c.) [40].

Ciò considerato, per tentare un inquadramento alternativo, sembra necessario considerare ancora una volta la finalità per la quale nel contesto della procedura di concordato è attribuita la prededuzione a certi crediti verso l'impresa in crisi, ossia il risanamento dell'impresa medesima.

A differenza di quanto presupposto (talora implicitamente) nella ricostruzione appena sopra esaminata, il piano in cui rileva tale condizionamento non sembra essere quello del singolo rapporto di credito, considerato al fine di trarne una qualifica del credito medesimo. Piuttosto, la portata giustificatrice della funzione di risanamento va declinata con riguardo al rapporto fonte del credito inteso quale momento di una più ampia attività d'impresa. Il condizionamento determinato dalla finalità di risanamento si apprezza sul piano "sostanziale" e vale perciò a qualificare il rapporto di credito. Ma ciò rileva nella misura in cui esso sia inserito in una serie coordinata di atti tesa al raggiungimento (o per lo meno al perseguimento) del risanamento, il quale, nel contesto qui in esame, si concretizza *in primis* nel compimento di una certa procedura [41].

Insomma, se la prelazione – quale meccanismo alla base della antergazione o postergazione – vale sul piano del singolo atto e trova giustificazione in un sot-

---

[38] In questo senso, PACCHI, *Le prededuzioni*, cit., p. 3. Per la descrizione del funzionamento del meccanismo proprio della prededuzione, v. di recente: ID, *La prededuzione*, cit., p. 468 s.; VATTERMOLI, *La subordinazione dei crediti: notazioni generali*, in *Dir. banca e merc. fin.*, 2011, I, p. 505; BARTALENA, *op. cit.*, p. 2948.

[39] Nega che la prededuzione sia una qualità intrinseca del credito oggetto di circolazione sulla base, però, della concezione "processuale" dell'attributo, VATTERMOLI, *I finanziamenti,* cit., p. 752 s.

[40] Non c'è da stupirsi allora se NIGRO-VATTERMOLI, *Diritto della crisi*, cit., p. 68 ritengono «puramente e semplicemente assurdo» la conformazione della prededuzione come «una sorta di privilegio», così come, secondo gli autori, fa l'art. 6 c.c.i.i.

[41] Separa la natura dalla funzione del credito ai fini della distinzione tra privilegio e prededuzione, FABIANI, *Il delicato ruolo*, cit., p. 728, il quale, però, ne ricava una conclusione opposta a quella di cui al testo: «se il privilegio è generato dalla causa del credito riferita alla *natura* del rapporto, la prededuzione è generata dalla causa del credito riferita alla *funzione* del rapporto», affermando però subito dopo che «la distanza fra i privilegi e questi casi di prededuzione si è considerevolmente assottigliata e potremmo, a buon titolo, parlare di un superprivilegio».

tostante diritto di garanzia (oppure nella medesima funzione del contratto che la genera) la prededuzione sembra propria del piano dell'attività, giacché trae giustificazione da una finalità che si realizza mediante il coordinamento di una serie di atti, la quale, pertanto, non risulta strettamente dipendente dal singolo adempimento: essa si afferma comunque in riferimento al singolo credito, ma la sua giustificazione si appunta nella partecipazione dell'atto alla attività di risanamento.

In quest'ottica, può coerentemente ritenersi che: *i*) la priorità accordata al credito prededucibile non realizza una causa legittima di prelazione e non segna in sé un accessorio del credito suscettibile di trasferimento per mezzo di cessione; *ii*) la prededuzione può tranquillamente "convivere" con le cause legittime di prelazione tipiche, poiché esse operano su un livello diverso, potendosi allora tranquillamente ammettere crediti prededucibili privilegiati o comunque antergati [42].

4.2. *La destinazione quale presupposto della prededuzione dei crediti verso l'impresa in crisi.* – Le considerazioni svolte non sembrano decisive per dare una compiuta giustificazione alla priorità di soddisfacimento dal punto di vista della tutela degli interessi. A ben vedere, quanto detto finora non spiega, per il singolo rapporto obbligatorio, il valore della prededuzione che sembra perciò operare solo in ragione della sua partecipazione a una più ampia attività, sì da legare il perdurare della prima alla pendenza della seconda. Si dovrebbe, quindi, ritenere che la prededuzione del credito valga solo in pendenza della procedura di risanamento (e dunque fino alla omologa del concordato). E però l'art. 6, comma 2, c.c.i.i. afferma molto chiaramente la permanenza della prededuzione nel corso delle procedure esecutive individuali. Inoltre, intendendo la prededu-

[42] L'adozione di una prospettiva spiccatamente funzionale ha delle ricadute pure sulla concezione della c.d. *consecutio* tra procedure. Per vero, può trovare conferma una lettura dell'art. 6, comma 3, c.c.i.i. (per il quale «La prededucibilità permane anche nell'ambito delle successive procedure esecutive o concorsuali») che riferisca la permanenza della prededucibilità alle procedure concorsuali volte alla soluzione della medesima situazione di crisi, a prescindere dal nesso cronologico o tipologico tra esse. In termini più espliciti, ne deriva la preferenza per una delimitazione della *consecutio* delle procedure che: (*i*) non sia limitata al solo caso di una crescente intensità della medesima crisi (ad esempio, da concordato a liquidazione giudiziale), ma ammetta l'omogeneità delle procedure che si susseguono (ad esempio, da concordato a concordato); (*ii*) sia indipendente dal mero dato temporale, ma richieda la verifica della sussistenza dell'unicità della situazione di crisi. Ritengono che il criterio decisivo per l'affermazione della consecutività tra procedura sia la continuità della medesima situazione di crisi: in dottrina, SERRA, *Consecuzione tra procedure*, cit., p. 546 ss.; FAUCEGLIA, *La qualificazione degli atti di "ordinaria amministrazione" nel concordato preventivo con riserva*, in *Dir. fall.*, 2019, II, p. 1488; in giurisprudenza, Cass., 11 giugno 2019, n. 15724, in *Banca, borsa, tit. cred.*, 2021, II, p. 530 ss. (con nota di SERRA); Cass., 29 maggio 2019, n. 14713, in *Foro it.*, 2019, I, c. 3614. In generale sul tema, v.: PACCHI, *La prededuzione*, cit., p. 474 s.; LO CASCIO, *La prededuzione nelle procedure concorsuali: vecchi e nuovi profili normativi ed interpretativi*, in *Fall.*, 2015, p. 10 ss.

zione in funzione del risanamento, ma unicamente nel suo momento "patologico" – quale regola di sottrazione anticipata dall'attivo delle risorse necessarie a soddisfare il credito – essa finisce con l'apparire un tipico corollario del concorso sostanziale, caratteristico delle procedure concorsuali e veramente significativo qualora sia in programma una liquidazione, giacché il suo effetto proprio sembrerebbe appunto solo quello di dare priorità alle ragioni di un certo credito in fase di riparto. Peraltro, limitandosi alle considerazioni svolte, la eterogeneità dei casi per i quali vale la prededuzione non avrebbe alcuna vera ricaduta: come se non vi fosse differenza né tra i debiti della massa e i crediti dell'impresa, né tra le diverse ipotesi di crediti dell'impresa in crisi. Per contro, proprio la vistosa varietà di fattispecie suggerisce la presenza di un diverso inquadramento, il quale potrebbe sciogliere talune delle difficoltà interpretative prima osservate [43].

I limiti appena segnalati possono essere superati guardando, anziché al momento di funzionamento concorsuale del beneficio, a quello precedente e "fisiologico": intendendo cioè la prededuzione quale successiva e dinamica manifestazione di una destinazione di risorse (beni o servizi) all'impresa in crisi. Che il concordato realizzi (o quanto meno sia accostabile a) una "separazione patrimoniale" è affermazione diffusa in dottrina [44]. Qui però si intende affermare che, con riguardo al singolo rapporto creditizio, la prededuzione rende manifesta (pure nella sua ricaduta processuale) una precedente destinazione di risorse – attuali o future – all'attività d'impresa in crisi. In altre parole, si vuole rimarcare come, nella prospettiva del risanamento, non rilevi tanto la precedenza accordata in sede di liquidazione dell'attivo, quanto piuttosto il vincolo impresso alle risorse provenienti dai terzi (beni e servizi) e su cui i crediti degli stessi trovano fondamento causale, in quanto destinate alla medesima attività di risanamento; condizionamento che offre perciò il presupposto materiale per fondare la prioritaria soddisfazione sull'attivo del credito al pagamento della prestazione delle suddette risorse. Insomma, la prededuzione, in quest'ottica, diviene una regola del tutto conseguente e coerente al vincolo impresso alle risorse (beni o servizi) deputate a una certa attività d'impresa. Così, se il meccanismo della prededuzione – in sé neutro – trova applicazione anche per i debiti della massa, solo per i crediti verso

---

[43] Il riferimento corre, segnatamente, alla potenziale, e parziale, sovrapposizione tra le fattispecie di cui agli artt. 46, comma 4, 94, comma 2 e 6, comma 1, lett. d), c.c.i.i. da un lato; e artt. 99 e 6, comma 1, lett. c), c.c.i.i., dall'altro (cfr. *supra* parr. 2.2 e 3).

[44] Cfr. D'Attorre, *Crediti posteriori e doveri degli amministratori nell'esecuzione del concordato preventivo*, in *Riv. soc.*, 2018, p. 555 ss.; Spolaore, *Garanzia patrimoniale e* trust *nella crisi d'impresa*, Milano, 2018, p. 131 ss. La questione, ci si limita qui ad osservare, si atteggia in termini diversi a seconda che si prenda in considerazione il caso del concordato liquidatorio o quello in continuità, specie poi se si tratta di continuità soggettiva: l'esigenza di definire i confini del patrimonio destinato ai creditori (anteriori, intermedi e successivi) è inevitabilmente più marcata nei casi di prosecuzione dell'attività d'impresa, specialmente quando ciò avviene per opera del medesimo soggetto.

l'impresa in crisi è possibile individuare una destinazione *precedente rispetto alla nuova regola organizzativa adottata in sede di ristrutturazione*, la quale giustifica la successiva prededuzione del credito. Per i primi, invece, il meccanismo della prededuzione prescinde da tale preventiva destinazione, dovendosi allora applicare il beneficio in parola nella distribuzione dell'attivo unicamente in via strumentale al compimento della procedura concorsuale [45].

Inoltre, il riferimento alla destinazione consente di segnare una differenza tra le diverse ipotesi di crediti verso l'impresa in crisi. Guardando al fenomeno del risanamento attraverso tale prospettiva, sembra possibile individuare due diverse "regolazioni private" della destinazione di risorse all'impresa: quella che era stata adottata prima dell'avvio della procedura e quella intervenuta con la crisi, e formalizzata in conformità ai diversi strumenti legalmente previsti. Invero, nel momento in cui il risanamento passa per la modifica organizzativa della aggregazione di risorse realizzata dall'imprenditore in sede di ristrutturazione può segnarsi l'inizio di una nuova (regola di) destinazione di beni all'impresa in crisi, che finisce col convivere con quella (adottata e) realizzata in precedenza. Ciò, non solo consente di dare una coerente spiegazione a quella che *prima facie* appare come una ingiustificata sovrabbondanza di disciplina, ma pure rende possibile – e sistematicamente giustificabile – regolare la prededuzione dei crediti al pagamento delle risorse destinate secondo presupposti differenti a seconda di quale delle due destinazioni si tratti (v. *infra* par. 5).

4.3. *La rilevanza endoconcordataria della prededuzione*. – Alla luce di quanto precede, appare possibile trarre una più tranquillante conclusione con riguardo alla dibattuta questione del valore endoconcordatario della prededuzione. Se il riconoscimento della c.d. rilevanza esterna [46] – relativa all'affermazione della prededuzione ai fini e per gli effetti dell'eventuale e successiva liquidazione giudiziale – non ha destato particolari discussioni (tenuto conto della presa di posizione della legislazione tempo per tempo vigente) [47], maggiori incertezze ha

---

[45] È pertanto da condividere la notazione di attenta dottrina secondo cui la prededuzione nell'ambito della procedura di concordato vede «fatalmente modificarsi il proprio significato tecnico» rispetto a quanto avviene nell'ambito fallimentare (G. FERRI JR, *In tema di prededuzione*, cit., p. 451), ancorché la stessa dottrina concluda il ragionamento diversamente da quanto qui sostenuto, intendendo la prededuzione in sede concordataria quale mero limite alla libertà del debitore nella configurazione del contenuto della proposta.

[46] Parla di c.d. prededuzione interna e di prededuzione esterna per segnalare la diversa portata della formula nell'ambito, rispettivamente, della procedura di concordato e del successivo fallimento, D'ATTORRE, *Crediti posteriori*, cit., p. 540 ss.

[47] In effetti, prima della riforma del 2006 potevano nutrirsi dei dubbi sul trattamento in ambito fallimentare dei crediti sorti in occasione delle procedure c.d. minori e dotati dell'attributo della prededucibilità. Con l'introduzione dell'art. 111-*bis* l. fall., le incertezze si stemperano, poiché il comma 1 della disposizione sottoponeva *apertis verbis* tali crediti alle regole del concorso forma-

suscitato la c.d. rilevanza interna, ossia la possibilità di riconoscere una priorità nel soddisfacimento durante la medesima procedura di concordato: si pone cioè il dubbio di ammettere o meno un pagamento antergato (non soggetto alla falcidia concorsuale) e immediato (o comunque regolare) nella fase di svolgimento della procedura di concordato rispetto agli altri crediti, siano essi anteriori all'apertura della procedura o ad essa successivi, e ciò in ragione del mero attributo di prededucibilità. Il problema va considerato con in mente la distinzione tra crediti “anteriori” e “posteriori”: dove la prima locuzione identifica i crediti aventi causa o titolo anteriore alla domanda di concordato; e la seconda sia i crediti sorti nell'intervallo compreso tra la presentazione della domanda di concordato e l'adozione del decreto di omologa (c.d. crediti intermedi), sia quelli che hanno la loro fonte in fatti o atti verificatisi successivamente alla omologa del concordato (c.d. crediti successivi)[48].

Ora, secondo una prima tesi, la prededuzione endoconcordataria è da negare *in toto*, giacché tale istituto ha natura processuale e non sostanziale. Non essendo una causa legittima di prelazione, la sua operatività è limitata al solo fallimento (oggi diremmo procedura di liquidazione giudiziale) nel corso del quale si realizza una liquidazione concorsuale dell'attivo, un concorso esecutivo, e ciò indipendentemente dalle cause che hanno determinato l'insuccesso della soluzione concordataria, ivi inclusa la revoca del provvedimento di ammissione[49].

---

le. Oggi, l'art. 222 c.c.i.i. conferma la scelta e fa applicazione del procedimento di formazione dello stato passivo per i crediti prededucibili. Ne deriva, anzitutto, l'onere dell'insinuazione al passivo, ma tale adempimento sembra avere una portata ridotta per i casi in cui la prededuzione del credito sia stata già autorizzata da organi di altre procedure, sì che l'ammissione al passivo dovrebbe essere pressoché automatica: si pensi, ad esempio, ai finanziamenti *ex* art. 99, comma 1, c.c.i.i. (cfr. BRIOLINI, *Problemi vecchi*, cit., p. 175 s.; BRIZZI, *Le fattispecie dei crediti prededucibili da finanziamento nel concordato preventivo e negli accordi di ristrutturazione dei debiti*, in *Dir. fall.*, 2013, I, p. 862; STANGHELLINI, *Finanziamenti-ponte*, cit., p. 1357; BARTALENA, *op. cit.*, p. 2980; BASSI, *La illusione della prededuzione*, in *Giur. comm.*, 2011, I, p. 818 s.); in secondo luogo, si prevede la soddisfazione del credito in sede di riparto della massa attiva, ancorché in via prioritaria. Tuttavia, al pari del previgente art. 111-*bis* l. fall., per talune tipologie di crediti prededucibili, l'art. 222 l. fall. deroga tanto alla regola della formazione dello stato passivo – disponendo al comma 1 una insinuazione automatica –, quanto alla regola del pagamento in sede di riparto, prevedendo al comma 2 il soddisfacimento tramite prelevamenti autorizzati. Da notare come quest'ultima eccezione valga solo per i crediti «sorti nel corso della procedura di liquidazione giudiziale», con esclusione quindi di quelli che, pur dotati degli altri requisiti richiesti, siano sorti nell'ambito di procedure diverse e precedenti: in tal senso, v. FABIANI, *Il delicato ruolo*, cit., p. 743; G. FERRI JR, *In tema di prededuzione*, cit., p. 449; SPOLAORE, *op. cit.*, p. 115. Va rimarcata la rilevanza di tale diverso trattamento che conduce a segnare una netta distinzione tra i crediti prededucibili sorti nella procedura di liquidazione giudiziale e quelli antecedenti ad essa. Ciò, del resto, pare trovare una coerente giustificazione nella possibilità di segnare diverse destinazioni alla base del meccanismo della prededucibilità, secondo quanto prima detto.

[48] Per questa classificazione, v. D'ATTORRE, *Crediti posteriori*, cit., p. 527 s.

[49] In tal senso, VELLA, *Autorizzazioni, finanziamenti e prededuzioni nel nuovo concordato preventivo,* in *Fall.*, 2013, p. 670 s.; BARTALENA, *op. cit.*, p. 2977; R. MARINO-CARMINATI, *La*

In quest'ottica, al di fuori della procedura liquidatoria, la prededucibilità finisce col valere solamente quale limite alla libertà del debitore nella determinazione del contenuto della proposta concordataria [50]. Alla stregua di un secondo orientamento (già maggioritario prima dell'entrata in vigore del c.c.i.i.), la prededuzione endoconcordataria va pienamente riconosciuta: in pendenza della procedura di concordato – e comunque se il concordato ha successo e non tracima in liquidazione giudiziale – i crediti prededucibili godono di priorità nei pagamenti. A sostegno della conclusione si adduce, per lo più, o il fatto che il concorso di più creditori su un unico patrimonio è condizione che si realizza anche in sede di concordato preventivo e non solo nella procedura di liquidazione giudiziale; oppure la natura sostanziale della prededucibilità, in ragione della sua prossimità al privilegio [51].

Orbene, stando a quanto finora detto, quest'ultima impostazione è senz'altro da preferire. Oggi, del resto, in tal senso può invocarsi l'art. 98 c.c.i.i., il quale (rimediando al mancato richiamo dell'art. 111 l. fall. nella previgente disciplina del concordato) dispone che i crediti prededucibili sono soddisfatti durante la procedura del concordato. E perciò, sembra dire, prioritariamente, rispetto ai crediti concorsuali, e integralmente, sempreché ovviamente le risorse disponibili lo consentano [52].

Tuttavia, argomentare tale conclusione in ragione del riferimento al meccanismo della concorsualità o alla natura di privilegio della prededuzione non è condivisibile. Per il primo argomento, oltre a rimarcarne l'irrilevanza per la giustificazione degli effetti della prededuzione sul piano degli interessi sostanziali coinvolti, va segnalata la sua scarsa coerenza con la lettera dell'art. 6, comma 2, c.c.i.i., a mente del quale il meccanismo di favore in esame perdura nell'ambito delle successive procedure esecutive, e perciò non solo concorsuali. Per il secondo, valgono le ragioni prima segnalate contro la possibilità di assimilare la prededuzione al privilegio.

Appare possibile risolvere l'*impasse* argomentativa richiamando quanto prima affermato (parr. 4.1 e 4.2), facendo perciò riferimento al piano dell'impresa in cui maturano i crediti in questione. Si tratta cioè di rapporti d'impresa per i

---

graduazione dei crediti prededucibili: un tentativo di sistemazione, in *Banca, borsa, tit. cred.*, 2017, I, p. 654.

[50] Cfr., segnatamente, G. FERRI JR., *In tema di prededuzione*, cit., p. 450 ss.

[51] Cfr. D'ATTORRE, *Crediti posteriori*, cit., p. 541; BASSI, *op. cit.*, 356 s.; STANGHELLINI, *Finanziamenti-ponte*, cit., p. 1351 (con riguardo ai c.d. finanziamenti-ponte); AMBROSINI, *Il concordato preventivo*, cit., p. 436 s.; PISANI MASSAMORMILE, *La prededuzione*, cit., p. 25 s.; M. VITALI, *Finanza «ponte», finanza «in esecuzione» e «interinale» (ossia il* puzzle *della disciplina dei finanziamenti alle imprese in crisi)*, in *Contr. impr.*, 2015, pp. 204 e 209; LO CASCIO, *op. cit.*, p. 19.

[52] In tal senso, SCIUTO, *Il codice della crisi d'impresa e dell'insolvenza,* in M. CIAN (a cura di), *Diritto commerciale, II. Diritto della crisi d'impresa*, Torino, 2019, p. 329.

quali vale un condizionamento *funzionale* che incide sulla "sostanza", ma esso non è idoneo ad attribuire una causa legittima di prelazione. E questo perché tale condizionamento non incide sulla natura del credito, bensì trova ragione nella destinazione di beni o risorse all'attività di risanamento, che si avvia con l'inizio della procedura di concordato e giustifica la priorità nel soddisfacimento del credito prededucibile. Tutto ciò vale sia per i crediti anteriori o intermedi, sia per i crediti successivi [53], di guisa che i crediti prededucibili anteriori o intermedi potranno essere soddisfatti durante il procedimento concordatario senza attendere l'omologa, e quelli prededucibili successivi dovranno essere pagati durante l'esecuzione del concordato – prioritariamente e alle scadenze concordate – e ciò a prescindere dal fatto che il piano concordatario preveda la creazione di un'apposita classe. Insomma, a prescindere dal riparto, la rilevanza endoconcordataria della prededuzione implica la preferenza nel pagamento, ancorché nel rispetto delle cause legittime di prelazione [54].

5. *I crediti prededucibili verso l'impresa in crisi nella prospettiva funzionale.* – Tenendo a mente quanto finora detto sui tratti generali dell'istituto, si può ora tornare alle questioni interpretative prima poste (parr. 2.2, 3).

(*A.1*) Iniziando dai finanziamenti all'impresa in crisi, il *primo* dubbio da sciogliere è la potenziale sovrapponibilità delle fattispecie di cui agli artt. 46, comma 1, 94, comma 2 e 99, comma 1, c.c.i.i. Il problema, come detto, non pare risolvibile limitandosi a ragionare sulla lettera delle disposizioni coinvolte o sulla loro collocazione all'interno del Codice (cfr. *supra* par. 2.1).

Il precedente chiarimento circa la fonte della rilevanza endoconcordataria della prededuzione appare in grado di fornire una spiegazione sistematica alla questione. Intesa la prededuzione quale manifestazione di una presupposta destinazione di risorse, con riguardo ai crediti della impresa in crisi, è parso possibile distinguere due diverse tipologie di fattispecie: l'una propria dell'iniziale attività d'impresa in crisi, l'altra realizzata dopo la manifestazione dello stato di crisi e volta al risanamento della precedente attività. Le due ipotesi convivono, dal momento che perdurano contestualmente durante il risanamento, da intendere in senso lato e dunque comprensivo della fase esecutiva del piano concordatario (cfr. *supra* par. 4).

---

[53] In tal senso pure D'ATTORRE, *Crediti posteriori*, cit., p. 543 ss. Del resto, ragionare altrimenti vorrebbe dire condannare all'irrilevanza l'art. 101 c.c.i.i., il quale dispone appunto la prededucibilità per crediti successivi alla chiusura della procedura di concordato. Va, tuttavia, segnalata, limitatamente ai crediti successivi, l'opposta conclusione di SPOLAORE, *op. cit.*, p. 119 s.

[54] Ad esempio, il compenso del professionista incaricato della predisposizione della domanda potrà essere pagato (nella misura del 75%) subito dopo la pubblicazione del decreto di apertura della procedura concorsuale, facendo ricorso tanto al patrimonio concordatario quanto alle risorse eventualmente apportate da terzi, sia come finanziamenti-ponte che finanziamenti-interinali.

Se così è, non pare allora azzardato formulare una giustificazione sistematica della apparente duplicazione di disciplina, tracciando le seguenti corrispondenze: gli artt. 46, comma 4, 94, comma 2 e 6, comma 1, lett. d), c.c.i.i. accordano tutela alla originaria destinazione di risorse all'organizzazione dell'impresa in crisi; gli artt. 99, 101 e 6, comma 1, lett. c), c.c.i.i. sono strumentali alla seconda destinazione che avviene invece specificamente al fine del risanamento dell'impresa in crisi [55]. In questo modo, la potenziale sovrapposizione (totale o parziale) tra i due gruppi di norme trova una precisa spiegazione, giacché le due discipline, pur riferendosi alle medesime tipologie di crediti, riguardano due differenti aggregazioni di beni e risorse. Da qui deriva, anzitutto, una spiegazione della ridondanza normativa, e, in secondo luogo, la preclusione di una loro promiscua applicazione ad entrambe le fattispecie.

Quanto detto finora – si badi – non implica affatto che i crediti successivi alla omologa del concordato – cioè quelli maturati dopo la chiusura della procedura, come i finanziamenti *ex* art. 101 c.c.i.i. – siano soddisfatti solamente con le risorse discendenti dalla continuazione dell'impresa in crisi senza cioè ammettersi il concorso sul patrimonio concordatario, il quale sarebbe allora destinato solo ai crediti anteriori o interinali [56]. Invero, seguendo la tesi qui sostenuta, può tranquillamente ammettersi l'uso del patrimonio concordatario per il pagamento dei crediti successivi: la destinazione delle risorse all'attività di risanamento dell'impresa in crisi, cioè, non comporta che il conseguente patrimonio sia *separato di pari passo* rispetto a quello su cui insiste la precedente destinazione all'attività d'impresa. Insomma, i due concetti di separazione e destinazione, per quanto spesso convivano nella disciplina, rimangono comunque distinti e non si implicano logicamente a vicenda [57].

---

[55] Così, volendo esemplificare: *i*) al primo gruppo di norme è da sottoporre la prededuzione, ad esempio, dei crediti derivanti dalla prosecuzione dei contratti di fornitura in essere alla apertura della procedura oppure quelli discendente dalla continuazione o rinegoziazione del mutuo acceso prima della ammissione al concordato: si tratta di crediti al pagamento delle risorse (opere o servizi) che compongono l'originaria destinazione, la quale perdura anche dopo l'apertura della procedura quando il concordato è in continuità; *ii*) il secondo gruppo regola, invece, la prededuzione, ad esempio, dei crediti derivanti dalle prestazioni professionali destinate all'attività di risanamento (i.e. il compenso del professionista che redige la domanda di concordato) oppure quelli relativi al rimborso dei finanziamenti-ponte o interinali: questi sono crediti pertinenti alla seconda aggregazione di risorse (opere o servizi) organizzata al fine del risanamento dell'impresa in crisi.

[56] L'obiezione pare conseguente alla concezione del patrimonio concordatario quale patrimonio separato: cfr., *ex multis*, LANDOLFI, *Il concordato preventivo con cessione dei beni*, Padova, 2000, p. 133; CENSONI, *Gli effetti sostanziali del concordato preventivo dopo la riforma del diritto fallimentare,* in *Giur. comm.*, 2006, I, p. 770. Tuttavia, alcune recenti riflessioni mettono in discussione la persistenza di tale tradizionale visione proprio per i crediti sorti dopo l'omologa del concordato: D'ATTORRE, *Crediti posteriori*, cit., p. 555 ss.; SPOLAORE, *op. cit.*, p. 138 ss.

[57] Per l'approfondimento della questione, si rinvia a MIR. BIANCA, *Vincoli di destinazione e patrimoni separati*, Padova, 1996; EAD, *L'atto di destinazione: problemi applicativi*, in *Riv. not.*,

(*A.2*) Il *secondo* dubbio interpretativo lasciato in sospeso concerne l'art. 99 c.c.i.i., nella parte in cui – tanto per i finanziamenti-ponte quanto per quelli "interinali" – menziona, quale presupposto per l'autorizzazione, la presenza di un «grave pregiudizio per l'attività aziendale»; requisito, però, equivalente a quello previsto per il caso in cui il finanziamento sia chiesto in via d'urgenza e, perciò, autorizzabile in assenza della relazione del professionista attestatore. Ciò, se non una vera e propria antinomia, realizza una pericolosa sovrapposizione, difficilmente superabile stando alla sola lettera della disposizione. Tale aporia giustifica allora un'interpretazione correttiva della disposizione, sì da intendere in termini riduttivi il requisito del «grave pregiudizio per l'attività aziendale» per i casi in cui il finanziamento non sia richiesto in via d'urgenza. In tali ipotesi, potrebbe essere sufficiente la verifica della sola utilità della "nuova" finanza a evitare un *mero* pregiudizio alla prosecuzione dell'attività aziendale, anziché un grave danno.

Muove in tal senso una interpretazione funzionalmente orientata della norma. Poiché il beneficio della prededuzione per i crediti verso l'impresa in crisi si giustifica in ragione della loro partecipazione all'attività di risanamento e in funzione di esso, l'attribuzione di tale beneficio dovrebbe essere subordinata solo alla presenza di un'attività di risanamento ritenuta astrattamente idonea al fine perseguito o comunque a condizioni riferite alla medesima attività in quanto tale e alla mera partecipazione del singolo rapporto negoziale all'attività medesima. In questa linea di ragionamento, la mera utilità (*rectius*, strumentalità) del credito all'attività di risanamento dovrebbe essere condizione sufficiente per giustificare il beneficio della prededuzione, e, pertanto, per autorizzare i finanziamenti in presenza degli ulteriori requisiti previsti.

(*A.3*) Infine, la *terza* questione in materia di "nuova" finanza ancora da affrontare riguarda la colta asimmetria tra i finanziamenti *ex* art. 99 c.c.i.i. – ammessi sia per il concordato in continuità, sia per quello liquidatorio – e i finanziamenti in esecuzione del concordato preventivo di cui all'art. 101 c.c.i.i., previsti nel solo caso del concordato in continuità.

Tale difformità trova una spiegazione nelle considerazioni svolte sulla funzione della prededuzione. Stando a quanto prima chiarito, il ricorso a tale meccanismo si giustifica o in vista del risanamento dell'impresa in crisi o per esigenze più strettamente attinenti alla procedura, per favorirne o realizzarne il

---

2006, I, p. 1175 ss.; ZOPPINI, *Autonomia e separazione del patrimonio, nella prospettiva dei patrimoni separati della società per azioni*, in *Riv. dir. civ.*, 2002, I, p. 545 ss.; FIMMANÒ, *Patrimoni destinati e tutela dei creditori nella società per azioni*, Milano, 2008, spec. pp. 1-53; ID., *Destinazione patrimoniale e separazione delle masse*, in *Notariato*, 2010, 250; R. LENZI, *Atto di destinazione*, in *Enc. dir.*, *Ann.*, V, Milano, 2012, p. 52 ss.; GINEVRA, *Crisi d'impresa e* trust, in BARACHINI (a cura di) *Il diritto dell'impresa in crisi fra contratto, società e procedure concorsuali*, Torino, 2014, p. 103 ss.

compimento. A rigore, quindi, nel concordato liquidatorio, in assenza dell'esigenza di risanamento, la prededuzione risponde tipicamente alle esigenze proprie dello svolgimento della procedura concordataria. La colta asimmetria sembra confermare questa impostazione. Difatti, l'art. 99 c.c.i.i., che ammette l'uso del finanziamento per le spese della procedura, dispone la prededuzione del finanziamento pure nell'ambito del concordato liquidatorio; l'art. 101 c.c.i.i., invece, proprio perché esclude l'impiego del finanziamento per le spese della procedura (del resto, la fattispecie presuppone l'intervenuta omologa), concede la prededuzione nel solo caso del concordato in continuità.

(*B.1*) Venendo ai crediti professionali, la *prima* valutazione da compiere (sulla base dei precedenti chiarimenti su natura e funzione dell'istituto) riguarda il limite quantitativo introdotto dall'art. 6, comma 1, lett. c), c.c.i.i.: esso non pare trovare alcuna spiegazione nella *ratio* della prededuzione e se ne deve, perciò, confermare l'arbitrarietà.

(*B.2*) La *seconda* considerazione concerne il requisito della ammissione della domanda di concordato quale condizione per la prededuzione del credito professionale: tale previsione appare coerente con i tratti dell'istituto, così come prima ricostruiti, e perciò pare pienamente giustificabile.

Invero, contrariamente a quanto potrebbe sostenersi, la scelta del c.c.i.i. non finisce col rendere la prestazione dei professionisti oggetto di una obbligazione di risultato [58]. Di là dal noto dibattito sulla permanenza nell'ordinamento della distinzione tra obbligazione di mezzi e di risultato, va considerato che il credito del professionista matura quand'anche la procedura di concordato non venga aperta: la condizione dell'ammissione non è termine di valutazione per l'adempimento del debitore, ma solo della prededucibilità del relativo credito [59]. Del resto, l'eterogeneità del giudizio di adempimento dell'obbligazione rispetto al requisito dell'ammissione appare evidente allorché si consideri che i due elementi si collocano su piani sistematici diversi: il singolo rapporto obbligatorio, il primo; la complessa attività di risanamento, il secondo. Insomma, il credito del professionista diventa prededucibile se, e nella misura in cui, la prestazione professionale partecipa alla funzione di risanamento, a prescindere se essa – in concreto e singolarmente intesa – sia in grado di causarlo [60]. In più, fare di-

---

[58] In questi termini pare orientato PASSARETTA, *La «prededuzione condizionata» dei crediti del professionista: vecchi principi o solo una frettolosa applicazione del nuovo codice della crisi?*, in *Banca, borsa, tit. cred.*, 2023, II, 376 ss.

[59] In ogni caso, rimane il fatto che il credito del professionista sarà esistente e dotato di privilegio *ex* art. 2751-*bis* c.c.

[60] Il punto è colto da Cass., Sez. Un., n. 42093/2021 cit., quando osserva come la valutazione *ex ante* «rende superfluo il confronto con la tradizionale distinzione tra obbligazione di mezzi, quale resta quella del professionista e obbligazione di risultato [...]».

pendere la prededucibilità dall'ammissione alla procedura anziché dal superamento di altri momenti della procedura (ad esempio, l'omologa del concordato) trova una facile spiegazione nel fatto che il punto di avvio dell'attività di risanamento (cui partecipa la prestazione del professionista) può individuarsi proprio con l'ammissione alla procedura, a partire dalla quale alcuni degli atti "speciali" di tale attività, come ad esempio le proposte od offerte concorrenti (cfr. artt. 90, 91 c.c.i.i.), possono essere compiuti [61].

È innegabile che l'opzione legislativa (già fatta propria dalla Corte di Cassazione) avrà l'effetto di rendere meno sicura la posizione dei professionisti. E però la vigente disciplina non pare tacciabile di irragionevolezza sia per quanto appena detto, sia perché la prededuzione realizza comunque una deroga al principio di *par conditio creditorum*, sì che non c'è da stupirsi se il suo riconoscimento richieda un risanamento, per lo meno, astrattamente percorribile [62]. Né, per la verità, sembra potersi invocare il pericolo dell'abbandono del mercato da parte dei professionisti più qualificati, vista la mancata certezza del pagamento: l'argomento in sé prova troppo, tant'è vero che la scelta del legislatore italiano è del tutto equivalente a quella espressa da altri ordinamenti europei [63].

(*B.3*) Veniamo alla *terza* questione prima selezionata. A tal proposito, appare ingiustificata un'interpretazione del richiamo dell'art. 6, comma 1, lett. c), c.c.i.i. alla funzionalità dei crediti («sorti in funzione») quale requisito autonomo, in forza del quale sindacare, dopo l'ammissione al concordato, l'utilità, in concreto, della singola prestazione professionale [64]. Oltre a quanto prima detto sulla diversità di piano sistematico tra prestazione professionale e attività di risanamento, muove in tal senso il valore da assegnare al requisito dell'ammissione al concordato, alla luce del detto legame tra prededuzione e presupposta destina-

---

[61] In generale sul tema, v. ABRIANI, *Proposte e domande concorrenti nel diritto societario della crisi*, in *Riv. dir. impr.*, 2017, p. 269.

[62] Per considerazioni simili: nel contesto qui in esame, v. CARRATTA, *Sui limiti della prededucibilità dei crediti professionali, in attesa dell'intervento delle sezioni unite*, in *Dir. fall*, 2021, II, 770; con riguardo ai crediti da finanziamento, v. ACCETTELLA, *op. cit.*, p. 73 s. In generale, sul principio della *par condicio creditorum* in ambito concorsuale, *ex multis*, v. ABRIANI, LEOZAPPA, *Sul principio della* par condicio creditorum *nelle procedure concorsuali*, in PAPARELLA (a cura di), *Il diritto tributario delle procedure concorsuali e delle imprese in crisi*, Milano, 2013, p. 49 ss.

[63] Negli ordinamenti tedesco, francese e spagnolo difficilmente è riconosciuta ai crediti dei professionisti una priorità rispetto agli altri creditori della massa e, quando ciò avviene, sono previsti requisiti e criteri più stringenti rispetto a quello dell'ammissione del concordato ora previsto dal c.c.i.i. In particolare, alla posizione di quasi totale chiusura dell'ordinamento tedesco per l'istituto della prededuzione (cfr. C. UHLMANN, *Privilegierte Neugläubiger?*, in quest'opera), si affianca un approccio di maggiore apertura degli ordinamenti spagnolo e francese, che però subordinano, in ogni caso, la prededuzione a una verifica di congruità e utilità per la massa creditoria della prestazione resa (cfr. PACCHI, *Le prededuzioni*, cit., p. 21).

[64] In tal senso, ma secondo un diverso *iter* argomentativo, NARDECCHIA, *La prededuzione dei professionisti nel concordato preventivo*, in *Fall.*, 2020, p. 181.

zione di beni e risorse all'impresa in crisi (cfr. *supra* par. 4.2). Pur non indugiando sulla ricostruzione teorica dell'istituto, può notarsi come la destinazione di beni a una certa attività e/o patrimonio si realizza a seguito tanto dell'esercizio di un autonomo potere sui beni oggetto dell'instaurando vincolo, quanto del perfezionamento delle condizioni di efficacia eventualmente previste dall'ordinamento, che realizzano, se del caso, una vera e propria separazione patrimoniale. Orbene, intesa la prestazione professionale quale risorsa oggetto di destinazione all'attività di risanamento, la condizione dell'ammissione alla procedura di concordato [espressa dall'art. 6, comma 1, lett. c), c.c.i.i.] appare avere una funzione coincidente con quella delle condizioni di efficacia previste da altre norme dell'ordinamento per i casi in cui sorge un vincolo di destinazione a una certa attività. E, infatti: per un verso, dalla sua ricorrenza non dipende l'esistenza e la rilevanza giuridica della prestazione professionale e del suo apporto all'attività di risanamento; per l'altro, dal suo verificarsi dipende l'efficacia della destinazione verso i terzi, la quale, seguendo la ricostruzione qui proposta, è appunto il presupposto per la prededuzione del relativo credito. Se così è, dopo l'ammissione alla procedura di concordato non è più ammissibile un sindacato sulla funzionalità dell'attività professionale alla procedura stessa, secondo lo schema della utilità in concreto, poiché l'unica condizione che subordina l'efficacia della destinazione si è già realizzata.

(*B.4*) Da ultimo, pochi cenni vanno dedicati al tema della potenziale applicazione ai crediti professionali privi dei requisiti di cui all'art. 6, comma 1, lett. c) dell'art. 46, comma 4, c.c.i.i., per il quale sono prededucibili i crediti derivanti da atti «legalmente compiuti». La questione appare risolvibile sulla base di quanto prima chiarito in materia di "nuova" finanza sulla possibilità di ricondurre ciascuno dei due gruppi di norme [artt. 46, comma 4, 94, comma 2, 6, comma 1, lett. d), c.c.i.i.; e artt. 99, 101 e 6, comma 1, lett. c), c.c.i.i.] a una diversa destinazione, con la conseguente esclusione della loro contemporanea applicazione.

GLI OBBLIGHI DEGLI AMMINISTRATORI NEL CONTESTO DEL "CODICE DELLA CRISI E DELL'INSOLVENZA"*

di *Francesco Bordiga*

ABSTRACT

The obligations of directors in the context of business crisis and insolvency law have undergone significant evolution, culminating in the Codice della Crisi e dell'Insolvenza. This legislative framework, which aligns with modern approaches emphasizing business continuity and value preservation, departs from traditional liquidation-oriented models. It integrates directors' duties within a structured system, addressing both the early detection of financial distress and appropriate management responses. Code establishes a clear link between corporate and insolvency law, outlining directors' responsibilities in a phased approach: identifying early signs of distress, responding effectively to crisis conditions, and managing reversible and irreversible insolvency scenarios.

Key innovations include the requirement to implement adequate organizational structures (Article 2086, para. 2, Italian Civil Code) and the introduction of negotiated solutions as a hybrid mechanism balancing self-regulation and judicial oversight. This marks a shift towards fostering timely detection and resolution of crises while safeguarding corporate value. Directors' discretion is subject to increasingly stringent limitations as a company's financial condition deteriorates, with creditor interests gaining prominence in severe insolvency cases.

This contribution provides a detailed reconstruction of directors' obligations under the Code, examining their responsibilities in designing organizational structures, selecting crisis management tools, and balancing the interests of stakeholders, creditors, and shareholders across different stages of financial distress. By analyzing the theoretical underpinnings and practical implications of the Code's provisions, the article seeks to elucidate the evolving role of directors in navigating the complex interplay between corporate governance and insolvency law.

---

* Il presente scritto è stato destinato al Liber Amicorum *per Aldo A. Dolmetta*, Pisa, 2023.

1. *L'evoluzione normativa degli obblighi degli amministratori nella crisi di impresa.* – Il tema del ruolo degli amministratori al sopravvenire della crisi di impresa è risalente e ha subito nel tempo una progressiva evoluzione, che vede, oggi, nel contesto del "codice della crisi e della insolvenza" (nel seguito: "Codice della Crisi" o "Codice") da poco entrato in vigore [1], il suo punto di approdo. In origine, infatti, il diritto societario trattava il problema della patologia della vita dell'impresa avendo esclusivo riguardo all'ipotesi di perdita del capitale sociale oltre il minimo legale, sancendo l'obbligo di rilevazione della causa di scioglimento (per il tramite del meccanismo "ricapitalizza o liquida": art. 2447 c.c.) unitamente all'obbligo di interruzione dell'attività produttiva in ottica strettamente conservativa e di avvio della fase liquidatoria (art. 2449, commi 1 e 3, c.c. anteriore alla riforma del 2003), che spesso faceva da ponte rispetto all'apertura della procedura fallimentare. L'approccio, in altri termini, era quello di imporre agli organi della società l'interruzione dell'attività e l'avvio di una "gestione" giudiziale del concorso secondo uno schema (spossessamento-liquidazione dell'attivo-eterogestione giudiziaria, dove il *dominus* delle procedure era il Giudice) ancora influenzato da una impostazione per così dire "arcaica" (: l'art. 674 Codice di Commercio del 1882 imponeva espressamente all'imprenditore che si fosse trovato in stato di cessazione dei pagamenti di "farne dichiarazione" al tribunale per la dichiarazione di fallimento entro "tre giorni dalla cessazione dei pagamenti, compreso quello in cui cessarono").

Questa struttura si è nel tempo evoluta in un'opposta concezione (poi confluita negli interventi normativi del 2006/2007 [2]) declinata nella tensione verso una diversa articolazione: continuità dell'impresa in crisi-conservazione del suo valore-soluzione stragiudiziale della crisi. Siffatto mutamento culturale si accompagna ad una rivisitazione della concezione tradizionale della crisi, penalizzante e colpevolizzante per il debitore (figlia di una visione medioevale dell'istituto della "bancarotta" [3]), e al passaggio a una visione moderna e "neutra" della crisi, intesa come fase naturale della vita dell'impresa (e non come onta

---

[1] Il Codice della Crisi è stato introdotto – in attuazione della l. 19 ottobre 2017, n. 155 – con il d.lgs. 10 gennaio 2019, n. 14 che, come noto, prima della sua integrale entrata in vigore [avvenuta il 15 luglio 2022 (a seguito di vari rinvii operati dai d.l. 8 aprile 2020, n. 23, d.l. 24 agosto 2021, n. 118 e, da ultimo, dall'art. 42 d.l. 30 aprile 2022, n. 36, convertito in l. 29 giugno 2022, n. 79)], ha subito importanti modifiche per effetto di due interventi che hanno profondamente mutato l'impianto originario: il primo per il tramite di un "decreto correttivo" (d.lgs. 26 ottobre 2020, n. 147) emanato in forza della originaria legge delega; il secondo con l'attuazione della c.d. Direttiva *Insolvency* da parte del d.lgs. 17 giugno 2022, n. 83. Da ultimo il Codice è stato ancora oggetto di modifiche con il d.lgs. n. 136/2024.

[2] D.lgs. 9 gennaio 2006, n. 5 e d.lgs. 12 settembre 2007, n. 169 (riforme, queste, che erano state precedute dal d.l. 14 marzo 2005, n. 35, convertito con la l. 23 febbraio 2006).

[3] PORTALE, *Dalla 'pietra del vituperio' alle nuove concezioni del fallimento e delle altre procedure concorsuali*, in *BBTC*, 2010, I, 389 ss.

dell'imprenditore) che deve essere gestita nell'ottica, ove possibile, di porvi rimedio e conservare il valore dell'impresa. Tale nuovo approccio ha portato, in un primo momento, alla rimozione del divieto di nuove operazioni (sostituito – per utilizzare la lettera della legge – dalla "conservazione" del potere di gestire in capo agli amministratori ai fini "della conservazione e della integrità e del valore del patrimonio sociale": art. 2486 c.c., così come riformato nel 2003) e all'innesto nella legge fallimentare di strumenti di composizione stragiudiziale della crisi (gli accordi di ristrutturazione e i piani attestati di risanamento) e alla profonda modifica del concordato preventivo, nell'ottica di evitare quanto più possibile la procedura fallimentare. Mancavano, però, nel contesto precedente al Codice della Crisi, norme di espresso "coordinamento" tra il diritto societario e il diritto fallimentare (che restavano percepiti come due sistemi separati e non comunicanti), restando affidato sostanzialmente all'interprete il compito di ricostruire in via sistematica un "diritto societario della crisi" [4] e, con questo, la precisa articolazione degli obblighi degli organi sociali al sopravvenire di segnali di dissesto.

In tale contesto, si inquadra il percorso di riorganizzazione della materia appena conclusosi; percorso che, anche sotto la spinta del legislatore europeo [5], ha forse realizzato una sorta di "sintesi" dei due "opposti" (tesi-antitesi) sopra richiamati (quasi in una "fenomenologia" della disciplina della crisi di impresa): "sintesi" catalizzata, tra il resto, nell'istituto della composizione "negoziata" [6] che, per l'appunto, realizza un *ibrido* a cavallo fra la pura autogestione della crisi e i presidi propri delle procedure concorsuali, con l'obiettivo del riequilibrio

---

[4] Su questa "categoria" del diritto: TOMBARI, *Principi e problemi di "diritto societario della crisi"*, in *Società, banche e crisi d'impresa*. Liber amicorum *Pietro Abbadessa*, 3, Torino, 2014, p. 2835 ss.; in toni critici: SACCHI, *Sul così detto diritto societario della crisi: una categoria concettuale inutile o dannosa?*, in *NLCC*, 2018, p. 1286 ss. In relazione al tema degli obblighi degli amministratori in fase di crisi v., prima del codice del codice della crisi, *ex multis*: SACCHI, *La responsabilità gestionale nella crisi dell'impresa societaria*, in *Diritto societario e crisi di impresa*, a cura di Tombari, Torino, 2014, p. 109; MONTALENTI, *I doveri degli amministratori, degli organi di controllo e della società di revisione nella fase di emersione della crisi*, ivi, 40; MAUGERI, *Note in tema di doveri degli amministratori nel governo del rischio di impresa (non bancaria)*, in *ODC*, 2014, p. 20; BRIZZI, *Doveri degli amministratori e tutela dei creditori nel diritto societario della crisi*, Torino, 2015; LUCIANO, *La gestione della s.p.a. nella crisi preconcorsuale*, Milano, 2016.

[5] Con la Direttiva (UE) 2019/1023 (c.d. Direttiva *Insolvency*).

[6] Introdotta con il d.l. n. 118/2021, con l. n. 147/2021 (e confluita nel Codice della Crisi) in linea con omologhi istituti introdotti in altri ordinamenti europei. In Germania: *Sanierungsmoderation* (§§ 94 ss. StaRUG), cfr. HOEGEN, *Die Sanierungsmoderation*, in *NZI-Beilage*, 2021, p. 59 ss., BLÜMLE-ERBE, *Dritter Teil. Sanierungsmoderation (§ 94-§ 100)*, in *Unternehmensstabilirsierungs- und -restrukturierungsgesetz (StaRUG) – Kommentar*, a cura di Braun, Monaco di Baviera, 2021; da segnalare che il legislatore tedesco a sua volta si ispira all'istituto della *conciliation* ai sensi dell'art. L. 611-4 ss. del *Code de commerce* francese, cfr. ARNOLD, SLAVIK, *"La boîte à outils française" und seine Einflüsse auf das StaRUG*, in *NZI-Beilage*, 2021, p. 79 ss.

economico-finanziario e del recupero della continuità aziendale da parte degli organi sociali (anche in una situazione di vera e propria insolvenza), con una *facilitazione* esterna anche poggiata, ove necessario, sul tribunale, ma senza far ricorso ad una gestione *processuale/concorsuale* della crisi. Una *Aufhebung*, questa, che è il frutto di un percorso che si potrebbe definire tormentato: dapprima il Codice della Crisi era impostato sul sistema – per la verità un po' rigido e forse ispirato ad una logica ancorata al "passato" (e comunque già in via di superamento) – della c.d. allerta (connessa a severi automatismi di rilevazione della crisi e a meccanismi di attivazione anche d'imperio degli strumenti di reazione) e della composizione assistita. Successivamente – abbandonato quel modello – il Codice è ritornato sui passi delle moderne evoluzioni, adottando un sistema impostato su una maggiore fiducia nell'autocomposizione della crisi e orientato ad agevolare il risanamento piuttosto che a stimolare una emersione "forzata" della crisi e questo, per l'appunto, principalmente, tramite la figura della composizione negoziata.

Tornando al tema oggetto di specifica osservazione, nel quadro dell'attuale riorganizzazione della materia viene ora espressamente operato il *trait d'union* normativo tra diritto della crisi e il diritto societario, venendo fissate per la prima volta alcune importanti coordinate normative per una più compiuta disciplina dei doveri dell'organo gestorio nel contesto della crisi di impresa, che si presenta fedele alla sopra descritta operazione di "sintesi" evolutiva.

L'architrave del nuovo sistema – si tratta di una constatazione diffusa – è rappresentato dall'introduzione del dovere di istituire assetti organizzativi ai sensi dell'art. 2086, comma 2, c.c. che precisa il contenuto del dovere di gestione della crisi, distinguendo due distinte "fasi" in cui si articola detto dovere [*i*) una fase prodromica, di rilevazione dei segnali di dissesto; e *ii*) una fase successiva in cui viene operata la scelta delle modalità di reazione idonee al superamento delle tensioni riscontrate], fornendo pure alcune importanti indicazioni, che suggeriscono il rinvio a nozioni tecniche della scienza aziendalistica per il "riempimento" degli obblighi ("*la rilevazione tempestiva della crisi dell'impresa e la perdita della continuità aziendale*"; "*il superamento della crisi e il recupero della continuità aziendale*") [7]. Il quadro, poi, si arricchisce con alcune ulte-

[7] Tra i molti contribuiti dedicati alla nuova norma, si segnalano, senza pretesa di esaustività: GINEVRA, *Tre questioni applicative in tema di assetti adeguati nella s.p.a.*, in *BBTC*, 2021, I, p. 552 ss.; GINEVRA, PRESCIANI, *Il dovere di istituire assetti adeguati ex art. 2086 c.c.*, in *NLCC*, 2019, p. 1216 ss.; SPOLIDORO, *Note critiche sulla «gestione dell'impresa» nel nuovo art. 2086 c.c. (con una postilla sul ruolo dei soci)*, in *Riv. soc.*, 2019, p. 266; CALANDRA BUONAURA, *Corretta amministrazione e adeguatezza degli assetti organizzativi nella società per azioni*, in *Giur. comm.*, 2021, I, p. 441; BASTIA, RICCIARDIELLO, *Gli adeguati assetti organizzativi funzionali alla tempestiva rilevazione e gestione della crisi: tra principi generali e scienza aziendale*, in *BIS*, 2020, p. 359; BENAZZO, *Il codice della crisi di impresa e l'organizzazione dell'imprenditore ai fini dell'allerta: diritto societario della crisi o crisi del diritto societario?*, in *Riv. soc.*, 2019, p.

riori coordinate, di importante rilievo sistematico, contenute, in ordine sparso, nel nuovo Codice, il quale (volendo limitare l'attenzione su alcuni aspetti di maggiore significato): fornisce indicazioni di dettaglio circa il contenuto degli assetti organizzativi volti alla rilevazione della crisi; amplia la gamma degli strumenti di soluzione; esplicita gli interessi da perseguire nelle fasi del dissesto (fasi, queste ultime, a loro volta, definite con maggiore rigore rispetto al passato anche per il tramite di una distinzione fra la nozione di "crisi" e quella di "insolvenza"); e, infine, articola una disciplina (che si può definire innovativa) in ordine alla posizione dei soci nella gestione della impresa in difficoltà.

Si tenterà, allora, nel seguito, nei margini (in sé limitati) consentiti da questo intervento e concentrando, per l'appunto, l'attenzione sulle previsioni contenute nel (ed introdotte con il) Codice della Crisi, di fornire una ricostruzione di massima del contenuto degli obblighi in esame, cercando di trarre dal nuovo sistema indicazioni: *da un lato*, in relazione all'*adeguatezza* degli assetti organizzativi istituiti dagli amministratori in relazione all'obiettivo di percezione tempestiva de(i segnali) della crisi; *dall'altro lato*, circa i criteri che devono orientare le decisioni degli amministratori nella selezione e nella conformazione dello strumento di risanamento.

2. *Gli obblighi funzionali alla rilevazione della crisi: l'istituzione di assetti adeguati.* – Al fine di delineare il contenuto dell'obbligo di istituire assetti organizzativi adeguati alla rilevazione tempestiva della crisi (obbligo gravante in via esclusiva sugli amministratori, in forza di un principio ora "transtipico": artt. 2257, 2380-*bis*, 2409-*novies*, 2475 c.c.)[8], aiuta ripercorrere l'evoluzione norma-

---

274 s.; FORTUNATO, *Codice della crisi e codice civile: impresa, assetti organizzativi e responsabilità*, in *Riv. soc.*, 2019, p. 956; MONTALENTI, *Il codice della crisi d'impresa e dell'insolvenza: assetti organizzativi adeguati, rilevazione della crisi, procedure di allerta nel quadro generale della riforma*, in *Giur. comm.*, 2020, I, p. 829; RORDORF, *Doveri e responsabilità degli organi di società alla luce della crisi di impresa e insolvenza*, in *Riv. soc.*, 2019, p. 929; SANTAGATA, *Assetti organizzativi adeguati e diritti particolari di "ingerenza gestoria" dei soci*, in *Riv. soc.*, 2020, p. 1455 ss.; PRESCIANI, (voce) *Assetti Organizzativi d'impresa*, in *Digesto delle discipline privatistiche (sez. comm.)*, Agg. IX, Torino, 2022, p. 1 ss.; MIRONE, *Assetti organizzativi, riparti di competenze e modelli di amministrazione: appunti alla luce del "decreto correttivo" al Codice della crisi e dell'insolvenza*, in *Giur. comm.*, 2022, I, p. 183 ss.; ID., *L'organizzazione dell'impresa societaria alla prova del codice della crisi: assetti interni, indicatori e procedure di allerta*, in *ODC*, 2020, p. 26. Sul tema degli assetti organizzativi, prima dell'inserimento dell'art. 2086, comma 2, c.c. si era già espressa la dottrina, trattando delle previsioni di cui agli artt. 2381, commi 3 e 5 e 2403 c.c.: BUONOCORE, *Adeguatezza, precauzione, gestione, responsabilità: chiose sull'art. 2381, commi terzo e quinto, del codice civile*, in *Giur. comm.*, 2006, I, p. 5 ss.; IRRERA, *Assetti adeguati e governo delle società capitali*, Milano, 2005; KUTUFÀ, *Adeguatezza degli assetti e responsabilità gestoria*, in *Amministrazione e controllo nel diritto delle società.* Liber amicorum *Antonio Piras*, Torino, 2010, p. 709; e v. anche l'opera collettanea: AA.VV., *Assetti adeguati e modelli organizzativi nella corporate governance delle società di capitali*, diretto da Irrera, Bologna, 2016.

[8] Su tale principio: SANTAGATA, *Assetti organizzativi*, cit., p. 1455 ss.; MIRONE, *Assetti orga-*

tiva che dimostra un forte legame intercorrente tra detto dovere e, per l'appunto, la riformata disciplina della crisi. Nella versione originaria del Codice, infatti: *per un verso*, l'art. 3, comma 2, Codice (all'epoca rubricato "*doveri del debitore*") ribadiva che "*l'imprenditore collettivo deve adottare un assetto organizzativo adeguato ai sensi dell'articolo 2086 del codice civile, ai fini della tempestiva rilevazione dello stato di crisi e dell'assunzione di idonee iniziative*"; *per l'altro*, l'art. 12 richiamava nuovamente gli "*obblighi organizzativi posti a carico dell'imprenditore dal codice civile*", inserendoli tra gli strumenti dell'"allerta" (mai divenuta operativa). La lettura congiunta di queste disposizioni aveva indotto i primi commentatori a ricostruire il contenuto "minimo" dell'adeguatezza alla luce della disciplina dell'allerta, affermandosi che gli assetti avrebbero dovuto senz'altro concretizzarsi in procedure di monitoraggio dei c.d. "indicatori" di crisi descritti all'art. 13[9]: gli "*squilibri di carattere reddituale, patrimoniale o finanziario*" (rilevabili mediante indici che avrebbero dovuto essere elaborati dal CNDCEC) nonché una serie di "*ritardi nei pagamenti reiterati e significativi*" specificamente individuati[10]. Al contempo, però, sulla scorta della constatazione secondo cui i parametri fissati normativamente per detti in-

---

nizzativi, cit., p. 183 ss.; PRESCIANI, (voce) *Assetti organizzativi d'impresa*, cit., p. 11; con specifico riguardo alle società di persone CAPELLI, *La gestione delle società di persone dopo il Codice della crisi d'impresa e dell'insolvenza: una prima lettura del nuovo art. 2257, primo comma, c.c.*, in *ODC*, 2020, p. 325.

[9] RORDORF, *Doveri*, cit., p. 933; BENAZZO, *Il codice*, cit., p. 284; PRESCIANI, (voce) *Assetti organizzativi d'impresa*, cit., p. 6.

[10] In particolare, l'art. 13 rinviava ai ritardi nei pagamenti indicati all'art. 24, ossia "*a) l'esistenza di debiti per retribuzioni scaduti da almeno sessanta giorni per un ammontare pari ad oltre la metà dell'ammontare complessivo mensile delle retribuzioni; b) l'esistenza di debiti verso fornitori scaduti da almeno centoventi giorni per un ammontare superiore a quello dei debiti non scaduti*". Accanto a tali profili che – secondo la citata impostazione – avrebbero dovuto essere monitorati mediante gli assetti adeguati, il sistema dell'allerta (come originariamente progettato e, lo si ripete, mai entrato in funzione) prevedeva pure degli obblighi di segnalazione in capo: da un lato, alle banche, tenute ad avvisare gli organi societari della revisione o revoca degli affidamenti in essere (art. 14, comma 4); dall'altro lato, ai c.d. creditori pubblici qualificati (INPS e Agenzia delle entrate, agenti di riscossione delle imposte), tenuti a informare il debitore della presenza di "esposizioni debitorie rilevanti", da considerarsi tali, "*a) per l'Agenzia delle entrate, quando l'ammontare totale del debito scaduto e non versato per l'imposta sul valore aggiunto [...], è superiore ai seguenti importi: euro 100.000, se il volume di affari risultante dalla dichiarazione relativa all'anno precedente non è superiore ad euro 1.000.000; euro 500.000, se il volume di affari risultante dalla dichiarazione relativa all'anno precedente non è superiore ad euro 10.000.000; euro 1.000.000 se il volume di affari risultante dalla dichiarazione relativa all'anno precedente è superiore ad euro 10.000.000; b) per l'Istituto nazionale della previdenza sociale, quando il debitore è in ritardo di oltre sei mesi nel versamento di contributi previdenziali di ammontare superiore alla metà di quelli dovuti nell'anno precedente e superiore alla soglia di euro 50.000; c) per l'agente della riscossione, quando la sommatoria dei crediti affidati per la riscossione dopo la data di entrata in vigore del presente codice, autodichiarati o definitivamente accertati e scaduti da oltre novanta giorni superi, per le imprese individuali, la soglia di euro 500.000 e, per le imprese collettive, la soglia di euro 1.000.000*" (art. 15).

dicatori erano calibrati per evidenziare una crisi già in atto, si affermava che detti parametri non potevano considerarsi sufficienti a rilevare i primi segnali di "tensione" al fine di prendere "tempestivamente" le misure necessarie per il risanamento, con l'ulteriore conseguenza che, ai fini del rispetto dell'obbligo in esame, si prospettava pure la necessità di prevedere sistemi di allarme che si attivassero prima rispetto a quanto previsto dagli indicatori (così da rilevare la presenza anche di una situazione di probabile crisi: c.d. pre-crisi o *twilight zone*) [11].

Nonostante la disciplina entrata in vigore (nel luglio 2022) sia drasticamente diversa da quella appena ripercorsa, va osservato che, sotto il profilo oggetto di specifica osservazione, le modifiche via via apportate al Codice della Crisi hanno sostanzialmente confermato e recepito l'impostazione appena illustrata. Sebbene, infatti, per un verso, sia stata eliminata l'intera disciplina dell'allerta (sostituita dall'istituto – più conforme peraltro alle tendenze in atto – della composizione negoziata della crisi), per l'altro, l'art. 3 (oggi espressamente rubricato "*adeguatezza delle misure e degli assetti in funzione della rilevazione tempestiva della crisi di impresa*") è stato arricchito di due commi che appunto declinano con maggiore dettaglio il contenuto degli assetti organizzativi adeguati alla percezione tempestiva della crisi. Nella disciplina oggi vigente viene, *in primo luogo*, espressamente stabilito che gli assetti devono essere capaci di "*rilevare eventuali squilibri di carattere patrimoniale o economico-finanziario, rapportati alle specifiche caratteristiche dell'impresa e dell'attività imprenditoriale svolta dal debitore*" (art. 3, comma 3, lett. a): formula, questa, che riprende *puntualmente* il primo dei "vecchi" indicatori della crisi (depurato però della delega al CNDCEC). *In secondo luogo*, sempre in linea con la richiamata letteratura, si prevede che gli assetti debbano essere in grado di consentire di "*verificare la sostenibilità dei debiti e le prospettive di continuità aziendale almeno per i dodici mesi successivi e rilevare i segnali di cui al comma 4*" (art. 3, comma 3, lett. b): segnali, questi ultimi, che vengono identificati, a loro volta (anche per il tramite di un richiamo all'art. 25-*novies*, comma 1), nella sussistenza di specifici ritardi nei pagamenti [12]. Anche sotto questo aspetto, l'attuale Codice sembra

---

[11] BENAZZO, *Il codice*, cit., p. 287; MIRONE, *L'organizzazione*, cit., p. 41; PRESCIANI, (voce) *Assetti Organizzativi d'impresa*, cit., p. 6 s.

[12] L'attuale art. 3, comma 4, Codice fa riferimento a "*a) l'esistenza di debiti per retribuzioni scaduti da almeno trenta giorni pari a oltre la metà dell'ammontare complessivo mensile delle retribuzioni; b) l'esistenza di debiti verso fornitori scaduti da almeno novanta giorni di ammontare superiore a quello dei debiti non scaduti; c) l'esistenza di esposizioni nei confronti delle banche e degli altri intermediari finanziari che siano scadute da più di sessanta giorni o che abbiano superato da almeno sessanta giorni il limite degli affidamenti ottenuti in qualunque forma purché rappresentino complessivamente almeno il cinque per cento del totale delle esposizioni"; d) l'esistenza di una o più delle esposizioni debitorie previste dall'articolo 25-novies, comma 1*" il quale ultimo richiama una serie di debiti "critici" per i quali, peraltro, è previsto l'obbligo di segnalazione agli organi della società (art. 25-*novies*) in crisi da parte degli stessi creditori (c.d. cre-

riprendere il "secondo" indicatore di crisi contemplato nella versione originaria del codice, seppur con alcuni adattamenti volti: *da un lato*, ad allungare la lista dei debiti scaduti "critici" oggetto di necessaria rilevazione attraverso gli assetti (includendo, tra questi, esposizioni debitorie che, nel sistema dell'allerta, non avrebbero fatto innescare la segnalazione da parte del creditore) [13]; *dall'altro*, a fissare parametri di "criticità" maggiormente prudenti al fine di consentire l'emersione di una crisi anche solo potenziale e non necessariamente già in essere (assecondando, così, le critiche di "tardività" che erano state avanzate in dottrina) [14]. Nella versione finale del Codice è stato, infine, precisato che gli assetti devono pure consentire di "*ricavare le informazioni necessarie a utilizzare la lista di controllo particolareggiata e a effettuare il test pratico per la verifica della ragionevole perseguibilità del risanamento*" [art. 3, comma 3, lett. c)] [15]:

---

ditori pubblici qualificati: INPS, INAIL, Agenzia delle entrate, Agenzia delle riscossioni). Più nel dettaglio, si tratta di debiti: a) verso l'INPS per contributi previdenziali, scaduti da almeno 90 giorni di ammontare superiore "*1) per le imprese con lavoratori subordinati e parasubordinati, al 30 per cento di quelli dovuti nell'anno precedente e all'importo di euro 15.000; 2) per le imprese senza lavoratori subordinati e parasubordinati, all'importo di euro 5.000*" (art. 25-*novies*, comma 1, lett. a); b) verso l'INAIL per premi assicurativi scaduti da oltre novanta giorni e di importo superiore a euro 5.000 (art. 25-*novies*, comma 1, lett. b); c) verso l'Agenzia delle entrate per IVA di ammontare superiore a 20.000 euro, oppure superiore a 5.000 euro se tale minore somma è pari ad almeno il 10% dell'ammontare del volume d'affari risultante dalla dichiarazione relativa all'anno d'imposta precedente; (art. 25-*novies*, comma 1, lett. c); d) affidati per la riscossione all'Agenzia delle entrate-Riscossione, scaduti da oltre novanta giorni, superiori, per le imprese individuali, all'importo di euro 100.000, per le società di persone, all'importo di euro 200.000 e, per le altre società, all'importo di euro 500.000 (art. 25-*novies*, comma 1, lett. d).

[13] Ad esempio, nella versione definitiva del Codice della Crisi, si è data rilevanza (anche ai fini dell'adeguatezza degli assetti) pure ai debiti scaduti verso l'INAIL.

[14] Così sono stati considerati "rilevanti" pure debiti scaduti da meno tempo (ad es. il ritardo "critico" per i debiti per retribuzioni è passato da trenta a sessanta giorni, per i debiti verso i fornitori lo stesso è stato abbreviato da centoventi giorni a novanta; inoltre, gli obblighi di segnalazione in capo all'INPS scattano già al novantesimo giorno dalla scadenza ritardo e non più dopo sei mesi) o di ammontare più contenuto (ad es. i debiti IVA verso l'Agenzia delle entrate, per i debiti verso INPS, debiti affidati alla Agenzia delle entrate-Riscossione). Cfr. le disposizioni riportate alle note 11 e 13.

[15] L'art. 13, commi 1 e 2, Codice prevede l'istituzione, in attuazione della Direttiva *Insolvency*, "*una piattaforma telematica nazionale accessibile agli imprenditori iscritti nel registro delle imprese attraverso il sito istituzionale di ciascuna camera di commercio, industria, artigianato e agricoltura*", nella quale è resa "*disponibile una lista di controllo particolareggiata, adeguata anche alle esigenze delle micro, piccole e medie imprese, che contiene indicazioni operative per la redazione del piano di risanamento e un test pratico per la verifica della ragionevole perseguibilità del risanamento accessibile da parte dell'imprenditore e dei professionisti dallo stesso incaricati*"; affidando ad un successivo decreto dirigenziale del Ministero della giustizia il compito di definire "*il contenuto della piattaforma, la lista di controllo particolareggiata, le indicazioni per la redazione del piano di risanamento e le modalità di esecuzione del test pratico*". Il decreto richiamato nella norma è stato emanato dal Ministero della Giustizia il 28 settembre 2021, con lo scopo di fornire indicazioni all'imprenditore ed all'esperto su come debba essere condotto il tentativo di risanamento attraverso la fase di composizione negoziata della crisi. Alla luce del decreto

strumenti, questi ultimi, di nuova istituzione e che vengono ora imposti ai gestori – in una sorta di procedimentalizzazione del percorso di rilevazione e analisi della crisi [16] – nell'attività di "diagnosi e prognosi" circa lo stato della criticità e le prospettive di recupero e, pertanto, nella ponderazione delle decisioni concernenti la gestione della patologia.

Volendo tirare le fila del discorso, sembra potersi affermare che l'attuale formulazione del Codice (art. 3, commi 3 e 4) segna con una certa chiarezza il contenuto "minimo" degli assetti organizzativi che gli amministratori devono implementare ai sensi dell'art. 2086, comma 2, c.c.: potendosi, *a contrario* e "in negativo", concludere, alla luce del vigente sistema, che, qualora le procedure organizzative fissate dagli amministratori *non* includano forme di monitoraggio sugli indici/segnali appena richiamati, dovrà necessariamente formularsi un giudizio di *inadeguatezza* degli assetti, con conseguente responsabilità a carico degli amministratori nel caso di mancata e/o tardiva percezione del dissesto. Questa notazione consente pure di assumere con maggiore sicurezza posizione in ordine al problema della applicabilità della BJR all'obbligo di adeguatezza degli assetti [17]: sembra agevole sostenere, infatti, che ricavandosi dal sistema una declinazione analitica e di taglio tecnico della nozione di *adeguatezza* degli assetti, dovrebbe conseguentemente qualificarsi l'obbligo in esame in termini di

---

ministeriale il test pratico ha una funzione di "auto-diagnosi" al fine di consentire di valutare lo stato di difficoltà e, quindi, la "complessità" del risanamento, sostanzialmente per il tramite di un unico indicatore di riferimento: il rapporto debito da ristrutturare / flussi da destinare alla sua copertura. La lista di controllo (o *check list*), invece, costituisce uno strumento di "auto-prognosi": fornisce indicazioni di dettaglio volte a consentire *i*) un controllo delle assunzioni e dei dati prospettici utilizzati nel redigere il piano di risanamento e *ii*) la verifica della sua adeguatezza. Sul punto, con maggiori dettagli sul contenuto tecnico degli strumenti, cfr. RANALLI, *Le indicazioni contenute nella piattaforma: il test, la check-list, il protocollo e le possibili proposte*, 26 novembre 2021, in *www.dirittodellacrisi.it*.

[16] Procedimentalizzazione nella quale è assegnato dalla legge un ruolo determinante anche all'organo di controllo (art. 25-*octies*), con l'attribuzione di una funzione di impulso ad alcuni "creditori pubblici qualificati" (art. 25-*novies*).

[17] Prima delle recenti modifiche apportate al codice, si erano espressi nel senso di una sostanziale applicazione del principio di insindacabilità: BENEDETTI, *L'applicabilità della* business judgement rule *alle decisioni organizzative degli amministratori*, in *Riv. soc.*, 2019, p. 413 ss.; FORMISANI, Business judgement rule *e assetti organizzativi: incontri (e scontri) in una terra di confine*, in *RDS*, 2018, p. 479 ss.; RORDORF, *I doveri dei soggetti coinvolti nella regolazione della crisi nell'ambito dei principi generali del codice della crisi d'impresa e dell'insolvenza*, in *Fallimento*, 2021, p. 594; CIAN, *Crisi dell'impresa e doveri degli amministratori: i principi riformati e il loro possibile impatto*, in *NLCC*, 2019, p. 1166, Trib. Roma, 15 settembre 2020, in *Dejure*; Trib. Roma, 8 aprile 2020, in *BBTC*, 2021, II, p. 278 ss. In senso opposto, altra parte della dottrina, sottraeva le scelte in esame al principio della insindacabilità: GINEVRA, PRESCIANI, *Il dovere*, cit., p. 1237; CALANDRA BUONAURA, *Amministratori*, cit., p. 12; MIRONE, *L'organizzazione*, cit., p. 35; MONTALENTI, *Il Codice della Crisi d'impresa e dell'insolvenza: assetti organizzativi adeguati, rilevazione della crisi, procedure di allerta nel quadro generale della riforma*, in AA.VV., *Crisi d'impresa. Prevenzione e gestione dei rischi: nuovo codice e nuova cultura*, a cura di Montalenti e Notari, Milano, 2021, p. 26; PRESCIANI, (voce) *Assetti*, cit., p. 16.

dovere a contenuto *specifico* e soggetto ad una discrezionalità sindacabile, per l'appunto, sotto il profilo *tecnico*, con conseguente inapplicabilità della BJR. Ne deriva che la decisione degli amministratori circa il contenuto degli assetti potrà essere sindacata in sede di eventuali azioni di responsabilità ed essere oggetto di censura qualora non risulti conforme alle richiamate prescrizioni. Più problematica sembra, per contro, la percorribilità di una conclusione che, "*in positivo*", affermi senz'altro l'adeguatezza degli assetti implementati nel rispetto delle indicazioni contenute nel Codice, con la conseguenza che in queste ipotesi agli amministratori non possa essere mosso alcun rimprovero per non aver rilevato tempestivamente la crisi. A questo riguardo, pare in effetti potersi affermare che, se, da un lato, si mostra percorribile una sorta di presunzione di "adeguatezza" degli assetti così implementati, dall'altro, non può escludersi che ricorrano, nella fattispecie concreta, specifici fattori di rischio per la continuità aziendale connessi ad una determinata realtà imprenditoriale (ad es.: perdita di autorizzazioni necessarie per lo svolgimento dell'attività; perdita dell'unico cliente) che non possono essere (e non sono) tipizzati dalla legge e che senz'altro devono essere monitorati per il tramite di adeguati assetti organizzativi, dovendo configurarsi un profilo di responsabilità qualora gli amministratori abbiano omesso di tenerne conto nell'adempimento del loro dovere.

3. *Gli obblighi funzionali alla gestione della "crisi" e della "insolvenza": interessi rilevanti e margini di discrezionalità.* – Una volta rilevata (anche per il tramite degli adeguati assetti organizzativi) la presenza di una crisi in atto o potenziale, viene in rilievo il secondo degli obblighi degli amministratori: quello cioè concernente l'"attivazione" degli strumenti e delle iniziative al fine di porvi rimedio [contenuto nell'art. 2086, comma 2, seconda parte, c.c. e "ripetuto" negli artt. 3, comma 2, e 4, comma 2, lett. b), Codice]. Questo obbligo di reazione – va precisato – non si innesca automaticamente in presenza di un segnale di allerta rilevante: come si è detto, gli assetti adeguati devono essere strutturati in modo da far emergere, non soltanto crisi certe e conclamate, ma pure crisi meramente *potenziali* (in relazione alle quali non è detto debba essere assunta ancora alcuna iniziativa specifica). Se, da un lato, gli amministratori non possono ignorare la sussistenza del segnale, dall'altro lato, prima ancora di agire, gli stessi sono anzitutto tenuti a fare oggetto il segnale di una specifica valutazione tecnica, al fine di comprendere, per l'appunto, in via preliminare se la criticità emersa sia meramente provvisoria (e sia pertanto destinata a risolversi tramite l'ordinaria prosecuzione dell'attività [18]), oppure se, al contrario, essa sia suscettibile di ulteriori sviluppi negativi. Soltanto in quest'ultimo caso, si attiva

[18] Si pensi, ad esempio, alla presenza debiti scaduti "critici" destinati ad essere coperti da un imminente e sicuro incasso.

l'obbligo di reagire, individuando lo strumento più idoneo per evitare l'aggravarsi del dissesto.

A questo riguardo, si deve osservare che, sebbene anche le scelte di gestione relative alla crisi parevano *prima facie* assorbite nella generale investitura dell'organo gestorio (art. 2380-*bis* c.c.), l'impianto normativo delineato dal codice civile (a differenza di quanto si è visto per l'istituzione degli assetti organizzativi) lasciava tuttavia spazi, più o meno ampi, di ingerenza dei soci sull'adozione o sull'esecuzione di tali scelte, soprattutto quando la soluzione della crisi era destinata a passare dalle maglie di operazioni straordinarie o di interventi sul capitale [19].

Tali spazi sono stati drasticamente ridotti dalle nuove (e, si potrebbe definire, "rivoluzionarie") previsioni del Codice della Crisi, il quale, all'art. 120-*bis*, esclude *tout court* i soci dalla competenza alla assunzione delle scelte concernenti la gestione della crisi, assegnandole in via esclusiva agli amministratori (: "*l'accesso a uno strumento di regolazione della crisi e dell'insolvenza è deciso,* in via esclusiva, *dagli amministratori unitamente al contenuto della proposta e alle condizioni del piano*"), ai quali è assegnato il potere di "*prevedere qualsiasi modificazione dello statuto della società debitrice, ivi inclusi aumenti e riduzioni di capitale anche con limitazione o esclusione del diritto di opzione e altre modificazioni che incidono direttamente sui diritti di partecipazione dei soci, nonché fusioni, scissioni e trasformazioni*" (comma 2). Con l'ulteriore previsione – volta ad evitare che i soci possano indirettamente interferire sull'adozione di tali strumenti – che impedisce la revoca degli amministratori in assenza di una giusta causa, precisandosi che "*non costituisce giusta causa la presentazione di una domanda di accesso a uno strumento di regolazione della crisi e dell'insolvenza in presenza delle condizioni di legge*". Nel nuovo contesto normativo, in sostanza, l'accesso a uno strumento di regolazione della crisi, sovverte, di fatto, il rapporto fiduciario che lega gli amministratori ai soci, con conseguenze che si possono ben definire "drastiche" sulla posizione di questi ultimi [20].

L'attuale quadro normativo impone, allora, con maggiore rigore l'interrogativo circa gli spazi di discrezionalità lasciati agli amministratori nella gestione della crisi e nella decisione sulle misure da intraprendere, ponendosi con particolare urgenza (anche attese le conseguenze per i soci che, nel riformato quadro

---

[19] Sul punto, di recente: SCOGNARUGLIO, VIOLA, *I soci nella ristrutturazione dell'impresa. Prime riflessioni*, in *Il nuovo diritto delle Società*, 2022, p. 1163; BENEDETTI, *La posizione dei soci nel risanamento della società in crisi: dal potere di veto al dovere di sacrificarsi (o di sopportare) (*Aufopferungs o Duldungspflicht*)?*, in *RDS*, 2017, p. 755 ss.; MICHIELI, *Il ruolo dei soci nelle procedure di composizione della crisi*, in *Riv. soc.*, 2021, p. 850 ss.

[20] ROSSI, *I soci nella regolazione della crisi della società debitrice*, in *Società*, 2022, p. 945 ss.; SCOGNAMIGLIO, VIOLA, *I soci nella ristrutturazione dell'impresa*, cit., p. 1163; ARATO, *Il ruolo di soci e amministratori nei quadri ristrutturazione preventiva*, 2022, *www.dirittodellacrisi.it*; BROGI, *I soci e gli strumenti di regolazione della crisi*, in *Fallimento*, 2022, p. 1290.

normativo, sono posti nella posizione di "subire" le iniziative dell'organo gestorio) il problema di comprendere quale sia il parametro in base al quale tale discrezionalità vada misurata e, in particolare, di chiarire il rapporto fra i due nuclei di interessi rilevanti – quello dei soci e quello dei creditori – che, nella crisi, tipicamente, si pongono in termini di contrapposizione [21]. Problema questo che aiuta, poi, a risolvere quello, sullo sfondo, dell'ambito di discrezionalità delle decisioni assunte dagli amministratori e dell'applicabilità della BJR. È noto che, a questo riguardo, viene segnalata in letteratura (con diversità di accenti) la necessità che allo stato di crisi sia connesso uno spostamento (c.d. *shifting*) dell'interesse della società da quello lucrativo dei soci alla continuazione dell'attività nell'ottica di valorizzazione dell'investimento (a prescindere dal tema di come questo venga o meno arricchito dalla concorrenza di interessi "terzi") a quello conservativo dei creditori (concepiti come i titolari sostanziali del patrimonio della società in crisi, in qualità di *residual claimants*), con la conseguenza di un mutamento degli obblighi degli amministratori e del loro spazio di discrezionalità nelle decisioni da assumere in situazioni critiche [22]. Il Codice della Crisi è intervenuto espressamente sul punto fornendo alcune importanti (ancorché non sempre univoche) indicazioni che, va subito detto (non potendo, peraltro, in questa sede che fornire alcuni primi e ancora provvisori spunti), sembrano consentire di conformare, con un certo dettaglio, l'interesse rispetto al quale è funzionale l'azione degli amministratori (e pertanto la sfera di discrezionalità agli stessi assegnata) in misura diversa a seconda dei vari "stadi" del dissesto. E questo – va precisato – anche per il tramite di una più rigorosa distinzione dei detti "stadi" e di una più compiuta definizione (sorretta da indicazioni "numeriche") della nozione di crisi in senso stretto, non più concepita come "macro-insieme" dei fenomeni della patologia dell'impresa [23], ma dotata di una sua autonoma veste [24] e distinta: *sia* da quella dell'insolvenza [25], da intendersi ora co-

---

[21] È noto, infatti, che con il sopravvenire del dissesto, i due interessi in questione (dei soci e dei creditori) possono porsi in un rapporto conflittuale, giacché i soci, avendo ormai perso integralmente il proprio investimento, potrebbero essere tentati di appoggiare iniziative altamente rischiose a discapito dei creditori.

[22] Cfr. anche per altri richiami: CIAN, *Crisi dell'impresa e doveri degli amministratori: i principi riformati e il loro possibile impatto*, in *NLCC*, 2019, p. 1166; SACCHI, *Sul così detto "diritto societario della crisi"*, cit., p. 1286; sul tema v. anche MUCCIARELLI, *Doveri degli amministratori di società in crisi,* lex concursus *e sovranità nazionale*, in *NLCC*, 2020, p. 698 ss.

[23] Come, invece, era previsto nel regime previgente al Codice in seguito al d.l. 14 marzo 2005, n. 3 (convertito in l. n. 51/2006). Sul punto: PRESTI, *Stato di crisi stato di insolvenza*, in Cagnasso e Panzani (diretto da), *Crisi di impresa e procedure concorsuali*, I, Torino, 2016, p. 400 ss.

[24] Definita ora dall'art. 2, comma 1, lett. a), Codice come "*lo stato di squilibrio economico-finanziario che rende probabile l'insolvenza del debitore, e che per le imprese si manifesta come inadeguatezza dei flussi di cassa prospettici a far fronte regolarmente alle obbligazioni pianificate*".

[25] Definito dall'art. 2, comma 1, lett. b), Codice come "*lo stato del debitore che si manifesta*

me insolvenza necessariamente già attuale (con esclusione, pertanto, della configurabilità di una insolvenza "prospettica", risultando assorbita questa nella nuova nozione di crisi [26]) e a sua volta declinabile in due varianti: insolvenza reversibile o irreversibile, a seconda della sussistenza o meno di prospettive di risanamento; *sia*, ancora, dalla nozione (inedita) della pre-crisi (: probabilità di crisi). In particolare, sembra potersi individuare nel nuovo sistema una sorta di curva decrescente nella quale il margine di discrezionalità si riduce al progredire delle fasi della crisi, in una sorta di *climax* che vede gradatamente spostarsi il baricentro dell'interesse rilevante da quello della valorizzazione (o del recupero del valore) dell'investimento dei soci a quello "conservativo" dei creditori. Il quadro delle norme rilevanti a questo riguardo può essere così ricostruito.

a) Anzitutto viene in rilievo l'art. 4, comma 2, lett. b) e c), che, fra i principi generali che ora governano la materia, prevede il dovere di "*assumere tempestivamente le iniziative idonee alla individuazione delle soluzioni per il superamento delle condizioni di cui all'art. 12 comma 1*" (e cioè: le condizioni di "*squilibrio patrimoniale o economico-finanziario che ne rendono probabile la crisi o l'insolvenza*") e, una volta attivato uno dei procedimenti previsti dal Codice, di gestire l'impresa "*nell'interesse prioritario dei creditori*", facendo però espressamente salvo quanto previsto dagli artt. 16, comma 4, e 21 Codice. Queste ultime norme (collocate nell'ambito della disciplina della composizione negoziata della crisi) stabiliscono criteri diversi e più articolati rispetto a quello della secca priorità dell'interesse creditorio [27].

b) La prima disposizione richiamata (art. 16, comma 4) sancisce che "*l'imprenditore ha il dovere [...] di gestire il patrimonio e l'impresa senza pregiudicare ingiustamente gli interessi dei creditori*": norma, questa, che certamente non funzionalizza la gestione alla prioritaria soddisfazione dei creditori, ma, semplicemente, si limita a "ricordare" che questi non devono essere ingiusta-

---

con inadempimenti od altri fatti esteriori, i quali dimostrino che il debitore non è più in grado di soddisfare regolarmente le proprie obbligazioni".

[26] Cfr. Trib. Milano, 9 aprile 2019, in *Giur. comm.*, 2020, II, p. 1468, con nota di JORIO, *Sulle nozioni di crisi e di insolvenza prospettica.*

[27] Su tali disposizioni: AMBROSINI, *Appunti sui doveri degli amministratori di s.p.a. e sulle azioni di responsabilità alla luce del codice della crisi e della "miniriforma" del 2021*, in *Ristrutturazioni Aziendali*, 2021, p. 22; ID., *La nuova composizione negoziata della crisi: caratteri e presupposti*, ivi, 2021, p. 4; PANZANI, *I doveri delle parti*, in *Studi sull'avvio del Codice della Crisi. Speciale riforma*, a cura di De Simoni, Fabiani, Leuzzi, 2022, p. 25 s., *www.dirittodellacrisi.it.* Va osservato, fin da subito, che il richiamo delle norme in questione (inserito con l'ultimo decreto correttivo del codice della crisi) sembra precludere ora una interpretazione estensiva dell'art. 4 (cfr. in questa direzione: CIAN, *Crisi dell'impresa*, cit., p. 1166) che imponga di anteporre gli interessi dei creditori a quelli dei soci già ai primi stadi della crisi.

mente danneggiati dalle scelte imprenditoriali compiute. Sembra, quindi, dettare un criterio diverso (se non opposto) a quello prescritto nell'art. 4.

c) Di centrale rilievo è, poi, la seconda delle disposizioni richiamate (art. 21), che specifica la precedente. Dopo aver precisato, infatti, che "*nel corso delle trattative l'imprenditore conserva la gestione ordinaria e straordinaria dell'impresa*", la disposizione in esame stabilisce, puntualmente, che: da un lato, "*l'imprenditore in stato di crisi gestisce l'impresa in modo da evitare pregiudizio alla sostenibilità economico-finanziaria dell'attività*"; dall'altro lato, "*quando, nel corso della composizione negoziata, risulta che l'imprenditore è insolvente ma esistono concrete prospettive di risanamento, lo stesso gestisce l'impresa nel prevalente interesse dei creditori sociali*". La disposizione – sembra, in effetti, risultare dal chiaro tenore letterale – lascia pienamente intatto il potere di gestione nel contesto della composizione negoziata [28] senza prevedere alcuna limitazione nel caso in cui lo strumento sia avviato in una situazione di crisi potenziale e assegnando, poi, in caso di vera e propria crisi/insolvenza e a seconda della gravità del dissesto, un rilievo più o meno intenso agli interessi dei creditori: nei casi meno gravi di "crisi" le scelte gestorie devono essere volte a non arrecare "*pregiudizio alla sostenibilità-economico finanziaria dell'attività*", mentre là dove si versi in uno stato di "insolvenza reversibile" l'interesse del ceto creditorio diviene, a questo punto, "prevalente". È stato condivisibilmente affermato dai primi commentatori che la disposizione esprime un principio generale applicabile anche fuori dalla composizione negoziata (e, naturalmente fuori dai procedimenti previsti nel Codice, dove si applica il principio dell'art. 4): trattandosi di una prescrizione dettata avendo riguardo ad un contesto (quello, appunto, della composizione negoziata) in cui i poteri-doveri di gestione degli amministratori vengono *ex lege* "conservati", non vi è ragione per ritenere applicabili fuori da quel contesto criteri diversi in relazione all'esercizio di quegli stessi poteri-doveri [29].

Cercando, allora, sulla scorta di quanto sopra precisato, di mettere a fuoco con maggiore nitore – ma con un certo grado di inevitabile approssimazione – il

---

[28] Nell'ambito della composizione negoziata della crisi, infatti, nessuna prerogativa gestoria è riconosciuta all'esperto, nemmeno in termini di veto rispetto ad atti potenzialmente dannosi per i creditori. L'art. 21, commi 2-3-4, Codice, infatti, riconosce all'esperto dei meri poteri di *moral suasion*, che si risolvono: *i*) nella possibilità di segnalare agli organi sociali (c.d.a. e collegio sindacale) la propria contrarietà rispetto al compimento di certi atti di straordinaria amministrazione idonei ad "arrecare pregiudizio ai creditori, alle trattative o alle prospettive di risanamento"; *ii*) il potere (dovere) di iscrivere il proprio dissenso nel registro delle imprese qualora l'atto sia comunque compiuto. Per il rilievo che nell'ambito della composizione negoziata non vi sia alcuno spossessamento v. AMBROSINI, *Appunti*, cit., p. 26; ID., *La nuova composizione*, cit., p. 4; PANZANI, *I doveri*, cit., p. 26.

[29] AMBROSINI, *Appunti*, cit., p. 23; PANZANI, *I doveri*, cit., p. 28.

sistema che emerge delle norme appena richiamate, pare possibile distinguere quattro distinte fasi, nell'ambito delle quali le aspettative dei creditori assumono via via sempre maggiore rilevanza, conformando diversamente l'obbligo dei gestori e il relativo margine di discrezionalità nelle scelte gestorie: *a*) la c.d. *twilight zone* (o pre-crisi); *b*) lo stato di crisi; *c*) l'insolvenza rimediabile; *d*) l'insolvenza irrimediabile.

4. *Gli obblighi di gestione nella c.d.* twilight zone. – Come accennato, le norme sopra richiamate non sembrano porre alcuna positiva contrazione del potere gestorio in un contesto di crisi soltanto probabile (c.d. *twilight zone*) anche se viene avviata una "composizione negoziata". Ed anzi si precisa che, in tale scenario, gli amministratori "conservano" il potere di ordinaria e straordinaria gestione. Sembra, allora, potersi affermare che in questo stadio nulla cambi rispetto all'ordinaria "graduatoria" degli interessi rilevanti per l'impresa (*in bonis*) esercitata in forma societaria ed operante in una situazione di fisiologia. Resta ferma naturalmente la prescrizione (art. 16), di respiro invero generale, che preclude agli amministratori di arrecare un "ingiusto pregiudizio" al ceto creditorio: prescrizione questa che potrebbe leggersi in coerenza con il rilievo formulato da una parte della dottrina che qualifica la "sostenibilità economico-finanziaria" quale limite *esterno* alla discrezionalità degli amministratori (operante pure nella fase fisiologica della vita dell'impresa), che impedisce l'adozione (e attuazione) di politiche gestorie che generano rischi (appunto) insostenibili, la cui realizzazione provocherebbe effetti negativi non interamente assorbibili dal patrimonio sociale e, conseguentemente, destinati a riverberarsi negativamente (con ingiusto pregiudizio) su coloro che hanno finanziato, a vario titolo, la società[30]. E questo anche se – deve precisarsi – si registrano importanti tendenze in letteratura orientate ad "interiorizzare" (secondo intensità e accenti diversi) in ogni caso (ed a prescindere dalla crisi) gli interessi degli *stakeholder* nell'interesse sociale: tema questo che esula dal perimetro di questo intervento.

Ciò posto, la sfera di azione dell'organo gestorio (e all'interno della stessa, la scelta delle misure di reazione alla pre-crisi) può dirsi pienamente coperta dalla BJR, risultando dunque insindacabili le scelte gestorie assunte in questa fase se non nei limiti della *manifesta irrazionalità*, con una duplice avvertenza. *Per un verso*, anche in una situazione di pre-crisi deve ritenersi comunque ricorrente una condizione di "delicatezza" e, pertanto – si tratta di considerazione di buon senso –, il livello di rischio delle decisioni gestorie che può considerarsi ragionevole è senz'altro più basso rispetto quello tollerabile nella fase fisiologica della vita dell'impresa. Si potrebbe, allora, pensare che in presenza di segnali

---

[30] GINEVRA, *Tre questioni applicative*, cit., p. 557; GINEVRA, PRESCIANI, *Il dovere*, cit., p. 1226; PRESCIANI, (voce) *Assetti organizzativi d'impresa*, cit., p. 7.

di allarme, anche se nella forma più blanda, sia valutato con maggiore rigore il metro della razionalità (o della non manifesta irrazionalità) delle scelte gestorie, imponendosi agli amministratori una maggiore prudenza. *Per l'altro*, la scelta degli strumenti di reazione all'allarme (e soprattutto la decisione circa il contenuto specifico che viene dato allo strumento scelto), affinché non risulti irragionevole (se non abusiva), deve essere mantenuta in un rapporto di proporzionalità e continenza rispetto al sacrificio imposto ai soci. Sotto quest'ultimo profilo, se da un lato sembra potersi affermare che la decisione di accedere alla composizione negoziata della crisi (consentita, come si è visto, anche in presenza di una crisi meramente potenziale) possa dirsi sempre giustificata (o in ogni caso non manifestamente irrazionale: dunque rimessa alla insindacabile valutazione dei gestori), dall'altro, appare difficilmente conforme ai richiamati limiti della discrezionalità (e forse da considerarsi del tutto precluso agli amministratori) il ricorso ad uno degli strumenti di risoluzione della crisi previsti nel Codice. Non solo perché si tratta di istituti che hanno come presupposto oggettivo la presenza di un vero e proprio stato di crisi e che, come è stato fatto notare, la loro attivazione in una fase di mera pre-crisi potrebbe in concreto "*rischiare di tradursi in un eccesso del mezzo rispetto al fine e, conseguentemente, in un potenziale pregiudizio per la società e, in ultima analisi, per lo stesso ceto creditorio*" [31], ma soprattutto perché in questo "stadio" la gestione deve ancora essere svolta *in bonis* nel perseguimento dell'"ordinario scopo lucrativo" (comunque questo sia inteso), mentre, per contro, gli istituti in questione implicano – come si è visto – il perseguimento in via prioritaria dell'interesse dei creditori (art. 4). Ammettere l'attivazione di uno di tali strumenti in una fase di pre-crisi significherebbe assegnare agli amministratori la discrezionalità di "scegliere" (in via insindacabile) a quale interesse dare priorità e, nel vigore della nuova disciplina, di "sciogliersi" unilateralmente dal rapporto fiduciario che li lega ai soci sottraendo a questi ultimi i poteri di revoca (art. 120-*bis*, comma 4, Codice). Se quanto appena affermato è corretto, dovrebbe potersi affermare, simmetricamente, che l'accesso, in queste circostanze (: crisi meramente potenziale), a uno strumento di risoluzione della crisi deve considerarsi un abuso da parte degli amministratori [32].

5. *Gli obblighi di gestione nella "crisi" in senso stretto.* – Nelle ipotesi in cui i segnali di allerta facciano emergere una situazione di vera e propria "crisi" [come definita dall'art. 2, comma 1, lett. a)], il limite alla discrezionalità degli

---

[31] AMBROSINI, *Appunti*, cit., p. 25; RORDORF, *I doveri dei soggetti coinvolti nella regolazione della crisi*, cit., p. 595.

[32] In questo senso, cfr. il Considerando n. 24 della Direttiva *Insolvency*: "*onde evitare abusi dei quadri di ristrutturazione, è opportuno che le difficoltà finanziarie del debitore presentino una probabilità di insolvenza*" e, dunque, che l'impresa verta in una situazione di crisi in senso stretto, e non soltanto di una mera pre-crisi.

amministratori si rafforza, essendo gli stessi tenuti – come sopra osservato – ad orientare la gestione "*in modo da evitare pregiudizio alla sostenibilità economico-finanziaria dell'attività*". In questo contesto, il criterio della "sostenibilità economico-finanziaria", richiamato espressamente come limite alla discrezionalità gestoria, sembra assumere maggiore pregnanza, qualificandosi come *limite interno* all'agire: il fine che deve guidare le scelte gestorie relative alla crisi. Si assiste, pertanto, a una variazione *qualitativa* degli obblighi degli amministratori, i quali, sebbene non debbano (né possano) ancora limitarsi a una gestione meramente conservativa del patrimonio sociale nell'esclusivo (o preordinato) interesse dei creditori (divenendo questo prioritario solo in ipotesi di insolvenza), sono chiamati (non più ad assumere rischi per generare ricchezza, bensì) ad orientare le scelte nella direzione del recupero della continuità aziendale e della capacità dell'impresa di produrre reddito, operando un bilanciamento tra i due interessi contrapposti: quello dei soci al valore del proprio investimento e quello dei creditori alla soddisfazione del proprio credito. In questa fase, in cui ancora è ancora forte la prospettiva della salvaguardia dei valori dell'impresa (anche in un'ottica di crescita), non si realizza quello "spostamento" del baricentro del rapporto fiduciario dai soci ai creditori [33], sì che gli amministratori continuano a dover soddisfare l'interesse dei soci al (recupero e alla massimizzazione di) valore del proprio investimento. Tuttavia, il pericolo a cui risultano esposti i creditori (di non rientrare della propria esposizione) in conseguenza della crisi vincola la prosecuzione dell'attività di impresa al rispetto di un criterio prudenziale, che protegga *parallelamente* pure la posizione di questi ultimi [34]. Ne dovrebbe, allora, conseguire che, in questo frangente, la discrezionalità imprenditoriale non possa più ritenersi pienamente protetta dalla BJR, che impedisce di sindacare le scelte imprenditoriali (quindi rischiose), se non là dove siano manifestamente irrazionali. Sembra per contro potersi sostenere, sulla scorta della disposizione in esame, che le decisioni gestorie assunte dagli amministratori potranno essere sindacate *ex post*, per l'appunto, secondo il metro (di taglio tecnico/aziendalistico) della compatibilità delle stesse scelte alla "sostenibilità economico/finanziaria", dovendosi ritenere illegittime quelle decisioni che risultino oggettivamente non conformi a detto criterio. E lo stesso criterio deve anche pren-

---

[33] AMBROSINI, *Appunti*, cit., p. 23, il quale precisa che "*l'unica previsione operante in materia depone perspicuamente nel senso che gli amministratori di società sono tenuti a perseguire l'interesse prevalente dei creditori solo al cospetto di uno stato d'insolvenza, ancorché reversibile quale tipicamente (e necessariamente) è l'insolvenza presupposta dalla composizione negoziata*"; RICCIARDIELLO, *La crisi dell'impresa di gruppo tra strumenti di prevenzione e di gestione*, Milano, 2020, p. 136, il quale afferma che "*l'eccessiva anticipazione di una gestione conservativa può configurare persino profili di responsabilità degli amministratori alla stessa stregua di un ritardo nell'accesso a procedure di risoluzione della crisi*".

[34] MUCCIARELLI, *Doveri*, cit., p. 710, secondo il quale, in fase di crisi, è fatto divieto agli amministratori di "*innalzare il profilo di rischio dell'impresa*"; analogamente CIAN, *Crisi*, cit., p. 1169.

dersi in considerazione nella scelta circa l'attivazione o meno di uno strumento di soluzione della crisi, attivazione questa che: *per un verso*, deve ritenersi certamente ammissibile (: nessun dubbio può essere nutrito sul fatto che la "crisi", tecnicamente intesa, è presupposto sufficiente per l'accesso agli strumenti di regolazione della crisi) e pure doverosa se *strettamente* necessaria al fine di non pregiudicare (e, pertanto, di perseguire) la sostenibilità della gestione economico/finanziaria; *per l'altro*, in caso di attivazione, il contenuto dello strumento adottato (la manovra economico/finanziaria) dovrebbe essere congegnata avendo puntuale riguardo alla fine della sostenibilità, senza porre sacrifici per la compagine sociale che non siano a quest'ultimo funzionali e/o proporzionali; *per l'altro ancora*, per contro, deve essere *tout court* evitata, anche per preservare la posizione dei soci (che verrebbe pregiudicata dall'avvio dello strumento), qualora l'attivazione dovesse essere superflua sempre allo stesso fine.

A quest'ultimo proposito, deve ricordarsi che, ai sensi del sopra richiamato art. 4, lett. c), l'accesso ad uno strumento di regolazione della crisi e dell'insolvenza impone *ex lege* di perseguire il *prioritario* interesse dei creditori. Ora, questa previsione si pone in termini problematici proprio quando questo accesso non avvenga in uno stato di insolvenza (dove – lo si è accennato e si tornerà subito in appresso – è prodotto lo *shifting* del rapporto fiduciario dai soci ai creditori) ma in uno stato di crisi (insolvenza solo probabile), stato, questo, nel quale l'art. 21 non impone, come si è appena rilevato, la prevalenza dei creditori rispetto ai soci (perché ancora è predominante la prospettiva di salvaguardia e di crescita dei valori dell'impresa e dell'investimento), ma solo la compatibilità alla sostenibilità economico/finanziaria. Per ridurre allora la probabile incoerenza sistematica (incoerenza che, forse, richiederebbe un intervento correttivo precisando che nel caso di accesso ad uno strumento di regolazione della crisi in mancanza di uno stato di insolvenza, ma in presenza di una condizione di mera crisi, non è imposta una gestione nel prioritario interesse dei creditori), si potrebbe sostenere che quando lo strumento di soluzione viene attivato in una situazione di crisi (e non di insolvenza), sia imposto agli amministratori di scegliere un percorso di risanamento che, nel tentare di preservare/recuperare la continuità aziendale, tenga in debito conto l'interesse dei soci bilanciandolo con quello dei creditori. Ed in questo senso, allo stesso modo, si potrebbe ritenere illegittimo – in una situazione di crisi e non di insolvenza – che gli amministratori (qualora non sia strettamente necessario) diano allo strumento di ristrutturazione prescelto un contenuto particolarmente invasivo rispetto alla posizione dei i soci, dovendo pertanto contenere l'utilizzo delle prerogative ora riconosciute dall'art. 120-*bis*, comma 2 (che, come si è visto, consente di modificare la struttura finanziaria della società anche in assenza di una deliberazione dei soci) nella misura strettamente funzionale al fine della sostenibilità economico/finanziaria.

6. *Gli obblighi di gestione nell'insolvenza reversibile e nell'insolvenza irreversibile.* – Lo scenario cambia ulteriormente qualora venga rilevato, per il tramite degli adeguati assetti organizzativi, un segnale che implica uno stato di insolvenza [l'art. 2, comma 1, lett. b), Codice], ma comunque vi sia motivo di ritenere che sussistono concrete prospettive di risanamento[35]. Si è ricordato che l'art. 21 Codice della Crisi consente di affermare, in termini generali (nel contesto o meno di una composizione negoziata), che, in caso di crisi reversibile: da un lato, gli amministratori "conservano" il pieno potere gestorio, ma, dall'altro lato, lo stesso deve essere funzionalizzato al "*prevalente interesse dei creditori sociali*". Sotto il primo profilo, è evidente la rottura con l'impostazione "tradizionale" (precedente alla riforma del 2006) che imponeva all'imprenditore insolvente di interrompere la gestione e "portare i libri in tribunale": nell'attuale scenario normativo – in linea con le moderne tendenze – la possibilità di riportare l'impresa *in bonis* e garantire la prosecuzione dell'impresa giustifica una "fiducia" agli amministratori, legittimando (eventualmente anche per il tramite di un'istanza di accesso alla composizione negoziata e, per questa via, della sospensione dell'operatività delle cause di scioglimento eventualmente connesse alla perdita del capitale) a proseguire l'attività e a mantenere il controllo sulla gestione. A questa legittimazione fa da *pendant* una ulteriore e significativa restrizione dei margini di discrezionalità, posto che non basta più compiere scelte prudenti in un'ottica di bilanciamento degli interessi di soci e creditori (e cioè in conformità allo scopo della sostenibilità economico/finanziaria), ma diviene necessario che le decisioni gestorie siano conformi al *prevalente* interesse di questi ultimi. Lo scopo verso il quale orientare l'intera gestione non è più quello dei soci al recupero del valore dell'investimento, ma diviene il migliore soddisfacimento delle ragioni dei creditori *esistenti* al momento del conclamarsi della insolvenza (ancorché reversibile) seppure per il tramite della continuazione della impresa (e non della conservazione del suo residuo valore in un'ottica liquidatoria). È stato, tuttavia, correttamente osservato che, anche in questo contesto, l'interesse dei soci non può essere semplicemente "pretermesso" nella ponderazione delle scelte gestorie: l'interesse creditorio viene infatti qualificato come "*prevalente*" e non certo esclusivo, il che implica il potere/ dovere degli amministratori di ponderarlo con gli altri interessi coinvolti e costituzionalmente rilevanti (tra cui quelli dei soci e dei lavoratori) che – secondo quanto è stato condivisibilmente sostenuto – comunque non possono essere irragionevolmente pregiudicati[36].

---

[35] Valutazione, questa, che, ai sensi del nuovo art. 3, comma 3, lett. c), Codice, gli assetti organizzativi devono consentire di operare con una certa facilità, fornendo tutti i dati necessari a utilizzare la lista di controllo particolareggiata e a effettuare il test pratico per la verifica della ragionevole perseguibilità del risanamento di cui all'art. 13, al comma 2.

Quest'ordine di considerazioni consente, quindi, di fissare alcuni punti circa la discrezionalità degli amministratori nella selezione della strada da percorrere per il risanamento. Sembra possibile affermare che, in presenza di una insolvenza reversibile, sia configurabile, di regola, un obbligo di avviare, *quanto meno*, un procedimento di composizione negoziata. La conclusione pare, per così dire, "forzata" in tutti casi in cui (come di consueto avviene) la società abbia perso integralmente il capitale: là dove, infatti, in queste ipotesi, la migliore soddisfazione delle ragioni creditorie implichi la prosecuzione dell'attività (in un'ottica di risanamento), diviene necessario, in primo luogo, bloccare gli effetti della causa di scioglimento e il doveroso innescarsi del procedimento di liquidazione del patrimonio sociale: risultato, questo, ottenibile (se non attraverso la presentazione di un'istanza di omologazione di un accordo di ristrutturazione o di concordato preventivo – artt. 64 e 89 – quanto meno, per l'appunto) tramite l'accesso alla composizione negoziata della crisi (art. 20, comma 1, Codice). Un secondo profilo problematico riguarda i limiti di discrezionalità degli amministratori nell'individuare i contenuti del piano di risanamento e, segnatamente, in quali circostanze si può ammettere che questo preveda le operazioni indicate all'art. 120-*bis*, comma 2, capaci di ledere significativamente gli interessi dei soci. Al riguardo, la notazione secondo cui l'interesse dei creditori è prevalente, ma non l'unico da considerare nell'ambito del risanamento, porta a ritenere che soluzioni così drastiche possano essere percorse dagli amministratori soltanto là dove rispondano a un criterio di ragionevolezza e di proporzionalità rispetto alle altre opzioni percorribili che non comportino uguale sacrificio per soci. E la scelta di attivare strumenti capaci di imporre un elevato sacrificio ai soci, non può dirsi ragionevole e proporzionale ogniqualvolta esista la possibilità di offrire una pari soddisfazione ai creditori mediante piani di ristrutturazione che, al contempo, conducano a un minore pregiudizio per i soci. In tali circostanze, sul-

---

[36] D'Attorre, *Le regole di distribuzione del valore*, in *Fallimento*, 2022, p. 10 ss., secondo cui "*nella liquidazione giudiziale si possono rinvenire una pluralità di norme (...) che (...) possono assumere un rilievo sistematico, concorrendo a definire un principio generale del sistema, operante già nell'attuale tessuto normativo. Il principio generale si radica nel riconoscimento che l'interesse dei creditori, obiettivo primario della procedura di liquidazione giudiziale, deve contemperarsi con altri interessi di pari rilevanza costituzionale. La concomitante presenza di plurimi interessi rilevanti impone la ricerca di un punto di equilibrio che non risolve i conflitti nella meccanica affermazione dell'uno e nella negazione dell'altro, ma nella doverosa ponderazione, attuata secondo criteri di ragionevolezza e proporzionalità. In ragione di ciò, non sempre la liquidazione dell'attivo deve avere come obiettivo primario la massimizzazione del ricavato, dovendosi talvolta legittimamente perseguire un risultato sub-ottimale, se necessario per la tutela degli interessi-altri e ferma la tutela del contenuto minimo garantito dell'interesse dei creditori, rappresentato da quanto avrebbero conseguito senza la liquidazione giudiziale*"; Id., *La responsabilità sociale dell'impresa insolvente*, in *Riv. dir. civ.*, 2021, I, p. 60 ss.; Id., *La formulazione legislativa dei principi generali nel codice della crisi d'impresa e dell'insolvenza*, in *BBTC*, 2019, p. 471 ss.

la scorta di quanto affermato, la scelta più invasiva potrebbe allora considerarsi abusiva [37].

Venendo, infine, all'ipotesi di dissesto più grave, l'insolvenza, cioè, ormai divenuta irreversibile, qui gli spazi di manovra degli amministratori si riducono drasticamente fino a sostanzialmente eliminarsi. In questa situazione, si può dire che agli amministratori resta solo la scelta tra liquidazione giudiziaria o l'accesso ad uno degli strumenti di regolazione della insolvenza previsti dall'ordinamento, nell'ambito dei quali, ai sensi dell'art. 4, comma 2, lett. c), il patrimonio deve essere gestito "*nell'interesse prioritario dei creditori*" in un'ottica di liquidatoria: scelta che, in ogni caso e a sua volta, deve essere condotta sempre dando prevalenza agli interessi dei creditori alla migliore soddisfazione delle proprie ragioni. Restano ferme però le considerazioni svolte al termine del paragrafo precedente circa la permanente necessità di ponderare, secondo il metro della ragionevolezza, l'interesse dei creditori con altri interessi rilevanti (tra i quali quelli dei soci), che non devono essere, appunto, irragionevolmente pregiudicati [38], con la precisazione che in tali circostanze gli spazi in cui può ritenersi irragionevole la scelta degli amministratori di perseguire soluzioni che comportino un impatto drastico sulla posizione dei soci si riducono notevolmente, fino a quasi del tutto scomparire, atteso che in una situazione di insolvenza irreversibile si è già definitivamente realizzata la perdita dell'investimento.

---

[37] Cfr. anche Considerando n. 3 della Direttiva *Insolvency*: "*nei quadri di ristrutturazione i diritti di tutte le parti coinvolte, compresi i lavoratori, dovrebbero essere tutelati in modo equilibrato*". Sul punto, BALP, *Early Warning Tools at the Crossroads of Insolvency Law and Company Law*, in *Bocconi Legal Studies research*, paper n. 3010300, 2017, p. 23 ss., https://www.ssrn.com/index.cfm/en/.

[38] Cfr., ancora, D'ATTORRE, *Le regole*, cit., p. 10, il quale ha precisato che "*in questa prospettiva, le regole di distribuzione del valore confermano che, nell'attuale sistema, il diritto della crisi e dell'insolvenza non rappresenta più solo un insieme di regole dirette ad attuare in modo efficiente e tendenzialmente paritario la responsabilità patrimoniale dell'imprenditore insolvente nell'interesse esclusivo dei creditori, ma un qualcosa di profondamente diverso. La normativa della crisi e dell'insolvenza è oggi la disciplina di una fase, sia pure delicata, della vita economica o imprenditoriale del debitore, della quale ne viene regolamentata la pianificazione, la gestione e l'esito, assicurando un ragionevole equilibrio tra le esigenze dei creditori, dei terzi, della collettività e dello stesso debitore*".

PFLICHTEN UND HAFTUNGSRISIKEN DER GESCHÄFTSLEITER INNERHALB DES RESTRUKTURIERUNGSRAHMENS

von *Johannes Kist*[*]

ABSTRACT

The essay focuses on the directors' obligations and liability risks, which have long been a subject of debate in Germany. In particular, if management in a crisis should be primarily aligned with the interests of creditors. The German legislator has made a provision for the restructuring proceeding in section 43 of the Act on the Stabilisation and Restructuring Framework for Businesses (StaRUG). The specifications of the EU Directive on Restructuring and Insolvency (Directive (EU) 2019/1023) for the obligations of directors, which are only a few (article 19, recitals 70 and 71), were originally intended to be implemented in a different way. However, after considerable criticism, the German legislator decided in favour of the current regulation.

StaRUG section 43 has a narrowly defined scope of application, as the provision only applies if the debtor, who is threatened with imminent illiquidity within the meaning of section 18 (2) of the Insolvency Code (InsO), decides to restructure using the tools of the StaRUG and therefore notifies the competent restructuring court of the restructuring project. Section 43 (1) sentence 1 requires, in particular, that the directors of a German limited liability company (GmbH) and a German Stock Corporation (AG) conduct the restructuring matter with the due care of a prudent and conscientious manager and safeguard the interests of the creditors as a whole. For any breach of this obligation, the directors are liable to the debtor in the amount of any loss suffered by the creditors, unless they are not responsible for the breach of duty (section 43 (1) sentence 2). Section 43 (2) and (3) contain special provisions about the possibility of waiving or settling the claim for damages and its limitation.

This essay demonstrates that the obligations of the directors can be determined in the first place by recourse to StaRUG section 32. It shows further that the directors' obligation to protect the interest of all creditors is not associated with a shift of fiduciary duties. Directors are therefore not obliged to align their management activities primarily with the interests of creditors. However, during the restructuring proceeding, instructions from the shareholders to the directors are only effective and binding if they are permissible under

[*] Der Beitrag gibt die persönliche Auffassung des Autors wieder und befindet sich auf dem Stand 2022. Die ursprüngliche Vortragsfassung wurde um einige Ausführungen erweitert.

corporate law and if there are several alternatives each safeguarding the interests of the creditors. In addition, according to the Author's view, directors cannot rely on the Business Judgment Rule when performing their restructuring duties. Therefore, judicial review is not limited to whether the directors misjudged the risk associated with their decision in a completely irresponsible manner or whether their actions were completely unjustifiable.
The Author concludes that the German legislator seems to have found a good balance between the interests of creditors and the requirements for directors. Yet, it remains to be seen how the directors will deal with the new challenge in practice and how the courts will apply the new provision.

I. *Einleitung*. – Über die Pflichten und die Haftung der Geschäftsleiter wird im Hinblick auf die Frage, ob die Geschäftsleitung in der Krise nicht mehr am Unternehmensinteresse, sondern primär am Gläubigerinteresse auszurichten ist, seit langem diskutiert. Für das Restrukturierungsverfahren hat der deutsche Gesetzgeber eine Regelung in § 43 StaRUG getroffen. [1] Hierauf konzentriert sich der folgende Beitrag.

II. *Überblick über § 43 StaRUG*. – § 43 Abs. 1 Satz 1 StaRUG gibt den Geschäftsleitern haftungsbeschränkter Unternehmensträger – d. h. insbesondere dem Vorstand der AG und den Geschäftsführern der GmbH [2] – auf, drauf hinzuwirken, dass der Schuldner – d. h. die schuldnerische Gesellschaft, welche die Geschäftsleiter leiten – die Restrukturierungssache mit der Sorgfalt eines ordentlichen und gewissenhaften Geschäftsleiters betreibt und die Interessen der Gläubigergesamtheit wahrt. Nach Abs. 1 Satz 2 haften die Geschäftsleiter dem

---

[1] Gesetz über den Stabilisierungs- und Restrukturierungsrahmen für Unternehmen (Unternehmensstabilisierungs- und -restrukturierungsgesetz – StaRUG) v. 22. Dezember 2020, BGBl. I, 3256.

[2] Eingehend zum subjektiven Anwendungsbereich der Norm etwa Seibt/Westpfahl/*Korch*, StaRUG, 2022, § 43 Rn. 17 ff. Im Zuge der Reform des Personengesellschaftsrechts durch das MoPeG (Gesetz zur Modernisierung des Personengesellschaftsrechts v. 10.8.2021, BGBl. I, 3436) wird der im Normtext verwendete Begriff der „Gesellschaft ohne Rechtspersönlichkeit“ zum 1.1.2024 durch den der „rechtsfähigen Personengesellschaft“ ersetzt werden.

Schuldner im Fall der Pflichtverletzung in Höhe des den Gläubigern entstandenen Schadens, es sei denn sie haben die Pflichtverletzung nicht zu vertreten. § 43 Abs. 2 StaRUG schränkt sowohl die Möglichkeit zum Verzicht auf den Schadensersatzanspruch als auch die Möglichkeit eines Vergleichs über diesen ein. Abs. 3 der Vorschrift regelt dessen Verjährung.

III. *Entstehungsgeschichte und Normzweck.* – Die Restrukturierungsrichtlinie[3] enthält nur wenige Vorgaben für die Geschäftsleiterpflichten. Nach Art. 19 der Richtlinie müssen die Mitgliedstaaten sicherstellen, dass die Unternehmensleiter im Fall einer wahrscheinlichen Insolvenz zumindest drei Sachen gebührend berücksichtigen: (1) die Interessen der Gläubiger, Anteilsinhaber und sonstigen Interessenträger, (2) die Notwendigkeit, Schritte einzuleiten, um eine Insolvenz abzuwenden, und (3) die Notwendigkeit, vorsätzliches oder grob fahrlässiges Verhalten zu vermeiden, das die Bestandsfähigkeit des Unternehmens gefährdet. Den Erwägungsgründen lässt sich darüber hinaus zweierlei entnehmen. Zum einen sollen die Unternehmensleitungen nach Erwägungsgrund 70 nicht davon abgehalten werden, vertretbare Geschäftsentscheidungen zu treffen oder vertretbare wirtschaftliche Risiken einzugehen. Zum anderen ergibt sich aus Erwägungsgrund 71, dass die Richtlinie zwar keine Rangfolge zwischen den zu berücksichtigenden Interessen der Stakeholder festlegt, es im Fall der drohenden Insolvenz aber auch darauf ankommt, die berechtigten Interessen der Gläubiger vor vermögensmindernden Managemententscheidungen zu schützen.

Der deutsche Gesetzgeber wollte die in Art. 19 der Restrukturierungsrichtlinie enthalten Vorgaben ursprünglich durch die §§ 2 f. StaRUG-Entwurf umsetzen.[4] § 2 StaRUG-Entwurf sah vor, dass die Geschäftsleiter haftungsbeschränkter Unternehmensträger bei drohender Zahlungsunfähigkeit die Interessen der Gläubigergesamtheit wahren.[5] Nur vorbehaltlich dieser Pflicht waren die Interessen der Gesellschafter sowie sonstiger Stakeholder durch die Geschäftsleiter zu berücksichtigen. Eine Verletzung der Interessenwahrungspflicht schied nach dem Entwurf aus, wenn der Geschäftsleiter vernünftigerweise davon ausgehen durfte, auf der Grundlage angemessener Informationen im Interesse der Gläubiger zu handeln. Der Wahrung der Gläubigerinteressen entgegenstehende Weisungen anderer Organe sollten unbeachtlich sein. Für den Fall einer Pflichtverletzung ordnete § 3

[3] Richtlinie (EU) 2019/1023 des Europäisches Parlaments und des Rates v. 20.6.2019 über präventive Restrukturierungsrahmen, über Entschuldung und über Tätigkeitsverbote sowie über Maßnahmen zur Steigerung der Effizienz von Restrukturierungs-, Insolvenz- und Entschuldungsverfahren und zur Änderung der Richtlinie (EU) 2017/1132 (Richtlinie über Restrukturierung und Insolvenz), ABl. L 172/18.

[4] BT-Drs. 19/24181, 103. Zum Regierungsentwurf v. 9.11.2020 etwa *Brinkmann* ZIP 2020, 2361 (2364 ff.); *Guntermann* WM 2021, 214 (214 ff.); *Korch* NZG 2020, 1299 (1301 ff.).

[5] Hierzu und zum Folgenden BT-Drs. 19/24181, 14, 29.

StaRUG-Entwurf die Haftung der Geschäftsleiter gegenüber der Gesellschaft an. Ergänzend sah § 45 StaRUG-Entwurf während der Rechtshängigkeit der Restrukturierungssache eine Außenhaftung der Geschäftsleiter gegenüber den Gläubigern für schuldhafte Verletzungen ihrer Pflicht aus § 2 StaRUG-Entwurf vor. Nach deutlicher Kritik wurden die §§ 2 und 3 StaRUG-Entwurf im Zuge der Beratung im Rechtsauschuss des Bundestages ersatzlos gestrichen und § 45 StaRUG-Entwurf durch § 43 in seiner jetzigen Fassung ersetzt. [6]

Mit § 43 StaRUG will der Gesetzgeber an die in § 32 Abs. 1 Satz 1 StaRUG geregelte Pflicht des Schuldners, die Restrukturierungssache mit der Sorgfalt eines ordentlichen und gewissenhaften Sanierungsgeschäftsführers zu betreiben und dabei die Interessen der Gesamtheit der Gläubiger zu wahren, anknüpfen [7] und das Pflichtenprogramm der Geschäftsleiter konkretisieren. [8] Die Pflichten des Schuldners sollen sicherstellen, dass die Instrumente dem Restrukturierungszweck entsprechend eingesetzt und nicht missbraucht werden. [9] Die erhöhte Verpflichtung zur Wahrung der Gläubigerinteressen begründet der Gesetzgeber damit, dass diese einer konkreten Gefahr ausgesetzt sind, wenn der Schuldner die Instrumente des Restrukturierungsrahmens in Anspruch nehmen möchte. [10]

IV. *Schmaler Anwendungsbereich.* – Der (zeitliche) Anwendungsbereich von § 43 StaRUG ist auf das Vorliegen einer Restrukturierungssache begrenzt. Das ergibt sich daraus, dass sich die Pflichten nach § 43 Abs. 1 Satz 1 StaRUG ebenso wie die Pflichten des Schuldners gemäß § 32 Abs. 1 Satz 1 StaRUG auf das Betreiben einer solchen Restrukturierungssache beziehen. Hierunter ist nach § 31 StaRUG, der sich im selben Kapitel und Abschnitt wie § 43 StaRUG befindet, ein beim zuständigen Restrukturierungsgericht angezeigtes und damit rechtshängiges Restrukturierungsvorhaben zu verstehen. § 43 StaRUG findet somit ab der Anzeige bzw. der Rechtshängigkeit der Restrukturierungssache Anwendung. [11] Verliert die Anzeige ihre Wirkung (§ 31 Abs. 4 StaRUG), etwa

---

[6] Siehe Beschlussempfehlung des Ausschusses für Recht und Verbraucherschutz v. 15.12.2020, BT-Drs. 19/25303, 15 f., 41 und Bericht des Ausschusses für Recht und Verbraucherschutz v. 16.12.2020, BT-Drs. 19/25353, 6, 8. Zur Kritik, die sich insbesondere gegen die Außenhaftung richtete, etwa *Korch* NZG 2020, 1299 (1301 ff.); *Kuntz* ZIP 2020, 2423. Siehe auch *Brünkmanns* ZInsO 2021, 125 (10); *Schluck-Amend/Hefner* ZRI 2020, 570 (580). Vertiefend zur Entstehungsgeschichte *Mohamed* ZInsO 2021, 1262.

[7] BT-Drs. 19/25353, 8; siehe auch BT-Drs. 19/24181, 145 zu § 45 StaRUG-Entwurf.

[8] Vgl. BT-Drs. 19/24181, 146 zu § 45 StaRUG-Entwurf.

[9] Vgl. BT-Drs. 19/24181, 136 zu § 34 StaRUG-Entwurf.

[10] Vgl. BT-Drs. 19/24181, 146 zu § 45 StaRUG-Entwurf.

[11] Nerlich/Römermann/*Curtze*, InsO, 46. EL. Nov. 2022, § 43 StaRUG Rn. 16; Flöther/*Goetker*, StaRUG, 2021, § 43 Rn. 11; Seibt/Westpfahl/*Korch*, § 43 Rn. 25; *Scholz* ZIP 2021, 219 (223).

weil der Schuldner die Anzeige zurücknimmt oder das Gericht die Restrukturierungssache aufhebt, ist § 43 StaRUG nicht mehr anwendbar. [12]

Die Anzeige des Vorhabens ist Voraussetzung für die Inanspruchnahme der Instrumente des Restrukturierungsrahmens (§ 31 Abs. 1 StaRUG). Diese können wiederum nur drohend zahlungsunfähige Schuldner in Anspruch nehmen (§ 29 Abs. 1 StaRUG), weil der deutsche Gesetzgeber den in der Richtlinie verwendeten Begriff der „Wahrscheinlichkeit einer Insolvenz" mit drohender Zahlungsunfähigkeit (im Sinne der Insolvenzordnung, § 18 Abs. 2 InsO) gleichgesetzt hat. [13] Folglich ist § 43 StaRUG nur anwendbar, wenn sich der drohend zahlungsunfähige Schuldner für eine Sanierung mit den Instrumenten des StaRUG entscheidet und deshalb das Restrukturierungsvorhaben anzeigt. Die Vorschrift betrifft mithin nur einen kleinen Ausschnitt aus der Krisensituation. Sie betrifft nicht die Pflichten und die Haftung der Geschäftsleiter vor oder bei Einleitung des Restrukturierungsverfahrens. [14]

V. *Restrukturierungspflichten der Geschäftsleiter.* – 1. *Klarstellung der Legalitätspflicht.* – Nach § 43 Abs. 1 Satz 1 StaRUG wirken die Geschäftsleiter darauf hin, dass der Schuldner die Restrukturierungssache mit der Sorgfalt eines ordentlichen und gewissenhaften Geschäftsleiters betreibt und die Interessen der Gläubigergesamtheit wahrt. Diese Pflicht dient lediglich als Anknüpfungspunkt für die Geschäftsleiterhaftung. [15] Sie bezieht sich auf das Pflichtenprogramm des Schuldners gemäß § 32 Abs. 1 StaRUG und stellt klar, dass die Pflichten des Schuldners die Pflichten der Geschäftsleiter des Schuldners sind. Damit wird nur eine aus der Legalitätspflicht und damit der Sorgfaltspflicht der Geschäftsleiter folgende Selbstverständlichkeit festgeschrieben und hervorgehoben. [16] Die Einstufung der Pflichten als Legalitätspflichten führt, wie sich noch

---

[12] Nerlich/Römermann/*Curtze*, § 43 StaRUG Rn. 16; Flöther/*Goetker*, § 43 Rn. 11.

[13] Dazu etwa *Brinkmann* KTS 2021, 303 (305 f.); *Piekenbrock* NZI-Beilage 2021, 82 (84 f.); *ders.* ZVglRWiss 121 (2022) 245 (249 f.). Siehe auch Seibt/Westpfahl/*Herding/Krafczyk*, § 29 Rn. 9 ff.

[14] Für den Zeitraum zwischen drohender Zahlungsunfähigkeit und Rechtshängigkeit des Restrukturierungsverfahrens findet sich lediglich in § 1 Abs. 1 Satz 2 StaRUG eine Regelung. Teilweise wird im Hinblick auf Art. 19 der Restrukturierungsrichtlinie, der den gesamten Zeitraum der wahrscheinlichen Insolvenz erfasst, für die Zeit vor Rechtshängigkeit der Restrukturierungssache eine analoge Anwendung von § 43 StaRUG befürwortet (*Kuntz* ZIP 2021, 597 (610)). Dagegen dürfte bereits das Fehlen einer planwidrigen Regelungslücke sprechen. Den Vorgaben der Richtlinie lässt sich dadurch Rechnungen tragen, dass man die allgemeinen gesellschaftsrechtlichen Vorschriften richtlinienkonform auslegt. Dazu Seibt/Westpfahl/*Korch*, § 43 Rn. 6, 10, 26, 89 f.; zweifelnd *Guntermann* WM 2021, 214 (221).

[15] Vgl. *Scholz* ZIP 2021, 219 (222).

[16] BT-Drs. 19/25353, 8. Ebenso *Brünkmans* ZInsO 2021, 125 (127); Morgen/*Demisch/Schwencke*, StaRUG, 2. Aufl. 2022, § 43 Rn. 18, 36; *Gehrlein* BB 2021, 66 (75); *Jungmann* ZRI 2021, 209 (212); *Scholz* ZIP 2021, 219 (222). Siehe auch Seibt/Westpfahl/*Korch*, § 43 Rn. 28.

zeigen wird, nicht dazu, dass den Geschäftsleitern kein Entscheidungsspielraum zukommt.[17]

2. *Pflicht zum sorgfältigen Betreiben der Restrukturierungssache.* – Im StaRUG finden sich kaum konkrete Vorgaben zur Restrukturierungsbetreibungspflicht, was sich durch die höchst unterschiedlichen Sanierungssituationen und die damit einhergehende Schwierigkeit, ein abstrakt-generelles Pflichtprogramm aufzustellen, erklären lässt.[18] Der Inhalt der Pflicht kann negativ dadurch konkretisiert werden, dass man § 43 Abs. 1 Satz 1 StaRUG im gebotenen Zusammenhang mit § 32 Abs. 1 StaRUG liest. Daraus ergibt sich, dass die Geschäftsleiter Maßnahmen, die sich mit Restrukturierungsziel nicht vereinbaren lassen oder die Erfolgsaussichten der in Aussicht genommenen Restrukturierung gefährden, zu unterlassen haben (§ 32 Abs. 1 Satz 2 StaRUG). Dabei ist es mit dem Restrukturierungsziel in der Regel nicht vereinbar, Forderungen zu begleichen oder zu besichern, die durch den Restrukturierungsplan gestaltet werden sollen (§ 32 Abs. 1 Satz 3 StaRUG). Ferner lässt sich der Gesetzesbegründung entnehmen, dass der Stabilisierungs- und Restrukturierungsrahmen nicht zur Verzögerung und Verschleppung der Krisenbewältigung oder zu gläubigergefährdenden oder -benachteiligenden Maßnahmen missbraucht werden darf.[19]

Die Pflicht der Geschäftsleiter kann auch insofern konkretisiert werden, als von einem Betreiben der Restrukturierungssache nur dann die Rede sein kann, wenn die Geschäftsleiter die Restrukturierung tatsächlich vorantreiben und ihren verfahrensbezogenen Pflichten nachkommen.[20] Aus den allgemeinen Bestimmungen des StaRUG (§ 1 Abs. 1 StaRUG, § 29 Abs. 1 StaRUG) ergibt sich außerdem, dass die Geschäftsleiter aktiv gegensteuern müssen, um den Bestand des Unternehmens zu sichern und die drohende Zahlungsunfähigkeit nachhaltig zu beseitigen.[21] Im Übrigen bedeutet die Pflicht zum sorgfältigen Betreiben der Restrukturierungssache, dass die Restrukturierung professionell zu betreiben ist und bei fehlender Expertise fachkundige Berater hinzugezogen werden müssen.[22]

3. *Wahrung der Interessen der Gläubigergesamtheit.* – Zu den Pflichten der Geschäftsleiter gehört es nach § 43 Abs. 1 Satz 1 StaRUG auch, darauf hinzu-

---

[17] Siehe unten VI. 1.

[18] *Guntermann* WM 2021, 214 (219); zustimmend Morgen/*Demisch/Schwencke*, § 32 Rn. 30.

[19] BT-Drs. 19/24181, 137 zu § 34 StaRUG-Entwurf.

[20] Siehe zur Restrukturierungsbetreibungspflicht der Geschäftsleiter etwa Morgen/*Demisch/Schwencke*, § 43 Rn. 49 ff.; Seibt/Westpfahl/*Korch*, § 43 Rn. 33 f.

[21] Vgl. Flöther/*Goetker*, § 43 Rn. 18.

[22] Vgl. Flöther/*Goetker*, § 43 Rn. 33.

wirken, dass der Schuldner die Interessen der Gläubigergesamtheit wahrt. Was diese Interessenwahrungspflicht von den Geschäftsleitern konkret verlangt, lässt sich weder dem Gesetz noch der Gesetzesbegründung entnehmen. Eine Interessenwahrung erschöpft sich jedenfalls nicht in der Befolgung der gesetzlichen Vorschriften bei der Betreibung der Restrukturierungssache.[23] Umstritten ist, ob die Interessenwahrungspflicht mit einem sogenannten *shift of fiduciary duties* verbunden ist.[24] Hierunter versteht man die Pflichtverschiebung bei der Leitungstätigkeit weg vom Unternehmensinteresse hin zur primären Ausrichtung am Gläubigerinteresse.

Im „Normalzustand" haben die Geschäftsleiter von AG und GmbH ihre Leitungstätigkeit am Unternehmensinteresse auszurichten. Hierzu zählt die überwiegende Meinung bei der AG die im Unternehmen zusammentreffenden Interessen von Aktionären, Arbeitnehmern und Öffentlichkeit (interessenpluralistisches Modell).[25] Teilweise wird den Aktionärsinteressen ein leichter Vorrang eingeräumt (moderates Shareholder-Value-Modell).[26] Gläubigerinteressen werden wohl selbst von den Befürwortern des interpluralistischen Modells nicht zu den ermessensleitenden Gesichtspunkten gezählt.[27] In Bezug auf die GmbH geht man überwiegend von einem interessenmonistischem Modell aus und verpflichtet die Geschäftsführer allein auf das Gesellschafterinteresse.[28] Anerkannt ist auch, dass es in der Insolvenz zu einer Pflichtverschiebung kommt und der Schuldner und damit seine Geschäftsleiter im Fall der Eigenverwaltung (§§ 270 ff. InsO) – ebenso wie der Insolvenzverwalter im Regelinsolvenzverfahren – ihr Handeln am Verfahrenszweck (§ 1 InsO) und damit am Gläubigerinteresse auszurichten haben.[29] Darüber hinaus wird vertreten, dass es mit Ein-

[23] Zutreffend Flöther/*Goetker*, § 43 Rn. 19.

[24] Eine Pflichtverschiebung bejahen *Bea/Dressler* NZI 2021, 67 (69); *Bitter* ZIP 2021, 321 (333 f.); *Hoegen/Kranz* NZI 2021, 105 (106); *Schulz/Rüsing* NZI 2021, 76 (77); *Thole* BB 2021, 1347 (1351); *Wiedeck/Huber/Kranzfelder* DB 2021, 2880 (2881). Dagegen wird eine Pflichtverschiebung verneint von BeckOGK AktG/*Fleischer*, Stand: 1.1.2023, § 93 Rn. 77; Flöther/*Goetker*, § 43 Rn. 21; *Guntermann* WM 2021, 214 (220); *Jungmann* ZRI 2021, 209 (211 f.); *Korch* GmbHR 2021, 793 Rn. 2; Seibt/Westpfahl/*ders.*, § 43 Rn. 31; *Kuntz* ZIP 2021, 597 (602 f.); *Schäfer*, FS Gehrlein, 2022, 491 (506 ff.); *Scholz* ZIP 2021, 219 (220); wohl auch *Koch*, AktG, 17. Aufl. 2023, § 92 Rn. 30; Morgen/*Demisch/Schwencke*, § 43 Rn. 44 f.

[25] Henssler/Strohn/*Dauner-Lieb*, Gesellschaftsrecht, 5. Aufl. 2021, § 76 AktG Rn. 10; *Koch*, AktG, § 76 Rn. 30; GK-AktG/*Kort*, 5. Aufl. 2014, § 76 Rn. 52 ff.

[26] Grigoleit/*Grigoleit*, AktG, 2. Aufl. 2020, § 76 Rn. 19 ff.; BeckOGK AktG/*Fleischer*, § 76 Rn. 37 f.; Schmidt/Lutter/*Seibt*, AktG, 4. Aufl. 2020, § 76 Rn. 40.

[27] *Koch*, AktG, § 76 Rn. 28; GK-AktG/*Kort*, § 76 Rn. 83. Ausführlich zur Leitungstätigkeit des Vorstands vor dem Hintergrund des Interessenkonflikts zwischen Aktionären und Gläubigern *Klöhn* ZGR 2008, 110 (130 ff.).

[28] MüKoGmbHG/*Fleischer*, 4. Aufl. 2023, § 43 Rn. 13 ff.; Bork/Schäfer/*Klöhn*, GmbHG, 5. Aufl. 2022, § 43 Rn. 5. Einschränkend Scholz/*Verse*, GmbHG, 12. Aufl. 2021, § 43 Rn. 50 ff.

[29] BT-Drs. 17/5712, 42; *BGH* NJW 2018, 2125 Rn. 53; *Guntermann* WM 2021, 214 (215);

tritt der Insolvenzreife zu einer Pflichtverschiebung kommt und die Geschäftsleiter ab diesem Zeitpunkt den Gläubigerinteressen verpflichtet sind.[30]

Für das zwischen „Normalzustand" und Insolvenz liegende Stadium der Krise und damit auch für das hier interessierende Restrukturierungsverfahren hatte der deutsche Gesetzgeber ursprünglich einen *shift of fiduciary duties* vorgesehen. Wie bereits erwähnt, gab § 2 StaRUG-Entwurf den Geschäftsleitern nicht nur auf, die Interessen der Gläubigergesamtheit bei drohender Zahlungsunfähigkeit zu wahren, sondern ordnete auch deren Vorrang im Konfliktfall vor den Interessen der Gesellschafter und sonstigen Stakeholder an.[31] Wie ebenfalls bereits erwähnt, wurde § 2 StaRUG-Entwurf ersatzlos gestrichen,[32] weshalb man in § 43 Abs. 1 Satz 1 StaRUG und in § 32 Abs. 1 Satz 1 StaRUG keine umfassende Pflichtverschiebung hineinlesen kann, zumal beide nur von einer Interessenwahrung sprechen und für den Konfliktfall keinen Vorrang der Gläubigerinteressen anordnen. Es überzeugt nicht, dass der deutsche Gesetzgeber einen derart weitreichenden Eingriff in die gesellschaftliche Organisationsverfassung ohne nähere Begründung gleichsam durch die Hintertür eingeführt haben soll.[33] Die Leitungstätigkeit ist also auch innerhalb des Restrukturierungsrahmens am Unternehmensinteresse ausgerichtet. Die Gläubigerinteressen treten hinzu, haben aber weder Vorrang noch sind sie primär zu berücksichtigen. Etwas anderes verlangt die Richterlinie nicht und wäre auch nicht sachgerecht.[34] Die Berücksichtigung der Gläubigerinteressen trägt den sich in der Krise verschärfenden Interessengegensätzen zwischen Gesellschaftern und Gläubiger hinreichend Rechnung und berücksichtigt, dass die Residualberechtigung bei drohender Zahlungsunfähigkeit noch bei den Gesellschaftern liegt, da die Gesellschaftsanteile zwar weniger werthaltig als zuvor sind, aber anders als im Fall der Insolvenz noch einen Wert haben.[35]

MüKoInsO/*Kern*, 4. Aufl. 2020, § 274 Rn. 89. Der Primärzweck des Insolvenzverfahrens liegt in der Gläubigerbefriedigung. Die Unternehmenserhaltung durch Sanierung ist dagegen nur ein sekundärer Verfahrenszweck. Dazu MüKoInsO/*Stürner*, 4. Aufl. 2019, Einl. Rn. 1 ff.; MüKoInsO/*Ganter/Bruns*, § 1 Rn. 85.

[30] *Guntermann* WM 2021, 214 (215); *Müller* ZGR 2018, 56 (84); *Klöhn* ZGR 2008, 110 (155 f.); Scholz/*Bitter*, GmbHG, 12. Aufl. 2021, § 64 Rn. 32, 463 ff.

[31] Siehe oben III.

[32] Ebd.

[33] Ähnlich Flöther/*Goetker*, § 43 Rn. 21; *Schäfer*, FS Gehrlein, 491 (506 ff.); *Scholz* ZIP 2021, 219 (220).

[34] Dazu oben III. und Seibt/Westpfahl/*Korch*, § 43 Rn. 4 f.

[35] Ebenso zur Residualberechtigung bei drohender Zahlungsunfähigkeit bereits *Guntermann* WM 2021, 214 (216 f.); *Koch*, AktG, § 92 Rn. 21, 30; *Kuntz* ZIP 2020, 2423 (2423), *ders.* ZIP 2021, 793 (601 ff.); *Müller* ZGR 2018, 56 (72 f.); *Seibt/Bulgrin* DB 2020, 2226 (2233); *Schäfer* ZIP 2020, 2164; *ders.*, FS Gehrlein, 491 (494 ff.).

4. *Weisungen der GmbH-Gesellschafter.* – Die Geschäftsführer einer GmbH haben – anders als der Vorstand der AG (§ 76 Abs. 1 AktG) – keine Leitungssouveränität, sondern sind grundsätzlich an Weisungen der Gesellschafter gebunden (§ 37 GmbHG).[36] Die Gesellschafter könnten im Restrukturierungsverfahren zur Einflussnahme versucht sein, weil für sie viel auf dem Spiel steht. § 2 Abs. 2 Satz 2 StaRUG-Entwurf hatte ausdrücklich vorgesehen, dass Beschlüsse und Weisungen der Gesellschaftsorgane unbeachtlich sind, soweit sie der gebotenen Wahrung der Gläubigerinteressen entgegenstehen.[37] Da die Vorschrift nicht Gesetz wurde, gehen einige davon aus, dass Weisungen der Gesellschafter generell wirksam sind und ihnen eine enthaftende Wirkung zukommt.[38]

Demgegenüber sind nach der zutreffenden Gegenansicht – die teilweise auf die analoge Anwendung oder den Rechtsgedanken von § 43 Abs. 3 GmbHG oder eine Analogie zu § 241 Nr. 3 AktG gestützt wird – Weisungen, welche die Interessen der Gläubiger beeinträchtigen, nichtig und führen nicht zu einer Haftungsbefreiung der Geschäftsführer der GmbH.[39] Richtigerweise schränkt § 32 Abs. 1 StaRUG die Weisungsbefugnis der Gesellschafter ein.[40] Weisungen, die im Fall ihrer Befolgung eine Verletzung der Vorschrift und damit der Legalitätspflicht zur Folge hätten, können nicht wirksam, bindend und haftungsbefreiend sein. Bereits vor Inkrafttreten des StaRUG war anerkannt, dass die Grenzen des Weisungsrechts überschritten sind, wenn die Geschäftsführer zu einem Verhalten angewiesen werden, das aufgrund einer Verletzung der Interessen der Gesellschaftsgläubiger rechtswidrig wäre. Es erscheint wenig einleuchtend, wenn im Fall von § 43 StaRUG, der ohne Zweifel dem Gläubigerschutz dient, diese allgemeinen gesellschaftsrechtlichen Grundsätze keine Anwendung fänden und die Legalitätspflichten zur Disposition der Gesellschafterversammlung stünden.

Im Ergebnis ist für Weisungen der GmbH-Gesellschafter daher kein Raum, wenn es nur einen Weg gibt, welcher die Gläubigerinteressen wahrt. Stehen dagegen mehrere, die Gläubigerinteressen wahrende Alternativen zur Auswahl,

---

[36] Siehe zur Weisungsgebundenheit der Geschäftsführer einer GmbH beispielsweise Lutter/Hommelhoff/*Kleindieck*, GmbHG, 20. Aufl. 2020, § 37 Rn. 17 ff. und MüKoGmbHG/*Stephan/Tieves*, § 37 Rn. 115 ff.

[37] Siehe oben III.

[38] So *Eckert/Holze/Ipen* NZI 2021, 153 (157); *Guntermann* WM 2021, 214 (220); *Jungmann* ZRI 2021, 209 (213); *Kuntz* ZIP 2021, 597 (609).

[39] *Brünkmanns* ZInsO 2021, 125 (128); Morgen/*Demisch/Schwencke*, § 43 Rn. 80 f.; Flöther/*Goetker*, § 43 Rn. 35 f., 42 ff.; *Korch* GmbHR 2021, 793 Rn. 15 ff.; Seibt/Westpfahl/*ders.*, § 43 Rn. 45 f., 59; *Ristelhuber* NZI 2021, 417 (419 f.); *Scholz* ZIP 2021, 219 (224); *Thole* BB 2021, 1347 (1351 f.).

[40] Ausführlich zum Ganzen m. w. N. *Korch* GmbHR 2021, 793 Rn. 15 ff.; Seibt/Westpfahl/*ders.*, § 43 Rn. 45 f., 59.

sind Weisungen weiterhin möglich.[41] Für die Geschäftsführer ist dies nicht ohne Risiko und mit schwierigen Entscheidungen verbunden.[42] Einerseits haften sie gemäß § 43 Abs. 1 Satz 2 StaRUG, wenn sie sich zu Unrecht gebunden halten und eine nichtige Weisung befolgen. Andererseits droht ihnen eine Haftung nach § 43 Abs. 2 GmbHG, wenn sie der Befolgung einer rechtmäßigen Weisung verweigern.[43] Außerdem muss ein Geschäftsführer, der entgegen der Weisung der Gesellschafter handelt, mit seiner Abberufung rechnen, da eine mit § 276a Abs. 1 Satz 2 InsO vergleichbare Vorschrift im StaRUG fehlt.[44]

VI. *Restrukturierungshaftung der Geschäftsleiter. – 1. Pflichtverletzung: Anwendbarkeit der Business Judgment Rule?* – Nach § 43 Abs. 1 Satz 2 StaRUG haften die Geschäftsleiter dem Schuldner im Fall der Pflichtverletzung in Höhe des den Gläubigern entstandenen Schadens, es sei denn sie haben die Pflichtverletzung nicht zu vertreten. Umstritten ist, ob sich die Geschäftsleiter bei der Wahrnehmung ihrer Restrukturierungspflichten auf die *Business Judgment Rule* berufen und ihrer Sanierungsentscheidungen innerhalb eines „Haftungsfreiraums" bzw. eines „sicheren Hafens" treffen können. Das Meinungsspektrum reicht von einer direkten oder analogen Anwendung[45] über eine „Anleihe"[46] bis hin zur ausdrücklichen Nichtanwendung[47] der *Business Judgment Rule*, wobei schwierig zu beurteilen ist, ob und inwieweit die vertretenen Ansichten in der Praxis zu unterschiedlichen Ergebnissen führen. Zum einen wollen diejenigen, die eine Anwendbarkeit der *Business Judgment Rule* befürworten, diese nicht unverändert anwenden. Zum anderen bestreiten die Vertreter der Gegenansicht nicht, dass die Geschäftsleitern bei der Restrukturierung Entscheidungsspielräume haben und zwischen verschiedenen ex-ante geeigneten Maßnahmen wählen können.[48]

Nach § 93 Abs. 1 Satz 2 AktG liegt keine Pflichtverletzung vor, wenn das

---

[41] Siehe nur *Brünkmanns* ZInsO 2021, 125 (128); *Ristelhuber* NZI 2021, 417 (420); *Thole* BB 2021, 1347 (1352).

[42] Dazu Seibt/Westpfahl/*Korch*, § 43 Rn. 60 f.

[43] Siehe MüKoGmbHG/*Stephan/Tieves*, § 37 Rn. 157; Lutter/Hommelhoff/*Kleindieck*, § 37 Rn. 40.

[44] Flöther/*Goetker*, § 43 Rn. 45.

[45] *Bea/Dressler* NZI 2021, 67 (68 f.); *Birnbreier* NZI-Beilage 2021, 25 (27); Morgen/*Demisch/Schwencke*, § 43 Rn. 47; *Guntermann* WM 2021, 214 (220); BeckOK StaRUG/*Mock*, 10. Ed., Stand: 1.1.2023, § 43 Rn. 10.

[46] *Scholz* ZIP 2021, 219 (223).

[47] Nerlich/Römermann/*Curtze*, § 43 StaRUG Rn. 22; Flöther/*Goetker*, § 43 Rn. 39; *Kuntz* ZIP 2021, 597 (607 ff.); *Thole* BB 2021, 1347 (1351).

[48] *Korch* GmbHR 2021, 793 Rn. 8; Seibt/Westpfahl/*ders.*, § 43 Rn. 37 geht davon aus, dass die Unterschiede in erster Linie „semantischer Natur" sind.

Vorstandsmitglied bei einer unternehmerischen Entscheidung vernünftigerweise annehmen durfte, auf der Grundlage angemessener Information zum Wohle der Gesellschaft zu handeln. Diese als *Business Judgement Rule*[49] bekannt gewordene Regelung ist nach ganz überwiegender Ansicht auf die GmbH-Geschäftsführer entsprechend anzuwenden.[50] Die *Business Judgment Rule* trägt dem Umstand Rechnung, dass unternehmerische Entscheidungen häufig mit Unwägbarkeiten verbunden sind und unter Zeitdruck getroffen werden müssen.[51] Sie reduziert die Gefahr von gerichtlichen Rückschaufehlern[52] und soll einer übertriebenen Risikoscheue der Geschäftsleiter entgegenwirken.[53] Voraussetzung für die Anwendbarkeit der *Business Judgment Rule* ist, dass eine unternehmerische Entscheidung und damit keine rechtlich gebundene Entscheidung vorliegt.[54] Gelangt die *Business Judgment Rule* zur Anwendung, wirkt sich dies auf den gerichtlichen Kontrollmaßstab aus. Das Gericht führt in diesem Fall nur eine Evidenzkontrolle durch und prüft, ob das mit der unternehmerischen Entscheidung verbundene Risiko in völlig unverantwortlicher Weise falsch beurteilt wurde oder das unternehmerische Handeln schlechthin unvertretbar war.[55]

Hinsichtlich der Restrukturierungspflichten sprechen die besseren Gründe gegen eine Anwendbarkeit der *Business Judgment Rule*. Erstens sind der gerichtliche Überprüfung entzogene „Haftungsfreiräume" eine rechtfertigungsbedürftige Ausnahme[56] und § 2 StaRUG-Entwurf, der im Hinblick auf die gläubigerbezogene Interessenwahrungspflicht der Geschäftsleiter eine Art *Business Judgment Rule* vorgesehen hatte, wurde ersatzlos gestrichen.[57] Zweitens werden die in Erfüllung der Legalitätspflicht getroffenen Restrukturierungsent-

---

[49] Hierzu in jüngerer Zeit *Jena*, Die Business Judgment Rule im Prozess, 2020.

[50] Siehe etwa MüKoGmbHG/*Fleischer*, § 43 Rn. 71; Lutter/Hommelhoff/*Kleindieck*, § 43 Rn. 23; Bork/Schäfer/*Klöhn*, § 43 Rn. 39; Scholz/*Verse*, § 43 Rn. 71.

[51] BeckOGK AktG/*Fleischer*, § 93 Rn. 80; MüKoGmbHG/*ders.*, § 43 Rn. 80.

[52] BeckOGK AktG/*Fleischer*, § 93 Rn. 80; MüKoGmbHG/*ders.*, § 43 Rn. 80; *Koch*, AktG, § 93 Rn. 27; Scholz/*Verse*, § 43 Rn. 72. Siehe auch *Jena*, Die Business Judgment Rule im Prozess, 79 f.

[53] *Koch*, AktG, § 93 Rn. 27; Scholz/*Verse*, § 43 Rn. 72 f. Ausführlich *Jena*, Die Business Judgment Rule im Prozess, 82 ff. Ebenso zum Vorstand der AG, aber einschränkend im Hinblick auf die GmbH-Geschäftsführer BeckOGK AktG/*Fleischer*, § 93 Rn. 80; MüKoGmbHG/*ders.*, § 43 Rn. 80.

[54] BT-Drs. 15/5092, 11. Eingehend BeckOGK AktG/*Fleischer*, § 93 Rn. 88 ff.; MüKoGmbHG/*ders.*, § 43 Rn. 96 ff.; Scholz/*Verse*, § 43 Rn. 76 ff.

[55] BeckOGK AktG/*Fleischer*, § 93 Rn. 102; MüKoGmbHG/*ders.*, § 43 Rn. 109; *Koch*, AktG, § 93 Rn. 51; *ders.*, FS Grunewald, 2021, 547 (554). Vgl. auch *BGH* NJW 2017, 578 Rn. 31; *BGH* NJW 2020, 1800 Rn. 37; *OLG Hamm* NZG 2022, 662 Rn. 196.

[56] Zutreffend *Kuntz* ZIP 2021, 597 (608).

[57] Siehe oben III.

scheidungen nicht allein deshalb zu unternehmerischen Entscheidungen, weil sie mit Unsicherheiten behaftet sind und von ungewissen Annahmen abhängen. Drittens erscheint eine (unveränderte) Anwendung der *Business Judgment Rule* in der Restrukturierungssituation nicht interessengerecht. Die Gläubiger, deren Interessen gewahrt werden sollen, die aber keine Kontrolle über die Geschäftsleiter haben, sind wohl eher risikoavers oder risikoneutral eingestellt. Die Geschäftsleiter dürften dagegen schon aufgrund des Eigeninteresses an der Anstellung tendenziell risikofreudig handeln und sind möglicherweise mit Einflussnahmen der Gesellschafter konfrontiert. Viertens lässt sich die Anwendbarkeit der *Business Judgment Rule* nicht allein mit der Gefahr von Rückschaufehlern begründen, da diese Gefahr auch bei Gerichtsentscheidungen in anderen Bereichen besteht.[58]

Dass die *Business Judgment Rule* nicht anwendbar ist, bedeutet jedoch nicht, dass den Geschäftsleitern bei der Restrukturierung keine Entscheidungsspielräume verbleiben. Richtigerweise handelt es sich bei den Restrukturierungspflichten um Pflichtaufgaben mit Entscheidungsspielraum. Diese eigenständige Entscheidungskategorie ist zwischen den zuvor erwähnten unternehmerischen Entscheidungen und den gebundenen Entscheidungen anzusiedeln.[59] Sie ist dadurch gekennzeichnet, dass in die Entscheidung die Interessen Dritter einzubeziehen sind und die Ermessenausübung in gewissem Umfang gesetzlich vorprogrammiert ist. In diesem Fall ist den Geschäftsleitern zwar eine Entscheidungsprärogative zuzugestehen, eine grobe gerichtliche Kontrolldichte aber nicht ausreichend.

Was ist unter einer intensiveren gerichtlichen Kontrolle zu verstehen? Ein intensivere Überprüfung durch das Gericht bedeutet zunächst, dass das Prüfungsprogramm der *Business Judgment Rule* erst recht gilt.[60] Die Geschäftsleiter müssen annehmen dürfen, auf der Grundlage angemessener Informationen zu handeln. Sie müssen in gutem Glauben und frei von Interessenkonflikten und sachfremden Einflüssen handeln.[61] Ferner haben die Gerichte zu prüfen, ob die Interessen der Gläubiger hinreichend in die Ermessenausübung eingeflossen sind und die sonstigen gesetzlichen Vorgaben beachtet wurden.[62] Der Kontrollmaßstab verschiebt sich von einer Evidenzkontrolle hin zu einer Vertretbar-

---

[58] Vgl. *Kuntz* ZIP 2021, 597 (608).

[59] Ausführlich hierzu m.w.N. *Koch*, FS Grunewald, 547. Siehe auch *ders.*, AktG, § 93 Rn. 29 sowie BeckOGK AktG/*Fleischer*, § 93 Rn. 102; MüKoGmbHG/*ders.*, § 43 Rn. 99; Scholz/*Verse*, § 43 Rn. 80.

[60] So zu Recht *Koch*, FS Grunewald, 547 (567).

[61] Zu diesen ungeschriebenen Tatbestandsmerkmalen der *Business Judgment Rule* etwa BT-Drs. 15/5092, 11; *Koch*, AktG, § 93 Rn. 54 ff.; BeckOGK AktG/*Fleischer*, § 93 Rn. 96, 103; MüKoGmbHG/*ders.*, § 43 Rn. 104, 110; Scholz/*Verse*, § 43 Rn. 75, 91 ff.

[62] Vgl. *Koch*, FS Grunewald, 547 (567 f.); *ders.*, AktG, § 93 Rn. 29.

keitskontrolle. Im Ergebnis gelten damit ähnliche Maßstäbe, wie sie der Bundesgerichtshof für die Haftung des Insolvenzverwalters entwickelt hat. [63]

2. *Sonstige Haftungsvoraussetzungen.* – Das Verschulden des Geschäftsleiters wird nach § 43 Abs. 1 Satz 2 StaRUG vermutet. Ansonsten liegt die Beweislast bei der schuldnerischen Gesellschaft. Diese hat mithin anders als bei den gesellschaftsrechtlichen Haftungstatbeständen die Pflichtverletzung zu beweisen. [64] Inwieweit dieser Unterschied in der Praxis zu einer Reduzierung des Haftungsrisikos führen wird, dürfte davon abhängen, ob und in welchem Umfang die Geschäftsleiter eine sekundäre Darlegungslast trifft. [65]

Weitere Haftungsvoraussetzung ist, dass die Pflichtverletzung zu einem kausal verursachten Schaden geführt hat, wobei die Geschäftsleiter dem Schuldner nach dem Wortlaut der Vorschrift in Höhe des den Gläubigern entstandenen Schadens haften. Ersatzfähig ist demnach nicht der Schaden der schuldnerischen Gesellschaft, sondern jener der Gläubigergesamtheit. [66] Dieser entspricht konzeptionell dem Quotenschaden der Altgläubiger im Fall der verschleppten Insolvenzantragstellung oder dem Quotenschaden der Insolvenzgläubiger nach § 60 Abs. 1 InsO im Fall des Gesamtschadens. [67] Dies ist im Hinblick auf den Schutz der Gläubiger konsequent und erleichtert die Schadensberechnung insofern, als ein Schaden der Gesellschaft häufig nur schwer zu berechnen sein und in vielen Fällen nicht mit dem Quotenschaden der Gläubiger übereinstimmen wird. [68]

3. *Geltendmachung, Verzicht und Verjährung.* – Die Restrukturierungshaftung ist als Innenhaftung gegenüber dem Schuldner ausgestaltet und entspricht damit entgegen dem ursprünglichen Entwurf dem gesellschaftsrechtlichen Grundsatz der Binnenhaftung der Geschäftsleiter, was zu begrüßen ist. [69] Da die schuldnerische Gesellschaft als Anspruchsinhaberin den Schaden der Gläubiger geltend macht, wird teilweise von einem gesetzlich geregelten Fall der Drittschadensliquidation ausgegangen. [70] Im Fall der Insolvenz und damit im prakti-

---

[63] Dazu *BGH* NJW 2020, 1800.

[64] Ebenso Flöther/*Goetker*, § 43 Rn. 46, 51; Seibt/Westpfahl/*Korch*, § 43 Rn. 63; BeckOK StaRUG/*Mock*, § 43 Rn. 18; *Scholz* ZIP 2021, 219 (225). A. A. entgegen dem Wortlaut der Vorschrift Nerlich/Römermann/*Curtze*, § 43 StaRUG Rn. 43; Morgen/*Demisch/Schwencke*, § 43 Rn. 72.

[65] Zutreffend Seibt/Westpfahl/*Korch*, § 43 Rn. 63.

[66] Etwa Flöther/*Goetker*, § 43 Rn. 47; Seibt/Westpfahl/*Korch*, § 43 Rn. 54, 56.

[67] Seibt/Westpfahl/*Korch*, § 43 Rn. 54.

[68] Seibt/Westpfahl/*Korch*, § 43 Rn. 54.

[69] Siehe zum Gesetzesentwurf oben III.

[70] So *Scholz* ZIP 2021, 219 (224 f.); zustimmend Flöther/*Goetker*, § 43 Rn. 48.

schen Regelfall erfolgt die Geltendmachung durch den Insolvenzverwalter (§ 80 Abs. 1 InsO).[71] Außerhalb der Insolvenz werden die Haftungsansprüche von den nach allgemeinen gesellschaftsrechtlichen Regelungen zuständigen Organen geltend gemacht.[72] In der AG ist damit nach § 112 Satz 1 AktG der Aufsichtsrat zuständig. In der GmbH obliegt die Geltendmachung gemäß § 46 Nr. 8 GmbHG der Gesellschafterversammlung.

Ein Verzicht des Schuldners auf und ein Vergleich über die Schadensersatzansprüche ist nach § 43 Abs. 2 Satz 1 StaRUG grundsätzlich unwirksam, soweit der Ersatz zur Befriedung der Gläubiger erforderlich ist. Satz 2 sieht etwa für die Abwendung eines Insolvenzverfahrens Ausnahmen vor. Abs. 3 der Vorschrift bestimmt, dass der Schadensersatzanspruch in fünf Jahren (Satz 1) und bei börsennotierten Gesellschaften in zehn Jahren (Satz 2) verjährt.

4. *Andere Haftungstatbestände.* – Die gesellschaftsrechtlichen Haftungstatbestände – insbesondere § 93 Abs. 2 AktG und § 43 Abs. 2 GmbHG – werden durch § 43 StaRUG nicht verdrängt, sondern bleiben mit modifiziertem Sorgfaltsmaßstab anwendbar.[73] Abweichungen ergeben sich im Hinblick auf die Schadensberechnung und die Beweislast.[74] Eine deliktische Außenhaftung kommt nur ausnahmsweise, etwa im Fall einer vorsätzlichen sittenwidrigen Schädigung (§ 826 BGB), in Betracht.[75] § 43 Abs. 1 Satz 1 StaRUG ist kein Schutzgesetz im Sinne von § 823 Abs. 2 BGB.[76] Zudem enthält das StaRUG mit § 57 einen weiteren Haftungstatbestand.[77] Dieser sieht eine Außenhaftung des Geschäftsleiters gegenüber betroffenen Gläubigern vor, wenn der Schuldner eine Stabilisierungsanordnung aufgrund vorsätzlich oder fahrlässig unrichtiger Angaben erwirkt hat.

VII. *Fazit.* – § 43 StaRUG enthält die haftungsbewehrte Pflicht der Geschäftsleiter zum sorgfältigen Betreiben der Restrukturierungssache und zur Wahrung der Interessen der Gläubigergesamtheit. Ein *shift of fiduciary duties* ist damit nicht verbunden. Weisungen der GmbH-Gesellschafter sind bei beste-

---

[71] Siehe nur Seibt/Westpfahl/*Korch*, § 43 Rn. 80.

[72] Seibt/Westpfahl/*Korch*, § 43 Rn. 80.

[73] Dazu *Korch* GmbHR 2021, 793 Rn. 23 f.; Seibt/Westpfahl/*ders.*, § 43 Rn. 105 f.

[74] *Korch* GmbHR 2021, 793 Rn. 23 f.; Seibt/Westpfahl/*ders.*, § 43 Rn. 105 f.

[75] Vgl. Seibt/Westpfahl/*Korch*, § 43 Rn. 100; BeckOK StaRUG/*Mock*, § 43 Rn. 20 f.

[76] Flöther/*Goetker*, § 43 Rn. 58 f.; Seibt/Westpfahl/*Korch*, § 43 Rn. 98; *Scholz* ZIP 2021, 219 (226).

[77] Zum umstrittenen Verhältnis von § 43 und § 57 StaRUG einerseits Seibt/Westpfahl/*Korch*, § 43 Rn. 108 (kein Konkurrenzverhältnis zwischen beiden Vorschriften bzw. Vorrang von § 43 als *lex specialis*) und andererseits Seibt/Westpfahl/*Schönen/Bender*, § 57 Rn. 36 f. (Vorrang von § 57 als *lex specialis*).

henden Entscheidungsspielräumen möglich, wenn die Gläubigerinteressen gewahrt werden. Im Fall der Pflichtverletzung haften die Geschäftsleiter der schuldnerischen Gesellschaft in Höhe des Gesamtgläubigerschadens, es sei denn sie haben die Pflichtverletzung nicht zu vertreten. Auf die *Business Judgment Rule* können sie sich nicht berufen. Da es sich um Pflichtaufgaben mit Entscheidungsspielraum handelt, ist die gerichtliche Kontrolle intensiver.

Positiv hervorzuheben ist, dass der Gesetzgeber die Haftung letztlich als Innenhaftung ausgestaltet hat. Ebenso positiv hervorzuheben ist, dass die Interessen der Gläubiger zwar zu berücksichtigen sind, ihr Gewicht im Vergleich zum Gesetzesentwurf aber abgeschwächt wurde. Der Gesetzgeber scheint damit eine gute Balance gefunden zu haben. Freilich bleibt abzuwarten, wie die Geschäftsleiter als „Diener zweier Herren“ in der Praxis mit den Herausforderungen der Vorschrift umgehen und welchen Kontrollmaßstab die Gerichte anlegen werden.

Negativ zu bewerten ist, dass der Gesetzgeber mit § 43 StaRUG die Vorgaben der Richterlinie nur für den Zeitraum der Rechtshängigkeit der Restrukturierungssache umgesetzt hat. Es ist wenig überzeugend, dass die Pflicht zur Wahrung der Gläubigerinteressen und die daran anknüpfende Haftung davon abhängig sind, dass die Restrukturierungssache vom Schuldner angezeigt wird. Da sich der deutsche Gesetzgeber dafür entschieden hat, die „Wahrscheinlichkeit der Insolvenz“ im Sinne der Richtlinie mit drohender Zahlungsunfähigkeit gleichzusetzen, hätte er die Richtlinie auch für diese Phase umsetzen müssen.

DOVERI E RESPONSABILITÀ DEGLI AMMINISTRATORI DURANTE LE PROCEDURE DI RISTRUTTURAZIONE

di *Armando Santoni*

ABSTRACT

The essay focuses on the directors' duties in preventive restructuring frameworks under the new Italian insolvency law and on the corresponding liabilities towards the company's various stakeholders. The Author suggests there is room for further harmonization on a European level, having regard to the content of the directors' duties in the vicinity of insolvency and to the moment relevant for a hypothetical shift of such duties to the benefit of corporate creditors.

1. *Introduzione.* – L'analisi dei doveri e delle responsabilità degli amministratori durante le procedure di ristrutturazione impone la previa indicazione delle procedure di diritto italiano alle quali corrispondono i «quadri di ristrutturazione» di derivazione europea, vista la tecnica di armonizzazione minima adottata nella Direttiva (UE) 2019/1023 [1]. Quest'ultima, allo scopo di fornire una disciplina generale, idonea ad adattarsi ai diversi sistemi concorsuali degli Stati membri, definisce una procedura concorsuale archetipica, caratterizzata da un ambito di applicazione onnicomprensivo [2]. Il nuovo art. 4, comma 1, lett. m-

---

[1] Per una simile avvertenza v. già, con riferimento all'allora proposta di Direttiva, A. NIGRO *La proposta di direttiva comunitaria in materia di disciplina della crisi delle imprese*, in *Riv. dir. comm.*, 2017, II, 201, p. 218 s., rilevando particolari contiguità con gli accordi di ristrutturazione dei debiti di diritto italiano.

[2] Tuttavia, il concetto di «insolvenza» e quello di «probabilità di insolvenza» sono definiti ai sensi del diritto nazionale (così l'art. 2, § 2 della Direttiva). Sul punto non sono mancati rilievi critici riguardo al raggiungimento di un livello di armonizzazione ottimale da parte delle discipli-

bis), c.c.i.i., riprendendo quasi pedissequamente la definizione fornita a livello europeo, introduce una nozione generale di strumenti di regolazione della crisi e dell'insolvenza, che include le «misure, gli accordi e le procedure, diversi dalla liquidazione giudiziale e dalla liquidazione controllata, volti al risanamento dell'impresa attraverso la modifica della composizione, dello stato o della struttura delle sue attività e passività o del capitale, oppure volti alla liquidazione del patrimonio, o delle attività che, a richiesta del debitore, possono essere preceduti dalla composizione negoziata della crisi».

Nonostante la sua collocazione nella disciplina del concordato preventivo (capo III del Titolo IV), la sezione VI-*bis* (art. 120-*bis* ss. c.c.i.i.) è dedicata, in generale, agli «strumenti di regolazione della crisi e dell'insolvenza delle società», colmando una grave lacuna della legge fallimentare che, come noto, trascurava il fenomeno dell'impresa societaria, a vantaggio di una ormai anacronistica valorizzazione dell'impresa individuale [3]. Partendo dalla definizione suesposta, in linea di principio, la disciplina in discorso risulterebbe applicabile a tutte le procedure che possono essere precedute dalla composizione negoziata della crisi, dunque non solo agli accordi di ristrutturazione dei debiti, ai piani di ristrutturazione e al concordato preventivo, ma anche alla convenzione di moratoria o ad altro accordo di natura stragiudiziale.

Tuttavia, in alcuni casi vi è un'incompatibilità ontologica tra la menzionata disciplina societaria della crisi e lo specifico strumento adottato, come è a dirsi nel caso del piano attestato di risanamento, che non contempla alcun obbligo di iscrizione nel registro delle imprese [4], ovvero, e soprattutto, per l'accordo di ristrutturazione dei debiti, la cui disciplina, nel prevedere che il debitore – e quindi, in caso di impresa in forma collettiva, la società – conservi senza limiti il potere di disporre e gestire i propri beni [5], non consente di prescindere dal consenso dei soci per il compimento delle operazioni che, in base alla disciplina sostanziale, lo richiedono. Ad ogni modo, in ragione della centralità sistematica che il concordato preventivo tradizionalmente ricopre nell'ordinamento italiano, si farà prevalente riferimento a tale procedura.

Passando alla posizione degli amministratori, quando si parla dei loro obbli-

---

ne dei vari Stati membri in ordine alla determinazione, invero fondamentale, del momento rilevante ai fini dell'apertura delle procedure di ristrutturazione: cfr. G. STRAMPELLI, *La disciplina europea dei doveri degli amministratori nella società in crisi: problemi e prospettive*, in *Rivista ODC*, 2020, 723, p. 759 s.

[3] Cfr. G. FERRI *jr*, *Poteri e responsabilità degli amministratori nel concordato preventivo delle società*, 1, in *Riv. dir. comm.*, 2023, I, p. 15.

[4] Invero, l'art. 56, comma 4, c.c.i.i., prevede che il piano, l'attestazione del professionista indipendente e gli eventuali accordi conclusi con le parti interessate *possono* essere pubblicati nel registro delle imprese su richiesta del debitore.

[5] Tra i quali è da annoverare la stessa azione sociale di responsabilità: cfr., in luogo di altri, G. D'ATTORRE, *Le azioni di responsabilità nel concordato preventivo*, in *Riv. soc.*, 2015, pp. 15, 28.

ghi in una situazione di crisi della società, in base allo stesso dato normativo è possibile classificarli a seconda che essi riguardino la rilevazione dei fattori di rischio che possano compromettere la continuità aziendale (art. 377 c.c.i.i.), l'individuazione tempestiva della soluzione ritenuta più idonea per risolvere la crisi e ripristinare la continuità aziendale (art. 3, comma 2, c.c.i.i.), ed infine l'attuazione di tale soluzione (art. 120-*quinquies*, comma 1, c.c.i.i.)[6]. In questa sede, muovendo dal titolo del tema in esame, mette conto analizzare i doveri e le conseguenti responsabilità degli amministratori attinenti all'ultimo raggruppamento citato, e dunque alla fase di esecuzione della procedura prescelta.

2. *La funzione amministrativa durante le procedure di ristrutturazione.* – Una volta individuato il contesto di riferimento, occorre domandarsi se, nell'attuazione delle procedure di soluzione della crisi, si assista ad un mutamento della *funzione* amministrativa, concetto che allude allo svolgimento di un'attività nell'interesse altrui, e che pertanto prelude all'interrogativo attinente alla prevalenza degli interessi da perseguire in tale circostanza, utile ad orientare i doveri degli amministratori in un senso piuttosto che in un altro[7].

Infatti, secondo una diffusa prospettiva, l'emersione di una situazione di crisi determinerebbe il passaggio della proprietà in senso "economico" dai soci ai creditori[8], e la corrispondente ricostruzione del concetto di interesse sociale in senso funzionale alla soddisfazione delle pretese dei secondi, in luogo dell'interesse lucrativo dei soci[9].

Trattasi di un interrogativo particolarmente delicato, specialmente nell'ordinamento italiano, vista l'ampiezza dei poteri attribuiti agli amministratori dagli artt. 120-*bis* ss. c.c.i.i. nella scelta, nella predisposizione e nell'attuazione degli strumenti finalizzati al superamento della crisi e, soprattutto, considerato il presupposto oggettivo per l'apertura delle relative procedure, dato dalla mera «pro-

---

[6] In questo senso, cfr. già R. SACCHI, *La responsabilità gestionale nella crisi dell'impresa societaria*, in *Diritto societario e crisi d'impresa*, a cura di U. Tombari, Torino, 2014, pp. 107, 109.

[7] Nella diversa fase dell'emersione della crisi, secondo A. ZOPPINI, *Emersione della crisi e interesse sociale (spunti dalla teoria dell'*emerging insolvency*)*, in *Diritto societario e crisi d'impresa*, cit., pp. 49, 56 s., sarebbe invece generico il quesito attinente alla configurazione dell'interesse sociale.

[8] Nella dottrina italiana, v. per tutti B. LIBONATI, *Crisi societarie e governo dei creditori*, in *Scritti giuridici*, volume II, Milano, 2013, pp. 871 ss., 875; L. STANGHELLINI, *Proprietà e controllo dell'impresa in crisi*, in *Riv. soc.*, 2004, p. 1055 ss., mentre, in rappresentanza di quella tedesca, si v. H. EIDENMÜLLER, *Gesellschafterstellung und Insolvenzplan*, in *ZGR*, 2001, p. 688.

[9] Sul punto, si v., tra gli altri, M. MAUGERI, *Partecipazione sociale e attività d'impresa*, Milano, 2010, p. 385 ss.; M. SCIUTO, *"Adempimento" del piano e programma societario*, in *Impresa e mercato. Studi dedicati a Mario Libertini*, III, *Crisi d'impresa. Scritti vari*, Milano, 2015, pp. 1483, 1484. E si v. anche i lavori monografici di F. BRIZZI, *Doveri degli amministratori e tutela dei creditori nel diritto societario della crisi*, Torino, 2015; A. LUCIANO, *La gestione della s.p.a. nella crisi pre-concorsuale*, Milano, 2016.

babilità di insolvenza», che, in quanto tale, può implicare la persistenza di un residuo valore economico in capo ai soci [10].

Significativamente, la stessa Direttiva (UE) 2019/1023, nel disciplinare i quadri di ristrutturazione preventiva, connotati appunto dal presupposto oggettivo della «probabilità di insolvenza», non fissa in modo categorico un ordine di priorità assiologica degli interessi da tutelare [11]. Il *considerando* n. 71 afferma anzi espressamente che «la presente direttiva non intende stabilire alcuna gerarchia tra le varie parti i cui interessi devono essere tenuti in debita considerazione», lasciando tuttavia impregiudicata la facoltà per gli Stati membri di definire tale gerarchia e le norme nazionali «relative ai processi decisionali all'interno di una società».

Al riguardo, da una serie di indizi normativi sembra lecito dedurre che il legislatore italiano si sia avvalso di una simile facoltà, attribuendo, nella fase di attuazione dello strumento di regolazione della crisi prescelto, rilievo prioritario all'interesse dei creditori. Lo si ricava, innanzitutto, dall'art. 4, comma 2, lett. c), c.c.i.i., che, nella formulazione vigente, stabilisce che il debitore (*i.e.*, in caso di società, gli amministratori) ha il dovere di «gestire il patrimonio o l'impresa durante i procedimenti nell'interesse prioritario dei creditori». Inoltre, l'art. 7, comma 2, c.c.i.i., dispone che nella trattazione unitaria di più domande dirette alla regolazione della crisi hanno priorità le soluzioni diverse dalla liquidazione giudiziale e dalla liquidazione controllata, a condizione, tra l'altro, che nella proposta siano espressamente indicate la convenienza per i creditori ovvero, in caso di concordato in continuità aziendale, le ragioni dell'assenza di pregiudizio per i creditori. Analogamente, l'art. 87, comma 3, c.c.i.i., nonostante la tendenziale preferenza normativa per la ristrutturazione aziendale rispetto all'alternativa liquidatoria, richiede che la prima debba comunque essere giustificata dall'attestazione di un professionista indipendente che dimostri che la prosecuzione dell'attività d'impresa assicuri «a ciascun creditore un trattamento non deteriore a quello che riceverebbe in caso di liquidazione giudiziale». Giacché la continuazione dell'attività d'impresa appare la soluzione astrattamente più consona agli interessi delle altre categorie di soggetti interessati dalla crisi dell'impresa, su tutti i lavoratori, è significativo che essa sia comunque subordinata all'accertamento della sua funzionalità al soddisfacimento dei creditori, in misura analoga a quello che si avrebbe in caso di liquidazione giudiziale.

---

[10] In tal senso, v. R. SACCHI, *Le operazioni straordinarie nel concordato preventivo*, in *Le proposte per una riforma della legge fallimentare. Dibattito in onore di Franco Bonelli*, a cura di M. Arato, G. Domenichini, Milano, 2017, pp. 37 ss., 41, per il quale si tratterebbe comunque di una circostanza di difficile evenienza pratica.

[11] Si v. l'art. 19 (rubricato *Obblighi dei dirigenti qualora sussista una probabilità di insolvenza*), il cui paragrafo 1, lett. a), sembra porre sullo stesso piano gli interessi di creditori, soci e "altri portatori di interessi".

Del resto, un'indicazione, sia pure indiretta, verso la prevalenza degli interessi dei creditori nei quadri di ristrutturazione, a prescindere dalle petizioni di principio contenute nei *considerando*, appare ricavabile dalla stessa Direttiva europea, laddove sancisce espressamente che «gli Stati membri provvedono [...] affinché ai detentori di strumenti di capitale non sia consentito di impedire o ostacolare irragionevolmente l'attuazione di un piano di ristrutturazione» (art. 12). Ne consegue che se un piano di ristrutturazione è conveniente per i creditori, ma sgradito ai soci, gli Stati membri devono fare in modo che le prerogative riconosciute a questi ultimi dalle norme di diritto societario non pregiudichino l'attuazione del piano medesimo. Questo non implica, peraltro, che l'interesse dei soci sia del tutto obliterato nell'attuazione delle procedure di ristrutturazione, in quanto gli amministratori, cioè coloro che sono deputati all'esecuzione del piano, devono contestualmente perseguire l'interesse dei creditori *ed anche* dei soci, visto che la ristrutturazione aziendale presuppone che, oltre alle specifiche operazioni indicate nel piano medesimo, funzionali al soddisfacimento dei creditori, sia proseguita l'attività d'impresa, la quale è tipicamente svolta nell'interesse dei soci stessi [12]. Inoltre, la volontarietà dell'accesso agli strumenti preventivi di regolazione della crisi, e segnatamente al concordato preventivo, fa sì che l'interesse ad avvalersene non possa che imputarsi, innanzitutto, allo stesso debitore proponente, e così alla società stessa e, dunque, ai relativi partecipanti, cioè i soci [13].

Una volta definito, nei termini appena esposti, l'assetto degli interessi coinvolti dalle procedure di ristrutturazione, appare possibile presentare il programma dell'esposizione in termini consequenziali.

Innanzitutto, sembra utile dar conto delle nuove disposizioni di cui alla citata sezione VI-*bis*, contenente la disciplina delle società in ristrutturazione, e dunque anche dei poteri degli amministratori nell'attuazione dei relativi piani. Si tratta di un tema di particolare interesse, stante la tradizionale estraneità, all'ordinamento italiano, dell'idea che la sottoposizione ad una procedura di regolazione della crisi o dell'insolvenza determini il superamento della disciplina societaria sostanziale, con particolare riguardo all'ordinario riparto delle competenze tra gli organi sociali [14].

In secondo luogo, la prevalenza dell'interesse dei creditori suggerisce di av-

---

[12] Per un'approfondita indagine in tema, cfr. M. SCIUTO, *"Adempimento" del piano*, cit., p. 1490 ss.

[13] In tal senso, cfr. G. FERRI *jr*, *Poteri e responsabilità*, cit., p. 6.

[14] Sul progressivo superamento, nell'ordinamento concorsuale italiano, del c.d. principio di neutralità organizzativa, cfr. L. BENEDETTI, *La posizione dei soci nel risanamento della società in crisi: dal potere di veto al dovere di sacrificarsi (o di sopportare) (*Aufopferungs- *o* Duldungspflicht*)?*, in *Riv. dir. soc.*, 2017, I, p. 725; V. PINTO, *Concordato preventivo e organizzazione sociale*, in *Riv. soc.*, 2017, p. 100.

viare l'analisi della responsabilità degli amministratori proprio dalla prospettiva dei creditori sociali, ed in particolare dall'azione *ex* art. 2394 c.c., di rinnovata centralità sistematica anche grazie al suo ripristino nella disciplina dedicata alla s.r.l. (v. art. 2476, comma 6, c.c.): centralità che sembrerebbe giustificare – unitamente ad inevitabili esigenze di sintesi – l'approccio transtipico adottato nel presente lavoro. Oltre alla legittimazione a far valere la responsabilità degli amministratori, sembra anche opportuno dar conto degli altri possibili rimedi rimessi ai creditori, ed in particolare della risoluzione del concordato per inadempimento del debitore, in quanto tema che a sua volta incide sull'ambito dei poteri gestori nell'esecuzione del concordato. In terzo luogo, si dovrà render conto delle responsabilità degli amministratori verso la società e i suoi soci, oltre che degli strumenti di reazione diversi dall'azione di responsabilità rimessi a questi ultimi.

3. *Poteri e discrezionalità gestoria degli amministratori.* – Come già anticipato, una prima rilevante novità è data dall'art. 120-*bis*, comma 1, c.c.i.i., che disciplina la competenza organica relativa all'avvio della procedura e alla determinazione del contenuto della proposta e delle condizioni del piano, prescrivendo che essa spetta inderogabilmente agli amministratori, con decisione risultante da verbale redatto da un notaio. Ciò rappresenta un'importante novità rispetto alla disciplina previgente, dove la competenza degli amministratori in materia era comunque derogabile in via statutaria (art. 265, comma 2, lett. b), c.c.i.i; art. 152, comma 2, lett. b), l. fall.). Tuttavia, l'esercizio di tale potere costituisce ancora oggetto dell'obbligo di attivarsi senza indugio nella scelta dello strumento più idoneo ai fini del superamento della crisi, e attiene dunque ad una fase precedente a quella propriamente esecutiva che qui interessa.

A tale riguardo, la disposizione di cui all'art. 120-*bis*, comma 2, c.c.i.i. stabilisce che il piano può modificare la struttura organizzativa e finanziaria della società, prevedendo «qualsiasi modificazione dello statuto della società debitrice, ivi inclusi aumenti e riduzioni di capitale anche con limitazione o esclusione del diritto di opzione e altre modificazioni che incidono direttamente sui diritti di partecipazione dei soci, nonché fusioni, scissioni e trasformazioni». Tale norma va a sua volta letta in connessione con il successivo art. 120-*quinquies*, c.c.i.i., rubricato «*Esecuzione*», il quale, per evitare condotte ostruzionistiche dei soci (v. sempre art. 12 Direttiva), esclude la necessità di una loro delibera in merito all'attuazione del piano omologato, che sarà di per sé efficace con l'adozione del provvedimento di omologazione.

Ne consegue che, nella fase propriamente esecutiva, l'attività degli amministratori è sostanzialmente limitata al compimento degli atti attinenti all'attuazione del piano, oltre che allo svolgimento del programma statutario, da svolgersi, almeno tendenzialmente, nell'interesse dei soci. La relativa attività gestoria sarà dunque caratterizzato dall'esercizio di una discrezionalità limitata, visto il contenuto necessariamente analitico del piano medesimo, sicché, in un eventuale giudizio di responsabilità promosso dai creditori, non varrà la regola della tendenziale insindacabilità giudiziaria delle scelte gestorie (*business judgement rule*), dovendo il giudice innanzitutto verificare la compatibilità degli atti posti in essere dagli amministratori con le obbligazioni concordatarie, che diventano oggetto di uno specifico obbligo gestionale, e quindi parametro del diligente adempimento dell'ufficio amministrativo [15]. Quanto all'attività d'impresa che accompagna necessariamente la ristrutturazione aziendale, sembra fondato ritenere che gli amministratori mantengano una discrezionalità gestoria che incontra a sua volta i relativi limiti "esterni" sempre nelle disposizioni del piano, che rendono inopportuna la piana applicazione della *business judgment rule* [16]. Infatti, nella fase esecutiva, il piano assume un ruolo centrale, e la gestione della società deve necessariamente attenersi alle sue previsioni, sicché eventuali profili di responsabilità gestoria in pendenza di procedure di ristrutturazione deriveranno innanzitutto dal compimento di atti non previsti dal piano lesivi dell'integrità del patrimonio sociale.

Tuttavia, ciò non esclude che la realtà dell'impresa porti al superamento degli scenari prevedibili *ex ante*, sui quali ci si è fondati nell'elaborazione del programma di ristrutturazione. In questo senso, gli amministratori della società debitrice non dovranno solo assicurare il rispetto del piano, ma anche verificare che esso rimanga attuale in corso di procedura. Infatti, il dovere di istituire assetti organizzativi adeguati *ex* art. 2086, comma 2, c.c. si riverbera fino a questa fase, implicando una costante verifica sulla idoneità delle strutture organizzative sociali ad attuare il piano ed a rilevare tempestivamente l'esigenza sopravvenuta di sue eventuali modifiche [17].

Quanto alle disposizioni concordatarie che, ai fini della relativa attuazione, non richiedono il compimento di alcun atto ulteriore, sembra che sia stata accolta l'idea, a suo tempo ipotizzata in via interpretativa da una parte della dottrina [18], secondo la quale già l'iscrizione del provvedimento di omologazione sarebbe di per sé sufficiente ai fini del perfezionamento delle suddette modifiche. Coerentemente, l'art. 120-*quinquies*, comma 1, c.c.i.i., dispone che in caso

---

[15] V. G. D'ATTORRE, *Creditori posteriori e doveri degli amministratori nell'esecuzione del concordato preventivo*, in *Riv. soc.*, 2018, pp. 526, 559, testo e nt. 104 ss.

[16] Cfr. però E. BARCELLONA, Business judgment rule *e interesse sociale nella "crisi". L'adeguatezza degli assetti organizzativi alla luce della riforma del diritto concorsuale*, Milano, 2020, pp. 95 ss., 143 ss., nel senso della perdurante piena vigenza della *business judgment rule* fino al verificarsi di una causa di scioglimento della società ovvero dello stato di insolvenza.

[17] Così R. SACCHI, *La responsabilità gestionale*, cit., p. 130.

[18] Cfr. già G. FERRI *jr*, *Soci e creditori nella struttura finanziaria della società in crisi*, in *Diritto societario e crisi d'impresa*, cit., pp. 96, 102.

d'inerzia degli amministratori è possibile revocarli per giusta causa, nominando un amministratore giudiziario che dia attuazione al piano. In tal modo si è generalizzata una soluzione in precedenza prevista per le sole proposte concorrenti (art. 118, commi 5 e 6, c.c.i.i.; art. 185, commi 5 e 6, l. fall.), la quale, probabilmente, poggiava sul presupposto implicito che l'inerzia degli amministratori, espressione dei soci di maggioranza, fosse configurabile solo rispetto all'attuazione di un piano di ristrutturazione presentato da un terzo creditore.

4. *La posizione dei creditori sociali.* – Durante la fase di attuazione del piano di concordato, intercorrente tra il deposito della domanda e l'omologazione del concordato, i creditori sono i principali *stakeholders*. Pertanto, non sembrano esservi dubbi in ordine alla legittimazione dei medesimi a proporre o proseguire l'azione di responsabilità *ex* art. 2394 c.c., la quale espone gli amministratori al risarcimento dei danni cagionati all'integrità del patrimonio sociale, qualora quest'ultimo risulti insufficiente alla soddisfazione dei loro crediti. In passato, si era dubitato della persistente legittimazione dei creditori sociali ad agire contro gli amministratori nella fase di esecuzione del concordato, sulla base di una pluralità di argomentazioni, tra le quali merita particolare menzione quella che ricavava tale conclusione dall'estensione dell'effetto esdebitatorio, caratteristico del concordato preventivo, anche agli amministratori della società debitrice, e ciò non tanto sulla base di un'indebita equiparazione soggettiva degli uni all'altra, quanto in virtù della inesigibilità del debito originario, sostituito dal debito concordatario e adempiuto in esecuzione del piano [19].

Il legislatore è tuttavia intervenuto sul punto, stabilendo, all'art. 115, comma 3, c.c.i.i., che anche nella fase di esecuzione del concordato permane la legittimazione di ciascun creditore sociale a esercitare o proseguire l'azione di responsabilità *ex* art. 2394 c.c. Il fatto che l'azione spetti a ciascun creditore individualmente è comunque coerente, dal punto di vista sistematico, con la norma in materia di sostituzione processuale di cui all'art. 81 c.p.c. Invero, nel concordato preventivo in continuità aziendale, che potrebbe dirsi il quadro di ristrutturazione per antonomasia, manca la figura del liquidatore giudiziale, mentre il commissario giudiziale svolge mere funzioni di vigilanza sulla regolarità della procedura, e non anche di gestione della medesima, non essendo quindi ipotizzabile una sua legittimazione ad agire in veste di sostituto processuale dei creditori, e, soprattutto mancano azioni di massa volte a ricostituire il patrimonio del debitore.

Il vero nodo dell'azione di responsabilità dei creditori sociali parrebbe piuttosto riguardare i criteri di quantificazione del danno risarcibile, peraltro da risolversi in termini differenti a seconda che si accolga la tesi della natura surro-

---

[19] G. D'Attorre, *Le azioni di responsabilità*, cit., p. 35.

gatoria ovvero autonoma di tale azione. Aderendo alla prima impostazione, infatti, in caso di esito vittorioso dell'azione intentata dai creditori, gli amministratori sarebbero obbligati alla reintegrazione del patrimonio sociale nella misura del danno da loro cagionato, laddove, aderendo alla seconda tesi, a doversi reintegrare sarebbe il patrimonio individuale del singolo creditore che abbia agito.

Entrambe le ricostruzioni presentano aspetti problematici. La prima pone un tipico problema di azione collettiva, nel senso che il singolo creditore assumerebbe l'onere (e il rischio) di intraprendere un'azione del cui esito positivo beneficerebbero tutti i creditori sociali. D'altro canto, l'eventuale adesione alla tesi della natura autonoma complicherebbe il problema della quantificazione del danno risarcibile, in quanto l'entità del risarcimento potrebbe individuarsi in misura corrispondente alla parte di credito rimasta insoddisfatta, con il rischio di pregiudicare gli altri creditori, ovvero, in alternativa, rimettendo al giudice il compito di determinare in via incidentale il danno complessivo arrecato al patrimonio sociale, per poi inferirne la "quota" spettante al singolo creditore che abbia concretamente esercitato l'azione[20].

Ad ogni modo, non sembrano sussistere dubbi neppure in ordine alla possibilità, per il singolo creditore danneggiato da un atto degli amministratori, di esercitare l'azione per danno diretto *ex* art. 2395 c.c. Ciò può accadere, ad esempio, qualora gli amministratori abbiano indotto un terzo a concedere credito nella consapevolezza di non poter adempiere, ovvero quando abbiano violato specifiche disposizioni attuative del piano concordatario in danno di un singolo creditore sociale.

Come accennato, accanto ai profili di responsabilità merita di essere menzionato un ulteriore aspetto, attinente al rimedio tipicamente concesso ai creditori a fronte dell'inadempimento degli obblighi concordatari, vale a dire la risoluzione del concordato per inadempimento. Al riguardo, il tema principale attiene al rapporto tra l'inattuazione del piano e l'inadempimento della proposta, che si risolve nell'interrogativo attinente alle condizioni ricorrendo le quali i creditori possono chiedere la risoluzione[21]. A questo riguardo, le soluzioni astrattamente percorribili sono due, delle quali la prima subordina la risoluzione (e l'eventuale responsabilità per inadempimento ad essa correlata) alla mancata adesione degli amministratori alle disposizioni contenute nel piano, mentre la seconda attribuisce rilievo solo al mancato adempimento delle obbligazioni concordatarie illustrate nella proposta. L'interrogativo si pone anche per la formulazione dell'art. 119, comma 3, c.c.i.i., il quale fa riferimento all'inadem-

---

[20] Sul punto, cfr. M. FABIANI, *Fondamento e azione per la responsabilità degli amministratori di s.p.a. verso i creditori sociali nella crisi dell'impresa*, in *Riv. soc.*, 2015, pp. 272, 344.

[21] In argomento, cfr. F. SACCHI, *Inattuazione del piano e inadempimento della proposta nel concordato preventivo*, in *Riv. dir. comm.*, 2018, I, p. 145.

pimento di non scarsa importanza del concordato, senza specificare se esso debba riferirsi al piano ovvero alla proposta.

Tuttavia, se è vero che gli amministratori sono obbligati a eventualmente rimodulare il piano in ragione di circostanze sopravvenute, tali da incidere sull'adempimento della proposta, la sopravvenuta infattibilità del piano che non precluda la soddisfazione dei creditori nei termini indicati nella proposta, non sembra possa ragionevolmente integrare una causa di risoluzione del concordato. Lo si ricava muovendo dal concetto di importanza dell'inadempimento, che, se inteso in termini quantitativi, va inevitabilmente riferito all'entità della soddisfazione economica promessa ai creditori, e dunque alla prestazione indicata nella proposta, e non al "tasso di attuazione" del piano. Nonostante in questa fase il suo contenuto rappresenti il principale parametro di valutazione della diligenza dell'attività degli amministratori, limitando l'ordinaria operatività della *business judgment rule*, la realtà dell'impresa può concretamente rendere il piano obsoleto o infattibile, sicché agli amministratori deve essere data la possibilità di discostarsene, qualora ciò sia funzionale al migliore interesse dei creditori. Ciò non implica che il piano concordatario debba considerarsi giuridicamente irrilevante, posto che la sua esecuzione costituisce in effetti un obbligo concordatario, il cui contenuto appare tuttavia da ridimensionare alla luce della facoltà esclusiva dei creditori di invocare la risoluzione a fronte di eventuali scostamenti dal piano stesso, tali da determinare inadempimenti (o probabili inadempimenti futuri) delle obbligazioni concordatarie, a conferma della strumentalità del piano rispetto alla proposta.

Una precisazione finale va fatta quanto alla nozione di "creditori sociali", posto che, nel corso dell'esecuzione del concordato, questi non coincidono necessariamente con i creditori concordatari, rientrandovi pure i titolari di crediti sorti per titolo o causa posteriore alla pubblicazione della domanda di concordato nel registro delle imprese. Si tratta di coloro che non sono destinatari della proposta, ma che diventano creditori a causa della prosecuzione dell'attività d'impresa condotta nella fase di attuazione del piano di ristrutturazione [22].

La considerazione di questa ulteriore classe di creditori suggerisce che l'osservanza delle disposizioni del piano non esclude un'ipotetica responsabilità degli amministratori né verso la società, né verso i creditori sociali, qualora ciò abbia determinato l'inosservanza degli obblighi inerenti alla conservazione della integrità del patrimonio sociale. In particolare, ciò non può implicare un automatico esonero da responsabilità, nonostante l'omologazione del piano operata dal tribunale, nel caso in cui la sua scarsa convenienza emerga nel corso dell'esecuzione del concordato. Per altro verso, l'inosservanza delle disposizioni contenute nel piano non configura in sé responsabilità degli amministratori ver-

---

[22] Cfr. G. D'ATTORRE, *Creditori posteriori*, cit., p. 526 ss.

so la società o i creditori sociali "posteriori", qualora tale inosservanza non abbia cagionato alcun danno all'integrità del patrimonio sociale.

5. *La posizione della società e dei soci.* – Per quanto attiene all'azione sociale di responsabilità, dal deposito della domanda di concordato fino alla relativa omologazione, la società e gli altri soggetti legittimati (collegio sindacale, soci di minoranza e, nella s.r.l., singoli soci) conservano la legittimazione alla prosecuzione o all'esercizio dell'azione, senza la necessità di autorizzazione del giudice delegato dal tribunale, non trattandosi di atto eccedente l'ordinaria amministrazione, bensì di un atto di realizzazione dell'attivo [23], strumentale al recupero di un credito risarcitorio che, in quanto tale, non richiede l'autorizzazione del tribunale, ma soltanto l'approvazione dell'assemblea dei soci (ovvero dei singoli soci nella s.r.l.).

Dopo l'omologazione, e dunque nella fase propriamente esecutiva, occorre distinguere a seconda che si tratti del concordato liquidatorio oppure di quello in continuità aziendale. Infatti, quanto alla prima ipotesi, l'art. 115, comma 2, c.c.i.i., prevede espressamente il subentro del liquidatore giudiziale nella legittimazione all'esercizio dell'azione sociale di responsabilità, mentre nel concordato in continuità aziendale la legittimazione rimane in capo alla società e agli altri legittimati, né serve l'autorizzazione del giudice delegato per eventuali rinunce o transazioni. Non può invece ritenersi legittimato il commissario giudiziale, il quale svolge solo funzioni di vigilanza, e non anche di gestione, laddove le azioni di responsabilità sono da trattare come beni aziendali, come tali indisponibili al commissario giudiziale.

Anche nel caso dei soci, accanto alle azioni di responsabilità, sembra di interesse chiarire come operino nell'esecuzione del concordato i tipici strumenti di reazione ad essi rimessi dal diritto societario comune. Sul punto, il d.lgs. n. 83/2022 ha introdotto diverse novità degne di menzione, prevedendosi, innanzitutto, una sospensione del diritto di recesso dei soci fino alla conclusione del piano che preveda operazioni di trasformazione, fusione e scissione (art. 116, comma 5, c.c.i.i.). Inoltre, viene neutralizzato il principale strumento rimesso ai soci nei confronti degli amministratori, vale a dire il potere di revocarli in ogni momento, salvo il loro diritto al risarcimento del danno. Infatti, i soci non possono revocare gli amministratori in assenza di una giusta causa, laddove la presentazione della domanda di accesso al quadro di ristrutturazione, in presenza delle condizioni di legge, non costituisce, per espressa disposizione normativa, giusta causa di revoca (art. 120-*bis*, comma 4, c.c.i.i.). Tale riferimento alle condizioni di legge, la cui ricorrenza esclude la giusta causa, va comunque inteso in senso estensivo, includendo, tra l'altro, il rispetto degli obblighi di tempestiva rilevazione della crisi di cui all'art. 3, commi 3 e 4, c.c.i.i., dai quali può

---

[23] Così ancora G. D'ATTORRE, *Le azioni di responsabilità*, cit., p. 17.

trarsi l'ulteriore obbligo di informare tempestivamente i soci dei segnali di una crisi emergente, in aggiunta a quello di informarli circa la procedura adottata e il relativo andamento (art. 120-*bis*, comma 3, c.c.i.i.)[24].

Ai soci che rappresentino almeno il dieci percento del capitale è altresì attribuita la facoltà di avanzare proprie proposte di concordato (art. 120-*bis*, comma 5, c.c.i.i.), concorrenti con quella (o quelle) che siano già state oggetto di domanda. Nelle intenzioni del legislatore, in tal modo si compensa la sottrazione ai soci di alcuni dei tipici strumenti di reazione loro attribuiti dal diritto societario sostanziale, e che in questo contesto potrebbero risultare ostativi alla tempestiva attuazione del piano, con uno strumento *proattivo*, che potrà auspicabilmente creare un meccanismo competitivo nell'adozione del piano ritenuto più idoneo a soddisfare le pretese dei creditori.

Infine, l'art. 120-*quater*, comma 3, c.c.i.i., stabilisce che «i soci possono opporsi all'omologazione del concordato al fine di far valere il pregiudizio subìto rispetto all'alternativa liquidatoria». Viceversa, ferma restando la persistente legittimazione di ciascun singolo socio all'esercizio dell'azione di cui all'art. 2395 c.c., non sembra che gli si possa riconoscere il diritto di impugnare le deliberazioni lesive dei loro diritti *ex* art. 2388, comma 4, c.c., assunte dagli amministratori in attuazione del piano, posto che quest'ultimo, in tale fase, sembrerebbe rappresentare il principale parametro di legittimità dell'attività gestoria.

6. *Osservazioni conclusive.* – A mo' di conclusione, può essere utile interrogarsi sulle prospettive di armonizzazione del diritto dell'insolvenza in tema di doveri degli amministratori di società in crisi. L'esigenza di un maggiore avvicinamento degli ordinamenti concorsuali nazionali appare del resto confermata dalla pubblicazione, il 7 dicembre 2022, della proposta di Direttiva del Parlamento Europeo e del Consiglio che armonizza taluni aspetti del diritto in materia di insolvenza[25]. In realtà, quanto alla materia che qui interessa, la proposta di Direttiva considera espressamente soltanto il dovere di presentare tempestivamente la richiesta di accesso ad una procedura per una società già divenuta insolvente, pur lasciando impregiudicata la facoltà, per gli Stati membri, di «mantenere o introdurre obblighi più rigorosi per gli amministratori delle imprese prossime all'insolvenza»[26]. In particolare, gli artt. 36 e 37 prevedono

---

[24] E infatti v. G. FERRI *jr*, *Poteri e responsabilità*, cit., p. 12, il quale rileva l'analogia della disciplina in discorso con quella della revoca dei sindaci di s.p.a., in quanto entrambe dettate dall'esigenza di garantire l'indipendenza dei soggetti da revocare, che, per gli amministratori durante le procedure di ristrutturazione, è posta a servizio dell'interesse prioritario dei creditori *ex* art. 4, comma 2, lett. c), c.c.i.i.

[25] Per la traduzione italiana della proposta di Direttiva, cfr. il link https://eur-lex.europa.eu/resource.html?uri=cellar:8adadc6c-76e9-11ed-9887-01aa75ed71a1.0018.02/DOC_1&format=PDF.

[26] Così a p. 19 della Relazione di accompagnamento alla citata proposta di Direttiva. Alcuni

l'introduzione di una fattispecie di responsabilità civile degli amministratori connessa alla violazione dell'obbligo di richiedere l'apertura di una procedura d'insolvenza entro il termine di tre mesi dalla conoscenza dello stato di insolvenza della società amministrata, in ossequio ad un'impostazione già invalsa in alcuni Stati membri [27].

A fronte delle inevitabili specificità che caratterizzano gli ordinamenti concorsuali dei singoli Stati membri, sembra che nella materia in discorso un più elevato grado di armonizzazione possa essere perseguito sotto due diversi punti di vista, presi in considerazione solo in parte dalla menzionata proposta di Direttiva, e rispettivamente attinenti al contenuto dei doveri degli amministratori, ovvero al momento rilevante ai fini della loro attivazione [28]. Quanto al primo aspetto, potrebbe essere utile l'introduzione, a livello europeo, di un *safe harbour* per gli amministratori, che includa, per esempio, l'aver apprestato misure astrattamente idonee alla tempestiva rilevazione della crisi, ovvero il rispetto di specifici obblighi informativi. In questa direzione, quanto all'ordinamento italiano, potrebbero peraltro valorizzarsi diversi indici normativi, ed in particolare l'istituzione degli assetti organizzativi idonei alla rilevazione dei fattori di cui all'art. 3, commi 3 e 4, c.c.i.i. Riguardo al secondo aspetto, invece, appare poco incisiva la scelta di rimettere ai singoli Stati membri la definizione del concetto della «probabilità d'insolvenza» [29], che è invece essenziale ai fini della corretta impostazione della disciplina in materia di obblighi degli amministratori di cui all'art. 19 della Direttiva *Insolvency*.

---

spunti utili in questo senso possono trovarsi in UNCITRAL, *Legislative Guide on Insolvency Law – Part four: Directors' obligations in the period approaching insolvency (including in enterprise groups)* [2], II.B., p. 16 ss.

[27] Ad esempio, è il caso della Germania, ove il § 15a, *Abs.* 1, *InsO* prevede l'obbligo degli amministratori, penalmente sanzionato, di presentare la domanda di accesso ad una procedura di insolvenza in presenza di uno dei due presupposti oggettivi della medesima, vale a dire l'incapacità di adempiere regolarmente le proprie obbligazioni (*Zahlungsunfähigkeit*, § 17 *InsO*) ed il sovraindebitamento (*Überschuldung*, § 19 *InsO*).

[28] In questo senso, cfr. G. STRAMPELLI, *La disciplina europea*, cit., p. 757, testo e note 89 ss.

[29] Sul punto, è peraltro osservazione ricorrente che la nozione di crisi adottata dal legislatore italiano all'art. 2, comma 1, lett. a), c.c.i.i., nonostante il suo aggiornamento che fa riferimento all'inadeguatezza dei flussi di cassa prospettici a far fronte alle obbligazioni nei successivi dodici mesi, sia «pericolosamente schiacciata sullo stato di insolvenza»: così M. FABIANI, *L'avvio del codice della crisi*, in *Dir. crisi*, 5 maggio 2022, p. 15. Del resto, si tratta di una critica mossa pure nel contesto tedesco, dove anzi il § 18, *Abs.* 2, *S.* 2, *InsO*, individua il lasso di tempo rilevante ai fini della nozione di pericolo di inadempimento (*drohende Zahlungsunfähigkeit*) nei ventiquattro mesi successivi.

UNTERNEHMENSRESTRUKTURIERUNGEN IM HARMONISIERTEN EUROPÄISCHEN RECHTSRAUM – WELCHE CHANCEN UND RISIKEN BESTEHEN FÜR DIE GESELLSCHAFTER?

von *Stefan Korch*[*]

Abstract

The restructuring procedure introduced in Germany in 2021 holds both opportunities and risks for shareholders. On the one hand, it may prevent insolvency and allow for a successful restructuring, which benefits not only creditors but also shareholders. On the other hand, shareholders can be included in the restructuring plan, which could potentially result in a loss of shareholders' rights contrary to their majority vote. In many cases shareholders may even be wiped out without any compensation due to the absolute priority rule in German restructuring law. This creates incentives to hinder or delay restructuring. The absolute priority rule, as known from Chapter 11 bankruptcy, should therefore not be applied to pre-insolvency procedures configured like the German restructuring procedure.

I. *Ausgangslage.* – Gesellschafter sind die Risikokapitalgeber einer Gesellschaft. Sie stehen mit ihrer Beteiligung noch vor den Gläubigern für Verluste ein. Gerät die Gesellschaft in finanzielle Schwierigkeiten, stellt sich deshalb auch für die Gesellschafter die Frage, ob und wie die Gesellschaft saniert werden kann und welche Beiträge die Gesellschafter zu einer etwaigen Sanierung leisten können oder müssen. Lange Zeit bestand eine zweigeteilte Rechtslage: Während die Gesellschafter im Zeitraum vor der materiellen Insolvenz selbst über ihre Sanierungsbeiträge bestimmen konnten, war ihre Rechtsposition in der

---

[*] Der Beitrag ist auf dem Stand Dezember 2022.

Insolvenz marginalisiert. In Umsetzung der Restrukturierungsrichtlinie [1] (nachfolgend auch RRL) hat der deutsche Gesetzgeber nun ein vorinsolvenzliches Sanierungsverfahren geschaffen, das nicht nur Eingriffe in die Rechte der Gläubiger, sondern auch die der Gesellschafter gestattet. Das ist bemerkenswert, weil die Gesellschaft gerade noch nicht insolvent sein darf: Die Restrukturierungsrichtlinie sieht in Art. 4 Abs. 1 die wahrscheinliche Insolvenz des Schuldners als Eingangsvoraussetzung vor, deren Definition gem. Art. 2 Abs. 2 lit. b) RRL dem nationalen Gesetzgeber obliegt. Das StaRUG orientiert sich an der drohenden Zahlungsunfähigkeit, [2] die zugleich in § 18 InsO neu definiert wurde. Der zweite Absatz erhielt einen zweiten Satz, der einen regelmäßigen Prognosezeitraum von 24 Monaten festschreibt. [3] Damit finden die Vorschriften des StaRUG regelmäßig bis zu zwölf Monate vor der materiellen Insolvenz des Schuldners Anwendung, sofern diese auf der Überschuldung beruht. [4]

In diesem Zeitraum haben die Anteile der Gesellschafter zwar typischerweise bereits einen spürbaren Wertverlust erlitten, sind allerdings regelmäßig noch nicht vollständig entwertet. Das gilt umso mehr, je weiter die tatsächliche Zahlungsunfähigkeit in der Zukunft liegt, da die Chancen auf eine erfolgreiche Sanierung dann entsprechend hoch sind. Die Gesellschafter haben mithin die Erwartung, nicht entschädigungslos aus ihrer Gesellschaft gedrängt zu werden. [5] Genau diese Erwartung könnte das Restrukturierungsverfahren nach dem StaRUG indes enttäuschen und so dysfunktionale Anreize zur Intervention der Gesellschafter geben.

---

[1] Richtlinie (EU) 2019/1023 des Europäischen Parlaments und des Rates vom 20. Juni 2019 über präventive Restrukturierungsrahmen, über Entschuldung und über Tätigkeitsverbote sowie über Maßnahmen zur Steigerung der Effizienz von Restrukturierungs-, Insolvenz- und Entschuldungsverfahren und zur Änderung der Richtlinie (EU) 2017/1132 (Richtlinie über Restrukturierung und Insolvenz), Abl. EU 2019, L 172/18.

[2] Siehe Begr. RegE II. 2. (101 f.). Der Regierungsentwurf enthält keine Seitenzahlen, weshalb hier neben den Kapiteln auch die Seitenzahlen im PDF-Dokument zitiert werden.

[3] Der Prognosezeitraum der drohenden Zahlungsunfähigkeit war bisher umstritten, konnte aber nach überwiegender Ansicht einen Zeitraum von mehreren Monaten bis zu wenigen Jahren umfassen (MüKoInsO/*Drukarczyk*, 4. Aufl., 2019, § 18 Rn. 63; K. Schmidt/*K. Schmidt*, InsO, 19. Aufl., 2016, § 18 Rn. 27).

[4] Auch der Überschuldungstatbestand des § 19 InsO wurde neu gefasst. Die Fortführungsprognose soll für einen Zeitraum von 12 Monate erstellt werden (Art. 5 Nr. 11 SanInsFoG).

[5] In der Krise der Gesellschaft besteht für die Gesellschafter die Möglichkeit, Gewinnchancen auf Kosten der Gläubiger zu generieren. Gelingt es ihnen, die Geschäftsleitung zu sehr riskanten Geschäften zu drängen, steigt ihre erwartete Auszahlung. Hintergrund ist, dass sie unbeschränkt an den Gewinnen partizipieren, nicht jedoch an den Verlusten, die primär die Gläubiger zu tragen haben. Diese besondere Problematik kann im Folgenden nicht behandelt werden; es muss bei dem Hinweis bewenden, dass die Gesellschafter insofern keine *berechtigten* Interessen haben. Eingehend dazu *Klöhn* ZGR 2008, 110 (112 ff.).

II. *Vorgaben der Restrukturierungsrichtlinie.* – Die Restrukturierungsrichtlinie widmet den Gesellschaftern mit Art. 12 RRL einen eigenen Artikel. Danach steht es den Mitgliedstaaten frei, die Gesellschafter entweder in den Anwendungsbereich der Art. 9-11 RRL und damit in den Restrukturierungsplan aufzunehmen oder sie zumindest einem Obstruktionsverbot zu unterwerfen. Im letzten Fall dürfen die Gesellschafter nicht über die Annahme des Plans abstimmen, da sie gem. Art. 9 Abs. 2 UAbs. 2 RRL keine stimmberechtigte Gruppe bilden. Im Gegenzug sind sie aber auch nicht vom Plan betroffen, da dieser nur in solche Rechte eingreifen kann, deren Inhaber auch Beteiligte des Planverfahrens sind. In diesem Fall müssen nationale Gesetzgeber allerdings verhindern, dass die Gesellschafter die Annahme und Umsetzung des Plans grundlos erschweren oder sogar verhindern.

Werden die Gesellschafter hingegen in das Restrukturierungsverfahren einbezogen, können sie grundsätzlich auch über den Plan abstimmen. Dieser Gestaltungsmöglichkeit steht allerdings das Risiko eines Rechtsverlusts gegenüber. So kann insbesondere ein *debt/equity swap* durchgeführt werden, der die Beteiligungsquoten der Gesellschafter verwässert oder die Anteile sogar völlig entwertet.[6] Dieses Risiko wird durch die Gelegenheit zur Abstimmung auch nicht aufgewogen. Die Gesellschafter unterliegen nämlich zunächst dem Mehrheitserfordernis, weshalb Eingriffe in die Rechte einer dissentierenden Minderheit ohne weiteres möglich sind. Wie hoch die Schwelle für die Zustimmung der Klassen liegt, müssen die Mitgliedstaaten bestimmen. Art. 9 Abs. 6 UAbs. 2 RRL lässt eine Konkretisierung zwischen 50 % und 75 % zu. Zudem können sich Gesellschafter auch dann nicht in Sicherheit wiegen, wenn sie mehrheitlich gegen den Plan votieren. Der Plan kann noch immer im Wege der gruppenübergreifenden Mehrheitsentscheidung (sog. *cross-class cram-down*) gem. Art. 11 RRL angenommen werden. Darunter versteht man die Überstimmung von mindestens einer ablehnenden Klasse, wenn ausreichend andere Klassen zugestimmt haben. Die Mitgliedstaaten haben dabei gem. Art. 11 Abs. 1 lit. b) RRL die Wahl, ob sie die Zustimmung nur einer Klasse genügen lassen wollen oder die Zustimmung durch die Mehrheit der übrigen Klassen verlangen.

III. *Rechtslage in Deutschland.* – Der deutsche Gesetzgeber hatte nach diesen Vorgaben die Wahl, ob er die Gesellschafter in den Restrukturierungsplan einbezieht und folglich Eingriffe in die Gesellschafterstellung auch gegen deren mehrheitlichen Willen zulässt oder lediglich ein Obstruktionsverbot erlässt. Er hat sich für die Einbeziehung entschieden.[7]

---

[6] Siehe vor allem ErwGr. 2, 96 RRL.

[7] Für eine Einbeziehung der Gesellschafter plädierten *Sax/Ponseck/Swierczok* DB 2017, 323 (327); *Spahlinger* NZI-Beilage 2019, 69 (70); *Thole* NZI-Beilage 2019, 61 (64); Flöther/

1. *Einbeziehung der Gesellschafter.* – Gesellschafter können in den Restrukturierungsplan aufgenommen und ihre Rechte gem. § 2 Abs. 3 StaRUG gestaltet werden. Für die Gesellschafter bedeutet dies, dass jede Aufstellung eines Restrukturierungsplans mit dem Risiko einhergeht, dass in ihre Rechte eingegriffen wird. Der Eingriff kann sogar so weit reichen, dass sie ihre Mitgliedschaftsrechte entschädigungslos verlieren. Ob die Gesellschafter nicht nur in den Restrukturierungsplan einbezogen werden können, sondern bei sachgerechter Auswahl der Planbetroffenen nach § 8 StaRUG sogar müssen, wird unterschiedlich beurteilt. Das AG Köln und die überwiegende Kommentarliteratur gehen davon aus, dass die Planersteller ein weites Ermessen zur Frage genießen, ob sie lediglich die Rechte der Gläubiger gestalten oder auch jene der Gesellschafter.[8] Verwiesen wird auf § 8 S. 2 Nr. 2 StaRUG, der die alleinige Beteiligung von Finanzgläubigern als eine Fallgruppe sachgerechter Auswahl nennt.[9] Ob das der Intention des Gesetzgebers entspricht, scheint zweifelhaft, spricht die Regierungsbegründung dem Schuldner doch allein ein „Auswahlermessen bei der Bestimmung derjenigen *Gläubiger*“ zu, denen Beiträge abverlangt werden sollen.[10] Weiter liest man: „Sachgerecht kann es auch sein, mittlere, Klein- und Kleinstunternehmen, Verbraucher oder andere Gläubiger von den Planwirkungen auszunehmen.“[11] Die Gesellschafter sucht man in der Aufzählung vergebens.[12]

Die praktische Bedeutung der Diskussion wird durch die Sanierungsrealität relativiert. Häufig wird die Sanierung nur mit Beiträgen der Gesellschafter gelingen. Die Bereitschaft der Gläubiger, Eingriffe in ihre Rechtspositionen hinzunehmen, dürfte regelmäßig gering sein, wenn die Gesellschafter vollständig geschont werden.[13] Die Zustimmung der Gläubiger ist jedoch zwingend, wenn die Gesellschafter nicht in den Plan einbezogen werden, da eine gruppenübergreifende Mehrheitsentscheidung dann ausgeschlossen ist. § 27 Abs. 1 Nr. 2 StaRUG verbietet nämlich einen *cram-down* der Gläubiger, wenn eine am Schuldner beteiligte Person (Gesellschafter) einen wirtschaftlichen Wert er-

---

Westpfahl/Knapp, Sanierungsrecht, 2019, F. Rn. 263 (wenn Anteile wertlos); dagegen *Heß*, Restrukturierung des Insolvenzrechts, 2019, 195 f.; *Korch* ZIP 2020, 446 (452) (mit einem Vorschlag für eine gesellschaftsrechtliche Lösung); *Müller* ZGR 2018, 56 (73 f.); *C. Schäfer* ZIP 2019, 1645 (1646 f.) (kein *cram-down* zulasten der Gesellschafter); *Seibt/Treuenfeld* DB 2019, 1190 (1197).

[8] *AG Köln* ZIP 2021, 806 (807) (ohne Auseinandersetzung mit der Problematik); BeckOK/StaRUG/*Fridgen*, 6. Ed. 1.10.2022, § 8 Rn. 17; Morgen/*Knapp/Wilde*, StaRUG, 2. Aufl. 2022, § 8 Rn. 1, 18; Flöther/*Westpfahl/Dittmar*, StaRUG, 2021, § 2 Rn. 63.

[9] Morgen/*Knapp/Wilde*, StaRUG, § 8 Rn. 18; vgl. auch BeckOK/StaRUG/*Fridgen*, § 8 Rn. 17 (unter Verweis auf Nr. 1).

[10] Begr. RegE SanInsFoG, BT-Drucks. 19/24181, 117 (Herv. d. Verf.).

[11] Begr. RegE SanInsFoG, BT-Drucks. 19/24181, 118.

[12] So schon *Korch* NZG 2020, 1299 (1301); nun auch Seibt/Westpfahl/*Hölzle*, StaRUG, 2023, § 8 Rn. 40.

[13] Vgl. dazu Seibt/Westpfahl/*Herding/Krafczyk*, StaRUG, § 2 Rn. 235.

hält.[14] Die Norm sieht – anders als für die Gläubiger – auch keine Einschränkung für planbetroffene Gesellschafter vor. Der Plan müsste bei Schonung der Gesellschafter durch sämtliche Gläubigergruppen per Mehrheitsentscheidung angenommen werden. Stimmt auch nur eine Gläubigergruppe (etwa aufgrund der fehlenden Gesellschafterbeiträge) dagegen, ist er gescheitert. Zeichnet sich ein solches Scheitern bereits im Vorfeld ab oder ist damit zumindest zu rechnen, dürfte die Auswahl der Planbetroffenen unter Ausschluss der Gesellschafter regelmäßig nicht sachlich gerechtfertigt i.S.d. § 8 S. 1 StaRUG und den wirtschaftlichen Schwierigkeiten auch nicht angemessen (§ 8 S. 2 Nr. 2 StaRUG) sein.

Eine sachliche Rechtfertigung der Auswahlentscheidung fehlt zudem regelmäßig, wenn die Selektion allein durch den Wunsch motiviert ist, die Gesellschafter zu schonen, etwa aufgrund ihres tatsächlichen Einflusses auf die Geschäftsleiter. Im Regelfall steigern Sanierungsbeiträge der Gesellschafter die Erfolgsaussichten, weshalb besondere Gründe vorliegen müssen, dass darauf verzichtet wird. Denkbar ist etwa, dass die Beiträge der Gesellschafter ohnehin wenig wirtschaftliches Gewicht hätten, kein Interesse der Gläubiger an einem Eintritt in die Gesellschaft besteht oder die Mitwirkung der Gesellschafter – etwa als Geschäftsleiter – für die Sanierung unbedingt erforderlich ist.

Zusammenfassend können die Gesellschafter in jeden Restrukturierungsplan einbezogen werden. In vielen Fällen wird sogar eine Pflicht oder jedenfalls ein faktischer Druck zur Einbeziehung bestehen.

2. *Abstimmung und Überstimmung.* – Werden die Gesellschafter in den Plan einbezogen, dürfen sie über diesen abstimmen. Eine Zustimmung bedarf gem. § 25 Abs. 1 StaRUG der Mehrheit von 75 % der Stimmrechte, die sich nach der Kapitalbeteiligung richten (§ 24 Abs. 1 Nr. 3 StaRUG). Kommt die erforderliche Mehrheit zustande, sind sämtliche – auch die ablehnenden – Gesellschafter an den Plan gebunden. Doch selbst wenn eine qualifizierte Minderheit oder gar die Mehrheit der Gesellschafter gegen den Vorschlag stimmt, können sie durch gruppenübergreifende Mehrheitsentscheidungen gebunden sein. Verfahren und Voraussetzungen zum Überstimmen dissentierender Gruppen legen §§ 26-28 StaRUG fest.

Formelle Voraussetzung für die Überstimmung einer oder mehrerer Gruppen ist gem. § 26 Abs. 1 Nr. 3 StaRUG, dass die Mehrheit der Gruppen dem Planentwurf zugestimmt hat, wobei die zustimmenden Gruppen nicht ausschließlich aus nachrangigen Betroffenen bestehen dürfen. Die Überstimmung der Gesellschafter ist damit naheliegender als die der Gläubiger.[15]

---

[14] Vertiefend dazu unten III. 3.

[15] *Skauradszun* KTS 2019, 161 (187).

Erste materielle Voraussetzung der Majorisierung ist nach § 26 Abs. 1 Nr. 1 StaRUG, dass die Überstimmten durch den Plan nicht schlechter gestellt werden als im nächstbesten Alternativszenario. In der anzufertigenden Vergleichsrechnung ist die Fortführung des Unternehmens zugrunde zu legen, sofern auch der Plan von einer Fortführung ausgeht.[16] Damit soll verhindert werden, dass sich die Planersteller übermäßige Spielräume verschaffen, indem sie eine Liquidation unterstellen. Ob dadurch allerdings die zur Parallelvorschrift des § 245 Abs. 1 Nr. 1 InsO bekannten Schutzdefizite[17] tatsächlich behoben werden, bleibt abzuwarten.[18]

3. *Absolute priority rule als Gefahr für Gesellschafter.* – Zweite materielle Voraussetzung ist gem. § 26 Abs. 1 Nr. 2 StaRUG die angemessene Beteiligung der Betroffenen am wirtschaftlichen Wert, der den Beteiligten aufgrund des Plans zufließen soll. Sie entfaltet zugunsten der Gesellschafter keinerlei Schutzwirkung, da eine Gruppe gem. § 27 Abs. 1 Nr. 2 StaRUG nicht angemessen am wirtschaftlichen Wert beteiligt ist, wenn nachrangige Gläubiger oder Gesellschafter einen Wert erhalten.[19] Da Gesellschafter den niedrigsten Rang in der Befriedigungsreihenfolge besitzen, hilft ihnen die Vorschrift nicht. Die Normierung der sogenannten Regel des absoluten Vorrangs[20] (*absolute priority rule*) kann im Gegenteil einen faktischen Druck erzeugen, die Gesellschafter entschädigungslos aus der Gesellschaft auszuschließen, um etwaige dissentierende Gläubigergruppen überstimmen zu können. Nach dem Wortlaut des § 27 Abs. 1 Nr. 2 StaRUG ist ein *cram-down* von Gläubigern nämlich nur möglich, wenn die Gesellschafter keinen wirtschaftlichen Wert erhalten. Der Wortlaut und das U.S.-amerikanische Vorbild legen deshalb nahe, dass die Gesellschafter leer ausgehen müssen. Im deutschen Recht ist indes umstritten, welchen Absolutheitsanspruch die Regel tatsächlich besitzt. Aufgehängt ist die Diskussion bisher bei der Frage, was unter der Zuweisung eines wirtschaftlichen Werts zu verstehen ist. Sie ähnelt damit der Diskussion zu § 245 InsO.[21]

Nach teilweise vertretener Ansicht soll der bloße Erhalt der Gesellschafter-

---

[16] § 6 Abs. 2 S. 2 StaRUG.

[17] Siehe die hohen Anforderungen in *BGH* NZI 2007, 409; *OLG Köln* Beschl. v. 15.2.2017 – 18 U 107/16 – juris; mit nahezu unerfüllbaren Anforderungen *LG Stade* ZInsO 2018, 614. Der Gesetzgeber sah sich jedenfalls veranlasst, auch § 220 InsO („Darstellender Teil" des Insolvenzplans) entsprechend abzuändern (Art. 5 Nr. 20 SanInsFoG).

[18] Zurückhaltend zuvor bereits *Müller* ZGR 2018, 56 (71 f.).

[19] Dies gilt wiederum nicht, wenn dieser Wert durch einen Sanierungsbeitrag (z.B. Nachschuss) der nachrangigen Gläubiger oder Gesellschafter ausgeglichen wird (dazu sogleich).

[20] So auch die Überschrift des § 29 StaRUG-E.

[21] Dazu, Braun/*Braun/Frank*, InsO, 9. Aufl. 2022, § 245 Rn. 13 ff.; K. Schmidt/*Spliedt*, InsO, 20. Aufl. 2023, § 245 Rn. 24 ff.

stellung auch im Rahmen des § 27 Abs. 1 Nr. 2 StaRUG nicht zwingend einen wirtschaftlichen Wert für die Gesellschafter darstellen.[22] Einschränkend soll etwa ein Vergleich mit der Going-Concern-Bewertung des Unternehmens erfolgen: Ein wirtschaftlicher Wert würde nur dann zugewiesen, wenn die Gesellschafter mehr erhielten als in diesem Vergleichsszenario.[23] Eine solche Einschränkung lässt sich allerdings dem Wortlaut nicht entnehmen. Dort findet sich keine Beschränkung auf den „durch den Plan geschaffenen Mehrwert", sondern dass ein Gesellschafter einen „nicht […] vollständig ausgeglichenen wirtschaftlichen Wert erhält". Normiert hat der Gesetzgeber folglich allein die *new value exception*. Eine andere Auslegung liefe darauf hinaus, dass der Gesetzgeber nur einen einzigen Wert als zulässig betrachten würde, weil die Untergrenze zugleich der Obergrenze entspräche: Als Mindestbetrag im Rahmen des Schlechterstellungsverbots spricht § 26 Abs. 1 Nr. 1 StaRUG das Ergebnis der Vergleichsrechnung zu, während die *absolute priority rule* maximal diesen Mindestbetrag zuließe. Dem Planersteller verbliebe keinerlei Gestaltungsspielraum. Eine derart exakte Berechnung ist praktisch kaum leistbar. Andere wollen eine Wertzuweisung ausschließen, wenn kein Dritter anstelle des Schuldners zur Fortführung des Unternehmens bereit ist.[24] Sie orientieren sich damit an der Regierungsbegründung zur Insolvenzordnung, wonach die Fortführung des Unternehmens durch den Schuldner nicht zwangsläufig eine Wertzuweisung darstelle.[25]

Die Gegenansicht[26] hat das starke Wortlautargument auf ihrer Seite.[27] Zudem kann sie darauf verweisen, dass die weitere Beteiligung der Gesellschafter

---

[22] *AG Dresden* NZI 2021, 893 (895); Braun/*Herzig*, StaRUG, 2021, § 27 Rn. 9; Flöther/*Knapp*, StaRUG, § 27 Rn. 15; zu § 245 InsO auch *LG Mühlhausen* NZI 2007, 724 (726); *LG Traunstein* NZI 1999, 461 (464); *Bork* ZRI 2021, 345 (358); Graf-Schlicker/*Kebekus/Handschuhmacher*, InsO, 6. Aufl. 2021, § 245 Rn. 5 (mit unzutreffendem Verweis auf BR-Drucks. 619/20, 234); dagegen Morgen/*Kowalewski/Praß*, StaRUG, § 27 Rn. 37.

[23] Flöther/*Knapp*, StaRUG, § 27 Rn. 15; wohl auch *Bork* ZRI 2021, 345 (358).

[24] *AG Dresden* NZI 2021, 893 (895). Zu § 245 InsO: *LG Mühlhausen* NZI 2007, 724 (726); *LG Traunstein* NZI 1999, 461 (464); *Bork* ZRI 2021, 345 (358); dagegen Morgen/*Kowalewski/Praß*, StaRUG, § 27 Rn. 37.

Daneben wird vorgeschlagen, auf eine bilanzielle Betrachtungsweise abzustellen (Braun/*Herzig*, StaRUG, § 27 Rn. 9; zu § 245 InsO ebenso Braun/*Braun/Frank*, InsO, § 245 Rn. 13 ff.), wobei der Mehrwert einer solchen Lösung noch nicht herausgearbeitet wurde. Zudem leuchtet mir nicht ein, weshalb es für die Beurteilung auf die Bilanzierbarkeit von Vorteilen ankommen soll. Sollte die Beurteilung des wirtschaftlichen Wertes wirklich davon abhängen, ob eine konkrete Vermögensposition im Jahresabschluss erfasst werden darf?

[25] Begr. RegE InsO, BT-Drucks. 12/2443, 209.

[26] Pannen/Riedemann/Smid/*Smid*, StaRUG, 2021, § 27 Rn. 8; ferner Morgen/*Kowalewski/Praß*, StaRUG, § 27 Rn. 35, 38 (abw. dann aber Rn. 36); tendenziell auch *Skauradszun* ZRI 2020, 625 (633).

[27] Morgen/*Kowalewski/Praß*, StaRUG, § 27 Rn. 35.

außerhalb der Insolvenz nahezu zwangsläufig einen Wert darstellt, weil die Anteile noch nicht vollständig wertlos sind.[28] Und auch systematisch spricht wenig für eine einschränkende Auslegung, hat der Gesetzgeber doch den wichtigen Ausnahmefall der *new value exception* ausdrücklich geregelt.[29] Zudem hat der Gesetzgeber die Entscheidung zur Degradierung der Gesellschafter bewusst getroffen, wie die normierten Ausnahmen des § 28 Abs. 2 StaRUG zeigen: Eine Gruppenmehrheitsentscheidung soll trotz Gesellschafterbeteiligung möglich sein, wenn deren Mitwirkung für die Verwirklichung des Planwerts zwingend erforderlich ist (z.B. bei inhabergeführten Unternehmen).[30] Ferner sollen marginale Eingriffe in die Rechte der Gläubiger nicht zur Auslöschung der Gesellschafterrechte führen. Genannt wird die Stundung von Forderungen für bis zu 18 Monate. Da beide Ausnahmen sehr eng gefasst sind,[31] mildern sie die Eingriffswirkung aus Sicht der Gesellschafter nur wenig ab. Sie zeigen aber, dass sich der Gesetzgeber mit der Frage, in welchen Fällen Gesellschafter in der Gesellschaft verbleiben dürfen, befasst und sie wenig gesellschafterfreundlich beantwortet hat.

Im Meinungsstreit stehen sich letztlich Wortlaut und Systematik einerseits und wirtschaftlich sinnvolle Ergebnisse andererseits unvereinbar gegenüber. Ursache dieses Dilemmas ist die fehlende Passung der *absolute priority rule* auf das vorinsolvenzliche Restrukturierungsverfahren, sofern noch keine materielle Insolvenz eingetreten ist. Weil die Gesellschaftsanteile dann noch nicht gänzlich entwertet sind, führte eine wortlautgetreue Auslegung zu einer Ausblendung berechtigter Interessen der Gesellschafter.[32] Dadurch entstehen dysfunktionale Anreize, das Verfahren zulasten der Sanierungschancen erst möglichst spät in Anspruch zu nehmen oder erheblichen Einfluss auszuüben, worauf zurückzukommen ist (unter IV.).

Zusätzlich verkompliziert hat der Gesetzgeber die Situation, indem er für die gruppenübergreifende Mehrheitsentscheidung einen unauflösbaren Anforderungswiderspruch geschaffen hat, sobald die Anteile der Gesellschafter nachweislich noch einen – wenn auch geringen – Wert besitzen. Einerseits muss den Gesellschaftern gem. § 26 Abs. 1 Nr. 1 StaRUG ein Anteil am Wert zugesprochen werden, da sie nicht schlechter gestellt werden dürfen als sie ohne den

---

[28] In diese Richtung auch Morgen/*Kowalewski/Praß*, StaRUG, § 27 Rn. 37.

[29] Dazu Morgen/*Kowalewski/Praß*, StaRUG, § 27 Rn. 35, 38; Seibt/Westpfahl/*Westpfahl*, StaRUG, § 27 Rn. 32.

[30] Siehe Begr. RegE SanInsFoG, BT-Drucks. 19/24181 zu § 30 Abs. 2 StaRUG (151): „Seine Beiträge dürfen nicht durch eine andere Person substituierbar sein."

[31] So auch Begr. RegE SanInsFoG, BT-Drucks. 19/24181 zu § 30 Abs. 2 StaRUG (151).

[32] Ähnlich bereits zuvor *Korch* ZIP 2020, 446 (447 f.); *Müller* ZGR 2018, 56 (72 f.); *C. Schäfer* ZIP 2019, 1645 (1646 f.). Mit grundrechtlichen Bedenken *Madaus* DB 2019, 592 (597 f.); *Seibt/Treuenfeld* DB 2019, 1190 (1197); Flöther/*Westpfahl/Knapp*, Sanierungsrecht, F. Rn. 297 ff.

Plan stünden. Bestehen auch nur geringe Chancen auf eine außergerichtliche Sanierung, stellt sie jeder Plan schlechter, der sie entschädigungslos aus der Gesellschaft drängt. Der Restrukturierungsplan müsste folglich eine Entschädigung vorsehen oder den Gesellschaftern eine Restposition belassen. Auf der anderen Seite führte genau eine solche Regelung dazu, dass eine nachrangige Gruppe einen Wert erhält. In diesem Fall verbieten die Vorschriften der § 26 Abs. 1 Nr. 2, § 27 Abs. 1 Nr. 2 StaRUG die Überstimmung vorrangiger Gruppen. Somit könnte keine dissentierende Gläubigergruppe überstimmt werden, wenn die Anteile der Gesellschafter nicht vollständig wertlos sind. Damit stünde das Gestaltungsinstrument der Gruppenüberstimmung ausgerechnet in solchen Fällen nicht zur Verfügung, in denen die Sanierungschancen für die schuldnerische Gesellschaft besonders hoch sind.[33]

Vor diesem Hintergrund ist jeder Versuch verständlich, die gesetzlichen Vorgaben einschränkend auszulegen. Konsequenz einer solchen Einschränkung ist jedoch, dass die *absolute priority rule* auf die Gesellschafter keine Anwendung findet und so konterkariert wird. Überschreitet eine solche Auslegung die Grenzen zulässiger Rechtsfortbildung? Dafür sprechen der klare Wortlaut und die Systematik, dagegen die Gesetzgebungshistorie: Zwar wollte sich der Gesetzgeber schon mit § 245 InsO an das U.S.-Recht anlehnen, andererseits sah die Regierungsbegründung zu § 245 InsO die bereits erwähnte Ausnahme vor, wenn der Schuldner das Unternehmen fortführt.[34] Es ist deshalb zweifelhaft, ob der Gesetzgeber die *absolute priority rule* in ihrer strikten Ausformung in das deutsche Recht übernehmen wollte. Das dürfte einer Brandmarkung der Einschränkungsversuche als *contra legem* entgegenstehen. Für die hiesige Untersuchung muss die zusammenfassende Feststellung genügen, dass die *absolute priority rule* ein erhebliches Risiko für die Gesellschafter darstellt. Sie kann dazu führen, dass der Plan ein entschädigungsloses Herausdrängen der Anteilseigner aus der Gesellschaft vorsehen muss.

IV. *Dysfunktionale Verhaltensanreize.* – Die deutsche Regelung kann Gesellschaftern einen Anreiz setzen, die Durchführung eines Restrukturierungsverfahrens zu verhindern, zu verschleppen oder erheblich zu beeinflussen.[35] Aus ihrer Sicht kann es rational sein, eine außergerichtliche Sanierung zumindest zu versuchen, in der sie nicht gegen ihren Willen aus der Gesellschaft gedrängt

---

[33] Zum Vorstehenden schon *Korch* NZG 2020, 1299 (1300).

[34] Begr. RegE InsO, BT-Drucks. 12/2443, 209.

[35] Zum Ganzen auch *Heß*, Restrukturierung des Insolvenzrechts, 195; *Korch* NZG 2020, 1299 (1300 f.); *Tollenaar* Insolvency Intelligence 2017, 30 (5), 65 (73); Morgen/*Tresselt*, Präventive Restrukturierung, 2019, Art. 12 Rn. 15; Flöther/*Westpfahl/Knapp*, Sanierungsrecht, F. Rn. 261, 264.

werden können. Das gilt selbst für den Fall, dass die außergerichtliche Sanierung deutlich geringere Erfolgsaussichten als ein Restrukturierungsverfahren aufweist. Die Gesellschafter würden im Erfolgsfall die Gewinne einstreichen und riskierten dabei lediglich ihre stark wertgeminderte Beteiligung.[36] Zudem können sie versuchen, Einfluss auf die Geschäftsleiter zu nehmen, denen die Ausarbeitung des Restrukturierungsplans obliegt.

Welche tatsächlichen Auswirkungen diese Anreize auf die Sanierung haben, hängt damit maßgeblich vom Einfluss der Gesellschafter auf die geschäftsführenden Organe des schuldnerischen Unternehmens ab. Dieser variiert je nach Rechtsform. Der Vorstand einer AG handelt eigenverantwortlich, weshalb die Aktionäre das Restrukturierungsverfahren nur schwer abwenden oder behindern können, wenn sie nicht zugleich Organmitglieder sind.[37] Demgegenüber sind die Geschäftsführer der GmbH grundsätzlich weisungsgebunden.[38] Vor Anzeige der Restrukturierungssache gem. § 31 StaRUG müssen die Geschäftsleiter regelmäßig einen Gesellschafterbeschluss einholen.[39] Ob die Weisungsbindung im bereits eröffneten Restrukturierungsverfahren uneingeschränkt fortbesteht, ist umstritten.[40] Die Vorschrift des § 2 Abs. 2 S. 2 StaRUG-RegE sah weitgehende Einschränkungen der Weisungsbefugnis der Gesellschafter vor, um eine sanierungshemmende oder gläubigergefährdende Einflussnahme zu verhindern. Weisungen sollten „unbeachtlich" (und damit wohl nichtig[41]) sein, wenn deren Befolgung zu einem Verstoß gegen die Sanierungspflichten der Geschäftsleiter führen würde.[42] Da die Vorschrift ersatzlos gestrichen wurde, folgert ein Teil des Schrifttums, dass Weisungen der GmbH-Gesellschafter wirksam sind und ihnen auch eine haftungsbefreiende Wirkung zukommt.[43] Die Einschränkung der Weisungsbefugnis ergibt sich nach zutreffender Ansicht indes bereits aus § 32 Abs. 1 StaRUG.[44] Die Vorschrift bindet die Gesellschaft im Außenver-

---

[36] Zu diesem Interessenkonflikt mit den Gläubigern bereits *Klöhn* ZGR 2008, 110 (112 ff.).

[37] Zur Zuständigkeit für die Entscheidung über die Anzeige der Restrukturierungssache etwa Flöther/*Hoffmann/Braun*, StaRUG, § 29 Rn. 15; zur Rolle des Aufsichtsrats *P. Scholz* ZIP 2021, 219 (226 ff.).

[38] Dazu schon *Korch* ZGR 2019, 1050 (1066); zu Kapitalmaßnahmen siehe Art. 32 RRL sowie *Müller* ZGR 2018, 56 (70 f.).

[39] So *P. Scholz* ZIP 2021, 219 (226 f.); tendenziell auch Flöther/*Hoffmann/Braun*, StaRUG, § 29 Rn. 14 und Seibt/Westpfahl/*Herding/Krafczyk*, StaRUG, § 29 Rn. 45 ff. (grundsätzlich Zustimmungspflicht).

[40] Eingehend zum Meinungsstand Seibt/Westpfahl/*Korch*, StaRUG, § 43 Rn. 45 ff.

[41] Dazu *Korch* NZG 2020, 1299 (1303).

[42] *Korch* NZG 2020, 1299 (1303).

[43] *Guntermann* WM 2021, 214 (220); *Kuntz* ZIP 2021, 597 (609); a.A. *Scholz* ZIP 2021, 219 (224) (bloßes Redaktionsversehen); vgl. auch *Eckert/Holze/Ippen* NZI 2021, 153 (157).

[44] Morgen/*Demisch/Schwencke*, StaRUG, § 43 Rn. 80 f.; Flöther/*Goetker*, StaRUG, § 43

hältnis und im Wege der Legalitätspflicht auch die Geschäftsführer im Innenverhältnis.[45]

Die Einschränkung der Weisungsbefugnis führt allerdings nicht dazu, dass die Gesellschafter sämtlichen Einfluss verlieren. Sie können unliebsame Geschäftsführer noch immer gem. § 46 Nr. 5 GmbHG jederzeit abberufen und durch Geschäftsführer ersetzen, die den Interessen der Gesellschafter aufgeschlossener gegenüberstehen. Noch offensichtlicher ist die Gestaltungsmacht bei (teilweiser) Personenidentität von Gesellschaftern und Geschäftsleitern. Der Gesellschafter-Geschäftsführer wird bei der Planerstellung auch seine eigenen Interessen im Blick behalten; Gleiches gilt für Familienmitglieder in der Geschäftsleitung. Demgegenüber ist der Vorstand gegenüber den Aktionären weitgehend abgeschirmt, sodass eine Intervention allenfalls durch den Aufsichtsrat denkbar ist. Einfache Aktionäre dürften deshalb nur wenig Gehör im Restrukturierungsverfahren finden, sofern sie nicht zu Nachschüssen bereit sind.

Zusammenfassend hat das StaRUG die Einflussnahmemöglichkeiten im Verfahren zwar eingeschränkt, jedoch nicht beseitigt. Es besteht deshalb die Gefahr, dass Gesellschafter das Verfahren verschleppen, behindern oder verhindern, um eigene Risiken abzuwenden. Um diese Anreize zumindest abzuschwächen, schiene es rechtspolitisch sinnvoll, die *absolute priority rule* im vorinsolvenzlichen Verfahren jedenfalls nicht in ihrer strikten Ausformung zur Anwendung zu bringen.

V. *Abschließende Würdigung.* – Das Restrukturierungsverfahren bietet sowohl Chancen als auch Risiken für die Gesellschafter. Aufgrund der Möglichkeit zur gruppenübergreifenden Mehrheitsentscheidung besteht für sie die Gefahr, aus der Gesellschaft gedrängt zu werden. Sie haben daher einen Anreiz, einen etwaigen Einfluss auf die Geschäftsleitung der schuldnerischen Gesellschaft auszuüben, um das Verfahren in ihrem Sinne zu steuern. Zudem kann der Anreiz bestehen, das Restrukturierungsverfahren möglichst spät zu eröffnen. Beides kann die Erfolgsaussichten der Sanierung beeinträchtigen.

Unnötig vergrößert werden Risiken und dysfunktionale Verhaltensanreize durch die Regelung des § 27 Abs. 1 Nr. 2 StaRUG, der die *absolute priority rule* normiert. Folgt man dem Wortlaut, müssten Gesellschafter stets entschädigungslos aus der Gesellschaft ausgeschlossen werden, sofern eine Gläubigergruppe überstimmt werden muss und soll. Da die Gesellschaftsanteile im Vor-

---

Rn. 35 f., 42 f.; *Korch* GmbHR 2021, 793 (797); *Thole* BB 2021, 1347 (1351 f.) (Rechtswidrigkeit „versteht sich von selbst").

[45] *Korch*, GmbHR 2021, 793 (797); *Thole*, BB 2021, 1347, 1351 f.; a.A. *Guntermann* WM 2021, 214 (220).

feld der Insolvenz aber regelmäßig nicht wertlos sind, ist die Sorge der Gesellschafter vor einem solchen Szenario berechtigt. Die Vorschrift passt nicht auf das vorinsolvenzliche Restrukturierungsverfahren. Es überrascht deshalb wenig, dass Teile der Literatur eine Auslegung dahin vorschlagen, dass kein absoluter Vorrang der Gläubiger vor den Gesellschaftern besteht, obschon sich dafür weder im Wortlaut noch in der Systematik Anhaltspunkte finden.

OBBLIGHI E RESPONSABILITÀ NELLA RILEVAZIONE TEMPESTIVA DELLA PERDITA DI CONTINUITÀ AZIENDALE AI SENSI DEL C.C.I.I.

di *Enrico Ginevra*

ABSTRACT

The new rules on company structures and the related duty on corporate directors in the perspective of crisis regulation raise a need for clarification, in their novelty and complexity. The obligation to detect the crisis poses the problem of identifying the documents that lead to this and specifying the times for their mandatory processing by the company bodies. The problem also arises of clarifying whether the signs of imbalance, once detected, lead to the delineation of a "twilight zone" other than that described by law as "corporate crisis", which implies or not, on the part of the directors, an obligation to take action to overcome the imbalance itself. Finally, it is necessary to clarify what the directors' responsibility is in the event of failure to comply with such obligations.

1. *Introduzione.* – La materia degli assetti dell'impresa e del relativo dovere da parte dell'imprenditore collettivo è divenuta in pochi anni uno dei cardini della governance societaria. E questo soprattutto nella prospettiva della disciplina della crisi, data l'importanza del dovere in questione in relazione all'obiettivo di prevedere tempestivamente la crisi e porvi rimedio.

Le previsioni normative succedutesi al riguardo – e qui centralmente quelle previste nel c.c.i.i. – sollevano un'esigenza di chiarimento e precisazione, nella loro novità e complessità da un duplice punto di vista. Occorre cioè che i precetti vengano con esattezza puntualizzati e delimitati sia per fare in modo che possano "funzionare", ossia che si raggiunga lo scopo di legge di salvaguardare la continuità, sia per evitare che il tentativo di raggiungere quello scopo non produca il grave riflesso negativo di mortificare un elemento vitale dell'attività imprenditoriale, quale quello dell'assunzione del rischio d'impresa.

Insomma, le norme sull'imposizione del dovere di adeguatezza degli assetti funzionali alla rilevazione della crisi, da un lato non devono essere *vuote parole*, dall'altro non devono essere ostacoli alla capacità e alla disponibilità dell'imprenditore a farsi attore di sviluppo, bensì guida allo stesso fine.

2. *Gli assetti tipici per la rilevazione della crisi e la relativa cadenza temporale.* – Il primo profilo ci porta subito alla specificità della sede, nell'ambito della quale oggi trattiamo il tema in questione.

Nel c.c.i.i. l'art. 3, comma 2, si focalizza sulla tempestiva rilevazione della crisi d'impresa, mentre come sappiamo l'art. 2086 dispone l'obbligo di adeguatezza "anche" in funzione di tale obiettivo. Se dunque qui di "rilevazione" dobbiamo parlare, delle varie categorie di assetti considerati dalla norma generale viene ora in rilievo essenzialmente quello contabile.

Ma cosa significa tale precetto del comma 2, in termini operativi? Come noto, rispetto a un tale quesito viene in soccorso di operatori e interpreti il comma 3, che tipizza la fattispecie nei contenuti, precisando che dai documenti dell'impresa devono potersi trarre: eventuali squilibri di tipo patrimoniale *o* di tipo economico-finanziario (lett. a); la possibilità di pagamento alle scadenze dei debiti, almeno in un orizzonte annuale (lett. b); i dati con i quali potere elaborare la lista di controllo particolareggiata e il test di risanabilità (lett. c).

Si tratta di documenti per vero, per la maggioranza di essi, non nuovi e ormai comuni alla prassi contabile, specie delle società di dimensioni consistenti. Si tratta di elaborare periodicamente un bilancio, un piano finanziario e accertarsi che nella contabilità siano presenti i dati della lett. c). Certamente più impegnativo – e dunque si tratta del principale elemento di novità – è il piano di cassa "rolling", ossia il documento che mostri la continua capacità di pagamento dei debiti nell'orizzonte annuale.

Un punto però non chiarito nella norma attiene al profilo temporale che regola l'obbligo di confezionamento documentale in parola. Con quale cadenza vanno approntati i citati documenti? È sufficiente avere riguardo alla scadenza annuale del bilancio o le nuove norme impongono altra periodicità?

In ordine a tali quesiti, sono individuabili due dati normativi. Il primo, guardando alla s.p.a., è l'art. 2381 c.c., in tema di regolazione degli incarichi interni al consiglio di amministrazione, il quale, come noto, prevede una cadenza semestrale per l'attività di reporting dell'amministratore delegato al plenum. È lecito dunque chiedersi se nel resoconto sul generale andamento della gestione vada inserito l'esito della verifica in ordine all'esclusione di scenari di non continuità, qui in discussione.

Un secondo ausilio è oggi fornito dal comma 4 dell'art. 3 c.c.i.i., il quale tipizza una serie di segnali "per la previsione di cui al comma 3", ossia per la "verifica della sostenibilità dei debiti e le prospettive di continuità aziendale". Pare corretto ritenere che tali segnali, nel rappresentare elementi che certificano la possibile esistenza di uno squilibrio rilevante ai sensi del comma 3 c.c.i.i., là dove non concorrano senz'altro a denunciare l'emersione della crisi (o l'insolvenza) segnino l'ingresso dell'impresa in una *twilight zone*, la quale implichi l'esigenza di un'*alterazione del normale quadro di reporting contabile*: nel senso appunto di esigere una verifica della situazione dell'impresa molto più frequente di quanto accade nel periodo della sua fisiologia.

Verifica più frequente non significa però "continuativa". Lo si ricava *a contrario* dalla circostanza che un monitoraggio continuativo è uno dei requisiti la cui presenza è da verificare nella lista di controllo particolareggiata prevista nella lett. c) dell'art. 3, comma 3, c.c.i.i., la quale però è espressamente previsto vada utilizzata solo allorché occorra formare un piano di risanamento (in caso di composizione negoziata). Prima di quel momento, la lettera citata impone solo che l'organizzazione d'impresa deve consentire di *ricavare le informazioni* per l'utilizzo (eventuale e futuro) della lista di controllo: ossia avere un'organizzazione amministrativa capace, alla bisogna, di redigere la documentazione contabile di quel monitoraggio continuativo a cui si è fatto prima riferimento.

Tutto questo vale se si concorda su un assunto, che mi pare per la verità non discutibile nell'incastro normativo generato dai commi in esame. E cioè che, come già accennato, i "segnali" tipicamente elencati nell'art. 3, comma 4, c.c.i.i. non sono di per sé *evidenze di crisi*. Questa, come stabilisce in termini netti l'art. 2 c.c.i.i., è situazione integrata unicamente dalla prospettica incapacità di pagare i debiti annuali. Ciò significa che è rappresentabile una situazione in cui vi sia "squilibrio" (*ex* art. 3, comma 3, lett. a) ma non crisi: appunto una *twilight zone* la quale non fa scattare senz'altro l'obbligo dell'impresa di attivarsi per l'adozione di strumenti di regolazione. In una tale ipotesi si chiede all'imprenditore al più di valutare l'opportunità del ricorso alla composizione negoziale, che richiede unicamente l'accertamento di una situazione di probabilità di crisi (art. 12 c.c.i.i.): ossia di una "probabilità di una probabilità".

3. *I documenti di rilevazione della crisi e la soluzione prospettica degli squilibri dell'impresa.* – Sorgono un paio di interrogativi:

i) Nella *twilight zone*, ai fini dell'assolvimento dei doveri di diligenza e correttezza degli amministratori di una s.p.a., è sufficiente operare una verifica dei documenti "fisiologici" dell'impresa, quali prima ricordati, sebbene con maggiore frequenza rispetto a quanto deriverebbe dalle ordinarie cadenze imposte dall'art 2381, o bisogna pretendere qualcosa in più dall'organo di gestione? E cioè in particolare deve ritenersi che gli amministratori siano tenuti elaborare piani e/o strategie finalizzati alla disattivazione dei "segnali" e dunque al superamento degli squilibri di cui all'art. 3, comma 3, lett. A), monitorandone in qualche modo l'attuazione?

ii) Quali sono i rapporti tra la *twilight zone* "tipica" e la "probabilità di crisi" dell'art. 12? Quest'ultima è qualcosa di diverso e ha la stessa rilevanza "attivante" l'accelerazione degli obblighi di rilevazione della crisi o è una situazione magari solo parzialmente coincidente con lo squilibrio e di per sé non implicante uguali conseguenze?

3.1. *Assetti e rimozione dei "segnali"*. – Una volta appurato che l'impresa si trovi in situazione di squilibrio patrimoniale o economico-finanziario, anche là dove questa non integri ancora la fattispecie di crisi non pare dubbio che sorga un dovere di rimozione dello squilibrio medesimo. Lo si ricava anzitutto dalla regola generale degli assetti organizzativi di cui all'art. 2086 c.c., ai sensi del quale l'impresa collettiva deve avere un'organizzazione aziendale in generale adeguata non solo alla rilevazione della crisi ma prima ancora al fisiologico svolgimento dell'attività. E ciò può affermarsi solo là dove consti l'adozione di un modello aziendale, il quale sul piano patrimoniale ed economico-finanziario possa dirsi equilibrato. In più, nella medesima direzione non può non leggersi l'art. 4, comma 2, lett. B), c.c.i.i., il quale fa gravare sul debitore il dovere generale di "assumere tempestivamente le iniziative idonee alla individuazione delle soluzioni per il superamento delle condizioni di cui all'art. 12, comma 1", ossia la ricorrenza di una "probabilità di crisi".

Insomma, se emergono i "segnali" di cui all'art. 3, comma 4, c.c.i.i., pure nell'ipotesi in cui l'esito del budget di tesoreria annuale superi il test imposto dalla nozione di crisi, occorre che dai provvedimenti adottati e/o dai documenti approntati emerga una prospettiva di ripristino di una situazione di equilibrio dell'impresa. Questo non significa necessariamente ipotizzare che gli amministratori debbano senz'altro ricorrere alla composizione negoziata o a uno strumento di regolazione della crisi e dell'insolvenza; e nemmeno deve senz'altro pretendersi che le situazioni oggetto dei "segnali" vengano subito risolte, anche solo elaborando un piano industriale pluriennale con un orizzonte temporale pari, ad es., al riassorbimento dei debiti oggetto di concreta segnalazione. Occorre però che chi governa l'impresa sia in condizioni di prevedere e rendicontare, sulla base di un dato programma (il quale può anche consistere nella mera continuazione dell'attività, ove gli squilibri sono stati determinati da eventi esogeni straordinari, destinati a rientrare) adeguatamente documentato, che lo squilibrio è destinato a ristabilirsi: ad es., individuando i dati dai quali si ricavi la ragionevolezza del futuro riassorbimento dei debiti segnalati.

Va peraltro evidenziato il riferimento normativo alla circostanza che dato rilevante al fine dell'emersione della crisi è lo squilibrio patrimoniale. Si tratta infatti certamente di un argomento che fornisce un sostegno in più all'argomento secondo cui la disciplina degli assetti impone di riconsiderare l'idea dell'esistenza di un nesso tra capitale reale – o patrimonio netto – e oggetto sociale: sebbene questo nesso vada appunto inteso non quale condizione per la costituzione dell'ente ma quale oggetto dell'obbligo di cura e valutazione degli amministratori.

3.2. *Assetti e probabilità della crisi.* – La probabilità di crisi di cui all'art. 12 sembra un fatto che scorre parallelo rispetto ai dati della *twilight zone*, e dunque del tutto indipendente dall'esistenza dei segnali di crisi più o meno qualificati. È chiaro, più precisamente, che un segnale può incidere nel giudizio di probabilità di crisi, che però ritengo per lo più attenga a una anticipazione della previsione di tesoreria presupposta dall'art. 2 c.c.i.i.: si ha cioè probabilità di crisi quando i flussi di cassa non documentano ancora una inadeguatezza alla copertura dei debiti annuali ma è ragionevole che lo faranno nel prossimo futuro in mancanza di interventi sull'organizzazione d'impresa.

Al riguardo, pare lecito affermare che il legislatore si sia rappresentato la possibilità che l'imprenditore possa ricorrere alla composizione negoziata là dove ricorrano tre diverse situazioni: *i*) una conduzione ancora non problematica ma non redditizia, al punto da far prefigurare una futura (o prossima) crisi; *ii*) una situazione di crisi; *iii*) l'insolvenza. I segnali di cui all'art. 3 teoricamente riguardano le prime due fattispecie, sebbene siano certo compatibili con la terza (ma a quel punto non sono più segnali, bensì co-elementi). Tuttavia, trattandosi appunto di "segnali", non può certo escludersi la possibilità che essi concretamente rappresentino falsi positivi e non vi sia alcuna "probabilità di crisi" da affrontare.

Deve peraltro evidenziarsi che nell'approfondimento dei segnali, sul fronte dell'obbligo di attivazione altra è la posizione degli amministratori allorché in concreto emerga una mera probabilità di crisi rispetto all'ipotesi in cui questa risulti già in corso o ci si trovi addirittura in una situazione di insolvenza. Infatti, come risulta chiaramente dall'art. 21 c.c.i.i., i vincoli all'azione dell'imprenditore mutano nei tre casi, posti vincoli alla gestione sostenibile nel secondo e al rispetto del prevalente interesse dei creditori nel terzo. Il che potrebbe anche far prospettare un diverso grado di discrezionalità degli amministratori nell'individuazione dello strumento di regolazione della crisi realmente adeguato al caso concreto. Peraltro, va notato incidentalmente che lo strumento della composizione negoziata, alla prova dei fatti, sta funzionando male in situazioni di crisi avanzata: tanto che viene da chiedersi se non dovrebbe riservarsi, *de iure condendo*, solo a situazioni di pre-crisi: affinché possa rappresentare uno strumento di effettiva garanzia di risanamento, magari ove accompagnato da un sistema di incentivi per l'imprenditore.

4. *Inadempimento e responsabilità.* – Fissati gli elementi che integrano l'oggetto dell'obbligo di assetti nella (pre)crisi, bisogna capire cosa succede in caso di inadempimento: ossia precisare i presupposti della responsabilità degli organi sociali in tale materia, in termini di precisazione degli elementi dell'illecito e del danno.

4.1. *Gli assetti inadeguati e il problema della* business judgement rule. – La questione più delicata è quella se l'amministratore è responsabile per la circostanza di avere sì istituito degli assetti, ma questi si siano rivelati *ex post* inadeguati a impedire o a prevedere tempestivamente la crisi.

Tra i commenti all'obbligo di assetti, sia quelli occasionati dall'art. 2381 sia quelli più recenti sollecitati dall'art. 2086, prevale nettamente l'opinione secondo cui la determinazione degli assetti sia soggetta a *business judgement rule* e quindi nel merito non sindacabile. Io mi sono invece espresso in favore della tesi minoritaria, che ritiene non applicabile tale regola alla nostra fattispecie.

Il punto non è risolvibile con una qualche esegesi dei nuovi testi normativi oggi disponibili ma richiede prese di posizioni in termini sistematici qui non replicabili. In estrema sintesi, può dirsi che la scelta nell'alternativa tracciata dipende dalla circostanza che l'obbligo di assetti – e più a monte l'obbligo di corretta amministrazione – sia riconducibile al generale dovere di diligenza o piuttosto non sia manifestazione di un dovere di conservazione dell'integrità della società assunto anche nell'interesse dei terzi creditori e assimilabile ai doveri di cui fa menzione l'art. 2394 c.c.

Mi sono già espresso in favore di questa seconda opinione già in via generale. Ciò premesso, mi sembra, però, che in relazione agli assetti contabili precrisi il problema quasi non si ponga, perché il combinato disposto degli artt. 3-4 c.c.i.i. rende i relativi obblighi assimilabili a doveri specifici di protezione patrimoniale: cosicché si profila lo scenario di discorrere di comportamenti per i quali agli organi sociali spetta una scelta del tutto limitata e comunque con l'esercizio di una discrezionalità tecnica e non "politica". Ed è chiaro che quanto più si riterrà sindacabile il comportamento dell'amministratore nella definizione degli assetti, tanto più si potrà ritenere tale condotta passibile di integrare gravi irregolarità rilevanti *ex* art. 2409 c.c. anche in ipotesi diverse da quella "estrema", e dunque difficilmente rinvenibile nella pratica, della manca *istituzione* degli assetti stessi.

4.2. *Il danno da assetti inadeguati.* – Altro punto critico è quello della precisazione del danno da assetti. E il problema qui riguarda essenzialmente la sua quantificazione, essendo di evidente difficile prova il nesso causale tra l'inadempimento e la perdita sofferta dalla continuazione dell'attività. È chiaro che il problema si potrebbe risolvere là dove si ritenesse applicabile, per il caso di mancata rilevazione della (pre)crisi, l'art. 2486, il quale però come noto subordina il danno da continuazione dell'attività sociale (con incremento del passivo) al verificarsi di una causa di scioglimento. Qui dovrebbe dunque valutarsi se la fattispecie dell'attività in condizioni di non continuità possa farsi rientrare in quella dell'impossibilità di conseguimento dell'oggetto sociale: ma è evidente il dubbio di forzatura del sistema e dunque la necessità di percorrere altri sentieri interpretativi più articolati, in questa sede non prospettabile.

5. *Il problema degli assetti societari.* – Ho lasciato per ultimo un tema che riguarda più gli assetti organizzativi e dunque la fisiologia, piuttosto che la patologia della pre-crisi. Mi riferisco all'interrogativo se tra le regole organizzative che formano oggetto dell'obbligo di adeguatezza rientrino pure gli assetti c.d. *societari*: e dunque il sistema di amministrazione e controllo; l'articolazione del consiglio per deleghe; il regolamento parti correlate; l'adozione del capitale sociale.

Nonostante la tesi affermativa sia molto diffusa, io sono invece decisamente orientato in senso contrario, in quanto ritengo che l'opinione maggioritaria riposi fondamentalmente su un malinteso. A parte, infatti, la banale immediata considerazione che l'amministratore delegato non potrebbe essere responsabile di avere adeguatamente curato l'assegnazione delle deleghe, pena un circolo vizioso, o che il consiglio di amministrazione non potrebbe mai essere responsabile di una non assegnazione di deleghe espressamente non autorizzata dall'assemblea o dallo statuto, reputo che l'approccio qui criticato sia collegato a una errata ricostruzione della *ratio* della regola degli assetti. Come ho cercato di spiegare in altra occasione, tale previsione si spiega a mio modesto giudizio in coerenza con il moderno passaggio nell'ordinamento da una logica "proprietaria" a una "di attività" (che potrebbe forse definirsi "possessoria"), e la conseguente insufficienza dell'affidamento della protezione delle aspettative dei creditori (al rientro della società dalle proprie esposizioni) al controllo degli amministratori operato dai soci (i c.d. *agency rights*). Il tema è quello di assicurare che la *governance* sia improntata alla sostenibilità *finanziaria* dell'impresa, in modo che il pregiudizio alle ragioni dei creditori, piuttosto che inutilmente sanzionato *ex post*, sia impedito a monte. Una tale tecnica è stata poi di recente utilizzata nella moderna disciplina concorsuale – sia europea che interna – per soddisfare l'esigenza di adeguata salvaguardia dei complessi produttivi in funzione del relativo risanamento.

Rispetto a tale esigenza, altra diversa questione è quella della funzionalità della sostenibilità dell'impresa a un'istanza di garanzia legale della *stabilità* del mercato, sottesa come noto ad es. alle discipline della vigilanza bancaria, cui assimilerei regole delle società quotate quali la previsione dei codici di autodisciplina (che in effetti adottano una regola di necessità di assetti societari, sottoposta alla generale previsione del *comply or explain*). In quest'ultime materie, per ragioni, diciamo, di ordine pubblico economico – e non di mera conciliazione tra utilità individuale e sociale – le norme di legge sono suscettibili di condizionare a monte la libertà di iniziativa economica all'adozione di un codice organizzativo: cosicché i privati non possono del tutto realizzare una certa impresa – o collocarla in un dato mercato – se non adottando codici organizzativi che si rivelino adeguati già sul piano della selezione delle risorse di capitale e dell'articolazione della *governance*. È chiaro ora che una simile opzione non è imposta – e direi per fortuna – nel generale ambito dell'impresa, dove il privato rimane libero di svolgere la propria iniziativa economica definendone liberamente le coordinate, mentre spetta ai suoi fiduciari attuarla con gli strumenti d'impresa a quella adeguata, anche eventualmente dimensionando l'attività in coerenza con le contenute risorse a essa destinata. Se l'amministratore riterrà l'organizzazione societaria non coerente con l'impresa affidatagli da gestire, potrà comunque *proporre* i cambiamenti che riterrà opportuni e in mancanza ne farà dichiarare lo scioglimento o si dimetterà.

Ne va, del resto, come accennavo in principio di trattazione, del principio della libera iniziativa imprenditoriale, intesa non tanto come piena libertà civile (che sarebbe eccessivo), quanto come legittimazione alla costruzione di vicende economicamente rilevanti, fondate sul generale riconoscimento della insostituibilità dello spirito creativo del privato. V'è un termine oltre il quale la delimitazione del rischio deve fermarsi e l'imprenditore muoversi libero di configurare i termini del proprio investimento e dell'attrazione fiduciaria di quello altrui. Altrimenti, mentre si cerca di prevenire la crisi, si impedisce competizione e sviluppo, tagliando le radici a quella economia che si sta tentando di salvare.

Bibliografia essenziale

C. AMATUCCI, *Adeguatezza degli assetti, responsabilità degli amministratori e B*usiness Judgment Rule, in *Giur. comm.*, 2016, p. 643; P. BENAZZO, *Il codice della crisi di impresa e l'organizzazione dell'imprenditore ai fini dell'allerta: diritto societario della crisi o crisi del diritto societario?*, in *Riv. soc.*, 2019, p. 277; P. BENAZZO, *Gli assetti proprietari e la circolazione delle partecipazioni sociali nel prisma del codice civile della crisi d'impresa e dell'insolvenza*, in *Riv. soc.*, 2023, p. 8; L. BENEDETTI, *L'applicabilità della b*usiness judgement rule *alle decisioni organizzative degli amministratori*, in *Riv. soc.*, 2019, p. 413; V. BUONOCORE, *Adeguatezza, precauzione, gestione, responsabilità: chiose sull'art. 2381, commi terzo e quinto, del codice civile*, in *Giur. comm.*, 2006, I, p. 5; O. CAGNASSO, *Gli assetti adeguati nella s.r.l.*, in IRRERA (diretto da), *Assetti adeguati e modelli organizzativi nella c*orporate governance *delle società di capitali*, Bologna, 2016, p. 573; V. CALANDRA BUONAURA, *Amministratori e gestione dell'impresa nel Codice della crisi*, in *Giur. comm.*, 2020, I, p. 11; G. FERRI JR., *Ristrutturazioni societarie e competenze organizzative*, in *Riv. soc.*, 2019, 234; G. FERRI JR., *Poteri e responsabilità degli amministratori nel concordato preventivo delle società*, in *Riv. dir. comm.*, 2023, I, p. 15; S. FORTUNATO, *Assetti organizzativi dell'impresa nella fisiologia e nella crisi*, in *Giur. comm.*, 2023, I, p. 901; S. FORTUNATO, *Codice della crisi e Codice civile: impresa, assetti organizzativi e responsabilità*, in *Riv. soc.*, 2019, I, p. 952; C. FRIGENI, *Evoluzione dei doveri degli amministratori di società di capitali nella gestione della crisi d'impresa e conseguenze in punto di responsabilità: imputazione e quantificazione del danno risarcibile*; E. GINEVRA, *Tre questioni applicative in tema di assetti adeguati nella s.p.a.*, in *Banca, borsa tit. cred.*, 2021, I, p. 552; E. GINEVRA, C. PRESCIANI, *Il dovere di istituire assetti adeguati ex art. 2086 c.c.*, in *Nuove leggi civ.*, 2019, p. 1211; M. HOUBEN, *Assetti patrimoniali (non manifestamente in)adeguati, doveri degli amministratori e (nuovo) art. 3, co. 3, lett. A, Codice della Crisi d'Impresa*, in *Banca, borsa, tit. cred.*, 2023, I, p. 106; M. IRRERA, *Assetti adeguati e governo delle società di capitali*, Milano, 2005; M. IRRERA, E. FREGONARA, *I modelli di organizzazione e gestione e gli assetti organizzativi, amministrativi e contabili*, in IRRERA (diretto da), *Assetti adeguati e modelli organizzativi*, Bologna, 2016, p. 895; M. IRRERA-P. RIVA, *La convergenza tra le indicazioni del codice della crisi e d.l. 118/2021: is cash king? DSCR e TdR a confronto*, in *Ristrutturazioni aziendali*, 20 ottobre 2021; G. MERUZZI, *L'adeguatezza degli assetti*, in IRRERA (diretto da), *Assetti adeguati e modelli organizzativi nella* corporate governance *delle società di capitali*, Bologna, 2016, p. 68; A. MIRONE, *L'organizzazione dell'impresa societaria alla prova del codice della crisi: assetti interni, indicatori e procedure di allerta*, in *ODC*, 2020, p. 29; P. MONTALENTI, *Il Codice della crisi d'impresa e dell'insolvenza: assetti organizzativi adeguati, rilevazione della crisi, procedure di allerta nel quadro generale della riforma*, in *Giur. comm.*, I, p. 829; A. NIGRO, *Il diritto della crisi oggi tra tradizione e innovazione*, in *Riv. dir. comm.*, 2023, p. 185; S. PACCHI, *Le segnalazioni per la anticipata emersione della crisi. Così è se vi pare*, in *Ristrutturazioni aziendali*, 2022, p. 8; L. PANZANI, *Codice della crisi e gruppi di società*, in *Riv. soc.*, 2022, p. 1330; C. PRESCIANI, voce *Assetti organizzativi d'impresa*, in *Digesto. Disc. Priv. Sez. comm.*, Agg. IX. Torino, 2022, p. 13; R. RANALLI, *Le indicazioni contenute nella piattaforma: il test, la check-list, il protocollo e le possibili proposte*, in *Diritto della crisi*, 2022; D. SEMEGHINI, *Il dibattito statunitense sulla* business judgment rule: *spunti per una rivisitazione del tema*, in *Riv. dir. soc.*, 2013, p. 206.

RESTRUKTURIERUNGEN ALS STRATEGISCHES INSTRUMENT?

von *Yannic Arnold*

ABSTRACT

Based on a case study, this article illustrates the new strategic opportunities arising for companies and their shareholders under the new German preventive restructuring framework (StaRUG). Nevertheless, resulting difficulties and threats concerning the system of corporate liability are presented.

I. *Einleitung.* – Es sind bewegte Zeiten, die sich im Bereich der Restrukturierung und Insolvenz abspielen. Seit Jahrhunderten angewendete Dogmen werden in Frage gestellt und innerhalb von Monaten werden Gesetzgebungsvorhaben umgesetzt, die die Wirtschaftsverfassung in ihren Grundsätzen zu erschüttern vermögen. Gerade durch diesen Umbruch ergeben sich jedoch auch gänzlich neue Gestaltungsmöglichkeiten. Erste Fälle zeigen bereits, dass es zukünftig bisher kaum vorstellbare Gestaltungsoptionen geben kann, die die Grenzen von Restrukturierung, Insolvenz und Gesellschaftsrecht verschwimmen lassen.

II. *Historischer Rückblick: Berlin 1877 bis Brüssel 2019.* – Um die Bedeutung dieser Zeitenwende aus deutscher Sicht nachvollziehen zu können, bedarf es eines Blicks zurück in das Berlin des Jahres 1877, eine Zeit, in der Deutschland noch ein Kaiserreich unter Wilhelm I. von Preußen war. In diesem Jahr trat die deutsche Konkursordnung in Kraft, die über ein Jahrhundert das deutsche Verständnis des unternehmerischen Scheiterns, des Konkurses und der strikten

Trennung derselben vom allgemeinen Wirtschaftsrecht prägen sollte. Die „Perle der Reichsjustizgesetze“ [1] definierte mit weitreichenden Folgen eine klare Trennung zwischen solventen und insolventen Unternehmen. War der Rubikon der Insolvenz überschritten, gab es oftmals kein Zurück. Der Konkurs wurde noch 1950 als der gesellschaftliche Tod des Schuldners betitelt. [2] Erst im Jahr 1990 mit der Einführung der Insolvenzordnung und mit der sog. ESUG-Reform [3] im Jahr 2012 wandelte sich das gesetzgeberische Bild der Insolvenz maßgeblich. Die Fortführung des Unternehmens wurde nunmehr zu einem ausdrücklichen Ziel der Insolvenzgesetzgebung; die Vernichtung wirtschaftlicher Werte sollte verhindert werden. [4] Gleichwohl stand jede Fortführung des Unternehmens und jede Eigenverwaltung des Schuldners unter dem Dogma von § 1 InsO: An erster Stelle steht die Befriedigung der Gläubiger. Sanierung und Fortführung waren hierbei kein Selbstzweck. Sie dienten primär der Befriedigung der Gläubiger, die zugleich die Herren des Insolvenzverfahrens waren (Grundsatz der Gläubigerautonomie). [5]

Nur wenige Jahre später zeichnete sich die bereits nächste Zeitenwende ab, dieses Mal jedoch nicht in Berlin, sondern in Brüssel und Straßburg. Da sich eine Harmonisierung des materiellen Insolvenzrechts als schwierig erwies, strebte die Europäische Kommission zunächst an, den vorinsolvenzlichen Bereich durch eine Richtlinie einer ersten Harmonisierung zu unterwerfen, namentlich durch die Richtlinie über Restrukturierung und Insolvenz. [6]

Es ist hilfreich, sich zunächst die der Richtlinie zugrundeliegende Konstruktion zu vergegenwärtigen, um ihre Auswirkungen und letztlich auch Funktion als strategisches Instrument zu analysieren. Zweifellos ging von Brüssel bei Schaffung der Richtlinie über Restrukturierung und Insolvenz ein interessierter Blick nach England mit seinem Scheme of Arrangement und auch in die USA mit ihrem Chapter 11-Verfahren. [7] Insbesondere mit Blick auf den damals be-

---

[1] *Wolff*, Konkursordnung mit Einführungsgesetz, Nebengesetzen und Ergänzungen in der Fassung der Gesetze vom 17. Mai 1898, 2. Aufl. 1921, Einl., XV.

[2] Vgl. *Pape* ZInsO 2017, 2717 f.

[3] Gesetz zur weiteren Erleichterung der Sanierung von Unternehmen, Gesetz vom 07.12.2011 – BGBl. I 2011, Nr. 64 13.12.2011, 2582.

[4] Vgl. BT-Drs. 127/11, 22 ff.

[5] So auch die ausdrückliche Intention des deutschen Gesetzgebers beim ESUG, vgl. BT-Drs. 127/11, 22, siehe dazu auch *Foerste* ZZP 2012, 265 ff.

[6] RICHTLINIE (EU) 2019/1023 DES EUROPÄISCHEN PARLAMENTS UND DES RATES vom 20. Juni 2019 über präventive Restrukturierungsrahmen, über Entschuldung und über Tätigkeitsverbote sowie über Maßnahmen zur Steigerung der Effizienz von Restrukturierungs-, Insolvenz- und Entschuldungsverfahren und zur Änderung der Richtlinie (EU) 2017/1132 (Richtlinie über Restrukturierung und Insolvenz).

[7] Siehe zur Motivation des Europäischen Gesetzgebers Ebke/Seagon/Blatz/*Arnold*, Aktuelle Fragestellungen der Restrukturierung und Transformation, 73 ff.

vorstehenden Austritt Großbritanniens aus der Europäischen Union dürfte eine heraufziehende Konkurrenz um den attraktivsten Sanierungsstandort zumindest ein wesentliches Motiv gewesen sein, auch wenn dies freilich nicht explizit in den Erwägungsgründen dokumentiert wurde. Man sah in Brüssel jedoch die Gefahr von Sitzverlegungen von Unternehmen zum Zwecke der Restrukturierung, weshalb die Europäische Union selbst Möglichkeiten für eine präventive Restrukturierung schaffen wollte. Auch schien die bis dato in zahlreichen Mitgliedsstaaten nicht vorhandene Möglichkeit der finanziellen und operativen Sanierung (auch) gegen den Willen von Gläubigern und Gesellschaftern eine verlockende Gelegenheit, die in der Eurozone vorherrschende Verschuldensproblematik samt ihrer oftmals ineffizienten Insolvenzverfahren schonend abzufedern und so auch den Bankensektor vor *non-performing loans* besser zu schützen. [8]

Die Harmonisierung erwies sich jedoch aus europäischer Sicht als kompliziert. Die Rechtsordnungen der Mitgliedsstaaten wiesen erhebliche Unterschiede mit Blick auf die bestehende Insolvenzgesetzgebung auf. Es war daher eine große Herausforderung für die Europäische Kommission, aus diesen rechtlichen Bruchstücken ein möglichst einheitliches und harmonisiertes System zu gestalten. Dass das Ergebnis einem „Flickenteppich“ ähnelt, überrascht daher nicht. Ob die Zielerreichung dennoch gelungen ist, wird erst die Zukunft zeigen. Feststellen lässt sich indes, dass jedenfalls aus deutscher Perspektive eine eher ungewöhnliche Kombination aus typisch insolvenzrechtlichen Instrumenten geschaffen wurde, die jedoch weitgehend von der Insolvenz als Anknüpfungspunkt entkoppelt wurden. [9]

III. *Gegenwart: Restrukturierung als strategisches Instrument.* – Zu welchen großen Umbrüchen im deutschen Recht die Richtlinie über Restrukturierung und Insolvenz führen kann, lässt sich am besten an einem der ersten Fälle, in welchem das deutsche Umsetzungsgesetz zur Richtlinie über Restrukturierung und Insolvenz, das sog. StaRUG, in einem gerichtlichen Verfahren zur Anwendung kam, illustrieren. [10]

Gegenstand des Falls ist ein deutsches Logistikunternehmen, das auf internationale Überseetransporte spezialisiert ist. [11] Hierzu verfügt das Unternehmen

---

[8] Vgl. Erwägungsgrund 3, Richtlinie (EU) 2019/1023 vom 20.06.2019, ABl. L 172/18.

[9] Kritisch bereits *Tollenaar Insolvency Intelligence*, Vol. 30(5), 2017, 65 (76), der die Konzeption gar als „schizophren“ bezeichnet.

[10] *AG Hamburg* NZI 2021, 544 ff., hinsichtlich der strategischen Gestaltungsoptionen in diesem Fall siehe die Besprechung von *Doebert/Krüger* NZI 2021, 614 ff.

[11] Siehe ferner zu den Hintergründen und der näheren Sachverhaltsdarstellung *Grau/Pohlmann/Radunz* NZI 2021, 522 (523 f.).

über ein internationales Netzwerk aus Tochtergesellschaften. Das Unternehmen geriet aufgrund der Corona-Pandemie in finanzielle Schwierigkeiten. Hohe Schulden lasteten auf dem Unternehmen. Die laufenden Verluste wurden maßgeblich über die Ausweitung von Lieferantenkrediten und Gesellschafterdarlehen finanziert. Es war absehbar, dass mittelfristig größere Kredite nicht bedient werden können. Ein Versuch der außergerichtlichen Sanierung scheiterte. Die bisher paritätischen Beteiligungsverhältnisse wurden dabei unter anderem im Wege einer disquotalen Kapitalherabsetzung nach § 58a GmbHG von jeweils 50 Prozent auf 25 Prozent und 75 Prozent zugunsten des Gesellschafter-Geschäftsführers verändert. Gleichwohl kam es aufgrund der weiterhin bestehenden Unstimmigkeiten zwischen den Gesellschaftern nicht zu einer erfolgreichen Umsetzung des Sanierungskonzepts. Aufgrund der nun angenommenen drohenden Zahlungsunfähigkeit wurde ein schnelles Handeln notwendig. Anderenfalls wäre eine Insolvenz wohl unvermeidliche Konsequenz gewesen. Dies hätte jedoch, selbst bei einer Fortführung in der Insolvenz, erhebliche Nachteile für das Unternehmen bedeutet, denn viele Aufträge des Unternehmens waren an dessen Vertrauenswürdigkeit und Solvenz gebunden. Eine Insolvenz hätte demnach zum langfristigen Wegfall zahlreicher Kunden geführt. Ein „Restart" aus einem Insolvenzplanverfahren war daher keine aussichtsreiche Option.

Nach der ersten, letztlich gescheiterten Sanierung verfügte das Unternehmen nun über zwei Gesellschafter, die 75% und 25% der Anteile hielten. Der Mehrheitsgesellschafter war zugleich alleiniger Geschäftsführer. Das persönliche Verhältnis der Gesellschafter war weiter angespannt. Die Gesellschafter konnten sich daher trotz der zugespitzten Lage nicht auf eine gemeinsame Strategie zur Sanierung des Unternehmens einigen und blockierten sich im Wesentlichen gegenseitig auf Grundlage der gesellschaftsrechtlichen Sperrminorität.

Es bedurfte daher neuer Wege: Die Lösung war die wenige Wochen zuvor in das deutsche Recht umgesetzte Richtlinie über Restrukturierung und Insolvenz in Form des StaRUG. Doch welche neuen Möglichkeiten bieten sich im Rahmen des StaRUG im Gegensatz zur Insolvenz? Und vor allem: Wie können diese als strategische Instrumente genutzt werden?

Auch dies lässt sich anhand des weiteren Fortgangs des geschilderten Falles anschaulich illustrieren.

1. *Strategische Verfahrenseröffnung.* – Die erste Gestaltung betrifft bereits die Eröffnung des Verfahrens. Nach dem deutschen Recht setzt die Eröffnung eines Insolvenzverfahrens grundsätzlich Zahlungsunfähigkeit (§ 17 InsO) oder – bei juristischen Personen – Überschuldung (§ 19 InsO) voraus. Zahlungsunfähigkeit wird für das deutsche Recht in § 17 Abs. 2 S. 1 InsO definiert. Demnach

ist der Schuldner zahlungsunfähig, wenn er nicht in der Lage ist, die fälligen Zahlungspflichten zu erfüllen.[12] Der Bundesgerichtshof hat diese Definition weiter konkretisiert. So soll für die Zahlungsunfähigkeit eine Deckungslücke in Höhe von mindestens zehn Prozent notwendig sein, um geringfügige Liquiditätslücken auszuschließen.[13] Daneben wurde der maßgebliche Betrachtungszeitraum durch die Rechtsprechung auf drei Wochen festgelegt.[14] Überschuldung liegt im Sinne des deutschen Rechts nach § 19 Abs. 2 S. 1 InsO dagegen vor, wenn das Vermögen des Schuldners die bestehenden Verbindlichkeiten nicht mehr deckt, es sei denn, die Fortführung des Unternehmens ist nach den Umständen überwiegend wahrscheinlich.[15]

Dem Schuldner selbst kommt dagegen bereits bei drohender Zahlungsunfähigkeit ein Antragsrecht zu (§ 18 InsO).[16] Nach § 18 Abs. 2 S. 1 InsO droht der Schuldner zahlungsunfähig zu werden, wenn er voraussichtlich nicht in der Lage sein wird, die bestehenden Zahlungspflichten im Zeitpunkt der Fälligkeit zu erfüllen. Nach § 18 Abs. 2 S. 2 InsO ist in aller Regel ein Prognosezeitraum von 24 Monaten zugrunde zu legen.

Hieran hat der deutsche Gesetzgeber bei Schaffung des StaRUG Anleihe genommen: Die Maßnahmen nach dem StaRUG können demnach Anwendung finden, wenn eine drohende Zahlungsunfähigkeit nach § 18 Abs. 2 InsO besteht, vgl. § 29 Abs. 1 StaRUG. Man kann den Begriff der drohenden Zahlungsunfähigkeit zu Recht sehr kritisieren;[17] aus Sicht der Geschäftsführung des betroffenen Unternehmens ist die drohende Zahlungsunfähigkeit mit ihrer begrifflichen Unschärfe in diesem Fall jedoch hilfreich. Da es sich um ein bloßes Antragsrecht handelt und die schuldnerische Gesellschaft bis zu einem gewissen Grad selbst Herrin ihrer Prognosen ist, besteht ein nicht zu unter-

---

[12] Zum Tatbestand der Zahlungsunfähigkeit nach deutschem Recht siehe Kayser/Thole/*Laroche*, Heidelberger Kommentar zur Insolvenzordnung, 10. Aufl. 2020, InsO § 17 Rn. 4 ff.; Uhlenbruck/*Mock*, InsO, 15. Aufl.2019, InsO § 17 Rn. 20 ff.

[13] St. Rspr., siehe nur *BGH* Entscheidung vom 19.12.2017 – II ZR 88/16 Tz. 10, NZI 2018, 204 m.w.N.

[14] Vgl. nur *BGH* Entscheidung vom 9.10.2012 – II ZR 298/11 Z 195, 42 Tz. 8, NZI 2012, 1009 m.w.N.

[15] Zum Tatbestand der Überschuldung nach deutschem Recht siehe K. Schmidt/*K. Schmidt/Herchen*, InsO, 20. Aufl. 2023, InsO § 19 Rn. 20 ff.

[16] Eine Antragspflicht besteht bei bloß drohender Zahlungsunfähigkeit dagegen gerade nicht. Durch die Möglichkeit der frühzeitigen Verfahrenseröffnung erhoffte sich der deutsche Gesetzgeber eine maßgebliche Verbesserung der Sanierungschancen, siehe Begr. RegE InsO BT-Drucks 12/2443, 114. Zum Tatbestand der drohenden Zahlungsunfähigkeit siehe Uhlenbruck/*Mock*, § 18 Rn. 18 ff.

[17] Siehe nur MüKoInsO/*Drukarczyk*, Bd. 1, 4. Aufl. 2019, § 18 Rn. 41 ff.; Uhlenbruck/*Mock*, § 18 Rn. 5 ff.

schätzender Gestaltungsspielraum.[18] Die klassischen deutschen Insolvenzgründe der Überschuldung und der Zahlungsunfähigkeit greifen dagegen erst deutlich später, verpflichten dann aber auch zur Stellung eines Insolvenzantrags.

Die Vorteile für das schuldnerische Unternehmen zeigen sich im vorliegenden Fall deutlich. Hier lagen die klassischen Insolvenzgründe (wohl) noch nicht vor. Die „Flexibilität“ der drohenden Zahlungsunfähigkeit lässt eine Eröffnung des Verfahrens jedoch ohne Weiteres zu. Zugleich wird durch die Eröffnung des StaRUG-Verfahrens ausgeschlossen, dass Gläubiger ihrerseits Insolvenzanträge gegen die Gesellschaft stellen und so ein Restrukturierungsverfahren unterbinden könnten. Das schuldnerische Unternehmen hat daher eine weitreichende Steuerungsfähigkeit bei vorliegender drohender Zahlungsunfähigkeit: Es hat de facto ein Wahlrecht, ob ein Verfahren nach dem StaRUG, ein Insolvenzverfahren, beispielsweise in der besonderen Form des Schutzschirmverfahrens, oder eine außergerichtliche Einigung mit den Gläubigern stattfinden soll.

2. *Strategischer Verfahrenszuschnitt.* – Die zweite Gestaltung betrifft den Umfang des Verfahrens in Bezug auf die Beteiligten. Bei einem Insolvenz(-plan)verfahren nach deutschem Recht handelt es sich um ein Kollektivverfahren. Das bedeutet, dass von Gesetzes wegen alle Gläubiger und Anteilseigner in das Verfahren einbezogen werden.[19] Insoweit besteht kein Wahlrecht für das schuldnerische Unternehmen. Aus den bereits erläuterten Gründen hätte dies jedoch für das vorliegende Unternehmen erhebliche Nachteile für die Zeit nach der Insolvenz bedeutet.

Das StaRUG ist dagegen nur ein teilweise kollektives Verfahren.[20] Das bedeutet, dass nicht alle Gläubiger einbezogen werden müssen. Dem schuldnerischen Unternehmen kommt somit eine erhebliche Gestaltungsfreiheit zu.[21] Für das vorliegende Unternehmen ist dies von großem Vorteil. So können beispielsweise die wichtigen Kunden als externe Gläubiger vom Verfahren ausgeklammert werden. Diese werden von den Sanierungsmaßnahmen dann auch nicht betroffen.

Von dieser Gestaltungsmöglichkeit hat auch das vorliegende Unternehmen Gebrauch gemacht. Konkret einbezogen wurden im vorliegenden Fall nur die

---

[18] Siehe dazu bereits *Doebert/Krügerde* NZI 2021, 614 (615 f.); *de Bruyn/Ehmke* NZG 2021, 661 (662 f.).

[19] Vgl. Uhlenbruck/*Mock*, § 17 Rn. 2.

[20] Siehe § 8 StaRUG. Die Auswahl der Planbetroffenen hat jedoch gem. § 8 StaRUG nach „sachgerechten Kriterien“ zu erfolgen, siehe dazu *de Bruyn/Ehmke* NZG 2021, 661 (667); *Spiekermann* NJW 2022, 1775 (1777).

[21] *Schülke* DStR 2021, 621 (625).

vollständig beherrschten Tochtergesellschaften und die beiden Anteilseigner, diese einmal in ihrer Funktion als Gläubiger eines Gesellschafterdarlehens und einmal in ihrer Funktion als Anteilseigner. Nicht einbezogen wurden dagegen alle weiteren Gläubiger des Unternehmens. Daher wurden die wichtigen Kunden des Unternehmens sowie die finanzierenden Banken nicht negativ durch die Sanierung betroffen und mussten keinen finanziellen Beitrag leisten.

3. *Strategische Handlungsfreiheit im Sanierungsplan.* – Die dritte Gestaltung betrifft die Gestaltungsoptionen im Restrukturierungsplan selbst. Das im Restrukturierungsplan zur Verfügung stehende Instrumentarium ähnelt dem im klassischen Insolvenzplanverfahren. So sind nach dem StaRUG beispielsweise auch gesellschaftsrechtliche Maßnahmen ausdrücklich zulässig.[22] Dem schuldnerischen Unternehmen steht damit ein breiter Werkzeugkasten an Instrumenten zur Verfügung, der zahlreiche Gestaltungsoptionen bietet.

Für das vorliegende Unternehmen war insbesondere die Möglichkeit der Einbeziehung zwangsweiser gesellschaftsrechtlicher Maßnahmen gegen den Willen einzelner Gesellschafter wichtig. Konkret musste hier der Konflikt zwischen den Gesellschaftern nachhaltig gelöst werden.[23] Das StaRUG lässt hier auch außerhalb der Insolvenz erhebliche zwangsweise Eingriffe in die Rechte von Gesellschaftern und deren Anteilsrechte zu. Eingeschränkt wird diese Freiheit nur durch die Regelungen zum Minderheitenschutz, die eine ungerechtfertigte Benachteiligung einzelner Gläubiger, Gruppen von Gläubigern, Gesellschaftern oder Gruppen von Gesellschaftern verhindern sollen. Im Kern geht es um zwei wesentliche Vorgaben in § 26 Abs. 1 StaRUG: Zunächst ist das unionsrechtliche „Kriterium des Gläubigerinteresses" zu wahren. Hiernach darf die überstimmte Gruppe von Gläubigern durch den Restrukturierungsplan nicht schlechter gestellt werden, als sie ohne Restrukturierungsplan stünde.[24] Zweitens wird darüber hinaus auf die sog. absolute priority rule[25] verwiesen, die im Kern das Verbot der Überbefriedigung (§ 27 Abs. 1 Nr. 1 StaRUG), das Gebot der Rangwahrung (§ 27 Abs. 1 Nr. 2 StaRUG) und das Gebot der Gleichbehandlung von ranggleichen Gruppen (§ 27 Abs. 1 Nr. 3 StaRUG) enthält.[26]

---

[22] Ausführlich hierzu *Mulert/Steiner* NZG 2021, 673 (676 ff.).

[23] Zum Austritt von Gesellschaftern im Rahmen von Restrukturierung und Insolvenz, siehe *Mulert/Steiner* NZG 2021, 673 (679 f.).

[24] Zu den Einzelheiten der komplexen Vergleichsrechnung, siehe BeckOK StaRUG/*Skauradszun*, 7. Ed., Stand: 1.1.2023, § 64 Rn. 20 ff.

[25] Siehe dazu BeckOK StaRUG/*Spahlinger*, § 27 Rn. 7 ff.

[26] Vgl. hierzu Flöther/*Knapp*, StaRUG, 1. Aufl. 2021, § 27 Rn. 1 ff.; Pannen/Riedemann/Smid/*Smid*, StaRUG, 1. Aufl. 2021, § 27 Rn. 2 ff.; zur teils heftigen Diskussion zur absoluten und relativen Vorrangregel siehe etwa *Brinkmann* NZI-Beilage 2019, 27 ff.

Diese Regelungen zum Minderheitenschutz sind komplex.[27] Diese Komplexität ermöglicht jedoch zugleich einen nicht unerheblichen Gestaltungsspielraum. Abzusehen ist, dass schon die Wahl des nächstbesten Alternativszenarios oftmals für erhebliche Diskussionen sorgen wird. Denn wer entscheidet, ob dieses in einer Liquidation zu Liquidationswerten besteht oder doch eine Fortführung des Unternehmens mit oder ohne Insolvenz möglich wäre? Hier wird viel Arbeit auf die deutschen Gerichte zukommen, die letztlich im Streitfall die Vereinbarkeit der Restrukturierungspläne mit den Vorgaben des Minderheitenschutzes zu bewerten haben.

Im vorliegenden Fall waren die Regelungen zum Minderheitenschutz indes weniger problematisch. Die gesellschaftsrechtlich vollständig vom schuldnerischen Unternehmen beherrschten Tochtergesellschaften verzichteten auf 70% ihrer Forderungen. Die nach der deutschen Haftungsverfassung nachrangigen Gesellschafterdarlehen wurden auf null herabgesetzt. Schließlich verloren die beiden Gesellschafter auch ihre Anteilsrechte vollständig, wobei die Anteilsrechte von einem neuen Gesellschafter übernommen wurden, der durch die Übernahme neues Kapital in das Unternehmen einbrachte.

Der Mehrheitsgesellschafter sicherte sich darüber hinaus noch ein „Bonbon“: Er blieb, mit erheblicher Vergütung ausgestattet, auch nach der Sanierung Geschäftsführer.[28] Der Minderheitengesellschafter verlor dagegen alles. Sein Widerstand gegen den Restrukturierungsplan war demnach zu erwarten.

4. *Strategische Gruppenbildung und Planannahme*. – Die vierte Gestaltung liegt in der Gruppenbildung für die folgende Abstimmung über den Restrukturierungsplan. Außerhalb der Insolvenz bestand nach deutschem Recht bisher kaum eine Möglichkeit, Sanierungen gegen den Willen von einzelnen Beteiligten zwangsweise durch Mehrheitsentscheidung durchzusetzen.

Diese Möglichkeit besteht nun jedoch im Rahmen des StaRUG durch eine Abstimmung nach Gruppen von Planbetroffenen. Durch eine geschickte Gestaltung der Abstimmungsgruppen lassen sich sehr effiziente Möglichkeiten schaffen, ganze Gruppen von Gläubigern oder Anteilseignern zu überstimmen.[29]

Im vorliegenden Fall war dies relativ einfach. Es wurden drei Abstimmungsgruppen gebildet:

Die erste Gruppe bildeten die vom schuldnerischen Unternehmen – und damit vom Mehrheitsgesellschafter – beherrschten Tochtergesellschaften. Diese

---

[27] Ausführlich hierzu BeckOK StaRUG/*Skauradszun*, § 64 Rn. 20 ff.; Morgen/*Langer/Wolf*, StaRUG, 2. Aufl. 2022, § 64 Rn. 43 ff.

[28] Ebenso möglich ist auch, dass im Rahmen des Restrukturierungsplans ein Wechsel in der Unternehmensführung vorgesehen wird, vgl. *Mulert/Steiner* NZG 2021, 673 (680).

[29] Siehe dazu bereits *Doebert/Krüger* NZI 2021, 614 (618 f.).

stimmten entsprechend ihrer untergeordneten Stellung dem Plan zu.

Die zweite Gruppe bildeten die beiden Gesellschafter in ihrer Funktion als Gläubiger der Gesellschafterdarlehen. Da der Minderheitengesellschafter nicht bereit war, auf Grundlage des vorgeschlagenen Restrukturierungsplanes mit dem Mehrheitsgesellschafter zusammenzuarbeiten, verweigerte er die Zustimmung. Aufgrund der gleichen Größe der Darlehen hatten beide Gesellschafter in ihrer Funktion als Gläubiger der Gesellschafterdarlehen die gleichen Stimmrechte. Eine Mehrheit kam daher in dieser Gruppe nicht zustande.

Die dritte Gruppe bildeten wieder die beiden Gesellschafter. Dieses Mal in ihrer Eigenschaft als Inhaber der Anteilsrechte. Hier verfügte der Mehrheitsgesellschafter über 75% der Anteile und damit auch 75% der Stimmrechte. So konnte eine Dreiviertelmehrheit in dieser Gruppe erreicht werden.

Aufgrund der Möglichkeit des sog. klassenübergreifenden Cram-downs [30] nach § 26 Abs. 1 StaRUG bedurfte es hier für die Annahme eines Restrukturierungsplans lediglich die Mehrheit der abstimmenden Gruppen. Diese wurde hier mit 2 zu 1 erreicht.

Dieser Restrukturierungsplan wurde vom Amtsgericht Hamburg in dieser Form bestätigt. Das ganze Verfahren war bereits vier Monate nach Einführung des StaRUG erfolgreich beendet. Im Vergleich zu Insolvenzverfahren ist dies ein äußerst schnelles und effizientes Verfahren. Zugleich war die Lösung sehr schlank, da keine externen Gläubiger oder Banken in das Verfahren einbezogen werden mussten.

Der Fall kann daher durchaus als Musterfall für das StaRUG und die damit verbundenen strategischen Gestaltungsmöglichkeiten angesehen werden. [31] Freilich sind die Gestaltungsmöglichkeiten mit den aufgezeigten Optionen bei Weitem noch nicht erschöpft. Der Fantasie der künftigen Planersteller sind hier kaum Grenzen gesetzt.

IV. *Kritische Würdigung.* – Die strategischen Gestaltungsmöglichkeiten für beherrschende Mehrheitsgesellschafter und auch für schuldnerische Unternehmen unter dem StaRUG wurden bereits ausführlich beleuchtet. Nimmt man dagegen die Perspektive des Minderheitengesellschafters ein, erkennt man die weitergehende Problematik hinter der soeben geschilderten Lösung. Wirtschaftlich ist der Minderheitengesellschafter so gestellt, als wäre das Unternehmen in die Insolvenz gegangen. [32] Er hat ersatzlos seine Anteilsrechte

---

[30] Erforderlich ist nach § 25 Abs. 1 StaRUG grundsätzlich eine Dreiviertelmehrheit in jeder Gruppe, wenn nicht die Voraussetzungen des sog. klassenübergreifenden Cram-downs nach § 26 Abs. 1 StaRUG vorliegen.

[31] So bereits auch *Grau/Pohlmann/Radunz* NZI 2021, 522 (527).

[32] Siehe zum konkret geschilderten Fall, *Doebert/Krüger* NZI 2021, 614 (618 f.).

sowie die Ansprüche aus dem Gesellschafterdarlehen verloren. Tatsächlich war das Unternehmen zu diesem Zeitpunkt jedoch weder zahlungsunfähig noch überschuldet, eine Insolvenz im Sinne des deutschen Rechts lag damit noch gar nicht vor. Eine Insolvenzantragspflicht bestand folglich ebenfalls nicht; die Abwicklung des Unternehmens in einem Insolvenzverfahren war zu diesem Zeitpunkt nicht die unmittelbar zwingende Alternative. Für den Minderheitengesellschafter hätte zumindest die Hoffnung bestanden, dass das Unternehmen den Turnaround außerhalb der Insolvenz schafft oder zumindest privatautonom eine für ihn günstigere Lösung mit den maßgeblichen Gläubigern gefunden wird.

Zweifelhaft erscheint dies aus Sicht des Minderheitengesellschafters insbesondere deshalb, weil der Mehrheitsgesellschafter im direkten Vergleich bessergestellt ist. Zwar verliert auch er im ersten Schritt seine Anteilsrechte und die Ansprüche aus dem Gesellschafterdarlehen. Der Mehrheitsgesellschafter bleibt aber – mit wohl guter Vergütung ausgestattet – Geschäftsführer, ihm bleibt das Stigma der Insolvenz erspart und er kann das Unternehmen fortführen. Sogar eine neue Gesellschafterstellung ist zukünftig im Rahmen des Möglichen, sei es über einen Rückkauf der Anteile oder eine Beteiligungsvereinbarung im Rahmen der Vergütung als Geschäftsführer. Auf der anderen Seite wird der Minderheitengesellschafter entgegen seinem Willen entschädigungslos aus dem Unternehmen gedrängt und ihm wird zugleich die Aussicht auf zukünftige Gewinnbeteiligungen genommen.

Im Fokus soll nicht primär die rechtspolitische Gerechtigkeit einer solchen Lösung stehen. Für diesen Beitrag interessant sind vielmehr die weiteren, hieraus folgenden strategischen Konsequenzen für das Handeln der Beteiligten. Denn diese führen mit Blick auf den gesamten Rechtsverkehr zu erheblichen Verschiebungen in der Wirtschafts- und Haftungsverfassung.

Wie anhand der Fallstudie aufgezeigt, haben sich durch das StaRUG die strategischen (Verhandlungs-)Positionen der Beteiligten erheblich verschoben. Vor dem StaRUG konnte der Mehrheitsgesellschafter nur mit der Insolvenz drohen: „Wenn du bei der Sanierung nicht mitmachst, verlieren wir beide alles.“ Das war unter Umständen nicht das überzeugendste Argument. Denn auch der Mehrheitsgesellschafter würde alles verlieren, er wäre dem Stigma der Insolvenz ausgesetzt und letztlich im Insolvenzverfahren maßgeblich von der Zustimmung und dem Mitwirken der Gläubiger abhängig. [33] Das deutsche Insolvenzrecht stellt im Insolvenzrecht einen verhältnismäßig strengen und guten Ausgleich der Einflussmöglichkeiten zwischen Schuldnern und Gläubigern sicher. [34]

---

[33] Siehe hierzu *Spiekermann* NJW 2022, 1775 (1778).

[34] Anders ist dies zum Teil beim StaRUG, vgl. *de Bruyn/Ehmke* NZG 2021, 661 (662).

Nun lautet die Drohung aber anders: „Wenn du bei der Sanierung nicht mitmachst, verlierst du bei einem StaRUG-Verfahren alles, aber ich komme noch mit einem blauen Auge davon und habe künftig die alleinige Kontrolle über das Unternehmen“.[35] Die Verhandlungsposition des Mehrheitsgesellschafters hat sich damit erheblich verbessert. Selbst wenn es nicht zu einem StaRUG-Verfahren kommt, kann er mit Nachdruck seine Position im Rahmen der Verhandlungen durchsetzen.

Die soeben aufgezeigte Systematik gilt jedoch nicht nur in Bezug auf die Gesellschafter untereinander. Noch deutlich relevanter dürfte perspektivisch der Fall werden, wenn das schuldnerische Unternehmen seinen Gläubigern gegenübersteht. Denn auch in diesem Fall ist das Unternehmen in seiner strategischen Position gegenüber seinen externen Gläubigern erheblich gestärkt. Findet sich keine Einigung über die Sanierungsbeiträge zwischen Unternehmen und Gläubigern, kann diesen nun stets mit einem verhältnismäßig weichen „Exit“ durch das StaRUG gedroht werden. Eine Drohung mit der Insolvenz war dagegen bisher mit erheblichen Nachteilen für das schuldnerische Unternehmen verbunden: Unabhängig von der Frage, ob ein klassisches Insolvenzverfahren, ein Insolvenzplanverfahren oder eine Eigenverwaltung[36] angestrebt wurde, das deutsche Insolvenzrecht stand und steht stets unter der in § 1 InsO verbürgten Gläubigerautonomie. Vereinfacht bedeutet dies, dass – unabhängig vom gewählten Verfahren – das Insolvenzverfahren primär der Erfüllung der Interessen der Gläubiger dient und diese auch Herren des Verfahrens sind.[37]

Daher war und ist eine Insolvenz für das schuldnerische Unternehmen stets mit erheblichen Nachteilen verbunden, sodass eine solche nur in seltenen Fällen als strategisches Instrument tatsächlich in Betracht kam. Mit dem StaRUG dürfte dies nun anders werden. Bei einer Kosten-Nutzen-Analyse dürften die strategischen Vorteile für das Unternehmen nun in zahlreichen Fällen überwiegen, sodass sich ein Restrukturierungsverfahren unter dem StaRUG als tatsächliche Option anbieten wird. Freilich sind die Benachteiligten dann die Gläubiger des Unternehmens, denn die wirtschaftlichen Vorteile des Unternehmens sind die wirtschaftlichen Nachteile der übrigen Beteiligten. Der große Vorteil des StaRUG für das schuldnerische Unternehmen ist dabei, dass es stark auf dieses zugeschnitten ist: Das Unternehmen *kann* das Verfahren heranziehen, muss aber nicht. Darüber hinaus *kann* das Unternehmen bestimmte Regelungen im Restrukturierungsplan zur Abstimmung bringen, muss dies aber nicht tun. Die

---

[35] Siehe hierzu bereits *Seagon* NZI-Beilage 2019, 27 f.

[36] Zur Eigenverwaltung und ihren unterschiedlichen Varianten im deutschen Recht, siehe die ausführliche Darstellung bei MüKoInsO/*Kern*, Bd. 3, 4. Aufl. 2020, Vor §§ 270 ff. Rn. 1 ff.

[37] Siehe dazu auch *Rauhut* NZI-Beilage 2021, 52 (53 f.).

schuldnerische Gesellschaft bleibt daher ganz maßgeblich die Herrin des Restrukturierungsverfahrens.

Aus diesem Wandel droht folglich eine gewisse Verzerrung der Haftungs- und Wirtschaftsverfassung. Die Position von schuldnerischen Unternehmen wird deutlich gestärkt, Gläubiger müssen dagegen empfindliche Verluste befürchten. Die Verluste müssen hierbei nicht unbedingt aus dem StaRUG-Verfahren selbst erfolgen, sondern können auch im Rahmen einer freien Sanierung zustande kommen, die jedoch vor dem Druck eines drohenden StaRUG-Verfahrens verhandelt wird. Es besteht dabei stets die Gefahr, dass die eigentlich bedingungslos vorrangige Haftung der Anteilseigner aufgeweicht oder gar umgangen wird.

Es wird daher in besonderem Maße an den deutschen Restrukturierungsgerichten liegen, durch eine konsequente Prüfung von Restrukturierungsplänen einer ausufernden Anwendung Einhalt zu gebieten. Denn je weiter man Gestaltungen im Rahmen des StaRUG zulässt, umso größer sind die drohenden Verwerfungen. Nur eine konsequente Anwendung des Kriteriums des Gläubigerinteresses und der Regelungen zum Minderheitenschutz kann die notwendige Balance zwischen schuldnerischen Unternehmen und Gläubigern auch in Zukunft sicherstellen. Dies hat auch maßgebliche Auswirkungen auf die Verhandlungspositionen der Beteiligten: Wenn die Gläubiger sich darauf verlassen können, dass eine ungerechtfertigte Schlechterstellung ihrerseits gegenüber dem schuldnerischen Unternehmen in der Regel nicht zu besorgen ist, können sie auf Augenhöhe in die Verhandlungen zum Abschluss einer freien Sanierung gehen. Dies ist insbesondere deshalb maßgeblich, da die freie Sanierung in der Regel mit den geringeren Transaktionskosten verbunden ist und privatautonom die für alle Beteiligten effizienteste Lösung gefunden werden kann.

V. *Ausblick.* – Die präventive Restrukturierung unter dem StaRUG erweist sich aus den darlegten Gründen als mächtiges strategisches Instrument für Unternehmen und Gesellschafter. Mit letztlich im Kern insolvenzrechtlichen Mitteln[38] kann die eigene finanzielle oder sogar gesellschaftsrechtliche Situation außerhalb der Insolvenz maßgeblich verbessert werden. Darin liegt, wie aufgezeigt, eine Chance und Gefahr zugleich. Gelingt der juristische Drahtseilakt zwischen Förderung der Sanierung durch die Überwindung strategischer Blockaden im Vorfeld der Insolvenz, ohne dass betroffene Gesellschafter und Gläubiger ungerechtfertigt belastet werden, können erhebliche volkswirtschaftliche Schäden durch vermeidbare Insolvenzen in Zukunft frühzeitig abgewendet werden. Ein Kernziel des europäischen Gesetzgebers wäre damit erreicht. Ob

[38] Siehe nur *de Bruyn/Ehmke* NZG 2021, 661 (671).

dies gelingt, bleibt abzuwarten. Jedenfalls werden die deutschen Restrukturierungsgerichte in Zukunft eine wichtige Rolle bei der Ausbalancierung der Rechte und Pflichten der Beteiligten spielen müssen.[39] Denn nur so können erhebliche Verwerfungen im Haftungsgefüge und damit gesamtwirtschaftliche Schäden nachhaltig vermieden werden.

[39] Zur Rolle der mit dem StaRUG neu eingerichteten Restrukturierungsgerichte siehe *Vallender* NZI-Beilage 2021, 30 ff.

LA RISTRUTTURAZIONE AZIENDALE COME ELEMENTO STRATEGICO?

di *Chiara Presciani*

ABSTRACT

The contribution aims to analyze the relationship between Chief Executive Officers (CEOs) and the Board of Directors concerning strategic decisions related to corporate restructuring designed to overcome a crisis. The issue has been addressed by distinguishing between the two phases in which crisis management unfolds. The first phase involves the preliminary detection of the state of crisis. Here, the question arises whether the obligations under Article 2381, paragraph 5 of the Italian Civil Code (which requires the delegated director to report periodically on the company's performance) continue to apply, or whether, upon detecting signs of a crisis, the CEO must immediately inform the governing body without waiting for the next scheduled periodic report. The second phase concerns the selection and implementation of corporate restructuring measures aimed at restoring the company's viability. The focus here is on whether such decisions fall under the division of competences between the delegated directors and the delegating board established for "organizational, administrative, and accounting structures" (Article 2381, paragraphs 3-5 of the Civil Code) or rather under the regime for "strategic, industrial, and financial plans" (Article 2381, paragraph 5 of the Civil Code).

1. *Introduzione e impostazione del problema: i rapporti tra amministratore delegato e amministratori deleganti in relazione alla strategia di gestione della crisi di impresa.* – La domanda posta dal titolo della relazione che mi è stata as-

segnata richiede di svolgere una riflessione sui rapporti intercorrenti tra la strategia imprenditoriale adottata dalla società *in bonis* e la scelta circa l'avvio di una "ristrutturazione aziendale", quest'ultima da intendersi ai sensi dell'ampia definizione contenuta nella Direttiva n. 1023/2019/UE (c.d. Direttiva Insolvency) come l'insieme di misure di varia natura funzionali al superamento di uno stato di crisi [1]. Da un punto di vista prettamente fattuale, non si può mancare di notare come il sopravvenire di uno stato di crisi impedisca di per sé l'efficace perseguimento della politica strategica elaborata dagli amministratori quando l'impresa era sana. Dal momento che la "crisi" si sostanzia nello "*stato del debitore che rende probabile l'insolvenza e che si manifesta con inadeguatezza dei flussi di cassa prospettici a far fronte alle obbligazioni nei successivi dodici mesi*" (art. 2, comma 1, lett. a, d.lgs. n. 14/2019, c.d. codice della crisi, di seguito "c.c.i."), essa si risolve in una situazione in cui la struttura patrimoniale-finanziaria non riesce più a sostenere la gestione corrente (la cui inalterata prosecuzione è destinata a traslare indebitamente il rischio imprenditoriale sul ceto creditorio), con conseguente impossibilità di conseguire gli obiettivi originariamente fissati. In queste circostanze, la prima e più immediata esigenza da affrontare – comune a ogni imprenditore, a prescindere dalla sua forma giuridica – è quella di evitare (là dove possibile) la definitiva perdita del *going concern*, così da salvaguardare gli interessi dei creditori (oltre a quello dei soci al recupero della reddittività [2]). Si tratta, in altre parole, di avviare una sorta di "gestione transitoria" (spesso indicata come "gestione della crisi") il cui l'obiettivo primario (cessa di essere la massimizzazione del profitto e) diviene il salvataggio dell'impresa. In questa prospettiva, dunque, la gestione deve essere incanalata all'interno di una nuova "strategia", che partendo dall'individuazione delle cause del dissesto, stabilisca le misure di ristrutturazione aziendale atte a rimediare alle criticità riscontrate. Ed è noto, peraltro, che oggi, a seguito della riforma operata con il codice della crisi l'obbligo di avviare tale fase di ristrutturazione aziendale è stato espressamente codificato all'art. 2086, comma 2, c.c. (e addirittura ripetuto all'art. 3, commi 1-2, c.c.i.) nella parte in cui impone a qualunque imprenditore di "*attivarsi senza indugio per l'adozione e l'attuazione di uno degli strumenti previsti dall'ordinamento per il superamento della crisi e il*

---

[1] Ai sensi dell'art. 2, par. 1, n. 1, della Direttiva Insolvency il termine "ristrutturazione" viene inteso come le "*misure che intendono ristrutturare le attività del debitore che includono la modifica della composizione, delle condizioni o della struttura delle attività e delle passività del debitore o di qualsiasi altra parte della struttura del capitale del debitore, quali la vendita di attività o parti dell'impresa, e, se previsto dal diritto nazionale, la vendita dell'impresa in regime di continuità aziendale, come pure eventuali cambiamenti operativi necessari, o una combinazione di questi elementi*".

[2] Sul problema degli interessi che gli amministratori sono tenuti a perseguire in pendenza della crisi, si rinvia alla relazione del prof. Francesco Bordiga.

recupero della continuità aziendale"[3] non appena gli adeguati assetti organizzativi abbiano captato un segnale di crisi.

È dunque su tale obbligo di attivazione, inteso come determinazione (e successiva attuazione) della nuova strategia aziendale strumentale al recupero della sostenibilità economico-finanziaria, che si intende qui focalizzare l'attenzione, affrontando, in particolare, il problema della precisa individuazione del riparto di competenze in relazione a tale fase di "gestione transitoria".

Sul punto, in realtà, pochi dubbi possono realmente porsi sul fatto che l'obbligo di attivazione *ex* art. 2086, comma 2, c.c. ricada in via esclusiva sugli amministratori, con parallela sterilizzazione di ogni potere di interferenza da parte dei soci. Non solo viene oggi espressamente previsto che l'accesso a un qualsivoglia strumento di risoluzione della crisi rientra nella competenza esclusiva degli amministratori (art. 120-*bis* c.c.i.: sul quale si ritornerà *infra* § 3.3.), ma il medesimo principio è sancito nel diritto societario comune anche in relazione all'istituzione degli assetti organizzativi funzionali alla tempestiva percezione della crisi [cfr. artt. artt. 2257 (per le s.s. e, dunque, applicabile a tutte le società di persone), 2380-*bis* (per le s.p.a.), 2409-*novies* (per le s.p.a. che adottano il dualistico) e 2475 (per le s.r.l.), c.c.]. Pare, quindi, possibile evidenziare che, per effetto delle recenti riforme, sia stato delineato un principio che, nell'ottica di evitare comportamenti opportunistici dei soci in danno ai creditori[4], vuole allontanare il più possibile i primi dai ogni aspetto inerente la crisi, con conseguente rafforzamento della posizione degli amministratori[5].

Maggiori incertezze, invece, sorgono in relazione ai rapporti di potere tra amministratori delegati e amministratori deleganti nelle società dotate di un consiglio di amministrazione: profilo, questo, che non è stato direttamente affrontato dal codice della crisi. Viene dunque da chiedersi se nel frangente che ci occupa (di gestione della crisi) trovino piana applicazione le regole dettate dall'art. 2381 c.c. (pensato per le società *in bonis*) oppure se (ed eventualmente in che termini) le stesse siano state indirettamente impattate dal riformato quadro normativo. Si tratta, in particolare, di comprendere se il maccanismo del c.d.

---

[3] Per una disanima approfondita di tale obbligo di attivazione v. CAGNASSO, *L'accesso agli strumenti di regolazione della crisi e dell'insolvenza delle società: la posizione degli amministratori*, in *Diritto della crisi*, febbraio 2023, p. 5 s.

[4] Gli insegnamenti delle scienze economiche, infatti, dimostrano che durante la crisi è più alto il rischio che i soci, avendo ormai perso il proprio investimento, prediligano iniziative altamente rischiose (e finanche azzardate), il cui (probabile) esito negativo è destinato a ricadere sui soli creditori: EASTERBROOK-FISCHEL, *L'economia delle società per azioni: un'analisi strutturale*, Milano, (trad. it.) 1996, p. 84.

[5] Sul problema della posizione dei soci nell'ambito della crisi si rinvia alla relazione del prof. Enrico Ginevra.

monitoring board[6] delineato nell'art. 2381 c.c. – in forza del quale, come noto, il consiglio mantiene un insopprimibile potere di indirizzo della gestione strategica (art. 2381, comma 3, secondo periodo, c.c.), la cui attuazione *day by day* viene demandata all'amministratore delegato, che riferisce semestralmente (o con la frequenza fissata dallo statuto) del suo operato al *plenum* (art. 2381, comma 5, c.c.) sottoponendosi così al suo controllo e giudizio[7] – rimanga inalterato o se, all'opposto, questo subisca variazioni nel contesto del diritto societario della crisi. In altri termini, il problema è quello di chiarire come si snoda il processo di formazione della volontà della società in relazione alla predisposizione di un programma di ristrutturazione aziendale (che, si badi, precede e prescinde dalla attivazione di uno strumento di regolazione della crisi), precisando, per un verso, la conformazione del dovere di *reporting* del delegato in merito alla sussistenza della crisi e alla conseguente necessità di procedere a una ristrutturazione aziendale e, per altro verso, l'articolazione dei poteri tra delegato e deleganti sulla selezione delle misure all'uopo necessarie.

2. *I flussi informativi tra delegato e deleganti in relazione ai segnali di crisi.* – Nell'ottica di rimediare per tempo alla crisi (ed evitare che questa degeneri in insolvenza) una fase preliminare, ma di particolare importanza, è quella in cui

---

[6] Sul *monitoring board* v. per tutti REBOA, *Il monitoring board e gli amministratori indipendenti*, in *Giur. comm.*, I, 2010, p. 657 ss.; e nella dottrina americana BAINBRIDGE, *The new corporate governance in theory and practice*, Oxford, 2008, p. 160 ss.; EISENBERG, *Corporation and other business organisation*, New York, 2008; ID., *The structure of the corporation: a legal analysis*, Washington, 1976, p. 162 ss.

[7] Per la notazione (pacifica in dottrina) secondo cui il *plenum* conserva sempre l'inderogabile funzione di indirizzo strategico e monitoraggio sul delegato, *ex multis*: CALANDRA BUONAURA, *L'amministrazione della società per azioni nel sistema tradizionale*, in *Trattato di diritto commerciale*, diretto da Cottino, Torino, 2019, p. 253; STRAMPELLI, *Sistemi di controllo e indipendenza nelle società per azioni*, Milano, 2013; ANGELICI, *La società per azioni: principi e problemi*, in *Trattato di diritto civile e commerciale*, già diretto da Cicu-Messineo-Mengoni e proseguito da Schlesinger, Milano, 2012, p. 379 e nt. 80; STELLA RICHTER, *La funzione di controllo del consiglio di amministrazione nelle società per azioni*, in *Riv. soc.*, 2012, p. 663 ss.; BARACHINI, *La gestione delegata della società per azioni*, Torino, 2008, p. 181; ID., *Art. 2381 c.c.*, in *Società per azioni. Commentario*, a cura di Abbadessa-Portale, Torino, 2016, p. 1199. Meno chiaro è, invece, il fondamento di tale ruolo di "alta amministrazione" del c.d.a. Secondo l'opinione che risulta preferibile, la funzione in parola (di indirizzo strategico e monitoraggio) deriverebbe dagli insopprimibili poteri di direttiva e avocazione allo stesso riconosciuti dall'art. 2381, comma 3, c.c., che gli consentono di condizionare in ogni momento l'attività del delegato e, conseguentemente, confermano non solo che il *plenum* non si spoglia mai della funzione gestoria, ma pure che esso rimane costantemente sovraordinato al delegato (IRRERA, *Assetti adeguati e governo delle società di capitali*, Milano, 2005, p. 236). Non sembra, invece, condivisibile l'idea di chi trare il potere di indirizzo strategico del c.d.a. dalla previsione che riserva allo stesso il compito di "esaminare" i piani strategici industriali e finanziari (così, GIANNELLI, *Il consiglio di amministrazione*, in La governance *nelle società di capitali. A dieci anni dalla riforma*, coordinato da Marchetti-Santosuosso, Milano, 2013, p. 81; ANGELICI, *La società per azioni*, cit., p. 379 e nt. 80; BARACHINI, *La gestione delegata*, cit., p. 207): su tale disposizione v. *infra* § 3.2.

viene rilevato il segnale di crisi, ove si pone il problema di comprendere come vada strutturato il flusso informativo verso il consiglio di amministrazione, al fine di renderlo edotto della situazione di difficoltà in cui verte la società.

Per inquadrare la questione, è bene anzitutto ricordare che l'attuale obbligo di adeguatezza degli assetti *ex* art. 2086, comma 2, c.c. (così come integrato dall'art. 3, commi 3-4, c.c.i. [8]) richiede di procedimentalizzare alcuni controlli che gli uffici aziendali sono tenuti a svolgere periodicamente per accertare lo stato di salute dell'impresa: controlli che, peraltro, devono essere effettuati con una frequenza (non fissata dalla legge, ma) che dovrà essere tarata in modo da evitare l'obsolescenza delle rilevazioni precedenti e, conseguentemente, scongiurare il rischio di non cogliere per tempo eventuali avvisaglie di crisi e/o di perdita di continuità aziendale [9]. È facile peraltro affermare che gli uffici preposti a detti controlli dovranno trasmettere i dati raccolti e i risultati ottenuti dalle verifiche effettuate all'amministratore delegato: e ciò, non solo perché – come si vedrà meglio *infra* § 3.1. – questo è il "costruttore" degli stessi assetti, ma soprattutto perché esso è posto al vertice di tutta l'organizzazione aziendale, quale principale (se non unico) artefice della gestione corrente [10]. Grazie a tale flusso informativo, dunque, l'amministratore esecutivo è posto nella condizione di avere *costantemente* contezza del "generale andamento della gestione" e della "sua prevedibile evoluzione", come presuppone lo stesso art. 2381, comma 5, c.c. nella parte in cui impone allo stesso delegato di *periodicamente* riferire in consiglio su tali profili.

Chiarito dunque il primo passaggio informativo (uffici aziendali-amministratore delegato) sulla sussistenza di un indizio di crisi, il problema è capire se il flusso informativo verso il consiglio vada regolato ai sensi della disposizione da ultimo richiamata (con conseguente possibilità del delegato di attendere la prima relazione periodica utile), oppure se in tali evenienze sia possibile trarre dal sistema un obbligo del delegato di immediata informativa. Va, infatti, osservato, che la previsione di una cadenza fissa dell'obbligo del delegato di riferire al c.d.a. ha senz'altro senso nei casi in cui i dati rimandati dagli assetti organizzativi diano conto di una situazione di equilibrio economico-finanziario e senza particolari segnali di dissesto [11]. All'opposto, però, in presenza di un sintomo di crisi vi potrebbe essere l'esigenza di un immediato coinvolgimento dell'organo collegiale. Ciò avviene senz'altro in quelle ipotesi in cui la società verta in con-

---

[8] Sulla attuale versione dell'art. 3 si rinvia alla relazione del prof. Francesco Bordiga.

[9] La periodicità di tali verifiche, pertanto, deve essere fissata in modo autonomo rispetto alla relazione periodica che l'amministratore delegato è tenuto a fare al c.d.a. ai sensi dell'art. 2381 c.c.

[10] ZANARDO, *Delega di funzioni e diligenza degli amministratori nella società per azioni*, Milano, 2010, p. 84.

[11] Ritiene eccessivamente lungo tale termine IRRERA, *Assetti adeguati*, cit., p. 252.

dizioni particolarmente gravi, in cui già *a prima facie* emerge la necessità di operare in tempi stretti una ristrutturazione aziendale drastica, o che comunque implichi il compimento di operazioni che esulano dalle competenze del delegato (si pensi, ad es., all'ipotesi in cui il salvataggio dell'impresa passi necessariamente attraverso a una ricapitalizzazione della società, da proporre all'assemblea straordinaria). È chiaro che innanzi a siffatte condizioni, il delegato non potrà che chiedere al presidente di procedere immediatamente alla convocazione del c.d.a.

Si consideri però che gli assetti organizzativi devono essere tarati secondo un criterio di stretta prudenza, sì che è ben possibile (e finanche doveroso) che essi facciano scattare un "segnale d'allarme" pure in presenza di crisi meramente potenziali (c.d. *twilight zone*)[12], in cui, pur essendosi registrate alcune prime difficoltà, ancora non si è innanzi a una sicura crisi effettiva. In queste circostanze, è pacifico che il delegato non possa ignorare il peggioramento delle condizioni della società, ma sia tenuto, in virtù del suo dovere di agire informato, a verificare la gravità della situazione e individuare le cause che hanno portato al suo deterioramento. Tuttavia, è ben possibile che da tale analisi risulti che le problematiche rilevate siano agevolmente superabili mediante il compimento di atti che rientrano nelle competenze dello stesso amministratore delegato (quali la negoziazione di dilazioni di pagamento per far fronte a una momentanea carenza di cassa nell'attesa della scadenza di un credito senz'altro esigibile). Inoltre, non si può nemmeno escludere che il segnale d'allarme rimandato dagli assetti sia solo un c.d. falso positivo, innescato da tensioni meramente provvisorie e derivanti da "rischi calcolati" dall'amministratore delegato in un'ottica ancora del tutto fisiologica, in cui non vi è necessità di operare alcun intervento di risanamento. In questi scenari, ove non si ha l'esigenza di procedere a una ristrutturazione aziendale o, comunque, questa non necessita l'attivazione dei poteri del *plenum*, si potrebbe essere indotti a ritenere che il delegato non abbia l'obbligo di riferire in via straordinaria al consiglio di amministrazione, ma possa decidere di attendere la prima relazione periodica utile, dando in quell'occa-

[12] Ciò si trae dalla richiesta di "tempestiva" rilevazione della crisi contenuta all'art. 2086, comma 2, c.c., che viene peraltro precisata dall'art. 3, comma 3, c.c.i., ove si stabilisce espressamente che gli assetti organizzativi debbano, tra il resto, consentire di "*ricavare le informazioni necessarie a utilizzare la lista di controllo particolareggiata e a effettuare il test pratico per la verifica della ragionevole perseguibilità del risanamento di cui all'articolo 13, comma 2*". Questi sono due strumenti che vengono in rilievo nell'ambito della composizione negoziata della crisi, attivabile in presenza di una crisi meramente "probabile" (art. 12, comma 1, c.c.i.). Su tali strumenti v. RANALLI, *Le indicazioni contenute nella piattaforma: il test, la check-list, il protocollo e le possibili proposte*, in *Diritto della Crisi*, 2022; v. anche dello stesso autore, *La ratio ed il funzionamento del test pratico per l'accesso al percorso di risanamento*, in *Diritto della crisi*, 2021; IRRERA, RIVA, *La convergenza tra le indicazioni del codice della crisi e D.L 118/2021: is cash king? DSCR e TdR a confronto*, in *Ristrutturazioni aziendali*, 20 ottobre 2021.

sione conto anche dei problemi rilevati e delle eventuali iniziative intraprese per risolverli. E, in effetti, prima dell'avvento del codice della crisi, in assenza di riferimenti normativi ulteriori all'art. 2381 c.c., questa sembrava l'opzione interpretativa da preferire (e, di fatto, seguita nella prassi). Tuttavia, una simile conclusione va verificata alla luce del quadro normativo rinnovato dal codice della crisi.

A questo proposito, va anzitutto dato conto di una voce dottrinale [13] che, pur in assenza di un esplicito dovere dell'amministratore delegato di immediato *reporting* in deroga a quanto sancito dall'art. 2381 c.c., aveva tratto siffatto obbligo dalla versione originaria dell'art. 14 c.c.i. (mai entrata in vigore), il quale, nell'ambito del c.d. sistema dell'allerta, chiedeva all'organo di controllo di verificare che il consiglio procedesse alla "*costante*" [14] valutazione dell'adeguatezza dell'assetto organizzativo e dell'andamento della gestione [15]. Tale previsione si considerava affidare implicitamente all'amministratore delegato il compito di informare tempestivamente il *plenum* di eventuali indizi di crisi intercettati a cavallo tra due relazioni semestrali, oltre che di predisporre – quantomeno in pendenza della crisi – relazioni maggiormente ravvicinate, così da rendere edotto l'organo gestorio "in tempo reale" dei risultati conseguiti nella fase di "gestione transitoria". Il tutto, peraltro, con il rischio di oberare eccessivamente il delegato, che, impegnato a predisporre report anche molto ravvicinati tra loro, sarebbe stato costretto a sottrarre tempo prezioso alla gestione operativa della crisi.

Ora, è noto che con il sistema dell'allerta è stato interamente espunto dal codice delle crisi (e sostituito con l'istituto della composizione negoziata) e con esso pure l'art. 14 c.c.i. sopra citato. Cionondimeno, anche nel contesto normativo attualmente in vigore è possibile rintracciare una disposizione (invero già presente nel precedente art. 14, ma che è stata ripresa nell'ambito della disciplina della composizione negoziata) da cui può trarsi l'eliminazione di ogni di-

---

[13] GINEVRA, *Tre questioni applicative in tema di assetti adeguati nella s.p.a.*, in *BBTC*, 2021, I, pp. 552, 560.

[14] Sulla natura non continuativa del dovere di valutazione del c.d.a. in base al diritto societario comune v. IRRERA, *Assetti adeguati*, cit., p. 244, che evidenzia come "*la valutazione – seppure ripetibile periodicamente – sembra alludere ad un'attribuzione che si esercita una tantum. Tale conclusione è avvalorata dalla previsione secondo cui la valutazione del generale andamento della gestione è svolta sulla base della relazione degli organi delegati*".

[15] Art. 14, comma 1, d.lgs. n. 14/2019 (versione originaria) "*Gli organi di controllo societari, il revisore contabile e la società di revisione, ciascuno nell'ambito delle proprie funzioni, hanno l'obbligo di verificare che l'organo amministrativo valuti costantemente, assumendo le conseguenti idonee iniziative, se l'assetto organizzativo dell'impresa è adeguato, se sussiste l'equilibrio economico finanziario e quale è il prevedibile andamento della gestione, nonché di segnalare immediatamente allo stesso organo amministrativo l'esistenza di fondati indizi della crisi*".

screzionalità del delegato nel decidere quando avvisare il consiglio delle difficoltà rilevate, a prescindere dalla relativa gravità. Il riferimento corre all'art. 25-*octies* c.c.i., nella parte in cui obbliga (ancora) l'organo di controllo a segnalare "*per iscritto all'organo amministrativo la sussistenza dei presupposti per la presentazione dell'istanza*" di accesso alla composizione negoziata della crisi (: presupposti che, come si è detto, secondo il nuovo art. 3, devono essere monitorati tramite agli assetti organizzativi adeguati [16]). È bene, anzitutto, chiarire che tale norma non pare doversi leggere come una alterazione del riparto organico dettato dal diritto societario comune, ma si risolve in una mera precisazione di come si atteggiano le ordinarie dinamiche tra i due organi in presenza di un sintomo di potenziale crisi [17]. In questo senso, dunque, essa si limita a chiedere all'organo di controllo di instaurare immediatamente una dialettica con l'organo gestorio, all'evidente fine di verificare se quest'ultimo sta adempiendo ai doveri che scattano in tale evenienza. Pare, quindi, possibile affermare che la disposizione in parola impone l'attivazione di un flusso informativo inter-organico (collegio sindacale-consiglio di amministrazione) che non *sostituisce* la normale dialettica intra-organica (delegato-deleganti), ma si affianca a quest'ultima. Se, dunque, il sistema rinnovato chiede all'organo di controllo di segnalare formalmente al c.d.a. la sussistenza di una situazione di "potenziale crisi", *a fortiori*, pare possibile ritenere che l'amministratore delegato non abbia possibilità di attendere la successiva relazione semestrale per rendere la medesima informativa, anche tenuto conto dei tempi stretti (pari a non più di 30 giorni) entro i quali il c.d.a. è tenuto a rispondere al collegio sindacale. Del resto, in presenza di una segnalazione di potenziale crisi proveniente dall'organo di controllo che colga "di sorpresa" il c.d.a., ciascun amministratore avrà il potere-dovere di pretendere che il delegato riferisca in consiglio *ex* art. 2381, ult. comma, c.c., il quale, a questo punto, non potrà più sottrarsi dal relazionare sul punto.

Fermo quanto precede, però, non si può mancare di notare come l'attuale sistema abbia rimosso ogni riferimento alla sussistenza dell'obbligo di "valutazione costante" da parte del c.d.a., sì che pare possibile fin da ora affermare che, nella successiva fase di attuazione del programma di ristrutturazione adottato, il delegato non sia più tenuto a un "reporting costante", ma recuperi (almeno in parte) la propria discrezionalità nel calibrare la frequenza delle informative: discrezionalità che, in ogni caso, dovrà essere sempre esercitata secondo diligenza, cosicché il delegato dovrà comunque riferire senza indugio ogni avvenimento che potrebbe avere un impatto negativo sulle *chances* di risanamento.

---

[16] V. *supra* nt. 12 e testo corrispondente.

[17] Sulla coerenza dell'art. 25-*octies* c.c.i. con le funzioni "ordinarie" del collegio sindacale sembrerebbe PACCHI, *Le segnalazioni per la anticipata emersione della crisi. Così è se vi pare*, in *Ristrutturazioni aziendali*, 2022, p. 8.

3. *I rapporti tra delegato e deleganti in merito alla scelta delle misure di ristrutturazione aziendale.* – Chiariti i flussi informativi che l'amministratore delegato è tenuto a innescare in presenza di un allarme di potenziale crisi, si deve ora comprendere come si atteggiano i rapporti tra delegati e deleganti in relazione al successivo momento di selezione delle misure di ristrutturazione aziendale da adottare.

A questo riguardo, le conclusioni a cui si è giunti nel paragrafo che precede circa l'obbligo di immediata informativa del dissesto al *plenum*, consentono fin da subito di ritenere che anche la fase di determinazione della strategia di risanamento non possa essere avviata dall'amministratore delegato "in via solitaria". È chiaro, infatti, che l'informazione immediata sulla sussistenza del dissesto, lungi dal considerarsi rilevante in sé, risulta piuttosto funzionale a mettere il *plenum* nella condizione di partecipare alla gestione della crisi. Del resto, il già citato art. 25-*octies* c.c.i. non si limita a prevedere l'obbligo di segnalazione dell'organo di controllo, ma è altresì nitido nell'affermare che all'interno della stessa segnalazione debba essere fissato "*un congruo termine, non superiore a trenta giorni, entro il quale l'organo amministrativo deve riferire in ordine alle iniziative intraprese*". Tale flusso informativo intra-organico sottende chiaramente che il consiglio di amministrazione sia sempre coinvolto nella fase di gestione della crisi, sebbene nessuna norma del codice della crisi si preoccupi di determinare in cosa detto coinvolgimento consista nello specifico. Resta, pertanto, rimesso all'interprete il compito di delineare la precisa articolazione di competenze interne all'organo gestorio in merito alla definizione del percorso di risanamento da intraprendere.

Anche rispetto a tale profilo di indagine, l'analisi non può che partire dall'art. 2381 c.c., il quale, come noto, regola i rapporti tra delegati e deleganti in modo diverso, in relazione a due specifiche decisioni: da un lato, quelle inerenti agli "*assetti organizzativi, amministrativi e contabili*" (art. 2381, commi 3-5, c.c.), ove si prevede che il delegato "curi" l'assetto, mentre al consiglio viene demandato il dovere di "valutarlo"; dall'altro lato, quelle in tema di "*piani strategici, industriali e finanziari della società*", rispetto ai quali viene assegnato al *plenum* il compito di procedere al relativo "esame" (art. 2381, comma 3, c.c.). Il primo problema che si pone è quello di comprendere quale tra le disposizioni appena indicate venga in rilievo avendo riguardo alle scelte inerenti alla ristrutturazione aziendale, posto che entrambe le materie in questione presentano tratti di sicuro contatto con la fase di gestione della crisi che ci occupa. Solo una volta sciolto questo dubbio preliminare, si potrà verificare se la norma dettata dal diritto societario comune necessita degli adattamenti in relazione alla fase di gestione della crisi.

3.1. *La ristrutturazione aziendale come scelta relativa agli "assetti organizzativi, amministrativi e contabili" o ai "piani strategici industriali e finanzia-*

ri"? – Nell'intraprendere il percorso di analisi appena tracciato, pare opportuno iniziare dalle previsioni dettate dall'art. 2381, commi 3-5, c.c. in merito agli "assetti organizzativi, amministrativi e contabili", che, lo si ripete, rimettono la "cura" degli assetti all'amministratore delegato, mentre lasciano al consiglio di amministrazione la "valutazione" di quanto realizzato dal primo. Si è, dunque, innanzi a un riparto di funzioni in forza del quale all'amministratore esecutivo viene riconosciuta una competenza decisionale piena rispetto alla concreta conformazione da dare agli assetti [18] (quale porzione di competenze che, ai sensi di legge, seguono il conferimento della delega gestoria [19]), ancorché sottoposta al tipico monitoraggio periodico dell'organo collegiale, con conseguente possibilità per lo stesso di attivare i propri poteri di direttiva e avocazione [20], là dove ritenga inopportune le scelte operate dall'amministratore esecutivo.

Ciò premesso, non pare potersi seriamente negare la sussistenza di una stretta connessione tra l'obbligo di adeguatezza degli assetti e l'obbligo di attivazione che ci occupa: connessione derivante non solo dal dato morfologico della loro collocazione nel medesimo art. 2086, comma 2, c.c., ma anche dalla notazione sostanziale secondo cui la rilevazione tempestiva della crisi è presupposto indefettibile per procedere alla successiva gestione della stessa [21]. Tuttavia, non pare che da tale legame possa trarsi l'applicabilità all'obbligo di attivazione del riparto di poteri fissato per l'istituzione degli assetti [22].

---

[18] V. tra i molti ZANARDO, *Delega di funzioni*, cit., p. 84; ID., *La ripartizione delle competenze in materia di assetti organizzativi in seno al consiglio di amministrazione*, in AA.VV., *Assetti adeguati e modelli organizzativi nella corporate governance delle società di capitali*, diretto da Irrera, Bologna, 2016, p. 249 ss.; p. 255; IRRERA, *Assetti adeguati*, cit., p. 225; CALANDRA BUONAURA, *L'amministrazione*, cit., p. 255; sia altresì consentito il rinvio a PRESCIANI, (voce) *Assetti organizzativi d'impresa*, in *Digesto delle discipline privatistiche, Sez. Commerciale*, Agg. IX, Milano, 2022, p. 13; analogamente anche STELLA RICHTER, *La funzione*, cit., p. 665.

[19] CAGNASSO, *Brevi note in tema di delega di potere gestorio nelle società di capitali*, in *Soc.*, 2003, p. 802; IRRERA, *Assetti adeguati*, cit., p. 260; *contra* LOLLI-PAOLUCCI, *Gli assetti organizzativi adeguati e la responsabilità dell'organo amministrativo tra collegialità e organi delegati: la nuova impostazione del codice della crisi nella versione riformata del primo "correttivo"*, in *RDS*, 2020, p. 356, per i quali il riparto citato presuppone l'esplicita menzione nella delega del compito di curare gli assetti, senza la quale rimarrebbe prerogativa del c.d.a.

[20] ZANARDO, *La ripartizione*, cit., p. 263 e nt. 41; ABBADESSA, *Profili topici della nuova disciplina della delega amministrativa*, in *Il nuovo diritto delle società*, a cura di P. Abbadessa e G.B. Portale, II, Torino 2006, cit., p. 496 s. e nt. 17; KUTUFÀ, *Adeguatezza degli assetti e responsabilità gestoria*, in *Amministrazione e controllo nel diritto delle società*, in Liber amicorum *Antonio Piras*, Torino, 2010, p. 713; MERUZZI, *L'adeguatezza degli assetti*, in AA.VV., *Assetti*, cit., p. 69; LOLLI-PAOLUCCI, *Gli assetti*, cit., p. 372. V. però IRRERA, *Assetti adeguati*, cit., p. 261, secondo il quale il consiglio, pur potendo impartire direttive, non potrebbe invece avocare a sé la cura degli assetti.

[21] Enfatizzano il legame tra tali due obblighi: CAGNASSO, *L'accesso*, p. 3; ID., *Le modificazioni statutarie funzionali al buon esito della ristrutturazione*, in *Soc.*, 2023, p. 243; CAGNASSO-GIULIANI-MICELI, *L'accesso delle società al concordato preventivo*, in *Soc.*, 2023, p. 984.

[22] In senso contrario, però, v. ROSSI, *I soci nella regolazione della crisi della società debitrice*,

Va infatti osservato che, in punto di fattispecie, si tratta di due obblighi che hanno una natura e un contenuto profondamente diversi tra loro. Si consideri che gli "assetti organizzativi, amministrativi e contabili" si risolvono nelle concrete sembianze che, avendo riguardo a una specifica iniziativa imprenditoriale, assume il requisito astratto dell'"organizzazione" previsto per la fattispecie impresa *ex* art. 2082 c.c. In questo senso, le scelte inerenti agli "assetti" implicano la "costruzione" delle strutture aziendali e la fissazione delle regole interne (quali gli uffici, le funzioni, le procedure operative[23]) che nel loro complesso determinano come viene svolta in via "fisiologica"[24] la gestione corrente dell'impresa. E tra queste regole, l'art. 2086, comma 2, prima parte, c.c. (così come integrato dall'art. 3, commi 3-4, c.c.i.) impone di prevederne alcune funzionali a

---

in *Soc.*, 2022, p. 946, il quale riconduce la scelta dello strumento di regolazione della crisi agli assetti organizzativi. Si consideri, inoltre, che la connessione tra i due obblighi dell'art. 2086, comma 2, c.c. ha indotto una parte della letteratura a estendere la competenza esclusiva degli amministratori, sancita espressamente per l'obbligo di istituzione degli assetti organizzativi funzionali alla tempestiva percezione della crisi, anche all'obbligo di attivazione per la risoluzione della crisi stessa, con conseguente sottrazione di ogni potere ai soci: così CAGNASSO, *L'accesso*, cit., p. 3; ID, *Le modificazioni statutarie*, cit., p. 243. Sebbene questa conclusione sia senz'altro condivisibile (come, del resto, si è detto *supra* § 1), non sembra potersi dire lo stesso per il percorso argomentativo seguito. Posto che – come si dirà meglio subito nel testo – si tratta di due obblighi ontologicamente diversi, l'applicazione della disciplina prevista per l'istituzione degli assetti al dovere di attivazione non può giustificarsi soltanto sulla notazione della sussistenza di un rapporto di consequenzialità tra i due. Piuttosto, tale applicazione può avvenire soltanto a fronte di un'interpretazione analogica, che richiede l'individuazione di una *eadem ratio*. Ed è per questa via che si può affermare che non possono che essere gli amministratori a occuparsi della gestione della crisi: se, infatti, la previsione della competenza esclusiva degli amministratori sugli assetti si giustifica tenuto conto della necessità di evitare comportamenti opportunistici dei soci, i cui interessi, in caso di crisi, entrano in conflitto con quelli dei creditori (che diventano i reali *residual claimant*), *a fortiori*, si deve concludere che non possono essere i soci a occuparsi della scelta delle misure di ristrutturazione da mettere in campo per sanare il dissesto.

[23] Cfr. le *Norme di comportamento del collegio sindacale nelle società non quotate*, che definiscono l'"assetto organizzativo" come «(i) il sistema di funzionigramma e di organigramma e, in particolare, il complesso delle direttive e delle procedure stabilite per garantire che il potere decisionale sia assegnato ed effettivamente esercitato a un appropriato livello di competenza e responsabilità, (ii) il complesso procedurale di controllo» (norma 3.5.); e gli "assetti amministrativo-contabili" come «l'insieme delle direttive, delle procedure e delle prassi operative dirette a garantire la completezza, la correttezza e la tempestività di una informativa societaria attendibile, in accordo con i principi contabili adottati dall'impresa» (norma 3.7.), specificando, ulteriormente, che «gli assetti amministrativi sono riferibili a una dimensione dinamico-funzionale dell'organizzazione, intendendosi per tale l'insieme delle procedure e dei processi atti ad assicurare il corretto e ordinato svolgimento delle attività aziendali e delle singole fasi» mentre «[g]li assetti contabili sono quella parte degli assetti amministrativi orientati a una corretta traduzione contabile dei fatti di gestione» (Commento alla norma 3.7).

[24] Per tale notazione v. BENAZZO, *Il codice della crisi di impresa e l'organizzazione dell'imprenditore ai fini dell'allerta: diritto societario della crisi o crisi del diritto societario?*, in *Riv. soc.*, 2019, p. 277, nt. 4; MIRONE, *L'organizzazione dell'impresa societaria alla prova del codice della crisi: assetti interni, indicatori e procedure di allerta*, in *ODC*, 2020, p. 29; CALANDRA BUONAURA, *Amministratori e gestione dell'impresa nel Codice della crisi*, in *Giur. comm.*, 2020, I, p. 11; in giurisprudenza Trib. Cagliari, 19 gennaio 2022, in *Giur. comm.*, 2023, II, p. 318.

monitorare in via continuativa lo stato di salute dell'attività stessa, onde evitare che il sopravvenire di una crisi non diagnosticata pregiudichi definitivamente il risanamento, con conseguente blocco della gestione.

All'opposto, l'obbligo di attivarsi per gestire la crisi, lungi dal potersi inquadrare nel perimetro del "fisiologico" svolgimento della gestione *day by day*, si innesta piuttosto nella diversa fase "patologica" dell'impresa, imponendo – come si è detto – l'avvio di una gestione "transitoria" (e che, in questo senso, può dirsi straordinaria, poiché) focalizzata, non già sull'ordinario perseguimento degli obiettivi precedentemente fissati (e tesi alla massimizzazione del lucro), ma sul risanamento dell'attività, mediante la progettazione (ed esecuzione) di una serie di misure di ristrutturazione aziendale [25].

La differenza ontologica sussistente tra i due obblighi in parola non può che ripercuotersi negativamente sulla possibilità di estendere al dovere di attivazione l'articolazione delle competenze prevista per il dovere di istituzione di assetti organizzativi. Si badi, infatti, che l'assegnazione all'amministratore delegato di un potere forte di "cura" (nel senso sopra indicato) degli assetti e il parallelo confinamento del ruolo del *plenum* a semplice monitoraggio *ex post* sulle scelte compiute dal primo assumono coerenza soltanto là dove si abbia riguardo a decisioni attinenti al piano della gestione corrente dell'impresa (di cui il delegato è il principale fautore e, come tale, pure dotato di maggiore dimestichezza con le dinamiche aziendali interne [26]). Di contro, la possibilità di affidare in via solitaria al delegato (in prima e potenzialmente unica battuta) ogni decisione circa il percorso di risanamento da perseguire si scontra, non solo con il fatto che vi potrebbe essere l'esigenza di attivare misure che esulano dai suoi poteri, ma più in generale con l'obbligo del delegato di informare immediatamente il *plenum* di ogni segnale di dissesto captato tramite gli adeguati assetti, che, come si è già detto, sottende il necessario coinvolgimento *ex ante* di quest'ultimo.

Tale ultima notazione, consente dunque di spostare l'attenzione sulla seconda previsione fissata dall'art. 2381, comma 3, c.c., in tema di "piani strategici, industriali e finanziari", che, non solo stabilisce, in punto di disciplina, la preventiva sottoposizione degli stessi all'"esame" del consiglio, ma riguarda una

---

[25] Ciò non significa, all'evidenza, che tra queste misure non ci possa essere anche un ripensamento degli assetti organizzativi in essere. È possibile, infatti, che nell'ottica di superamento della crisi si ponga la necessità di operare significativi interventi sulla struttura aziendale, funzionali a ridurre costi e a razionalizzare lo svolgimento dell'attività. Si tratta, tuttavia, di decisioni che si inquadrano, non nell'ambito della gestione corrente, bensì all'interno di un programma "straordinario" teso al ritorno *in bonis*.

[26] In questo senso CALANDRA BUONAURA, *L'amministrazione*, cit., p. 262; STELLA RICHTER, *La funzione*, cit., p. 665; IRRERA, *Assetti adeguati*, cit., pp. 259 s. e 265; ID., *Profili di corporate governance delle società per azioni tra responsabilità, controlli e bilancio*, Milano, 2009; ZANARDO, *La ripartizione*, cit., p. 255; sia consentito anche il rinvio a PRESCIANI, (voce) *Assetti organizzativi d'impresa*, cit., p. 13.

fattispecie (i "piani") che senz'altro viene in rilievo anche nell'ambito della gestione della crisi. Rinviando al paragrafo che segue il chiarimento dell'articolazione di funzioni imposta da tale norma, qui preme osservare che i "piani" a cui si riferisce l'art. 2381, comma 3, c.c., altro non sono che "*documenti programmatici di cui la società si dota per pianificare la propria attività, quindi sia budget annuali, sia i piani pluriennali individuali e di gruppo*" tramite i quali "*vengono definiti gli obiettivi strategici e le modalità e i percorsi per conseguirli*" [27]. Si tratta, a ben vedere, di strumenti che mantengono la medesima natura a prescindere che vengano utilizzati per fissare le politiche lucrative da perseguire mentre l'attività è in *bonis*, oppure per programmare la strategia da intraprendere per porre rimedio ad eventuali criticità rilevate [28].

Si consideri, inoltre, che la predisposizione di un vero e proprio "piano" per il risanamento è presupposto in varie norme del codice della crisi, tanto che è possibile affermare che in questi casi – a differenza che per le s.p.a. *in bonis* [29] – la pianificazione sia a tutti gli effetti obbligatoria [30]. Ciò è senz'altro vero ogni-

---

[27] CALANDRA BUONAURA, *L'amministrazione*, cit., p. 257.

[28] Per il parallelismo tra piani industriali e piani di risanamento v. SAVOIA, *Il bilancio di esercizio delle imprese in crisi nella continuità aziendale*, in *Strategie e strumenti di risanamento nel codice della crisi e dell'insolvenza e nel diritto emergenziale*, a cura di Rocca, Quaderno SAF n. 84, p. 141 "*In un contesto di stato riconosciuto di crisi dell'impresa il piano industriale viene peraltro declinato nella accezione di piano di risanamento, ossia in quel particolare documento nel quale emerge la volontà del suo management di ripristinare le fisiologiche condizioni di attività aziendale al fine di scongiurare i rischi di una futura insolvenza*".

[29] È noto, infatti, che secondo la dottrina maggioritaria, l'art. 2381, comma 3, c.c. non vincola le s.p.a. all'adozione di piani strategici industriali e finanziari, ma si limita a stabilire le modalità della loro adozione soltanto "quando elaborati": ABBADESSA, *Profili topici*, cit., p. 497 ss.; DE NICOLA, *Art. 2381 c.c.*, in *Amministratori*, in *Commentario alla riforma delle società*, diretto da Marchetti, Ghezzi, Bianchi e Notari, Milano, 2005, p. 120; *contra* MOSCO, *Art. 2381*, in *Società di capitali. Commentario*, a cura di Niccolini-Stagno d'Alcontres, Napoli, 2004, p. 599, nt. 31, secondo il quale "*il quando che apre la disposizione indica una circostanza di tempo, non una condizione che potrebbe non realizzarsi*". Al più un dovere di pianificazione strategica può derivare dal generale dovere di diligenza imposto agli amministratori, che conduce a ritenere che nelle iniziative imprenditoriali di maggiori dimensioni, che si caratterizzano per una loro maggiore complessità, non sia senza possibilità di "navigare a vista": ABBADESSA, *Profili topici*, cit., p. 497 ss.; ZANARDO, *Delega di funzioni*, cit., p. 87 s.; CALANDRA BUONAURA, *L'amministrazione*, cit., p. 258; DE NICOLA, *Art. 2381 c.c.*, cit., p. 120; IRRERA, *Assetti adeguati*, cit., p. 264; v. anche la diversa impostazione di MONTALENTI, *Gli obblighi di vigilanza nel quadro dei principi generali sulla responsabilità degli amministratori di società per azioni*, in Liber Amicorum *Campobasso*, 2, Torino, 2006, p. 835 ss., secondo il quale il dovere di predisporre sarebbe implicito nell'obbligo di riferire e valutare la prevedibile evoluzione della gestione e di darne conto nella relazione sulla gestione.

[30] In questo senso, sebbene sulla base di diverse argomentazioni, IRRERA-RIVA, *La convergenza*, cit., p. 3 ss.; e in giurisprudenza v. Trib. Milano, 18 ottobre 2019, in *giurisprudenzadelleimprese.it*, che ritiene integrare il requisito della grave irregolarità nella gestione *ex* art. 2409 c.c. la condotta dell'amministratore che, in presenza di uno stato di crisi conclamata, si limiti a ricercare nuovi finanziatori o soggetti interessati all'acquisto di asset aziendali, senza "*alcun preciso piano industriale ovvero di ristrutturazione del debito*".

qualvolta si intenda accedere a uno strumento di risoluzione della crisi e finanche alla composizione negoziata, posto che, in tali evenienze, è sempre espressamente imposta la redazione e presentazione di un "piano"[31], che indichi in via prospettica le varie misure da implementare e i risultati dalle stesse attesi. Lo stesso, però, sembra potersi predicare anche là dove si intenda risolvere la crisi senza utilizzare tali strumenti. Ciò si trae dalla previsione contenuta all'art. 3, comma 3, lett. c), c.c.i. che specifica che gli assetti organizzativi devono essere tarati in modo da consentire (tra il resto) di "*ricavare le informazioni necessarie a utilizzare la lista di controllo particolareggiata e a effettuare il test pratico per la verifica della ragionevole perseguibilità del risanamento di cui all'articolo 13, al comma 2.*" (art. 3, comma 3, lett. c). E tale lista di controllo particolareggiata – messa, peraltro, a disposizione degli imprenditori mediante pubblicazione sui siti istituzionali del Ministero della Giustizia e del Ministero dello Sviluppo Economico – è uno strumento "*che contiene indicazioni operative per la redazione dei piani di risanamento*" (artt. 5-*bis*, comma 2 e 13, comma 2, c.c.i.), tratte dalla *best practice* di settore (Decreto dirigenziale 28 settembre 2021, così come aggiornato il 21 marzo 2023).

Quanto precede consente quindi di ritenere che in presenza di una crisi, gli amministratori di s.p.a. siano sempre tenuti a dotarsi di un piano di risanamento (redatto utilizzando i dati rimandati dagli assetti organizzativi che consentono di predisporlo secondo le *best practices* indicate nella *check list*) che contenga le misure di ristrutturazione aziendale necessarie ai fini della risoluzione della crisi. Si tratta a questo punto di chiarire come debba precedersi all'adozione di tale strumento ai sensi dell'art. 2381, comma 3, c.c.

3.2. *Il riparto di competenze sui "piani" nella disciplina comune: il problema del potere di "esame" del consiglio.* – Ferma, dunque, la sussumibilità della fattispecie che ci occupa alla parte dell'art. 2381, comma 3, c.c. che sancisce che il consiglio "*quando elaborati, esamina i piani strategici, industriali e finanziari della società*", è necessario però dare conto di come nella letteratura non vi sia unità di vedute in merito al contenuto di siffatto potere. Sul punto, invero, è frequente l'affermazione secondo cui l'utilizzo del verbo "esaminare" presuppone che il c.d.a. non si occupi in via diretta della predisposizione dei piani, ma esprima la propria posizione su documenti redatti da altri e, segnatamente, dall'amministratore delegato[32]. È a quest'ultimo, dunque, che la norma in que-

[31] Cfr. art. 17, comma 3, lett. b), c.c.i., per la composizione negoziata della crisi; art. 56, comma 2, lett. g), c.c.i. per il piano attestato; art. 57, comma 2, c.c.i. per gli accordi di ristrutturazione; art. 64-*bis*, comma 2, c.c.i., per il piano di ristrutturazione omologato; l'art. 87 c.c.i. per il concordato (anche con continuità aziendale).

[32] IRRERA, *Assetti adeguati*, cit., p. 261 s., secondo il quale il plenum non può elaborare da sé il piano, ma deve necessariamente attendere l'iniziativa del delegato; SANFILIPPO, *Gli amministra-*

stione ha implicitamente affidato il compito di materiale elaborazione dei piani, che si concilia con la maggiore conoscenza che lo stesso possiede del *business* condotto, che gli consente di formulare previsioni sul futuro più attendibili.

Il dissidio interpretativo verte invece sul ruolo del c.d.a., discutendosi tra quanti ritengono che l'"esame" vada inteso nel senso "debole" di mera presa d'atto dei piani del delegato, e quanti, all'opposto, ritengono che lo stesso vada declinato in modo "forte", come potere di vera e propria approvazione dei piani predisposti dal delegato [33].

Invero, entrambe le posizioni appena riferite si espongono a critica. Chi confina il potere del *plenum* alla mera presa d'atto svaluta eccessivamente l'impatto che sulla pianificazione strategica possono avere gli insopprimibili poteri di direttiva e avocazione che spettano al consiglio e che, di fatto, gli consentono di indirizzare l'attività del delegato, senza doversi necessariamente limitare a "prendere atto" del suo operato. All'opposto, però, chi ritiene che l'"esame" del consiglio implichi sempre una "approvazione" del piano, non solo offre una interpretazione *contra litteram* (posto che il verbo "esaminare" non sembra potersi spingere sino al punto di imporre al consiglio l'adozione di un atto formale con il quale il c.d.a. assume la paternità del documento [34]), ma non pare tenere in debita considerazione che i poteri delegati ben possono comprendere pure l'adozione di decisioni altamente impattanti sul futuro del *business* e, come tali, "strategiche" [35].

---

tori, in *Manuale di diritto Commerciale*, a cura di Cian, Torino, 2023, p. 514; DE NICOLA, *Art. 2381 c.c.*, cit., p. 119; GIANNELLI, *Il consiglio*, cit., p. 82; IRRERA, *Assetti adeguati*, cit., pp. 225 e 262; ABBADESSA, *Profili topici*, cit., p. 496 ss. e nt. 17; ZANARDO, *Delega di funzioni*, cit., p. 94 e nt. 118; FERRI JR., *L'amministrazione delegata nella riforma*, in *RDC*, 2003, p. 632; MOSCO, *Art. 2381*, cit. Al più si discute se il plenum possa avocare a sé la materiale elaborazione del piano: in senso favorevole ABBADESSA, *Profili topici*, cit., p. 496 ss.; ZANARDO, *Delega di funzioni*, cit., p. 94 e nt. 118; *contra* IRRERA, *Assetti adeguati*, cit., p. 261 s.

[33] Sul tema cfr. variamente orientati ABBADESSA, *Profili topici*, cit., p. 497 ss.; MONTALENTI, *Gli obblighi di vigilanza*, cit., p. 835 ss.; STRAMPELLI, *Sistemi di controllo e indipendenza nelle società per azioni*, Milano, 2013, p. 29, nt. 90; BARACHINI, *Art. 2381 c.c.*, cit., p. 1209; AMBROSINI, *L'amministrazione e i controlli nella società per azioni*, in *Giur. comm.*, 2003; IRRERA, *Assetti adeguati*, cit., p. 263; MOSCO, *Art. 2381*, cit., p. 599; NAZZICONE, *Art. 2381*, in *Commentario* Lo Cascio, MARULLI, *La delega gestoria tra regole di corporate governance e diritto societario riformato*, in *Giur. comm.*, I, p. 2005, p. 105; GIANNELLI, *Il consiglio*, cit., p. 82; ZANARDO, *Delega di funzioni*, cit., p. 87, nt. 95. Merita un cenno anche la previsione contenuta Codice di Autodisciplina di Borsa Italiana, che, al fine di eliminare ogni dubbio, espressamente precisa che "*L'organo di amministrazione: a) esamina e approva il piano industriale della società e del gruppo ad essa facente capo [...]*" (racc. n. 1, lett. a).

[34] Così ABBADESSA, *Profili topici*, cit., p. 497, ove si evidenzia come l'esame del *plenum* verte in realtà su un atto che può dirsi già perfetto. Si consideri, peraltro, che dall'esame dei lavori preparatori emerge come il testo originario della disposizione affermava che il c.d.a. "esamina e approva" i piani, mentre nella versione dello stesso tale ultimo potere è stato espunto.

[35] Così ZANARDO, *Delega di funzioni*, cit., p. 73, sebbene in toni critici; analogamente anche CAGNASSO, *Brevi note*, p. 802, che nota che "*Il legislatore non ha per contro (come sembrava*

Sulla base di tali considerazioni è stata avanzata una interpretazione intermedia, che ammette una divisione di funzioni più fluida, che consente al consiglio di decidere di volta in volta come graduare il proprio intervento[36]. E, in effetti, tale affermazione sembra potersi condividere, ma con qualche precisazione.

In particolare, è forse possibile affermare che la disposizione in questione, in realtà, non fissa sulla materia dei piani prospettici uno specifico riparto tra delegati e deleganti, che implichi l'attribuzione agli stessi di poteri decisionali diversi da quelli che gli derivano dalla legge e dalla delega conferita. Piuttosto, tale norma sembra doversi leggere alla stregua di una mera regola procedimentale[37], che si limita a imporre che sulla pianificazione si sviluppi una dialettica endo-consiliare. In altri termini, la previsione in discorso non altera l'articolazione interna di competenze che il consiglio ha stabilito mediante il conferimento della delega (che, come si è detto, ben può contenere poteri decisionali anche in merito a operazioni "strategiche"), ma vuole che sui piani si instauri un confronto tra delegato (che li predispone) e deleganti (incaricati dell'esame). Dopodiché, la paternità del piano (e quindi il potere decisionale di adottarlo) dipenderà da ciò che quel documento prevede e dal contenuto della delega gestoria. Così, se il delegato ritiene opportuno programmare il compimento di operazioni che esulano dai suoi poteri, il suo atto si risolve in una mera proposta che dovrà essere sottoposta alla necessaria approvazione del c.d.a. al termine del consueto procedimento collegiale, in assenza del quale non può dirsi formata la volontà della società[38]. All'opposto, qualora il piano elaborato dal delegato contenga atti che rientrano nei poteri allo stesso già affidati, allora non sarà necessaria alcuna approvazione formale per potervi dare attuazione, essendo sufficiente una mera presa d'atto[39], salvo, ovviamente la possibilità del *plenum* di esercitare i

---

indicare la legge delega) delineato un nucleo di competenze di «alta gestione» inderogabilmente attribuite al consiglio".

[36] V. SANFILIPPO, *Gli amministratori*, cit., p. 514; GALGANO-GENGHINI, *Il nuovo diritto societario. Le nuove società di capitali e cooperative*, in *Trattato di diritto commerciale e di diritto pubblico dell'economia*, a cura di Galgano, Padova, 2006, p. 459; DE NICOLA, *Art. 2381 c.c.*, cit., p. 119.

[37] Uno spunto in ANGELICI, *La società per azioni: principi e problemi*, cit., p. 379 e nt. 80, il quale, pur qualificando "approvazione" l'atto del consiglio, ritiene che "*la materia dei 'piani strategici' faccia parte delle competenze non suscettibili di delega, ma sia soltanto suscettibile di un'articolazione di ruoli fra il momento della 'elaborazione' e quello dell''esame': non tanto quindi in termini di competenza quanto di procedimento per la loro adozione*"; FERRO-LUZZI, *Per una razionalizzazione del concetto di controllo*, in AA.VV., *I controlli societari. Molte regole, nessun sistema*, a cura di Bianchini e Di Noia, Milano, 2010, p. 116.

[38] Si pensi al caso in cui il delegato abbia raccolto l'interesse di altre società di procedere a una fusione.

[39] Si pensi, ad esempio, alla predisposizione di un *business plan* annuale che pianifichi un incremento, rispetto all'anno precedente, delle spese di gestione del personale derivanti dalla scelta di assumere nuova forza lavoro. Oppure si immagini il caso di un amministratore delegato dotato

propri ordinari poteri di direttiva (vincolando il delegato ad apportare al piano gli specifici emendamenti indicati). Mette conto notare, peraltro, che la distinzione non sembra meramente nominalistica, poiché implica l'innescarsi di dinamiche diverse all'interno del consiglio di amministrazione che, specie in situazioni (non infrequenti) di contrasti tra amministratori, hanno conseguenze di non poco momento. E infatti, mentre nella prima ipotesi (di necessaria approvazione) sarà necessario che la maggioranza dell'organo condivida ogni aspetto del piano (per assumerne la paternità e vincolarne la relativa esecuzione), con conseguente blocco dell'intera nuova strategia ogniqualvolta una tale maggioranza non si riesca a raggiungere, nella seconda ipotesi, il delegato potrà procedere all'attuazione di quanto programmato, salvo che la maggioranza del consiglio converga su specifiche direttive.

Si può dire, allora, che tale norma è volta soltanto a stabilire che l'amministratore esecutivo sia tenuto a illustrare al consiglio la pianificazione predisposta (sulla cui base si svolgerà, poi, il periodico monitoraggio degli amministratori non esecutivi, mediante il confronto tra quanto concretamente conseguito e quanto prospettato), mettendo il *plenum* nelle condizioni si esercitare i propri ordinari poteri [40].

3.3. *Il riparto di competenze tra plenum e delegati in relazione all'adozione del piano strategico di ristrutturazione aziendale.* – Le conclusioni a cui si è giunti nel paragrafo che precede consentono, a questo punto, di prendere posizione sul problema che ci occupa e chiarire come si atteggiano i poteri tra deleganti e delegato in relazione alla decisione sulle misure di ristrutturazione aziendale da includere nel piano di risanamento.

A questo riguardo, partendo dall'ipotesi più semplice, in cui non si ritenga di attivare uno degli strumenti di risoluzione della crisi messi a disposizione dal nuovo codice della crisi, troverà piana applicazione la disciplina societaria

---

di pieni poteri che presenta un piano pluriennale in cui programma l'apertura di un nuovo punto vendita. Ebbene, in tali ipotesi, viene difficile comprendere la ragione per cui, in presenza di una delega che gli assegna il potere di effettuare tali operazioni, si ritenga che le stesse debbano essere previamente approvate dal c.d.a.

[40] Pare possibile evidenziare una significativa differenza tra la competenza (implicita) dell'amministratore delegato in tema di piani e il potere allo stesso riconosciuto di "cura" degli assetti organizzativi da sottoporre alla "valutazione" dell'organo collegiale. Mentre, come si è visto, il concetto di "cura" si risolve in una vera e propria potestà decisionale, autonoma rispetto a ogni intervento del consiglio, che, dunque, si esprime su quanto già fatto dall'amministratore delegato (v. STRAMPELLI, *Sistemi di controllo*, cit., p. 29, nt. 90, ove la notazione dove, in tale circostanza, al pari della valutazione sull'andamento della gestione, il consiglio abbia un potere eminentemente di controllo "*data la terzietà degli amministratori non esecutivi rispetto alla definizione degli assetti e delle scelte gestionali*") lo stesso non è per i piani che, anche là dove includano operazioni che ricadono a pieno titolo nella delega gestoria, devono essere sottoposti *ex ante* al vaglio consiliare.

"classica" descritta nel paragrafo che precede. In questo senso, va anzitutto ribadito che è compito dell'amministratore delegato – dopo aver analizzato il segnale di crisi rimandato dagli assetti e averne informato il *plenum* – elaborare un possibile percorso di recupero della sostenibilità economico-finanziaria, anche utilizzando gli strumenti più recenti messi a disposizione del legislatore (e, segnatamente, la lista di controllo particolareggiata).

Dopodiché, la competenza decisionale sul piano di risanamento seguirà il riparto funzionale in essere e, pertanto, là dove si prevedano misure di ristrutturazione che esulano dai poteri delegati (o che, ancora più a monte, non sono delegabili: es. un aumento di capitale) sarà necessario che il piano venga approvato dal c.d.a. (con conseguente assunzione dell'impegno dello stesso a darvi attuazione o, là dove possibile, l'attribuzione di una delega esecutiva), mentre qualora si tratti di atti che rientrano nella delega gestoria già conferita (es. la rinegoziazione di alcune scadenze con i creditori) non sarà necessario un passaggio consiliare "forte", salvo la possibilità dell'organo collegiale di impartire specifiche direttive.

Più complesso, invece, è il discorso da svolgere nelle ipotesi in cui il delegato prospetti la necessità di accedere a uno strumento di risoluzione della crisi. Si pone, in queste evenienze, il dubbio se una simile scelta possa o meno essere oggetto di delega.

Sul punto, va anzitutto dato conto di come la dottrina antecedente al codice della crisi si era posta il problema in relazione all'istituto del concordato, giungendo in genere a ritenere che la scelta di ricorrere al tale istituto non fosse delegabile. Tale conclusione, invero, era pacifica sotto la vigenza dell'originaria formulazione dell'art. 152 l. fall. (richiamato all'art. 161 l. fall. per il concordato preventivo), che, come noto, assegnava la competenza in questione all'assemblea straordinaria, salvo la possibilità di prevedere una clausola statutaria che trasferisse la citata competenza all'organo gestorio. Ne conseguiva che, trattandosi di una competenza che il consiglio otteneva non direttamente dalla legge, bensì in forza di una delega statuaria, questa si riteneva non potesse essere oggetto di una delega di secondo grado in favore del delegato [41]. Si badi, però, che siffatto argomento è caduto a seguito della riforma del 2006, quando è stata in-

---

[41] Così espressamente IRRERA, *Assetti adeguati*, cit., p. 230 e nt. 41; GALGANO, *Il nuovo diritto societario*, Padova 2003, p. 263, nt. 47; CAGNASSO, *Gli organi delegati nelle società per azioni. Profili funzionali*, Torino, 1976, p. 50; ID., *L'amministrazione collegiale e la delega*, in *Trattato delle società per azioni*, diretto da Colombo e Portale, 4, Torino, 1991, p. 295. In generale, sulla inammissibilità di deleghe di secondo grado v. DE NICOLA, *Art. 2381 c.c.*, cit., p. 121; CAGNASSO, *L'accesso*, cit., p. 9; CERRATO, *Le deleghe di competenze assembleari nelle società per azioni*, Milano, 2009, p. 492; MOSCO, *Le deleghe assembleari nella società per azioni*, Milano, 2000, p. 153 ss.; BORGIOLI, *L'amministrazione delegata*, Milano, 1982, p. 169 s.; v. anche BARACHINI, *La gestione delegata*, cit., 113; un cenno anche in BUONOCORE, *Le nuove forme di amministrazione nelle società di capitali non quotate*, in *Giur. comm.*, 2003, I, p. 401.

serita una previsione diametralmente opposta a quella precedente, ai sensi della quale "*La proposta e le condizioni del concordato, salva diversa disposizione dell'atto costitutivo o dello statuto: [...] nelle società per azioni, in accomandita per azioni e a responsabilità limitata, nonché nelle società cooperative, sono deliberate dagli amministratori*". Ciononondimeno, parte della dottrina ha continuato a negare la delegabilità delle scelte *de quo* facendo leva sulla dizione letterale della norma che, riferendosi a una "delibera" degli amministratori, pareva evocare la necessaria attivazione dell'*iter* collegiale[42].

Tuttavia, anche tale argomento – invero già piuttosto debole[43] – è venuto meno con l'entrata in vigore del codice della crisi, ove l'art. 120-*bis* stabilisce che "*L'accesso a uno strumento di regolazione della crisi e dell'insolvenza è deciso, in via esclusiva, dagli amministratori unitamente al contenuto della proposta e alle condizioni del piano*". Viene quindi utilizzato il termine del tutto neutro di "decisione", eliminando così ogni appiglio letterale a favore della inderogabile competenza del *plenum*.

Sembra però comunque possibile giungere alla medesima soluzione in virtù di un altro percorso argomentativo, ovvero facendo leva sulla comune notazione secondo cui non possono mai essere assegnati al delegato poteri di natura organizzativa, che incidono sulle regole di funzionamento del consiglio di amministrazione[44]. E ciò poiché non è concettualmente ammissibile consentire al delegato di assumere decisioni idonee a interferire con i poteri del proprio delegante.

Tale limite implicito all'istituto della delega gestoria conduce, anzitutto, a negare la delegabilità (oggi come in passato) della decisione circa l'accesso allo

---

[42] FERRARA JR.-CORSI, *Gli imprenditori e le società*, Milano, 2009, p. 590; DE NICOLA, *Art. 2381 c.c.*, cit., p. 121. Va però precisato che l'opinione non era incontrastata, essendosi pure all'opposto segnalato che il dato letterale riformato non fosse dirimente, specie considerando che il successivo comma terzo del medesimo art. 152 l. fall. imponeva la verbalizzazione de "*la decisione o la deliberazione*". Tale endiadi aveva indotto parte della dottrina a evidenziare come la diposizione riformata non consentisse "*di individuare con sicurezza un'ipotesi di collegialità necessaria*" né "*di contrastare soluzioni statutarie 'estreme', come la previsione del potere di decidere la proposta di concordato da parte dell'amministratore delegato o dotato di potere disgiuntivo*": GUERRERA-MALTONI, *Concordati giudiziali e operazioni societarie di 'riorganizzazione'*, in *Riv. soc.*, 2008, p. 32 s.

[43] V. nota precedente.

[44] In questo senso, BARACHINI, *Art. 2381 c.c.*, cit., p. 1203, ove citazioni; CERRATO, *Le deleghe di competenze*, cit., p. 492; CAGNASSO, *Gli organi delegati nelle società per azioni*, cit., p. 58; CABRAS, *La forma d'impresa. Organizzazione della gestione nelle società di capitali*, 1995, p. 219. Tale conclusione, peraltro, non sembra porsi in contraddizione con l'altra – parimenti diffusa – relativa alla tassatività delle materie indelegabili indicate all'art. 2381 c.c. (DE NICOLA, *Art. 2381 c.c.*, cit., p. 121), posto che l'interferenza sull'organizzazione societaria deve considerarsi estranea al perimetro della gestione dell'impresa (come dimostra, del resto, il fatto che le competenze espressamente qualificate come non delegabili dall'art. 2381 c.c. abbiano tutte un evidente impatto organizzativo: v. IRRERA, *Assetti adeguati*, cit., p. 229; ZANARDO, *Delega di funzioni*, cit., p. 74; BARACHINI, *Art. 2381 c.c.*, cit., p. 1203; già BORGIOLI, *L'amministrazione delegata*, cit., p. 159).

strumento del concordato preventivo, posto che l'effetto di spossessamento (ancorché attenuato) che questo determina si risolve in una significativa alterazione delle regole di funzionamento e organizzazione del consiglio di amministrazione, aggravando il consueto *iter* collegiale con la richiesta di ottenimento di preventive autorizzazioni giudiziali per il compimento di atti urgenti di straordinaria amministrazione (art. 46 c.c.i., già 161, comma 7, l. fall.).

Oltre a quanto precede, però, nell'attuale scenario normativo la necessità di un passaggio consiliare "forte" sembrerebbe imposto, oltre che per il concordato preventivo, anche per gli altri strumenti di regolazione della crisi, il cui accesso risulti assoggettato alle previsioni stabilite all'art. 120-*bis* c.c.i. Non è questa la sede per sciogliere il dubbio interpretativo inerente a quali strumenti si applichi tale norma[45]. Qui basti evidenziare come questa non si limita – come si è già detto – ad assegnare in via esclusiva agli amministratori la decisione in merito all'accesso a uno degli strumenti in questione, ma determina una vera e propria alterazione delle regole di *corporate governance*, conducendo a un allentamento (quando non addirittura a una vera e propria sterilizzazione) del rapporto fiduciario tra gli stessi intercorrente. E se la delega gestoria non può avere ad ogget-

[45] In dottrina è, infatti, discusso se tale disposizione si applichi a tutti gli strumenti di regolazione della crisi oppure soltanto ad alcuni di essi. Il dubbio sorge, oltre che per la curiosa collocazione sistematica dell'art. 120-*bis* (che apre la sezione VI-*bis* dedicata a tutti gli "strumenti di regolazione della crisi e dell'insolvenza della società", la quale è però a sua volta dislocata all'interno del Capo III specificamente intitolato al solo "Concordato preventivo"), anche perché detta norma, per un verso, esordisce facendo riferimento a "*l'accesso a uno strumento di regolazione della crisi e dell'insolvenza*" (sembrando così rivolgersi a ciascuno di essi, senza distinzioni), ma, per altro verso, richiede la presenza di un procedimento di omologa (co. 4) che, come noto, riguarda soltanto alcuni degli strumenti in questione. Per tale ragione, ad oggi, si registra un dissidio interpretativo tra quanti la ritengono una norma ad applicazione generale (MICHIELI, *Il ruolo dell'assemblea dei soci*, cit., p. 853; BROGI, *I soci e gli strumenti di regolazione della crisi*, in *Fall.*, 2022, pp. 1291 e 1292, secondo il quale, per gli strumenti che non richiedono l'omologa non si applica il comma 4 che vi fa riferimento) e quanti circoscrivono il relativo ambito di applicazione ai soli strumenti il cui accesso implica l'esito positivo del procedimento di omologa (CAGNASSO-GIULIANI-MICELI, *L'accesso*, cit., p. 985; CAGNASSO, *Le modificazioni statutarie*, cit., p. 240; MALTONI, *Spunti di riflessione sulla disciplina delle modifiche statutarie in caso di accesso della società ad uno strumento di regolazione della crisi e dell'insolvenza*, in *Riv. soc.*, 2022, p. 1303 ss.; ROSSI, *I soci nella regolazione della crisi della società debitrice*, cit., p. 1049 ss.). Un'ulteriore compressione del perimetro di applicazione della norma sembra riguardare, poi, nello specifico, la possibilità dalla stessa riconosciuta di presentare piani che prevedano delle modifiche statutarie, senza necessità di ottenere le delibere assembleari imposte dal diritto societario (v. *infra* nel testo). In tali ipotesi, infatti, il successivo art. 120-*ter* impone l'obbligatoria formazione di una classe per i soci (che vedono sterilizzati i propri poteri societari), sì che, secondo alcuni, sarebbe possibile procedere in tal senso soltanto nell'ambito di strumenti che prevedono un classamento (e, segnatamente, concordato preventivo e piano di ristrutturazione omologato): in questo senso BROGI, *I soci*, cit., p. 1297; v. anche CAGNASSO-GIULIANI-MICELI, *L'accesso*, cit., p. 985, che sembrano ritenere che tutto l'art. 120-*bis* si rivolga ai soli strumenti per i quali è possibile procedere al classamento (a prescindere dalla previsione di modifiche statutarie); nello stesso senso CAGNASSO, *Le modificazioni statutarie*, cit., p. 240.

to l'organizzazione del c.d.a., *a fortiori* si deve ritenere che la stessa nemmeno possa includere poteri capaci di incidere sull'intera organizzazione societaria e sulle dinamiche intra-organiche.

Ciò posto, un tale effetto si realizza in modo evidente in quei casi in cui ci si voglia avvalere della facoltà riconosciuta dall'art. 120-*bis*, comma 2, c.c.i. di includere nel piano delle modifiche all'atto costitutivo, bypassando le competenze assembleari. In tali evenienze, infatti, la necessità di un passaggio consiliare forte risulta persino intuitivo [46], tenuto conto (non solo del fatto la norma fa esplicito riferimento, tra il resto, ad aumenti di capitale, progetti di fusione e scissione che sono espressamente qualificate come indelegabili dall'art. 2381 c.c., ma pure) che si realizza una vera e propria "invasione di campo" negli ordinari poteri dei soci [47]. Va però notato che una significativa variazione delle dinamiche *corporate governance* si realizza a prescindere dai contenuti del piano (e quindi pure là dove quest'ultimo non preveda modifiche statutarie), posto che il nuovo art. 120-*bis*, comma 4, c.c.i. connette alla mera decisione di accedere allo strumento di risoluzione della crisi la sterilizzazione del potere assemblare di revoca *ad nutum*, con la conseguenza di affievolire il vincolo fiduciario tra soci e amministratori. E anche un siffatto effetto ha un significativo impatto sugli equilibri di *governance* societaria, che non pare possa derivare da una scelta operata dell'amministratore delegato [48].

---

[46] L'art. 120-*bis*, infatti, dopo aver affermato al primo comma che gli amministratori hanno la competenza esclusiva alla predisposizione del piano (con ciò escludendo dalla decisione in questione i soci), al secondo comma precisa che tale piano potrà includere "*ogni modificazione dello statuto della società debitrice, ivi inclusi aumenti e riduzioni di capitale anche con limitazione o esclusione del diritto di opzione e altre modificazioni che incidono direttamente sui diritti di partecipazione dei soci, nonché fusioni, scissioni e trasformazioni*". Sugli innumerevoli problemi interpretativi posti dalla norma, si rinvia ai contributi di PORTALE, *Il codice italiano della crisi d'impresa e dell'insolvenza: tra fratture e modernizzazione del diritto*, in *Riv. soc.*, 2022; CAGNASSO-GIULIANI-MICELI, *L'accesso*, cit., p. 985; CAGNASSO, *Le modificazioni statutarie*, p. 239 ss.; PANZANI-LA MARCA, *Impresa vs. soci nella regolazione della crisi. Osservazioni preliminari su alcune principali novità introdotte con l'attuazione della Direttiva Insolvency*, in *Nuovo dir. soc.*, 2022, p. 1469 ss.; SCOGNAMIGLIO-VIOLA, *I soci nella ristrutturazione dell'impresa. Prime riflessioni*, ivi, p. 1163 ss.

[47] Alla medesima conclusione, sebbene sulla base di una diversa argomentazione, giunge anche CAGNASSO, *L'accesso*, cit., p. 9 (ripreso in CAGNASSO-GIULIANI-MICELI, *L'accesso*, cit., p. 985), secondo il quel tale previsione si risolverebbe in una delega *ex lege* dei poteri assembleari e, come tale, non sarebbe possibile una delega di secondo grado all'amministratore esecutivo.

[48] In questo senso, non pare condivisibile, la tesi sostenuta dal prof. Cagnasso (in diversi scritti: *L'accesso*, cit., p. 9; *Le modificazioni statutarie funzionali al buon esito della ristrutturazione*, p. 242; e in CAGNASSO-GIULIANI-MICELI, *L'accesso*, cit., p. 985), secondo cui sarebbe delegabile la scelta di accedere ad uno strumento di regolazione della crisi e di predisporre piani che non prevedano modifiche statutarie (restando di esclusiva competenza collegiale la sola adozione di piani che apportino variazioni allo statuto).

DIE ROLLE VON BERATERN IN DER KRISENSITUATION

von *Alexandra Schluck-Amend*

ABSTRACT

If a company is in crisis, it is dependent on the support of consultants to point out the various different possible courses of action and to help manage the crisis. Due to the current change in market conditions, in particular, the reorganization and restructuring of companies is becoming more and more important. The author starts by demonstrating the different stages of a crisis and then addresses the possible courses of action provided for by German law for overcoming a crisis. Finally, the liability risks for shareholders and corporate bodies are examined more closely. The reader is made aware of the importance of competent and comprehensive advice due to the complexity of the subject matter.

I. *Die verschiedenen Stadien der Krise.* – Zunächst sind die unterschiedlichen Stadien der Krise zu unterscheiden.

1. *Die Krise.* – Es gibt keine einheitliche Definition dafür, ab welchem Zeitpunkt sich ein Unternehmen in einer Krise befindet. Dies ist unter anderem darauf zurückzuführen, dass es sich bei der Krise nicht um einen festen Zeitpunkt, sondern vielmehr um einen fortlaufenden Prozess handelt, der von einer Vielzahl unterschiedlicher Faktoren abhängt und indiziert werden kann. [1] Dementsprechend kann der Krisenbegriff je nach Anwendungsgebiet/Rechtsgebiet und dem damit

[1] Ähnlich bereits *Krystek*, Unternehmungskrisen, 1987, 6 f.; ferner Prinz/Winkeljohann/ *Rieser*, Beck´sches Handbuch der GmbH, 5. Aufl. 2020, § 17 Rn. 1 ff.

verfolgten Regelungszweck variieren. Grundsätzlich ist zwischen betrieblichen und rechtlichen Aspekten einer Krise zu unterscheiden.[2] Die Betriebswirtschaftslehre versteht unter einer Krise einen ungewollten Zustand eines Schuldners oder eines schuldnerischen Unternehmens, der seine Leistungsfähigkeit in Frage stellt, in welchem wesentliche Ziele und Werte des Unternehmens unmittelbar gefährdet sind und so seine Existenz bedroht ist.[3] Nach einer gesellschaftsrechtlich und aus § 32a GmbHG a.F. fließenden Definition ist die Krise ein Zeitpunkt, in dem die Gesellschafter ihr (der Gesellschaft) als ordentliche Kaufleute Eigenkapital zugeführt hätten. Zwar wurde § 32a GmbHG a.F. durch das MoMiG gestrichen, jedoch kann zur Definition des Krisenbegriffs durchaus (wenn auch nicht ausschließlich) weiterhin auf die damals entwickelten Krisenmerkmale zurückgegriffen werden.[4] Von der betriebswirtschaftlichen und gesellschaftsrechtlichen Krise ist die Krise im insolvenzrechtlichen Sinne zu unterscheiden. Letztere liegt spätestens dann vor, wenn sich die Krise im rechtlichen Sinne derart vertieft, dass das Unternehmen insolvenzreif ist.[5] Dies ist nach deutschem Recht dann gegeben, wenn zumindest einer der drei nachfolgend unter Nr. 2 näher erläuterten Insolvenzantragsgründe nach der Insolvenzordnung (InsO) vorliegt. Allerdings sollte aus Sicht des Sanierungsberaters stets beachtet werden, dass im Falle einer Überschuldung (§ 19 InsO) oder Zahlungsunfähigkeit (§ 17 InsO) gemäß § 15a InsO die Pflicht zur Stellung eines Insolvenzantrags besteht. Sobald ein zwingender Insolvenzantragsgrund vorliegt, ist es für eine außergerichtliche Sanierung in der Regel zu spät. Aus diesem Grund sollte aus insolvenzrechtlicher Sicht allenfalls der freiwillige Insolvenzantragsgrund der drohenden Zahlungsunfähigkeit (§ 18 InsO) als Merkmal des Kriseneintritts herangezogen werden, sofern auch außerinsolvenzrechtliche Sanierungsoptionen gewählt werden sollen, wie etwa die freie Sanierung oder das Unternehmensrestrukturierungs- und Unternehmensstabilisierungsgesetz (StaRUG).[6]

2. *Die Insolvenzgründe nach deutschem Recht.* – a) *Zahlungsunfähigkeit.* – Das Gesetz nennt als ersten Insolvenzgrund die Zahlungsunfähigkeit. Nach deutschem Insolvenzrecht ist ein Unternehmen nach § 17 Abs. 2 InsO zah-

---

[2] Vgl. hierzu MAH GmbH-Recht/*Schluck-Amend*, 3. Aufl. 2014, § 23 Rn. 3 ff.

[3] Vgl. *Uhlenbruck*, Gläubigerberatung in der Insolvenz, 1983, 1 m.w.N.; Prinz/Kahle/*Eberhard*, § 12 Rn. 1 ff.

[4] Hierzu und zu weiteren gesellschaftsrechtlichen Krisenindizien MAH GmbH-Recht/*Schluck-Amend*, § 23 Rn. 6 ff.; ähnlich Hauschka/Moosmayer/Lösler/*Pelz*, Corporate Compliance, 3. Aufl. 2016, § 31 Rn. 1.

[5] Vgl. Oppenländer/Trölitzsch/*Steffan*, Praxishandbuch der GmbH-Geschäftsführung, 3. Aufl. 2020, § 37 Rn. 5; MAH GmbHR/*Schluck-Amend*, § 23 Rn. 14.

[6] So bereits MAH GmbHR/*Schluck-Amend*, § 23 Rn. 14; Bochmann/Prütting/Scheller/*Oberle*, Münchener Handbuch des Gesellschaftsrechts, Bd. 3, 5. Aufl. 2018, § 66 Rn. 4.

lungsunfähig, wenn es nicht mehr dazu in der Lage ist, seine fälligen Zahlungspflichten zu erfüllen. Von einem solchen Zustand geht der Bundesgerichtshof (BGH) dann aus, wenn die Lücke zwischen den vorhandenen liquiden Mitteln und den fälligen Verbindlichkeiten größer als zehn Prozent ist und diese Lücke nicht innerhalb von längstens drei Wochen beseitigt werden kann.[7]

Folglich muss zweistufig geprüft werden. In einem ersten Schritt werden die verfügbaren liquiden Mittel (zum Beispiel Bankguthaben, offene Kreditlinien, Zugriff auf einen Cash Pool) den fälligen Verbindlichkeiten gegenübergestellt. Ausgehend vom Stichtag wird anschließend in einem zweiten Schritt geprüft, welche weiteren liquiden Mittel in den kommenden drei Wochen zufließen und welche Verbindlichkeiten binnen drei Wochen zusätzlich fällig werden.[8] Ist die Lücke zwischen den so errechneten liquiden Mitteln und den fälligen Verbindlichkeiten größer als zehn Prozent, so liegt Zahlungsunfähigkeit vor. Der Schuldner hat dann nach § 15a Abs. 1 Satz 2 Alt. 1 InsO innerhalb der Höchstfrist von drei Wochen den Insolvenzantrag zu stellen.

Die Zahlungsunfähigkeit kann beseitigt werden, indem dem Unternehmen neue liquide Mittel, zum Beispiel durch ein Darlehen, zugeführt werden oder indem mit Gläubigern fälliger Forderungen ein (Teil-)Verzicht oder eine Stundung von Forderungen vereinbart wird.

b) *Überschuldung.* – Als weiteren Insolvenzgrund kennt die InsO die Überschuldung. Eine Überschuldung im insolvenzrechtlichen Sinne liegt nach dem sog. modifizierten zweistufigen Überschuldungsbegriff gemäß § 19 Abs. 2 InsO vor, wenn das Vermögen des Schuldners die bestehenden Verbindlichkeiten nicht mehr deckt, es sei denn, die Fortführung des Unternehmens in den nächsten zwölf Monaten[9] ist nach den Umständen überwiegend wahrscheinlich. Das Vermögen des Schuldners deckt die bestehenden Verbindlichkeiten dann nicht mehr (sog. rechnerische Überschuldung), wenn bei Gegenüberstellung von Aktiva und Passiva im Rahmen eines Überschuldungsstatus die Verbindlichkeiten auf der Passivseite überwiegen.[10] Die Bewertung der Aktiva erfolgt dabei zu Liquidationswerten, welche grundsätzlich nicht mit einer Bewertung zu Zer-

---

[7] Vgl. *BGH* NJW 2005, 3062 (3064); *BGH* NZI 2007, 36 (37); *BGH* NJW 2013, 940 (941); *BGH* NZI 2018, 204 Rn. 32.

[8] Vgl. *BGH* NZI 2018, 204 Rn. 50 ff.; *Ampferl/Kilper* NZI 2018, 191 (193); K. Schmidt/*K. Schmidt/Herchen*, InsO, 20. Aufl. 2023, § 17 Rn. 27 ff.

[9] Durch § 4 Abs. 2 Nr. 1 SanInsKG ist der Prognosezeitraum im Zeitraum zwischen 09.11.2022 bis einschließlich 31.12.2023 von zwölf auf vier Monate reduziert worden, um die Folgen der Energiekrise abzumildern.

[10] Vgl. MüKoInsO/*Drukarczyk/Schüler*, Bd. 1, 4. Aufl. 2019, § 19 Rn. 112 ff.; K. Schmidt/*K. Schmidt/Herchen*, § 19 Rn. 20 ff.

schlagungswerten gleichzusetzen ist.[11] Vielmehr ist bei der Bewertung grundsätzlich von einer planvollen Auflösung zu Liquidationswerten auszugehen.[12] Das bedeutet, dass eine Bewertung grundsätzlich unter der Prämisse einer planvollen Auflösung zu erfolgen hat, welche negative Einflüsse (wie zum Beispiel Zeitdruck, anderes Bieterverhalten aufgrund des auf dem Schuldners lastenden Veräußerungsdruck) ausblendet.[13] Eine insolvenzrechtliche Überschuldung ist jedoch selbst bei einer auf diese Weise festgestellten rechnerischen Überschuldung nach § 19 Abs. 2 Satz 1 InsO ausgeschlossen, sofern eine positive Fortbestehensprognose für das Unternehmen besteht. Diese Regelungstechnik führt dazu, dass in der Praxis zuerst geprüft wird, ob eine positive Fortführungsprognose besteht und erst dann die rechnerische Überschuldung auf Basis des Überschuldungsstatus festgestellt wird.

Eine solche positive Fortführungsprognose liegt – vereinfacht ausgedrückt – dann vor, wenn das Unternehmen für zwölf Monate durchfinanziert ist, also eine plausible Finanz- und Ertragsplanung für die nächsten zwölf Monate vorweist. Diese setzt nach der Rechtsprechung des BGH einen erkennbaren Fortführungs- und Rettungswillen des schuldnerischen Unternehmens sowie ein tragfähiges Unternehmenskonzept voraus.[14] Liegt keine positive Fortführungsprognose vor, ist das Unternehmen insolvenzrechtlich überschuldet, wenn zusätzlich eine rechnerische Überschuldung vorliegt. Die Frist für den dann erforderlichen Antrag ist eine Höchstfrist und beträgt sechs Wochen.[15]

Der Insolvenzantragsgrund kann beseitigt werden, indem entweder bereits eine rechnerische Überschuldung vermieden wird – beispielsweise durch einen qualifizierten Rangrücktritt[16] oder eine harte Patronatserklärung – oder indem eine positive Fortbestehensprognose hergestellt wird, beispielsweise durch ein Darlehen (in der Regel kombiniert mit einem qualifizierten Rangrücktritt).

c) *Anknüpfung an die drohende Zahlungsunfähigkeit.* – Zuletzt ist die drohende Zahlungsunfähigkeit zu nennen. Drohende Zahlungsunfähigkeit liegt gemäß §18 Abs. 2 Satz 1 InsO vor, wenn das Unternehmen zwar derzeit nicht zah-

[11] Hierzu K. Schmidt/*K. Schmidt/Herchen*, § 19 Rn. 24; Uhlenbruck/*Mock*, InsO, 15. Aufl. 2020, § 19 Rn. 134.

[12] MüKoInsO/*Drukarczyk/Schüler*, § 19 Rn. 117; K. Schmidt/*K. Schmidt/Herchen*, § 19 Rn. 24; Uhlenbruck/*Mock*, § 19 Rn. 130.

[13] MüKoInsO/*Drukarczyk/Schüler*, § 19 Rn. 117; Uhlenbruck/*Mock*, § 19 Rn. 134.

[14] Dazu *BGH* NZI 2007, 44; *BGH* NZG 2010, 1393.

[15] § 15a Abs. 1 Satz 2 Alt. 2 InsO. Gemäß § 4a SanInsKG gilt für den Zeitraum zwischen 09.11.2022 bis einschließlich 31.12.2023 anstatt der Höchstfrist von sechs Wochen eine Höchstfrist von acht Wochen.

[16] Zu den Voraussetzungen eines qualifizierten Rangrücktritts zur Vermeidung der rechnerischen Überschuldung *BGH* NJW 2015, 1672; *Schluck-Amend*, FS Krieger, 2020, 825 (838).

lungsunfähig ist, aber voraussichtlich nicht in der Lage sein wird, die bestehenden Zahlungsverpflichtungen im Zeitpunkt der Fälligkeit zu erfüllen. Diese „voraussichtliche Unfähigkeit" ist bei einer Wahrscheinlichkeit von mehr als 50 Prozent gegeben. [17] Das schuldnerische Unternehmen sollte für die Darstellung der drohenden Zahlungsunfähigkeit eine Liquiditätsbilanz für den Prognosezeitraum erstellen. Dieser beträgt nach § 18 Abs. 2 Satz 2 InsO in der Regel 24 Monate.

Es handelt sich bei der drohenden Zahlungsunfähigkeit um einen sogenannten freiwilligen und keinen zwingenden Insolvenzgrund. [18] Das bedeutet, dass – anders als bei den anderen Insolvenzantragsgründen – nur eine Möglichkeit, nicht aber eine Pflicht zur Antragsstellung besteht. Der drohenden Zahlungsunfähigkeit kommt daher für die außerinsolvenzrechtliche Sanierung, aber auch für bestimmte Verfahren der InsO (Schutzschirmverfahren, s.u. II. Nr. 3 c)) besondere Bedeutung zu.

II. *Sanierungsmöglichkeiten.* – Es gibt verschiedene Sanierungsverfahren, um ein Unternehmen aus der Krise zu führen. Maßgeblich sind die freie Sanierung, eine Restrukturierung nach dem StaRUG und die verschiedenen Verfahren nach der InsO: das Regelverfahren, die Eigenverwaltung und der Insolvenzplan. Im Folgenden sollen diese Verfahren sowie deren Vor- und Nachteile näher beleuchtet werden.

1. *Freie Sanierung.* – Die Sanierung eines Unternehmens in der Krise oder eines insolvenzreifen Unternehmens kann zunächst als sogenannte freie Sanierung erfolgen. Diese freie Sanierung hat keinen verfahrensrechtlichen Rahmen, sondern erfolgt auf Basis rechtsgeschäftlicher Vereinbarungen der Beteiligten, wie Schuldner, Gläubiger und Stakeholder. [19] Diese können bilateral beispielsweise einen Forderungsverzicht oder die Umwandlung von Gesellschafterdarlehen in eine Einzahlung in die Kapitalrücklage vereinbaren und so die bilanzielle und insolvenzrechtliche Situation verbessern. [20]

Ist das Unternehmen dabei bereits insolvenzreif, besteht aufgrund der oben genannten Antragspflichten ein hoher Zeitdruck. Diese Fristen sind, wie bereits erwähnt, Höchstfristen und dürfen daher von der antragspflichtigen Person nur

---

[17] Vgl. MüKoInsO/*Drukarczyk*, § 18 Rn. 50; K. Schmidt/*K. Schmidt*, § 18 Rn. 21; Uhlenbruck/*Mock*, § 18 Rn. 26.

[18] Vgl. MüKoInsO/*Drukarczyk*, § 18 Rn. 2; Braun/*Salm-Hoogstraeten*, InsO, 9. Aufl. 2022, § 18 Rn. 1.

[19] Ähnlich *Baums,* Recht der Unternehmensfinanzierung, 1. Aufl. 2017, § 57 Rn. 4; Ellenberger/Bunte/*Häuser*, Bankrechts-Handbuch, 6. Aufl. 2022, § 65 Rn. 3.

[20] Zu den Vor- und Nachteilen einer freien Sanierung K. Schmidt/Uhlenbruck/*Schluck-Amend*, Die GmbH in Krise, Restrukturierung und Insolvenz, 5. Aufl. 2015, § 9 Rn. 9.5.

ausgeschöpft werden, wenn begründete Aussichten bestehen, dass der Insolvenzgrund innerhalb der Frist beseitigt werden kann.[21] Der jeweilige Geschäftsleiter muss also innerhalb der genannten Zeiträume zügig geeignete Vereinbarungen erzielen, um einen zwingenden Insolvenzantrag zu vermeiden.

Die größte Hürde und mitunter Grund für ein Scheitern der außergerichtlichen Sanierung ist der erforderliche Konsens der Beteiligten.[22] Es bestehen – anders als bei einer Sanierung nach dem StaRUG oder der InsO – keine gesonderten prozessualen Maßnahmen für die Überwindung einer fehlenden Zustimmung. Erklärt sich ein Gläubiger oder ein Stakeholder beispielsweise nicht dazu bereit, auf eine Forderung zu verzichten oder diese zu stunden (sog. Akkordstörer) oder kann keine neue Finanzierung erlangt werden, stehen dem schuldnerischen Unternehmen keine rechtlichen Mittel zur Verfügung. Es existiert insbesondere keine Treuepflicht der Gläubiger untereinander oder eine sonstige Verpflichtung gegenüber dem Schuldner zur Zustimmung, selbst wenn die Mehrheit oder gar alle anderen Gläubiger einer Sanierung mit Sanierungsvergleich der Gläubiger zugestimmt haben.[23]

Sofern allerdings ein Konsens besteht, hat die außergerichtliche Sanierung den großen Vorteil, dass sie an keine Fristen gebunden ist und zügig durchgeführt werden kann. Sie kann daher auch mit Kostenersparnissen verbunden sein.[24] Ein weiterer Vorteil ist, dass die Sanierung nicht-öffentlich geschieht.[25] Andere Gläubiger, Geschäftspartner, Stakeholder oder die jeweilige Branche erfahren also nicht von der Krise des Unternehmens.

Als Sanierungsmittel kommt auch ein (Teil-)Verkauf des Unternehmens in Betracht. Für den Käufer besteht hier allerdings das Risiko, dass der Kauf angefochten wird, falls das Verkaufsunternehmen später in eine Insolvenz rutscht. Darüber hinaus bestehen weitere Haftungsrisiken für Altverbindlichkeiten, die bei einem Kauf aus der Insolvenz nicht bestehen.

2. *StaRUG.* – Als zweites Verfahren lässt sich die Restrukturierung nach dem StaRUG, anführen. Das StaRUG wurde in Deutschland mit Wirkung zum 01.01.2021 neu eingeführt und schloss die bis dahin bestehende Rechtslücke im Bereich der vorinsolvenzlichen Sanierung. Hintergrund hierfür ist eine EU-

---

[21] Zur fehlenden Aufschubwirkung MüKoInsO/*Klöhn*, § 15a Rn. 117; *BGH* NJW 1979, 1823 (1827).

[22] Vgl. *Baums,* § 57 Rn. 4; Gottwald/Haas/*Drukarczyk/Schöntag*, Insolvenzrechts-Handbuch, 6. Aufl. 2020, § 3 Rn. 3.

[23] *BGH* NJW 1992, 967; *Schluck-Amend* ZRP 2017, 6 (8); K. Schmidt/Uhlenbruck/*Schluck-Amend*, § 9 Rn. 9.21.

[24] Vgl. Gottwald/Haas/*Drukarczyk/Schöntag*, § 3 Rn. 1; *Klöhn/Franke* ZEuP 2022, 44 (55 ff.).

[25] Vgl. Gottwald/Haas/*Drukarczyk/Schöntag*, § 3 Rn. 1; K. Schmidt/Uhlenbruck/*Schluck-Amend*, § 9 Rn. 9.5; *Klöhn/Franke* ZEuP 2022, 44 (55 ff.).

Richtlinie, die die Mitgliedstaaten zur Schaffung eines dem Insolvenzverfahrens vorgeschalteten Restrukturierungsrahmens verpflichtet.[26] Auch in Italien wurde mit Wirkung zum 15.11.2021 ein ähnliches Sanierungsverfahren eingeführt.[27]

Der Anwendungsbereich des StaRUG ist nur beim Insolvenzgrund der drohenden Zahlungsunfähigkeit des Unternehmens (dazu bereits I. 2. c) eröffnet.[28] Es bietet umfassende Sanierungsmöglichkeiten und -instrumente und ist vor allem ein guter und flexibler Rahmen für finanzielle Restrukturierungen im präventiven Bereich. Zentrales Instrument des StaRUG ist der Restrukturierungsplan.[29] Vereinfacht ausgedrückt, werden Gläubiger darin in Gruppen eingeteilt und stimmen in dem Verfahren über das vom Schuldner erarbeitete Restrukturierungskonzept ab. Grundsätzlich muss eine Zustimmung in jeder Gruppe vorliegen, sie kann jedoch nach § 26 StaRUG unter bestimmten Voraussetzungen ersetzt werden.[30] Maßgeblich ist dabei insbesondere, dass die Gruppe im Plan nicht schlechter gestellt werden darf als sie in einem Regelverfahren nach der InsO stehen würde (sogenannte Vergleichsrechnung, § 26 Abs. 1 Nr. 1 StaRUG).[31]

Als weiteres Instrument führt das StaRUG den Sanierungsvergleich ein (vgl. § 97 StaRUG). Darunter ist ein unter Aufsicht eines Sanierungsmoderators geschlossener Vergleich des schuldnerischen Unternehmens mit seinen Gläubigern zu verstehen, der die drohende Zahlungsunfähigkeit beseitigt. Ein vom Restrukturierungsgericht bestätigter Sanierungsvergleich genießt nach § 97 Abs. 3 StaRUG einen weitgehenden Anfechtungsschutz.

Ein Nachteil des StaRUG besteht darin, dass der deutsche Gesetzgeber sich bei der Umsetzung dagegen entschieden hat, ein Instrument für die Vertragsbeendigung in das StaRUG aufzunehmen.[32] Eine operative Sanierung ist daher nicht durch entsprechende Regelungen wie in der InsO möglich, vielmehr müssen Verträge weiter erfüllt werden oder entsprechende Vereinbarungen mit den Vertragspartnern getroffen werden. Insbesondere bei Anpassung/Kündigung

---

[26] Richtlinie (EU) 2019/1023 des Europäischen Parlaments und des Rates vom 20.06.2019.

[27] Composizione negoziata della crisi – außergerichtliches Sanierungsverfahren – Art. 2 ff. Gesetzesdekret Nr. 118 vom 24.08.2021.

[28] § 29 Abs. 1 StaRUG i.V.m. § 18 Abs. 2 InsO; dazu auch *Schluck-Amend/Hefner* ZRI 2020, 570 (572); K. Schmidt/Uhlenbruck/*Brinkmann*, § 10 Rn. 10.7.

[29] *Schluck-Amend/Hefner* ZRI 2020, 570 (573); K. Schmidt/Uhlenbruck/*Schluck-Amend*, § 10 Rn. 10.61; *Gehrlein* BB 2021, 66 (67).

[30] *Schluck-Amend/Hefner* ZRI 2020, 570 (574); K. Schmidt/Uhlenbruck/*Schluck-Amend*, § 10 Rn. 10.110; Braun/*Herzig*, StaRUG, § 26 Rn. 1.

[31] *Schluck-Amend/Hefner* ZRI 2020, 570 (574); Braun/*Herzig*, StaRUG, § 26 Rn. 4; K. Schmidt/Uhlenbruck/*Schluck-Amend*, § 10 Rn. 10.111.

[32] Vgl. *Schluck-Amend/Hefner* ZRI 2020, 570 (574); Ähnlich *De Bruyn/Ehmke* NZG 2021, 661 (670). Die ursprünglich im Regierungsentwurf enthaltene Möglichkeit zur einseitigen Vertragsbeendigung ist letztendlich nicht in das Gesetz aufgenommen worden; zur Debatte um dieses Instrument u.a. *Hofmann* NZI 2020, 871.

von Mietverträgen und Kündigung von Arbeitsverhältnissen stellt dies eine erhebliche Hürde dar. Das StaRUG eignet sich aber beispielsweise für die Sanierung einer Holdinggesellschaft mit operativen Töchtern durch Einstieg eines Investors. Ein Vorteil des Verfahrens ist, dass nicht alle Gläubiger an dem Sanierungsverfahren beteiligt werden müssen, sondern auch nur einzelne Gläubiger oder Gläubigergruppen angesprochen werden können.[33] Zudem muss das Verfahren nicht öffentlich gemacht werden und kann damit nicht zu Reputationsschäden für das schuldnerische Unternehmen führen.[34] Ein zusätzlicher Vorteil des Sanierungsvergleichs und Rechtshandlungen auf Grundlage eines Restrukturierungsplans ist, dass sie nach § 97 Abs. 3 i.V.m. § 90 Abs. 1 StaRUG nur angefochten werden können, wenn sie auf falschen Grundlagen geschlossen wurden und dies dem anderen Teil bekannt war. Die Voraussetzungen hierfür sind also eng gefasst. Sanierungsvergleich und Restrukturierungsplan bieten folglich eine weitreichende Rechtssicherheit.

3. *Insolvenzverfahren.* – Das nachgelagerte Gegenstück zu den präventiven Restrukturierungsmöglichkeiten bildet das Insolvenzverfahren nach der InsO. Wurde nach Eintritt der Insolvenzreife ein Insolvenzantrag gestellt, überprüft das Insolvenzgericht zunächst die rechtlichen Voraussetzungen eines Insolvenzverfahrens (sogenanntes Insolvenzeröffnungsverfahren) und eröffnet sodann im Regelfall das Insolvenzverfahren. Dieses ist als Gesamtvollstreckungsverfahren auf eine gemeinschaftliche Befriedigung der Gläubiger ausgerichtet (vgl. § 1 Satz 1 InsO). Es kann im Wege eines Regelverfahrens oder einer Eigenverwaltung stattfinden. Dabei wird insbesondere in der Eigenverwaltung das Insolvenzplanverfahren zur Sanierung des Unternehmens eingesetzt.

a) *Regelverfahren.* – Meistens wird das Insolvenzverfahren als Regelverfahren durchgeführt. Bei diesem wird die Verwaltung und Verwertung des Schuldnervermögens durch einen Insolvenzverwalter wahrgenommen, der durch das Gericht bestellt wurde. Die Verwertung kann unter anderem durch eine sogenannte übertragende Sanierung des Unternehmens erfolgen.[35] Bei dieser verkauft der Insolvenzverwalter das Unternehmen beziehungsweise im Regelfall die „gesunden" Teile des Unternehmens und wickelt die beim insolventen Rechtsträger verbleibenden übrigen Teile ab. Dafür verhandelt der Schuldner –

---

[33] Zum teil-kollektiven Charakter des Verfahrens *De Bruyn/Ehmke* NZG 2021, 661 (672); *Doebert/Krüger* NZI 2021, 614 (618).

[34] Vgl. Buth/Hermanns/*Haghani/Eschmann*, Restrukturierung, Sanierung, Insolvenz, 5. Aufl. 2022, § 37 Rn. 7; *de Bruyn/Ehmke* NZG 2021, 661 (672).

[35] Vgl. MüKoInsO/*Janssen*, Bd. 2, 4. Aufl. 2019, § 157 Rn. 16 f.; MüKoInsO/*Ganter/Bruns*, § 1 Rn. 90 ff.

üblicherweise gemeinsam mit dem vorläufigen Insolvenzverwalter, von dessen Zustimmung die Wirksamkeit der Handlungen des Schuldners in der Regel abhängig sind (sog. schwacher vorläufiger Insolvenzverwalter, § 21 Abs. 2 Nr. 2 Alt. 2 InsO) – bereits während des Insolvenzeröffnungsverfahrens mit Kaufinteressenten einen Kaufvertrag aus. Der Verkauf und die Veräußerung findet dann zumeist kurz nach der Eröffnung des Insolvenzverfahrens statt. Denn erst in diesem Zeitpunkt geht in der Regel nach § 80 Abs. 1 InsO die Verwaltungs- und Verfügungsbefugnis auf den Verwalter über[36] und es kann über den Insolvenzplan abgestimmt werden. Der Verkauf kann dabei entweder auf den Verkauf einzelner Assets abzielen oder auf die Sanierung des Rechtsträgers im Insolvenzplanverfahren, auf welches sogleich eingegangen wird.

b) *Eigenverwaltung.* – Die in der Praxis unüblichere Eigenverwaltung nach §§ 270 ff. InsO findet nur auf Antrag des schuldnerischen Unternehmens statt. Der Schuldner muss insbesondere einen Finanzplan für sechs Monate und ein Konzept zur Beseitigung der Krise vorlegen. Bei der Eigenverwaltung behalten die Leitungsorgane des Unternehmens ihre Verfügungsbefugnis und können so das Unternehmen selbst aus der Krise führen. Es wird ihnen lediglich ein Sachwalter an die Seite gestellt, der eine Kontrollfunktion ausübt, indem er die Geschäfte des Schuldners beaufsichtigt und bei Geschäften von besonderer Bedeutung seine Zustimmung im Innenverhältnis erteilt. Das Insolvenzgericht ordnet die Eigenverwaltung nur an, wenn sie dem Interesse der Gläubiger nicht widerspricht und keine Nachteile für sie zum Inhalt hat.

Das Eigenverwaltungsverfahren eignet sich, wenn es eine funktionierende Geschäftsleitung gibt, die das Vertrauen von Gläubigern und Stakeholdern genießt. Nur unter diesen Umständen kann die Geschäftsleitung die einzelnen Sanierungsmaßnahmen effektiv selbst durchführen. Vorteil der Eigenverwaltung ist, dass der eigenverwaltende Schuldner wenig Zeit braucht, um sich einzuarbeiten.[37] Gerade bei großen Unternehmen kann die Einarbeitung sehr aufwändig sein und dementsprechend das Verfahren in die Länge ziehen. Ferner können operative Entscheidungen aufgrund der weiter bestehenden Verfügungsbefugnis noch stärker vom Schuldner beeinflusst werden.[38] Zudem fällt auch das Stigma der „Insolvenz" geringer aus, da unter anderem weniger öffentliche Bekanntmachungen erfolgen.

[36] Gemäß §§ 21 Abs. 2 Nr. 2 Alt. 1, 22 Abs. 1 InsO geht die Verwaltungs- und Verfügungsbefugnis aber bereits im vorläufigen Verfahren auf den sog. starken Insolvenzverwalter über.

[37] Zu den Vorteilen der Eigenverwaltung K. Schmidt/*Undritz*, Vor §§ 270 ff. Rn. 1; Gottwald/Haas/*Haas*, § 84 Rn. 2.

[38] Vgl. MüKoInsO/*Kern*, Bd. 3, 4. Aufl. 2020, Vor §§ 270 ff. Rn. 1; K. Schmidt/*Undritz*, Vor §§ 270 ff. Rn. 1.

c) *Kombination von Eigenverwaltung und Insolvenzverfahren.* – Möchte man den Rechtsträger im Eigenverwaltungsverfahren sanieren, kommt eine Kombination von Eigenverwaltungsverfahren und Insolvenzplan in Betracht.

Bei dieser Kombination ordnet das Insolvenzgericht nach dem Antrag auf Insolvenzeröffnung in Eigenverwaltung im Rahmen des Insolvenzeröffnungsverfahrens ein sogenanntes Schutzschirmverfahren an und bestimmt eine Frist von höchstens drei Monaten für den Schuldner bis zur Vorlage eines Insolvenzplans (vgl. § 270d InsO). Der entsprechende Antrag kann dabei nicht bei Vorliegen von Zahlungsunfähigkeit, sondern nur bei drohender Zahlungsunfähigkeit oder Überschuldung gestellt werden und muss eine Sanierungsfähigkeitsbescheinigung enthalten. Zudem kann das Gericht gemäß § 270c Abs. 4 Satz 1 InsO bestimmen, dass der Schuldner Masseverbindlichkeiten begründen kann (Einzelermächtigung). Hierdurch kann der Schuldner für Forderungen der Gläubiger, die für die Fortführung notwendig sind, Masseverbindlichkeiten begründen und damit deren Befriedigung sicherstellen.

Nach der Vorlage des Insolvenzplans oder des Eröffnungsbeschlusses über das Insolvenzverfahren beginnt das Insolvenzplanverfahren.[39] Dieses zielt auf die Restschuldbefreiung zum Erhalt des Unternehmens durch ein vom Gesetz abweichendes selbstentwickeltes Konzept ab.[40] Der Schuldner hat zunächst den Insolvenzplan zu finalisieren und mit den Betroffenen auszuhandeln, was durch den Sachwalter überwacht wird. Sodann wird in einem Erörterungs- und Abstimmungstermin über den Insolvenzplan durch die Gläubiger abgestimmt.[41] Geschieht dies durch die Mehrheit der Gläubiger und liegen die weiteren Voraussetzungen des Insolvenzplans vor, wird der Insolvenzplan zuletzt durch das Insolvenzgericht bestätigt.[42] Ist die Bestätigung rechtskräftig, wird das Insolvenzverfahren durch das Insolvenzgericht aufgehoben.[43] In der Regel endet hiermit auch das Amt des Sachwalters, es sei denn, es findet eine sogenannte Planüberwachung durch diesen statt.

Wichtiges Element des Plans ist (wie beim StaRUG) eine Vergleichsrechnung, die aufzeigt, dass die Gläubiger im Planverfahren mindestens genauso gut stehen wie sie im Regelverfahren stehen würden.[44] Im Plan selbst werden verschiedene Sanierungsinstrumente je nach Bedarf des Unternehmens dargestellt und durchgeführt. Dies können beispielsweise ein Debt-to-Equity Swap (also ein Austausch einer Gläubigerforderung gegen eine Kapitalbeteiligung am Un-

[39] §§ 217 ff. InsO.

[40] § 1 Satz 1 Alt. 2, Satz 2 InsO.

[41] § 235 InsO.

[42] § 248 InsO.

[43] § 258 InsO.

[44] § 220 Abs. 2 Satz 2 InsO.

ternehmen)[45], ein Forderungsverzicht oder der Einstieg eines Investors über eine Kapitalherabsetzung und -erhöhung sein (dazu sogleich unter III.).

Durch das seit 01.01.2021 geltende Sanierungs- und Insolvenzrechtsfortentwicklungsgesetz (SanInsFoG), welches zu Änderungen in der InsO führte, gibt es nun auch im Insolvenzplan die Möglichkeiten eines Cross-Class-Cram-Downs. Das bedeutet, dass Gläubigergruppen, die dem Plan nicht zustimmen, überstimmt werden können, wenn bestimmte Voraussetzungen vorliegen.[46]

III. *Weitere Sanierungsinstrumente.* – Innerhalb der freien Sanierung, der Eigenverwaltung und dem Insolvenzplan können auch einzelne Sanierungsinstrumente zur Stabilisierung des Unternehmens und Beseitigung von Insolvenzgründen herangezogen werden. Die wichtigsten Instrumente werden im Folgenden erläutert.

1. *Gesellschafterdarlehen.* – Eine große Rolle spielen Gesellschafterdarlehen, also Darlehen, die von einem Gesellschafter an das Unternehmen gewährt werden. Unter den Begriff werden nicht nur klassische Darlehen gefasst, sondern nach § 39 Abs. 1 Satz 1 Nr. 5 InsO auch andere Rechtshandlungen, die wirtschaftlich einem Darlehen entsprechen. Gesellschafterdarlehen haben insbesondere deshalb große Bedeutung, weil Kreditgeber außerhalb des Gesellschafterkreis im Krisenfall aufgrund fehlender oder nicht ausreichender Sicherheiten schwer zu finden sind. Durch die Gewährung eines Darlehens kann insbesondere die Zahlungsfähigkeit des Unternehmens sichergestellt und somit der Insolvenzgrund der Zahlungsunfähigkeit beseitigt werden. Ferner kann das Gesellschafterdarlehen dazu führen, dass eine positive Fortführungsprognose bejaht und somit eine Überschuldung verneint werden kann. Ist der Gesellschafter der Staat, sind jedoch beihilferechtliche Implikationen zu beachten.[47]

Die InsO sieht eine Rangfolge für die jeweilige Befriedigung der einzelnen Gläubiger(-gruppen) vor. Der Anspruch auf Rückzahlung eines Gesellschafterdarlehens ist nach § 39 Abs. 1 Satz 1 Nr. 5, Abs. 4, Abs. 5 InsO gegenüber den anderen Forderungen von Insolvenzgläubigern nachrangig. Die Nachrangigkeit als solche führt jedoch nicht dazu, dass die Forderung im Überschuldungsstatus nicht zu passivieren wäre und kann damit allein nicht zur Behebung einer rechnerischen Überschuldung beitragen.[48] Vielmehr muss dafür mit demjenigen, der das

---

[45] Dazu Buth/Hermanns/*Haghani/Holzamer*, § 24 Rn. 70; K. Schmidt/*K. Schmidt/Herchen*, § 39 Rn. 55.

[46] § 245 InsO; Schmidt K./Uhlenbruck/*Schluck-Amend*, § 10 Rn. 10.110; zur Entstehung MüKoInsO/*Drukarczyk/Schüler*, § 245 Rn. 6 ff.

[47] Vgl. hierzu *Koenig/Ritter* ZIP 2000, 769.

[48] Umkehrschluss zu § 39 Abs. 2 Satz 2 InsO, vgl. Braun/*Salm-Hoogstraeten*, InsO, § 19 Rn. 22.

Darlehen gewährt, ein qualifizierter Rangrücktritt im Sinne des § 39 Abs. 2 InsO vereinbart werden. Erst dies hat gemäß § 19 Abs. 2 Satz 2 InsO zur Folge, dass die Verpflichtung zur Rückzahlung des Gesellschafterdarlehens, nicht bei den Verbindlichkeiten im Überschuldungsstatus berücksichtigt werden muss.[49] Diese Wirkung entfaltet der qualifizierte Rangrücktritt aber nur, wenn er mindestens zweierlei beinhaltet: eine vorinsolvenzliche Durchsetzungssperre und einen Rangrücktritt hinter die Forderungen im Rang des § 39 Abs. 1 Nr. 1-5 InsO[50]. Die vorinsolvenzliche Durchsetzungssperre hindert den Rangrücktrittsgläubiger schon im Vorfeld des Insolvenzverfahrens an einer Durchsetzung seiner Forderung. Dadurch wird sichergestellt, dass durch die Begleichung der Forderung des Gläubigers keine Insolvenz verursacht oder vertieft wird. Denn es wäre widersprüchlich, wenn eine Forderung vor Verfahrenseröffnung durchsetzbar wäre, aber nach Verfahrenseröffnung ausgeblendet werden könnte.[51] Der Überschuldungsstatus soll ja gerade die Lage der Gesellschaft im Falle einer Liquidation darstellen, sodass Rangrücktrittsgläubiger nur aus Liquidationserlösen befriedigt werden sollen, also dann, wenn alle anderen Gläubiger bereits vollumfänglich befriedigt wurden.[52] Im Falle eines Insolvenzverfahrens tritt die Forderung zudem hinter die gesamten restlichen Forderungen Dritter gegen das Unternehmen als nachrangig zurück.

Noch weitergehender als eine Rangrücktrittsvereinbarung ist der Forderungsverzicht durch einen Gesellschafter. Anders als beim Rangrücktritt führt der Verzicht zu einer Auflösung der Verbindlichkeit.[53] Auch hierdurch kann der Überschuldungsstatus bereinigt und eine insolvenzrechtliche oder sogar handelsbilanzielle[54] Überschuldung des Unternehmens beseitigt oder abgemildert werden.

Natürlich ist auch ein Forderungsverzicht oder Rangrücktritt durch Drittgläubiger theoretisch denkbar, in der Praxis jedoch schwer durchsetzbar. Dies ist auch durch steuerliche Implikationen begründet, die es hier zu beachten gilt.[55]

---

[49] Die gemäß § 19 Abs. 2 Satz 2 i.V.m. § 39 Abs. 2 InsO erfolgende Nichtbeachtung von Verbindlichkeiten im Rahmen der Überschuldungsprüfung, gilt in entsprechender Anwendung auch für Nichtgesellschafter.

[50] Zu den Voraussetzungen *BGH* NJW 2015, 1672 Rn. 19 ff.; *Schluck-Amend*, FS Krieger, 825 (826).

[51] *BGH* NJW 2015, 1672 Rn. 19.

[52] Vgl. Braun/*Bäuerle*, InsO, § 39 Rn. 38; *Schluck-Amend*, FS Krieger, 825 (827).

[53] Vgl. Grüneberg/*Grüneberg*, BGB, 81. Aufl. 2022, § 397 Rn. 1; MüKoBGB/*Schlüter*, Bd. 3, 9. Aufl. 2022, § 397 Rn. 7.

[54] Anders als der bloße Rangrücktritt, der zu keiner handelsbilanziellen Berücksichtigung führt.

[55] Instruktiv *Pöschke* NZG 2017, 1408.

2. *Stundung*. – Darüber hinaus kann auch die Stundung einer Forderung dabei helfen, die Zahlungsunfähigkeit zu beseitigen, da bei deren Ermittlung nur fällige Forderungen berücksichtigt werden.[56] Zu beachten ist bei Stundungen von Forderungen der Gesellschafter die Rechtsprechung des BGH, wonach die Stundung von Gesellschafterforderungen wirtschaftlich einem Gesellschafterdarlehen entsprechen kann und damit kraft Gesetzes nachrangig ist.[57] Der Mindestzeitraum der Stundung, der notwendig ist, um als Gesellschafterdarlehen qualifiziert zu werden, hängt von den Umständen des Einzelfalls ab. Maßgeblich ist die Überschreitung marktüblicher Zahlungsziele.[58]

3. *Erhöhung der Kapitalrücklagen*. – Des Weiteren können bei einer GmbH weitere Kapitalrücklagen durch die Gesellschafter eingebracht werden. Dies erfolgt auf freiwilliger Basis und muss durch einen Gesellschafterbeschluss erfolgen. In der Bilanz werden die Mittel als Eigenkapital der Gesellschaft aufgeführt und können somit eine Überschuldung verhindern.[59] Meist erfolgt die Sanierung dabei im Wege eines Kapitalschnitts:[60] Das Stammkapital wird zuerst in Höhe des Bilanzverlustes herabgesetzt und dann durch Zuführung von neuem Kapital erhöht. Dabei stehen den bisherigen Gesellschaftern Bezugsrechte für die Anteile zu, sofern diese nicht wirksam ausgeschlossen werden. Die bisherige Gesellschafterstruktur "verwässert" also grundsätzlich nicht aufgrund des Bezugsrechts. Anders ist dies nur, wenn ein Beteiligter sein Bezugsrecht nicht ausübt oder aber sein Bezugsrecht ausgeschlossen ist.[61] Der Ausschluss von Bezugsrechten ist nur unter strengen Voraussetzungen möglich.[62] Bei einer Aktiengesellschaft erfolgt die Barkapitalerhöhung durch die Herausgabe weiterer Aktien, welcher die Hauptversammlung der stimmberechtigten Anteilseigner zustimmen muss.

4. *Patronatserklärung*. – Eine weitere Sanierungsmöglichkeit bietet die Abgabe einer sogenannten harten Patronatserklärung.[63] Mit dieser verpflichtet sich in der Regel die Muttergesellschaft eines Konzerns, die Tochtergesellschaft insoweit mit Kapital auszustatten, dass diese zahlungsfähig bleibt. Bei einer soge-

---

[56] So Uhlenbruck/*Mock*, § 17 Rn. 113; K. Schmidt/*K. Schmidt/Herchen*, § 17 Rn. 9.

[57] Hierzu *BGH* NJW-RR 2019, 1336 (1337); *BGH* NJW 1995, 457 (458).

[58] *BGH* NJW-RR 2019, 1336 (1337).; *BGH* NJW 1995, 457 (458).

[59] Vgl. Buth/Hermanns/*Buth/Hermanns*, § 21 Rn. 8; Prinz/Kahle/*Eberhard*, § 12 Rn. 22e.

[60] Dazu *Baums,* § 23 Rn. 29 ff.; Buth/Hermanns/*Buth/Hermanns*, § 21 Rn. 8.

[61] Vgl. Bochmann/Prütting/Scheller/*Jungmann*, Münchener Handbuch des Gesellschaftsrechts, Bd. 9, 6. Aufl. 2021, § 53 Rn. 196 ff.; *Baums*, § 60 Rn. 24 ff.; zum gesetzlichen Ausschluss des Bezugsrechts bei staatlichen Stabilisierungsmaßnahmen s. § 29 Abs. 2 Satz 1 Nr. 2 EnSiG.

[62] Dazu MüKoGmbHG/*Lieder*, Bd. 1, 4. Aufl. 2022, § 55 Rn. 88; Noack/Servatius/Haas/*Servatius*, GmbHG, 23. Aufl. 2022, § 55 Rn. 26 f.

[63] Vgl. Uhlenbruck/*Mock*, § 19 Rn. 111 ff.; *Schluck-Amend*, FS Krieger, 825 (831 f.).

nannte harten internen Patronatserklärung hat die Gesellschaft selbst einen Anspruch gegen den Patron, während die Gläubiger nur reflexartig geschützt werden.[64] Besteht hingegen ein Anspruch eines Gläubigers gegen den Patron, liegt eine harte externe Patronatserklärung vor. Diese verschafft den Gläubigern je nach Ausgestaltung entweder einen Anspruch auf Zahlung des Patrons an den Protegé, sodass dieser wiederum seine Verpflichtung gegenüber den Gläubigern erfüllen kann. Oder aber es wird vereinbart, dass der Patron direkt mit schuldbefreiender Wirkung an die Gläubiger leisten kann.[65]

Zu beachten ist, dass nur eine harte interne Patronatserklärung im Überschuldungsstatus aktiviert werden kann.[66] Sie hilft damit sowohl gegen eine Zahlungsunfähigkeit als auch gegen eine Überschuldung. Die harte Patronatserklärungen ist abzugrenzen von der weichen Patronatserklärung, die keinen Anspruch auf Zahlung vermittelt, sondern als unverbindliche Zusage einzuordnen ist und daher ebenso wie eine harte externe Patronatserklärung im Rahmen der rechnerischen Überschuldung nicht berücksichtigt werden darf.[67]

IV. *Beratung von Geschäftsleitern, Organen und Gesellschaftern.* – Eine Beratung in Krisensituationen ist nicht nur für die Unternehmen förderlich oder sogar notwendig, sondern auch für deren Geschäftsleiter, Organe und Gesellschafter. Für all diese Personen gelten besondere Pflichten in der Krise, die erfüllt werden müssen. Auf das weitere Tätigkeitsfeld der Beratung von Gläubigern eines schuldnerischen Unternehmens soll dagegen nicht eingegangen und an dieser Stelle nur hingewiesen werden.

Für Geschäftsleiter bestehen vielseitige Haftungsrisiken, insbesondere aufgrund der Pflicht zur Antragsstellung bei Insolvenzreife[68] und bezüglich Auszahlungen während der Insolvenzreife[69] und Kapitalschutzverstößen. Ihre Pflichten umfassen auch die Erarbeitung eines Sanierungskonzepts sowie die Verhandlungsführung mit Banken und anderen Gläubigern während einer Sanierung.[70]

---

[64] Vgl. *Haußer/Heeg* ZIP 2010, 1427 (1430); *Rosenberg/Kruse* BB 2003, 641 (642).

[65] So *Bitte*r ZHR 2017, 428 (442); *Hölze/Klopp* KTS 2016, 335 (341).

[66] Zur Unterscheidung und Berücksichtigung in der Überschuldungsbilanz Uhlenbruck/*Mock*, § 19 Rn. 111 ff.; eine harte externe Patronatserklärung kann dagegen mangels eigenen Anspruches des Protegés eine Überschuldung nicht verhindern, vgl. *BGH* NZI 2011, 536 (538).

[67] So auch *BGH* NJW 2021, 3046 (3055); zu der Frage, ob und inwieweit die weiche Patronatserklärung hingegen bei der Fortführungsprognose berücksichtigt werden kann, *BGH* NJW 2021, 3046 (3055 f.).

[68] § 15a InsO, vgl. K. Schmidt/*K. Schmidt/Herchen*, § 15a Rn. 3; Uhlenbruck/*Hirte*, § 15a Rn. 7.

[69] § 15b InsO, vgl. K. Schmidt/*K. Schmidt/Herchen*, § 15b Rn. 17; *BGH* NJW 2001, 1280 (1282 f.) zum alten Recht.

[70] Vgl. Gottwald/Haas/*Haas/Kolmann/Kurz*, § 90 Rn. 40 ff.; zu den Krisenpflichten eines GmbH-Geschäftsführers auch *Schluck-Amend/Walker* GmbHR 2001, 375.

Mitglieder des Aufsichtsrates haben erhöhte Überwachungs- und Kontrollpflichten.[71] Die Beratung zielt in diesem Bereich insbesondere auf die Unterstützung bei der Ausübung dieser Pflichten ab und auf eine umfassende rechtliche Absicherung der Mandantschaft. Zudem findet eine Aufklärung über die Rechtslage und die in Betracht kommenden rechtlichen Instrumente in den konkreten Situationen statt sowie die Unterstützung bei der rechtlichen Ausführung derselben.

Die Beratung der Gesellschafter zielt insbesondere auf die Risiken ab, welche Gesellschafter durch die bereitgestellten Mittel tragen müssen. Wird ein von einem Gesellschafter gewährtes Darlehen im letzten Jahr vor dem Antrag auf Insolvenzverfahrenseröffnung an diesen zurückbezahlt, so kann dies gemäß § 135 Abs. 1 Nr. 2 InsO im Wege der Insolvenzanfechtung zurückgefordert werden. Wird für die Rückzahlungsforderung eine Sicherheit gewährt, kann die Bestellung der Sicherheit nach § 135 Abs. 1 Nr. 1 InsO sogar in einem Zeitraum von zehn Jahren vor dem Antrag auf Eröffnung des Insolvenzverfahrens angefochten werden. Zu beachten ist auch, dass Forderungen eines Gesellschafters auf Rückzahlung eines Darlehens oder solchen Forderungen, die einem Gesellschafterdarlehen wirtschaftlich entsprechen, im Insolvenzverfahren kraft Gesetzes nachrangig sind.[72] Insbesondere bei der Abspaltung oder dem Verkauf einer Gesellschaft müssen Gesellschafter zudem beachten, dass ihnen im Fall einer späteren Insolvenz dieser Gesellschaft ein Schadensersatzanspruch aus der sogenannten Existenzvernichtungshaftung droht.[73] Dieser kann vom zukünftigen Insolvenzverwalter geltend gemacht werden, wenn gezielt Liquidität oder Werte abgeführt werden, also bei einem gezielten Ausnutzen und Ausnehmen der Gesellschaft mit der Folge einer Insolvenz.[74] Dabei ist die Abgrenzung zwischen Handlungen, die im Rahmen unternehmerischen Risikos erlaubt sind, und haftungsauslösenden Handlungen im Einzelfall schwer zu ziehen.[75] Nicht zuletzt haften Gesellschafter auch subsidiär und nach ihren Anteilen für die Verletzung von Kapitalerhaltungsvorschriften bei verbotenen Auszahlungen an einen Gesellschafter.[76]

---

[71] Dazu BeckOK AktG/*Spindler,* Stand: 01.07.2022, § 111 Rn. 124 f.; *Hasselbach* NZG 2012, 41.

[72] § 39 Abs. 1 Satz 1 Nr. 5, Abs. 4, Abs. 5 InsO.

[73] Allgemein zur Existenzvernichtungshaftung MüKoGmbHG/*Liebscher*, Bd. 1, 3. Aufl. 2019, Anhang § 13 Rn. 539 ff.; Habersack/Casper/Löbbe/*Leuschner*, GmbHG Großkommentar, 3. Aufl. 2021, Anhang § 77 Rn. 282 ff.

[74] Zu dieser Fallgruppe MüKoGmbHG/*Liebscher*, Anhang § 13 Rn. 569 ff.; Habersack/Casper/Löbbe/*Leuschner*, Anhang § 77 Rn. 339.

[75] So MüKoGmbHG/*Liebscher*, Anhang § 13 Rn. 561; anders Habersack/Casper/Löbbe/*Leuschner*, Anhang § 77 Rn. 335.

[76] Vgl. MüKoGmbHG/*Ekkenga,* § 30 Rn. 7; Altmeppen/*Altmeppen*, GmbHG, 10. Aufl. 2021, § 30 Rn. 1 ff.

V. *Fazit.* – Die Gestaltungsmöglichkeiten, ein Unternehmen aus der Krise zu führen, sind vielfältig. Dabei kann nur bei umfassender Kenntnis der rechtlichen Möglichkeiten und Instrumente der beste Weg für das schuldnerische Unternehmen sowie die sonstigen Beteiligten gefunden werden. Der Berater ist dabei in jedem Mandat mit unterschiedlichen Ausgangskonstellationen, Interessenslagen und -gemengen konfrontiert. Dies führt dazu, dass bei der Beratung kein übliches Schema abgerufen werden kann, sondern am konkreten Fall neue Lösungswege mit den Beteiligten gefunden werden müssen, welche neben einem umfassenden Know-How auch Kreativität und Eigeninitiative erfordern. Dabei sollte die Beratung handlungsweisend und zielorientiert gestaltet werden.

Die Rechtsentwicklung im Sanierungs- und Restrukturierungsbereich ist dynamisch, was durch die Einführung des StaRUG sowie die Änderungen durch das SanInsFoG verdeutlicht wird. Die gesetzlichen Neuerungen führen dazu, dass die rechtlichen Möglichkeiten für ein Unternehmen in der Krise neu bewertet und eingeordnet werden müssen. Hierdurch befindet sich auch die praktische Vorgehensweise einer Sanierung oder Restrukturierung im Wandel. Zusätzlich führen die aktuellen Veränderungen der Außenwelt und die bestehenden Krisenherde zu einer Veränderung der Marktbedingungen. Dies bringt eine immer größer werdende Relevanz für die Unternehmen mit sich, interne Umstrukturierungen vorzunehmen, um am sich rasant verändernden Markt Bestand zu haben und wettbewerbsfähig zu bleiben. Aufgrund dessen nimmt die Rechtsberatung für Unternehmen in der Krise eine wichtige Rolle ein, deren Bedeutung stetig wächst.

SCELTA DELLO STRUMENTO DI GESTIONE DELLA CRISI E *BUSINESS JUDGMENT RULE*[*]

di *Giacomo D'Attorre*

ABSTRACT

The paper considers the possible criteria for selecting the crisis management tool and the application of the business judgement rule to this choice.

1. *Il problema.* – Il dovere dell'imprenditore di adottare misure idonee a rilevare tempestivamente lo stato di crisi e di assumere senza indugio le iniziative necessarie a farvi fronte costituisce un principio generale espresso del nostro ordinamento (art. 2086 c.c.; art. 3 c.c.i.i.). Le finalità e le conseguenze nel caso di violazione del dovere di tempestiva emersione ed approccio alla crisi sono dibattute, laddove l'esistenza del dovere è indiscusso [1]. Essendo pacifico l'ob-

---

[*] Il lavoro rielabora, con l'aggiunta di note bibliografiche, la relazione tenuta alla Tavola Rotonda, *Unternehmensrestrukturierungen im harmonisierten europäischen Rechtsraum Eine deutsch-italienische Betrachtung* – La ristrutturazione aziendale nell'ordinamento europeo armonizzato, svoltasi presso il Centro italo-tedesco per il dialogo europeo di Villa Vigoni [Loveno di Menaggio (CO)] nel luglio 2022.

[1] Sui doveri degli amministratori nella gestione di società in crisi o pre-crisi, si veda, tra i molti, anche con riguardo al quadro normativo antecedente al c.c.i.i.: BARCELLONA, *Business Judgment Rule e interesse sociale nella "crisi"*, Milano, 2020; M.G. MUSARDO, *La conservazione del patrimonio nella gestione delle società*, Milano, 2020; M. SPIOTTA, *Continuità aziendale e doveri degli organi sociali*, Milano, 2017; PACILEO, *Continuità e solvenza nella crisi di impresa*, Milano, 2017; A. LUCIANO, *La gestione della s.p.a. nella crisi pre-concorsuale*, Milano, 2016; F. BRIZZI, *Doveri degli amministratori e tutela dei creditori nel diritto societario della crisi*, Torino, 2015; N. USAI, *Economia comportamentale e diritto della crisi: il ruolo della "*mala gestio *cognitiva" nel ritardo nell'emersione delle difficoltà dell'impresa*, in *Riv. soc.*, 2023, p. 1216 ss.; R. ROR-

bligo di affrontare in modo tempestivo e attivo la crisi, la questione si sposta sul *come* affrontarla e, quindi, su quale sia in concreto lo strumento di gestione della crisi [2] che l'imprenditore deve utilizzare.

Il tema presenta tratti di non trascurabile complessità, perché con il Codice della crisi d'impresa e dell'insolvenza il palcoscenico degli strumenti di gestione della crisi è diventato molto affollato. Ai numerosi percorsi, misure, strumenti, accordi o procedure previsti dal Codice della crisi d'impresa e dell'insolvenza, si aggiungono poi gli strumenti collocati al di fuori dello stesso, che, nell'ipotesi di impresa in forma societaria, possono essere rappresentati anche da operazioni straordinarie. La questione si pone in generale per l'imprenditore, ma assume primario rilievo soprattutto con riferimento alle imprese in forma collettiva, e specificamente alle società, nelle quali i descritti obblighi e le conseguenti responsabilità si appuntano in capo agli amministratori [3], con specifico riferimento agli obblighi dei quali sarà svolta l'analisi.

Il lavoro si svilupperà mediante tre passaggi successivi. In primo luogo, occorre verificare la presenza di criteri giuridici che consentano di individuare in capo agli amministratori obblighi a contenuto specifico, predeterminati dalla legge, in relazione alla scelta dello strumento di gestione della crisi. In caso di risposta in tutto o in parte negativa alla prima domanda, si devono ricercare i

---

DORF, *I doveri dei soggetti coinvolti nella regolazione della crisi nell'ambito dei principi generali del codice della crisi d'impresa e dell'insolvenza*, in *Fallimento*, 2021, p. 594 ss.; ID., *Doveri e responsabilità degli amministratori di società in crisi*, in *Le Società*, 2013, p. 671 ss.; V. CALANDRA BUONAURA, *Amministratori e gestione dell'impresa nel Codice della crisi*, in *Giur. comm.*, 2020, I, p. 18 ss.; M. ARATO, *La governance delle società private dopo il D.Lgs. 14/19*, in M. ARATO, G. D'ATTORRE, M. FABIANI, *Le nuove regole societarie dopo il codice della crisi e dell'insolvenza*, Torino, 2020, p. 17 ss.; S. FORTUNATO, *Codice della crisi e Codice civile: impresa, assetti organizzativi e responsabilità*, in *Riv. soc.*, 2019, p. 960 ss.; M. CIAN, *Crisi dell'impresa e doveri degli amministratori: i principi riformati e il loro possibile impatto*, in *Nuove leggi civ.*, 2019, p. 1160 ss.; R. SACCHI, *La responsabilità gestionale nella crisi dell'impresa societaria*, in *Giur. comm.*, 2014, I, p. 304 ss.; M. MIOLA, *Riflessioni sui doveri degli amministratori in prossimità dell'insolvenza*, in AA.VV., *Studi in onore di Belviso*, I, Bari, 2011, p. 609 ss.

[2] Nel lavoro si userà la formula atecnica di "strumenti di gestione della crisi" per indicare sia gli strumenti di regolazione della crisi e dell'insolvenza e le procedure di insolvenza, sia la composizione negoziata della crisi, sia rimedi diversi da quelli disciplinati dal Codice della Crisi d'impresa e dell'insolvenza.

[3] Per alcuni spunti sulla possibile responsabilità degli amministratori per "errata scelta" dello strumento di gestione della crisi, si veda M.S. SPOLIDORO, *I soci dopo l'accesso a uno strumento di regolazione della crisi*, in *Riv. soc.*, 2023, p. 1267 ss.; F. BORDIGA, *Gli obblighi degli amministratori nel contesto del codice della crisi e dell'insolvenza*, in *Ristrutturazioniaziendali*, 2023, p. 27; S. FORTUNATO, *Codice della crisi e Codice civile: impresa, assetti organizzativi e responsabilità*, in *Riv. Soc.*, 2019, p. 988 ss.; R. RORDORF, *Doveri e responsabilità degli organi di società alla luce del codice della crisi d'impresa e dell'insolvenza*, in *Riv. soc.*, 2019, p. 940; M. SPIOTTA, *Continuità aziendale*, cit., p. 160 ss.; F. BRIZZI, *Doveri degli amministratori*, cit., p. 426 ss.; D. GALLETTI, *L'insorgere della crisi e il dover essere nel diritto societario. Obblighi di comportamento degli organi sociali in caso di insolvenza*, in *Ilfallimentaritsa.it*, 2012, p. 28; G. BOZZA, *Diligenza e responsabilità degli amministratori di società in crisi*, in *Fallimento*, 2014, p. 1114.

criteri applicativi che definiscano le modalità attuative di un dovere a contenuto non tipizzato dalla legge. Infine, sempre nel caso in cui la scelta dello strumento per affrontare la crisi sia ricondotta tra i doveri a contenuto generico, va valutata la sindacabilità della stessa e la sua eventuale soggezione alla regola della *business judgment rule*, al pari di ogni scelta assunta in una situazione in cui siano astrattamente possibili condotte fra di loro alternative.

2. *Obbligo a contenuto specifico nella scelta: tendenziale priorità della composizione negoziata e residualità della liquidazione giudiziale.* – Il primo passaggio, volto a verificare se si sia in presenza di un dovere a contenuto generale o specifico, impone la ricerca di eventuali criteri o regole giuridiche vincolanti che impongano, al ricorrere di determinate condizioni, la scelta di uno specifico strumento di gestione della crisi, rendendo, in ipotesi, illegittimo il ricorso a strumenti alternativi rispetto a quello ritenuto doveroso.

Un primo dubbio si pone già, a monte, con riguardo all'alternativa tra i percorsi, misure, strumenti, accordi o procedure previsti dal Codice della crisi d'impresa e dell'insolvenza (o dalle altre leggi speciali che compongono l'ordinamento concorsuale), da un lato, e le operazioni societarie (es: aumento di capitale; finanziamento soci; operazione straordinaria) eseguite all'esterno di ogni cornice "concorsuale" [4], dall'altro lato. In particolare, va chiarito se il dovere di "adozione di uno degli strumenti previsti dall'ordinamento per il superamento della crisi e il recupero della continuità aziendale" (art. 2086 c.c.) sia da intendere come prescrittivo dell'obbligo di far ricorso necessariamente ad uno dei percorsi o strumenti del Codice della crisi d'impresa e dell'insolvenza, rendendo di conseguenza illegittimo ogni tentativo di superare o disciplinare la crisi perseguito all'esterno degli stessi.

La risposta negativa a questo interrogativo si impone sia per ragioni di ordine sistematico, sia per ragioni di ordine letterale. Da un punto di vista sistematico, va rilevato come il ricorso ad un percorso o strumento di regolazione della crisi costituisce sempre una facoltà per il debitore (salvo che, nel caso di procedure di tipo "coattivo"), non un obbligo, potendo lo stesso utilizzare (nel rispetto delle condizioni di legge) anche differenti strumenti [5], come ad esempio un

---

[4] Non è questa la sede per soffermarsi sul dibattito sulla perdurante utilità e significato della categoria delle procedure concorsuali. In argomento, si veda, di recente, G. D'ATTORRE, *La concorsualità liquida nella composizione negoziata*, in *Fallimento*, 2022, p. 301 ss.; ID., *Manuale di diritto della crisi e dell'insolvenza*, 2° ed., Torino, 2022, p. 5 ss.; M. FABIANI, *La nomenclatura delle procedure concorsuali e le operazioni di ristrutturazione*, in *Fallimento*, 2018, p. 293; ID., *Sistema, principi e regole del diritto della crisi d'impresa*, Piacenza, 2023, p. 7 ss.; M. SPIOTTA, *È necessaria o inutile una definizione di procedura concorsuale (o di procedura di regolazione della crisi o di quadro di ristrutturazione)? Quando le categorie generali possono conservare funzionalità*, in *Dirittodellacrisi*, 2022.

[5] In questo senso si veda già ABBRIANI, ROSSI, *Nuova disciplina Nuova disciplina della crisi*

aumento di capitale o un finanziamento soci postergato o una diversa operazione straordinaria. Se l'imprenditore sceglie di utilizzare uno degli strumenti previsti dal Codice della crisi d'impresa e dell'insolvenza, si applicherà la relativa disciplina agevolativa [6] ed opereranno i vincoli normativi previsti; se, al contrario, decide di risolvere la crisi al di fuori degli stessi, rimane libero di farlo, assumendosene i relativi rischi, ma beneficiando di una maggiore libertà di manovra [7]. Da un punto di vista concettuale ed anche letterale, anche le operazioni di tipo societario svolte al di fuori di ogni cornice concorsuale rappresentano uno strumento previsto dall'ordinamento per il superamento della crisi e rientrano, quindi, nell'ambito della previsione di cui all'art. 2086 c.c.

Escluso l'obbligo di far ricorso necessariamente ad uno degli strumenti previsti dal Codice della crisi e dell'insolvenza, è da chiedersi se, nel caso in cui gli amministratori decidano comunque di utilizzarne uno, esista qualche criterio vincolante che imponga agli amministratori di selezionare prioritariamente (o comunque di valutare prioritariamente la possibilità di utilizzare) uno degli strumenti e di scegliere gli altri solo nel caso di assenza dei presupposti e delle condizioni di ammissione, o di prognosi negativa di percorribilità ed utile esperimento, dello stesso.

Probabilmente può ritenersi che la soluzione primaria che l'imprenditore deve valutare per la soluzione della crisi sia quella della composizione negoziata [8], e ciò sulla base di due concorrenti argomenti. Da un lato, vi è una conferma testuale sul piano normativo, considerato che le segnalazioni per l'anticipata emersione della crisi che possono (o, meglio, devono) provenire dall'organo di controllo societario, dal soggetto incaricato della revisione legale e dai creditori pubblici qualificati hanno ad oggetto non genericamente l'invito ad utilizzare uno strumento per la gestione della crisi, ma specificamente la "sussistenza dei presupposti per la presentazione dell'istanza" di composizione negoziata (art. 25-*octies* c.c.i.i.) o "l'invito alla presentazione dell'istanza … [di composizione negoziata], se ne ricorrono i presupposti" (art. 25-*novies*, comma 3, c.c.i.i.). Dall'altro lato, la composizione negoziata, come è già stato sottolineato in dottrina [9], rappresenta

---

d'impresa e modificazioni del codice civile: prime letture, in *Società*, 2019, p. 395 e, sia pure in forma dubitativa, Circolare Assonime n. 27 del 21 novembre 2022, che si può leggere in *Riv. soc.*, 2023, p. 1400.

[6] Ad esempio, ed a seconda dello strumento utilizzato: la possibilità di chiedere misure protettive o cautelari, la sospensione degli obblighi di ricapitalizzazione e delle relative cause di scioglimento, le esenzioni da revocatoria e da responsabilità penali nel caso di successiva apertura di liquidazione giudiziale.

[7] G. D'Attorre, *Manuale di diritto della crisi e dell'insolvenza*, cit., p. 25.

[8] F. Bordiga, *Gli obblighi degli amministratori nel contesto del codice della crisi e dell'insolvenza*, in *Ristrutturazioniaziendali*, 2023, p. 27; G. D'Attorre, *Manuale*, cit., p. 25.

[9] Si veda, in luogo di molti, M. Fabiani, *Sistema*, cit., 2023, 42.

non lo strumento per la regolazione della crisi, ma solo un percorso per addivenire ad una delle possibili definizioni della crisi, potendo le trattative concludersi con uno qualsiasi degli strumenti previsti dal Codice (art. 23 c.c.i.i.). Il rapporto tra composizione negoziata ed altri strumenti di gestione della crisi non è, quindi, da vedere in termini di alternatività, ma di tendenziale consequenzialità tra la prima e i secondi; il che trova conferma nell'art. 2, lett. m-*bis*), c.c.i.i., che, dopo aver definito gli strumenti di regolazione della crisi e dell'insolvenza, precisa testualmente che gli stessi "possono essere preceduti dalla composizione negoziata della crisi". Si può, quindi, scorgere un dovere di valutare prioritariamente la sussistenza dei presupposti per la presentazione dell'istanza di nomina dell'esperto, che – ovviamente – dovrà poi essere presentata solo all'esito di una prognosi positiva della sussistenza degli stessi [10].

Alla tendenziale prevalenza del ricorso alla composizione negoziata si accompagna, sul lato specularmente opposto, la altrettanto tendenziale residualità del ricorso alla liquidazione giudiziale. Di conseguenza, il potere-dovere dell'imprenditore di presentare ricorso per l'apertura della liquidazione giudiziale sussiste solo quando, a seguito di un'approfondita e adeguata istruttoria, emerga che ogni possibile soluzione alternativa per il superamento della crisi non sia concretamente praticabile e fattibile, oppure appaia lesiva dell'interesse dei creditori sociali e degli altri interessi rilevanti e meritevoli di tutela [11].

Tre argomenti convergono univocamente nel sorreggere la soluzione sopra prospettata.

Il primo argomento, di per sé non decisivo, è di tipo letterale. Il comma 2 dell'art. 2086 c.c. impone di adottare uno degli strumenti "per il superamento della crisi" e, evidentemente, l'apertura della procedura di liquidazione giudiziale non rappresenta un mezzo di superamento della crisi, ma una procedura di regolazione dell'insolvenza con finalità esecutive-satisfattive.

Il secondo argomento è basato sulla coerenza di questa soluzione con l'ormai riconosciuto principio di priorità delle domande dirette a regolare la crisi o l'insolvenza con strumenti diversi dalla liquidazione, che, per quanto oggetto di esplicito riconoscimento giurisprudenziale ed ora anche normativo (art. 7 Codice della crisi e dell'insolvenza; art. 7, Direttiva (UE) n. 1023/2019) con riferi-

---

[10] Sulla possibilità per l'imprenditore in stato di insolvenza di accedere alla composizione negoziata, vedi, con soluzioni opposte, Trib. Bologna, 8 novembre 2022 Trib. Siracusa, 14 settembre 2022, entrambe pubblicate in *Fallimento*, 2023, p. 242 ss., con ampia nota di commento di L. PANZANI, *L'imprenditore insolvente nella composizione negoziata*, alla quale si rinvia per ulteriori riferimenti.

[11] In questo senso si veda già M. SPIOTTA, *Continuità aziendale*, cit., p. 161. Nello stesso anche S. AMBROSINI, *Doveri degli amministratori di s.p.a., Business Juddgment rule e azioni di responsabilità alla luce del codice della crisi*, in *Trattato delle società*, diretto da V. Donativi, II, Torino, 2023, p. 2082.

mento al profilo "processuale", non può che trovare analoga considerazione anche nella fase "a monte" della scelta dello strumento.

Il terzo argomento consiste nella considerazione per cui l'affermazione del carattere meramente "residuale" del ricorso per l'apertura della liquidazione giudiziale appare l'unica in grado di offrire adeguata considerazione anche alla posizione e agli interessi degli stessi soci dell'imprenditore collettivo. Ferme le competenze gestorie dell'organo amministrativo, sussiste comunque in capo allo stesso l'obbligo di individuare ed attuare la soluzione che meglio consenta di tutelare, oltre all'interesse prioritario dei creditori, anche quello collettivo dei soci, come ribadito anche dall'art. 19, Direttiva (UE) n. 1023/2019 [12]. Non costituirebbe, pertanto, corretto esercizio del potere di gestorio l'eventuale decisione degli amministratori di presentare ricorso di apertura dalle liquidazione giudiziale pur in presenza di condizioni che consentirebbero il superamento dello stato di insolvenza con altre soluzioni, tanto più se idonee a mantenere l'organismo imprenditoriale in continuità, che offrano pari (o migliore) soddisfazione ai creditori sociali e che, al contempo, meglio tutelino i legittimi diritti patrimoniali dei soci anche in relazione all'iniziativa imprenditoriale della società.

Nella prospettiva delineata, pertanto, può affermarsi un dovere dell'imprenditore di perseguire prioritariamente soluzioni dirette a regolare la crisi e l'insolvenza con strumenti diversi dalla liquidazione giudiziale, a condizione – beninteso – che questi strumenti siano concretamente praticabili e che non siano lesivi dell'interesse dei creditori e degli altri interessi meritevoli di tutela.

3. *Altri possibili criteri vincolanti: esclusione.* – La tendenziale priorità nella verifica delle condizioni di accesso alla composizione negoziata e l'altrettanto tendenziale residualità nel ricorso alla liquidazione giudiziale in proprio sono criteri che concorrono a definire obblighi a contenuto specifico in capo agli amministratori nella scelta di uno degli strumenti di gestione della crisi. Acquisito questo risultato, la ricerca può volgersi alla individuazione di altri eventuali obblighi a contenuto specifico, basati su parametri diversi e modellati su una valorizzazione degli interessi perseguiti dall'ordinamento al verificarsi dello stato di crisi o di insolvenza.

È da escludere, anzitutto, che tra gli altri strumenti possa delinearsi un ordine di priorità nell'utilizzo, basato su una scala progressiva di intervento dell'autorità giudiziaria, che imporrebbe all'imprenditore prima di verificare la ragione-

[12] Si veda l'art. 19, Direttiva (UE) n. 1023/2019: "Gli Stati membri provvedono affinché, qualora sussista una probabilità di insolvenza, i dirigenti tengano debitamente conto come minimo dei seguenti elementi: a) gli interessi dei creditori, e dei detentori di strumenti di capitale e degli altri portatori di interessi; b) la necessità di prendere misure per evitare l'insolvenza; e c) la necessità di evitare condotte che, deliberatamente o per grave negligenza, mettono in pericolo la sostenibilità economica dell'impresa".

vole possibilità di valido utilizzo degli strumenti stragiudiziali con minori interventi giudiziali (piani attestati, accordi di ristrutturazione dei debiti, convenzione di moratoria) e poi, solo nel caso di impossibilità di utilizzare i primi, di scegliere gli strumenti con maggiore intervento giudiziale (piano di ristrutturazione soggetto ad omologazione, concordato preventivo, concordato semplificato). Questo criterio non troverebbe alcun supporto normativo, né sembra necessitato in ragione dell'assetto di interessi perseguito. Anche se il mantenimento o il recupero della continuità aziendale è un valore da perseguire, ove possibile, questo non impone necessariamente di scegliere l'opzione con minore intervento giudiziale, potendo l'obiettivo essere realizzato anche attraverso procedure giudiziali (*id est*: concordato con continuità aziendale). Del pari, rispetto all'interesse dei creditori, che rimane comunque quello prioritario (art. 4, comma 2, lett. c, c.c.i.i.), sia pure nella declinazione minimale dell'assenza di pregiudizio, anche la scelta di uno strumento che preveda un più penetrante intervento dell'autorità giudiziaria può rappresentare, in ragione del contesto e della volontà dei soggetti coinvolti, una opzione legittima e, talvolta, anche preferibile, e lo stesso vale con riferimento agli altri interessi meritevoli di tutela nel contesto della crisi e dell'insolvenza.

La risposta è più complessa con riguardo all'esistenza di un vero e proprio obbligo specifico di verificare preventivamente la ragionevole praticabilità di uno strumento che preveda la prosecuzione, diretta o indiretta, dell'attività d'impresa anziché un esito liquidatorio. La continuità aziendale è sicuramente un valore, incentivato, agevolato e tutelato dall'ordinamento (si pensi alla sempre più marcata differenza disciplinare tra concordati in continuità aziendale e concordati liquidatori), ma in nessun caso è imposta dal legislatore, potendo gli amministratori decidere anche di utilizzare uno strumento che preveda una mera liquidazione. Considerando, però, che la scelta della liquidazione priva il debitore dei vantaggi e degli incentivi riservati alle soluzioni che prevedono la continuità, gli amministratori dovrebbero orientarsi verso la soluzione liquidatoria solo all'esito di adeguata istruttoria che dimostri l'assenza di ragionevoli prospettive di valido utilizzo degli strumenti che consentono di preservare in via diretta o indiretta la continuità aziendale o che provi che l'interesse dei creditori e gli altri interessi rilevanti ricevono migliore tutela attraverso la soluzione liquidatoria.

Altro profilo delicato attiene al rapporto tra criteri di scelta dello strumento di gestione della crisi e considerazione dell'interesse dei creditori. Profilo che si risolve nella domanda se ed in che termini gli amministratori siano giuridicamente obbligati a selezionare lo strumento che assicuri la massima soddisfazione dei creditori.

Tra i princìpi generali espressi di tutte le procedure vi è il dovere del debitore di "gestire il patrimonio o l'impresa durante la procedura di regolazione della crisi o dell'insolvenza nell'interesse prioritario dei creditori" (art. 4, comma 2, lett. c). La norma è significativa, sia perché introduce espressamente un rapporto di strumentalità della gestione del patrimonio e dell'impresa rispetto all'interesse dei creditori, sia perché lo qualifica come "prioritario".

La nozione di "interesse dei creditori" è, però, indeterminata, potendo essere intesa come "massima soddisfazione dei creditori", come "migliore soddisfazione dei creditori" o come "assenza di pregiudizio per i creditori". Nel primo caso (massima soddisfazione dei creditori), la soddisfazione dei creditori deve essere la massima astrattamente possibile; nel secondo caso (migliore soddisfazione dei creditori), la soddisfazione dei creditori deve essere migliore rispetto ad una specifica alternativa, rappresentata dalla liquidazione giudiziale, ma non necessariamente la migliore rispetto ad ogni altra possibile alternativa; nel terzo caso (assenza di pregiudizio), la soddisfazione dei creditori deve essere non inferiore rispetto a quello che riceverebbero in caso di liquidazione giudiziale.

Tra le tre possibili alternative, il c.c.i.i. ha accolto quella della "assenza di pregiudizio", quantomeno con riferimento alle procedure negoziali che prevedono forme più o meno intense di vincolo per i creditori che non vi aderiscono [13]: il concordato preventivo, il piano di ristrutturazione ed il concordato semplificato devono assicurare il soddisfacimento dei creditori in misura non inferiore a quella realizzabile in caso di liquidazione giudiziale (artt. 25-*sexies*, comma 5; 64-*bis*, comma 8; 84, comma 1; 87, comma 3; 112, commi 3 e 4, c.c.i.i.); negli accordi di ristrutturazione ad efficacia estesa è possibile l'estensione degli effetti solo quando i creditori della medesima categoria non aderenti possano risultare soddisfatti in base all'accordo in misura non inferiore alla liquidazione giudiziale (art. 61, comma 2, lett. d; per la convenzione di moratoria si veda l'art. 62, comma 2, lett. c, c.c.i.i.).

L'affermazione di un obbligo degli amministratori di scegliere lo strumento che assicuri ai creditori la massima soddisfazione possibile è, quindi, una mera petizione di principio, in contrasto con il chiaro dato normativo, che tutela l'interesse dei creditori nella misura descritta dell'assenza di pregiudizio. Fermo il rispetto di questo "contenuto minimo garantito" per i creditori, gli amministratori possono scegliere uno strumento, e declinare il relativo contenuto del piano e della proposta, che consenta la tutela anche di altri interessi meritevoli di tutela (ad esempio: l'interesse dei lavoratori, l'interesse al miglioramento degli standard ambientali, ecc.). Non è questa la sede, ovviamente, per entrare nel dibattito, divenuto molto acceso negli ultimi tempi, sulla sostenibilità e sulla responsabilità sociale nel diritto della crisi [14], ma è bene compiere una precisazio-

---

[13] G. D'ATTORRE, *Manuale*, cit., p. 94.

[14] In argomento, vedi G. D'ATTORRE, *La responsabilità sociale dell'impresa insolvente*, in *Riv. dir. civ.*, 2021, p. 60 ss.; ID., *Sostenibilità e responsabilità sociale nella crisi d'impresa*, in

ne, per evitare che furori ideologici possano impedire, come a volte avviene, un corretto approccio al problema. Premesso che il discorso va compiuto distinguendo il piano *de jure condito* da quello *de jure condendo*, qui non si vuole affrontare il tema relativo all'esistenza o meno di un principio generale in forza del quale l'interesse dei creditori deve contemperarsi con altri interessi di pari rilevanza costituzionale, imponendosi la ricerca di un punto di equilibrio tra i diversi interessi che non risolve i conflitti nella meccanica affermazione dell'uno e nella negazione dell'altro, ma nella doverosa ponderazione, attuata secondo criteri di ragionevolezza e proporzionalità ed orientata in base ad un giudizio di bilanciamento. Anche qualora si voglia continuare a negare l'esistenza di questo principio generale, non pare dubitabile che gli amministratori, fermo il rispetto del requisito minimo dell'assenza di pregiudizio per i creditori, possano legittimamente scegliere uno strumento, o determinare il relativo contenuto del piano e della proposta, in modo tale da perseguire la tutela anche di altri interessi. In altri termini, pur laddove si contesti l'esistenza di un *obbligo* degli amministratori di tenere adeguatamente conto anche di interessi diversi da quello dei creditori nella scelta del percorso di risoluzione della crisi, vi è comunque una *facoltà*, nel rispetto del requisito minimo dell'assenza di pregiudizio per i creditori, di adeguata considerazione di questi interessi.

Da ciò la conseguenza, e qui si comincia ad apprezzare il preciso rilievo giuridico e non solo teorico del dibattito sulla sostenibilità nella crisi d'impresa, per cui non potrebbe evocarsi una responsabilità risarcitoria degli amministratori che abbiano predisposto un piano ed una proposta che, al fine di tutelare anche interessi-altri, offra ai creditori una soddisfazione non inferiore rispetto a quella dell'alternativa della liquidazione giudiziale, ma non corrispondente alla massima soddisfazione possibile: il valore eccedente quello dell'assenza di pregiudizio è liberamente e legittimamente utilizzabile dagli amministratori per la tutela di altri interessi costituzionalmente garantiti. Così come una soddisfazione sub-ottimale dei creditori, ma adottata nel rispetto del requisito dell'assenza di pregiudizio, non impedisce l'omologazione, allo stesso modo la stessa non

---

Dirittodellacrisi.it, 13 aprile 2021, p. 1 ss.; D. STANZIONE, *Liquidazione dell'attivo e interessi degli* stakeholders, Napoli, 2023; M. FABIANI, *Il valore della solidarietà nell'approccio e nella gestione delle crisi d'impresa*, in *Fallimento*, 2022, p. 5 ss.; S. PACCHI, *La gestione sostenibile della crisi d'impresa*, in *www.ristrutturazioniaziendali.it*, 3 settembre 2022, p. 1 ss.; RICCIARDIELLO, *Sustainability and going concern*, in *Riv. soc.*, 2022, p. 53 ss.; CAPOBIANCO, *Costi ambientali e procedura fallimentare, tra interessi collettivi e tutela creditoria*, in *Dir. fall.*, 2021, p. 1060 ss.; B. INZITARI, *Il concorso dei creditori tra sostenibilità dell'impresa ed ESG*, *paper* presentato al XIV Convegno annuale di "Orizzonti del Diritto Commerciale", Roma, 26-27 maggio 2023. Per una radicale critica alla rilevanza dei precetti della sostenibilità nel diritto della crisi e dell'insolvenza, si veda invece, G. FAUCEGLIA, *Sostenibilità ambientale e crisi di impresa*, *paper* presentato al XIV Convegno annuale di "Orizzonti del Diritto Commerciale", Roma, 26-27 maggio 2023; G. BALLERINI, *La sostenibilità nel diritto della crisi: problemi e prospettive*, *paper* presentato al XIV Convegno annuale di "Orizzonti del Diritto Commerciale", Roma, 26-27 maggio 2023.

espone gli amministratori a responsabilità, nemmeno nei confronti degli stessi creditori.

I creditori potranno, ovviamente, non esprimere il proprio consenso a tentativi negoziali di soluzione della crisi che offrano loro una soddisfazione inferiore a quella massima possibile e questo potrebbe impedire la finalizzazione di strumenti che non prevedono forme di vincolo per i creditori non aderenti (piano attestato di risanamento, accordi di ristrutturazione dei debiti), ma non impedirebbe l'omologazione degli altri strumenti che prevedono forme di vincolo anche per i creditori non aderenti (beninteso, nella misura in cui vi sia l'adesione dei creditori nella misura prevista per ciascuno strumento) e tantomeno di quello strumento nel quale i creditori stessi subiscono gli effetti della proposta senza che sia ad essi consentito di esprimere il proprio voto o dissenso, rimanendo la loro tutela affidata al controllo del tribunale (concordato semplificato).

Altro profilo controverso è quello relativo al rapporto tra scelta dello strumento e tutela dei soci [15]. Laddove i soci siano considerati titolari di un interesse diverso da quello dei creditori e comunque meritevole di tutela al pari di tutti gli interessi-altri, possono che valere le considerazioni che precedono. Laddove, invece, i soci siano ricondotti all'interno della categoria (in senso lato) dei creditori quali portatori di una pretesa di ultima istanza, la considerazione da parte degli amministratori della loro posizione dovrà essere omogenea a quella con cui gli stessi devono "gestire" gli interessi dei creditori, tenuto conto della posizione dei soci quali componenti dell'ultima classe di creditori. In entrambe le prospettive, il bilanciamento tra gli interessi dei soci e l'interesse dei creditori può legittimamente essere effettuato dagli amministratori nella scelta e nella determinazione del contenuto dello strumento prescelto [16], fermo restando l'obbli-

---

[15] Sul rapporto tra amministratori e soci negli strumenti di regolazione della crisi e dell'insolvenza, vedi, tra gli altri, M. CAMPOBASSO, *La posizione dei soci nel concordato preventivo della società*, in *Banca, borsa, tit. cred.*, 2023; p. 166 ss.; M.S. SPOLIDORO, *I soci dopo l'accesso a uno strumento di regolazione della crisi*, in *Riv. soc.*, 2023, p. 1254 ss.; L. STANGHELLINI, *Verso uno statuto dei diritti dei soci di società in crisi*, in *RDS*, 2020, p. 295 ss.; A. ROSSI, *I soci nella regolazione della crisi della società debitrice*, in *Società*, 2022, p. 945 ss.; G. SCOGNAMIGLIO, F. VIOLA, *I soci nella ristrutturazione dell'impresa. Prime riflessioni*, in *NDS*, 2022, p. 1163 ss.; R. BROGI, *I soci e gli strumenti di regolazione della crisi*, in *Fallimento*, 2022, p. 1290 ss.; F. BRIOLINI, *I conflitti tra amministratori e soci in sede di accesso a uno strumento di regolazione della crisi e dell'insolvenza. Prime riflessioni*, in *NDS*, 2023, p. 5 ss.; N. MICHIELI, *Il ruolo dell'assemblea dei soci nei processi ristrutturativi dell'impresa in crisi alla luce del d.lgs. n. 83/2022*, in *Riv. soc.*, 2022, p. 843 ss.; ID., *Il ruolo dei soci nelle procedure di composizione della crisi e dell'insolvenza*, in *Riv. soc.*, 2021, p. 830 ss.; F. VIOLA, *Il ruolo dell'assemblea dei soci nelle società in concordato preventivo*, in *Rivista ODC*, 2022, p. 255 ss.; L. BENEDETTI, *La posizione dei soci nel risanamento della società in crisi: dal potere di veto al dovere di sacrificarsi (o di sopportare) (Aufopferungs- o Duldungspflicht)?*, in *Riv. dir. soc.*, 2017, p. 725; G. MEO, *I soci e il risanamento. Riflessioni a margine dello Schema di legge-delega proposto dalla Commissione di riforma*, in *Giur. comm.*, 2016, I, p. 286.

[16] Vedi, però, F. BORDIGA, *Gli obblighi degli amministratori nel contesto del codice della crisi*

go di assicurare l'assenza di pregiudizio per i creditori, nonché per gli stessi soci [17], rispetto all'alternativa della liquidazione giudiziale.

4. *Parametri di valutazione*. – A questo punto dell'analisi, può considerarsi acquisito che, a parte la tendenziale priorità nella valutazione dell'accesso alla composizione negoziata e nella speculare, e sempre tendenziale, residualità nel ricorso alla liquidazione giudiziale, le modalità attuative dell'obbligo di assumere senza indugio le iniziative per far fronte allo stato di crisi non sono prestabilite dalla legge, con la conseguenza che gli amministratori hanno innanzi a loro una pluralità di alternative possibili, tra le quali operare la scelta in condizioni di incertezza.

I parametri che possono guidare gli amministratori nella scelta sono molteplici e non omogenei [18].

Si dovrà, anzitutto, tenere conto della esistenza di una situazione di crisi o di insolvenza, della gravità della stessa, delle sue caratteristiche (economiche, finanziarie, patrimoniali) e della sua reversibilità o meno, quantomeno da un punto di vista prospettico, dell'appartenenza ad un gruppo di imprese e così via.

Centrale nella valutazione sarà anche la composizione dell'attivo, essendo ben diversa la situazione di un imprenditore che abbia attivo facilmente liquidabile rispetto a quello di chi non abbia attivo prontamente o celermente liquidabile, così come l'effettiva possibilità di liquidazione, in tutto o in parte, degli *assets* o, al contrario, la necessità di continuare ad utilizzare gli stessi nell'eventuale prosecuzione dell'attività. Anche i rapporti contrattuali dovranno essere presi in considerazione, con particolare riferimento all'impatto, di fatto o di diritto, che l'eventuale accesso a determinati strumenti di regolazione della crisi può avere sugli stessi, tenendo anche conto della possibilità di utilizzare a tal riguardo le misure protettive e cautelari previste da alcuni strumenti di regolazione della cri-

---

e dell'insolvenza, in *Ristrutturazioniaziendali*, 2023, p. 22, secondo cui "si potrebbe sostenere che quando lo strumento di soluzione viene attivato in una situazione di crisi (e non di insolvenza), sia imposto agli amministratori di scegliere un percorso di risanamento che, nel tentare di preservare/recuperare la continuità aziendale, tenga in debito conto l'interesse dei soci bilanciandolo con quello dei creditori. Ed in questo senso, allo stesso modo, si potrebbe ritenere illegittimo – in una situazione di crisi e non di insolvenza – che gli amministratori (qualora non sia strettamente necessario) diano allo strumento di ristrutturazione prescelto un contenuto particolarmente invasivo rispetto alla posizione dei i soci".

[17] Sulla tutela del valore della partecipazione sociale dei soci nelle procedure di ristrutturazione e nella liquidazione giudiziale, vedi, tra gli altri, G.B. PORTALE, *Il codice italiano della crisi d'impresa e dell'insolvenza: tra fratture e modernizzazione del diritto societario*, in *Riv. soc.*, 2023, p. 1155 ss.

[18] Sui possibili criteri selettivi della procedura, vedi G. LOMBARDI, P. BELTRAMI, *I criteri di selezione della procedura più adatta al risanamento di un'impresa in crisi*, in *Giur. comm.*, 2011, I, p. 713; RANALLI, *La scelta dello strumento di risanamento della crisi aziendale*, in *Fallimento*, 2012, p. 501 ss.

si. Sempre sul piano dell'attivo, non è irrilevante, ai fini della valutazione, anche l'esistenza di eventuali disponibilità di soci o di terzi a supportare il tentativo di soluzione della crisi mediante apporti, che, a seconda dei casi, potranno essere prededucibili o, all'opposto, postergati e finanche a fondo perduto.

Determinante è la composizione, sia quantitativa, sia qualitativa del passivo. Sotto questo secondo profilo, rileva anche la valutazione tipologica del ceto creditorio, essendo fattore di comune esperienza che alcuni creditori (*in primis*, i creditori finanziari) mostrano spesso una maggiore disponibilità a definire la propria posizione creditoria nell'ambito di strumenti negoziali, anche mediante forme di soddisfazione con modalità alternative al pagamento in danaro [19], mentre altri creditori (ad esempio fornitori per importi ridotti) sono tendenzialmente meno disponibili a tale tipo di negoziazioni. Ancora, si dovrà tenere conto dell'esistenza di privilegi, generali o speciali, e della capienza degli stessi, così come della presenza di crediti tributari e previdenziali, con la possibilità di far ricorso, nell'ambito della composizione negoziata, degli accordi di ristrutturazione dei debiti o del concordato preventivo, al *cram down* fiscale e contributivo. Anche la presenza di crediti da lavoro dipendente, e la natura degli stessi, assume rilevanza, variamente modulata tenendo conto della necessità o meno della prosecuzione dei rapporti di lavoro con i creditori-lavoratori. È evidente, infine, che l'esistenza e l'ammontare di crediti già scaduti, così come la pendenza o il preannunciato avvio di azioni esecutive da parte di uno o più creditori, è spesso determinante nella valutazione degli amministratori, che dovranno valutare anche condizioni e limiti dell'eventuale ricorso a misure protettive o cautelari nei diversi strumenti.

Altro parametro centrale è la prognosi sulla sostenibilità economica della prosecuzione dell'attività d'impresa, con i conseguenti effetti, tanto sui potenziali flussi di cassa (e costi) della continuità, quanto sulla tutela degli interessi connessi alla prosecuzione.

Non può rimanere estranea alla valutazione anche la considerazione sui costi, soprattutto professionali, del ricorso ai vari strumenti e sull'esistenza e disponibilità di risorse che consentano di far fronte agli stessi.

Ogni elencazione dei parametri di cui gli amministratori dovranno tenere conto nel valutare quale strumento di gestione della crisi scegliere è, però, esemplificativa ed inevitabilmente parziale, inidonea a fotografare e restituire la

---

[19] Sulla condotta dei creditori finanziari di imprenditori in crisi, tra comportamenti spontanei, buone prassi e autodisciplina, si vedano le accurate pagine di D. LENZI, *I doveri dei creditori nella crisi d'impresa*, Milano, 2022, p. 210 ss. Sul rapporto tra rapporti tra normativa prudenziale bancaria e disciplina della crisi d'impresa, si veda G. PRESTI, *Le banche e la composizione negoziata della crisi*, in *Dirittodellacrisi*, 9 febbraio 2023; P. RINALDI, *Il fallimento su credito deteriorato*, in *Fallimento*, 2021, p. 1217 ss.; S. BONFATTI, S. RIZZO, *La "vigilanza prudenziale" nel Codice della crisi d'impresa e dell'insolvenza*, in *Dirittodellacrisi*, 9 dicembre 2022.

varietà delle situazioni che possono verificarsi in ogni singolo caso e che dovranno essere prese in considerazione [20]. Ciò a conferma ulteriore della inadeguatezza di ogni tentativo di fissare la discrezionalità degli amministratori [21] entro vincoli rigidi e predeterminati, che, da un lato, sconterebbero una visione parziale e astratta della singola realtà imprenditoriale, dall'altro lato impedirebbero alla società debitrice di utilizzare appieno la flessibilità concessa dall'ordinamento per apprestare e disegnare lo strumento più adatto alle proprie caratteristiche ed alla propria situazione.

5. *Sindacato giudiziale e applicabilità della* business judgment rule. – La configurazione della scelta dello strumento di gestione della crisi in termini di *standard* di comportamento, con riferimento ai diversi interessi potenzialmente confliggenti [22], piuttosto che porsi in termini generali di *rule* (salvo le citate eccezioni relative alla composizione negoziata ed alla liquidazione giudiziale), impone di esaminare il tema concreto dei termini e del contenuto del sindacato giudiziale nel caso di scelta errata o inefficiente.

Il sindacato giudiziale potrebbe, in ipotesi, esercitarsi con forme ed in contesti molto diversi.

In astratto, una valutazione giudiziale sul concreto contenuto della scelta dello strumento potrebbe essere richiesta al tribunale con riguardo alla richiesta di revoca per gli amministratori, che dopo l'iscrizione della decisione di accesso a uno strumento di regolazione della crisi e fino all'omologazione è consentita solo se ricorre giusta causa, da accertare da parte della sezione specializzata del tribunale delle imprese in sede di approvazione della deliberazione di revoca (art. 120-*bis*, comma 4, c.c.i.i.). Fermo che non costituisce giusta causa la presentazione di una domanda di accesso a uno strumento di regolazione della crisi in presenza delle condizioni di legge, sarebbe da valutare la configurabilità della giusta causa in presenza di una decisione di accesso errata, perché compiuta non tenendo adeguatamente conto dei vari interessi rilevanti ai fini della scelta o perché concretizzatasi nel ricorso ad uno strumento non in grado di ottenere il consenso dei creditori e inidoneo, quindi, ad addivenire all'omologazione.

Sotto altro profilo, sulla scia del dibattitto in ordine all'utilizzo della denunzia *ex* art. 2409 c.c. a fronte della violazione del dovere di istituire assetti orga-

[20] La complessità della scelta avente ad oggetto le misure da adottare nell'ambito della crisi di impresa e sulle *cognitive illusions* è ben illustrata da N. USAI, *Economia comportamentale e diritto della crisi*, cit., p. 1239 ss., over ulteriori riferimenti.

[21] MONTALENTI, *Diritto dell'impresa in crisi, diritto societario concorsuale, diritto societario della crisi: appunti*, in *Giur. comm.*, I, 2018, pp. 76-77.

[22] In questo senso vedi già M.S. SPOLIDORO, *I soci dopo l'accesso a uno strumento di regolazione della crisi*, cit., p. 1267.

nizzativi adeguati [23], andrebbe esaminata la riconducibilità della errata scelta dello strumento alle "gravi irregolarità nella gestione che possono recare danno", tale da giustificare il ricorso alla denunzia al tribunale *ex* art. 2409 c.c. funzionale alla nomina di un amministratore giudiziario. Oppure, in una prospettiva simile ma più propriamente concorsuale, andrebbe valutata la praticabilità della richiesta di misure cautelari *ex* art. 54, comma 1, c.c.i.i. per reagire ad un utilizzo di uno strumento di regolazione avvenuto in violazione delle (poche) *rules* e degli standard sopra descritti.

Il campo di elezione del sindacato giudiziale è, però, quello della responsabilità risarcitoria in capo agli amministratori ed agli organi di controllo nel caso di scelta errata [24] dello strumento. Per brevità, non si affronteranno in questa sede i temi del danno [25], degli effetti sul nesso di causalità della condotta dell'esperto o degli organi della procedura, della legittimazione dei soci e dei creditori a far valere un eventuale danno diretto [26], ma ci si limiterà ad esaminare il solo quesito circa l'applicabilità della *business judgment rule* alla decisione degli amministratori in ordine alla scelta dello strumento di gestione della crisi.

L'applicabilità della *business judgment rule* determinerebbe l'insindacabilità nel merito della decisione assunta dagli amministratori, di cui non si potrebbe valutare *ex post* la convenienza, l'opportunità o l'erroneità, salvo che si tratti di scelte compiute in assenza di istruttoria, in conflitto d'interessi o che appaiano palesemente avventate, irragionevoli ed irrazionali [27].

---

[23] In giurisprudenza, Trib. Milano, 18 ottobre 2019, in *Giur. it.*, 2020, p. 363 ss. con nota di O. CAGNASSO, *Denuncia di gravi irregolarità: una primissima pronuncia sul nuovo art. 2086 c.c.* e in *Società*, 2020, p. 988 nota di I. CAPELLI, *Assetti adeguati, controllo dei sindaci e denunzia al tribunale ex art. 2409*; Trib. Roma,15 settembre 2020, in *Giur. comm.*, II, 2021, p. 1358, con nota di S. FORTUNATO, *Atti di organizzazione, principi di correttezza amministrativa e* Business Judgment Rule; Trib. Cagliari, 19 gennaio 2022, in *Società*, 2022, p. 1430 ss., con nota di I. CAPELLI, *Gli assetti organizzativi adeguati e la prevenzione della crisi*; Trib. Catania, 8 febbraio 2023, in *Fallimento*, 2023, con nota di P. Benazzo, *La denunzia al Tribunale di gravi irregolarità e l'adozione di assetti organizzativi adeguati: da prevenzione della crisi a «condizione di esercizio dell'attività d'impresa».*

[24] M.S. SPOLIDORO, *I soci dopo l'accesso a uno strumento di regolazione della crisi*, cit., p. 1268 descrive la scelta "erronea" dello strumento come "negligente, irragionevole o dolosa".

[25] Vedi M. SPIOTTA, *Continuità aziendale*, cit., p. 162, la quale indica, quali potenziali danni, l'aggravio di spese, i maggiori interessi ed il deterioramento degli attivi.

[26] M.S. SPOLIDORO, *I soci dopo l'accesso a uno strumento di regolazione della crisi*, cit., p. 1268.

[27] Su finalità, contenuto e limiti della *business judgment rule*, vedi, tra i molti, V. CALANDRA BUONAURA, *L'amministrazione della società per azioni nel sistema tradizionale*, in *Trattato di diritto commerciale*, fondato da V. Buonocore, diretto a R. Costi, IV.4VI, Torino, 2019, p. 287 ss.; G. DONGIACOMO, *Il giudizio di responsabilità nei confronti degli amministratori di società di capitali*, Milano, 2020, p. 38 ss., ove ulteriori riferimenti; L. BENEDETTI, *L'applicabilità della business judgment rule alle decisioni organizzative degli amministratori*, in *Riv. soc.*, 2019, p. 413 ss.; G. MOLLO, *La "Business Judgment Rule" tra tenuta giurisprudenziale e vantaggi di una cornice normativa per l'ordinamento italiano*, in *Riv. dir. impr.*, 2017, p. 133 ss.; AA.VV., *Responsa-*

La soluzione favorevole all'applicabilità della *business judgment rule* alla scelta dello strumento di gestione della crisi, nonché alla decisione in ordine al concreto contenuto dello stesso, si impone quale che sia l'approccio utilizzato per delimitare la portata applicativa di questa regola in relazione al sindacato sull'agire degli amministratori [28].

Un primo limite applicativo sarebbe rappresentato, secondo un orientamento, dalla distinzione tra obblighi a contenuto specifico e obblighi a contenuto generico, limitandosi il campo operativo della *business judgment rule* ai soli comportamenti e scelte non imposti da norme aventi un contenuto predeterminato [29]. Si è visto sopra che, a parte la tendenziale prevalenza del ricorso alla composizione negoziata e la tendenziale residualità della domanda di apertura della liquidazione giudiziale, l'obbligo di assumere le iniziative idonee a far fronte allo stato di crisi non costituisce un obbligo a contenuto specifico o tipizzato, perché le modalità attuative non sono prestabilite dalla legge. Da ciò consegue l'assenza, sotto questo profilo, di ostacoli alla operatività del principio della *business judgment rule* in relazione all'obbligo in esame.

---

bilità degli amministratori di società e ruolo del giudice. Un'analisi comparatistica della Business Judgment Rule a cura di C. Amatucci, Milano, 2014; D. SEMEGHINI, *Il dibattito statunitense sulla business judgment rule: spunti per una rivisitazione del tema*, in *Riv. dir. soc.*, 2013, p. 208; P. PISCITELLO, *La responsabilità degli amministratori di società di capitali tra discrezionalità del giudice e* business judgment rule, in *Riv. soc.*, 2012, p. 1167 ss.; C. ANGELICI, *Diligentia quam in suis e business judgment rule*, in *Riv. dir. comm.*, 2006, I, p. 675 ss.

[28] In questo senso vedi S. FORTUNATO, *Codice della crisi e Codice civile: impresa, assetti organizzativi e responsabilità*, in *Riv. soc.*, 2019, p. 991 ("La Business Judgment Rule ha modo di esplicarsi in tutto l'arco della crisi d'impresa, genericamente intesa, ferma la sindacabilità della correttezza del processo decisionale adottato") e, con posizione più sfumata, R. RORDORF, *Doveri e responsabilità degli organi di società alla luce del codice della crisi d'impresa e dell'insolvenza*, cit., p. 940 ("Resta però aperta la questione dell'idoneità dei mezzi di volta in volta scelti per fronteggiare la crisi e, se possibile, per recuperare la continuità aziendale ... Occorre tenere conto che si tratta pur sempre di scelte connotate da un elevato grado di discrezionalità, ma neppure può ignorarsi che esse mettono in gioco anche, e soprattutto, l'interesse di terzi ed, in particolare, dei creditori"). Per l'insindacabilità del merito, si veda Trib. Milano, 8 luglio 2022, in *Giurisprudenzadelleimprese.it*: "*gli amministratori e gli organi sociali possono essere ritenuti responsabili con riguardo al pagamento di professionisti incaricati di verificare le condizioni di una richiesta concordataria nonché di redigere le relative relazioni tecniche, soltanto laddove l'istanza di concordato risulti essere stata proposta abusivamente, cioè ex ante irrazionale e arbitraria, e dunque del tutto infondata, posto che la richiesta di una procedura concorsuale o di una procedura alternativa da parte di una società in crisi o insolvente è prevista dall'ordinamento, in astratto del tutto legittima ed anzi doverosa. L' arbitrarietà della domanda di concordato dev'essere cioè misurata non sulla semplice declaratoria di inammissibilità ovvero sull'intervenuto rigetto da parte del Tribunale, occorrendo invero un quid pluris, in specie rappresentato dalla conoscenza ex ante dell'insussistenza dei presupposti per adire la procedura. In sintesi, la mala gestio e la negligenza poste in essere dall'organo gestorio sussistono in quanto la domanda sia appunto qualificabile in termini di abuso del diritto*".

[29] Si veda, per tutti, C. ANGELICI, *La società per azioni. I. Principi e problemi*, in *Trattato di diritto civile e commerciale*, già diretto da A. Cicu, F. Messineo, L. Mengoni, continuato da P. Schlesinger, Milano, 2012, p. 407; G. DONGIACOMO, *Il giudizio di responsabilità*, cit., p. 38.

Un secondo limite applicativo sarebbe rappresentato, alla luce di un altro orientamento, dalla distinzione tra scelte imprenditoriali e scelte organizzative: le prime incensurabili nel merito, le seconde, invece, soggette ad un sindacato giudiziale anche nel merito [30]. Anche laddove si voglia per ipotesi condividere questa distinzione e i corollari che se ne traggono sul piano della sindacabilità nel merito delle scelte organizzative, ciò non potrebbe condurre a negare l'applicabilità della *business judgment rule* alla selezione dello strumento di gestione della crisi, perché con tutta evidenza, si tratta di una decisione che rientra pienamente nell'ambito delle scelte imprenditoriali [31] e, nello specifico, di una decisione assunta in condizioni di incertezza e di rischio e che risulta espressione del generale dovere di corretta amministrazione e dei principi di corretta gestione societaria e imprenditoriale. D'altra parte, la gestione della crisi e dell'insolvenza non va più letta nei soli termini di decisioni vincolate ai fini dell'attuazione della responsabilità patrimoniale per garantire la migliore e paritaria soddisfazione dei creditori, ma è diventata la gestione di una fase, sia pure delicata, della vita imprenditoriale del debitore, di cui allo stesso tempo ne viene governata la pianificazione, la gestione e l'esito, assicurando un ragionevole equilibrio tra le esigenze, talvolta contrapposte, del debitore, dei creditori, dei terzi e della collettività.

Inoltre, l'applicabilità della *business judgment rule* alla scelta dello strumento si presenta coerente anche con la *ratio* di questa regola, funzionale a circoscrivere il sindacato giudiziale sulle decisioni gestorie per non disincentivare l'assunzione dei rischi necessari per la corretta amministrazione e per evitare il rischio della cd. *hindsight bias*. Esigenze che diventano, ove possibile, ancora più pressanti nella situazione di crisi e di insolvenza, in cui i rischi connessi alle scelte compiute in condizioni di incertezza e le conseguenze in caso di scelte inopportune o non convenienti sono maggiori. Anche da un punto di vista della politica legislativa, quindi, escludere la sindacabilità nel merito delle scelte sullo strumento di gestione della crisi appare la soluzione preferibile, per evitare che gli amministratori, al solo fine di evitare il rischio di una revisione *ex post* della decisione, assumano pregiudizialmente decisioni di tipo "difensivo", ossia finalizzate a minimizzare il rischio, che inevitabilmente si tradurrebbero nel ricorso

---

[30] Vedi, sia pure con riferimento a diverso tema, R. RORDORF, *Doveri e responsabilità degli amministratori di società di capitali in crisi*, cit., p. 671; F. BRIZZI, *Doveri degli amministratori*, cit., p. 380. Per la distinzione tra atti di gestione e atti di organizzazione, si veda, per tutti, P. ABBADESSA, A. MIRONE, *Le competenze dell'assemblea nelle s.p.a.*, in *Riv. soc.*, 2010, p. 269 ss.

[31] Sui criteri di identificazione delle scelte imprenditoriali, si rimanda all'ampio studio di L. BENEDETTI, *L'applicabilità della business judgment rule alle decisioni organizzative degli amministratori*, in *Riv. soc.*, 2019, p. 415 ss., svolto con riferimento al tema dell'insindacabilità nel merito delle scelte in materia di assetti, per il cui dibattito si veda anche per ulteriori richiami, V. DI CATALDO, D. ARCIDIACONO, *Decisioni organizzative, dimensioni dell'impresa e business judgment rule*, in *Giur. Comm.*, 2021, I, p. 69 ss.

alla presentazione di una domanda in proprio di apertura della liquidazione giudiziale, senza aver prima adeguatamente considerato le alternative praticabili, con l'effetto di vanificare l'obiettivo della prevalenza delle soluzioni alternative alla liquidazione giudiziale.

Le decisioni degli amministratori in tema di scelta dello strumento di gestione della crisi e di determinazione del contenuto dello stesso beneficiano, quindi, della regola della *business judgment rule* e non possono essere valutate *ex post* con il metro del risultato ottenuto, oppure sotto il profilo dell'opportunità o della convenienza, ma solo sul piano della correttezza del processo decisionale seguito, dell'assenza di conflitti d'interessi e della non manifesta irragionevolezza, arbitrarietà o avventatezza.

ANERKENNUNG EINER RESTRUKTURIERUNG UNTER DER EUINSVO

von *Simone Fiebelkorn*

ABSTRACT

This article examines the recognition of restructuring proceedings under the EU Insolvency Regulation from a German perspective. It focuses on the requirements for the applicability of the EU Insolvency Regulation for restructuring projects under the European Directive on Restructuring and Insolvency and on its German implementation law StaRUG. Furthermore, the article addresses the advantages and disadvantages associated with recognition under the EU Insolvency Regulation.

Auch das beste Restrukturierungskonzept bringt wenig, wenn es nicht umfassend umgesetzt und seine Anerkennung in anderen Staaten nicht sichergestellt ist. Dies gilt umso mehr, als in heutigen Zeiten mittlere oder größere Unternehmen in ihrem Wirken oftmals einen grenzüberschreitenden Bezug aufweisen. Der Schwerpunkt dieses Beitrags liegt auf der Anerkennung einer Restrukturierung nach dem StaRUG [1] in den Mitgliedstaaten der EU.

Die EU hält mit der EuInsVO [2] ein Regelungswerk vor, welches nach Vor-

---

[1] Unternehmensstabilisierungs- und -restrukturierungsgesetz vom 22. Dezember 2020 (BGBl. I, 3256), das zuletzt durch Artikel 12 des Gesetzes vom 20. Juli 2022 (BGBl. I, 1166) geändert worden ist

[2] Verordnung (EU) 2015/848 des Europäischen Parlaments und des Rates vom 20. Mai 2015 über Insolvenzverfahren.

stellung des europäischen Gesetzgebers auch für die Anerkennung von Restrukturierungen nach der Richtlinie über Restrukturierung und Insolvenz[3] Anwendung finden soll.[4]

Zunächst ist in der gebotenen Kürze in die Funktionsweise der Anerkennung unter der EuInsVO einzuführen (I.). Sodann erfolgt eine Untersuchung der Regelungen des StaRUG (II.) sowie der Vor- und Nachteile einer Anerkennung nach der EuInsVO (III.), die in ein abschließendes Fazit (IV.) mündet.

I. *Grundsätzliche Anerkennung unter der EuInsVO.* – Die EuInsVO verfolgt den Zweck, die Effizienz und Wirksamkeit von grenzüberschreitenden Insolvenzverfahren zu verbessern, indem eine Koordinierung der Maßnahmen in Bezug auf das Vermögen eines zahlungsunfähigen Schuldners vorgenommen wird.[5] Neben den grundsätzlichen Fragen, welche Mitgliedstaaten für die Eröffnung eines Insolvenzverfahrens mit grenzüberschreitendem Bezug zuständig sind und welches Recht für das Insolvenzverfahren anwendbar ist, beantwortet die EuInsVO auch die Frage nach der Anerkennung ausländischer Insolvenzverfahren.

Der in der EuInsVO verankerte Grundsatz der gegenseitigen Anerkennung sieht vor, dass alle Insolvenz- bzw. insolvenznahen Verfahren, die in den Anwendungsbereich der EuInsVO fallen, nach Art. 19, 20 EuInsVO automatisch ohne Durchführung eines Exequaturverfahrens anerkannt werden. Diese automatische Anerkennung dient der Umsetzung und Verwirklichung des der EuInsVO zugrunde liegenden Prinzips der (modifizierten) Universalität.[6] Gerät ein Schuldner in die Insolvenz, soll es (nur) ein (Haupt-)Insolvenzverfahren geben, welches das gesamte Vermögen des Schuldners in Beschlag nimmt, unabhängig davon, wo die Vermögensgegenstände belegen sind.[7] Das Universalitätsprinzip erfährt in der Verordnung jedoch Durchbrechungen in zweierlei Hinsicht; zum einen in der Zulassung von Territorialverfahren (siehe hierzu die Zu-

---

[3] Richtlinie (EU) 2019/1023 des Europäischen Parlaments und des Rates vom 20.6.2019 über präventive Restrukturierungsmaßnahmen, über Entschuldung und über Tätigkeitsverbote sowie über Maßnahmen zur Steigerung der Effizienz von Restrukturierungs-, Insolvenz- und Entschuldungsverfahren und zur Änderung der Richtlinie (EUR) 2017/1132 (Richtlinie über Restrukturierung und Insolvenz).

[4] Siehe die Zusammenschau aus den Erwägungsgründen 13, 14 und Art. 6 Abs. 8 UAbs. 2 der Richtlinie über Restrukturierung und Insolvenz.

[5] Siehe Erwägungsgründe 1, 3 und 8.

[6] Dies ergibt sich aus einer Zusammenschau der Erwägungsgründe, siehe insbesondere Erwägungsgründe 22, 23, 67 der EuInsVO. Vgl. auch MüKoBGB/*Kindler*, Bd. 13, 8. Aufl. 2021, EuInsVO Vor Art. 1 Rn. 16 („abgeschwächt"); *Becker* ZEuP 2002, 287 (299) („abgemildert"), *Balz* ZEuP 1996, 325 (326) („modifiziert") schon für das Übereinkommen von 1995.

[7] Siehe nur Kübler/Prütting/Bork/*Skauradszun*, InsO, 94. Lf. 2022, Art. 19 Rn. 1; Graf-Schlicker/*Bornemann*, InsO, 6. Aufl. 2022, EuInsVO Vor Rn. 9 ff.

lassung von Partikular- und insbesondere Sekundärverfahren, Art. 3 Abs. 2-4, Art. 34 ff. EuInsVO),[8] zum anderen in der Anwendung anderen Rechts als der von Art. 7 EuInsVO angeordneten *lex fori concursus* (siehe die Sonderanknüpfungen der Art. 8 ff. EuInsVO).[9]

Nach Vorstellung des europäischen Gesetzgebers können nun neben den Insolvenzverfahren auch präventive Restrukturierungsverfahren in den Anwendungsbereich der EuInsVO fallen. Nach Art. 19 EuInsVO erfolgt eine automatische Anerkennung des nationalen Restrukturierungsverfahrens, sofern es die Anforderungen des Art. 1 Abs. 1 EuInsVO erfüllt (dazu 1.), und wenn die internationale Zuständigkeit des betreffenden Mitgliedstaats gegeben ist, also sich der Mittelpunkt der hauptsächlichen Interessen des Schuldners in diesem Mitgliedstaat befinden (dazu 2.).

1. *Verfahren im Sinne des Art. 1 Abs. 1 EuInsVO.* – Verfahren, die die in Art. 1 Abs. 1 EuInsVO kodifizierten Voraussetzungen erfüllen, sind im Anhang A der Verordnung aufzunehmen. Da der EuInsVO das Enumerationsprinzip zugrunde liegt, ist die Aufzählung in Anhang A abschließend.[10] Das bedeutet, dass Verfahren, welche zwar die Voraussetzungen des Art. 1 EuInsVO erfüllen, aber nicht in Anhang A aufgelistet sind, nicht dem Anwendungsbereich der EuInsVO unterfallen. Die Aufnahme in Anhang A hat also konstitutive Wirkung für die Anwendung der EuInsVO.[11] Auch wenn es sich bei vorinsolvenzlichen Restrukturierungsverfahren gerade nicht um Insolvenzverfahren handelt, soll die EuInsVO nach dem Willen des europäischen Gesetzgebers auch für diese Verfahren gelten, da präventive Restrukturierungsverfahre typischerweise einen hinreichenden Insolvenzbezug aufweisen.[12]

Entscheidet sich ein Mitgliedstaat dafür, sein nationales präventives Restrukturierungsverfahren in den Anhang A aufnehmen zu lassen, so muss er eine Änderung des Anhangs A beantragen, worin wiederum eine Änderung der Verordnung selbst liegt. Dies erfordert ein ordentliches Gesetzgebungsverfahren nach Art. 294 AEUV,[13] was die Änderung des Anhangs A „äußerst zeitintensiv" und „schwerfällig" macht.[14]

---

[8] *Cranshaw* DZWIR 2014, 473 f.

[9] So auch MüKoBGB/*Kindler*, EuInsVO Vor Art. 1 Rn. 16.

[10] Siehe nur Erwägungsgrund 9 Satz 2 der EuInsVO.

[11] Erwägungsgrund 9 Satz 4 der EuInsVO; siehe auch Mankowski/Müller/J. Schmidt/*J. Schmidt*, EuInsVO 2015, 1. Aufl. 2016, Art. 1 Rn. 34-36.

[12] Vgl. Art. 1 Abs. 1 EuInsVO; Erwägungsgrund 10 f. der EuInsVO; *Kindler/Sakka* EuZW 2015, 460 (461).

[13] *Parzinger* NZI 2016, 63 (64 f.); *Fehrenbach* GPR 2016, 282 (287).

[14] *Piekenbrock* ZIP 2014, 250 (257).

Damit ein anzuerkennendes Verfahren die Voraussetzungen des Art. 1 EuInsVO erfüllt, muss es sich zunächst um ein Gesamtverfahren handeln, welches öffentlich ist. Des Weiteren muss eine der Tatbestandsvarianten des Art. 1 Abs. 1 lit. a-c EuInsVO erfüllt sein.

a) *Gesamtverfahren.* – Was der europäische Gesetzgeber unter einem Gesamtverfahren im Sinne der EuInsVO versteht, ist in Art. 2 Nr. 1 EuInsVO legaldefiniert und in Erwägungsgrund 14 erläutert. Ein Gesamtverfahren ist demnach ein Verfahren, an dem alle oder ein wesentlicher Teil der Gläubiger des Schuldners beteiligt sind, wobei das Verfahren im letzteren Fall nicht die Forderung der Gläubiger berühren darf, die nicht an ihm beteiligt sind. Das heißt, dass ohne Weiteres echte Kollektivverfahren erfasst sind, also Verfahren, an denen alle Gläubiger beteiligt sind. Erfasst sind aber auch partielle Kollektivverfahren, sofern (i) ein wesentlicher Teil der Gläubiger an dem Verfahren beteiligt ist, (ii) das Ziel des Verfahrens in der Rettung des Schuldners besteht, und (iii) die Forderungen der nicht an dem Verfahren beteiligten Gläubiger von den Wirkungen des Verfahrens unberührt bleiben. Nach Erwägungsgrund 14 EuInsVO ist ein wesentlicher Teil der Gläubiger beteiligt, wenn auf diese zumindest ein erheblicher Anteil der ausstehenden Verbindlichkeiten entfallen. Unabhängig davon stellt sich diese Frage nicht mehr, wenn das entsprechende Restrukturierungsverfahren in Anhang A der EuInsVO aufgeführt ist, da eine Überprüfung dieser Voraussetzung im Einzelfall nicht erfolgt.[15] Das bedeutet, dass nach erfolgter Aufnahme in Anhang A der EuInsVO auch ein Restrukturierungsverfahren, das in praxi lediglich mit einem kleinen Teil der Gläubiger durchgeführt wird, anerkannt wird.

b) *Öffentlich.* – Die EuInsVO gilt nur für Verfahren, deren Eröffnung öffentlich bekanntzugeben sind. Hintergrund ist, dass Gläubiger über das Verfahren informiert werden sollen. Vertraulich geführte Verfahren im Sinne des StaRUG werden demnach nicht von der EuInsVO erfasst.[16]

c) *Voraussetzungen des Art. 1 Abs. 1 lit. a-c EuInsVO.* – Zudem muss eine Tatbestandsvariante des Art. 1 Abs. 1 lit. a-c EuInsVO erfüllt sein. Die erste Option ist, dass dem Schuldner in dem Verfahren die Verfügungsgewalt über sein Vermögen entzogen und ein Verwalter bestellt ist (lit. a). Es genügt auch, wenn das Vermögen oder die Geschäfte des Schuldners einer Aufsicht oder Kontrolle durch ein Gericht unterstellt werden (lit. b). Bei der dritten Möglichkeit muss es sich um ein Verfahren handeln, bei dem eine vorübergehende Aus-

---

[15] Richtigerweise unter Verweis auf Erwägungsgrund 9 der EuInsVO Morgen/*Abel/Herbst*, StaRUG, 2. Aufl. 2022, Anhang § 86 Rn. 101.

[16] Siehe Erwägungsgrund 13 der EuInsVO.

setzung von Einzelzwangsvollstreckungsmaßnahmen stattfindet, wobei dieses Verfahren zum Schutz der Gesamtheit der Gläubiger erfolgen und, das ist entscheidend, einem Verfahren nach lit. a oder lit. b vorgeschaltet sein muss (lit. c). Die vorgenannte Variante nach lit. c ist also nur dann einschlägig, wenn dem präventiven Verfahren bei einer Nicht-Einigung oder Nicht-Sanierung zwangsläufig, also automatisch, ein Verfahren mit Verwalterbestellung oder mit gerichtlicher Aufsicht folgt.[17] Eine automatische Überleitung in ein solches (Insolvenz-)Verfahren ist bei den möglichen Instrumenten des StaRUG jedoch nicht vorgesehen. Die Richtlinie über Restrukturierung und Insolvenz verbietet sogar eine solche nationale Regelung (siehe Art. 7 Abs. 7 der Richtlinie). Restrukturierungs- und Insolvenzverfahren sollen demnach nicht miteinander verbunden werden, es sei denn, die nationalen Voraussetzungen für die Eröffnung eines Insolvenzverfahrens liegen vor. Ein Verfahren nach dem StaRUG ersetzt folglich nicht den Insolvenzantrag, der nach wie zwingend für die Eröffnung eines Insolvenzverfahrens erforderlich ist.

2. *Internationale Zuständigkeit: Mittelpunkt der hauptsächlichen Interessen.* – Ausgangspunkt der automatischen Anerkennung nach der EuInsVO ist die internationale Zuständigkeit, da Art. 19 Abs. 1 EuInsVO explizit auf das nach Art. 3 EuInsVO zuständige Gericht Bezug nimmt. Nach Art. 3 Abs. 1 EuInsVO sind die Gerichte des Staates zuständig, in welchem sich der Mittelpunkt der hauptsächlichen Interessen (*centre of main interests*, kurz COMI) befindet. Über die Auslegung des Begriffs des Mittelpunkts der hauptsächlichen Interessen lässt sich trefflich streiten, jedoch sind die Grundregeln des COMI-Konzepts durch die EuInsVO und die Rechtsprechung des EuGH im Wesentlichen vorgegeben.

Art. 3 Abs. 1 UAbs. 1 Satz 2 der EuInsVO umschreibt den Mittelpunkt der hauptsächlichen Interessen als den Ort, an dem der Schuldner gewöhnlich der Verwaltung seiner Interessen nachgeht und der für Dritte feststellbar ist. Es handelt sich beim COMI um einen der Verordnung eigenen Begriff, der demnach autonom auszulegen ist.[18] Der europäische Gesetzgeber geht davon aus, dass es nur einen COMI geben kann, und diesen gilt es zu ermitteln.[19]

---

[17] MüKoInsO/*Reinhart*, 4. Aufl. 2021, EuInsVO Art. 1 Rn. 17.

[18] Siehe nur MüKoBGB/*Kindler*, EuInsVO Vor Art. 1 Rn. 15. Siehe zur grundsätzlich autonomen Auslegung von Begriffen des Unionsrechts von der Groeben/Schwarze/Hatje/*Gaitanides*, Europäisches Unionsrecht, 7. Aufl. 2015, EUV, Art. 19 Rn. 43 m.w.N.; für die autonome Auslegung des Europäischen Zivilprozessrechts *B. Hess*, Europäisches Zivilprozessrecht, 2. Aufl. 2020, § 4 Rn. 4.44 ff.

[19] Statt aller bereits *Virgós/Schmit*, Erläuternder Bericht zu dem EU-Übereinkommen über Insolvenzverfahren, abgedruckt in *Stoll*, Vorschläge und Gutachten zur Umsetzung des EU-Übereinkommens über Insolvenzverfahren im deutschen Recht, 1997, Nr. 15.

Bei Gesellschaften – und auf diesen liegt hier der Fokus –, wird nach Art. 3 Abs. 1 UAbs. 2 EuInsVO bis zum Beweis des Gegenteils vermutet, dass der Mittelpunkt ihrer hauptsächlichen Interessen am Ort ihres Sitzes liegt, wenn der Sitz nicht in einem Zeitraum von drei Monaten vor dem Antrag auf Eröffnung des Insolvenzverfahrens in einen anderen Mitgliedstaat verlegt wurde. Der europäische Gesetzgeber geht davon aus, dass sich der COMI einer Gesellschaft grundsätzlich an ihrem Satzungssitz befindet, sofern nicht ersichtlich wird, dass der COMI in Wirklichkeit in einem anderen Staat belegen ist. Es handelt sich also um eine widerlegbare Vermutung zugunsten des Satzungssitzes.[20]

Notwendig für eine Anerkennung nach der EuInsVO ist demnach, dass der Mitgliedstaat, dessen Restrukturierungsverfahren in Anspruch genommen werden soll, auch international zuständig ist. Folglich muss in dem betreffenden Mitgliedstaat der COMI des jeweiligen Schuldners belegen sein.

II. *Regelungen des StaRUG.* – Der deutsche Gesetzgeber hat mit dem StaRUG einen Werkzeugkasten bereitgestellt, aus welchem der Schuldner jene Instrumente wählt, die für seine Restrukturierung vonnöten sind. Für die Anerkennung dieser Instrumente ist nach dem oben Gesagten notwendig, dass (1.) das Verfahren in Anhang A der EuInsVO gelistet ist, und (2.) eine gerichtliche Entscheidung iSd Art. 19 EuInsVO ergeht, die anerkannt werden kann.

1. *Öffentliche Restrukturierungssache gem. §§ 84 ff. StaRUG.* – Deutschland hat im Wege des kürzlich ordentlich durchgeführten europäischen Gesetzgebungsverfahrens hinsichtlich der Änderungen der Anhänge A und B, welches in der Verordnung (EU) 2021/2260[21] mündete, die „öffentliche Restrukturierungssache" in den Anhang A aufnehmen lassen. Die öffentliche Restrukturierungssache ist in den §§ 84-88 StaRUG geregelt. Diese Regelungen traten gemäß Art. 25 Abs. 3 Nr. 1 SanInsFoG am 17.07.2022 in Kraft.

Die §§ 84-88 StaRUG verzahnen die Instrumente des StaRUG mit der EuInsVO, weshalb ihnen eine besondere Relevanz zukommt. Bei mittleren oder größeren Unternehmen ist regelmäßig ein hinreichender Auslandsbezug iSd EuInsVO gegeben.

Ein Restrukturierungsverfahren nach dem StaRUG wird nach § 84 Abs. 1 StaRUG erst dann zu einer öffentlichen Restrukturierungssache, wenn der Schuldner dies beantragt. Mit dieser Regelung hat der Gesetzgeber sich dafür

[20] Siehe nur *EuGH* Urt. v. 02.05.2006 – C-341/04 (Eurofood) Rn. 34 = NZI 2006, 360. Es ist unstreitig, dass mit dem Sitz nicht der effektive Verwaltungssitz, sondern der Satzungssitz gemeint ist. Dies geht zwar nicht unmittelbar aus der deutschen Fassung der EuInsVO, aber aus anderen Sprachfassungen (beispielsweise der italienischen Fassung: „*la sede legale*") hervor.

[21] Verordnung (EU) 2021/2260 vom 15.12.2021 zur Änderung der Verordnung (EU) 2015/848 über Insolvenzverfahren im Hinblick auf die Ersetzung der Anhänge A und B.

entschieden, das Restrukturierungsverfahren grundsätzlich vertraulich auszugestalten und es dem Schuldner zu überlassen, die Öffentlichkeit herzustellen und damit eine Anerkennung nach der EuInsVO anzustreben.[22]

Entscheidet sich der Schuldner dafür, die Restrukturierungssache vertraulich, d.h. lediglich mit Parteiöffentlichkeit, durchzuführen, handelt es sich um ein Verfahren, dass mangels öffentlicher Bekanntmachungen keine „öffentliche Restrukturierungssache" darstellt und damit kein Verfahren ist, das nach der EuInsVO anerkannt werden kann.

Wie bereits dargestellt, haben es die Mitgliedstaaten nach der Restrukturierungsrichtlinie in der Hand, ihre Restrukturierungsverfahren so auszugestalten, dass sie die Kriterien des Art. 1 Abs. 1 EuInsVO erfüllen und in den Anhang A der EuInsVO aufgenommen werden können. Dabei müssen die Mitgliedstaaten abwägen, ob die Anerkennungswirkung nach Art. 19 EuInsVO es wert ist, sich dem Zuständigkeitserfordernis nach Art. 3 EuInsVO sowie der erforderlichen Publizität („öffentlich") zu unterwerfen.[23] Mit der Ausgestaltung des Antragserfordernisses in § 84 Abs. 1 StaRUG hat der deutsche Gesetzgeber seine Entscheidungsmacht darüber, welche Restrukturierungsverfahren nach der EuInsVO anerkannt werden sollen, und die Abwägung der mit der Anerkennung verbundenen Vor- und Nachteile an den betreffenden Schuldner weitergegeben. Es ist nunmehr an diesem, abzuwägen, ob er eine Unterwerfung unter das Zuständigkeits- und Publizitätsregime der EuInsVO in Kauf nimmt, um im Gegenzug in den Genuss der automatischen Anerkennung nach Art. 19 EuInsVO zu kommen.

Wenn der Antrag nach § 84 StaRUG nicht gestellt wird (oder es sich um ein Verfahren handelt, das vor dem 17.07.2022 begonnen hat), bestimmt sich die Anerkennung nicht nach der EuInsVO. Ob in derartigen Fällen eine Anerkennung nach der Brüssel Ia-VO, dem autonomen IPR oder anderweitig erfolgt, kann an dieser Stelle nicht vertieft werden.[24]

Als Restrukturierungssache kommen alle Instrumente in Betracht, die im Rahmen des Stabilisierungs- und Restrukturierungsrahmens möglich sind. Das sind die gerichtliche Planabstimmung (§§ 29 Abs. 2 Nr. 1, 45, 46 StaRUG), die Vorprüfung des Restrukturierungsplans (§§ 29 Abs. 2 Nr. 2, 47, 48 StaRUG), die Stabilisierungsanordnung (§§ 29 Abs. 2 Nr. 3, 49 ff. StaRUG), die Planbestätigung (§§ 29 Abs. 2 Nr. 4, 60 ff. StaRUG) sowie die Bestellung und Entlassung eines Restrukturierungsbeauftragen (§§ 73 ff. StaRUG).

---

[22] So auch Morgen/*Abel*/*Herbst*, § 84 Rn. 2.

[23] Bereits bei Reform der EuInsVO *Kindler*/*Sakka* EuZW 2015, 460 (461).

[24] Siehe hierzu die in der Wissenschaft geführte Diskussion, z.B. *Schelo* WM 2022, 556 (557 ff.); *Hoos*/*Schwartz*/*Schlander* ZIP 2021, 2214 (2217 ff.); *Thole* ZIP 2021, 2153; BeckOK StaRUG/*Skauradszun*, 4. Ed., Stand: 01.03.2022, § 84 Rn. 63 ff. m.w.N. Ausführlich zur gesamten Thematik *Greeve*, Die grenzüberschreitende Restrukturierung von Kapitalgesellschaften, 2023.

Als weiteres Instrument außerhalb des vorgenannten Rahmens kann der Schuldner ferner auf die Sanierungsmoderation (§§ 94 ff. StaRUG) zurückgreifen. Bei dieser handelt es sich um ein nicht öffentliches, partiell kollektives[25] Verfahren. Seiner Natur nach handelt es sich bei der Sanierungsmoderation um ein vertrauliches Verfahren, welches bereits aufgrund seiner Nichtöffentlichkeit grundsätzlich kein Verfahren im Sinne des Art. 1 EuInsVO darstellen kann.[26]

2. *Anerkennungsfähige Entscheidung.* – Wie bereits dargelegt genügt ein Antrag nach § 84 StaRUG auf Herstellung der Öffentlichkeit allein jedoch nicht, um eine Anerkennung der Restrukturierung nach der EuInsVO herbeizuführen. Vielmehr bedarf es nach dem Wortlaut des Art. 19 EuInsVO einer Eröffnungsentscheidung iSv Art. 2 Nr. 7 EuInsVO, die anerkannt werden kann.

Da es sich bei den modular aufgebauten Instrumenten des StaRUG nicht um ein „klassisches" Verfahren handelt, das – vergleichbar dem Insolvenzverfahren – mit einer Eröffnungsentscheidung beginnt, ist fraglich, welche Entscheidung im Sinne des Art. 19 Abs. 1 UAbs. 1 EuInsVO als Eröffnungsentscheidung gilt. Erst wenn diese Anerkennung erfolgt ist, können alle weiteren Entscheidungen innerhalb des Restrukturierungsverfahrens nach Art. 32 EuInsVO anerkannt werden. Denn auch Art. 32 EuInsVO erfordert, dass die Anerkennung einer Eröffnungsentscheidung nach Art. 19 EuInsVO erfolgt ist. Der deutsche Gesetzgeber hat in der Gesetzesbegründung zum StaRUG deutlich gemacht, dass er die erste Entscheidung des Restrukturierungsgerichts im Rahmen einer Restrukturierung nach dem StaRUG als „Eröffnungsentscheidung" iSd Art. 2 Nr. 7 EuInsVO versteht.[27] Allerdings kann der deutsche Gesetzgeber nicht über die Auslegung des Art. 2 Nr. 7 EuInsVO entscheiden – dies bleibt aufgrund autonomer Auslegung von Verordnungen allein dem EuGH vorbehalten.[28]

Um eine erste Entscheidung im Sinne des § 84 Abs. 1 Satz 2 StaRUG kann es sich etwa bei der Entscheidung über den Antrag auf gerichtliche Planabstimmung nach § 29 Abs. 2 Nr. 1 iVm § 45 Abs. 1 StaRUG, der Entscheidung über den Antrag auf Bestimmung eines Vorprüfungstermins nach § 29 Abs. 2 Nr. 2 iVm §§ 46 Abs. 1, 47 StaRUG, der Entscheidung über den Antrag auf Erlass einer Stabilisierungsanordnung nach § 29 Abs. 2 Nr. 3 iVm §§ 49, 50, der Entscheidung über den Antrag auf Bestätigung des Restrukturierungsplans nach § 29 Abs. 2 Nr. 4 iVm §§ 60, 65 StaRUG oder der Bestellung eines Restruktu-

---

[25] Ausführlich *Hoegen* NZI-Beilage 2021, 59.

[26] Im Ergebnis, wenngleich mit anderer Begründung, auch Morgen/*Abel*/*Herbst*, § 84 Rn. 23.

[27] BT-Drucks. 19/24181, 179.

[28] Siehe zur autonomen Auslegung schon Fn. 18; wie hier auch Kübler/Prütting/Bork/*Skauradszun*, EuInsVO Art. 19 Rn. 25.

rierungsbeauftragten nach §§ 73, 74 oder §§ 77, 78 StaRUG handeln.[29]

Ob die Entscheidung über die Aufhebung der Restrukturierungssache nach § 33 StaRUG ebenfalls eine erste Entscheidung im Sinne des Art. 2 Nr. 7 EuInsVO sein kann, ist umstritten.[30] Rein begrifflich ist die Subsumtion des Aufhebungsbeschlusses unter die Norm ohne Weiteres möglich. Allerdings ist zu bedenken, dass die Restrukturierungssache mit einer solchen Entscheidung gerade nicht mehr rechtshängig ist.[31] Im Ergebnis kann dies dahinstehen, da eine Aufhebungsentscheidung als erste Entscheidung in der Regel keine Anerkennungswirkung nach Art. 19 Abs. 1 Uabs. 1 EuInsVO benötigen wird.

Die Anzeige der Restrukturierungssache nach § 31 StaRUG durch den Schuldner genügt dagegen nicht für das Auslösen der Anerkennungswirkung nach Art. 19 Abs. 1 EuInsVO, da es an einer gerichtlichen Entscheidung fehlt und lediglich die Rechtshängigkeit der Restrukturierungssache begründet wird.[32]

III. *Die Anerkennung nach der EuInsVO im Spannungsfeld zwischen Vertraulichkeit, Freiheit und Rechtssicherheit.* – Der europäische Gesetzgeber stellt in Erwägungsgrund 13 Satz 3 der Richtlinie über Restrukturierung und Insolvenz klar, dass er die grenzüberschreitende Anerkennung der präventiven Restrukturierung in allen Mitgliedstaaten erleichtern will. Zugleich macht er deutlich, dass EuInsVO und Richtlinie nebeneinander stehen und sich ergänzen sollen.[33]

Mit der EuInsVO steht eine Verordnung bereit, die in allen Mitgliedstaaten gleichermaßen gilt und die ein System bereitstellt, mit dem sich die Mitgliedstaaten in den letzten zwanzig Jahren bereits vertraut machen konnten.

Die Anwendung der EuInsVO bringt große Vorteile mit sich. Für den einzelnen Schuldner ist sichergestellt, dass die ergriffenen Maßnahmen europaweit automatisch anerkannt werden. Das Restrukturierungsvorhaben kann nicht durch Einzelne gestört oder torpediert werden, indem beispielsweise Restrukturierungs- oder Insolvenzverfahren in anderen Mitgliedstaaten veranlasst werden. Zudem hängt die grenzüberschreitende Wirkung der einzelnen Maßnahmen, wie beispielsweise die Verhängung eines Moratoriums oder die Bestellung eines Restrukturierungsbeauftragten, von der Anerkennung dieser Maßnahmen in den anderen Mitgliedstaaten ab.

Aus einer allgemeineren Perspektive lässt sich feststellen, dass die EU nur

---

[29] So auch BeckOK StaRUG/*Skauradszun*, § 84 Rn. 14.

[30] Exemplarisch dagegen BeckOK StaRUG/*Skauradszun*, § 84 Rn. 14a; dafür Morgen/*Abel*/*Herbst*, § 84 Rn. 20.

[31] BeckOK StaRUG/*Skauradszun*, § 84 Rn. 14a.

[32] Kübler/Prütting/Bork/*Skauradszun*, EuInsVO Art. 19 Rn. 25.

[33] Erwägungsgrund 13 Satz 1 der Richtlinie über Restrukturierung und Insolvenz.

durch die konsequente Anwendung der EuInsVO ihrem Ziel, das Forum Shopping einzudämmen, näherkommen kann.[34] Durch die Nichtregelung der internationalen Zuständigkeit in der Richtlinie über Restrukturierung und Insolvenz nimmt der europäische Gesetzgeber hingegen sehenden Auges ein Forum Shopping in Kauf.[35] Zugleich stellt der europäische Gesetzgeber selbst fest, dass der Vorteil der Anwendung der EuInsVO (auch) darin besteht, „dass sie Schutzvorkehrungen gegen eine missbräuchliche Verlagerung des hauptsächlichen Interesses des Schuldners während grenzüberschreitender Insolvenzverfahren vorsieht".[36] Dass der Wettbewerb der Rechtsordnungen nicht per se schlecht ist, soll hier nicht in Frage gestellt werden. Er gibt den einzelnen Akteuren die Chance, die für die eigene Situation beste gestalterische Möglichkeit aus einer Vielzahl verschiedener Rechtsordnungen zu wählen, um die Insolvenz abzuwenden und die Krise zu überwinden, und ist geeignet, die nationalen Gesetzgeber zu einer stetigen Verbesserung ihres Restrukturierungsrechts anzuhalten. Das Forum Shopping kann jedoch auch dazu führen, dass die Gesetzgeber sich gegenseitig mit schuldnerfreundlichen Vorschriften „überbieten", was insgesamt zu einem Absinken der Qualität für Restrukturierungsverfahren führen kann (*race to the bottom*).[37] Eben dem versucht der europäische Gesetzgeber durch die Verknüpfung von Anerkennungswirkung und Regelung der internationalen Zuständigkeit in der EuInsVO jedenfalls für Insolvenzverfahren entgegenzuwirken,[38] sodass eine Anwendung dieses Regelungsregimes auch für Restrukturierungsverfahren zu begrüßen wäre.[39]

Mit der EuInsVO steht ein Regelwerk bereit, das sich in den letzten Dekaden bewährt hat. Der EuGH, aber auch die Rechtsanwender arbeiten sich seit Jahrzehnten an der EuInsVO ab, sodass etwaige Unklarheiten nach und nach beseitigt werden. Allerdings hat die Anwendung der EuInsVO für den Schuldner auch ihren Preis: Der Schuldner muss sich dem Zuständigkeits- und Publizitätsregime unterwerfen.[40]

Wer Rechtssicherheit anstrebt und bereit ist, die Anforderungen der EuInsVO zu erfüllen, ist jedoch mit der Anerkennung seiner Restrukturierung nach der EuInsVO gut beraten.

---

[34] In diese Richtung wohl auch K. Schmidt/*Brinkmann*, InsO, 20. Aufl. 2023, Vor EuInsVO Rn. 17 f.

[35] So auch *Freitag* ZIP 2019, 541 (547).

[36] Erwägungsgrund 14 der der Richtlinie über Restrukturierung und Insolvenz.

[37] Siehe zum Wettbewerb der Restrukturierungsrechte *Klöhn/Franke* ZEuP 2022, 44 (59 f.).

[38] Erwägungsgründe 5, 29 ff. der EuInsVO.

[39] Für eine Restrukturierungsverordnung hingegen *Greeve*, Die grenzüberschreitende Restrukturierung von Kapitalgesellschaften, S. 232 ff.

[40] Dazu auch K. Schmidt/*Brinkmann*, Vor EuInsVO Rn. 18.

IV. *Fazit.* – Mit der EuInsVO steht dem Schuldner ein erprobtes Regelwerk für eine rechtssichere Anerkennung seiner Restrukturierung in anderen EU-Mitgliedstaaten zur Verfügung.

Will ein Schuldner die Anerkennung über die EuInsVO erreichen, ist jedoch zu bedenken, dass hierfür die internationale Zuständigkeit gegeben sein muss, das heißt, der COMI des Schuldners sich in dem Mitgliedstaat befinden muss, dessen Restrukturierungsverfahren in Anspruch genommen werden will. Zudem muss das Verfahren öffentlich bekanntgemacht werden.

In Deutschland hat der Schuldner durch das StaRUG nun das Wahlrecht. Es bleibt ihm überlassen, den Antrag nach § 84 Abs. 1 StaRUG zu stellen und seine Restrukturierung damit zu einer öffentlichen Restrukturierungssache im Sinne des Anhangs A der EuInsVO zu machen, um so die Anerkennung im Wege der EuInsVO herbeizuführen.

"RICONOSCIMENTO" DI UNA RISTRUTTURAZIONE AZIENDALE APPLICANDO IL REGOLAMENTO (UE) 2015/848?

di *Alessandro De Maria*

ABSTRACT

This article explores the complexities of cross-border recognition of corporate restructuring arrangements in the European Union, focusing on the interplay between Regulation (EU) 2015/848 and national frameworks, notably in Italy and Germany. While "public" restructuring instruments included in Annex A of the Regulation benefit from streamlined recognition, the scenario is less clear for instruments not listed there, such as Germany's "nicht öffentliche Restrukturierungssache" and Italy's "piano di ristrutturazione soggetto a omologazione." The absence of harmonized rules in these instances often necessitates resort to domestic private international law provisions, resulting in legal uncertainty and potentially fragmented outcomes. The article highlights the tension between the EU's aim for a more consistent and predictable cross-border framework for insolvency and restructuring on the one hand, and the divergent national approaches and limited regulatory scope of the EU instruments currently available on the other. It ultimately calls for legislative action or judicial clarification at the European level to foster greater legal certainty, efficiency, and fairness in cross-border restructuring scenarios.

I. *Introduzione*. – Il diritto fallimentare e delle ristrutturazioni internazionali svolge un ruolo cruciale nel panorama del diritto internazionale, orchestrando l'equa allocazione degli *asset* di imprese insolventi o in stato di crisi con interessi in più nazioni verso i loro creditori [1]. In un contesto di crescente integrazione globale delle economie, che vede un intreccio sempre più complesso tra attività economiche, culturali e tecnologiche, emerge costantemente la sfida di assicurare una divisione giusta degli *asset*. Questo implica un'analisi approfondita su come tutelare in maniera adeguata i vari gruppi di creditori, su come identificare, gestire ed eventualmente liquidare efficacemente il patrimonio transnazionale di una impresa in crisi, su come attuare la ristrutturazione aziendale e preservare quest'ultima utilizzando strumenti cha abbiano portata internazionale [2].

Diversamente dal diritto fallimentare nazionale, che è incentrato su obiettivi specifici quali la *par condicio creditorum*, il diritto fallimentare internazionale, e pertanto anche quello relativo alla ristrutturazione delle imprese, pone enfasi sulla ripartizione delle competenze, la determinazione del diritto applicabile e il riconoscimento delle procedure straniere all'interno dei confini nazionali.

Sebbene l'approccio "tradizionale" delle procedure di insolvenza si orienti verso il principio di universalità aspirando a un trattamento paritetico di tutti i creditori attraverso l'utilizzo e la distribuzione dell'intero patrimonio del debitore, indipendentemente dalla sua ubicazione [3], alcuni ordinamenti prediligono procedure limitate territorialmente per proteggere i diritti dei creditori locali o gli obiettivi economici di uno stato [4]. Questo genera una tensione tra il principio di universalità e le prerogative sovrane degli stati, evidenziando ulteriormente la complessità nell'armonizzare queste dinamiche su scala internazionale [5]. In virtù del principio di universalità, si potrebbe aspettare che gli effetti di una procedura di insolvenza si estendano ai beni del debitore situati al di fuori dello stato dove la procedura è stata avviata. Contrariamente, il principio di territorialità circoscrive gli effetti legali al territorio dello stato in cui la procedura ha avuto inizio.

Le complessità inerenti alla formulazione di procedure d'insolvenza su scala internazionale evidenziano l'importanza di adottare approcci flessibili e pragmatici al fine di superare le restrizioni imposte da soluzioni eccessivamente dogmatiche.

---

[1] SMITH-ISAACS-PAULUS, *Moss, Fletcher and Isaacs on The EU Regulation on Insolvency Proceedings*, IV ed., Oxford, 2024.

[2] Così già REINHART, *Sanierungsverfahren im internationalen Insolvenzrecht – Eine rechtsvergleichende Untersuchung über die besonderen internationalrechtlichen Probleme liquidationsabwesender Insolvenzverfahren*, Berlino, 1995.

[3] HÄSEMEYER, *Insolvenzrecht*, IV ed., Colonia, 2007, Rn 35.08ss.; KINDLER, *1. Teil: Internationales Insolvenzrecht*, in KINDLER-NACHMANN-BITZER, *Handbuch Insolvenzrecht in Europa*, 13. EL, Monaco di Baviera, febbraio 2023, § 1; MARTIUS, *Verteilungsregeln in der grenzüberschreitenden Insolvenz*, Francoforte sul Meno, 2004, p. 63 ss.

[4] HÄSEMEYER, *Insolvenzrecht*, IV ed., Colonia, 2007, Rn 35.05ss.

[5] KINDLER, *1. Teil: Internationales Insolvenzrecht*, in KINDLER-NACHMANN-BITZER, *Handbuch Insolvenzrecht in Europa*, 13. EL, Monaco di Baviera, Febbraio 2023, § 1, Rn 1.

In attuazione della direttiva (UE) 2019/1023 (direttiva *insolvency*), in Italia, il 1° luglio 2022 è stato pubblicato sulla Gazzetta Ufficiale il decreto legislativo che novella il codice della crisi e dell'insolvenza [6]. Queste modifiche, entrate in vigore il 15 luglio 2022, hanno introdotto in Italia, tra l'altro, un nuovo strumento di ristrutturazione: il piano di ristrutturazione soggetto ad omologazione ai sensi degli artt. 64-*bis* e -*ter* c.c.i.i., che va ad ampliare la panoplia degli strumenti nazionali di ristrutturazione già di per sé abbastanza sostanziosa [7].

Un percorso simile è stato intrapreso anche in Germania, ove il legislatore, nel 2021, in attuazione della medesima direttiva, ha introdotto con la c.d. *Gesetz über den Stabilisierungs- und Restrukturierungsrahmen für Unternehmen* (StaRUG) [8] un novero di strumenti volti alla ristrutturazione preventiva, colmando così il divario tra i processi di ristrutturazione demandati all'autonomia delle parti e le procedure maggiormente rigorose adottate nei casi di insolvenza. Al centro di questo novero troviamo la possibilità del debitore di presentare il c.d. *Restrukturierungsplan* [piano di ristrutturazione] [9].

Come già accennato, non è raro che i rapporti giuridici, soggetti alla modificazione da parte di uno strumento di ristrutturazione preventiva, coinvolgano beni, creditori o debitori in ordinamenti diversi da quello nel quale lo strumento è stato disposto. In assenza di un regime uniforme di riconoscimento, questi strumenti non potrebbero essere applicati e produrre i loro effetti al di fuori dell'ordinamento d'origine. E così, almeno per quanto riguarda il piano di ristrutturazione tedesco, i creditori toccati dallo stesso piano, che esprimano voto contrario, potrebbero continuare a far valere i loro diritti in altri ordinamenti.

Con il contributo si intende pertanto analizzare l'iter di riconoscimento in Italia di un *Restrukturierungsplan* omologato dal giudice tedesco ai sensi dei §§ 60 ss. StaRUG (obbligatorio, ad esempio, nei casi di *Cross-Class Cram Down* ai sensi del § 26 StaRUG), considerando, inoltre, che alcune delle riflessioni fatte per le *Restrukturierungsachen* tedesche possono essere trasferite al riconoscimento di uno strumento italiano nell'ordinamento tedesco, come, ad esem-

---

[6] Il contenuto finale è ufficialmente divenuto noto con la pubblicazione nella Gazzetta Ufficiale del correttivo ultimo, il d.lgs. 17 giugno 2022, n. 83, attuativo della Direttiva Insolvency –. Esso è entrato in vigore il 15 luglio 2022, per effetto della modifica normativa all'art. 389 testo originario del Codice attuata dall'art. 42 del d.l. 30 aprile 2022, n. 36 (Ulteriori misure urgenti per l'attuazione del Piano Nazionale di ripresa e resilienza – il "PNRR"), convertito con modificazioni dalla l. 29 giugno 2022, n. 79, pubblicata nella Gazzetta Ufficiale del 29 giugno 2022, n. 150.

[7] FABIANI, *L'avvio del codice della crisi*, in *www.dirittodellacrisi.it*, 5 maggio 2022.

[8] Gesetz zur Fortentwicklung des Sanierungs- und Insolvenzrechts (Sanierungs- und Insolvenzrechtsfortentwicklungsgesetz – SanInsFoG) vom 22.12.2020 – BGBl. I 2020, Nr. 66 vom 29.12.2020, S. 3256.

[9] Per un approfondimento cfr. HECK, *Singolarità e pluralità nei preventive restructuring frameworks – Profili evolutivi degli strumenti di regolazione della crisi e del Restrukturierungsplan alla luce della Direttiva (UE) 2019/1023*, in *www.dirittodellacrisi.it*, 12 novembre 2024.

pio, il piano di ristrutturazione soggetto ad omologazione ai sensi degli artt. 64-*bis* e -*ter* c.c.i.i.

II. *Gli strumenti di ristrutturazione* – 1. *Germania* – Per quanto riguarda il riconoscimento di una decisione assunta in Germania in un procedimento di ristrutturazione, bisogna *in primis* distinguere tra una *öffentliche Restrukturierungssache* (cioè un quadro pubblico) ai sensi dei §§ 84 ss. StaRUG ed una *nicht öffentlicher Restrukturierungssache* (cioè un quadro non pubblico). Premesso che la pubblicità degli strumenti di ristrutturazione in Germania è in linea di massima limitata ai creditori "interessati", non esistono requisiti formali né per l'avvio delle trattative di ristrutturazione né per la stesura del piano [10]. Infatti, nell'ordinamento tedesco, è a discrezione del debitore, la scelta di rendere pubblica (o meno) una *Restrukturierungssache* in conformità alle disposizioni dell'art. 24, regolamento (UE) 2015/848. Di conseguenza, le disposizioni procedurali degli artt. 84 ss. StaRUG si applicano solo se il debitore presenta una domanda ai sensi dell'art. 84, comma 1, StaRUG prima che sia presa la prima decisione nel procedimento di ristrutturazione [11].

a) *Öffentliche Restrukturierungssache.* – Per i quadri della *öffentliche Restrukturierungssache*, ovvero nel caso in cui la domanda di pubblicità del procedimento ai sensi degli artt. 84 ss. StaRUG sia proposta prima della omologazione del piano tedesco da parte del giudice ai sensi dei §§ 29, 60 StaRUG, il riconoscimento negli altri stati membri, e quindi anche in Italia, dovrebbe essere relativamente semplice. Infatti, dopo le modifiche apportate dal regolamento (UE) 2021/2260, le *öffentliche Restrukturierungssachen* figurano nell'allegato A del regolamento (UE) 2015/848, ove vengono elencate per ciascuno stato membro, le tipologie di "procedure di insolvenza" come definite dall'art. 2, comma 4) dello stesso regolamento.

b) *Nicht öffentliche Restrukturierungssache.* – La situazione è ben diversa per quanto riguarda invece il riconoscimento di una *nicht öffentliche Restrukturierungssache*, che a sua volta non appare nell'allegato A del regolamento e quindi non viene qualificata di per sé come una "procedura di insolvenza" ai sensi dell'art. 2, comma 4) del regolamento [12].

---

[10] Borries, *StaRUG vor §§ 84 ff.*, in Insolvenzordnung Kommentar a cura di Hirte-Vallender, vol II, XVI ed., Monaco di Baviera, 2023, Rn 1 ss; GIROTTO, *§ 1 Unternehmenssanierung mit den Instrumenten des StaRUG in der Praxis,* in *Praxis der Sanierung und Insolvenz*, a cura di Beck-Depré-Ampferl, IV ed., Monaco di Baviera, 2023, Rn 51 ss.

[11] SKAURADSZUN, *StaRUG § 84 Antrag und erste Entscheidung*, in BeckOK StaRUG, a cura di Skauradszun-Fridgen, XIV ed., Monaco di Baviera, 1.10.2024, Rn 8 ss. e 94 ss.

[12] THOLE, *Vertrauliche Restrukturierungsverfahren: Internationale Zuständigkeit, anwendbares Recht und Anerkennung*, in *ZIP*, 2021, p. 2153 ss.

2. *Italia – Piano di ristrutturazione soggetto a omologazione.* – Volgendo lo sguardo verso l'Italia, notiamo che anche il piano di ristrutturazione soggetto a omologazione, appena introdotto nel nostro ordinamento, non appare tra gli strumenti dell'allegato A del regolamento. Di conseguenza, tale piano non può beneficiare del meccanismo di riconoscimento automatico previsto dall'art. 19 del regolamento (UE) 2015/848. L'assenza di pubblicità obbligatoria in alcune fasi del procedimento italiano ne limita ulteriormente la compatibilità con i criteri di "procedura pubblica" stabiliti dall'art. 1 e dall'art. 2, comma 4, Regolamento (UE) 2015/848. Di conseguenza, il riconoscimento di tali piani in altri stati membri potrebbe restare subordinato alle disposizioni autonome di diritto internazionale privato di ciascun ordinamento.

III. *Riconoscimento.* – Come noto, il regolamento (UE) 2015/848 incide sulla giurisdizione, sulla legge applicabile e sul riconoscimento delle decisioni in materia di insolvenza, indicando in un apposito allegato A quali procedure, tra quelle previste da ciascuno Stato membro, rientrano nella nozione di procedura di insolvenza.

Il regolamento dispone che la procedura di insolvenza, aperta nello stato membro in cui si trova il *COMI* del debitore, sia efficace in tutti gli altri Paesi dell'Unione, secondo quanto stabilito dalla *lex fori concursus*, che trova, dunque, generale e generalizzata applicazione (art. 7 del regolamento 2015/848). Inoltre, nello spazio giudiziario europeo, è stato introdotto un sistema di riconoscimento automatico e di immediata esecuzione di tutte le decisioni pronunciate nel contesto di una procedura di insolvenza. Questo aspetto acquista un rilievo centrale nell'economia del regolamento 2015/848, posto che la circolazione delle decisioni in materia di insolvenza rappresenta il viatico esclusivo tramite il quale una procedura di insolvenza possa esplicare effetti in tutti i Paesi membri.

Ma prima di procedere con la analisi del riconoscimento di uno strumento di ristrutturazione, bisogna soffermarsi sugli effetti ed i limiti del medesimo: quanto appena detto comporta che una decisione del giudice, che confermi un piano di insolvenza tedesco, che a sua volta, ad esempio, estingua una obbligazione regolata dal diritto italiano, verrebbe riconosciuta in Italia.

Eppure, il riconoscimento non è illimitato. Ad esempio, i diritti reali dei creditori su beni che al momento dell'apertura della procedura tedesca si trovano in Italia non sono interessati dall'apertura del procedimento (art. 8 del regolamento). E conseguentemente, un piano di insolvenza tedesco non può avere alcun effetto per quanto riguarda la possibilità per il titolare di un diritto reale di garanzia di separare dalla massa il bene oggetto del suo diritto.

Parimenti dicasi per un piano di ristrutturazione che interferisce con i diritti reali, dal momento che il regolamento si applica senza modifiche a tutti i procedimenti di ristrutturazione, qualora soggetti all'ambito di applicazione del regolamento (UE) 2015/848. Con riguardo ai limiti del riconoscimento, bisogna quindi constatare che i procedimenti di ristrutturazione riconosciuti per via del regolamento offrono certezza del diritto solo per quanto riguarda la riduzione dei crediti, ma non per quanto concerne gli interventi su beni soggetti a diritti reali.

1. *Riconoscimento di strumenti di ristrutturazione elencati nell'allegato A del regolamento.* – Il fatto che la *öffentliche Restrukturierungssache* figuri nell'allegato A del regolamento, ci permette di qualificarla come una "procedura di insolvenza" ai sensi del regolamento, senza nemmeno fare riferimento alla definizione astratta dell'ambito di applicazione dell'art. 1 comma 1. Perciò il regolamento si applica integralmente a tali procedimenti e preclude allo stesso tempo l'applicabilità del regolamento (UE) 2012/1215 (Bruxelles 1-*bis*).

Quanto appena affermato, si può ribadire per gli strumenti italiani elencati nel regolamento (UE) 2021/2260, quali il concordato minore, la liquidazione dei beni, la liquidazione controllata del sovraindebitato ed ovviamente la liquidazione giudiziale. Manca invece il piano di ristrutturazione soggetto ad omologazione, pure introdotto nell'ordinamento italiano, ai fini di dare piena attuazione alla direttiva *insolvency*.

2. *Riconoscimento di strumenti di ristrutturazione non elencati nell'allegato A del regolamento.* – Si pone quindi la domanda circa il riconoscimento degli strumenti non elencati nell'allegato A del regolamento, ovvero, per quanto riguarda gli ordinamenti in questione, le *nicht öffentliche Restrukturierungssachen* ed il piano di ristrutturazione soggetto ad omologazione.

Al riguardo vengono discusse varie soluzioni, di cui andremo ad analizzare le più vistose: *a*) la possibilità di rendere comunque fruibile il regolamento 2015/848; *b*) di applicare il regolamento 2012/1215 e *c*) di ricorrere alle norme nazionali autonome di diritto processuale civile internazionale.

a) *Regolamento (UE) 2015/848.* – Sebbene la dottrina e la prassi appaiano, in larga misura, concordi nel ritenere il regolamento (UE) 2015/848 non applicabile agli strumenti non elencati nell'allegato A, è opportuno soffermarsi sulle motivazioni di tale non applicabilità ed analizzare il rapporto fra la direttiva *insolvency* e il regolamento (UE) 2015/848 [13].

Dall'analisi del solo l'art. 1 del Regolamento (UE) 2015/848, il quale determina l'ambito di applicazione, si potrebbe infatti affermare che il regolamento includa anche gli strumenti non inseriti nell'allegato A, poiché il comma 1 sta-

---

[13] Anche se con riferimento alla composizione negoziata cfr. LEANDRO, *La composizione negoziata nel diritto internazionale privato: riflessioni nella prospettiva, ma non solo, del regolamento (UE) 2015/848*, in *www.dirittodellacrisi.it*, 15 febbraio 2022.

bilisce: "*Il presente regolamento si applica alle procedure concorsuali pubbliche, comprese le procedure provvisorie, disciplinate dalle norme in materia di insolvenza e in cui, a fini di salvataggio, ristrutturazione del debito, riorganizzazione o liquidazione*". Ovvero la fattispecie sembra includere qualsiasi strumento volto alla rimodellizzazione del patrimonio del debitore.

Tuttavia, un'interpretazione sistematica e teleologica del testo normativo, con particolare riferimento al Considerando n. 9 dovrebbe invece togliere ogni dubbio. Nel Considerando si legge: "*le procedure di insolvenza nazionali che non figurano nell'elenco di cui all'allegato A non dovrebbero essere disciplinate dal presente regolamento*".

Anche l'introduzione della direttiva *insolvency* non modifica questa impostazione. Il Considerando n. 13 della direttiva specifica "*che la direttiva non dovrebbe pregiudicare l'ambito di applicazione del regolamento (UE) 2015/848, ma mira ad essere pienamente compatibile con tale regolamento e a integrarlo, facendo obbligo agli Stati membri di predisporre procedure di ristrutturazione preventiva che rispettino alcuni principi minimi di efficacia. Esso non modifica l'impostazione adottata in tale regolamento secondo cui è lasciata agli Stati membri la possibilità di mantenere o introdurre procedure che non soddisfano la condizione di pubblicità a fini della notifica ai sensi dell'allegato A di tale regolamento. Sebbene la presente direttiva non imponga che le procedure rientranti nel suo ambito di applicazione soddisfino tutte le condizioni per la notifica ai sensi di tale allegato A, essa mira a facilitare il riconoscimento transfrontaliero di tali procedure e il riconoscimento ed esecutività delle sentenze*".

Queste indicazioni rendono evidente che il regolamento (UE) 2015/848 non può essere applicato al riconoscimento di una *nicht öffentliche Restrukturierungssache*. Come sottolineato da parte della dottrina tedesca [14], l'esclusione degli strumenti non pubblici nell'allegato A non rappresenta una lacuna normativa, bensì una scelta consapevole del legislatore europeo. Analogamente, Madaus osserva che il regolamento (UE) 2015/848 limita chiaramente il proprio ambito ai soli strumenti pubblici [15].

Alla luce dei Consideranda 9 e 13 [16] appare difficile rendere comunque fruibile il regolamento 2015/848 ai fini del riconoscimento della *nicht öffentiche*

---

[14] MANKOWSKI, *Öffentliche Restrukturierungssachen – Anhang zu § 88*, in *StaRUG Unternehmensstabilisierungs- und -restrukturierungsgesetz – Kommentar*, a cura di Seibt-Westpfahl, Colonia, 2023, Rn 194.

[15] MADAUS, *Vertrauliche Restrukturierungspläne für ausländische Schuldner*, in *ZIP*, 2022, 1233 ss.

[16] SKAURADSZUN, *StaRUG § 84 Antrag und erste Entscheidung*, in *BeckOK StaRUG*, a cura di Skauradszun-Fridgen, XIV ed., Monaco di Baviera, 1.10.2024, Rn 96 ss.

Restrukturierungssache e perciò riconoscere un *Restrukturierungsplan* omologato tedesco in Italia attraverso lo stesso regolamento.

b) *Regolamento (UE) 2012/1215.* – Nella prassi, ma anche in dottrina, si trovano tante voci, che vorrebbero applicare il regolamento (UE) 2012/1215 (Bruxelles I-*bis*) [17] agli strumenti non direttamente soggetti all'ambito di applicazione del regolamento (UE) 2015/848, e perciò a quelli non elencati nell'allegato A.

In linea di massima, il regolamento si applica in materia civile e commerciale, indipendentemente dalla natura dell'autorità giurisdizionale. Ma come è noto, dall'ambito di applicazione del regolamento sono esclusi i fallimenti, le procedure relative alla liquidazione di società o altre persone giuridiche che si trovino in stato di insolvenza, i concordati e le procedure affini (art. 1, comma 2, lett. b).

Sulla base dei regolamenti precedenti a quelli attualmente in vigore, rispettivamente il regolamento (CE) n. 1346/2000 ed il regolamento (CE) 2001/44 (Bruxelles I), la Corte di Giustizia europea aveva disposto, che sarebbe da evitare qualsiasi lacuna normativa e sovrapposizione tra le disposizioni legali contenute nei due regolamenti. [18] Di conseguenza, i "procedimenti" che non rientravano nell'ambito di applicazione dell'art. 3 del regolamento (CE) n. 1346/2000 dovevano per forza essere inclusi nell'ambito di applicazione del regolamento Bruxelles I [19].

Tuttavia, questa decisione della Corte di Giustizia europea potrebbe non essere più coerente con i considerанda del regolamento (UE) 2015/848.

Infatti, il Considerando n. 7 del regolamento (UE) 2015/848 stabilisce che "*i fallimenti, le procedure relative alla liquidazione di società o altre persone giuridiche che si trovino in stato di insolvenza, i concordati e le procedure affini e le azioni ad essi relative sono esclusi dall'ambito di applicazione del regolamento (UE) n. 1215/2012 [...]. Allo stesso modo, i procedimenti che non sono coperti dal regolamento perché non sono inclusi nell'allegato A non sono au-*

---

[17] Cfr. SCHELO, *Internationale Restrukturierungen unter dem StaRUG*, in *WM*, 2022, p. 556 ss; SCHLÖDER-PARZINGER-KNEBEL, *Der Restrukturierungsplan nach dem StaRUG im Lichte grenzüberschreitender Restrukturierungen – praxistaugliches Anerkennungsregime oder ein Fall für die obersten Gerichte?*, in *ZIP*, 2021, p. 1041 ss.; HOOS-SCHWARTZ-SCHLANDER, *Handlungsoptionen für Unternehmen – Internationale Zuständigkeit und Anerkennung von präventiven Restrukturierungsverfahren*, in *ZIP*, 2021, p. 2214 ss; THOLE, *Vertrauliche Restrukturierungsverfahren: Internationale Zuständigkeit, anwendbares Recht und Anerkennung*, in *ZIP*, 2021, p. 2153; GREEVE, *Die grenzüberschreitende Restrukturierung von Kapitalgesellschaften*, Tubinga, 2023.

[18] Corte di giustizia dell'Unione europea, sent. 18 settembre 2019, Skarb Pánstwa Rzeczpospolitej Polskiej, causa C-47/18, ECLI:EU:C:2019:754.

[19] Corte di giustizia dell'Unione europea, sent. 20 dicembre 2017, Valach e a., causa C-649/16, ECLI:EU:C:2017:986, Corte di giustizia dell'Unione europea, sent. 4 ottobre 2018, Feniks, causa C-337/17, ECLI:EU:C:2018:805.

tomaticamente coperti dal regolamento. Proseguiamo con considerando 7, seconda frase, del regolamento: È opportuno che tali procedure siano disciplinate dal presente regolamento". Secondo il Considerando n. 7, terza frase, "*l'interpretazione del [...] regolamento dovrebbe colmare, per quanto possibile, le lacune normative tra i due strumenti*". Ed inoltre, secondo il Considerando n. 7, quarta frase: "*Tuttavia, il semplice fatto che una procedura nazionale non sia elencata nell'allegato A del [...] regolamento non dovrebbe implicare che essa sia disciplinata dal regolamento (UE) n. 1215/2012*".

Alla luce di questi consideranda, sembra che la "dottrina dell'assenza di lacune" sia ormai stata superata dal legislatore e che ormai si tratti di un mero principio guida. Infatti, i Considerando n. 7 seconda frase e terza, relativizzano le disposizioni della Corte di Giustizia europea [20].

Inoltre, bisogna considerare le conseguenze di una ipotetica applicabilità del regolamento Bruxelles I-*bis*, che non solo determina il riconoscimento ma come è noto anche la competenza giurisdizionale. Poiché il regolamento è centrato sulla dimora abituale/sede del convenuto, ovvero nel nostro caso il creditore, si correrebbe il rischio, che in ogni stato membro in cui un creditore abbia la sua dimora abituale/sede sarebbe possibile avviare un procedimento di ristrutturazione. In questo modo si aprirebbe la possibilità di un "forum shopping" senza limiti. L'obiettivo del regolamento Bruxelles I-*bis*, cioè quello di creare giurisdizioni prevedibili, verrebbe così contraddetto.

c) *Sintesi sul diritto comunitario.* – Per quanto riguarda il riconoscimento delle *nicht öffentliche Restrukturierungssachen* ed in generale gli strumenti di ristrutturazioni, finché rimarranno esclusi dall'allegato A, concernente il diritto unionale, solo la Corte di Giustizia europea, con una decisione in merito, potrebbe porre fine a questa incertezza, a meno che il legislatore europeo non integri la direttiva *insolvency* con un regolamento sulle ristrutturazioni, che vada ad affiancare il regolamento Bruxelles I-*bis* e il regolamento (UE) 2015/848. Quest'ultima possibilità viene peraltro invocata dalla stessa direttiva *insolvency* nel Considerando n. 8, ove leggiamo: "*Allo scopo di migliorare l'efficacia e l'efficienza delle procedure d'insolvenza che presentano implicazioni transfrontaliere, sarebbe necessario e opportuno che le disposizioni in materia di giurisdizione, riconoscimento e legge applicabile in tale settore facessero parte di un provvedimento dell'Unione vincolante e direttamente applicabile negli Stati membri*".

---

[20] Corte di giustizia dell'Unione europea, sent. 10 novembre 2014, Nickel & Goeldner Spedition, causa C-157/13, ECLI:EU:C:2014:2145, cfr. anche la nota a sentenza di MANKOWSKI, *Erbringung von Beförderungsdienstleistungen – Begriff der „Klage, die an ein Insolvenzverfahren anknüpft"*, in *NZI*, 2014, p. 922.

Di conseguenza, si potrebbe affermare, almeno per ora, che esistono procedimenti nazionali che pur qualificandosi come procedure di insolvenza o assimilabili ad esse, sono escluse dal regolamento sull'insolvenza e, in quanto procedure di insolvenza, sono anche escluse dal regolamento Bruxelles I-*bis*.

d) *Diritto nazionale.* – Per quanto sopra, il riconoscimento di una *nicht-öffentliche Restrukturierungssache*, ovvero del piano di ristrutturazione soggetto ad omologazione ai sensi degli artt. 64-*bis* e -*ter* c.c.i.i. al di fuori dell'ordinamento italiano, deve essere esaminato sulla base di altre disposizioni, nazionali ed eventualmente internazionali, qualora esistenti.

Per quanto riguarda il riconoscimento in Italia di un piano di ristrutturazione tedesco non pubblico ma omologato, in assenza di disposizioni specifiche nel codice della crisi e dell'insolvenza, al riconoscimento e all'esecuzione di provvedimenti stranieri in materia di insolvenza, si applica la l. 31 maggio 1995, n. 218 di riforma del sistema italiano di diritto internazionale privato. Infatti, si tratta dell'unico strumento a disposizione, non avendo l'Italia adottato le due leggi-modello dell'Uncitral del 1997 sull'insolvenza transfrontaliera e del 2018 sul riconoscimento e l'esecuzione di decisioni relative a procedure di insolvenza.

In particolare, per quanto riguarda la problematica sopra descritta, si potrebbe applicare l'art. 64 della l. n. 218/1995. I limiti del presente contributo non mi permettono di affrontare tutte le questioni che possono sorgere relative alla fattispecie dell'art. 64. Un approfondimento separato meritano, invece, per quanto concerne il riconoscimento del *Restrukturierungsplan*, *(a)* la sussistenza della giurisdizione del giudice tedesco che omologa il piano di ristrutturazione e *(b)* la non contrarietà all'ordine pubblico italiano.

a) La sussistenza della giurisdizione si determina ai sensi dell'art. 11 c.c.i.i., che dispone che, "*fatte salve le convenzioni internazionali e la normativa dell'Unione Europea, la giurisdizione italiana sulla domanda di accesso a uno strumento di regolazione della crisi e dell'insolvenza o a una procedura di insolvenza disciplinati dalla presente legge, sussiste quando il debitore ha in Italia il centro degli interessi principali o una dipendenza*". Perciò, il criterio fondamentale è il centro degli interessi principali del debitore, ovvero il COMI, che a sua volta richiama l'art. 3 del regolamento (UE) 2015/848. Negli ultimi anni la giurisprudenza e la dottrina italiana si sono via via allineate con le conclusioni raggiunte dalla Corte di giustizia europea, chiarendo che il concetto di COMI è tipico del diritto dell'Unione e, di conseguenza, ha un significato autonomo indipendente dal diritto interno. Se il COMI è situato in Italia, indipendentemente dalla sede legale e dall'esistenza di altri centri di attività del debitore, il giudice italiano sarà dotato di giurisdizione. Se, invece, il COMI è situato all'estero, potrà aprirsi in Italia solo una procedura secondaria, ove ne ricorrano le condizioni, che possono variare a seconda che il COMI sia localizzato in uno Stato membro dell'Unione europea vincolato dal regolamento 2015/848.

Qualora, quindi, il debitore in relazione al quale viene omologato un *Restrukturierungsplan* ai sensi della *StaRUG*, anche trattandosi di una *nicht öffentliche Restrukturierungssache*, abbia il proprio COMI in Germania, potrà ritenersi indirettamente sussistente il requisito della competenza del giudice tedesco al fine del riconoscimento del provvedimento di omologa del piano dell'art. 64, comma 1, lett. a), l. n. 218/1995.

b) Per quanto riguarda la non contrarietà all'ordine pubblico del provvedimento tedesco che omologa il *Restrukturierungsplan*, si potrebbe ritenere che le caratteristiche e gli effetti dei *Restrukturierungsplan* non siano contrari all'ordine pubblico italiano poiché, come già illustrato, l'ordinamento italiano conosce e disciplina, nel nuovo codice della crisi e dell'insolvenza almeno due strumenti, cioè il piano di ristrutturazione soggetto ad omologazione ai sensi degli artt. 64-*bis* e -*ter* c.c.i.i. ed il concordato, che presentano caratteri molto simili al piano di ristrutturazione tedesco sotto il profilo dei contenuti e degli effetti.

IV. *Conclusione.* – In definitiva, il quadro giuridico europeo in materia di insolvenza e ristrutturazione, pur avendo compiuto importanti progressi nell'ottica di assicurare maggiore coordinamento e prevedibilità, continua a presentare significative lacune per quanto concerne il riconoscimento di quelle procedure non incluse nell'Allegato A del regolamento (UE) 2015/848. Laddove le procedure "pubbliche" traggono vantaggio da un riconoscimento pressoché automatico e da una circolazione agevole delle decisioni, gli strumenti "riservati" o non notificati faticano a superare i confini nazionali con altrettanta fluidità. Ciò determina, di fatto, una geografia della ristrutturazione che, pur integrata nelle dichiarazioni di principio, risulta ancora frammentata nella prassi, imponendo alle imprese e ai creditori di orientarsi tra normative nazionali potenzialmente divergenti e di accettare tempi e costi maggiori.

Tale situazione non è solo una questione tecnica o giuridica: essa incide sul funzionamento stesso del mercato interno, sul clima di fiducia tra operatori economici provenienti da diversi ordinamenti, sull'effettivo raggiungimento degli obiettivi di efficienza, resilienza e competitività delle imprese europee. In un'economia sempre più interconnessa, la fluidità dei processi di ristrutturazione e la certezza circa l'efficacia transfrontaliera delle soluzioni adottate non rappresentano un accessorio, bensì un elemento centrale per rafforzare la capacità di adattamento delle imprese a fronte di crisi settoriali e globali. La pandemia, i mutamenti geopolitici, la pressione della concorrenza mondiale e le sfide tecnologiche rendono ancor più necessaria una cornice giuridica in grado di favorire interventi rapidi e coerenti di risanamento, senza che essi si impantanino in un mosaico normativo disomogeneo.

La direttiva (UE) 2019/1023 ha segnato un momento chiave, promuovendo procedure di ristrutturazione preventiva concepite per intercettare la crisi dell'impresa in una fase precoce, tutelando così il valore economico e sociale della continuità aziendale. Tuttavia, l'obiettivo di un vero e proprio "mercato unico della ristrutturazione" rimane ancora in parte aspirazionale: la direttiva, infatti, non risolve integralmente le questioni legate al coordinamento con il regolamento (UE) 2015/848, né riesce a sciogliere i nodi delle procedure non pubbliche, che restano in una terra di mezzo, disciplinata essenzialmente dal diritto internazionale privato dei singoli Stati. Questa parziale sovrapposizione e frammentazione normativa genera incertezza, spingendo talvolta i soggetti coinvolti verso strategie di forum shopping o soluzioni ad hoc, che minano l'armonizzazione e la prevedibilità auspicata.

Di fronte a tali difficoltà, appare auspicabile un rinnovato slancio verso una più ampia armonizzazione europea. Un intervento legislativo coerente, eventualmente sotto forma di un nuovo regolamento o di un ampliamento del perimetro normativo esistente, dovrebbe mirare a ricomprendere anche gli strumenti riservati, tracciando una linea chiara tra il campo di applicazione del Regolamento insolvenza e quello del Regolamento Bruxelles I-bis, se del caso. Un simile intervento consentirebbe di superare l'attuale dicotomia, riducendo incertezze e contraddizioni e facilitando una circolazione delle decisioni basata su criteri uniformi. Ciò produrrebbe effetti positivi non solo in termini di efficienza e rapidità, ma anche di equità, poiché tutti i creditori e gli *stakeholder*, indipendentemente dalla loro collocazione geografica, avrebbero accesso a procedure dalle conseguenze giuridiche prevedibili e uniformi.

L'auspicio è che il legislatore europeo, tenendo conto delle esperienze nazionali e delle criticità emerse nella prassi, possa adottare soluzioni innovative in grado di garantire che la prevenzione e la gestione della crisi d'impresa siano realmente europee, e non frammentate in compartimenti stagni.

„ANERKENNUNG" EINER RESTRUKTURIERUNG NACH DEN REGELN DES IPR?

von *Michael Stürner*

ABSTRACT

The EU Directive 2019/1023 on Restructuring sets minimum procedural standards for preventive restructuring procedures as well as for procedures for debt relief of entrepreneurs. In particular, it allows for the structuring of claims and securities within the framework of a restructuring plan. Not infrequently, such procedures have a cross-border dimension. As to public restructuring proceedings, the recognition of such restructuring plans is governed by the EU Insolvency Regulation, otherwise by the Brussels I-bis Regulation. As to confidential restructuring proceedings, in the absence of a special conflict of laws rule for the legal positions subject to the restructuring, the general rules of private international law apply. Consequently, each claim and each right is subject to its own law. Unitary connections, as desirable as they may be, are difficult to construe. The power to restructuring claims and securities as stipulated in sec. 2 of the German law transposing Directive 2019/1023 (the so-called StaRUG) is to be regarded as an overriding mandatory norm that prevails over the law otherwise applicable, so that a restructuring is possible even if the applicable law is not German law. In contrast, a "substantive recognition" of a restructuring settlement under private international law, for example based on Article 12 Rome I Regulation, is neither necessary nor indeed justifiable.

I. *Einführung.* – Seit gut 20 Jahren wird unter Kollisionsrechtlern eine Diskussion darüber geführt, welcher Stellenwert dem Begriff der Anerkennung außerhalb des internationalen Verfahrensrechts zukommt. Wenn die Entscheidung eines ausländischen Gerichts anerkannt wird, so geschieht dies nach den Regeln der Brüssel Ia-Verordnung oder anderer einschlägiger Vorschriften, etwa der

EuInsVO. Es gilt der fundamentale Grundsatz des Verbots der *révision au fond*, so dass es keine Rolle spielt, ob die Vorschriften des Internationalen Privatrechts des Anerkennungsstaates ein anderes Recht berufen hätten als die Gerichte des Urteilsstaates und ob danach der Fall anders entschieden worden wäre.

Ganz anders der Ansatz des IPR: Hier wird im Ausgangspunkt nichts „anerkannt", sondern im Gegenteil erfolgt erst die rechtliche Prüfung des vorgetragenen Begehrens, zunächst im Rahmen des Kollisionsrechts, dann im jeweils berufenen Sachrecht. Grundlage ist die Methode der Verweisung, d.h. die Bestimmung des Rechts mit der engsten Verbindung zum streitgegenständlichen Sachverhalt.

Dies soll nicht verdecken, dass auch im IPR durchaus mit Bezugnahmen auf bestehende Rechtspositionen gearbeitet wird. Verbreitet wird hier von wohlerworbenen Rechten (*vested rights*; *droits acquis*) gesprochen.[1] Dies setzt stets voraus, dass ein subjektives Recht nach der Rechtsordnung, die es verliehen hat, eine hinreichend gefestigte Position erreicht hat.[2] Im deutschen Recht findet sich ein Beispiel im internationalen Sachenrecht in Art. 43 Abs. 2 EGBGB, wonach Rechte an einer Sache, die nach ausländischem Sachstatut wirksam begründet wurden, grundsätzlich im Inland Bestand haben.[3]

Innerhalb der EU lässt sich durchaus diskutieren, ob die engste Verbindung, die das IPR als Anknüpfungspunkt sucht, regelmäßig zum Recht des „Anbieterstaates" besteht, so dass man von einem „Herkunftslandprinzip" sprechen kann: Wenn es um den Zugang zu Märkten geht und die Grundfreiheiten diesbezüglich ein Beschränkungsverbot aussprechen, das den Zielstaat bindet, so liegt es nahe, dass auch aus Sicht des IPR das Herkunftsrecht entscheiden soll. Im kollisionsrechtlichen Schrifttum war es namentlich die sog. E-Commerce-Richtlinie vom 8. Juni 2000,[4] die eine entsprechende Debatte auslöste.[5]

---

[1] Der Begriff geht zurück auf *Zitelmann*, Internationales Privatrecht, Erster Band, 1897, 151 f.; dazu aus neuerer Zeit etwa *Berner*, Kollisionsrecht im Spannungsfeld von Kollisionsnormen, Hoheitsinteressen und wohlerworbenen Rechten, 2017.

[2] S. *BGH* NJW 1996, 2096 (2097) m.N. zur Rechtsprechung; aus neuerer Zeit auch BGHZ 221, 300 Rn. 24 ff.; *BGH* FamRZ 2022, 624 Rn. 24 ff.

[3] Staudinger/*Mansel*, BGB, 15. Aufl. 2015, Art. 43 EGBGB Rn. 1264 („Hinnahmetheorie"). Auch sog. unwandelbare Anknüpfungen im Erb- und Güterrecht lassen sich mit Blick auf den Schutz wohlerworbener Rechte rechtfertigen.

[4] Richtlinie 2000/31/EG des Europäischen Parlaments und des Rates vom 8. Juni 2000 über bestimmte rechtliche Aspekte der Dienste der Informationsgesellschaft, insbesondere des elektronischen Geschäftsverkehrs, im Binnenmarkt („Richtlinie über den elektronischen Geschäftsverkehr"), ABl. L 178 v. 17.7.2000, 1.

[5] Dazu etwa *Mankowski* ZVglRWiss 100 (2001), 137; *Spindler* RabelsZ 66 (2002), 633; *Thünken*, Das kollisionsrechtliche Herkunftslandprinzip, 2003. Eine gewisse Ironie liegt darin, dass Art. 1 Abs. 4 E-Commerce-RL ausdrücklich negiert, irgendwelche zusätzlichen Regeln im Bereich des internationalen Privatrechts schaffen zu wollen.

Parallel dazu liegt die Rechtsprechung des EuGH zum internationalen Gesellschaftsrecht in den Rechtssachen Centros, Überseering und Inspire Art[6] sowie im internationalen Namensrecht, wo insbesondere die Entscheidung Grunkin Paul zu einer kollisionsrechtlichen Neuorientierung geführt hat, die man mit einem Anerkennungsprinzip beschreiben kann. Anerkannt werden hier Rechtslagen, wie sie sich im Herkunftsstaat in hinreichend verfestigter Form darstellen.[7] Der Sache nach äußert sich diese Anerkennung indessen in einer kollisionsrechtlichen Verweisung auf das Recht des Herkunftsstaates – also des Staates der Gründung der Gesellschaft bzw. der Registrierung des Namens: Dieses entscheidet damit über Bestand und Wirksamkeit der Rechtsposition.

Für den im vorliegenden Kontext interessierenden Bereich des Insolvenzrechts stellen sich diese Fragen vor allem in Bezug auf Restrukturierungsmaßnahmen, die nicht als genuin gerichtliche Entscheidungen ergehen. Besondere Prominenz hat das englische *scheme of arrangement* erlangt. Aber auch der deutsche Insolvenzplan (§§ 217 ff. InsO) oder die verschiedenen Instrumente der vorinsolvenzlichen bzw. rechtsgeschäftlichen Krisenbewältigung nach italienischem Recht werfen die Frage auf, ob sich ihr Inhalt im Wege der Entscheidungsanerkennung nach der EuInsVO richtet oder ob eine kollisionsrechtliche Anerkennungsprüfung notwendig wird. Die Umsetzung der Restrukturierungsrichtlinie hat die vorinsolvenzliche Sanierung noch stärker in den Fokus gerückt. Das IPR stand hierbei – vorsichtig formuliert – nicht im Mittelpunkt des Interesses.[8] Und doch werden solche Restrukturierungsverfahren vielfach grenzüberschreitende Bezüge aufweisen, so dass es die Frage des anwendbaren Rechts zu klären gilt.

Dem möchte ich in drei Schritten nachgehen: Zunächst werde ich die Grundzüge der genannten Restrukturierungsmaßnahmen darlegen (unten II.). In der Folge werde ich untersuchen, in welchem Umfang das Anerkennungsregime der EuInsVO bzw. des autonomen nationalen Insolvenzrechts zur Anwendung gelangt (unten III.). Schließlich wird es um die Frage gehen, welches Recht auf diejenigen Fallkonstellationen Anwendung findet, die nicht unter das internationalverfahrensrechtliche Anerkennungsregime fallen (unten IV.).

---

[6] Überblick bei Erman/*Stürner*, BGB, 17. Aufl. 2023, Anh. Art. 12 EGBGB Rn. 6 ff.

[7] Grundlegend *Mansel* RabelsZ 70 (2006), 651; *Coester-Waltjen* IPRax 2006, 392; *Funken*, Das Anerkennungsprinzip im internationalen Privatrecht, 2009; *Leifeld*, Das Anerkennungsprinzip im Kollisionsrechtssystem des internationalen Privatrechts, 2010; *Sonnenberger* FS Spellenberg, 2010, 371; *Nordmeier* IPRax 2012, 31; Leible/Unberath/*Grünberger*, Brauchen wir eine Rom 0-Verordnung?, 2013, 81.

[8] So enthält die Begründung des StaRUG in BT-Drs. 19/24181 keinerlei Bezüge zum IPR, s. *Skauradszun* NZI 2021, 568. Siehe dazu nunmehr *Glöckler*, Anwendbares Recht und Anerkennung bei gesellschaftsrechtlichen Maßnahmen in Sanierungsplanverfahren, 2021.

II. *Restrukturierung: eine Standortbestimmung.* – Die Restrukturierungsrichtlinie 2019/1023[9] (im Folgenden: RRL) legt prozedurale Mindeststandards für präventive Restrukturierungsverfahren sowie für Verfahren zur Entschuldung von Unternehmern fest (ErwGr. 12 RRL); sie ergänzt die EuInsVO, überschneidet sich aber nicht mit ihr (ErwGr. 13 RRL).

Nach Art. 4 Abs. 1 RRL stellen die Mitgliedstaaten sicher, dass Schuldner bei einer wahrscheinlichen Insolvenz Zugang zu einem präventiven Restrukturierungsrahmen haben, der es ihnen ermöglicht, sich zu restrukturieren, um eine Insolvenz abzuwenden und ihre Bestandsfähigkeit sicherzustellen, unbeschadet anderer Lösungen zur Abwendung einer Insolvenz. Derartige Restrukturierungspläne bedürfen der Annahme durch die betroffenen Parteien (Art. 9 Abs. 2 RRL), das sind nach Art. 2 Abs. 1 Nr. 2 RRL Gläubiger – einschließlich, wenn im nationalen Recht vorgesehen, Arbeitnehmern – oder Gläubigerklassen und, wenn im nationalen Recht vorgesehen, Anteilsinhaber, deren Forderungen beziehungsweise Beteiligungen von einem Restrukturierungsplan unmittelbar betroffen sind. Bestimmte Restrukturierungspläne müssen darüber hinaus von einer Justiz- und Verwaltungsbehörde bestätigt werden (Art. 10 RRL).

Die Umsetzung dieser Richtlinie in Deutschland erfolgte durch das Unternehmensstabilisierungs- und -restrukturierungsgesetz, kurz StaRUG,[10] das zum 1. Januar 2021 in Kraft getreten ist. Als zentrales Restrukturierungsinstrument schafft dieses einen Restrukturierungsplan. Darin können bestimmte Rechtsverhältnisse gestaltet werden, nach § 2 Abs. 1 StaRUG namentlich Restrukturierungsforderungen, also Forderungen, die gegen eine restrukturierungsfähige Person (Schuldner) begründet sind, sowie Absonderungsanwartschaften, diese definiert als die an Gegenständen des schuldnerischen Vermögens bestehenden Rechte, die im Fall der Eröffnung eines Insolvenzverfahrens zur Absonderung berechtigen würden.[11] Gemeint sind damit insbesondere Grundpfandrechte, Sicherungsübereignung und Globalzession sowie verlängerter und erweiterter Eigentumsvorbehalt.

Bestimmte Forderungsgruppen bleiben hierbei außen vor, so vor allem For-

---

[9] Richtlinie (EU) 2019/1023 des Europäischen Parlament und des Rates vom 20. Juni 2019 über präventive Restrukturierungsrahmen, über Entschuldung und über Tätigkeitsverbote sowie über Maßnahmen zur Steigerung der Effizienz von Restrukturierungs-, Insolvenz- und Entschuldungsverfahren und zur Änderung der Richtlinie (EU) 2017/1132 (Richtlinie über Restrukturierung und Insolvenz), ABl. (EU) Nr. L 172/18.

[10] Gesetz über den Stabilisierungs- und Restrukturierungsrahmen für Unternehmen (Unternehmensstabilisierungs- und -restrukturierungsgesetz – StaRUG) vom 22. Dezember 2020 (BGBl. I, 3256).

[11] Ausgenommen sind bestimmte Finanzsicherheiten i.S.d. § 1 Abs. 17 KWG und Sicherheiten, die dem Betreiber eines Systems nach § 1 Abs. 16 KWG zur Absicherung seiner Ansprüche aus dem System oder der Zentralbank eines Mitgliedstaats der Europäischen Union oder der Europäischen Zentralbank gestellt wurden.

derungen im Zusammenhang mit dem Arbeitsverhältnis sowie Forderungen aus vorsätzlich begangener unerlaubter Handlung (§ 4 StaRUG).

Die vom StaRUG erfassten Forderungen und Rechte sind einer Gestaltung zugänglich, d.h. sie können etwa gestundet oder teilweise erlassen werden (§ 7 Abs. 2 StaRUG). Die im ursprünglichen Entwurf des StaRUG noch enthaltene Möglichkeit des Schuldners, sich nach dem Vorbild des § 103 InsO auch von laufenden Verträgen zu lösen,[12] wurde nicht Gesetz.[13] Diesbezüglich erschien der Eingriff in die Privatautonomie zu groß; auch sollte ein gewisses Abstandsgebot zum Insolvenzverfahren eingehalten werden.[14]

Der Restrukturierungsplan orientiert sich am Insolvenzplan; doch müssen hier nicht alle Gläubiger mit einbezogen werden. Vielmehr liegt es in der Hand des Schuldners zu entscheiden, welche Forderungen und Rechte in den Plan mit aufgenommen werden. Dementsprechend müssen auch nicht alle Gläubiger mit einbezogen werden. Voraussetzung ist in jedem Fall eine drohende Zahlungsunfähigkeit (vgl. § 14 Abs. 1 bzw. § 63 Abs. 1 Nr. 1 StaRUG). Diese ist gegeben, wenn der Schuldner voraussichtlich nicht in der Lage sein wird, die bestehenden Zahlungspflichten im Zeitpunkt der Fälligkeit zu erfüllen (§ 18 Abs. 2 InsO). Eine Abstimmung der Gläubiger über den Restrukturierungsplan kann gerichtlich oder außergerichtlich (§§ 17 ff. StaRUG) erfolgen. In bestimmten Fällen ist ein Restrukturierungsbeauftragter zu bestellen (§ 73 Abs. 1 StaRUG), dessen Rolle sich ein Stück weit an derjenigen des Insolvenzverwalters orientiert.

Der Gesetzgeber des StaRUG hat mithin ein vorinsolvenzliches Restrukturierungsverfahren geschaffen, das sich in nicht unerheblichem Maße am Insolvenzverfahren selbst orientiert. Mit dem Restrukturierungsplan wird ein Instrument bereitgestellt, auf dessen Grundlage sich die beteiligten Parteien auf konsensualer Grundlage und ggf. unter Anleitung und Kontrolle des Restrukturierungsgerichts auf eine Umgestaltung ihrer vertraglichen Beziehungen mitsamt zugehöriger Sicherheiten einigen können. Flankiert wird dies von einer Vollstreckungs- und Verwertungssperre (§§ 49 ff. StaRUG).

Nicht selten werden die betroffenen Rechtsbeziehungen Auslandsbezug aufweisen. Wie sonst auch, ist in diesen Fällen eine kollisionsrechtliche Prüfung erforderlich, die sich einerseits auf die Anerkennung von im Ausland ergangenen Entscheidungen beziehen, andererseits aber auch die Frage des auf die Gestaltung von Forderungen und Sicherheiten anwendbaren Rechts betreffen kann.

III. *Anerkennung von Restrukturierungsmaßnahmen*. – Zunächst ist die Anerkennungsperspektive in Bezug auf gerichtliche Entscheidungen zu beleuchten.

---

[12] Kritisch etwa *Thole* ZIP 2020, 1985 (1994 f.).

[13] *Schülke* DStR 2021, 621 (625).

[14] S. *Proske/Streit* NZI 2020, 969 (972 f.).

1. *Anerkennung nach EuInsVO bzw. InsO.* – Mit der EuInsVO besteht hier ein rechtlicher Rahmen für öffentliche Gesamtverfahren zu Zwecken der Rettung, Schuldenanpassung, Reorganisation oder Liquidation (Art. 1 Abs. 1 EuInsVO).

Nach der EuInsVO gibt es im Grundsatz drei verschiedene Gruppen von anerkennungsfähigen Entscheidungen: (1) die Insolvenzeröffnung, die nach Art. 19 Abs. 1 S. 1 EuInsVO anerkannt wird, wobei Anhang A abschließend aufführt, um welche Verfahren es sich hierbei handelt (Art. 2 Nr. 4 EuInsVO); (2) sonstige Entscheidungen zur Durchführung und Beendigung von Insolvenzverfahren, deren Anerkennung sich nach Art. 32 Abs. 1 UAbs. 1 EuInsVO richtet, und die auch von einem solchen Gericht bestätigte Vergleiche sowie Entscheidungen in insolvenzrechtlichen Annexverfahren (Art. 32 Abs. 1 UAbs. 2 EuInsVO) umfassen; sowie (3) Sicherungsmaßnahmen, die nach Art. 32 Abs. 1 UAbs. 3 EuInsVO anerkannt werden. Generell besteht diesbezüglich nach Art. 33 EuInsVO der Vorbehalt des *ordre public*. Für drittstaatliche Entscheidungen gilt aus deutscher Sicht auf der Grundlage von § 343 InsO Vergleichbares, auch wenn hier zusätzlich der Vorbehalt der internationalen Unzuständigkeit des betreffenden ausländischen Gerichts formuliert ist.[15]

Ob auch vorinsolvenzliche Restrukturierungsmaßnahmen unter die EuInsVO fallen, bedarf der näheren Klärung. Hier ist danach zu unterscheiden, ob eine Aufnahme in den Anhang A der EuInsVO erfolgt ist oder noch erfolgen wird. Ist das der Fall, kommt das kollisionsrechtliche Regelwerk der EuInsVO zum Tragen. Für das deutsche Recht kommt dieser Weg für die öffentlichen Restrukturierungssachen i.S.d. § 84 StaRUG mit Geltung seit 17. Juli 2022 in Betracht. Diese wurden durch die Verordnung (EU) 2021/2260 vom 15. Dezember 2021 mit Wirkung vom 9. Januar 2022 in Anhang A der EuInsVO aufgenommen. Damit werden diese Insolvenzverfahren gleichgestellt; es gilt insoweit die *lex fori concursus.*[16] Das setzt indessen voraus, dass der Schuldner bei Anzeige der Restrukturierungssache beantragt, sie als öffentliche Restrukturierungssache durchzuführen. Ist das nicht der Fall, handelt es sich um eine vertrauliche Restrukturierungssache, die nicht dem Regime der EuInsVO unterfällt.

2. *Anerkennung nach allgemeinem IZVR.* – Für diesen Fall ist zu klären, ob das Anerkennungsregime der Brüssel Ia-VO zur Anwendung kommt. Diese gilt für gerichtliche Entscheidungen in Zivil- und Handelssachen. Diskutieren lässt sich selbstverständlich, ob die Bereichsausnahme für Konkurse, Vergleiche und ähnliche Verfahren (Art. 1 Abs. 2 lit. b Brüssel Ia-VO) hier zur Geltung kommt.

---

[15] Wie in § 328 ZPO gilt hier das sog. Spiegelbildprinzip, s. Schmidt/*Brinkmann*, InsO, 19. Aufl. 2016, § 343 Rn. 10.

[16] *Skauradszun* NZI 2021, 568 f.

Eine eher formal argumentierende Ansicht lehnt dies ab, wenn und soweit sich die Restrukturierungsverfahren außerhalb der EuInsVO bewegen: Die beiden Rechtsakte sollen im Ausgangspunkt lückenlos ineinandergreifen, um negative Kompetenzkonflikte zu vermeiden.[17] Auch wenn dieses Postulat seinerseits nicht lückenlos gilt,[18] so wäre es doch im europäischen Justizraum misslich, auf das autonome nationale Recht zurückzufallen.[19] Insofern wäre es konsequent, vertrauliche Restrukturierungsverfahren der Brüssel Ia-VO zu unterwerfen, auch wenn insbesondere deren Zuständigkeitsregime nicht sehr passgenau ist.[20] Befürwortet man dies, so folgt daraus, dass gerichtliche Bestätigungen von Restrukturierungsplänen als Entscheidungen im Sinne von Art. 2 Nr. 1 Brüssel Ia-VO nach Art. 36 Abs. 1 Brüssel Ia-VO anerkannt werden und ohne Exequaturverfahren vollstreckbar sind (Art. 39 ff. Brüssel Ia-VO).

Die Gegenansicht sieht inhaltlich keinen durchgreifenden Unterschied zwischen öffentlichen und vertraulichen Restrukturierungsmaßnahmen, so dass auch letztere insolvenzrechtlich qualifiziert werden müssten. Nachdem die EuInsVO nur auf die im Anhang A der EuInsVO aufgeführten Verfahren Anwendung findet, kommen insoweit die Vorschriften des autonomen nationalen Insolvenzrechts zur Geltung, für Deutschland die §§ 335 f. InsO. Der Vorteil dieser Sichtweise liegt sicherlich in der einheitlichen internationalen Zuständigkeit am Centre of Main Interest (COMI). Ob dieses Regime im Vergleich zu den Zuständigkeiten der Brüssel Ia-VO allerdings in größerem Maße *forum shopping* verhindert, wie die Befürworter der insolvenzrechtlichen Qualifikation geltend machen,[21] sei angesichts der Manipulationsfähigkeit des COMI[22] hier nicht abschließend entschieden. Letztlich wäre eine klare gesetzgeberische Entscheidung hilfreich, um Rechtsunsicherheit zu vermeiden.

3. *Materielle Anerkennung nach IPR.* – Nur selten wird es Fälle geben, in denen eine solche Anerkennung aus den in Art. 45 Brüssel Ia-VO genannten

---

[17] EuGH, 18.9.2019, Rs. C-47/18 – *Riel*, Rn. 33 m.N. (zur EuInsVO 2000).

[18] Siehe insbesondere ErwGr. Nr. 7 Satz 4 EuInsVO: „Allerdings sollte der alleinige Umstand, dass ein nationales Verfahren nicht in Anhang A dieser Verordnung aufgeführt ist, nicht bedeuten, dass es unter die Verordnung (EU) Nr. 1215/2012 fällt“. Näher dazu *Thole* ZIP 2021, 2153 (2155).

[19] Mit dieser Konsequenz aber *Thole* ZIP 2021, 2153 (2156).

[20] So auch *Skauradszun* ZIP 2019, 1501 (1503); BeckOK StaRUG/*Skauradszun*, 4. Ed., Stand: 1.3.2022, § 2 Rn. 24; Schlosser/Hess/*Schlosser*, 5. Aufl. 2021, Art. 1 EuGVVO Rn. 20; BeckOK ZPO/*Antomo*, 44. Ed., Stand: 1.3.2022, Art. 1 EuGVVO Rn. 79a; offen Musielak/Voit/*Stadler*, ZPO, 19. Aufl. 2022, Art. 1 EuGVVO Rn. 6; a.A. etwa *Thole* ZIP 2021, 2153 (2154 ff.) (es gelte autonomes nationales Recht).

[21] *J. Schmidt* ZInsO 2021, 654 (659); *Thole* ZIP 2021, 2153 (2155).

[22] Dazu etwa *Stürner* KTS 2017, 291.

Gründen scheitert. Hier wird diskutiert, ob der im Ausland geschlossene Restrukturierungsplan einer „materiellen Anerkennung“ über das IPR zugänglich ist. [23] Die Frage kann sich dann stellen, wenn sich der Schuldner im Inland darauf beruft, dass ein im Ausland absolviertes Restrukturierungsverfahren mit einer Forderungskürzung geendet habe, wobei die Forderung ausländischem Recht untersteht. Eine solche Anerkennung stünde auf einer ähnlichen Stufe wie die „Anerkennung“ EU-ausländischer Gesellschaften oder des in einem anderen Mitgliedstaat erworbenen Namens. Doch entstand das Anerkennungsprinzip, das den jeweils geltenden Verweisungen in das Recht des Herkunftsstaates zugrunde liegt, in beiden genannten Fällen aus der Grundfreiheitendogmatik heraus, die eine Neuorientierung des IPR notwendig machte. Im Fall des internationalen Gesellschaftsrechts besteht im deutschen Recht bekanntlich keine geschriebene Kollisionsnorm, so dass die Rechtsprechung zur Gründungstheorie umschwenkte; im Namensrecht wurde der Gesetzgeber aktiv. [24]

Ob der hier vorliegende Fall des Restrukturierungsvergleichs ähnlich liegt, erfordert zunächst eine Untersuchung, ob es einschlägige Kollisionsnormen gibt.

IV. *Das auf Restrukturierungsmaßnahmen anwendbare Recht.* – Es gilt mithin zu klären, welches Recht Anwendung findet auf die dem Restrukturierungsverfahren unterliegenden Rechte und Forderungen. Das StaRUG befasst sich wie schon erwähnt an keiner Stelle mit einem möglichen Auslandsbezug des Restrukturierungsverfahrens. Vielmehr geht § 2 StaRUG von der Gestaltbarkeit sämtlicher von dieser Norm erfassten Forderungen oder Sicherheiten aus. Das ist eine etwas überraschende Annahme, für die offenbar die insolvenzrechtliche Perspektive des Gesetzgebers Pate stand. Sie formuliert unausgesprochen die Geltung einer *lex fori restructurationis*. Doch gibt es hierfür keine explizite Rechtsgrundlage. [25] Außerhalb der Eröffnung eines Insolvenzverfahrens gelten in Ermangelung besonderer Kollisionsnormen die allgemeinen Regeln des IZVR und IPR. [26]

1. *Unitarische Anknüpfungen.* – Vorgeschlagen wurde insoweit eine direkte oder analoge Anwendung des § 335 InsO, der für Insolvenzverfahren das Recht des Staates der Verfahrenseröffnung beruft. [27] Hierfür spricht zwar, dass auf

[23] Siehe *Thole* ZIP 2021, 2153 (2159 ff.).

[24] Mit Art. 47, 48 EGBGB.

[25] BeckOK StaRUG/*Skauradszun*, § 2 Rn. 13; Kübler/Prütting/Bork/*Madaus*, InsO, 91. EL 2022, § 7 EuInsVO Rn. 35a ff.

[26] *Glöckler*, Anwendbares Recht und Anerkennung bei gesellschaftsrechtlichen Maßnahmen in Sanierungsplanverfahren, 2021, 115 ff.

[27] *Skauradszun* NZI 2021, 568 (571 f.); BeckOK StaRUG/*Skauradszun*, § 2 Rn. 13.

diese Weise die Interessen der Parteien an einer möglichst einheitlichen Handhabung der unterschiedlichen Forderungen und Rechte gewahrt werden. Auch reflektiert dieses einheitliche Statut die Normierung einer am COMI orientierten, umfassenden internationalen Zuständigkeit deutscher Restrukturierungsgerichte (analog § 35 StaRUG, der doppelfunktional auszulegen ist[28]).

Doch bestehen erhebliche Zweifel an der methodischen Zulässigkeit der Analogie, wäre es doch für den Gesetzgeber durchaus ein gangbarer Weg gewesen, sämtliche StaRUG-Verfahren der EuInsVO zu unterstellen.[29] Die bewusste Unterscheidung zwischen öffentlichen und vertraulichen Verfahren[30] spricht gegen eine Gleichbehandlung auf der kollisionsrechtlichen Ebene. Zu bedenken ist weiter, dass die §§ 335 ff. InsO auf ein Gesamtverfahren ausgerichtet sind und nicht auf eine Restrukturierung unter selektivem Einbezug bestimmter Gläubiger.[31]

Ebenfalls eine unitarische Anknüpfung erzielt der Vorschlag, das Gesellschaftsstatut heranzuziehen.[32] Mithin wäre aus deutscher Sicht die Gründungs- bzw. Sitztheorie heranzuziehen, um das „Restrukturierungsstatut" zu bestimmen. Dieser Ansatz sieht die Restrukturierung als rein gesellschaftsrechtliche Organisationsmaßnahme außerhalb der Insolvenz. Doch ist daran bereits problematisch, dass die Restrukturierung zwar im Regelfall Gesellschaften betreffen wird, wohl aber auch in Bezug auf Schuldner möglich ist, die ihr Unternehmen nicht über eine Gesellschaft als Rechtsträger betreiben (vgl. § 30 Abs. 1 S. 2 StaRUG). Darüber hinaus erscheint es nur schwer begründbar, die Restrukturierung rein gesellschaftsrechtlich zu qualifizieren. Die Überlagerung von Vertrags- und Sachstatut lässt sich jedenfalls nicht allein mit dem Wunsch nach einer einheitlichen Anknüpfung begründen.[33]

Auch ein „schlichter lex-fori-Ansatz", der – ohne Rückgriff auf § 335 InsO – von der internationalen Zuständigkeit auf das anwendbare Recht schließt, weil „Verfahrensrecht und materielles Recht hier untrennbar verwoben" seien,[34]

---

[28] *Thole* ZIP 2021, 2153 (2157).

[29] *Madaus*, Blogeintrag vom 31.8.2021 unter: https://stephanmadaus.de/2021/08/31/darf-der-starug-plan-rechtsverhaeltnisse-gestalten-die-auslaendischem-recht-unterliegen/ [zuletzt abgerufen am 20.12.2022]. Anders aber *Thole* ZIP 2021, 2153 (2159).

[30] Allerdings verlangt das autonome deutsche Insolvenzrecht keine Unterscheidung zwischen öffentlichen und vertraulichen Verfahren.

[31] Mutatis mutandis gilt dies auch für eine methodisch ebenso denkbare analoge Anwendung der §§ 7 ff. EuInsVO auf vertrauliche Restrukturierungsverfahren.

[32] *J. Schmidt* ZInsO 2021, 654.

[33] *Madaus*, Blogeintrag vom 31.8.2021 unter: https://stephanmadaus.de/2021/08/31/darf-der-starug-plan-rechtsverhaeltnisse-gestalten-die-auslaendischem-recht-unterliegen/ [zuletzt abgerufen am 20.12.2022].

[34] So *Thole* ZIP 2021, 2153 (2159); ebenso *Kahlert/Schumann* DStR 2021, 2741 (2749).

schießt wohl über das Ziel hinaus. Eine solche Gleichlauftheorie entspricht jedenfalls nicht der im IPR vorherrschenden Trennung zwischen internationaler Zuständigkeit und anwendbarem Recht.[35]

Eine als „Notwendigkeitsdoktrin" bezeichnete Rechtsfortbildung eigener Art schlägt vor diesem Hintergrund *Madaus* vor: Deutsches Recht soll dann anwendbar sein, sofern „relevante Anknüpfungspunkte für das anwendbare Recht zumindest im Schwerpunkt nach Deutschland verweisen (etwa das Sachrecht der Mehrzahl der zu restrukturierenden Rechtsverhältnisse oder auch eine Gerichtsstandsvereinbarung oder -klausel)". Hinzutreten soll – nach englischem Vorbild – die Feststellung einer hinreichend sicheren Anerkennung der Wirkungen des Restrukturierungsplans auf ausländische Rechtsverhältnisse in den betreffenden Rechtsordnungen.[36] Der Sache nach liegt hier ebenfalls ein lex-fori-Ansatz vor, der allerdings mit der Schwerpunktbetrachtung ein dem analytischen Ansatz des IPR, das sich ansonsten regelmäßig auf einheitliche Rechtsbeziehungen bezieht, fremdes Element enthält und anders als im IPR sonst üblich eine positive Anerkennungsprognose erfordert.[37]

2. *Die Geltung des allgemeinen IPR.* – Insoweit bleibt es auch bezüglich der im Wege des Restrukturierungsverfahrens gestalteten Forderungen und Sicherheiten bei den allgemeinen kollisionsrechtlichen Grundsätzen: Jede Forderung, jede Sicherheit untersteht ihrem eigenen Statut. Vielfach wird bei vertraglichen Forderungen die Rom I-VO das anwendbare Recht bestimmen: Diese gilt nach Art. 12 Abs. 1 lit. b, c und d Rom I-VO auch für die Erfüllung, die Folgen der vollständigen oder teilweisen Nichterfüllung und die verschiedenen Arten des Erlöschens der Verpflichtungen. Stehen außervertragliche Forderungen in Rede, gilt die Rom II-VO; für Sicherheiten greift die *lex rei sitae* nach Art. 43 EGBGB.[38]

Dies bedeutet indessen nicht, dass ausländischem Recht unterstehende Forderungen und Sicherheiten von der Restrukturierung von vornherein ausgenommen wären.[39] Auch ist keine Rechtswahl etwa nach Art. 3 Rom I-VO zu-

---

[35] Ebenso *Madaus*, Blogeintrag vom 31.8.2021 unter: https://stephanmadaus.de/2021/08/31/darf-der-starug-plan-rechtsverhaeltnisse-gestalten-die-auslaendischem-recht-unterliegen/ [zuletzt abgerufen am 20.12.2022].

[36] *Madaus*, Blogeintrag vom 31.8.2021 unter: https://stephanmadaus.de/2021/08/31/darf-der-starug-plan-rechtsverhaeltnisse-gestalten-die-auslaendischem-recht-unterliegen/ [zuletzt abgerufen am 20.12.2022].

[37] *Thole* ZIP 2021, 2153 (2159) („unnötig kompliziert").

[38] So hilfsweise für den Fall der Ablehnung einer analogen Anwendung des § 335 InsO BeckOK StaRUG/*Skauradszun*, § 2 Rn. 20 ff.

[39] So aber wohl *Madaus*, unter: https://stephanmadaus.de/2021/08/31/darf-der-starug-plan-rechtsverhaeltnisse-gestalten-die-auslaendischem-recht-unterliegen.

gunsten des deutschen Rechts erforderlich, um eine einheitliche Anwendung deutschen Rechts zu erreichen.[40] Vielmehr erstreckt sich der Geltungsbereich des StaRUG unterschiedslos auf sämtliche Forderungen und Sicherheiten.[41] Dies kann als internationaler Geltungswille interpretiert werden, so dass sich das inländische Gestaltungsstatut nach der gesetzgeberischen Intention auch gegenüber dem ausländischen Sachstatut durchsetzen soll.

Das europäische Kollisionsrecht lässt ganz überwiegend[42] die Durchsetzung solcher international zwingenden Normen des jeweiligen nationalen Rechts zu. Nach der Definition des Art. 9 Abs. 1 Rom I-VO, die auf einschlägige EuGH-Rechtsprechung zurückgeht,[43] handelt es sich bei solchen Eingriffsnormen um diejenigen Normen der *lex fori*, deren Einhaltung von einem Staat als so entscheidend für die Wahrung seines öffentlichen Interesses, insbesondere seiner politischen, sozialen oder wirtschaftlichen Organisation, angesehen wird, dass sie ungeachtet des nach Maßgabe dieser Verordnung auf den Vertrag anzuwendenden Rechts auf alle Sachverhalte anzuwenden ist, die in ihren Anwendungsbereich fallen. Ob die Norm öffentlich-rechtlicher oder privatrechtlicher Natur ist, spielt dabei grundsätzlich keine Rolle. Auch auf eine Strafbewehrung der Vorschrift oder ihre Durchsetzung von Amts wegen kommt es nicht an. Für die Entscheidung, ob eine Norm international zwingend in diesem Sinne ist, ist zunächst ihr Wortlaut maßgeblich;[44] maßgeblich sind weiter der aus dem Gesetz hervorgehende unbedingten Geltungsanspruch; ihre Zielsetzung muss, auch wenn sie an sich privatrechtlich einzuordnende Norm ist, einem der vorgenannten überindividuellen Ziele entsprechen; daneben darf sie aber auch der Regelung privat-individueller Interessen dienen.[45]

Vor diesem Hintergrund ist davon auszugehen, dass der durch § 2 StaRUG ermöglichten Gestaltung von Forderungen und Sicherheiten international zwingender Charakter zukommt. Die hier vorgeschlagene Lösung sieht das StaRUG mithin als Eingriffsrecht im Sinne von Art. 9 Rom I-VO bzw. Art. 16 Rom II-VO. Ob sich die Zustimmung der Forderungsgläubiger zu einem gestaltenden Eingriff in ihre Rechtspositionen als zulässige konkludente Rechtswahl nach Art. 3 Rom I-VO bzw. Art. 14 Rom II-VO interpretieren lässt, kann damit offen bleiben.[46] Ohnehin wäre dieser Weg problematisch für diejenigen Fälle, in de-

---

[40] So aber wohl BeckOK StaRUG/*Skauradszun*, § 2 Rn. 20 unter Verweis auf *Schlöder/Parzinger/Knebel* ZIP 2021, 1041 (1045), wo sich aber keine Ausführungen zur Rechtswahl finden.

[41] *Thole* ZIP 2021, 2153 (2157 f.).

[42] Für eine Ausnahme s. Art. 30 EuErbVO und dazu Erman/*Stürner*, Art. 30 EuErbVO Rn. 9.

[43] *EuGH* Urt. v. 23.11.1999 – Rs. C-369/96 und C-376/96 – *Arblade*, Slg. 1999, I-8453, Rn. 30.

[44] Siehe etwa *BGH* NJW-RR 2017, 492 – Baltic Cable, Rn. 17 zu § 185 Abs. 2 GWB.

[45] *EuGH* Urt. v. 9.11.2000 – Rs. C-381/98 – *Ingmar*, Slg 2000, I-9305, Rn. 23 ff.

[46] Darauf (hilfsweise) abstellend aber BeckOK StaRUG/*Skauradszun*, § 2 Rn. 20.

nen der Restrukturierungsplan nicht einstimmig angenommen wird, sondern einzelne Gläubiger überstimmt werden: Bezüglich dieser erschiene es bereits konstruktiv schwierig, eine konkludente Rechtswahl anzunehmen.

Schwierigkeiten bereitet die Qualifikation als Eingriffsrecht freilich bei dinglichen Sicherheiten. Im internationalen Sachenrecht herrscht die Anknüpfung an die *lex rei sitae* vor (Art. 43 Abs. 1 EGBGB). Unterliegt eine dingliche Sicherheit danach ausländischem Sachstatut, so fragt sich, inwieweit die im Restrukturierungsplan erfolgte Gestaltung in diesen nach ausländischem Recht begründeten (Art. 43 Abs. 2 EGBGB) Rechtszustand überhaupt eingreifen kann.[47] Auch hier lässt sich diskutieren, ob das StaRUG insoweit eine Sonderanknüpfung normiert, die als ungeschriebene Eingriffsnorm auch kollisionsrechtlichen Gehalt aufweist. Methodisch ist das durchaus möglich, zumal im hier betreffenden Bereich keine europäischen Vorgaben bestehen.[48] Stützen lässt sich dieser Ansatz auf die in Art. 9 Rom I-VO, Art. 16 Rom II-VO und anderen EU-Rechtsakten enthaltenen Regelungen, die den allgemeinen Rechtsgedanken verkörpern, dass sich ein internationaler Geltungswillen gegenüber dem regulär berufenen Recht bei Vorliegen der dort normierten Voraussetzungen durchsetzt.[49] Demgegenüber weniger überzeugend erscheint der konstruktive Ansatz, über die Ausweichklausel des Art. 46 EGBGB in Bezug auf die im Restrukturierungsvertrag erfolgte Modifikation der Sicherheiten deutsches Recht als dasjenige zu berufen, zu dem diesbezüglich eine wesentlich engere Verbindung besteht.[50]

V. *Zusammenfassung in Thesenform.*

1. Öffentliche Restrukturierungsverfahren unterliegen der EuInsVO.
2. Vertrauliche Restrukturierungsverfahren unterfallen der Brüssel Ia-VO, dies gilt jedenfalls für die Anerkennung gerichtlicher Bestätigungen von Restrukturierungsvergleichen.

---

[47] Teils wird die Geltung des StaRUG davon abhängig gemacht, dass die *lex rei sitae* deutsches Recht ist, so (wiederum hilfsweise) BeckOK StaRUG/*Skauradszun*, § 2 Rn. 23.

[48] Dazu, dass der Geltungsbereich von Eingriffsrecht nicht auf die Rom I- und die Rom II-VO beschränkt ist, sondern durchaus auch andere Rechtsbereiche betreffen kann, s. BeckOK BGB/*Spickhoff*, 62. Ed., Stand: 1.5.2022, Art. 9 Rom I Rn. 6.

[49] Siehe nur Staudinger/*Mansel*, Art. 43 EGBGB Rn. 690 m.N.

[50] Zur Anwendung von Art. 46 EGBGB bei Sicherungsrechten BGH NJW-RR 2010, 983 Rn. 21; doch ist die dieser Entscheidung zugrunde liegende Konstellation nicht vergleichbar, da es dort um Sicherungsgut ging, das aufgrund eines zu Unrecht ergangenen Titels ins Ausland verbracht worden war; der BGH erzielte über die Ausweichklausel eine Fortwirkung des ursprünglichen Sachstatuts. Im Falle der Restrukturierung besteht indessen regelmäßig gerade unrechtmäßige Verbringung von Sicherungsgut ins Ausland; vielmehr entsteht der starke Inlandbezug erst durch die Eröffnung des Restrukturierungsverfahrens.

3. Der deutsche Gesetzgeber hat es versäumt, eine besondere Kollisionsnorm für die der Restrukturierung unterliegenden Rechtspositionen in vertraulichen Restrukturierungsverfahren zu schaffen. Unitarische Anknüpfungen sind nur schwer zu begründen. Insofern bleibt es bei dem Ansatz, dass jede Forderung und jedes Recht einem eigenen Statut untersteht.

4. Doch ist die in § 2 StaRUG normierte Möglichkeit der Gestaltung von Forderungen und Sicherheiten als Eingriffsrecht anzusehen, das sich gegenüber einem ausländischen Forderungsstatut durchsetzt, so dass eine Gestaltung auch dann möglich ist, wenn *lex causae* nicht deutsches Recht ist.

5. Eine „materielle Anerkennung“ eines Restrukturierungsvergleichs nach IPR, etwa auf der Grundlage von Art. 12 Rom I-VO, ist demgegenüber weder notwendig noch sachlich begründbar.

INSOLVENZA TRANSFRONTALIERA E CONCORSUALITÀ LIQUIDA

di *Gabriele Nuzzo*

ABSTRACT

The essay analyses the relationship between the rules on the application of Regulation (EU) No. 2015/848 and the – recently introduced in the Italian legal system – negotiated settlement proceeding ("composizione negoziata della crisi"), with particular reference to the cases in which, upon its opening, precautionary and protective measures of the debtor's assets are granted by the Tribunal. The contribution hypothesizes an adaptation of the rules of the Regulation based on a 'liquid' notion of the definition of collective proceedings.

1. *Ambito soggettivo di applicazione del Regolamento (UE) 2015/848.* – Nell'Unione europea, la giurisdizione, la legge applicabile e il riconoscimento delle decisioni assunte nel contesto delle procedure di insolvenza sono (in via prioritaria) disciplinati dal Regolamento (UE) 2015/848 del Parlamento europeo e del Consiglio del 20 maggio 2015.

L'àmbito soggettivo di applicazione del Regolamento 2015/848 è contenuto nell'art. 1 e si basa su due criteri tra loro concorrenti.

In primo luogo, il legislatore dell'Unione ha scelto di individuare le procedure di insolvenza rilevanti ai fini del Regolamento descrivendone le caratteristiche. Si tratta di «*procedure concorsuali* pubbliche, comprese le procedure provvisorie, disciplinate dalle norme in materia di insolvenza», tali dovendosi intendere le procedure che comprendono «tutti o una parte significativa dei creditori di un debitore a condizione che, nel secondo caso, la procedura non pregiudichi i crediti dei creditori non interessati dalla procedura stessa» (art. 2, n. 1). Dette «procedure concorsuali», con finalità «di salvataggio, ristrutturazione del debito, riorganizzazione o liquidazione» devono, inoltre, presentare alcune caratteristiche: (*a*) devono riguardare un debitore «spossessato, in tutto o in parte, del proprio patrimonio» ed essere gestite da un amministratore; (*b*) «i beni e gli affari [del] debitore [devono essere] soggetti al controllo o alla sorveglianza di un giudice»; oppure (*c*) deve essere concessa da un giudice o per legge «una sospensione temporanea delle azioni esecutive individuali ... al fine di consentire le trattative tra il debitore e i suoi creditori, purché le procedure per le quali è concessa la sospensione prevedano misure idonee a tutelare la massa dei creditori e, qualora non sia stato raggiunto un accordo, siano preliminari a una delle procedure di cui alle lettere a) o b)». È pure previsto che le «procedure concorsuali» di cui all'art. 1 possono essere avviate anche quando «sussiste soltanto una probabilità di insolvenza»; in questo caso, «il loro scopo [deve essere] quello di evitare l'insolvenza del debitore o la cessazione delle attività di quest'ultimo».

Sulla base delle disposizioni appena illustrate, i requisiti distintivi di una «procedura concorsuale» soggetta alla disciplina del Regolamento possono essere così sintetizzati:

(*i*) deve trattarsi di procedure caratterizzate dall'elemento della "concorsualità", che si riscontra là dove esse producano effetti su tutti o una parte significativa dei creditori di un debitore: in quest'ultimo caso, la procedura non può pregiudicare i crediti dei creditori non interessati dalla stessa;

(*ii*) deve essere prevista e disciplinata dalla legislazione in materia di insolvenza di uno Stato membro dell'Unione europea;

(*iii*) può avere finalità «di salvataggio, ristrutturazione del debito, riorganizzazione o liquidazione»;

(*iv*) deve essere soggetta «al controllo o alla sorveglianza di un giudice»;

(*v*) deve essere "pubblica" nel senso che la sua apertura deve risultare da un registro pubblico;

(*vi*) deve comportare lo spossessamento, in tutto o in parte, del debitore con nomina di un amministratore e/o la soggezione dei beni e gli affari del debitore al controllo e alla sorveglianza di un giudice; oppure, la sospensione temporanea delle azioni esecutive individuali al fine di agevolare le trattative del debitore con i creditori.

La fattispecie (apparentemente) aperta descritta dalla prima parte dell'art. 1, comma 1, sembra però circoscritta in modo netto dalla disposizione contenuta nel successivo comma 2, a norma del quale «le procedure di cui al presente paragrafo sono elencate nell'allegato A»: allegato che, ai sensi dell'art. 2, n. 4, contiene l'elenco delle «procedure d'insolvenza» (lasciando così aperto l'interrogativo se le «procedure concorsuali» menzionate dall'art. 1, comma 1, coincidano o no con le «procedure di insolvenza» di cui all'Allegato A). Detto elenco è stato, da ultimo, modificato e integrato ad opera del Regolamento (UE) 2021/2260 del Parlamento europeo e del Consiglio del 15 dicembre 2021 a seguito della notifica alla Commissione, da parte di Austria, Cipro, Germania, Italia, Lituania, Paesi Bassi, Polonia e Ungheria, di cambiamenti intervenuti nelle rispettive legislazioni nazionali, che hanno introdotto nuove tipologie di procedure di insolvenza o di amministratori delle procedure di insolvenza [v. Considerando n. 2, Regolamento (UE) 2021/2260].

È, quindi, da chiedersi se le caratteristiche elencate dal comma 1 dell'art. 1 siano funzionali unicamente all'inclusione di una procedura nell'Allegato A (inclusione che, pertanto, costituirebbe presupposto ineliminabile per l'assoggettamento alla disciplina del Regolamento), ovvero se vi sia spazio per l'applicazione del medesimo Regolamento a procedure che, pur presentando tutti i caratteri enucleati dalla prima parte dell'art. 1, non figurano nell'elenco di cui all'Allegato A.

La questione dell'assoggettamento al Regolamento delle procedure concorsuali non comprese nell'elenco di cui all'Allegato A, peraltro, non è solo di natura teorica. In Italia, in un primo momento con il d.l. 24 agosto 2021, n. 118, e poi con la definitiva entrata in vigore del(l'emendato) codice della crisi di impresa e dell'insolvenza, è stata, infatti, introdotta la procedura di "Composizione negoziata per la soluzione della crisi d'impresa", che – pur non essendo menzionata nell'Allegato A – presenta (nel caso in cui la sua apertura sia accompagnata dalla concessione delle cc.dd. "misure protettive") caratteristiche compatibili con quelle individuate dall'art. 1 del Regolamento.

2. *La composizione negoziata per la soluzione della crisi d'impresa.* L'art. 12 c.c.i.i. consente all'imprenditore commerciale e agricolo, il quale si trovi in condizioni di squilibrio patrimoniale o economico-finanziario che ne rendono probabile la crisi o l'insolvenza – quando risulta ragionevolmente perseguibile il risanamento dell'impresa –, di chiedere al segretario generale della camera di commercio, nel cui ambito territoriale si trova la sede legale dell'impresa, la nomina di un esperto con il compito di agevolare le trattative tra l'imprenditore, i creditori ed eventuali altri soggetti interessati, al fine di individuare una soluzione per il superamento della crisi (o dell'insolvenza), anche mediante il trasferimento dell'azienda o di rami di essa, che consenta – per quanto possibile – di preservare i posti di lavoro.

Ai sensi dei successivi artt. 18 e 19 c.c.i.i., l'imprenditore può chiedere, unitamente all'istanza di nomina dell'esperto o con successiva istanza pubblicata nel registro delle imprese, l'applicazione di misure protettive del proprio patrimonio e l'adozione di provvedimenti cautelari funzionali a condurre a termine le trattative. Dal giorno della pubblicazione dell'istanza, i creditori interessati non possono acquisire diritti di prelazione se non concordati con l'imprenditore, né possono iniziare o proseguire azioni esecutive e cautelari sul suo patrimonio o sui beni e sui diritti con i quali viene esercitata l'attività d'impresa. La concessione delle misure protettive e dei provvedimenti cautelari deve essere confermata (anche con eventuali modifiche) dal tribunale competente ai sensi dell'art. 27 c.c.i.i. per una durata non inferiore a trenta e non superiore a centoventi giorni, prorogabili fino a duecentoquaranta, se ciò è funzionale ad assicurare il buon esito delle trattative (art. 19 c.c.i.i.). A tal fine, entro il giorno successivo alla pubblicazione dell'istanza e dell'accettazione dell'esperto, l'imprenditore deve depositare un ricorso, in mancanza del quale le misure protettive divengono inefficaci.

Il tribunale, su istanza dell'imprenditore, di uno o più creditori o su segnalazione dell'esperto, può, in qualunque momento, sentite le parti interessate, revocare le misure protettive, o abbreviarne la durata, «quando esse non soddisfano l'obiettivo di assicurare il buon esito delle trattative o appaiono sproporzionate rispetto al pregiudizio arrecato ai creditori istanti». Ai sensi dell'art. 19, comma 7, c.c.i.i., l'eventuale revoca o modifica delle misure cautelari segue, invece, le regole del procedimento cautelare uniforme di cui agli artt. 669-*bis* ss. c.p.c. (con esclusione degli artt. 669-*octies*, commi 1, 2 e 3, e 669-*novies*, comma 1).

Nel corso delle trattative, l'imprenditore conserva la gestione ordinaria e straordinaria dell'impresa e del relativo patrimonio «senza pregiudicare ingiustamente gli interessi dei creditori» (art. 16, comma 4, c.c.i.i.). Se versa in stato di crisi, la gestione dell'impresa deve essere condotta «in modo da evitare pregiudizio alla sostenibilità economico-finanziaria dell'attività»; se, invece, emerge che sussiste già uno stato di insolvenza, ma esistono concrete prospettive di risanamento, l'impresa deve essere gestita nel prevalente interesse dei creditori (art. 21, comma 1, c.c.i.i.) L'esperto può invitare le parti a rideterminare, secondo buona fede, il contenuto dei contratti ad esecuzione continuata o periodica ovvero ad esecuzione differita se la prestazione è divenuta eccessivamente onerosa o se è alterato l'equilibrio del rapporto in ragione di circostanze sopravvenute e le parti sono tenute a collaborare tra loro per rideterminare il contenuto del contratto o adeguare le prestazioni alle mutate condizioni (art. 17, comma 5, c.c.i.i.).

Se sono concesse le misure protettive, non sono inibiti i pagamenti ai creditori (art. 18, comma 1, c.c.i.i.) e questi ultimi non possono, unilateralmente, rifiutare l'adempimento dei contratti pendenti o provocarne la risoluzione, né possono anticiparne la scadenza o modificarli in danno dell'imprenditore per il solo fatto del mancato pagamento di crediti anteriori rispetto alla pubblicazione dell'istanza; possono, però, sospendere l'adempimento dei contratti pendenti dalla pubblicazione dell'istanza e fino alla conferma delle misure richieste.

L'intervento del tribunale non si esaurisce, peraltro, nella conferma e/o modifica delle misure protettive e cautelari. Rientra nella sua competenza, infatti, pure il potere di autorizzare l'imprenditore a contrarre finanziamenti prededucibili (anche dai soci o da società del gruppo) e a trasferire in qualunque forma l'azienda o uno o più suoi rami con esclusione della responsabilità solidale del cedente ai sensi dell'art. 2560, comma 2, c.c., se ciò risulta funzionale rispetto alla continuità aziendale e alla migliore soddisfazione dei creditori.

Gli esiti delle trattative sono disciplinati dall'art. 23 c.c.i.i. Il superamento della crisi può essere conseguito, alternativamente, attraverso la conclusione: (*a*) di un contratto, con uno o più creditori oppure con una o più parti interessate all'operazione di risanamento, che consenta all'imprenditore di beneficiare delle misure premiali di cui all'art. 25-*bis*, comma 1, c.c.i.i. (riduzione alla misura legale degli interessi che maturano sui debiti tributari), se, secondo la relazione dell'esperto, detta soluzione è ritenuta idonea ad assicurare la continuità aziendale per un periodo non inferiore a due anni; (*b*) di una convenzione di moratoria ai sensi dell'art. 62 c.c.i.i.; (*c*) di accordo sottoscritto dall'imprenditore, dai creditori aderenti e dalle altre parti interessate all'operazione di risanamento che vi hanno aderito nonché dall'esperto (il quale deve dare atto che il piano previsto dall'accordo appare coerente con la regolazione della crisi o dell'insolvenza) cui consegue l'esenzione da revocatoria ai sensi dell'art. 166, comma 3, lett. d), e dai reati di bancarotta ai sensi dell'art. 324 c.c.i.i. In alternativa, se all'esito delle trattative non si addiviene ad alcuna di tali soluzioni, l'imprenditore può: (*a1*) predisporre (unilateralmente) un piano attestato di risanamento di cui all'art. 56 c.c.i.i.; (*b1*) domandare l'omologazione di un accordo di ristrutturazione dei debiti ai sensi degli artt. 57, 60 e 61 c.c.i.i. (nel caso di accordo ad efficacia estesa ai sensi dell'art. 61 c.c.i.i., la percentuale minima di adesione dei creditori prevista dal comma 2, lett. d) di detta norma è ridotta al 60 per cento se il raggiungimento dell'accordo risulta dalla relazione finale dell'esperto); (*c1*) proporre la domanda di concordato semplificato per la liquidazione del patrimonio di cui all'art. 25-*sexies*; (*d1*) accedere ad uno degli strumenti di regolazione della crisi e dell'insolvenza disciplinati dal c.c.i.i. (Parte prima, Titolo IV; per l'imprenditore agricolo, art. 25-*quater*, comma 4) o previsti per le grandi imprese insolventi (d.l. 8 luglio 1999, n. 270 o d.l. 23 dicembre 2003, n. 347).

Nel corso delle trattative l'imprenditore può pure formulare una proposta di accordo transattivo alle agenzie fiscali e all'Agenzia delle entrate-Riscossione che preveda il pagamento, parziale o dilazionato, del debito e dei relativi accessori.

I caratteri principali della composizione negoziata per la soluzione della crisi d'impresa, come sopra descritti, consentono di affermare che detta procedura, laddove accompagnata dalla concessione di misure protettive, possiede tutti gli elementi che, ai sensi dell'art. 1 del Regolamento, deve avere una «procedura concorsuale». In particolare, la composizione negoziata:

(*i*) è "concorsuale", nel senso che interessa tutti i creditori dell'imprenditore (o una parte significativa di essi), con riguardo sia alle trattative, sia alle misure protettive;

(*ii*) è prevista e disciplinata nel c.c.i.i., che costituisce – in massima parte – fonte della legislazione italiana in materia di insolvenza;

(*iii*) ha finalità «di salvataggio, ristrutturazione del debito, riorganizzazione»;

(*iv*) è soggetta «al controllo o alla sorveglianza di un giudice», che può concedere misure protettive e cautelari (artt. 18 e 19 c.c.i.i.) e autorizzare l'imprenditore al compimento di determinati atti (art. 22 c.c.i.i.). In questo contesto assume rilievo il criterio interpretativo offerto dal Considerando n. 10 del Regolamento, secondo cui «con "controllo" si dovrebbe[ro] intendere ... anche le situazioni in cui il giudice interviene esclusivamente se adìto su ricorso di un creditore o di altre parti interessate»;

(*v*) è "pubblica" perché «l'istanza di applicazione delle misure protettive è pubblicata nel registro delle imprese unitamente all'accettazione dell'esperto» (art. 18, comma 1) e l'istanza di nomina dell'esperto indipendente è presentata tramite la piattaforma telematica nazionale istituita dall'art. 13 c.c.i.i., accessibile a tutti i creditori;

(*vi*) può comportare la sospensione temporanea delle azioni esecutive individuali per consentire al debitore di trattare con i creditori e può essere preliminare rispetto all'apertura di altre procedure espressamente elencate nell'Allegato A (liquidazione giudiziale, concordato preventivo, amministrazione straordinaria, accordi di ristrutturazione).

Ne deriva che la composizione negoziata per la soluzione della crisi d'impresa nella quale siano state concesse misure protettive presenta potenzialmente tutti gli elementi che ne consentirebbero l'inserimento nell'elenco di cui all'Allegato A del Regolamento. Senonché, detta procedura – come anticipato: dietro, n. 1 – ha fatto originariamente ingresso nell'ordinamento concorsuale italiano con il d.l. 24 agosto 2021, n. 118 e quindi dopo la notifica alla Commissione europea funzionale alla modifica dell'Allegato A, risalente al dicembre 2020.

3. *Potenziale rilevanza transnazionale della composizione negoziata.* – L'apertura di una procedura di composizione negoziata può sicuramente implicare elementi di internazionalità che ne giustificherebbero l'assoggettamento al Regolamento (UE) 2015/848. Tali elementi, come è stato sottolineato in dottrina (A. LEANDRO, 2022), si snodano sia sul piano soggettivo, sia su quello oggettivo, assumendo rilievo anche dal punto di vista della circolazione degli effetti che la composizione negoziata o i suoi esiti possono produrre all'estero.

Non vi è, innanzitutto, alcuna limitazione all'apertura delle trattative a soli soggetti italiani, né a rapporti giuridici regolati esclusivamente dalla legge italiana. Lo squilibrio patrimoniale o economico-finanziario che presuppone l'avvio della composizione negoziata potrebbe essere stato determinato da esposizioni debitorie derivanti da contratti sottoposti a leggi straniere, come nel caso di crediti sorti da contratti di distribuzione internazionale o da vendite internazionali di merci, nonché di contratti bancari conclusi con banche estere. Ne deriva che il superamento di detto squilibrio potrebbe richiedere la rinegoziazione secondo buona fede, ai sensi art. 17, comma 5, c.c.i.i., di contratti regolati da una legge diversa da quella italiana; ovvero potrebbe porsi il problema dell'inibitoria della risoluzione di contratti in danno dell'imprenditore in ragione del mancato pagamento di crediti anteriori rispetto alla pubblicazione dell'istanza: risoluzione che – come detto – non è permessa ai sensi dell'art. 18, comma 5, c.c.i.i. Il regime del riconoscimento transfrontaliero del divieto, quale effetto sostanziale previsto dalla legge italiana, dipende dell'applicabilità o meno del Regolamento (UE) 2015/848, il cui art. 7, par. 2, lett. e) dispone l'applicazione della legge dello Stato membro nel cui territorio è aperta la procedura con riguardo agli effetti di questa sui contratti in corso di cui il debitore è parte.

In secondo luogo, sia le autorizzazioni del tribunale *ex* art. 22 c.c.i.i. al compimento di determinati atti funzionali alla continuità aziendale e alla migliore soddisfazione dei creditori, sia la conclusione di un accordo ai sensi dell'art. 22, comma 1, lett. c) all'esito (positivo) delle trattative sono suscettibili di incidere anche in una successiva procedura di insolvenza (in ipotesi, transfrontaliera): nel primo caso (autorizzazioni *ex* art. 22) perché i finanziamenti autorizzati dal tribunale sono assistiti dalla prededuzione; nel secondo caso [conclusione di un accordo ai sensi dell'art. 22, comma 1, lett. c)], perché gli atti posti in essere in esecuzione del piano di risanamento non sono suscettibili di essere revocati (l'art. 16 del Regolamento, ove applicabile, prevede che un atto non sia revocabile secondo la *lex concursus* se esso è soggetto alla legge di uno Stato contraente diverso dallo Stato di apertura, e la legge di tale Stato membro non consente, nella fattispecie, di impugnare tale atto con alcun mezzo).

Infine, da un lato, la concessione di misure protettive potrebbe incidere sull'espropriabilità di beni che si trovano all'estero o, comunque, entrare in conflitto con una procedura d'insolvenza che venga aperta all'estero in pendenza della composizione negoziata; dall'altro lato, il Tribunale potrebbe concedere misure cautelari che incidono su rapporti rispetto ai quali si applica la legge di un altro Stato membro ovvero la competenza a conoscere del merito è riconosciuta all'autorità giurisdizionale di un altro Stato membro.

4. *Applicabilità del Regolamento (UE) 2015/488 alla composizione negoziata assistita da misure protettive.* – La corrispondenza della composizione negoziata assistita da misure protettive alle caratteristiche disegnate dall'art. 1 del

Regolamento e la potenziale rilevanza appena evidenziata di profili transnazionali connessi ai suoi effetti, inducono a porsi l'interrogativo enunciato in principio: se detta procedura, pur non essendo ricompresa nell'elenco di cui all'Allegato A del Regolamento, possa ritenersi assoggettata alla disciplina euro unitaria dell'insolvenza transfrontaliera.

È da osservare, in primo luogo, che negare l'applicabilità del Regolamento (UE) 2015/848 alla composizione negoziata potrebbe determinare un vuoto di disciplina sul piano del diritto dell'Unione europea. L'art. 1, par. 2, lett. b), Regolamento (UE) n. 1215/2012 fissa, infatti, il principio della c.d. *insolvency exception*, secondo il quale «sono esclusi dall'ambito di applicazione del presente regolamento ... i fallimenti, le procedure relative alla liquidazione di società o altre persone giuridiche che si trovino in stato di insolvenza, i concordati e le procedure affini». Andrebbe, inoltre, verificato se detta eccezione si applica anche ai provvedimenti cautelari concessi nell'ambito della procedura di composizione negoziata, ovvero se a queste possa applicarsi il disposto dell'art. 35, Regolamento (UE) n. 1215/2012, secondo cui «i provvedimenti provvisori o cautelari previsti dalla legge di uno Stato membro possono essere richiesti all'autorità giurisdizionale di detto Stato membro anche se la competenza a conoscere del merito è riconosciuta all'autorità giurisdizionale di un altro Stato membro».

È nota la preoccupazione della Corte di giustizia di non lasciare vuoti tra i due regolamenti, rendendoli reciprocamente complementari. Ma la rigidità del sistema delineato dal Regolamento (UE) 2015/848, imperniato (come sembra) sulla tassatività delle procedure inserite nell'elenco di cui all'Allegato A, appare confacente più al quadro normativo vigente in un'epoca in cui non si era ancora sviluppata la nozione di insolvenza o di ristrutturazione che ha trovato spazio nel diritto dell'Unione europea negli ultimi anni, anche a seguito dell'emanazione della Direttiva (UE) 2019/1023 e ai relativi provvedimenti nazionali di attuazione. L'eccezione contenuta all'art. 1 del Regolamento (UE) n. 1215/2012 e le conseguenze che questa pone in termini di raccordo con il complementare Regolamento (UE) 2015/848 devono quindi essere riguardati attraverso la lente dell'evoluzione del diritto della crisi, al fine di evitare che la rigidità di tale sistema possa costituire ostacolo alla realtà evolutiva delle procedure e degli strumenti ideati, sempre nell'ambito del diritto della crisi di impresa, per fronteggiare situazioni di pre-insolvenza.

E, non a caso, con riguardo alle costanti evoluzioni che, negli ultimi anni, hanno caratterizzato la disciplina della crisi d'impresa, è stato recentemente rilevato che «[N]on è più scontata l'esatta corrispondenza tra il perimetro delle procedure concorsuali e l'area di applicazione dei principi e delle regole concorsuali, perché l'applicazione di principi, regole ed istituti concorsuali non presuppone più necessariamente la natura concorsuale della procedura. ... [L]e regole concorsuali mostrano una grande capacità di adattamento al "contenitore" che le accoglie, adattandosi alla procedura o all'istituto di specifica applicazione e così mostrando la propria natura "liquida"» (D'ATTORRE, 2022).

A ben vedere, nonostante l'apparente tassatività dell'elenco contenuto nell'Allegato A, nel Regolamento (UE) 2015/848 possono rintracciarsi alcuni indici normativi che ne consentirebbero l'applicazione anche alle procedure di composizione negoziata per la soluzione della crisi d'impresa (non menzionate dall'Allegato A), la cui apertura sia accompagnata dalla concessione di misure protettive.

Innanzitutto, viene in rilievo il Considerando n. 7: dopo avere enunciato il principio della *insolvency exeption* di cui all'art. 1, par. 2, lett. b), Regolamento (UE) n. 1215/2012 e rilevata l'opportunità «che tali procedure siano disciplinate dal presente regolamento», con un'interpretazione che consenta di «colmare, per quanto possibile, le lacune normative tra i due strumenti», il legislatore dell'Unione osserva che «il semplice fatto che una procedura nazionale non sia elencata nell'allegato A ... non dovrebbe implicare che essa sia disciplinata dal regolamento (UE) n. 1215/2012». Si lascia così aperta la porta a all'inclusione per via interpretativa sotto l'ombrello del Regolamento di procedure non incluse nell'Allegato A.

In secondo luogo, secondo il Considerando n. 10, «è opportuno estendere l'ambito di applicazione del presente regolamento a procedure che promuovono il salvataggio delle società economicamente valide ma che si trovano in difficoltà economiche e che danno una seconda opportunità agli imprenditori» e, in particolare, «alle procedure di ristrutturazione del debitore nella fase in cui sussiste soltanto una probabilità di insolvenza, nonché alle procedure per cui il debitore mantiene un controllo totale o parziale dei suoi beni e affari».

Ancora, il Considerando n. 11, dispone che «il presente regolamento dovrebbe applicarsi anche alle procedure che autorizzano una sospensione *temporanea* delle azioni di esecuzione promosse da singoli creditori nei casi in cui tali azioni possano ripercuotersi negativamente sui negoziati e ostacolare le prospettive di ristrutturazione dell'impresa del debitore. Tali procedure non dovrebbero essere pregiudizievoli per la massa dei creditori e, qualora non fosse possibile giungere ad un accordo su un piano di ristrutturazione, dovrebbero essere preliminari ad altre procedure contemplate dal presente regolamento».

Infine, secondo il Considerando n. 15, il Regolamento «dovrebbe applicarsi altresì alle procedure che, a norma del diritto di taluni Stati membri, sono aperte e condotte *per un certo periodo di tempo su base provvisoria* o temporanea prima che un giudice emetta un provvedimento che conferma il prosieguo delle procedure su base non provvisoria. Nonostante siano indicate come "provvisorie", tali procedure dovrebbero soddisfare tutti gli altri requisiti del presente regolamento».

Dette disposizioni sembrano mettere in luce che, sebbene l'elenco di procedure contenute nell'Allegato A sia da considerarsi tassativo, il principio di tassatività si applica in modo rigoroso solo per le procedure – per così dire – definitive. Il regolamento, infatti, può trovare applicazione anche alle procedure che presentino (come la composizione negoziata) caratteri di provvisorietà o temporaneità e che, sebbene non comprese nell'elenco di cui all'Allegato A, siano comunque propedeutiche e funzionali all'apertura di una procedura di insolvenza menzionata nell'Allegato.

È peraltro da notare, a riprova della potenziale idoneità della composizione negoziata ad essere assoggettata alla disciplina del Regolamento, che nell'Allegato A è menzionata la procedura di composizione della crisi da sovraindebitamento del consumatore (accordo o piano), nell'ambito della quale, pure, il giudice può disporre misure protettive analoghe a quelle previste dall'art. 18 c.c.i.i. (art. 10, comma 2, lett. c), l. 27 gennaio 2012, n. 3). L'esclusione dall'ambito di applicazione del Regolamento della procedura di composizione negoziata per la soluzione della crisi d'impresa sarebbe, pertanto, discriminatoria e, per questo, ancor più ingiustificabile sul piano logico-sistematico.

Una lettura combinata dell'art. 1 alla luce dei Considerando nn. 7, 10, 11 e 15 del Regolamento e del mutato contesto economico e normativo relativo alla disciplina della crisi d'impresa nel quadro europeo consente quindi di concludere che Regolamento (UE) 2015/848 possa trovare applicazione con riguardo alle procedure di insolvenza "provvisorie" anche se non espressamente elencate nell'Allegato A, nella misura in cui presentino tutti gli elementi indicati nell'art. 1. E, come sopra illustrato, tali elementi ricorrono tutti nel caso della composizione negoziata accompagnata dalla concessione di misure protettive ai sensi dell'art. 18 c.c.i.i.

Bibliografia essenziale

C.P. D'Aiello, *Il concordato "con riserva" alla prova del reg. Ce n. 1346/2000*, in *Dir. fall.*, 2014, I, p. 756 ss.; G. D'Attorre, *La concorsualità "liquida" nella composizione negoziata*, in *Fallimento*, 2022, p. 301 ss.; P. De Cesari, *Il regolamento 2015/848*, in *Fallimento*, 2015, p. 1026 ss.; F. Iodice, Scheme of arrangement *tra raccomandazione della commissione e riforma del regolamento sulle procedure di insolvenza*, in *Fallimento*, 2015, p. 1093 ss.; B. Knof, § 1 *EuInsVO*, in Uhlenbruck/Hirte-Vallender (*hrsg.*), *Insolvenzordnung. Kommentar, Band* 2, *EuInsVO,* 15. *Aufl.*, München, 2020; A. Leandro, *La composizione negoziata nel diritto internazionale privato: riflessioni nella prospettiva, ma non solo, del regolamento (UE) 2015/848*, in *Diritto della crisi*, 15 febbraio 2022; G. Montella, *L'ambito di applicazione del regolamento 2015/848*, in De Cesari-Montella, *Il nuovo diritto europeo della crisi d'impresa. Il regolamento (UE) 2015/848 relativo alle procedure di insolvenza*, Torino, 2017, p. 15 ss.; C.G. PAULUS, § 1 *EuInsVO*, in *Europäische Insolvenzverordnung Kommentar*, 6. *Aufl.*, Frankfurt a.M., 2021; M. SPIOTTA, *È necessaria o inutile una definizione di procedura concorsuale (o di procedura di regolazione della crisi o di quadro di ristrutturazione)? Quando le categorie generali possono conservare funzionalità*, in *Diritto della crisi*, 22 aprile 2022.

Finito di stampare nel mese di dicembre 2024
nella Stampatre s.r.l. di Torino
Via Bologna, 220

Diritto Commerciale Interno e Internazionale

Sezione Monografie

1. R. ALESSI, *I liquidatori di società per azioni*, 1994, pp. XII-236.
2. M. MIOLA, *Le garanzie intragruppo*, 1993, pp. XIV-432.
3. F. GUERRERA, *I* warrants *azionari nelle operazioni di aumento di capitale*, 1995, pp. XII-332.
4. P. PISCITELLO, *Società di persone a struttura aperta e circolazione delle quote. Modelli legali ed autonomia statutaria*, 1995, pp. XII-298.
5. L. FARENGA, *La moneta bancaria*, 1997, pp. XIV-234.
6. D. REGOLI, *Offerte pubbliche di acquisto e comunicato agli azionisti*, 1996, pp. XII-288.
7. A. GENOVESE, *L'invalidità dell'atto di fusione*, 1997, pp. XII-284.
8. R. PENNISI, *Attività di direzione e poteri della capogruppo nei gruppi bancari*, 1997, pp. XII-212.
9. A. MIRONE, *Il procedimento deliberativo nelle società di persone*, 1998, pp. XII-292.
10. G. PALMIERI, *Scissione di società e circolazione dell'azienda*, 1999, pp. XII-316.
11. F. GIOIA, *Diritto di marchio e omonimia*, 1999, pp. XIV-214.
12. P. PISCITELLO, *Le garanzie bancarie flottanti*, 1999, pp. XII-212.
13. L. PISANI, *Società di persone "a struttura corporativa"*, 2000, pp. XII-208.
14. S. VANONI, *I crediti subordinati*, 2000, pp. XII-276.
15. P.M. SANFILIPPO, *Funzione amministrativa e autonomia statutaria nelle società per azioni*, 2000, pp. XII-512.
16. R. SANTAGATA, *Il gruppo paritetico*, 2001, pp. XII-332.
17. M. RUBINO DE RITIS, *Gli apporti "spontanei" in società di capitali*, 2001, pp. XII-216.
18. A. MIRONE, *Standardizzazione dei contratti bancari e tutela della concorrenza*, 2003, pp. XII-396.
19. F. BRIOLINI, *I vincoli sui titoli di credito*, 2002, pp. XIV-434.
20. M. CIAN, *La deliberazione negativa dell'assemblea nella società per azioni*, 2003, pp. XII-212.
21. V. MELI, *Rifiuto di contrattare e tutela della concorrenza nel diritto antitrust comunitario*, 2003, pp. XII-296.
22. E. BARCELLONA, *Responsabilità da informazione al mercato: il caso dei re-visori legali dei conti*, 2003, pp. XVI-400.
23. C. OSTI, *Nuovi obblighi a contrarre*, 2004, pp. XVI-360.
24. A. CETRA, *L'impresa collettiva non societaria*, 2003, pp. XIV-466.
25. R. MANGANO, *La revocatoria fallimentare delle attribuzioni indirette*, 2005, pp. XIV-254.
26. A. PISANI MASSAMORMILE, *Minoranze, "abusi" e rimedi*, 2004, pp. XII-276.
27. F. GUERRERA, *La responsabilità "deliberativa" nelle società di capitali*, 2004, pp. XIV-478.
28. M. PERRINO, *Le cessioni in blocco nella liquidazione coatta bancaria*, 2005, pp. XX-372.
29. V. GIORGI, *Libertà di informazione e dovere di riservatezza degli amministratori nei gruppi di società*, 2005, pp. VIII-330.
30. M. COSSU, *Società aperte e interesse sociale*, 2006, pp. XIV-402.
31. G.M. BUTA, *La responsabilità nella revisione obbligatoria delle S.p.a.*, 2005, pp. XIV-378.

32. E. MACRÌ, *Patti parasociali e attività sociale*, 2007, pp. XIV-290.

33. U. MINNECI, *Trasferimento di azienda e regime dei debiti*, 2007, pp. X-198.

34. M. MOZZARELLI, *Responsabilità degli amministratori e tutela dei creditori nella s.r.l.*, 2007, pp. XII-312.

35. N. DE LUCA, *Circolazione delle azioni e legittimazione dei soci*, 2007, pp. XVI-464.

36. D. LATELLA, *L'azione sociale di responsabilità esercitata dalla minoranza*, 2007, pp. XVIII-430.

37. F. BRIOLINI, *Le azioni «restitutorie» dei conferimenti in natura*, 2008, pp. XVIII-286.

38. M. CENTONZE, *L'"inesistenza" delle delibere assembleari di s.p.a.*, 2008, pp. XII-260.

39. P. BELTRAMI, *La responsabilità per danni da fusione. Ristampa emendata*, 2008, pp. XII-348.

40. M. RUBINO DE RITIS, *La cointestazione del conto corrente bancario*, 2008, pp. XII-200.

41. V. PINTO, *Funzione amministrativa e diritti degli azionisti*, 2008, pp. X-310.

42. D. LA LICATA, *La struttura finanziaria della società bancaria: patrimonio, patrimonio netto, patrimonio di vigilanza*, 2008, pp. X-266.

43. S. VANONI, *Azioni proprie e contratti derivati*, 2008, pp. XIV-314.

44. F. BARACHINI, *La gestione delegata nella società per azioni*, 2008, pp. XIV-274.

45. R. SANTAGATA, *Patrimoni destinati e rapporti intergestori. I conflitti in società multidivisionali*, 2008, pp. XIV-346.

46. G. STRAMPELLI, *Distribuzioni ai soci e tutela dei creditori. L'effetto degli IAS/ IFRS*, 2009, pp. XVI-420.

47. P. GHIONNI CRIVELLI VISCONTI, *Società a responsabilità limitata a struttura chiusa e intrasferibilità delle quote. Seconda edizione*, 2011, pp. XII-380.

48. E. MACRÌ, *Informazioni privilegiate e disclosure*, 2010, pp. XII-232.

49. A. VALZER, *Le responsabilità da direzione e coordinamento di società*, 2011, pp. XII-276.

50. G.P. LA SALA, *Principio capitalistico e voto non proporzionale nella società per azioni*, 2011, pp. XII-280.

51. D. ARCIDIACONO, *I prestiti dei soci nelle società di capitali. Seconda edizione*, 2012, pp. XVIII-358.

52. N. DE LUCA, *La società azionista e il mercato dei propri titoli*, 2012, pp. XVI-264.

53. M. GARGANTINI, *Identificazione dell'azionista e legittimazione all'esercizio del voto nelle S.p.A. quotate*, 2012, pp. XIV-410.

54. C. CARUSO, *Inizio e cessazione della direzione e coordinamento e recesso del socio*, 2012, pp. XIV-274.

55. M. SPERANZIN, *Diritto di sottoscrizione e tutela del socio nella s.r.l.*, 2012, pp. XVI-200.

56. A. VALZER, *Gli strumenti finanziari partecipativi e non partecipativi nelle società per azioni*, 2012, pp. X-430.

57. S.A. CERRATO, *La clausola compromissoria nelle società. Profili sostanziali*, 2012, pp. XVI-200.

58. E. BARCELLONA, *Rischio e potere nel diritto societario riformato. Fra golden quota di s.r.l. e strumenti finanziari di s.p.a.*, 2012, pp. XVI-248.

59. A. CETRA, *La persona giuridica amministratore*, 2013, pp. XIV-258.

60. I. KUTUFÀ, *Azioni non emesse e autonomia nella circolazione*, 2013, pp. XVI-224.

61. A. MUNARI, *Impresa e capitale sociale nel diritto della crisi*, 2014, pp. X-174.

62. F. MANCUSO, *Le società emittenti azioni correlate*, 2015, pp. XIV-242.

63. P. GHIONNI CRIVELLI VISCONTI, *Finanziamenti in pool e posizione delle banche*, 2016, pp. XII-420.

64. P. AGSTNER, *Il gruppo cooperativo gerarchico*, 2017, pp. XII-220.

65. L. MIOTTO, *Il controllo creditorio difensivo*, 2017, pp. XII-436.

66. M.C. DI MARTINO, *Fusione e soluzioni concordate delle crisi*, 2017, pp. XII-244.

67. C. GARILLI, *Contratto di rete e diritto antitrust*, 2017, pp. XII-284.

68. C. LIMATOLA, *Passaggi generazionali e posizioni di governo nella S.r.l.*, 2017, pp. XII-348.

69. D. LATELLA, *'Sistema' dei controlli interni e organizzazione della società per azioni*, 2018, pp. XVI-304.

70. P. PISCITELLO, *Recesso organizzativo e diritti patrimoniali del socio uscente nelle s.p.a.*, 2018, pp. XII-244.

71. M. AIELLO, *La competitività nel concordato preventivo. Le proposte e le offerte concorrenti*, 2019, pp. XII-308.

72. V. CARIELLO, *Comparazioni e interpretazione*, 2020, pp. XII-220.

73. P. CUOMO, *La contitolarità del brevetto tra cooperazione e concorrenza*, 2020, pp. XIV-402.

74. C. PRESCIANI, *La trasparenza degli azionisti istituzionali di società quotate*, 2020, pp. XII-388.

75. G. RUGOLO, *La direzione unitaria nel gruppo bancario cooperativo*, 2021, pp. X-278.

76. C. SANDEI, *L'offerta iniziale di cripto-attività*, 2022, pp. XII-260.

77. V. SANNA, *Concordato preventivo e contratti pendenti*, 2022, pp. XVI-320.

78. A. ABU AWWAD, *I patti parasociali nelle società chiuse*, 2022, pp. X-198.

79. D. LATELLA, *La revocatoria della scissione societaria. Una lettura sistematica*, 2022, pp. 160.

80. G. BARILLÀ, *Enti del Terzo settore e diritto societario. Una riflessione su principi generali e caratteristiche tipologiche*, 2022, pp. X-150.

81. L. MIOTTO, *Organizzazione di impresa e gestione dei dati personali. Il rischio di non* compliance *nelle catene di fornitura*, 2022, pp. XIV-394.

82. L. DELLA TOMMASINA, *Disposizione del patrimonio e poteri degli amministratori nelle società di capitali*, 2023, pp. XII-380.

83. M. PASSARETTA, *La valuta virtuale nel sistema dei servizi di pagamento e di investimento*, 2023, pp. XII-236.

84. F. MANCUSO, *I fondi comuni e la gestione delle partecipazioni azionarie*, 2023, pp. XIV-258.

85. G. BALLERINI, *Le riorganizzazioni societarie fra* absolute *e* relative priority rule, 2023, pp. XII-396.

86. C. LIMATOLA, *Lo "stallo decisionale" nelle s.p.a. Disciplina legale ed autonomia statutaria*, 2023, pp. XII-340.

87. P. AGSTNER, *La gestione dei conflitti tra soci nelle società di capitali chiuse. Fra autonomia ed eteronomia*, 2024, pp. XII-260.

88. G. GARESIO, *La fattispecie dei finanziamenti "anomali". Il contributo offerto dalla nozione di crisi e dagli strumenti per intercettarla*, 2024, pp. XII-276.

Sezione Raccolte di Studi

1. C. ANGELICI, *Attività e organizzazione. Studi di diritto delle società*, 2007, pp. XII-356.

2. AA.VV., *Le soluzioni concordate delle crisi d'impresa*, 2007, pp. XII-180.

3. P. ABBADESSA, F. CESARINI (a cura di), *Sistema dualistico e governance bancaria*, 2009, pp. XIV-222.

4. G. PALMIERI (a cura di), *Temi del nuovo diritto fallimentare*, 2009, pp. XIV-198.

5. AA.VV., *Amministrazione e controllo nel diritto delle società.* Liber amicorum *Antonio Piras*, 2010, pp. XVI-928.

6. C. IBBA, M.C. MALAGUTI, A. MAZZONI (a cura di), *Le società "pubbliche"*, 2011, pp. XIV-402.

7. AA.VV., *La struttura finanziaria e i bilanci delle società di capitali. Studi in onore di Giovanni E. Colombo*, 2011, pp. XXII-634.

8. F. BARACHINI (a cura di), *Il diritto dell'impresa in crisi fra contratto, società e procedure concorsuali*, 2014, pp. XVI-208.

9. P. ABBADESSA (a cura di), *Dialogo sul sistema dei controlli nelle società*, 2015, pp. XII-172.

10. F. BRIOLINI (a cura di), *Principio capitalistico. Quo vadis?*, 2016, pp. VIII-424.

11. C. IBBA, I. DEMURO (a cura di), *Il registro delle imprese a vent'anni dalla sua attuazione*, 2017, pp. XVI-336.

12. F. CESARINI, *I crediti deteriorati nelle banche italiane*, 2017, pp. VIII-112.

13. M.C. MALAGUTI, L. OGLIO, S. VANONI (a cura di), *Politiche* antitrust *ieri, oggi e domani*, 2017, pp. XX-220.

14. F. BARACHINI (a cura di), *La tutela del socio e delle minoranze. Studi in onore di Alberto Mazzoni*, 2018, pp. XVIII-302.

15. E. GINEVRA (a cura di), *Efficienza del mercato e nuova intermediazione*, 2018, pp. XIV-250.

16. S.A. CERRATO (a cura di), *Impresa e rischio. Profili giuridici del* risk management, 2019, pp. XX-380.

17. P. ABBADESSA, F. CESARINI (a cura di), *Le metamorfosi del credito cooperativo*, 2019, pp. X-214.

18. G.A. RESCIO, M. SPERANZIN (a cura di), *Patrimonio sociale e governo dell'impresa. Dialogo tra giurisprudenza, dottrina e prassi in ricordo di G.E. Colombo*, 2020, pp. XVIII-446.

19. F. BORDIGA, WAIS HANNES (a cura di), *Contenuto e limiti dell'autonomia privata in Germania e in Italia*, 2021, pp. XIV-418.

20. M. CALLEGARI, S.A. CERRATO, E.R. DESANA (a cura di), Governance *e mercati. Studi in onore di Paolo Montalenti*, 2022, pp. LXVI-2584 (*Tre Tomi indivisibili*).

21. M. MIGLIETTA, E. PEDERZINI (a cura di), *Percorsi giuridici tra diritto interno e comparazione. Dialoghi con Giuseppe B. Portale*, 2023, pp. XII-148.

22. F. BARACHINI (a cura di), *La crisi d'impresa nel nuovo codice: problemi e prospettive*, 2024, pp. XVIII-254.

23. F. BORDIGA, C.A. KERN, J. KIST (a cura di), *La ristrutturazione aziendale nell'ordinamento europeo armonizzato. Osservazioni italo-tedesche*, 2024, pp. XXVI-406.